기출이 답이다

지역농협 6급

시대에듀

2025 하반기 시대에듀 기출이 답이다
NCS 지역농협 6급 필기시험

Always with you

사람의 인연은 길에서 우연하게 만나거나 함께 살아가는 것만을 의미하지는 않습니다.
책을 펴내는 출판사와 그 책을 읽는 독자의 만남도 소중한 인연입니다.
시대에듀는 항상 독자의 마음을 헤아리기 위해 노력하고 있습니다. 늘 독자와 함께하겠습니다.

자격증・공무원・금융/보험・면허증・언어/외국어・검정고시/독학사・기업체/취업
이 시대의 모든 합격! 시대에듀에서 합격하세요!
www.youtube.com ➜ 시대에듀 ➜ 구독

머리말 PREFACE

농협은 농업인의 경제적·사회적·문화적 지위 향상과 국민경제의 균형 있는 발전을 위해 1961년 창립되었다. 농업인의 복지 증진과 농촌 발전의 주역으로서 그 역할을 충실히 수행하고 있으며, 농업인이 전액 출자하고 농업인 대표에 의해 운영되는 자주적 생산자 단체이다. 창립 이래 지도·경제·신용·공제 사업 등 다양한 사업을 추진하는 종합 농협의 면모를 갖추어 국민의 생명 창고인 농업을 지원·육성하고 있다.

지역농협은 인재를 채용하기 위해 인·적성평가 및 직무능력평가를 실시하고 있다. 인·적성평가란 개인의 성격이 지원한 기업과 업무에 부합하는지 객관적으로 파악·판단하기 위한 검사이고, 직무능력평가는 직무에 필요한 능력을 보유하고 있는지 측정하는 검사이다.

이에 시대에듀에서는 지역농협 6급 필기시험을 준비하는 수험생들이 시험에 효과적으로 대응할 수 있도록 다음과 같은 특징의 본서를 출간하였다.

도서의 특징

❶ 기출유형 뜯어보기의 유형분석과 유형풀이 Tip·이론 더하기를 통해 출제영역을 체계적으로 학습할 수 있도록 하였다.

❷ 2025년 상반기~2018년 시행된 지역농협 6급 필기시험의 기출복원문제를 수록하여 최근 출제경향을 한눈에 파악할 수 있도록 하였다.

❸ 2025~2023년 출제된 주요 금융권 NCS 기출복원문제를 수록하여 다양한 출제유형에 완벽히 대비할 수 있도록 하였다.

끝으로 본서가 지역농협 6급 필기시험을 준비하는 여러분 모두에게 합격의 기쁨을 전달하기를 진심으로 기원한다.

SDC(Sidae Data Center) 씀

INTRODUCE
지역농협 기업분석

◇ **비전2030**

비전	변화와 혁신을 통한 새로운 대한민국 농협
슬로건	희망농업, 행복농촌 농협이 만들어 간다.

◇ **핵심가치**

- 국민에게 사랑받는 농협
- 농업인을 위한 농협
- 지역 농축협과 함께하는 농협
- 경쟁력 있는 글로벌 농협

◇ **혁신전략**

농업인·국민과 함께 **농사같이(農四價値)운동** 전개

중앙회 지배구조 혁신과 지원체계 고도화로 **농축협 중심**의 농협 구현

디지털 기반 **생산·유통 혁신**으로 미래 농산업 선도, 농업소득 향상

금융부문 혁신과 **디지털 경쟁력**을 통해 농축협 성장 지원

미래 경영과 **조직문화 혁신**을 통해 새로운 농협으로 도약

◈ 심볼마크

「V」꼴은 「농」자의 「ㄴ」을 변형한 것으로 싹과 벼를 의미하여 농협의 무한한 발전을, 「V」꼴을 제외한 아랫부분은 「업」자의 「ㅇ」을 변형한 것으로 원만과 돈을 의미하며 협동 단결을 상징한다. 또한, 마크 전체는 「협」자의 「ㅎ」을 변형한 것으로 「ㄴ+ㅎ」은 농협을 나타내고 항아리에 쌀이 가득 담겨 있는 형상을 표시하여 농가 경제의 융성한 발전을 상징한다.

◈ 커뮤니케이션 브랜드

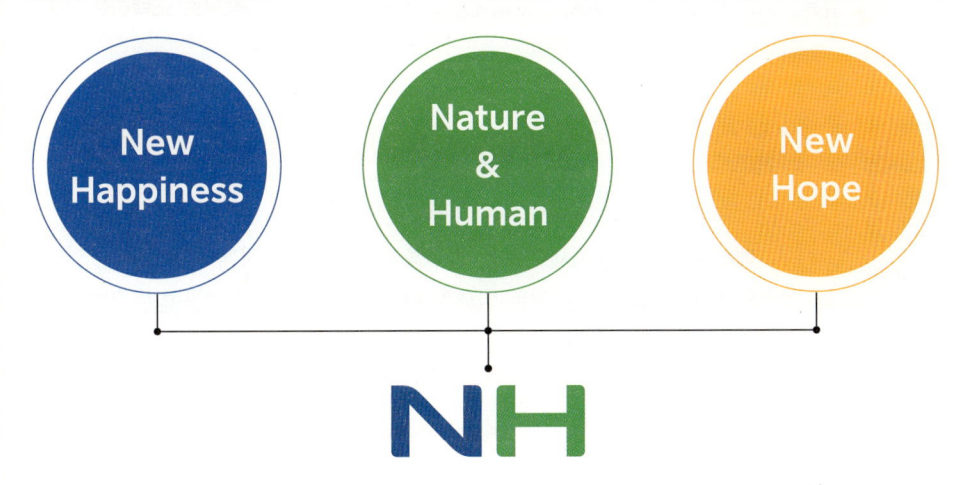

[NH]는 고객과의 커뮤니케이션을 위해 농협의 이름과는 별도로 사용되는 영문 브랜드로 미래지향적이고 글로벌한 농협의 이미지를 표현하고 있다.

INTRODUCE
지역농협 기업분석

◆ 인재상

시너지 창출가
항상 열린 마음으로 계통 간, 구성원 간에 존경과 협력을 다하여
조직 전체의 성과가 극대화될 수 있도록 시너지 제고를 위해 노력하는 인재

행복의 파트너
프로다운 서비스 정신을 바탕으로
농업인과 고객을 가족처럼 여기고 최상의 행복 가치를 위해 최선을 다하는 인재

최고의 전문가
꾸준한 자기계발을 통해 자아를 성장시키고,
유통·금융 등 맡은 분야에서 최고의 전문가가 되기 위해 지속적으로 노력하는 인재

정직과 도덕성을 갖춘 인재
매사에 혁신적인 자세로 모든 업무를 투명하고 정직하게 처리하여
농업인과 고객, 임직원 등 모든 이해관계자로부터 믿음과 신뢰를 받는 인재

진취적 도전가
미래지향적 도전의식과 창의성을 바탕으로 새로운 사업과 성장동력을 찾기 위해
끊임없이 변화와 혁신을 추구하는 역동적이고 열정적인 인재

◆ 농협이 하는 일

교육지원부문

농업인의 권익을 대변하고 농업 발전과 농가 소득 증대를 통해 농업인 삶의 질 향상에 도움을 주고 있다. 또한 또 하나의 마을 만들기 운동 등을 통해 농업·농촌에 활력을 불어넣고 농업인과 도시민이 동반자 관계로 함께 성장·발전하는 데 기여하고 있다.

교육지원사업 : 농·축협 육성·발전 지도, 영농 및 회원 육성·지도, 농업인 복지 증진, 농촌사랑·또 하나의 마을 만들기 운동, 농정활동 및 교육사업·사회공헌 및 국제 협력 활동 등

경제부문

농업인이 영농활동에 안정적으로 전념할 수 있도록 생산·유통·가공·소비에 이르기까지 다양한 경제사업을 지원하고 있다. 경제사업 부문은 크게 농업경제 부문과 축산경제 부문으로 나누어지며, 농축산물 판로확대, 농축산물 유통구조 개선을 통한 농가소득 증대와 영농비용 절감을 위한 사업에 주력하고 있다.

농업경제사업 : 영농자재(비료, 농약, 농기계, 면세유 등) 공급, 산지유통혁신, 도매사업, 소비지유통 활성화, 안전한 농식품 공급 및 판매

축산경제사업 : 축산물 생산·도축·가공·유통·판매사업, 축산 지도(컨설팅 등), 지원 및 개량사업, 축산기자재(사료 등) 공급 및 판매

금융부문

농협의 금융사업은 농협 본연의 활동에 필요한 자금과 수익을 확보하고, 차별화된 농업금융 서비스 제공을 목적으로 하고 있다. 금융사업은 시중 은행의 업무 외에도 NH카드, NH보험, 외국환 등의 다양한 금융 서비스를 제공하여 가정경제에서 농업경제, 국가경제까지 책임을 다해 지켜 나가는 우리나라의 대표 금융기관이다.

상호금융사업 : 농촌지역 농업금융 서비스 및 조합원 편익 제공, 서민금융 활성화

농협금융지주 : 종합금융그룹(은행, 보험, 증권, 선물 등)

INFORMATION

신규직원 채용 안내

◇ 응시자격
1. 연령/학력/학점/어학점수 제한 없음
2. 채용공고일 전일 기준 본인·부·모 중 1인의 주민등록상 주소지가 응시 가능 주소지 내에 있는 자

※ 남자는 병역필 또는 면제자에 한함(지정일까지 병역필 가능한 자 포함)

◇ 채용절차

- 서류접수
- 자기소개서 심사

- 필기시험
  (인·적성 및 직무능력평가)

- 면접시험
- 신체검사

- 최종합격

◇ 필기시험

구분	영역		유형	시험시간	비고
1	인·적성평가		151문항/200문항/210문항 유형	25분/30분	-
2	직무능력평가	의사소통능력 수리능력 문제해결능력	70문항 유형	70분	5지선다
		자원관리능력 조직이해능력	60문항 유형	60분/70분	4지선다

◇ 시험유형

구분	채용지역	비고
60문항/60분	서울, 강원	4지선다
60문항/70분	경기, 충북, 충남·세종, 대전, 전북, 전남, 경북·대구	5지선다
70문항/70분	경남	5지선다

※ 상기 지역별 시험유형 및 시간은 2025년 상반기 필기시험을 기준으로 합니다.

❖ 자세한 채용절차는 직무별 채용방침에 따라 변경될 수 있으니 반드시 채용공고를 확인하기 바랍니다.

ANALYSIS
2025년 상반기 기출분석

총평

2025년 상반기 지역농협 6급 필기시험은 전년 대비 고난도로 출제되었다. 60문항 유형의 경우 평이한 수준으로 출제된 의사소통능력과 달리, 까다로운 문제들로 구성된 수리능력이 체감 난도를 높였다. 70문항 유형의 경우 어려웠다는 후기가 지배적이었다. 의사소통능력에서는 일반 상식을 활용한 어휘 관계 유추 문제가 지난 시험에 이어 연속적으로 출제되었다. 수·문자추리 문제가 60/70문항 유형에서 모두 적지 않은 비중을 차지하였으므로 다양한 문제를 풀어보는 연습이 도움이 되었으리라 판단된다.

◆ 영역별 출제비중

◆ 영역별 출제특징

구분	출제특징	
	60문항 유형	70문항 유형
의사소통능력	• 구분, 분류 등 유의어를 찾는 문제 • 구밀복검, 표리부동 등 한자성어 문제	• 빛과 거리, 광년 관련 지문 • 초례상, 함진아비 등을 통해 연상할 수 있는 단어를 고르는 문제
수리능력	• 알파벳을 이용한 수열 문제 • 루트 등을 활용하는 단순 계산 문제 • 예·적금의 만기환급금을 구하는 문제	• 알파벳을 이용한 문자추리 문제 • 자살률/행복지수 등에 대한 자료해석 문제 • 식이 성립하도록 알맞은 부호를 고르는 문제
문제해결능력	• 명제 문제 • 거짓을 말하는 사람을 고르는 문제	• 예약 가능한 회의실을 고르는 문제
자원관리능력	• 가장 효율적인 업무 수행 방식을 고르는 문제	• 예산을 책정하는 문제 • 직·간접비를 구별하는 문제
조직이해능력	• 부서별 업무로 옳은 것을 고르는 문제	• 흙의 날 • 농협의 슬로건, 윤리경영 등 기업 상식을 묻는 문제

TEST CHECK
주요 금융권 적중 문제

지역농협 6급

의사소통능력 ▶ 관계유추

04 다음 제시된 단어에서 공통으로 연상할 수 있는 단어로 가장 적절한 것은?

| 서유럽 예루살렘 탈환 |

① 로마　　　　　　　　② 바티칸
③ 십자군　　　　　　　④ 여행

수리능력 ▶ 문자추리

※ 일정한 규칙으로 수 또는 문자를 나열할 때, 빈칸에 들어갈 알맞은 수 또는 문자를 고르시오. [21~22]

21

| ㅁ ㅅ ㅅ ㅊ ㅈ ㅍ ㅋ (　) |

① ㄴ　　　　　　　　② ㅂ
③ ㅈ　　　　　　　　④ ㅌ

자원관리능력 ▶ 품목확정

20 N회사의 A대리는 다음 주 분기종합회의를 위해 회의실을 예약하고자 한다. 회의 조건과 세미나실별 다음 주 예약현황, 세미나실별 시설현황이 다음과 같을 때, A대리가 다음 주 분기종합회의를 위해 예약 가능한 세미나실과 요일로 옳은 것은?

〈회의 조건〉
- 회의는 오후 1시부터 오후 4시 사이에 진행되어야 한다.
- 회의는 1시간 30분 동안 연이어 진행되어야 한다.
- 회의 참석자는 24명이다.
- 회의에는 빔프로젝터가 필요하다.

〈세미나실별 다음 주 예약현황〉

구분	월	화	수	목	금
본관 1세미나실		인재개발원 (10:00 ~ 15:00)		조직개발팀 (13:30 ~ 15:00)	기술전략처 (14:00 ~ 15:00)
본관 2세미나실	환경조사과 (10:00 ~ 11:30)	위기관리실 (14:00 ~ 15:00)	남미사업단 (13:00 ~ 16:00)	데이터관리과 (16:00 ~ 17:00)	-
국제관 세미나실A	-	품질보증처 (10:00 ~ 11:30)	건설기술처 (09:00 ~ 10:00)	-	성과관리과 (09:30 ~ 10:30)
국제관 세미나실B	회계세무부 (14:00 ~ 16:00)	글로벌전략실 (13:00 ~ 13:30)	내진기술실 (14:00 ~ 15:30)	글로벌전략실 (10:00 ~ 16:00)	
복지동 세미나실	경영관리실 (09:30 ~ 11:00)	-	법무실 (14:00 ~ 16:30)	-	법무실 (10:00 ~ 11:00)

하나은행

의사소통능력 ▶ 주제·제목찾기

10 다음 글의 중심 내용으로 가장 적절한 것은?

> 칸트는 인간이 이성을 부여받은 것은 욕망에 의해 움직이지 않게 하기 위함이라고 말하면서 자신의 행복을 우선시하기보다는 도덕적인 의무를 먼저 수행해야 한다고 주장했다. 칸트의 시각에서 볼 때 행동의 도덕적 가치를 결정하는 것은 어떠한 상황에서든 모든 사람이 그 행동을 했을 때에 아무런 모순이 생기지 않아야 한다는 보편주의이다. 내가 타인을 존중하지 않으면서 타인이 나를 존중하고 도와줄 것을 기대한다면, 이는 보편주의를 위배하는 것이다. 그러므로 남이 나에게 해주길 바라는 것을 실천하는 것이 바로 도덕적 행동이라는 것이다. 따라서 도덕적 행동이 나의 이익이나 본성과 일치하지 않더라도 나는 나의 의무를 수행해야 한다고 역설했다.

① 칸트의 도덕관에 대한 비판
② 칸트가 생각하는 도덕적 행동

수리능력 ▶ 도형

41 다음 삼각형의 면적은?

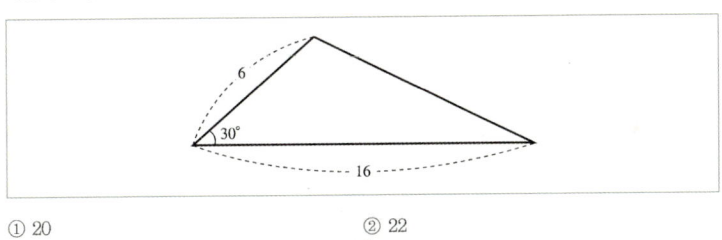

① 20 ② 22
③ 24 ④ 54

문제해결능력 ▶ 문제처리

62 H은행은 행원들의 체력증진 및 건강개선을 위해 운동 프로그램을 운영하고자 한다. 해당 프로그램을 운영할 업체는 행원들을 대상으로 한 사전조사 결과를 바탕으로 결정된다. 다음 〈조건〉에 따라 업체를 선정할 때, A~D업체 중 최종적으로 선정될 업체는?

〈후보 업체 사전조사 결과〉

구분	프로그램	흥미 점수	건강증진 점수
A업체	집중GX	5점	7점
B업체	필라테스	7점	6점
C업체	자율 웨이트	5점	5점
D업체	근력운동	6점	4점

조건
- H은행은 전 행원을 대상으로 후보 업체들에 대한 사전조사를 하였다. 각 후보 업체에 대한 흥미 점수와 건강증진 점수는 전 행원이 10점 만점으로 부여한 점수의 평균값이다.
- 흥미 점수와 건강증진 점수를 2 : 3의 가중치로 합산하여 1차 점수를 산정하고, 1차 점수가 높은 후보 업체 3개를 1차 선정한다.

TEST CHECK
주요 금융권 적중 문제

신한은행

의사소통능력 ▶ 주제·제목찾기

32 다음 글의 중심 내용으로 가장 적절한 것은?

발전된 산업 사회는 인간을 단순한 수단으로 지배하기 위해 새로운 수단을 발전시키고 있다. 여러 사회 과학과 심층 심리학이 이를 위해 동원되고 있다. 목적이나 이념의 문제를 배제하고 가치 판단으로부터의 중립을 표방하는 사회 과학들은 인간 조종을 위한 기술적·합리적인 수단을 개발해 대중 지배에 이바지한다. 마르쿠제는 이런 발전된 산업 사회에서의 도구화된 지성을 비판하면서 이것을 '현대인의 일차원적 사유'라고 불렀다. 비판과 초월을 모르는 도구화된 사유라는 것이다.

발전된 산업 사회는 이처럼 사회 과학과 도구화된 지성을 동원해 인간을 조종하고 대중을 지배할 뿐만 아니라 향상된 생산력을 통해 인간을 매우 효율적으로 거의 완전하게 지배한다. 즉, 발전된 산업 사회는 높은 생산력을 통해 늘 새로운 수요들을 창조하고, 모든 선전 수단을 동원하여 이러한 새로운 수요들을 인간의 삶을 위해 불가결한 것으로 만든다. 그리하여 인간이 새로운 수요들을 지향

수리능력 ▶ 자료추론

42 다음은 엔화 대비 원화 환율과 달러화 대비 원화 환율 추이 자료이다. 이에 대한 〈보기〉의 설명 중 옳은 것을 모두 고르면?

문제해결능력 ▶ 참·거짓

53 다음 다섯 사람이 얘기를 하고 있다. 이 중 두 사람은 진실만을 말하고, 세 사람은 거짓만을 말하고 있다. 지훈이 거짓을 말할 때, 진실만을 말하는 사람을 짝지은 것은?

- 동현 : 정은이는 지훈이와 영석이를 싫어해.
- 정은 : 아니야. 난 둘 중 한 사람은 좋아해.
- 선영 : 동현이는 정은이를 좋아해.
- 지훈 : 선영이는 거짓말만 해.
- 영석 : 선영이는 동현이를 싫어해.
- 선영 : 맞아. 그런데 정은이는 지훈이와 영석이 둘 다 좋아해.

① 동현, 선영   ② 정은, 영석

KB국민은행

의사소통능력 ▶ 비판·반박하기

09 다음 중 ㈀의 입장에서 호메로스의 『일리아스』를 비판한 내용으로 적절하지 않은 것은?

> 기원전 5세기, 헤로도토스는 페르시아 전쟁에 대한 책을 쓰면서 『역사(Historiai)』라는 제목을 붙였다. 이 제목의 어원이 되는 'histor'는 원래 '목격자', '증인'이라는 뜻의 법정 용어였다. 이처럼 어원상 '역사'는 본래 '목격자의 증언'을 뜻했지만, 헤로도토스의 『역사』가 나타난 이후 '진실의 탐구' 혹은 '탐구한 결과의 이야기'라는 의미로 바뀌었다.
> 헤로도토스 이전에는 사실과 허구가 뒤섞인 신화와 전설, 혹은 종교를 통해 과거에 대한 지식이 전수되었다. 특히 고대 그리스인들이 주로 과거에 대한 지식의 원천으로 삼은 것은 『일리아스』였다. 『일리아스』는 기원전 9세기의 시인 호메로스가 오래전부터 구전되어 온 트로이 전쟁에 대해 읊은 서사시이다. 이 서사시에서는 전쟁을 통해 신들, 특히 제우스 신의 뜻이 이루어진다고 보았다. 헤로도토스는 바로 이런 신화적 세계관에 입각한 서사시와 구별되는 새로운 이야기 양식을 만들어 내고자 했다. 즉, 헤로도토스는 가까운 과거에 일어난 사건의 중요성을 인식하고, 이를 직접 확인·탐구하여 인과적 형식으로 서술함으로써 역사라는 새로운 분야를 개척한 것이다.
> ㈀『역사』가 등장한 이후, 사람들은 역사 서술의 효용성이 과거를 통해 미래를 예측하게 하여 후세인 (後世人)에게 교훈을 주는 데 있다고 인식하게 되었다. 이러한 인식에는 한 번 일어났던 일이 마치 계절처럼 되풀이하여 다시 나타난다는 순환 사관이 바탕에 깔려 있다. 그리하여 오랫동안 역사는 사람을 올바르고 지혜롭게 가르치는 '삶의 학교'로 인식되었다. 이렇게 교훈을 주기 위해서는 과거에 대한 서술이 정확하고 객관적이어야 했다.
> 물론 모든 역사가가 정확성과 객관성을 역사 서술의 우선적 원칙으로 앞세운 것은 아니다. 오히려 헬레니즘과 로마 시대의 역사가들 중 상당수는 수사학적인 표현으로 독자의 마음을 움직이는 것을 목표로 하는 역사 서술에 몰두하였고, 이런 경향은 중세 시대에도 어느 정도 지속되었다. 이들은

문제해결능력 ▶ 명제

16 제시된 명제가 모두 참일 때, 빈칸에 들어갈 명제로 가장 적절한 것은?

> • 어휘력이 좋지 않으면 책을 많이 읽지 않은 것이다.
> • 글쓰기 능력이 좋지 않으면 어휘력이 좋지 않은 것이다.
> • _____

① 글쓰기 능력이 좋으면 어휘력이 좋은 것이다.
② 책을 많이 읽지 않으면 어휘력이 좋지 않은 것이다.
③ 어휘력이 좋지 않으면 글쓰기 능력이 좋지 않은 것이다.
④ 글쓰기 능력이 좋지 않으면 책을 많이 읽지 않은 것이다.

수리능력 ▶ 거리·속력·시간

32 일정한 속력으로 달리는 기차가 길이 480m인 터널을 완전히 통과하는 데 걸리는 시간이 36초이고 같은 속력으로 길이 600m인 철교를 완전히 통과하는 데 걸리는 시간이 44초일 때, 기차의 속력은?

① 15m/s   ② 18m/s
③ 20m/s   ④ 24m/s

STRUCTURES
도서 200% 활용하기

기출유형 뜯어보기

▶ 출제영역별 유형분석과 유형풀이 Tip · 이론 더하기로 지역농협 6급 필기시험을 완벽히 준비할 수 있도록 하였다.

8개년 기출복원문제

▶ 2025년 상반기~2018년 시행된 기출복원문제로 지역농협 6급의 출제유형을 한눈에 파악할 수 있도록 하였다.

합격의 공식 Formula of pass | 시대에듀 www.sdedu.co.kr

주요 금융권 NCS 기출복원문제

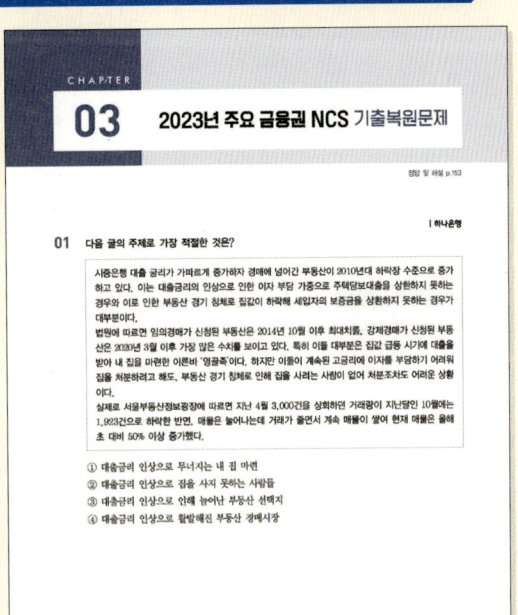

▶ 2025~2023년 주요 금융권 NCS 기출복원문제로 다양한 출제유형에 대비할 수 있도록 하였다.

정답 및 해설

▶ 정답에 대한 꼼꼼한 해설과 오답분석을 통해 혼자서도 체계적인 학습이 가능하도록 하였다.

CONTENTS
이 책의 차례

PART 1 기출유형 뜯어보기

CHAPTER 01 의사소통능력 … 2
CHAPTER 02 수리능력 … 9
CHAPTER 03 문제해결능력 … 18
CHAPTER 04 자원관리능력 … 24
CHAPTER 05 조직이해능력 … 28

PART 2 기출복원문제

CHAPTER 01 2025년 상반기 기출복원문제 … 34
CHAPTER 02 2024년 하반기 기출복원문제 … 54
CHAPTER 03 2024년 상반기 기출복원문제 … 76
CHAPTER 04 2023년 하반기 기출복원문제 … 98
CHAPTER 05 2023년 상반기 기출복원문제 … 122
CHAPTER 06 2022년 하반기 기출복원문제 … 146
CHAPTER 07 2022년 상반기 기출복원문제 … 166
CHAPTER 08 2021년 기출복원문제 … 180
CHAPTER 09 2020년 기출복원문제 … 196
CHAPTER 10 2019년 하반기 기출복원문제 … 232
CHAPTER 11 2019년 상반기 기출복원문제 … 244
CHAPTER 12 2018년 하반기 기출복원문제 … 254
CHAPTER 13 2018년 상반기 기출복원문제 … 268

PART 3 주요 금융권 NCS 기출복원문제

CHAPTER 01 2025년 주요 금융권 NCS 기출복원문제 … 282
CHAPTER 02 2024년 주요 금융권 NCS 기출복원문제 … 298
CHAPTER 03 2023년 주요 금융권 NCS 기출복원문제 … 342

별 책 정답 및 해설

PART 2 기출복원문제 … 2
PART 3 주요 금융권 NCS 기출복원문제 … 130

PART I

기출유형 뜯어보기

CHAPTER 01 의사소통능력
CHAPTER 02 수리능력
CHAPTER 03 문제해결능력
CHAPTER 04 자원관리능력
CHAPTER 05 조직이해능력

CHAPTER 01 의사소통능력 어법·맞춤법

| 유형분석 |

- 주어진 문장이나 지문에서 잘못 쓰인 단어·표현을 바르게 고칠 수 있는지 평가한다.
- 띄어쓰기, 동의어·유의어·다의어 또는 관용적 표현 등을 찾는 문제가 출제될 가능성이 있다.
- ⊕ 응용문제 : 은행 규정·계약서에서 맞춤법 또는 띄어쓰기가 틀린 부분을 찾는 문제

다음 중 밑줄 친 부분의 맞춤법이 옳은 것은?

① <u>한 번</u>에 정답을 <u>맞히다</u>. → 문제에 대한 답을 틀리지 않게 하다.
② <u>오랫만</u>에 만나니 반갑다.
③ 저 물건은 정말 <u>희안하다</u>.
④ <u>구지</u> 그렇게까지 할 필요가 있을까?
⑤ 차가 막히니 잠깐 휴게소에 <u>들리자</u>.

정답 ①

유형풀이 Tip

- 밑줄 친 단어가 포함된 문장을 읽어 문맥을 파악한 뒤 해당 단어의 의미를 구분한다.

이론 더하기

① 맞히다 : 문제에 대한 답을 틀리지 않게 하다. 쏘거나 던지거나 하여 한 물체가 어떤 물체에 닿게 하다.
   맞추다 : 서로 떨어져 있는 부분을 제자리에 맞게 대어 붙이거나 서로 어긋남이 없이 조화를 이루다.
② 오랜만에 : '오랜만'은 '어떤 일이 있은 때로부터 긴 시간이 지난 뒤'를 뜻하는 '오래간만'의 준말이다.
③ 희한하다 : 매우 드물거나 신기하다.
④ 굳이 : 단단한 마음으로 굳게 또는 고집을 부려 구태여
⑤ 들르다 : 지나는 길에 잠깐 들어가 머무르다.
   들리다[1] : 병에 걸리다.
   들리다[2] : 물건의 뒤가 끊어져 다 없어지다.
   들리다[3] : 사람이나 동물의 감각 기관을 통해 소리가 알아차려지다. '듣다'의 피동사.
   들리다[4] : 손에 가지게 되다. '들다'의 피동사.

CHAPTER

01 의사소통능력 관계유추

| 유형분석 |

- 제시된 단어의 관계를 파악하여 빈칸에 들어갈 단어를 정확하게 유추할 수 있는지 평가한다.
- 짝지어진 단어 사이의 관계가 나머지와 다른 것을 찾는 문제 유형이 빈번하게 출제된다.
- ⊕ 응용문제 : 제시된 단어에서 공통으로 연상할 수 있는 것을 찾는 문제, 짝지어진 단어 사이의 관계가 나머지와 다른 것을 찾는 문제

다음 제시된 단어와 동일한 관계가 되도록 빈칸에 들어갈 단어로 가장 적절한 것은?

> 얌전하다 : 참하다 = ( ) : 아결하다
> ↳ 유의 관계 ↲   단아 + 고결
> 성품이나 태도가 침착하고 단정하다

① 고루하다
② 방자하다
③ 괴이하다
④ 아름답다
⑤ 고결하다 → 성품이 고상하고 순결하다

정답 ⑤

유형풀이 Tip

- 어휘의 상관관계를 파악한 다음 선택지의 단어를 하나씩 대입하며 소거해 나간다.

이론 더하기

① 고루하다 : 낡은 습관이나 관념에 젖어 고집을 부리며 새로운 것을 잘 받아들이지 아니하다.
② 방자하다 : 제멋대로 하며 무례하고 건방지다.
③ 괴이하다 : 정상적이지 않고 괴상하고 별나다.
④ 아름답다 : 보이는 대상이나 음향, 목소리 따위가 균형과 조화를 이루어 눈과 귀에 즐거움과 만족을 줄 만하다.

CHAPTER

01 의사소통능력 내용일치

유형분석

- 주어진 지문을 읽고 일치하는 / 일치하지 않는 선택지를 고르는 전형적인 독해 문제이다.
- 대체로 길고 복잡한 지문이 제시되는 경우가 많아 문제를 해결하는 데 시간이 많이 소요된다.
- ⊕ 응용문제 : 은행 금융상품 약정을 읽고 이해하는 문제, 고객 문의에 적절한 답변을 선택하는 문제

다음 글의 내용으로 적절하지 않은 것은?

> '갑'이라는 사람이 있다고 하자. ❷ 이때 사회가 갑에게 강제적 힘을 행사하는 것이 정당화되는 근거는 무엇일까? 그것은 갑이 다른 사람에게 미치는 해악을 방지하려는 데 있다. ❹ 특정 행위가 갑에게 도움을 준다거나, 더욱 행복하게 한다거나, 현명하다거나, 옳은 것이라는 이유를 들면서 갑에게 이 행위를 강제하는 것은 정당하지 않다. 이러한 이유는 갑에게 권고·설득·간청할 때는 충분한 이유가 된다. 그러나 갑에게 강제를 가하는 이유 혹은 어떤 처벌을 가할 이유는 되지 않는다. 이와 같은 사회적 간섭이 정당화되기 위해서는 갑이 행하려는 행위가 다른 어떤 이에게 해악을 끼칠 것이라는 점이 충분히 예측되어야 한다. ❶·❸ 한 사람이 행하고자 하는 행위 중에서 그가 사회에 대해서 책임져야 할 유일한 부분은 다른 사람에게 관계되는 부분이다.

① 타인과 관계되는 행위에는 사회적 책임이 따른다.
② 개인에 대한 사회의 간섭은 어떤 조건이 필요하다.
③ 한 사람의 행위는 타인에 대한 행위와 자신에 대한 행위로 구분된다.
④ 사회가 타당하다고 판단하여 개인에게 어떤 행위를 강요하는 것은 옳지 않다.
⑤ 사회는 개인의 해악에 관심이 있지만, 그 해악을 방지할 강제성의 근거는 가지고 있지 않다.
→ 일곱 번째 문장에 따르면 개인(갑)의 행위가 타인에게 해악을 끼칠 것이 예측되면 사회적 간섭이 정당화된다.

정답 ⑤

유형풀이 Tip

- 먼저 선택지의 키워드를 체크한 후, 지문의 내용과 비교하며 내용의 일치 유무를 신속하게 판단한다.

CHAPTER

01 의사소통능력 나열하기

| 유형분석 |

- 글의 논리적인 전개 구조를 파악할 수 있는지 평가한다.
- 글의 세부 내용보다 전반적인 흐름과 맥락에 집중하며 문제를 해결하는 것이 효율적이다.
- ⊕ 응용문제 : 첫 문단을 제시한 후 이어질 내용을 순서대로 나열하는 문제

다음 문장을 논리적 순서대로 바르게 나열한 것은?

(가) 사전에 아무런 정보도 없이 판매자의 일방적인 설명만 듣고 물건을 구매하면 후회할 수도 있다.
　　→ (나)를 뒷받침하며 결론을 강조
(나) 따라서 소비하기 전에 많은 정보를 수집하여 구매하려는 재화로부터 예상되는 편익을 정확하게 조사하여야 한다. → 글의 결론
(다) 그러나 일상적으로 사용하는 일부 재화를 제외하고는 그 재화를 사용해 보기 전까지 효용을 제대로 알 수 없다. → (마)에 대한 반론
(라) 예를 들면 처음 가는 음식점에서 주문한 음식을 실제로 먹어 보기 전까지는 음식 맛이 어떤지 알 수 없다. → (다)에 대한 부연 설명
(마) 우리가 어떤 재화를 구매하는 이유는 그 재화를 사용함으로써 효용을 얻기 위함이다. → 글의 주제

① (가) - (나) - (라) - (다) - (마)
② (가) - (마) - (나) - (다) - (라)
③ (마) - (나) - (가) - (라) - (다)
④ (마) - (나) - (라) - (다) - (가)
⑤ (마) - (다) - (라) - (나) - (가)

정답 ⑤

유형풀이 Tip

- 각 문단에 있는 지시어와 접속어를 살펴본다. 처음에 접속어가 오는 경우 글의 첫 번째 문단이 될 수 없다.
- 각 문단의 첫 문장과 마지막 문장에 집중하면서 글의 순서를 하나씩 맞춰 나간다.
- 선택지를 참고하여 문단의 순서를 생각해 보는 것도 시간을 단축하는 좋은 방법이 될 수 있다.

CHAPTER

01 의사소통능력 주제·제목찾기

│유형분석│

- 글의 목적이나 핵심 주장을 정확하게 구분할 수 있는지 평가한다.
- 글의 전반적인 흐름과 내용을 포괄할 수 있는 중심 내용을 찾아야 한다.
- ⊕ 응용문제 : 문단별 주제·화제를 찾는 문제, 글쓴이의 주장·생각을 찾는 문제, 표제와 부제를 찾는 문제

다음 글의 제목으로 가장 적절한 것은?

> 미래 사회에서는 산업 구조에 변화가 일어나고 대량 생산 방식에 변화가 일어나면서 전반적인 사회조직의 원리도 크게 바뀔 것이다. 즉, 산업 사회에서는 대량 생산 체계를 발전시키기 위해 표준화·집중화·거대화 등의 원리에 의해 사회가 조직되었지만, 미래 사회는 이와 반대로 다원화·분산화·소규모화 등이 사회조직의 원리가 된다는 것이다. 사실상 산업 사회에서 인간 소외 현상이 일어났던 것도 이러한 표준화·집중화·거대화 등의 조직 원리로 인한 것이었다. 미래 사회의 조직 원리라고 할 수 있는 다원화·분산화·소규모화 등은 인간 소외와 비인간화 현상을 극복하는 데도 많은 도움을 줄 수 있을 것이다.

① 산업 사회와 대량 생산
② 미래 사회조직의 원리 → 제시문 내에서 '사회조직의 원리'에 대한 내용이 반복되고 있다.
③ 미래 사회의 산업 구조
④ 인간 소외와 비인간화 현상
⑤ 산업 사회의 미래

정답 ②

유형풀이 Tip

- 글의 중심이 되는 내용은 주로 글의 맨 앞이나 맨 뒤에 위치한다. 따라서 글의 첫 부분과 마지막 부분을 먼저 확인한다.
- 첫 부분과 마지막 부분에서 실마리가 잡히지 않으면, 그 내용을 뒷받침해 주는 부분을 읽어가면서 제목이나 주제를 파악해나간다.

CHAPTER 01 의사소통능력 빈칸 추론

| 유형분석 |

- 글의 전반적인 흐름을 파악하고 있는지 평가한다.
- 첫 문장, 마지막 문장 또는 글의 중간 등 다양한 위치에 빈칸이 주어질 수 있다.
- ⊕ 응용문제 : 빈칸에 들어갈 어휘·문장을 찾는 문제

다음 글의 빈칸에 들어갈 내용으로 가장 적절한 것은?

> 과학은 한 형태의 자연에 대한 지식이라는 사실 그 자체만으로도 한없이 귀중하고, 과학적 기술이 인류에게 가져온 지금까지의 혜택은 아무리 부정하려 해도 부정할 수 없다. 앞으로도 더 많고 더 정확한 과학 지식과 고도로 개발된 과학 기술이 필요하다. 그러나 문제의 핵심은 생태학적이고 예술적인 자연관 – 즉 모든 존재에 대한 넓고 새로운 포괄적인 시각으로 과학적 지식과 기술을 보는 것 – 에 눈을 뜨고, 그러한 지식과 기술을 활용하는 것이다. 그렇지 않고 오늘날과 같은 추세로 그러한 지식과 기술을 당장의 욕망을 위해서 인간 중심적으로 개발하고 이용한다면 그 효과가 당장에는 인간에게 만족스럽다 해도 머지않아 자연의 파괴뿐만 아니라 인간적 삶의 파괴 그리고 궁극적으로는 인간 자신의 멸망을 초래하고 말 것이다. 한마디로 지금 우리에게 필요한 것은 과학적 비전과 과학적 기술의 의미를 보다 포괄적인 의미에서 이해하는 작업이다. 이러한 작업을 _____라 불러도 적절할 것 같다.
> ↳ 포괄적 관점의 예술적 세계관을 바탕으로 부분적 관점의 과학적 지식과 기술을 이해하는 작업

① 예술의 다양화 ② 예술의 기술화
③ 과학의 예술화 ④ 과학의 현실화
⑤ 예술의 과학화

정답 ③

유형풀이 Tip

- 글을 모두 읽고 풀기에는 시간이 부족하다. 따라서 빈칸의 앞·뒤 문장만을 통해 내용을 파악할 수 있어야 한다.
- 선택지에 주어진 내용을 각각 빈칸에 넣었을 때 그 흐름이 어색하지 않은지 확인하도록 한다.

CHAPTER 01 의사소통능력 추론하기

| 유형분석 |

- 문맥을 통해 글에 명시적으로 드러나 있지 않은 내용을 유추할 수 있는지 평가한다.
- 일반적인 독해 문제와는 달리 선택지의 내용이 애매모호한 경우가 많으므로 꼼꼼히 살펴보아야 한다.
- ⊕ 응용문제 : 글 뒤에 이어질 내용을 찾는 문제, 글을 뒷받침할 수 있는 근거를 찾는 문제

다음 글의 합리주의 이론에 근거하여 추론할 수 있는 내용으로 적절하지 않은 것은?

> 어린이의 언어 습득을 설명하는 이론에는 두 가지가 있다. 하나는 경험주의 혹은 행동주의 이론이고, 다른 하나는 합리주의 이론이다.
> 경험주의 이론에 의하면 어린이가 언어를 습득하는 것은 어떤 선천적인 능력에 의한 것이 아니라 경험적인 훈련에 의해서 오로지 후천적으로만 이루어진다.
> 한편, 다른 이론에 따르면 어린이가 언어를 습득하는 것은 거의 전적으로 타고난 특수한 언어 학습 능력과 일반 언어 구조에 대한 추상적인 선험적 지식에 의한 것이다.

① 인간은 언어 습득 능력을 갖추고 태어난다.
② 일정한 나이가 되면 모든 어린이가 예외 없이 언어를 통달하게 된다.
③ 많은 현실적 악조건에도 불구하고 어린이는 완전한 언어 능력을 갖출 수 있게 된다.
④ 어린이는 백지상태에서 출발하여 반복 연습과 시행착오, 교정에 의해서 언어라는 습관을 형성한다.
　→ 반복 연습과 시행착오, 교정은 후천적인 경험적 훈련으로, 경험주의 이론에서 강조하는 것이다.
⑤ 언어가 극도로 추상적이고 고도로 복잡한데도 불구하고 어린이들은 짧은 시일 안에 언어를 습득한다.

정답 ④

유형풀이 Tip

- 개인의 주관적인 판단이 개입되지 않도록 유의하며 문제를 해결해야 한다.
- 지문의 주제·중심 내용을 파악한 후 선택지의 키워드를 체크한다. 그리고 나서 지문에서 도출할 수 있는 내용을 선택지에서 찾아 소거해 나간다.

CHAPTER 02 수리능력 기초연산

| 유형분석 |

- 사칙연산을 활용하여 크고 복잡한 수를 정확하게 계산할 수 있는지 평가한다.
- 괄호연산을 올바른 순서대로 적용하여 주어진 식을 풀이할 수 있는지 평가한다.
- ⊕ 응용문제 : 분수와 소수를 활용한 문제

다음 식을 계산한 값으로 옳은 것은?

$$15 \times 108 - 303 \div 3 + 7$$
$$1,620 \qquad 101$$
$$1,620 - 101 + 7 = 1,526$$

① 131
② 446
③ 784
④ 1,526
⑤ 1,589

정답 ④

유형풀이 Tip

- 사칙연산 계산 시 문제 왼쪽을 기준으로 순서대로 계산하되, ×와 ÷를 먼저 계산한 뒤 +와 -를 계산한다.

이론 더하기

1) 괄호연산 : ( ), { }, [ ]
   소괄호 ( ) → 중괄호 { } → 대괄호 [ ]의 순서대로 계산한다.
   예 $[\{(1+2) \times 3 - 4\} \div 5] \times 6$
   → $\{(3 \times 3 - 4) \div 5\} \times 6$
   → $\{(9-4) \div 5\} \times 6$
   → $(5 \div 5) \times 6$
   → $1 \times 6 = 6$

2) 곱셈공식
   다항식의 곱들을 공식화한 것으로, 중간 단계의 복잡한 계산을 생략하고 바로 답을 도출하기 위해 사용한다.
   - $a^b \times a^c \div a^d = a^{b+c-d}$
   - $ab \times cd = ac \times bd = ad \times bc$
   - $a^2 - b^2 = (a+b)(a-b)$
   - $(a+b)(a^2 - ab + b^2) = a^3 + b^3$
   - $(a-b)(a^2 + ab + b^2) = a^3 - b^3$

CHAPTER 02 수리능력 거리 · 속력 · 시간

| 유형분석 |

- 거리 · 속력 · 시간 공식을 활용하여 문제를 해결할 수 있는지 평가한다.
- 시간차를 두고 출발하는 경우, 마주 보고 걷거나 둘레를 도는 경우 등 추가적인 조건을 꼼꼼히 살펴보아야 한다.
- ⊕ 응용문제 : 기차와 터널의 길이를 구하는 문제, 물과 같이 속력이 있는 장소가 조건으로 주어진 문제

300km/hⓐ로 달리는 열차가 있다. **목적지까지 400km**ⓑ 떨어져 있으며, **정차해야 하는 역이 7개**ⓒ 있다. 각 **정차역에서 10분간 대기 후 출발**ⓓ한다고 할 때, 열차가 목적지에 도착할 때까지 걸리는 시간은? (단, 일정한 속도로 달리는 것으로 가정한다)

① 1시간 10분
② 1시간 20분
③ 2시간 20분
④ 2시간 30분
⑤ 3시간

ⓐ 열차의 속력 : 300km/h, ⓑ 목적지까지의 거리 : 400km

→ 목적지까지 달리는 시간 : $\frac{400}{300}=1\frac{1}{3}=$ 1시간 20분

ⓒ · ⓓ 정차시간 : 10×7=1시간 10분

∴ 1시간 20분+1시간 10분=2시간 30분

정답 ④

유형풀이 Tip

- 문제에서 요구하는 답을 미지수로 하여 방정식을 세우고, (시간)=$\frac{(거리)}{(속력)}$ 공식을 통해 필요한 값을 계산한다.

이론 더하기

- (거리)=(속력)×(시간), (속력)=$\frac{(거리)}{(시간)}$, (시간)=$\frac{(거리)}{(속력)}$

CHAPTER 02 수리능력 농도

| 유형분석 |

- 농도 공식을 활용하여 문제를 해결할 수 있는지 평가한다.
- 소금물 대신 설탕물로 출제될 수 있으며, 정수나 분수뿐 아니라 비율 등 다양한 조건이 제시될 가능성이 있다.
- ⊕ 응용문제 : 증발된 소금물 문제, 농도가 다른 소금물 간 계산 문제

농도 8%의 소금물 400g ⓐ에 농도 3%의 소금물 ⓑ 몇 g을 넣으면 농도 5%의 소금물 ⓒ이 되는가?

① 600g   ② 650g
③ 700g   ④ 750g
⑤ 800g

ⓐ 농도 8%인 소금물 400g에 들어있는 소금의 양 : $\frac{8}{100} \times 400$g

ⓑ 농도 3%인 소금물의 양 : xg

→ 농도 3%인 소금물 xg에 들어있는 소금의 양 : $\frac{3}{100}x$g

ⓒ 농도 5%인 소금물 $(400+x)$g에 들어있는 소금의 양 : $\frac{5}{100}(400+x)$g

$$\frac{8}{100} \times 400 + \frac{3}{100}x = \frac{5}{100}(400+x)$$

∴ $x = 600$

정답 ①

| 유형풀이 Tip |

- 정수와 분수가 같이 제시되므로, 통분이나 약분을 통해 최대한 수를 간소화시켜 계산 실수를 줄일 수 있도록 한다.
- 항상 미지수를 정하고 그 값을 계산하여 답을 구해야 하는 것은 아니다. 문제에서 원하는 값은 정확한 미지수를 구하지 않아도 풀이 과정 속에서 제시되는 경우가 있으므로, 문제에서 묻는 것을 명확히 해야 한다.

| 이론 더하기 |

- (농도) = $\frac{(용질의\ 양)}{(용액의\ 양)} \times 100$, (소금물의 양) = (물의 양) + (소금의 양)

CHAPTER

02 수리능력 경우의 수

| 유형분석 |

- 합의 법칙과 곱의 법칙을 구분하여 활용할 수 있는지 평가한다.
- ⊕ 응용문제 : 벤 다이어그램을 활용한 문제

10명의 학생 중에서 1명의 회장 ⓐ과 2명의 부회장 ⓑ을 뽑는 경우의 수는?

① 320가지
② 330가지
③ 340가지
④ 350가지
⑤ 360가지

ⓐ 10명의 학생 중에서 1명의 회장을 뽑는 경우의 수 : $_{10}C_1$=10가지

ⓑ 나머지 9명의 학생 중 2명의 부회장을 뽑는 경우의 수 : $_9C_2 = \dfrac{9 \times 8}{2 \times 1}$=36가지

∴ 10×36=360가지

정답 ⑤

유형풀이 Tip

- 두 개 이상의 사건이 동시에 일어나는 연속적인 사건인 경우 곱의 법칙을 활용한다.

이론 더하기

1) 합의 법칙
   ① 서로 다른 경우의 수를 각각 독립적으로 선택할 때 전체 경우의 수를 계산하는 방법이다.
   ② '또는', '~이거나'라는 말이 나오면 합의 법칙을 사용한다.
   ③ 두 사건 A, B가 동시에 일어나지 않을 때, A가 일어나는 경우의 수를 p, B가 일어나는 경우의 수를 q라고 하면, 사건 A 또는 B가 일어나는 경우의 수는 $p+q$이다.
2) 곱의 법칙
   ① 서로 연속적인 사건이 발생할 때 각 사건이 일어날 확률을 곱하여 전체 경우의 수를 계산하는 방법이다.
   ② '그리고', '동시에'라는 말이 나오면 곱의 법칙을 사용한다.
   ③ A가 일어나는 경우의 수를 p, B가 일어나는 경우의 수를 q라고 하면, 사건 A와 B가 동시에 일어나는 경우의 수는 $p \times q$이다.

CHAPTER 02 수리능력 확률

| 유형분석 |

- 조건부 확률과 독립 사건을 구분하여 문제를 해결할 수 있는지 평가한다.
- ⊕ 응용문제 : 최단 경로 수 구하는 문제, 여사건 또는 조건부 확률 문제

남자 4명, 여자 4명으로 이루어진 팀에서 2명의 팀장ⓐ을 뽑으려고 한다. 이때 팀장 2명이 모두 남자ⓑ로만 구성될 확률은?

① $\dfrac{3}{14}$ ② $\dfrac{2}{7}$

③ $\dfrac{5}{14}$ ④ $\dfrac{3}{7}$

⑤ $\dfrac{4}{7}$

ⓐ 8명 중 팀장 2명을 뽑는 경우의 수 : $_8C_2 = 28$가지
ⓑ 남자 4명 중 팀장 2명을 뽑는 경우의 수 : $_4C_2 = 6$가지

$\therefore \dfrac{6}{28} = \dfrac{3}{14}$

정답 ①

유형풀이 Tip

- 한 개의 사건이 다른 한 사건의 조건하에 일어날 경우 조건부 확률을 활용한다.

이론 더하기

1) 여사건 확률
   ① '적어도'라는 말이 나오면 주로 사용한다.
   ② 사건 A가 일어날 확률이 p일 때, 사건 A가 일어나지 않을 확률은 $(1-p)$이다.
2) 조건부 확률
   ① 확률이 0이 아닌 두 사건 A, B에 대하여 사건 A가 일어났다는 조건하에 사건 B가 일어날 확률로, A 중에서 B인 확률을 의미한다.
   ② $P(B|A) = \dfrac{P(A \cap B)}{P(A)}$ 또는 $P_A(B)$로 나타낸다.

CHAPTER 02 수리능력 자료추론

| 유형분석 |

- 주어진 수치를 토대로 비율·증감폭·증감률·수익(손해)율 등을 계산할 수 있는지 평가한다.
- 경영·경제·산업 등 최신 이슈 관련 수치가 막대 그래프, 꺾은선 그래프 등 다양한 형태로 제시된다.
- ⊕ 응용문제 : 자료의 일부 수치가 비워진 문제, 표의 내용을 그래프로 변환하는 문제

다음은 지난해 주요 자영업 10개 업종에 대한 자료이다. 이에 대한 설명으로 옳은 것은?(단, 변화율은 증감률의 절댓값으로 비교한다)

〈주요 자영업 업종별 지표〉

(단위 : 명, %)

구분	창업자 수	폐업자 수	월평균 매출액 증감률	월평균 대출액 증감률	월평균 고용인원
병원 및 의료서비스	1,828	556	❷ 6.5	12.8	❺ 15
변호사	284	123	1.8	1.2	4
학원	682	402	−3.7	5.8	❺ 8
음식점	❶ 3,784	1,902	1.3	11.2	❺ 6
PC방	335	183	❹ −8.4	1.1	2
여행사	❸ 243	184	−6.6	0.4	3
카페	❶ 5,740	3,820	2.4	❷ 15.4	❺ 5
숙박업	1,254	886	−0.7	7.8	2
소매업	❶ 2,592	1,384	❹ 0.5	4.8	3
농사	562	❸ 122	4.1	2.4	❸ 1
합계	17,304	9,562	−	−	−

① 창업자 수 상위 3위 업종의 창업자 수의 총합은 전체 창업자 수의 절반 이상이다.
$$\frac{5,740+3,784+2,592}{17,304} \times 100 ≒ 70\%$$
② 월평균 매출액 증가율이 가장 높은 업종은 월평균 대출액 증가율 또한 가장 높다.
　병원 및 의료서비스(6.5%)　　　　　　카페(15.4%)
③ 월평균 고용인원이 가장 적은 업종은 창업자 수와 폐업자 수도 가장 적다.
　　　농사(1명)　　　　여행사(243명)　농사(122명)
④ 월평균 매출액 변화율이 가장 높은 업종과 가장 낮은 업종의 변화율의 차이는 6.0%p이다.
　　　　　　　　　　PC방(−8.4%)　소매업(0.5%)　　　　8.4−0.5=7.9%p
⑤ 자영업 업종 중 '카페'는 증감률을 제외한 모든 항목에서 상위 3위 안에 든다.
　월평균 고용인원 상위 4위 : 병원 및 의료서비스(15명) − 학원(8명) − 음식점(6명) − 카페(5명)

정답 ①

유형풀이 Tip

- 각 선택지의 진위 여부를 파악하는 문제이므로, 수치 계산이 필요 없는 선택지부터 소거해 나간다.
- 선택지별로 필요한 정보가 무엇인지 빠르게 파악하고, 자료에서 필요한 부분을 체크하여 계산해야 한다.

이론 더하기

- 백분율(%) : $\frac{(비교량)}{(기준량)} \times 100$
- 증감률(%) : $\frac{(비교값)-(기준값)}{(기준값)} \times 100$
- 증감량 : (비교대상의 값 A)−(또 다른 비교대상의 값 B)

CHAPTER

02 　수리능력 금융상품 활용

| 유형분석 |

- 금융상품을 정확하게 이해하고 문제에서 요구하는 답을 도출할 수 있는지 평가한다.
- 단리식, 복리식, 이율, 우대금리, 중도해지, 만기해지 등 부가적인 조건에 유의해야 한다.
- ⊕ 응용문제 : 상품별 이자・만기액 등을 계산한 후 고객에게 가장 적합한 상품을 선택하는 문제

N은행은 적금 상품 '더 커지는 적금'을 새롭게 출시하였다. K씨는 이 적금의 모든 우대금리 조건을 만족하여 이번 달부터 이 상품에 가입하려고 한다. 만기 시 K씨가 얻을 수 있는 이자 금액은 얼마인가? (단, $1.024^{\frac{1}{12}}=1.0019$ 로 계산하고, 금액은 백의 자리에서 반올림한다)

〈더 커지는 적금〉

- 가입기간 : 12개월
- 가입금액 : 매월 초 200,000원 납입
- 적용금리 : 기본금리(연 2.1%)+우대금리(최대 연 0.3%p)
  ⇒ 모든 우대금리 조건 만족 → 적용금리 : 2.1+0.3=2.4%
- 저축방법 : 정기적립식, 연복리식
- 우대금리 조건
  - 당행 입출금 통장 보유 시 : +0.1%p
  - 연 500만 원 이상의 당행 예금상품 보유 시 : +0.1%p
  - 급여통장 지정 시 : +0.1%p
  - 이체실적 20만 원 이상 시 : +0.1%p

① 131,000원　　　　　　　　　　② 132,000원
③ 138,000원　　　　　　　　　　④ 141,000원
⑤ 145,000원

- n개월 후 연복리 이자 : (월납입금)$\times \dfrac{(1+r)^{\frac{n+1}{12}}-(1+r)^{\frac{1}{12}}}{(1+r)^{\frac{1}{12}}-1}$ − (적립원금) (단, r : 적용금리)

- K씨의 연복리 적금 이자 금액 : $200,000\times \dfrac{(1.024)^{\frac{13}{12}}-(1.024)^{\frac{1}{12}}}{(1.024)^{\frac{1}{12}}-1}-200,000\times 12$

$$=200,000\times 1.0019\times \dfrac{1.024-1}{0.0019}-2,400,000$$

$$≒2,531,000-2,400,000=131,000원$$

정답 ①

유형풀이 Tip

- 금융상품의 이자액을 묻는 문제이므로 주어진 이자지급방식과 이자율을 확인한 후 그에 맞는 계산 공식에 해당하는 값들을 대입하여 문제를 해결해야 한다.
- 금융상품의 단리·복리 등 공식을 반드시 숙지해 두어야 한다.

이론 더하기

1) 단리
   ① 개념 : 원금에만 이자가 발생
   ② 계산 : 이율이 $r\%$인 상품에 원금 a를 총 n번 이자가 붙는 동안 예치한 경우 $a(1+nr)$
2) 복리
   ① 개념 : 원금과 이자에 모두 이자가 발생
   ② 계산 : 이율이 $r\%$인 상품에 원금 a를 총 n번 이자가 붙는 동안 예치한 경우 $a(1+r)^n$
3) 이율과 기간
   ① (월이율)=$\dfrac{(연이율)}{12}$
   ② n개월=$\dfrac{n}{12}$년
4) 예치금의 원리합계
   원금 a원, 연이율 $r\%$, 예치기간 n개월일 때,
   - 단리 예금의 원리합계 : $a\left(1+\dfrac{r}{12}n\right)$
   - 월복리 예금의 원리합계 : $a\left(1+\dfrac{r}{12}\right)^n$
   - 연복리 예금의 원리합계 : $a(1+r)^{\frac{n}{12}}$
5) 적금의 원리합계
   월초 a원씩, 연이율 $r\%$일 때, n개월 동안 납입한다면
   - 단리 적금의 n개월 후 원리합계 : $an+a\times\dfrac{n(n+1)}{2}\times\dfrac{r}{12}$
   - 월복리 적금의 n개월 후 원리합계 : $\dfrac{a\left(1+\dfrac{r}{12}\right)\left\{\left(1+\dfrac{r}{12}\right)^n-1\right\}}{\dfrac{r}{12}}$
   - 연복리 적금의 n개월 후 원리합계 : $\dfrac{a(1+r)^{\frac{1}{12}}\left\{(1+r)^{\frac{n}{12}}-1\right\}}{(1+r)^{\frac{1}{12}}-1}=\dfrac{a\left\{(1+r)^{\frac{n+1}{12}}-(1+r)^{\frac{1}{12}}\right\}}{(1+r)^{\frac{1}{12}}-1}$

CHAPTER 03 문제해결능력 명제

| 유형분석 |

- 연역추론을 활용해 주어진 문장을 치환하여 성립하지 않는 내용을 찾는 문제이다.
- ⊕ 응용문제 : 빈칸에 들어갈 명제를 찾는 문제

다음 명제가 모두 참일 때, 반드시 참인 것은?

	대우 명제
• 마케팅팀의 사원은 기획 역량이 있다. 　마케팅팀 ○ → 기획 역량 ○	기획 역량 × → 마케팅팀 ×
• 마케팅팀이 아닌 사원은 영업 역량이 없다. 　마케팅팀 × → 영업 역량 ×	영업 역량 ○ → 마케팅팀 ○
• 기획 역량이 없는 사원은 소통 역량이 없다. 　기획 역량 × → 소통 역량 ×	소통 역량 ○ → 기획 역량 ○

① 마케팅팀의 사원은 영업 역량이 있다.
② 소통 역량이 있는 사원은 마케팅팀이다.
③ 영업 역량을 가진 사원은 기획 역량이 있다. ⇒ 영업 역량 ○ → 마케팅팀 ○ → 기획 역량 ○
④ 기획 역량이 있는 사원은 소통 역량이 있다.
⑤ 영업 역량이 없으면 소통 역량도 없다.

정답 ③

유형풀이 Tip

- 주어진 명제가 모두 참이면 명제의 대우도 모두 참이 되므로, 명제와 대우 명제를 정리한 다음 선택지에 접근한다.
- 각 명제의 핵심 단어 또는 문구를 기호화하여 정리한 후 선택지와 비교하여 참 또는 거짓을 판단한다.

CHAPTER 03 문제해결능력 참·거짓

| 유형분석 |

- 주어진 문장을 토대로 논리적으로 추론하여 참 또는 거짓을 구분하는 문제이다.
- ⊕ 응용문제 : 거짓을 말하는 범인을 찾는 문제

다음 A~E 5명 중 단 **1명만 거짓**을 말하고 있을 때, 범인은 누구인가?

- A : C가 범인입니다.
- B : A는 거짓말을 하고 있습니다. ┐
                                    모순
- C : B는 거짓말을 하고 있습니다. ┘
    ⇒ 거짓인 경우 : B – 진실 → A – 거짓 → 1명만 거짓을 말한다는 조건에 위배
    ∴ C는 진실, B는 거짓을 말함
- D : 저는 범인이 아닙니다.
- E : A가 범인입니다.

① A, B
② A, C → 범인
③ B, C
④ C, D
⑤ D, E

정답 ②

| 유형풀이 Tip |

- 모순이 되는 발언을 한 2명의 진술을 대조하며, 가능한 경우의 수를 모두 찾아 비교한다.
- 범인의 숫자가 맞는지, 진실 또는 거짓을 말한 인원수가 조건과 맞는지 등 주어진 조건과 비교하며 문제를 해결한다.

CHAPTER 03 문제해결능력 문제처리

| 유형분석 |

- 주어진 상황과 정보를 종합적으로 활용하여 풀어가는 문제이다.
- 비용, 시간, 순서, 해석 등 다양한 주제를 다루고 있어 유형을 한 가지로 단일화하기 어렵다.

S통신, L통신, K통신 3사는 A ~ G카드와의 제휴를 통해 전월에 일정 금액 이상 카드 사용 시 통신비를 할인해 주고 있다. 통신비의 최대 할인금액과 할인조건이 다음과 같을 때, 이에 대한 내용으로 옳은 것은?

〈제휴카드별 통신비 최대 할인금액 및 할인조건〉

구분	통신사	최대 할인금액	할인조건
A카드	S통신	20,000원	• 전월 카드 사용 100만 원 이상 시 2만 원 할인 • 전월 카드 사용 50만 원 이상 시 1만 원 할인
	L통신	9,000원	• 전월 카드 사용 30만 원 이상 시 할인
	K통신	8,000원	• 전월 카드 사용 ❺ 30만 원 이상 시 할인
B카드	S통신	20,000원	• 전월 카드 사용 100만 원 이상 시 2만 원 할인 • 전월 카드 사용 50만 원 이상 시 1만 원 할인
	L통신	9,000원	• 전월 카드 사용 30만 원 이상 시 할인
	K통신	9,000원	• 전월 카드 사용 50만 원 이상 시 9천 원 할인 • 전월 카드 사용 ❺ 30만 원 이상 시 6천 원 할인
C카드	S통신	❶ 22,000원	• 전월 카드 사용 100만 원 이상 시 2.2만 원 할인 • 전월 카드 사용 50만 원 이상 시 1만 원 할인 • 전월 카드 ❹ 1회 사용 시 5천 원 할인
D카드	L통신	❷ 9,000원	• 전월 카드 사용 ❷ 30만 원 이상 시 할인
	K통신	9,000원	• 전월 카드 사용 ❺ 30만 원 이상 시 할인
E카드	K통신	8,000원	• 전월 카드 사용 ❺ 30만 원 이상 시 할인
F카드	K통신	❸ 15,000원	• 전월 카드 사용 ❸ · ❺ 50만 원 이상 시 할인
G카드	L통신	15,000원	• 전월 카드 사용 70만 원 이상 시 1.5만 원 할인 • 전월 카드 사용 ❷ 30만 원 이상 시 1만 원 할인

① S통신을 이용할 경우 가장 많은 통신비를 할인받을 수 있는 제휴카드는 A카드이다.
　→ C카드 : 22,000원
② 전월에 33만 원을 사용했을 경우 L통신에 대한 할인금액은 G카드보다 D카드가 더 많다.
　→ G카드 : 1만 원 > D카드 : 9천 원
③ 전월에 52만 원을 사용했을 경우 K통신에 대한 할인금액이 가장 많은 제휴카드는 F카드이다.
　→ F카드 : 15,000원
④ S통신의 모든 제휴카드는 전월 실적이 50만 원 이상이어야 통신비 할인이 가능하다.
　→ C카드 : 전월 카드 1회 사용 시 5천 원 할인
⑤ 전월에 23만 원을 사용했을 경우 K통신에 대해 통신비를 할인받을 수 있는 제휴카드는 1개이다.
　→ A·B·D·E카드 : 30만 원 이상 시 통신비 할인 가능
　→ F카드 : 50만 원 이상 시 통신비 할인 가능
　→ C·G카드 : 통신비 할인 불가

정답 ③

유형풀이 Tip

- 문제에서 묻는 것을 정확히 파악한 후 필요한 상황과 정보를 찾아 이를 활용하여 문제를 해결한다.
- 선택지별로 필요한 정보가 무엇인지 빠르게 파악하고, 자료에서 필요한 부분을 체크하여 실수를 방지해야 한다.

CHAPTER

03 문제해결능력 환경분석

| 유형분석 |

- 상황에 대한 환경분석 결과를 통해 주요 과제 또는 목표를 도출하는 문제이다.
- 주로 3C 분석 또는 SWOT 분석을 활용한 문제들이 출제되고 있으므로 해당 분석 도구에 대한 사전 학습이 요구된다.

금융기업에 지원하여 최종 면접을 앞둔 K씨는 성공적인 PT 면접을 위해 기업 관련 정보를 파악하고 그에 따른 효과적인 전략을 알아보고자 한다. K씨의 SWOT 분석 결과가 다음과 같을 때, 분석 결과에 대응하는 전략과 그 내용이 바르게 연결되지 않은 것은?

〈SWOT 분석 결과〉

강점(Strength)	약점(Weakness)
• 우수한 역량의 인적자원 보유 • 글로벌 네트워크 기반 해외 지점 다수 보유 • 다년간 축적된 풍부한 거래 실적	• 고객 니즈 대응에 필요한 특정 분야별 전문성 미흡 • 핀테크 기업 증가에 따른 경영 리스크
기회(Opportunity)	위협(Threat)
• 융·복합화를 통한 정부의 일자리 창출 사업 • 해외 사업을 위한 협업 수요 확대 • 수요자 맞춤식 서비스 요구 증대	• 타사와의 경쟁 심화 • 정부의 정책적 지원 감소 • 금융기업에 대한 일부 부정적 인식 존재

① SO전략 : 우수한 인적자원을 활용한 금융시스템의 융·복합 사업 추진
② ST전략 : 글로벌 네트워크를 통한 해외 시장 진출 → SO전략
③ ST전략 : 풍부한 거래 실적을 바탕으로 시장에서의 경쟁력 확보
④ WO전략 : 분야별 전문 인력 충원을 통한 고객 맞춤형 서비스 제공 확대
⑤ WT전략 : 리스크 관리를 통한 시장 우위 선점

정답 ②

유형풀이 Tip

- 강점(Strength)과 약점(Weakness)은 기업의 내부환경에 대한 요인이며, 기회(Opportunity)와 위협(Threat)은 기업의 외부환경에 대한 요인임을 염두에 두어야 한다.
- 문제에 제시된 분석 결과를 종합적으로 판단하여 각 선택지의 전략 과제와 일치 여부를 판단해야 한다.

이론 더하기

- SWOT 분석

  기업의 내부환경과 외부환경을 분석하여 강점(Strength), 약점(Weakness), 기회(Opportunity), 위협(Threat) 요인을 규정하고 이를 토대로 경영전략을 수립하는 기법으로, 미국의 경영컨설턴트인 알버트 험프리(Albert Humphrey)에 의해 고안되었다. SWOT 분석의 가장 큰 장점은 기업의 내·외부환경 변화를 동시에 파악할 수 있다는 것이다. 기업의 내부환경을 분석하여 강점과 약점을 찾아내며, 외부환경 분석을 통해서는 기회와 위협을 찾아낸다. SWOT 분석은 외부로부터의 기회는 최대한 살리고 위협은 회피하는 방향으로 자신의 강점은 최대한 활용하고 약점은 보완한다는 논리에 기초를 두고 있다. SWOT 분석에 의한 경영전략은 다음과 같이 정리할 수 있다.

Strength 강점 기업 내부환경에서의 강점			Weakness 약점 기업 내부환경에서의 약점
	S	W	
	O	T	
Opportunity 기회 기업 외부환경으로부터의 기회			Threat 위협 기업 외부환경으로부터의 위협

- 3C 분석

자사(Company)	고객(Customer)	경쟁사(Competitor)
• 자사의 핵심역량은 무엇인가? • 자사의 장단점은 무엇인가? • 자사의 다른 사업과 연계되는가?	• 주 고객군은 누구인가? • 그들은 무엇에 열광하는가? • 그들의 정보 습득/교환은 어디에서 일어나는가?	• 경쟁사는 어떤 회사가 있는가? • 경쟁사의 핵심역량은 무엇인가? • 잠재적인 경쟁사는 어디인가?

CHAPTER

04 자원관리능력 시간계획

| 유형분석 |

- 시간 자원과 관련된 다양한 정보를 활용하여 풀어가는 문제이다.
- 대체로 교통편 정보나 국가별 시차 정보가 제공되며, 이를 근거로 '현지 도착시간 또는 약속된 시간 내에 도착하기 위한 방안'을 고르는 문제가 출제된다.

프랑스 파리 지부에 있는 N부장은 서울에 있는 국내 본사로 인사발령을 받아서 다음 달 2일 9시 30분에 파리에서 인천으로 가는 비행기를 예약했다. 파리에서 인천까지 비행시간은 총 13시간이 걸린다고 할 때, N부장이 인천에 도착할 때 현지 시각은 몇 시인가?(단, 한국은 파리보다 7시간이 더 빠르다)

① 3일 2시 30분
② 3일 3시 30분
③ 3일 4시 30분
④ 3일 5시 30분
⑤ 3일 6시 30분

파리 : 2일 9시 30분 → +7시간 → 서울 : 2일 16시 30분
∴ 2일 16시 30분 +13시간(∵ 비행시간)=3일 5시 30분

정답 ④

유형풀이 Tip

- 문제에서 묻는 것을 정확히 파악한 후 제시된 상황과 정보를 활용하여 문제를 풀어간다.
- 추가 조건이나 제한 사항은 문제를 해결하는 데 중요한 변수가 될 수 있으므로 유의한다.

CHAPTER 04 자원관리능력 비용계산

| 유형분석 |

- 예산 자원과 관련된 다양한 정보를 활용하여 풀어가는 문제이다.
- 대체로 한정된 예산 내에서 수행할 수 있는 업무 및 예산 가격을 묻는 문제가 출제된다.

다음은 N대리가 부산 출장 시 이용할 수 있는 교통편에 대한 정보이다. N대리가 출장 시 이용할 하나의 교통편을 선택하여 모바일로 왕복 티켓을 예매하고자 할 때, 가장 저렴한 교통편은 무엇인가?

〈부산 출장 시 이용 가능한 교통편 정보〉

구분	교통편	금액	기타
버스	일반버스	24,000원	-
	우등버스	32,000원	모바일 예매 1% 할인
기차	무궁화호	28,000원	왕복 예매 시 15% 할인
	새마을호	36,000원	왕복 예매 시 20% 할인
	KTX	58,000원	1+1 이벤트(편도 금액으로 왕복 예매 가능)

① 일반버스
② 우등버스
③ 무궁화호
④ 새마을호
⑤ KTX

- 일반버스 : 24,000원×2=48,000원
- 우등버스 : 32,000원×2×0.99=63,360원
- 무궁화호 : 28,000원×2×0.85=47,600원 → 가장 저렴한 교통편
- 새마을호 : 36,000원×2×0.8=57,600원
- KTX : 58,000원

정답 ③

유형풀이 Tip

- 할인 정보 등 추가 사항을 고려하여 문제를 해결하기 위한 정보를 선별한다.

CHAPTER 04 자원관리능력 품목확정

| 유형분석 |

- 물적 자원과 관련된 다양한 정보를 활용하여 풀어가는 문제이다.
- 주로 제품·공정도·시설 등에 대한 가격·특징·시간 정보가 제시되며, 이를 종합적으로 고려하는 문제가 출제된다.

비품 담당자인 귀하는 지폐계수기 구매 사업을 진행해야 한다. 구매할 수 있는 지폐계수기는 A ~ E제품 5개이고, 제품별 비교평가 결과 및 구매 지침이 다음과 같을 때, 선정해야 할 제품은?(단, **모든 구매 지침을 만족하는** 제품 중 **가장 저렴한 제품**을 선택한다)

〈지폐계수기 비교평가 결과〉

구분	위폐 감별	분당 계수 속도	투입구 용량	외화 계수 여부	가격	A/S
A제품	UV	1,400장	250장	가능	20만 원	방문
B제품	IR	1,500장	250장	가능	25만 원	1일 소요
C제품	UV / IR	1,500장	250장	가능	35만 원	방문
D제품	UV	1,300장	230장	불가능	18만 원	방문
E제품	UV	1,500장	250장	가능	22만 원	방문

〈구매 지침〉

- 위폐 감별 방식은 UV 방식이나 IR 방식이어야 한다. → A, B, C, D, E제품
- 방문 A/S가 가능해야 하나 불가능한 경우 수리 기일이 3일 이내여야 한다. → A, B, C, D, E제품
- 원화와 규격이 다른 외화 또한 계수가 가능해야 한다. → A, B, C, E제품
- 투입구 용량이 크고, 계수 속도가 가능한 한 빠른 것이 좋다. → B, C, **E제품**
  ↳ 가장 저렴한 제품

① A제품 ② B제품
③ C제품 ④ D제품
⑤ E제품

정답 ⑤

유형풀이 Tip

- 문제에서 제시한 물적 자원의 정보를 조건에 맞게 선별하면서 풀어간다.

CHAPTER

04 자원관리능력 인원선발

| 유형분석 |

- 인적 자원과 관련된 다양한 정보를 활용하여 풀어가는 문제이다.
- 주로 근무명단, 휴무일, 업무할당 등의 주제로 다양한 정보를 활용하여 종합적으로 풀어가는 문제가 출제된다.

금융기업 인사부에 근무 중인 귀하는 고객 신용정보 조사를 위해 계약직 1명을 채용하려고 한다. 지원자격이 다음과 같을 때 지원자 중 업무에 가장 적절한 사람은?(단, 채용 공고일은 2025.04.15이다)

〈지원 자격〉

1. 학력 : 고졸 이상
2. 전공 : 제한 없음
3. 기타 : 1) 금융기관 퇴직자 중 1961년 이전 출생자
   2) 신용부문 근무경력 10년 이상인 자 → ② 이도영・④ 최인하・⑤ 홍도경
      ※ 검사역 경력 및 민원처리 업무 경력 우대
   3) 채용 공고일 현재 퇴직일로부터 2년을 초과하지 아니한 자 → ② 이도영・⑤ 홍도경
   4) 퇴직일로부터 최근 3년 이내 감봉 이상의 징계를 받은 사실이 없는 자 → ⑤ 홍도경
   5) 신원이 확실하고 업무수행 및 당사 채용에 결격사유가 없는 자

	성명(출생연도)	경력 사항	근무 기간	비고
①	김춘재(1960)	M보험사 마케팅부	1998.03.03 ~ 2023.07.07	-
②	이도영(1959)	Y은행 여신관리부	1996.04.10 ~ 2023.08.21	2022.11 1개월 감봉
③	박영진(1948)	C신용조합 영업부	1978.11.12 ~ 2020.10.27	2018.03 견책 처분
④	최인하(1954)	Z캐피탈 신용관리부	1988.02.15 ~ 2022.12.10	-
⑤	홍도경(1957)	P은행 신용부서	1988.09.08 ~ 2023.04.28	-

정답 ⑤

유형풀이 Tip

- 주어진 자격 혹은 규정을 근거로 하여 선택지를 하나씩 검토하며 소거해 나간다.

CHAPTER 05 조직이해능력 농협·농업 상식

| 유형분석 |

- 농협과 농업에 대한 기본적인 상식을 갖추고 있는지 평가한다.
- 주로 농협 홈페이지에서 찾아볼 수 있는 내용이 출제된다.
- ⊕ 응용문제 : 농협 관련 최신 이슈, AI농업 관련 문제

다음 중 농협이 비전 2030에서 제시한 혁신전략으로 옳지 않은 것은?

① 「미래 경영」과 「조직문화 혁신」을 통해 새로운 농협으로 도약
② 중앙회 지배구조 혁신과 지원체계 고도화로 「농축협 중심」의 농협 구현
③ 디지털 기반 「생산·유통 혁신」으로 미래 농산업 선도, 농업소득 향상
④ 「금융부문 혁신」과 「디지털 경쟁력」을 통해 농축협 성장 지원
⑤ 농업인·국민과 함께 「신토불이(身土不二)운동」 전개
　　　　↳ 농협 주도 우리 농산물 소비 촉진 운동(1989년)

정답 ⑤

유형풀이 Tip

- 농협 홈페이지에 주기적으로 방문하며, 최근 업데이트된 내용이 있는지 살펴본다.
- 평소 농협·농업 관련 기사 및 이슈를 틈틈이 찾아보면 효율적으로 대처할 수 있다.

이론 더하기

농협 비전 2030
1) 핵심가치
　① 국민에게 사랑받는 농협
　② 농업인을 위한 농협
　③ 지역 농축협과 함께하는 농협
　④ 경쟁력 있는 글로벌 농협
2) 혁신전략
　① 「미래 경영」과 「조직문화 혁신」을 통해 새로운 농협으로 도약
　② 중앙회 지배구조 혁신과 지원체계 고도화로 「농축협 중심」의 농협 구현
　③ 디지털 기반 「생산·유통 혁신」으로 미래 농산업 선도, 농업소득 향상
　④ 「금융부문 혁신」과 「디지털 경쟁력」을 통해 농축협 성장 지원
　⑤ 농업인·국민과 함께 「농사같이(農四價値)운동」 전개

CHAPTER

05 조직이해능력 경영전략

| 유형분석 |

- 제시된 상황에 나타난 경영전략의 특징을 구분하고 판단할 수 있는지 평가한다.
- ⊕ 응용문제 : 본원적 경쟁전략의 구조 및 전략별 특징 관련 문제

마이클 포터(M. Porter)는 경쟁우위 전략으로 **차별화 전략**, 집중화 전략, 원가우위 전략을 제시하였다. 다음 사례에 나타난 전략의 특징으로 옳은 것은?

> A사의 제품은 일반적으로 경쟁사에 비해 가격이 비싸다. 하지만 소비자들은 A사 **제품의 품질, 디자인, 브랜드 이미지**에 대해 기꺼이 높은 가격을 지불하고 제품을 구매하기 때문에 경쟁사들보다 영업이익률이 높다.
> ↳ 경쟁사와 차별화하여 이익을 올리는 '차별화 전략'

① 한정된 영역에 경영자원을 집중한다. → 집중화 전략
② 비용우위를 통한 가격 정책으로 매출을 올린다. → 원가우위 전략
③ <u>광고</u>는 브랜드 이미지를 위한 경쟁의 수단으로 작용한다.
   ↳ 회사의 브랜드 이미지를 상승시킬 수 있는 주요 전략
④ 제품을 더 저렴하게 제공하는 경쟁사가 등장하면 고객을 잃게 된다. → 원가우위 전략
⑤ 급격한 기술 변화가 이전의 시설이나 노하우를 필요 없게 만들 수 있다. → 원가우위 전략

정답 ③

유형풀이 Tip

- 경영전략 형태 및 특징을 구분하여 알아 두어야 한다.

이론 더하기

마이클 포터(M. Porter)의 본원적 경쟁전략
1) 차별화 전략
   조직이 생산품이나 서비스를 차별화하여 고객에게 가치 있고 독특하게 인식되도록 하는 전략으로, 이를 활용하기 위해서는 연구개발이나 광고를 통하여 기술, 품질, 서비스, 브랜드 이미지를 개선할 필요가 있다.
2) 원가우위 전략
   원가절감을 통해 해당 산업에서 우위를 점하는 전략으로, 이를 위해서는 대량생산을 통해 단위 원가를 낮추거나 새로운 생산기술을 개발할 필요가 있다.
3) 집중화 전략
   특정 시장이나 고객에게 한정된 전략으로, 특정 산업을 대상으로 한다. 즉, 경쟁 조직들이 소홀히 하고 있는 한정된 시장을 원가우위나 차별화 전략을 써서 집중 공략하는 방법이다.

CHAPTER 05 조직이해능력 조직문화

| 유형분석 |

- 조직문화 유형별 특징을 이해하고 구분할 수 있는지 평가한다.
- ⊕ 응용문제 : 조직문화 구성요소를 구분하는 문제

맥킨지 7-S 모델(McKinsey 7-S Model)은 조직문화가 어떻게 구성되는지 이해하는 데 유용하다. 이에 대한 설명으로 적절하지 않은 것은?

① 리더십 스타일(Style)은 관리자에 따라 민주적, 독선적, 방임적 등 다양하게 나타날 수 있다.
② 제도・절차(System)는 성과관리, 보상제도, 경영정보시스템 등 관리제도나 절차 등을 수반한다.
③ 조직구조(Structure)는 구성원들이 보유하고 있는 능력, 스킬, 욕구, 태도 등을 의미한다.
　↳ 구성원(Staff)
④ 전략(Strategy)에 따라 사업의 방향성이 달라질 수 있으며, 자원배분 과정도 결정될 수 있다.
⑤ 공유가치(Shared Value)는 구성원뿐 아니라 고객・투자자 등 다양한 이해관계자들에게 영향을 미친다.

정답 ③

유형풀이 Tip

- 조직문화 유형 및 특징을 사전에 학습해 두어야 한다.

이론 더하기

맥킨지 7-S 모델(McKinsey 7-S Model)

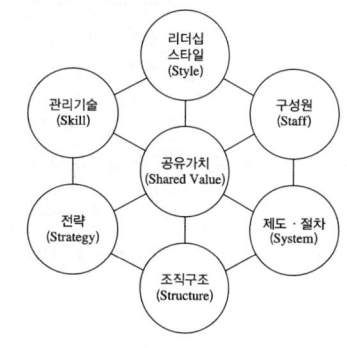

1) 공유가치(Shared Value) : 모든 조직구성원들이 공유하는 기업의 핵심 이념이나 가치관, 목적 등
2) 전략(Strategy) : 조직의 장기적 계획 및 목표를 달성하기 위한 수단, 방법
3) 제도・절차(System) : 조직의 관리체계나 운영절차, 제도 등
4) 조직구조(Structure) : 전략을 실행해가기 위한 틀, 조직도
5) 리더십 스타일(Style) : 조직을 이끄는 관리자의 경영 방식
6) 관리기술(Skill) : 전략을 실행하는 데 필요한 구체적 요소
7) 구성원(Staff) : 조직 내 인력 구성으로, 구성원들의 단순한 인력 구성 현황이라기보다 구성원들이 보유하고 있는 능력, 스킬, 욕구, 태도 등을 의미

CHAPTER 05 조직이해능력 조직구조

| 유형분석 |

- 조직구조 유형별 특징을 이해하고 구분할 수 있는지 평가한다.
- ⊕ 응용문제 : 기계적 조직과 유기적 조직을 구분하는 문제

다음과 같은 조직도 형태를 가지고 있는 기업의 **조직구조** 특징으로 옳지 않은 것은?
↳ 기능적 조직구조

① 환경이 안정적이다.
② 일상적인 기술을 중요시한다.
③ 조직 내부 효율성을 중요시한다.
④ 유사하고 관련 있는 업무를 결합한다.
⑤ 급변하는 환경 변화에 효과적으로 대응한다. → 사업별 조직구조

정답 ⑤

유형풀이 Tip

- 조직구조 형태 및 특징을 구분하여 알아두어야 한다.

이론 더하기

기능적 조직구조와 사업별 조직구조

기능적 조직구조	사업별 조직구조
안정적인 환경	급변하는 환경에 효과적으로 대처함
일상적인 기술과 조직의 내부 효율성을 중시함	제품・지역・고객별 차이에 신속하게 적응함
기업의 규모가 작을 때에는 관련 있는 업무를 결합함	분권화된 의사결정이 가능함

PART II

기출복원문제

CHAPTER 01 2025년 상반기 기출복원문제
CHAPTER 02 2024년 하반기 기출복원문제
CHAPTER 03 2024년 상반기 기출복원문제
CHAPTER 04 2023년 하반기 기출복원문제
CHAPTER 05 2023년 상반기 기출복원문제
CHAPTER 06 2022년 하반기 기출복원문제
CHAPTER 07 2022년 상반기 기출복원문제
CHAPTER 08 2021년 기출복원문제
CHAPTER 09 2020년 기출복원문제
CHAPTER 10 2019년 하반기 기출복원문제
CHAPTER 11 2019년 상반기 기출복원문제
CHAPTER 12 2018년 하반기 기출복원문제
CHAPTER 13 2018년 상반기 기출복원문제

CHAPTER 01 2025년 상반기 기출복원문제

정답 및 해설 p.002

01 | 70문항 유형

01 다음 중 나머지 단어들과 유의 관계가 아닌 것은?

① 보강(補強)   ② 보충(補充)
③ 강화(強化)   ④ 보우(保佑)
⑤ 보완(補完)

※ 다음 제시된 단어의 대응 관계로 볼 때, 빈칸에 들어갈 단어로 알맞은 것을 고르시오. **[2~3]**

02

가뭄 : 관개 = 해충 : (   )

① 파리   ② 방제
③ 자연   ④ 여름
⑤ 질병

03

저울 : 무게 = 나침반 : (   )

① 지구   ② 방향
③ 항해   ④ 회전
⑤ 자기장

※ 다음 제시된 단어에서 공통으로 연상할 수 있는 단어로 가장 적절한 것을 고르시오. [4~6]

04

| 초례상   함진아비   닭   폐백 |

① 친척
② 무속
③ 제사
④ 명절
⑤ 혼례

05

| 오징어   호박엿   명이나물 |

① 예산
② 속초
③ 강화도
④ 울릉도
⑤ 제주도

06

| 실로폰   징   소고 |

① 고수
② 타악기
③ 취주악
④ 사물놀이
⑤ 전통악기

07 다음 설명에 해당하는 단어로 가장 적절한 것은?

| 바람 없이 조용히 내리는 비 |

① 단비
② 보슬비
③ 여우비
④ 소슬비
⑤ 장대비

※ 다음 의미를 가진 한자성어로 옳은 것을 고르시오. [8~9]

08

흔들어도 꼼짝하지 아니함

① 요지부동(搖之不動) ② 괴력난신(怪力亂神)
③ 고진감래(苦盡甘來) ④ 새옹지마(塞翁之馬)
⑤ 우이독경(牛耳讀經)

09

성난 기운이 얼굴에 가득함

① 타산지석(他山之石) ② 풍전등화(風前燈火)
③ 근묵자흑(近墨者黑) ④ 노기등등(怒氣騰騰)
⑤ 대경실색(大驚失色)

10 다음에서 설명하는 '이 날'은?

> 조선시대의 4대 명절 중 하나인 이 날은 일 년 중 양기가 가장 왕성한 날로, 길일로 여겨져 여러 가지 풍속과 행사가 이어졌다. 대표적인 풍속으로 여자들은 창포 삶은 물로 머리를 감아 윤기를 더하고 창포뿌리로는 비녀를 만들어 꽂아 두통과 재액을 막았으며, 남자들은 창포뿌리를 허리에 차 귀신을 쫓았다. 이 날의 대표적인 놀이로 여자들은 그네뛰기를, 남자들은 씨름을 했다. 씨름은 두 사람이 도구를 사용하지 않고 오로지 맞잡은 힘과 기술만으로 먼저 상대를 넘어뜨리면 우승하는 경기로, 이 날 열린 씨름대회에서 도전자 모두를 이겨 더 이상 상대할 자가 없게 되면 우승하게 되어 상품으로 황소를 받았다.

① 설날 ② 한식
③ 단오 ④ 추석
⑤ 대보름

11 다음 글의 내용으로 적절하지 않은 것은?

> 금리상승과 환율의 큰 변동성, 대내외적으로 불확실한 정치 상황 등으로 인해 은행권의 관리 부담을 줄이기 위해 연기되었던 '스트레스 완충자본' 제도가 시행될 예정이다.
> 스트레스 완충자본이란 예외적이지만 발생할 수 있는 사건이나 금리, 환율, 성장률과 관련한 위기상황을 추정하여 금융시스템의 잠재적 취약성을 판단하는 위기상황분석(스트레스 테스트)을 거쳐 보통주자본비율 하락 수준에 따라 최대 2.5%p의 추가자본 적립의무를 부과하는 것이다.
> 만일 은행이 이를 준수하지 못한다면, 이익배당, 상여금 지급 등에 규제를 받게 된다. 다만, 독자적으로 자본을 보강하기 어렵거나 위기상황 시 정부의 손실보전 의무가 있는 산업은행과 수출입은행, 기업은행은 적용대상에서 배제되며, 새롭게 설립된 인터넷전문은행의 경우는 2년간의 유예기간을 거친 후 적용된다.
> 물론 이전에도 금융당국은 일정기간마다 은행에 스트레스 테스트를 시행해 손실흡수능력을 평가해 왔지만 그 결과가 미흡하더라도 해당 은행에 직접적인 조치를 취할 법적 근거가 없었다. 그러나 스트레스 완충자본 제도가 도입된다면 이제 법적 근거가 마련되는 셈이다.
> 이로써 은행은 예상치 못한 위기 상황이 발생하더라도 정상적인 기능을 지속할 수 있는 자본을 확충하게 되었다. 하지만 당장 은행 입장으로선 추가로 자본을 적립하여야 하는 부담을 지게 되어 원활한 자금 공급이 어려울 것으로 예측된다. 실제로 최근 경기 악화로 인해 중소기업을 시작으로 연체율이 증가해 은행권은 기업 대출 관리 중에 있어 해당 제도가 도입된다면 기업 대출의 문턱은 더 높아질 것으로 보인다.

① 스트레스 완충자본 제도는 모든 은행에 적용되지 않는다.
② 스트레스 완충자본 제도는 미래의 위기에 대응하는 대비책이다.
③ 스트레스 완충자본 제도는 은행에 당장의 자금 관리를 어렵게 한다.
④ 스트레스 완충자본 제도의 도입으로 은행의 손실흡수능력을 평가할 수 있게 되었다.
⑤ 스트레스 완충자본 제도가 시행된다면 은행의 중소기업 대출은 기존보다 어려워질 것이다.

12 다음 제시된 글을 읽고, 이어질 문장을 논리적 순서대로 바르게 나열한 것은?

> 농업생명자원에 생명공학기술을 도입하여 부가가치를 만들어 내는 신산업인 그린바이오산업은 농업, 종자, 미생물, 곤충, 천연물, 의약품 등 다양한 분야를 포함하는 신성장동력 산업으로 주목받고 있다.

> (가) 예를 들어 전통 식품 소재나 생물체에서 유래한 물질을 활용하여 새로운 물질을 만들어 내거나 친환경 바이오 소재를 개발하는 것도 그린바이오산업의 한 분야이다.
> (나) 우리나라 역시 2022년부터 그린바이오 사업의 일환으로 작물 재배와 품종 개량 연구를 통해 건강 기능성 성분 극대화 재배 매뉴얼을 개발 중에 있으며, 기존 품종보다 재배 가치가 높은 종자 지식 재산권을 확보해, 궁극적으로 누구나 쉽게 개인 건강에 필요한 맞춤 식물 재배가 가능한 환경을 만드는 것을 목표로 하고 있다.
> (다) 특히 현재 인류가 직면한 문제인 지구온난화로 인한 기후변화, 각종 전염병, 세계 인구 증가 추세 속에서 그린바이오산업을 통해 식량 생산성을 향상시켜 안정적인 식량 공급 체계를 구축할 수 있을 뿐만 아니라, 고령화 사회로 접어들면서 급증하는 의료비 부담을 줄이기 위한 헬스케어 서비스 역시 그린바이오산업을 통해 대응할 수 있을 것이라 기대되고 있다.

① (가) – (나) – (다)
② (가) – (다) – (나)
③ (나) – (가) – (다)
④ (다) – (가) – (나)
⑤ (다) – (나) – (가)

※ 일정한 규칙으로 수를 나열할 때, 빈칸에 들어갈 알맞은 수를 고르시오. **[13~14]**

13

| 1 3 9 19 ( ) |

① 24
② 28
③ 33
④ 46
⑤ 52

14

| 12 36 108 ( ) |

① 120
② 144
③ 214
④ 264
⑤ 324

15 다음 중 ○, △, □ 안에 들어갈 사직연산 기호를 바르게 짝시은 것은?

$$3 ○ 4 △ 5 □ 9 = 44$$

	○	△	□
①	+	−	×
②	×	÷	+
③	−	÷	×
④	−	+	×
⑤	−	×	+

16 어떤 일을 A가 혼자 하면 15일, B가 혼자 하면 10일, C가 혼자 하면 30일이 걸린다. A~C 3명이 함께 일하면 일을 끝내는 데 며칠이 걸리는가?

① 4일　　　　　　　　　　② 5일
③ 6일　　　　　　　　　　④ 7일
⑤ 8일

17 농도 40%의 소금물 150g과 농도 20%의 소금물 100g을 모두 섞은 후 가열하여 50g의 물을 증발시켰을 때, 최종 소금물의 농도는?

① 30%　　　　　　　　　　② 35%
③ 40%　　　　　　　　　　④ 45%
⑤ 50%

18 다음은 N국의 연도별 민간투자사업방식에 따른 사업 현황에 대한 자료이다. 이에 대한 설명으로 옳지 않은 것은?

〈수익형 민간투자사업(BTO) 현황〉

구분	사업 개수(개)	사업 투입 인원(천 명)	사업 비용(백만 원)	사업 평균수익률(%)
2017년	60	100	1,000	5
2018년	70	150	1,100	4
2019년	77	140	1,200	3
2020년	30	50	500	-4
2021년	45	55	700	1
2022년	70	120	1,000	7
2023년	60	60	600	6
2024년	85	180	900	2

〈임대형 민간투자사업(BTL) 현황〉

구분	사업 개수(개)	사업 투입 인원(천 명)	사업 비용(백만 원)	사업 평균수익률(%)
2017년	270	1,700	15,000	2
2018년	300	2,000	16,000	1
2019년	400	2,600	18,000	4
2020년	200	1,000	7,500	-2
2021년	270	1,300	10,000	-1
2022년	150	1,600	12,000	5
2023년	200	2,300	11,500	4
2024년	300	2,200	14,500	-3

① BTO 사업에서 사업 비용의 전년 대비 증가율이 가장 큰 해는 2024년이다.
② BTO 사업과 BTL 사업 모두 사업 개수의 전년 대비 증가율이 가장 큰 해는 2022년이다.
③ BTL 사업에서 사업 평균수익률이 가장 낮은 해의 전년 대비 사업 비용 증가율은 25% 이상이다.
④ BTL 사업에서 사업 개수당 사업 비용이 가장 큰 해의 사업 평균수익률은 흑자를 기록하였다.
⑤ BTO 사업에서 사업 개수당 사업 투입 인원이 가장 많은 해의 전년 대비 사업 비용 증가율은 10%이다.

19 다음은 연도별 OECD 주요국의 보건통계에 대한 자료이다. 이에 대한 설명으로 옳은 것은?(단, 제시된 자료들은 연도별로 같은 시점에 측정되었다)

〈연도별 국민 천 명당 임상 의사 수〉
(단위 : 명)

구분	대한민국	일본	미국	독일	칠레	뉴질랜드	OECD 평균
2020년	3.1	3.8	5.8	3.8	2.7	3.4	3.4
2021년	2.3	4.0	5.2	3.8	2.4	3.5	3.5
2022년	2.7	3.7	6.1	3.8	3.1	3.3	3.4
2023년	2.5	4.2	5.5	3.7	2.9	3.2	3.6
2024년	2.6	4.1	5.4	3.7	2.8	3.2	3.7

※ (국민 천 명당 임상 의사 수)=(국내 전체 임상 의사 수)÷(국민 천 명)

〈연도별 국민 천 명당 임상 간호사 수〉
(단위 : 명)

구분	대한민국	일본	미국	독일	칠레	뉴질랜드	OECD 평균
2020년	10.1	11.1	14.5	9.8	6.4	20.7	10.0
2021년	9.4	10.4	15.1	11.8	5.5	19.4	9.9
2022년	9.1	9.5	14.9	10.4	7.1	18.8	9.7
2023년	8.6	10.8	15.2	9.9	6.8	20.1	10.1
2024년	8.8	9.1	14.5	10.7	8.1	19.9	9.8

※ (국민 천 명당 임상 간호 인력 수)=(국내 전체 임상 간호사 수)÷(국민 천 명)

〈연도별 종합병원당 병상 수〉
(단위 : 명)

구분	대한민국	일본	미국	독일	칠레	뉴질랜드	OECD 평균
2020년	12.3	11.1	4.9	14.4	5.5	10.4	4.2
2021년	12.5	12.0	5.2	14.0	5.7	10.4	4.1
2022년	12.7	12.1	5.5	14.2	5.4	10.4	3.8
2023년	12.9	11.4	5.4	13.7	5.9	10.4	3.9
2024년	12.8	11.7	5.1	13.5	6.1	10.4	4.3

※ (종합병원당 병상 수)=(종합병원 전체 병상 수)÷(국내 종합병원 수)

① 2023년에 국내 전체 임상 의사 수가 가장 많은 국가는 국내 전체 임상 간호사 수도 가장 많았다.
② 2022년 독일의 전년 대비 종합병원당 병상 수의 증가율은 같은 해 대한민국의 전년 대비 종합병원당 병상 수의 증가율보다 높다.
③ 2021년 일본의 인구가 대한민국의 인구보다 2배 많다면 일본의 전체 임상 의사 수는 대한민국의 임상 의사 수보다 4배 이상 많다.
④ 2020년부터 2024년까지 뉴질랜드의 인구수가 변하지 않았다면 같은 기간 동안 뉴질랜드 종합병원 전체 병상 수도 동일하다.
⑤ 2022년 대한민국의 임상 의사 수 대비 간호사 수는 2021년 독일의 임상 의사 수 대비 간호사 수보다 많다.

④

21 N은행의 A~D 4개 부서는 내일 있을 부서별 회의에서 필요한 사항을 충족하도록 회의실을 예약하고자 한다. 회의실 현황과 부서별 회의 정보가 다음과 같을 때, 부서별로 예약할 회의실이 바르게 연결된 것은?

〈회의실 현황〉

구분	최대수용인원	화이트보드	빔 프로젝터	화상회의 시스템	이용가능시간
가	9명	×	○	×	09:00~16:00
나	6명	○	×	○	10:00~14:30
다	8명	○	×	×	10:00~17:00
라	8명	×	×	○	11:30~19:00
마	10명	×	○	×	08:30~12:00

〈부서별 회의 정보〉

- 각 부서는 서로 다른 회의실을 예약한다.
- A부서는 총 8명이며, 전원 회의에 참석할 예정이다. 빔 프로젝터를 이용할 예정이며, 오전과 오후로 세션을 나누어 동일한 회의실을 2시간씩 사용하고자 한다.
- B부서는 총 7명이며, 전원이 회의에 참석하여 오후 4시부터 2시간 동안 싱가폴 지부와 화상회의를 진행할 예정이다.
- C부서는 총 10명이며, 3명은 출장으로 인해 불참할 예정이다. 회의는 오전 11시부터 2시간 동안 진행될 예정이며, 회의 시 화이트보드를 사용하고자 한다.
- D부서는 총 4명이며, 전원이 회의에 참석하여 빔 프로젝터를 이용하여 오전 중 3시간 반 동안 신상품 사전협의 회의를 진행하고자 한다.

	부서	회의실		부서	회의실
①	A	마	②	B	가
③	C	나	④	C	다
⑤	D	라			

22 다음 글의 ⊙에 들어갈 명칭으로 옳은 것은?

> ____⊙____는 개인이 자신의 주민등록상 거주지를 제외한 다른 지방자치단체에 연간 일정 금액을 기부하면 기부자에게 세액공제와 답례품을 제공하는 제도이다. 금액은 최대 2,000만 원까지 가능하며 답례품은 기부금의 30% 이내로 제공된다. 기부금은 정부플랫폼을 활용하여 온라인으로 기부할 수 있으며 전국 농협 창구에서 오프라인으로도 가능하다.

① 고향납세
② 내고향기부제
③ 고향사랑기부제
④ 농협지역기부제
⑤ 고향기부답례제

23 다음 중 농협의 경제부문활동에 해당하지 않는 것은?

① 도매사업
② 농정홍보
③ 영농자재공급
④ 산지유통혁신
⑤ 농식품 공급 및 판매

24 흙의 날은 흙의 소중함과 보전의 필요성을 알리기 위해 제정된 법정기념일이다. 다음 중 흙의 날의 날짜로 옳은 것은?

① 3월 11일
② 3월 19일
③ 4월 11일
④ 4월 19일
⑤ 5월 6일

25 다음은 농협의 슬로건이다. 빈칸에 들어갈 단어를 〈보기〉에서 고른 것은?

_____, _____ 농협이 만들어 갑니다.

보기
㉠ 희망농업
㉡ 농업진흥
㉢ 농촌혁신
㉣ 행복농촌

① ㉠, ㉡
② ㉠, ㉣
③ ㉡, ㉢
④ ㉡, ㉣
⑤ ㉢, ㉣

02 60문항 유형

01 다음 글의 빈칸 ㉠~㉢에 들어갈 단어를 바르게 짝지은 것은?

- 최근 기성복에서 성별에 따른 ㉠ 이 사라지고 있다.
- 교통사고를 유형별로 ㉡ 한 결과가 잘못 발표됐다.
- 자본과 기술을 ㉢ 하여 이익을 극대화하는 방안을 모색했다.

	㉠	㉡	㉢
①	구분	분리	조합
②	구분	분류	결합
③	구별	분리	결합
④	구별	분류	결합

02 다음 중 밑줄 친 단어의 표기가 옳지 않은 것은?

① 널빤지로 궤짝을 짰다.
② 그는 쥐꼬리만 한 수입으로 근근이 살아간다.
③ 어짜피 죽을 바엔 밥이라도 배불리 먹고 싶다.
④ 우리는 오래전부터 가족들끼리도 익히 알고 지내는 사이이다.

03 다음 중 밑줄 친 단어의 표기가 옳은 것은?

① 이렇게 큰 상을 받게 되니 감사하면서도 겸연적다.
② 그 사람의 체면을 봐주다가 욕을 곱빼기로 얻어먹었다.
③ 주인공의 맛갈나는 연기가 시청자들의 눈길을 사로잡았다.
④ 차가운 바닥에 거적대기를 깔고 앉아 있는 모습이 안쓰러웠다.

※ 다음 의미를 가진 한자성어로 옳은 것을 고르시오. [4~5]

04

| 겉으로 드러나는 언행과 속으로 가지는 생각이 다름 |

① 가렴주구(苛斂誅求)　　② 견물생심(見物生心)
③ 각주구검(刻舟求劍)　　④ 표리부동(表裏不同)

05

| 말로는 친한 듯하나 속으로는 해칠 생각이 있음을 이르는 말 |

① 지록위마(指鹿爲馬)　　② 구밀복검(口蜜腹劍)
③ 호가호위(狐假虎威)　　④ 교각살우(矯角殺牛)

06 다음 글의 빈칸 ㉠ ~ ㉢에 들어갈 접속부사를 바르게 짝지은 것은?

> 농협중앙회는 베트남 현지에서의 K-푸드 소비 확대 및 한국 농식품 수출 확대를 위해 하노이 한인마트에서 K-푸드 홍보를 위한 행사를 개최하였다. 농협은 이번 행사를 통해 한국 쌀과 가공식품의 맛과 우수성을 설명할 기회를 가졌으며, ___㉠___ 한국 쌀을 사용하여 직접 주먹밥을 만드는 등의 요리 행사가 진행되어 소비자들의 큰 관심과 호응을 받았다. ___㉡___ 현지 소비자들의 한국 농식품에 대한 관심과 접근성을 높여 소비를 활성화시키기 위해 쌀로 만든 약과나 떡 등의 가공식품과 김치, 유자차 등 주요 품목들에 대한 할인행사도 진행하였다.
> ___㉢___ 농협은 K-푸드 동남아 시장 공략을 위한 전략 거점을 베트남으로 잡은 만큼 베트남 소비 트렌드와 고품질 현지화 방안에 대해 듣기 위해 하노이 주요 한인마트 및 농업 유관기관 대표들과 간담회를 가졌다. 또한 이를 통해 베트남 소비자들의 입맛에 맞는 상품개발뿐 아니라 현지 유통사들과 협력하여 유통망을 강화할 계획을 세웠다.

	㉠	㉡	㉢
①	특히	또한	한편
②	특히	또한	반면
③	게다가	또한	반면
④	게다가	그래서	반면

07 다음 글의 내용으로 적절하지 않은 것은?

> ESG 경영이란 기업이 비재무적 가치인 환경 보호와 사회적 기여도를 고려하고 지배구조를 개선하여 이를 재무적 가치와 통합해 장기적인 성장을 이루고 리스크를 관리해 나가며 지속 가능한 경영을 추구하는 방식을 말한다.
>
> 환경적으로는 탄소 배출을 감축하거나 친환경 기술을 개발하는 등 환경오염과 기후변화에 대응할 수 있으며, 사회적으로는 장애인 등 사회적인 약자를 지원한다거나 지역사회에 공헌하는 등 사회적인 책임을 실천할 수 있다. 이는 투명하고 공정한 경영을 추구하고 주주의 권리를 보호하고, 윤리적인 의사결정 체계를 구축하는 등의 방식을 통해 지배구조를 개선하는 방식으로 이루어진다.
>
> 이러한 경영방식은 기업의 수익적인 측면을 우선하지 않기 때문에 기업의 이윤 창출에 단기적으로는 부정적인 영향을 미칠 수 있다. 하지만 ESG 경영으로 기업은 지속 가능한 성장과 리스크 감소로 수익률 향상을 기대할 수 있으며, 환경적 그리고 사회적으로 책임을 다하는 모습은 기업 이미지를 향상시킴으로써 소비자와 투자자 모두에게 신뢰를 쌓아 결과적으로 수익률 향상으로 이어질 수 있다. 이러한 기업환경 개선은 장기적인 이익뿐 아니라 단기적으로도 비용 절감, 내부 조직문화 개선 등 기업 발전에 큰 효용을 불러오고 있다.
>
> 예를 들어 친환경적인 가치를 가진 전기차의 배터리를 생산하는 기업인 L사는 자사 소유의 차량을 모두 친환경 차량으로 교체하는 것은 물론, 폐배터리 폐기 문제성을 인지하고 이에 대한 대응책으로 폐배터리 재활용 법인을 운영하기로 결정하였다. 또한 개발도상국의 배터리 주요 원자재를 생산하는 과정에서 아동 노동착취가 행해진 것을 인지하고 이를 직접 실사하며 후속 조치를 취하는 등 자사의 직접적인 잘못이 아님에도 불구하고 책임을 지는 모습을 보여 기업 이미지 강화에 성공하였다.
>
> 이처럼 ESG 경영은 이제 단순히 따르고 지켜야 할 가치 판단의 기준을 넘어서 기업의 생존과 직결된 핵심 전략으로 위치하고 있다.

① ESG 경영은 단기적으로 볼 때 기업의 발전을 저해한다.
② ESG 경영이란 기업의 비재무적인 요소를 개선해 나가는 경영방식을 말한다.
③ ESG 경영은 소비자와 투자자들이 기업을 판단하는 데 긍정적인 영향을 준다.
④ ESG 경영은 앞으로 선택사항이 아닌 필수사항으로 기업의 존립에 영향을 줄 것이다.

※ 다음 식을 계산한 값으로 옳은 것을 구하시오. [8~9]

08

$$(42+44+46+48) \times 2 \times \frac{2}{4} + 25$$

① 165 ② 200
③ 205 ④ 220

09

$$\sqrt{4.5+11.5} + \sqrt{22+23-4+(5 \times 8)}$$

① 13 ② 14
③ 15 ④ 16

※ 일정한 규칙으로 수나 문자를 나열할 때, 빈칸에 들어갈 알맞은 것을 고르시오. [10~11]

10

2 6 10 14 (   )

① 16 ② 18
③ 20 ④ 22

11

A C F J (   )

① N ② O
③ P ④ Q

12 A씨는 N은행의 만기일시지급식 예금에 가입하였다. 원금 100만 원을 3년간 단리로 예금하고 96,000의 이자를 받았다면, 해당 상품의 연 이율은?

① 3.0%   ② 3.1%
③ 3.2%   ④ 3.4%

13 1부터 10까지의 정수가 적힌 공 10개 중에서 첫 번째는 2의 배수, 두 번째는 3의 배수가 나오도록 공을 뽑을 확률은?(단, 뽑은 공은 다시 넣는다)

① $\frac{5}{18}$ ② $\frac{3}{20}$
③ $\frac{1}{7}$ ④ $\frac{5}{24}$

14 다음 그림에서 직사각형 내부의 색칠된 삼각형의 넓이는?

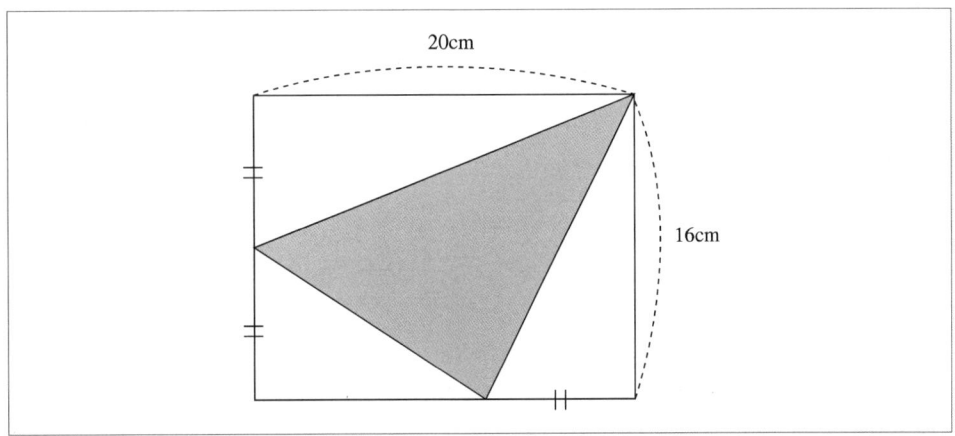

① 110cm²   ② 114cm²
③ 126cm²   ④ 128cm²

15 A사에서 근무하는 B과장은 30개월 전에 가입하였던 적금을 불가피한 사정으로 해지하려고 한다. 가입한 상품의 정보가 다음과 같을 때 B과장이 수령할 환급금은?

〈상품 정보〉

- 상품명 : N은행 함께 적금
- 가입기간 : 6년
- 가입금액 : 1,500만 원
- 이자지급방식 : 만기일시지급, 단리식
- 기본금리 : 연 2.5%
- 중도해지이율(연 %, 세전)
  - 12개월 미만 : 0.2
  - 18개월 미만 : 0.3
  - 24개월 미만 : (기본금리)×40%
  - 36개월 미만 : (기본금리)×60%

① 15,050,000원　　　② 15,562,500원
③ 15,737,500원　　　④ 15,975,000원

16 다음은 N국의 출산율과 이혼율에 대한 자료이다. 이에 대한 설명으로 옳지 않은 것은?

⟨N국의 출산율과 이혼율⟩

(단위 : 명, 건)

구분	출산율	신생아 수	이혼율	이혼 건수
2017년	1.17	460,000	2.1	100,000
2018년	1.05	400,000	2.2	110,000
2019년	0.98	380,000	2.3	115,000
2020년	0.92	370,000	2.1	100,000
2021년	0.84	365,000	2.0	90,000
2022년	0.81	360,000	1.95	90,000
2023년	0.78	350,000	1.75	85,000
2024년	0.72	340,000	1.85	90,000

※ 출산율 : 가임기 여성 1명이 평생 동안 낳을 것으로 예상되는 평균 신생아 수
※ 이혼율 : 인구 1,000명당 이혼 건수

① 2022년의 전체 인구는 전년 대비 증가하였다.
② 이혼율이 증가한 해에는 이혼 건수도 증가하였다.
③ 인구 1,000명당 신생아 수는 2018년이 2022년보다 적다.
④ 이혼 건수가 가장 많이 증가한 해에 신생아 수는 가장 많이 감소하였다.

17 제시된 명제가 모두 참일 때, 다음 중 반드시 참인 것은?

- 클래식을 좋아하는 사람은 고전을 좋아한다.
- 사진을 좋아하는 사람은 운동을 좋아한다.
- 고전을 좋아하지 않는 사람은 운동을 좋아하지 않는다.

① 사진을 좋아하는 사람은 고전을 좋아한다.
② 클래식을 좋아하지 않는 사람은 운동을 좋아한다.
③ 고전을 좋아하는 사람은 운동을 좋아하지 않는다.
④ 운동을 좋아하는 사람은 클래식을 좋아하지 않는다.

18 호텔 라운지에 둔 화분이 투숙자 중 1명에 의해 깨지는 사건이 발생했다. 이 호텔에는 A~D 4명의 투숙자가 있었으며, 각 투숙자는 다음과 같이 각각 세 가지 사실을 진술하였다. 4명의 투숙자 중 3명은 진실을 말하고 1명이 거짓을 말하고 있다면, 화분을 깬 사람은?

- A : 나는 깨지 않았다. B도 깨지 않았다. C가 깨뜨렸다.
- B : 나는 깨지 않았다. C도 깨지 않았다. D도 깨지 않았다.
- C : 나는 깨지 않았다. D도 깨지 않았다. A가 깨뜨렸다.
- D : 나는 깨지 않았다. B도 깨지 않았다. C도 깨지 않았다.

① A
② B
③ C
④ D

19 A ~ G 7명은 주말 여행지를 고르기 위해 투표를 진행하였다. 다음 〈조건〉에 따라 투표를 진행하였을 때, 투표를 하지 않은 사람을 모두 고르면?

조건
- D나 G 중 적어도 1명이 투표하지 않으면, F는 투표한다.
- F가 투표하면, E는 투표하지 않는다.
- B나 E 중 적어도 1명이 투표하지 않으면, A는 투표하지 않는다.
- A를 포함하여 투표한 사람은 모두 5명이다.

① B, E
② B, F
③ C, F
④ D, G

20 A ~ F 6명이 6층짜리 빌딩에 입주하려고 한다. 다음 〈조건〉을 만족할 때, 6명이 빌딩에 입주하는 방법의 경우의 수는?

조건
- A와 C는 고소공포증이 있어서 3층 위에서는 살 수 없다.
- B는 높은 경치를 좋아하기 때문에 6층에 살려고 한다.
- F는 D보다, D는 E보다 높은 곳에 살려고 한다.
- 각 층에는 1명씩만 거주한다.

① 2가지
② 4가지
③ 6가지
④ 8가지

CHAPTER 02 2024년 하반기 기출복원문제

정답 및 해설 p.013

01 | 70문항 유형

01 다음 중 짝지어진 단어 사이의 관계가 나머지와 다른 하나는?

① 간객 – 작자
② 기거 – 거주
③ 생존 – 종명
④ 주동 – 사동
⑤ 유의어 – 대의어

02 다음에서 설명하는 단어는?

> 어떠한 사실을 밝힐 수 있는 직접적인 증거가 되지는 않지만, 간접적으로 이를 증명하는 데 도움을 주는 것을 의미한다.

① 검증
② 방증
③ 실증
④ 예증
⑤ 확증

03 다음 글의 상황과 가장 어울리는 한자성어는?

> 의료계는 정부의 의대 및 치대의 의전원으로의 전환 정책에 대해, 군의관 부족뿐만 아니라 예측되는 여러 의료적 부작용 측면에 대해 우려를 표했다. 하지만 정부가 이를 무시한 채 강력하게 의전원 정책 도입을 추진하자 의료계가 우려했던 문제는 현실로 나타났다.

① 마이동풍(馬耳東風)
② 만시지탄(晚時之歎)
③ 사필귀정(事必歸正)
④ 연목구어(緣木求魚)
⑤ 좌정관천(坐井觀天)

※ 다음 글의 밑줄 친 단어와 가장 유사한 의미의 단어를 고르시오. **[4~5]**

04

> N카드사의 A카드 상품은 5천 원 이상 결제 시 1천 원 미만의 <u>잔돈</u>을 포인트로 적립해 현금처럼 사용할 수 있는 혜택을 줘 인기를 끌었다.

① 거금 ② 돈머리
③ 돈자리 ④ 모갯돈
⑤ 우수리

05

> 날이 풀리자 서해 바다는 갯벌 체험을 위해 <u>호미</u>를 들고 조개 채집하는 사람들로 인산인해를 이루었다.

① 괭이 ② 쇠뇌
③ 쟁기 ④ 당그래
⑤ 도리깨

06 다음 중 성질이 다른 하나는?

① 악어 ② 개구리
③ 거북이 ④ 도마뱀
⑤ 카멜레온

07 다음에서 설명하는 악기에 해당하는 것은?

> 현악기란 줄악기라고도 불리며 손 또는 활을 사용하여 현을 뜯거나 문질러 소리를 내는 악기의 한 종류이다.

① 나각 ② 첼로
③ 마라카스 ④ 아코디언
⑤ 클라리넷

08 다음 글의 내용으로 적절하지 않은 것은?

> 현재 전해지는 조선 시대의 목가구는 대부분 조선 후기의 것들로 단단한 소나무·느티나무·은행나무 등의 곧은결을 기둥이나 쇠목으로 이용하고, 오동나무·느티나무·먹감나무 등의 늘결을 판재로 사용하여 자연스러운 나뭇결의 재질을 살렸다. 또한 대나무 혹은 엇갈리거나 소용돌이무늬를 이룬 뿌리 부근의 목재 등을 활용하여 자연스러운 장식이 되도록 하였다.
> 조선 시대의 목가구는 대부분 한옥의 온돌에서 사용되었기에 온도와 습도 변화에 따른 변형을 최대한 방지할 수 있는 방법이 필요하였다. 그래서 단단하고 가느다란 기둥재로 면을 나누고, 기둥재에 홈을 파서 판재를 끼워 넣는 특수한 짜임과 이음의 방법을 사용하였으며, 꼭 필요한 부위에만 접착제와 대나무 못을 사용하여 목재가 수축·팽창하더라도 뒤틀림과 휘어짐이 최소화될 수 있도록 하였다. 조선 시대 목가구의 대표적 특징으로 언급되는 '간결한 선'과 '명확한 면 분할'은 이러한 짜임과 이음의 방법에 기초한 것이다. 짜임과 이음은 조선 시대 목가구 제작에 필수적인 방법으로, 겉으로 드러나는 아름다움은 물론 보이지 않는 내부의 구조까지 고려한 격조 높은 기법이었다.
> 한편 물건을 편리하게 사용할 수 있게 해주며, 목재의 결합부위나 모서리에 힘을 보강하는 금속 장석은 장식의 역할도 했지만 기능상 반드시 필요하거나 나무의 질감을 강조하려는 의도에서 사용되어, 조선 시대 목가구의 절제되고 간결한 특징을 잘 살리고 있다.

① 조선 시대 목가구는 온도와 습도 변화에 따른 변형을 방지할 방법이 필요했다.
② 금속 장석은 장식의 역할도 했지만, 기능상 필요에 의해서도 사용되었다.
③ 나무의 곧은결을 기둥이나 쇠목으로 이용하고, 늘결을 판재로 사용하였다.
④ 접착제와 대나무 못을 사용하면 목재의 수축과 팽창이 발생하지 않게 된다.
⑤ 목재의 결합부위나 모서리에 힘을 보강하기 위해 금속 장석을 사용하였다.

09 다음 문단을 논리적 순서대로 바르게 나열한 것은?

> (가) 최근 많은 소비자가 지구에 도움이 되는 일을 하고 있고, 건강에 좀 더 좋은 음식을 먹고 있다고 확신하면서 유기농 식품 생산이 급속도로 증가하고 있다.
> (나) 또한 유기 농업이 틈새시장의 부유한 소비자들에게 먹을거리를 제공하지만, 전 세계 수십억의 굶주리는 사람을 먹여 살릴 수 없다는 점이다.
> (다) 하지만 몇몇 전문가들은 유기 농업이 몇 가지 결점을 안고 있다고 말한다.
> (라) 유기 농가들의 작물 수확량이 전통적인 농가보다 훨씬 낮으며, 유기농 경작지가 전통적인 경작지보다 잡초와 벌레로 인해 큰 피해를 보고 있다는 점이다.

① (가) – (나) – (다) – (라) ② (가) – (나) – (라) – (다)
③ (가) – (다) – (라) – (나) ④ (나) – (가) – (다) – (라)
⑤ (나) – (가) – (라) – (다)

10 다음은 인구의 국제 이동에 대한 자료이다. 이에 대한 설명으로 옳지 않은 것은?

(단위 : 천 명)

구분	2008	2009	2010	2011	2012	2013	2014	2015	2016	2017	2018	2019	2020	2021	2022	2023
국제 순이동	8	-32	-16	-42	-49	-95	48	77	55	20	82	91	6	85	142	62
입국자	371	374	387	404	423	530	614	630	659	592	632	658	643	696	735	684
출국자	363	406	403	447	471	625	566	553	603	571	550	568	636	611	594	622
내국인 순이동	-76	-87	-62	-57	-77	-84	-81	-71	-37	21	-15	1	-4	-7	5	-10
외국인 순이동	84	55	46	15	28	-11	129	148	92	-1	97	90	10	92	137	72

① 국제 순이동은 2014년 이후 순유입을 유지하고 있다.
② 외국인은 2008년 이후 일부 연도를 제외하고는 순유입 추세를 보이고 있다.
③ 내국인의 국제 순이동은 2019년 이후 유출과 유입의 차이가 1만 명 이내이다.
④ 내국인 순유출이 가장 많았던 해에는 외국인 순유입이 가장 적었다.
⑤ 외국인 순이동 수치가 가장 컸던 해는 2015년이다.

11 다음은 연령별 비만율에 대한 자료이다. 이에 대한 설명으로 옳지 않은 것은?

〈19세 이상 연령별 비만도 분포〉
(단위 : %)

구분		저체중	정상체중	비만
2014년	전체	5.2	69.0	25.8
	19~29세	9.9	74.9	15.2
	30~39세	3.4	72.0	24.6
	40~49세	2.1	66.3	31.6
	50~59세	2.0	62.4	35.6
	60~69세	4.9	65.0	30.2
	70세 이상	13.4	64.4	22.2
2023년	전체	4.7	63.2	32.1
	19~29세	10.4	67.5	22.0
	30~39세	5.6	66.6	27.8
	40~49세	2.2	65.4	32.5
	50~59세	1.0	56.6	42.4
	60~69세	2.0	51.8	46.2
	70세 이상	4.6	63.6	31.7

① 2014년에 비해 2023년의 비만 분포가 가장 많이 증가한 연령대는 60대이다.
② 2023년 40대 이하 비만율의 평균은 50대 이상 비만율의 평균보다 낮다.
③ 2014년 70세 이상의 비만율과 저체중 비율의 차이는 동년 40대의 비만율과 저체중 비율의 차이와 3배 이상 격차가 벌어진다.
④ 두 해 모두 저체중 비율이 가장 높은 연령대는 비만율에서 각각 하위 1위나 2위를 기록했다.
⑤ 2023년 정상체중 비율의 연령대별 최대치와 최저치의 차이는 2014년의 차이보다 작다.

12 초등학생 n명에게 포도를 2알씩 나눠주면 20알이 남고, 3알씩 나눠주면 10개가 부족하다고 한다. 이때 처음에 갖고 있던 포도알은 모두 몇 알인가?

① 60알 ② 70알
③ 80알 ④ 90알
⑤ 100알

13 평균점수가 85점 이상이면 최우수상을 받는 시험이 있다. 현재 갑돌이는 70점, 85점, 90점을 받았고 나머지 1과목의 시험만을 남겨 놓은 상태이다. 이때, 갑돌이가 최우수상을 받기 위해 몇 점 이상을 받아야 하는가?

① 80점
② 85점
③ 90점
④ 95점
⑤ 100점

14 N사원은 독서 모임을 위해 책을 읽고 있다. 첫날은 전체의 $\frac{1}{3}$, 둘째 날은 남은 양의 $\frac{1}{4}$, 셋째 날은 100쪽을 읽었더니 92쪽이 남았다. 책의 전체 쪽수는?

① 356쪽
② 372쪽
③ 384쪽
④ 394쪽
⑤ 402쪽

※ 일정한 규칙으로 수나 문자를 나열할 때, 빈칸에 들어갈 알맞은 것을 구하시오. [15~16]

15
| 1 2 4 7 8 10 13 14 ( ) |

① 14.5
② 15
③ 15.5
④ 16
⑤ 16.5

16
| E N ( ) K T H |

① D
② I
③ J
④ L
⑤ Y

17 제시된 명제가 참일 때, 빈칸에 들어갈 명제로 가장 적절한 것은?

- 과학자들 가운데 미신을 따르는 사람은 아무도 없다.
- 돼지꿈을 꾼 다음 날 복권을 사는 사람들은 모두가 미신을 따르는 사람들이다.
- 그러므로 _____

① 과학자가 아닌 사람들은 모두 미신을 따른다.
② 미신을 따르는 사람들은 모두 돼지꿈을 꾼 다음 날 복권을 산다.
③ 미신을 따르지 않는 사람 중 돼지꿈을 꾼 다음 날 복권을 사는 사람이 있다.
④ 돼지꿈을 꾼 다음 날 복권을 사는 사람이라면 과학자가 아니다.
⑤ 돼지꿈을 꾼 다음 날 복권을 사지 않는다면 미신을 따르는 사람이 아니다.

18 다음 글의 내용이 참일 때, 반드시 채택되는 업체의 수는?

농림축산식품부는 구제역 백신을 조달할 업체를 채택할 것이다. 예비 후보로 A ~ E 5개 업체가 선정되었으며, 그 외 다른 업체가 채택될 가능성은 없다. 각각의 업체에 대해 농림축산식품부는 채택하거나 채택하지 않거나 어느 하나의 결정만을 내린다.
정부의 중소기업 육성 원칙에 따라, 일정 규모 이상의 대기업인 A가 채택되면 소기업인 B도 채택된다. A가 채택되지 않으면 D와 E 역시 채택되지 않는다. 그리고 수의학산업 중점육성 단지에 속한 업체인 B가 채택된다면, 같은 단지의 업체인 C가 채택되거나 타지역 업체인 A는 채택되지 않는다. 마지막으로 지역 안배를 위해 D가 채택되지 않는다면, A는 채택되지만 C는 채택되지 않는다.

① 1개 ② 2개
③ 3개 ④ 4개
⑤ 5개

19 제시된 정보만으로 판단할 때, 다음 중 기초생활수급자로 선정할 수 없는 경우는?

> 가. 기초생활수급자 선정 기준
> • 부양의무자가 없거나, 부양의무자가 있어도 부양능력이 없거나 또는 부양을 받을 수 없는 자로서 소득인정액이 최저생계비 이하인 자
>   ※ 부양능력 있는 부양의무자가 있어도 부양을 받을 수 없는 경우란 부양의무자가 교도소 등에 수용되거나 병역법에 의해 징집·소집되어 실질적으로 부양을 할 수 없는 경우와 가족관계 단절 등을 이유로 부양을 거부하거나 기피하는 경우 등을 가리킴
> 나. 매월 소득인정액 기준
> • (소득인정액)=(소득평가액)+(재산의 소득환산액)
> • (소득평가액)=(실제소득)−(가구특성별 지출비용)
>   1) 실제소득 : 근로소득, 사업소득, 재산소득
>   2) 가구특성별 지출비용 : 경로연금, 장애수당, 양육비, 의료비, 중·고교생 입학금 및 수업료
> 다. 가구별 매월 최저생계비
>
> | 1인 | 2인 | 3인 | 4인 | 5인 | 6인 |
> | --- | --- | --- | --- | --- | --- |
> | 42만 원 | 70만 원 | 94만 원 | 117만 원 | 135만 원 | 154만 원 |
>
> 라. 부양의무자의 범위
> • 수급권자의 배우자, 수급권자의 1촌의 직계혈족 및 그 배우자, 수급권자와 생계를 같이 하는 2촌 이내의 혈족

① 유치원생 아들 둘과 함께 사는 A는 재산의 소득환산액이 12만 원이고, 구멍가게에서 월 100만 원의 수입을 얻고 있으며, 양육비로 월 20만 원씩 지출하고 있다.

② 부양능력이 있는 근로소득 월 60만 원의 조카와 살고 있는 B는 실제소득 없이 재산의 소득환산액이 36만 원이며, 의료비로 월 30만 원을 지출한다.

③ 중학생이 된 두 딸을 혼자 키우고 있는 C는 재산의 소득환산액이 24만 원이며, 근로소득으로 월 80만 원이 있지만, 두 딸의 수업료로 각각 월 11만 원씩 지출하고 있다.

④ 외아들을 잃은 D는 어린 손자 두 명과 부양능력이 있는 며느리와 함께 살고 있다. D는 근로소득이 월 80만 원, 재산의 소득환산액이 48만 원이며, 의료비로 월 15만 원을 지출하고 있다.

⑤ 군대 간 아들 둘과 고등학생 딸 하나를 둔 E는 재산의 소득환산액이 36만 원이며, 월 평균 60만 원의 근로소득을 얻고 있지만, 딸의 수업료로 월 30만 원을 지출하고 있다.

20 N회사의 H대리는 다음 주 분기종합회의를 위해 회의실을 예약하고자 한다. 회의 조건과 세미나실별 다음 주 예약현황·세미나실별 시설현황이 다음과 같을 때, H대리가 다음 주 분기종합회의를 위해 예약 가능한 세미나실과 요일로 옳은 것은?

〈회의 조건〉
- 회의는 오후 1시부터 오후 4시 사이에 진행되어야 한다.
- 회의는 1시간 30분 동안 연이어 진행되어야 한다.
- 회의 참석자는 24명이다.
- 회의에는 빔프로젝터가 필요하다.

〈세미나실별 다음 주 예약현황〉

구분	월	화	수	목	금
본관 1세미나실		인재개발원 (10:00~15:00)		조직개발팀 (13:30~15:00)	기술전략처 (14:00~15:00)
본관 2세미나실	환경조사과 (10:00~11:30)	위기관리실 (14:00~15:00)	남미사업단 (13:00~16:00)	데이터관리과 (16:00~17:00)	-
국제관 세미나실A	-	품질보증처 (10:00~11:30)	건설기술처 (09:00~10:00)	-	성과관리과 (09:30~10:30)
국제관 세미나실B	회계세무부 (14:00~16:00)	글로벌전략실 (13:00~13:30)	내진기술실 (14:00~15:30)	글로벌전략실 (10:00~16:00)	
복지동 세미나실	경영관리실 (09:30~11:00)	-	법무실 (14:00~16:30)	-	법무실 (10:00~11:00)

〈세미나실별 시설현황〉

구분	빔프로젝터 유무	최대 수용가능인원
본관 1세미나실	O	28명
본관 2세미나실	O	16명
국제관 세미나실A	O	40명
국제관 세미나실B	O	32명
복지동 세미나실	×	38명

① 본관 1세미나실, 수요일
② 본관 2세미나실, 금요일
③ 국제관 세미나실B, 화요일
④ 국제관 세미나실B, 수요일
⑤ 복지동 세미나실, 목요일

21 다음 중 명함을 교환할 때 지켜야 할 예절로 적절하지 않은 것은?

① 명함은 반드시 지갑에서 꺼내고, 상대방에게 받은 명함도 명함 지갑에 넣는다.
② 명함은 상위자가 먼저 건넨 후 하위자가 상위자한테 건네야 한다.
③ 명함은 반드시 새것을 사용하여야 한다.
④ 명함에 대한 부가정보는 만남이 끝난 후 적는다.
⑤ 서로 명함을 꺼낼 때는 왼손으로 교환하도록 한다.

22 다음 중 NH농협이 하는 일의 성격이 나머지와 다른 것은?

① 영농에 필요한 자재를 저렴하고 안정적으로 공급
② 혁신적 물류체계 구축으로 농산물 도매유통 선도
③ 미래 농업·농촌을 이끌 영농인력 육성
④ 다양한 유통채널을 통해 우수 국산 농산물 판매
⑤ 안전 농식품 공급으로 국민 건강에 기여

23 다음 중 농업협동조합법에서 정의하는 조합에 대한 설명으로 옳지 않은 것은?

① 조합이란 지역조합과 품목조합을 말한다.
② 지역조합이란 농업협종조합법에 따라 설립된 지역농업협동조합과 지역축산업협동조합을 말한다.
③ 품목조합이란 농업협동조합법에 따라 설립된 품목별·업종별 협동조합을 말한다.
④ 조합 명칭은 임의로 정하여 사용할 수 있다.
⑤ 농업협동조합법에 따라 설립된 조합이 아니면 '협동조합' 명칭을 사용할 수 없다.

24 다음 중 NH농협의 혁신과제의 하나인 '농사같이(農四價値)' 운동에서 강조하는 네 가지 항목이 아닌 것은?

① 농경
② 농민
③ 농업
④ 농촌
⑤ 농협

25 다음 중 NH농협의 인재상이 아닌 것은?

① 항상 열린 마음으로 계통 또는 구성원 사이에 존경과 협력을 다하여 조직 전체의 성과가 극대화될 수 있도록 노력하는 인재
② 꾸준히 자기계발을 통해 자아를 성장시키고 맡은 분야에서 최고의 전문가가 되기 위해 지속적으로 노력하는 인재
③ 고객의 믿음을 지키기 위해 안정적이고 변하지 않는 모습으로 노력하는 인재
④ 프로다운 서비스 정신을 바탕으로 농업인과 고객을 가족처럼 여기고 최상의 행복 가치를 위해 최선을 다하는 인재
⑤ 모든 업무를 투명하고 정직하게 처리하여 모든 이해관계자로부터 신뢰를 받는 인재

02 60문항 유형

01 다음 글의 상황과 가장 잘 어울리는 한자성어는?

> 한 정치인은 인터뷰에서 요즘 정치권은 여야 할 것 없이 서로 자신의 잘못을 인정하지 않고 숨기기 급급하다며, 부끄러움이나 수치심은 찾아볼 수 없고 오히려 자신의 잘못을 타인에게 전가하기 바쁘다며 비판했다.

① 후안무치(厚顔無恥)
② 견리사의(見利思義)
③ 지록위마(指鹿爲馬)
④ 회빈작주(回賓作主)

02 다음 글을 읽고 빈칸에 들어갈 접속어를 순서대로 바르게 나열한 것은?

> 각 시대에는 그 시대의 특징을 나타내는 문학이 있다고 한다. 우리나라도 무릇 오천 년의 역사를 가진 만큼 그 발전 시기마다 각각 특색을 가진 문학이 없을 수 없고, 문학이 있었다면 그 중추가 되는 것은 아무래도 시가문학이라고 볼 수밖에 없다. _____ 대개 어느 민족을 막론하고 인간 사회가 성립하는 동시에 벌써 각자의 감정과 의사를 표시하려는 욕망이 생겼을 것이며, 삼라만상의 대자연은 자연 그 자체가 율동적이고 음악적이라고 할 수 있기 때문이다. 다시 말하면 인간이 생활하는 곳에는 자연적으로 시가가 발생하였다고 할 수 있다. _____ 사람의 지혜가 트이고 비교적 언어의 사용이 능란해짐에 따라 종합 예술체의 한 부분으로 있었던 서정문학적 요소가 분화·독립되어 제요나 노동요 따위의 시가의 원형을 이루고 다시 이 집단적 가요는 개인적 서정시로 발전하여 갔으리라 추측된다. _____ 다른 나라도 마찬가지이겠지만, 우리 문학사상에서 시가의 지위는 상당히 중요한 몫을 지니고 있다.

① 왜냐하면 – 그리고 – 그러므로
② 그리고 – 왜냐하면 – 그러므로
③ 그러므로 – 그리고 – 왜냐하면
④ 왜냐하면 – 그러나 – 그럼에도 불구하고

03 다음 글을 읽고 추론한 내용으로 가장 적절한 것은?

> 인삼은 한국 고유의 약용 특산물이었으며, 약재로서의 효능과 가치가 매우 높은 물건이었다. 중국과 일본에서는 조선 인삼에 대한 수요가 폭발적으로 증가하였다. 이에 따라 인삼을 상품화하여 상업적 이익을 도모하는 상인들이 등장하였다. 특히 개인 자본을 이용하여 상업 활동을 하던 사상(私商)들이 평안도 지방과 송도를 근거지로 하여 인삼 거래에 적극적으로 뛰어들었는데, 이들을 삼상(蔘商)이라고 하였다.
>
> 인삼은 매우 희귀한 물품이었으므로 조선 정부는 인삼을 금수품(禁輸品)으로 지정하여 자유로운 매매와 국외 유출을 억제하였다. 대신 삼상의 인삼 재배를 허가해 주고 그에 따른 세금을 거두어 들였다. 또한 삼상의 특정 지역 출입을 엄격하게 통제하였다. 가령 평안도 강계부는 개마고원과 백두산 지역의 인삼이 모이는 거점이었는데, 삼상이 이곳에 출입하기 위해서는 먼저 일종의 여행증명서인 황첩(黃帖)을 호조에서 발급받아야 하였다. 그리고 강계부에 도착할 때까지 강계부를 관할하는 평안도 감영은 물론 평안도의 주요 거점에서 황첩을 제시해야 하였다. 강계부에 도착해서는 강계부의 관원에게 황첩을 확인받고, 이어 매입하려는 인삼량을 신고한 뒤 그에 따른 세금을 강계부에 선납한 후에야 비로소 인삼을 구매할 수 있었다. 강계부는 세금을 납부한 삼상들의 명단을 작성하고, 이들이 어느 지역의 어떤 사람과 거래하였는지, 그리고 거래량은 얼마인지를 일일이 파악하여 중앙의 비변사에 보고하였다. 황첩이 없거나 거래량을 허위로 신고한 삼상은 밀매업자인 잠상(潛商)으로 간주되어 처벌되었으며, 황첩이 없는 상인의 거래를 허가한 강계부사도 처벌되었다.
>
> 삼상은 이렇게 사들인 인삼을 경상도 동래의 왜관으로 가지고 와 왜인들에게 팔았다. 이때도 삼상은 동래부에 세금을 내야 하였으며, 인삼 판매도 매달 여섯 차례 열리는 개시(開市) 때만 가능했다. 정부는 개시에서 판매하는 인삼의 가격까지 통제하였으며, 숙종 6년에는 판매할 수 있는 상인의 수도 20명으로 제한하였다.
>
> 이렇듯 여러 가지 까다로운 절차와 세금, 인원수의 제한에 따라 많은 상인이 합법적인 인삼 매매와 무역을 포기하고 잠상이 되었다. 더군다나 잠상은 합법적으로 인삼을 거래할 때보다 많은 이윤을 얻을 수 있었다. 한양에서 70냥에 팔리는 인삼이 일본 에도에서는 300냥에 팔리기도 하였기 때문이다.

① 황첩을 위조하여 강계부로 잠입하는 잠상들이 많았다.
② 정부는 잠상을 합법적인 삼상으로 전환시키기 위해 노력하였다.
③ 상인들은 송도보다 강계부에서 인삼을 더 싸게 구입할 수 있었다.
④ 중앙정부는 강계부에서 삼상에게 합법적으로 인삼을 판매한 백성이 어느 지역 사람인지를 파악할 수 있었다.

04 다음 글의 밑줄 친 단어 중 한글 맞춤법상 옳지 않은 단어의 개수는?

학자금부채탕감운동본부가 학자금 부채를 사회적 부채로 규정하고 '사회적 부채 감사위원회'를 발족하며 활동을 시작하겠다고 전했다. 이들은 학자금이 없거나 도리어 지원을 받아 사실상 무상 대학 교육에 가까운 미국과 유럽을 한국 현실과 비교하며 '한국은 고등교육에 대한 책임을 <u>온전히</u> 학생과 그 가족이 <u>짊어지고</u> 있다.'라며 이러한 사회적 부채 문제를 국정감사 등에서 공론화해 줄 것을 촉구함과 동시에 사회적 감사를 통해 학자금 부채의 실상을 <u>파헤치겠다고</u> 전했다.

이에 대해 한국파산회생변호사회는 일자리와 소득을 얻기 어려운 현실 속에서 청년들이 학자금 대출 상환까지 <u>병행되야</u> 하면 자포자기하는 경우가 많다며, 또 젊으니 일해서 갚으라는 사회적 인식 때문에 개인회생 및 개인파산 제도도 청년들에게 까다롭게 운용되고 있어 청년들이 자력으로 채무를 조정하고 스스로 <u>제기하는</u> 것은 현실적으로 어렵다고 지적했다.

교육평등권이 보장되지 않는 이 땅에서 <u>곰곰히</u> 생각해 보면 학자금 대출은 불가피한 선택이다. 해마다 대학들이 앞다투어 등록금을 <u>높히고</u> 있고, 여기에 더불어 월세, 식비, 교통비, 교재비 등까지 보태져 서민 가정에서의 학자금 대출은 어쩌면 당연한 수순일지도 모른다. 이에 학자금부채탕감운동본부는 이제 막 사회에 <u>발돋움한</u> 청년의 삶을 <u>해치는</u> 학자금 대출을 공론화하여 해법을 구해야 한다고 역설했다.

① 3개
② 4개
③ 5개
④ 6개

05 다음 글의 밑줄 친 단어 중 한글 맞춤법상 옳지 않은 것은?

> 정부가 농촌진흥청 R&D 예산을 대폭 삭감하자 전문가들은 이에 대해 우려를 제기했다. 농촌진흥청으로부터 제출받은 자료에 따르면, 지난 10년간 논농업 기계화율은 97.7%인 데 반해 밭농업 기계화율은 목표치를 크게 <u>밑도는</u> 59.3% 수준이다. 이런 상황에서 관련 R&D 예산을 <u>도리여</u> 20% 가까이 삭감한 것이다. 농촌의 인구 감소와 함께 심화하는 인구 고령화 탓에 농촌에서 인력 구하기란 하늘의 별 따기인지 오래라, 농사 작업의 기계화는 절실한 상황이다.
> 이런 급급한 상황에도 불구하고 밭농업 기계화율은 계속해서 <u>정체</u>를 보이고 있는데, 특히 가장 많은 비용과 인력이 필요한 파종·정식 작업은 지난 10년간 8.7%, 수확 작업은 23.8%로 나타났다. 심지어 배추, 고구마, 무의 파종·정식 작업 기계화율은 0%로 실제 기계의 도움은 전혀 받지 <u>못한 채</u> 수작업으로만 이루어지고 있고, 이 중 배추와 고구마는 수확 작업에서의 기계화율도 여전히 0%에 머물러 있다.

① 밑도는 ② 도리여
③ 정체 ④ 못한 채

06 다음 글의 밑줄 친 단어 중 한글 맞춤법상 띄어쓰기가 옳지 않은 것은?

> 농림축산검역본부는 전국 공항 및 항만 등에서 국가를 위해 공헌한 검역탐지견이 민간 입양을 통해 <u>새 가족</u>을 만나 남은 삶을 행복하게 보낼 수 있도록 하겠다고 전했다.
> 검역탐지견은 전국 공항 및 항만 등에서 국내 반입이 금지된 축산물과 식물류 등을 찾아내는 작업을 해왔으며 마리당 연간 5,000건 이상의 반입금지 물품을 찾아내고 있다.
> 이처럼 국가를 위해 공헌한 검역탐지견은 은퇴 시기인 <u>만 8세</u>에 다다르거나, 능력 저하, 훈련탈락 등 더 이상 검역 탐지 업무가 불가능한 상황이 되면 민간 입양을 통해 <u>제2의</u> 삶을 시작하게 된다.
> 민간 입양은 <u>분기 별</u>로 연 4회 실시되며 입양을 원하는 가정은 농림축산검역본부 홈페이지에 올라온 안내문에 따라 입양을 신청할 수 있다. 입양 가정은 동물보호단체와 함께 2개월간 공평하고 투명한 서류 및 현장심사를 통해 선정되며, 선정이 끝나면 분기 말 마지막 주에 입양이 진행된다.
> 또한 농림축산검역본부는 입양 이후에도 매년 '홈커밍데이'를 개최해 민간에 입양된 검역탐지견과 그 가족을 초청하고 있으며, '해마루 반려동물 의료재단'과 업무협약을 맺어 진료비 30% 할인 등을 제공하고 있다.

① 새 가족 ② 만 8세
③ 제2의 ④ 분기 별

07 다음 글을 근거로 판단할 때 가장 적절한 것은?

> 조선 시대 쌀의 종류에는 가을철 논에서 수확한 벼를 가공한 흰색 쌀 외에 밭에서 자란 곡식을 가공함으로써 얻게 되는 회색 쌀과 노란색 쌀이 있었다. 회색 쌀은 보리의 껍질을 벗긴 보리쌀이었고, 노란색 쌀은 조의 껍질을 벗긴 좁쌀이었다.
> 남부 지역에서는 보리가 특히 중요시되었다. 가을 곡식이 바닥을 보이기 시작하는 봄철, 농민들의 희망은 들판에 넘실거리는 보리뿐이었다. 보리가 익을 때까지는 주린 배를 움켜쥐고 생활할 수밖에 없었고, 이를 보릿고개라 하였다. 그것은 보리를 수확하는 하지, 즉 낮이 가장 길고 밤이 가장 짧은 시기까지 지속되다가 사라지는 고개였다. 보리 수확기는 여름이었지만 파종 시기는 보리 종류에 따라 달랐다. 가을철에 파종하여 이듬해 수확하는 보리는 가을보리, 봄에 파종하여 그해 수확하는 보리는 봄보리라고 불렀다.
> 적지 않은 농부들은 보리를 수확하고 그 자리에 다시 콩을 심기도 했다. 이처럼 같은 밭에서 1년 동안 보리와 콩을 교대로 경작하는 방식을 그루갈이라고 한다. 그렇지만 모든 콩이 그루갈이로 재배된 것은 아니었다. 콩 수확기는 가을이었으나, 어떤 콩은 봄철에 파종해야만 제대로 자랄 수 있었고 어떤 콩은 여름에 심을 수도 있었다. 한편 조는 보리, 콩과 달리 모두 봄에 심었다. 그래서 봄철 밭에서는 보리, 콩, 조가 함께 자라는 것을 볼 수 있었다.

① 흰색 쌀과 여름에 심는 콩은 서로 다른 계절에 수확했다.
② 봄보리의 재배 기간은 가을보리의 재배 기간보다 짧았다.
③ 흰색 쌀과 회색 쌀은 논에서 수확된 곡식을 가공한 것이었다.
④ 남부 지역의 보릿고개는 가을 곡식이 바닥을 보이는 하지가 지나면서 더 심해졌다.

※ 다음 식을 계산한 값으로 옳은 것을 고르시오. [8~9]

08

$$\frac{4,324}{6} \times \frac{66}{2,162} - \frac{15}{6}$$

① 17.79
② −1,779
③ 19.5
④ −1,950

09

$$14,465 - 3,354 + 1,989 - 878 + 1$$

① 11,123
② 11,223
③ 12,223
④ 12,233

10 어떤 수 x가 $-6 < x < 3$인 실수일 때, $\frac{2(6-x)}{3y} = 1$을 만족하는 자연수 y의 모든 값의 합은?

① 13
② 17
③ 21
④ 25

11 어떤 일을 하여 끝마칠 때까지 걸리는 기간은 A와 B가 함께 일할 때 15일, B와 C가 함께 일할 때 30일, C와 A가 함께 일할 때 18일이다. 이 일을 A, B, C가 함께 하는 경우, 끝마칠 때까지 걸리는 기간은?

① 10일　　　　　　　　　② 11일
③ 12일　　　　　　　　　④ 13일

12 반지름이 12cm인 원 3개를 다음과 같이 원의 중심이 지나도록 겹쳤을 때, 색칠한 영역의 넓이는?

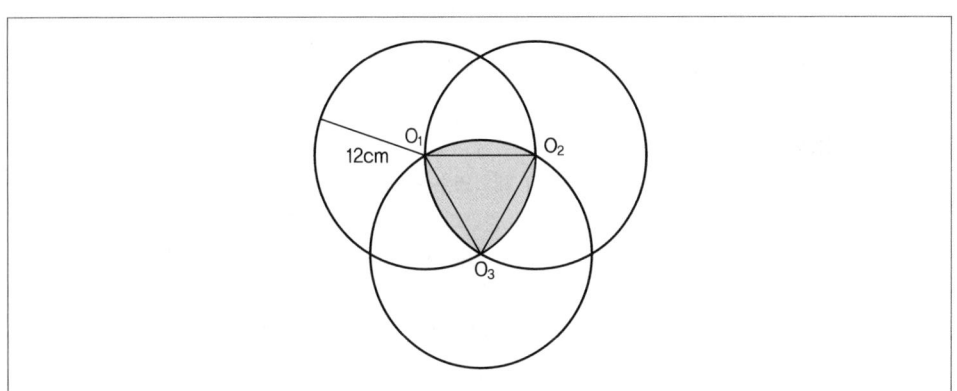

① $36(\pi - \sqrt{3})\text{cm}^2$　　　　② $48(\pi - \sqrt{3})\text{cm}^2$
③ $60(\pi - \sqrt{3})\text{cm}^2$　　　　④ $72(\pi - \sqrt{3})\text{cm}^2$

13 작년에 N공장에서 제작한 어떤 물건의 원가는 480만 원이고, 원가에 20%의 이익을 붙인 가격을 정가로 정하여 판매하였다. 올해 원가가 15% 상승했을 때, 올해 정가를 작년 정가 가격의 25% 증가한 가격으로 판매하였다면 올해 이익과 작년 이익의 차이는?

① 48만 원 ② 56만 원
③ 64만 원 ④ 72만 원

14 다음은 N기업 지원자의 인턴 및 해외연수 경험과 합격 여부에 대한 자료이다. 이에 대한 〈보기〉의 설명 중 옳은 것을 모두 고르면?

〈N기업 지원자의 인턴 및 해외연수 경험과 합격 여부〉

(단위 : 명, %)

인턴 경험	해외연수 경험	합격 여부		합격률
		합격	불합격	
있음	있음	53	414	11.3
	없음	11	37	22.9
없음	있음	0	16	0
	없음	4	139	2.8

※ 합격률(%) = $\frac{(합격자 \ 수)}{(합격자 \ 수)+(불합격자 \ 수)} \times 100$

※ 합격률은 소수점 둘째 자리에서 반올림한 값임

보기

ㄱ. 해외연수 경험이 있는 지원자가 해외연수 경험이 없는 지원자보다 합격률이 높다.
ㄴ. 인턴 경험이 있는 지원자가 인턴 경험이 없는 지원자보다 합격률이 높다.
ㄷ. 인턴 경험과 해외연수 경험이 모두 있는 지원자 합격률은 인턴 경험만 있는 지원자 합격률의 2배 이상이다.
ㄹ. 인턴 경험과 해외연수 경험이 모두 없는 지원자와 인턴 경험만 있는 지원자 간 합격률 차이는 30%p보다 크다.

① ㄱ, ㄴ ② ㄱ, ㄷ
③ ㄴ, ㄷ ④ ㄴ, ㄷ, ㄹ

※ 일정한 규칙으로 수나 문자를 나열할 때, 빈칸에 들어갈 알맞은 것을 구하시오. [15~16]

15

B B C B D F D L ( )

① M ② N
③ O ④ P

16

504 ( ) 127 12 0

① 279 ② 303
③ 327 ④ 346

17 제시된 명제가 모두 참일 때, 추론한 내용으로 가장 적절한 것은?

• 사과를 좋아하면 배를 좋아하지 않는다.
• 귤을 좋아하면 배를 좋아한다.
• 귤을 좋아하지 않으면 오이를 좋아한다.

① 사과를 좋아하면 오이를 좋아한다.
② 배를 좋아하면 오이를 좋아한다.
③ 귤을 좋아하면 사과를 좋아한다.
④ 배를 좋아하지 않으면 사과를 좋아한다.

18 지영이의 생일을 맞이하여 민지, 재은, 영재, 정호는 함께 생일을 축하하고, 생일 케이크를 나눠 먹기로 하였다. 지영이가 다섯 조각으로 자른 케이크의 크기는 서로 다르며 각자 케이크 한 조각씩을 먹었다고 할 때, 먹은 케이크의 크기가 작은 순서대로 바르게 나열한 것은?

- 생일 주인공이 가장 큰 조각의 케이크를 먹었다.
- 민지의 케이크 조각은 가장 작지도 않고, 두 번째로 작지도 않다.
- 재은이의 케이크 조각은 지영이의 케이크 조각보다 작지만, 민지의 케이크 조각보다는 크다.
- 정호의 케이크 조각은 민지의 케이크 조각보다는 작지만, 영재의 케이크 조각보다는 크다.

① 지영 – 재은 – 민지 – 영재 – 정호
② 정호 – 재은 – 민지 – 영재 – 지영
③ 영재 – 정호 – 민지 – 재은 – 지영
④ 영재 – 재은 – 민지 – 정호 – 지영

19 다음은 N기관에 대한 SWOT 분석 결과이다. SWOT 분석 결과를 바탕으로 적절한 전략을 〈보기〉에서 모두 고르면?

〈N기관에 대한 SWOT 분석 결과〉

강점(Strength)	약점(Weakness)
• 공공기관으로서의 신뢰성 • 국토의 종합적 이용 · 개발	• 국토개발로 인한 환경파괴 • 정부 통제 및 보수적 조직문화
기회(Opportunity)	위협(Threat)
• 정부의 해외 개발 사업 추진 • 환경친화적 디지털 신도시에 대한 관심 확대	• 환경보호 단체, 시민 단체와의 충돌 • 건설 경기 위축 및 침체

보기
ㄱ. 공공기관으로서의 높은 신뢰도를 바탕으로 정부의 해외 개발 사업에 적극적으로 참여한다.
ㄴ. 침체된 건설 경기를 회복하기 위해 비교적 개발이 진행되지 않은 산림, 해안지역 등의 개발을 추진한다.
ㄷ. 환경파괴를 최소화하면서도 국토를 효율적으로 이용할 수 있는 환경친화적 신도시를 개발한다.
ㄹ. 환경보호 단체나 시민 단체에 대한 규제 강화를 통해 공공기관으로서의 역할을 수행한다.

① ㄱ, ㄴ
② ㄱ, ㄷ
③ ㄴ, ㄷ
④ ㄴ, ㄹ

20 농업이 국민경제의 근간임을 국민들에게 인식시키고, 농업인의 긍지와 자부심을 고하며 노고를 위로하기 위해 법정기념일로 정한 '농업인의 날'은 언제인가?

① 10월 1일 ② 10월 10일
③ 10월 15일 ④ 11월 11일

21 다음 중 NH농협의 심벌마크에 대한 설명으로 옳은 것은?

① 'V'꼴은 농협의 'ㄴ'을 변형한 것으로 싹과 벼, 농협의 무한한 발전을 상징한다.
② 'V'꼴을 제외한 아랫부분은 '업'의 'ㅇ'을 변형한 것으로 잘 익은 쌀, 풍년을 상징한다.
③ 심벌마크 전체는 '협'의 'ㅎ'을 변형한 것으로 화폐, 재산 등을 상징한다.
④ 노란색은 태양을 상징하며, 농업인의 밝은 내일을 비추어 주는 희망을 상징한다.

22 다음 중 NH농협의 핵심가치가 아닌 것은?

① 국민에게 사랑받는 농협 ② 금융사고 제로 농협
③ 지역 농축협과 함께하는 농협 ④ 경쟁력 있는 글로벌 농협

CHAPTER 03 2024년 상반기 기출복원문제

정답 및 해설 p.024

01 70문항 유형

※ 다음 제시된 단어에서 공통으로 연상할 수 있는 단어로 가장 적절한 것을 고르시오. [1~5]

01

꿀벌 수액 항생제 알레르기

① 독침
② 땅콩
③ 벌목
④ 프로폴리스
⑤ 미네랄

02

독성 구황작물 전지 알뿌리

① 감자
② 보리
③ 옥수수
④ 버섯
⑤ 고구마

03

유기물 넷제로 그래핀 다이아몬드

① 리튬
② 산소
③ 질소
④ 수소
⑤ 탄소

04

| 힘차다 | 작다 | 다부지다 | 억세다 |

① 암팡지다 ② 옴팡지다
③ 총명하다 ④ 대담하다
⑤ 명랑하다

05

| 퇴사 | 유모차 | 이유식 | 휴직 |

① 휴가 ② 육아
③ 교육 ④ 여행
⑤ 회사

06 다음 글의 빈칸에 들어갈 한자성어로 가장 적절한 것은?

> 한 치 앞도 못 내다보는 이 오리무중 같은 시국에 충신과 역신이 뒤바뀌기가 _____(이)라는 걸 이곳 벼슬아치들이 모르겠소?

① 장광설(長廣舌) ② 유분수(有分數)
③ 등한시(等閒視) ④ 도외시(度外視)
⑤ 여반장(如反掌)

07 다음 중 밑줄 친 부분의 어휘가 적절하지 않은 것은?

① 회의실에서 한 <u>경솔한</u> 발언이 큰 걸림돌로 다가왔다.
② 한밤중의 <u>소요</u>에 많은 사람들이 밖으로 나와 있었다.
③ 위기에 빠진 재정 상태를 타개하기 위한 <u>자구책</u>이었다.
④ 며칠 동안 고생을 한 탓에 그의 모습은 매우 <u>남루하였다</u>.
⑤ 그는 중요한 순간마다 <u>미더운</u> 결정을 내려서 모두를 당황하게 만들었다.

08 다음 글에 대한 추론으로 가장 적절한 것은?

> 고령화는 인구 중 65세 이상 노인의 비율이 증가하는 현상을 의미한다. 한 사회의 모든 인구 중 65세 이상의 인구 비율이 7% 이상이면 고령화 사회, 14% 이상이면 고령 사회, 20% 이상이면 초고령 사회로 구분된다.
>
> 압축적인 사회 발전을 이룬 한국은 서구사회에서 100여 년에 걸쳐 진행된 고령화를 유례없이 빠른 속도로 경험하고 있으며, 저출산 문제와 맞물려 세계에서 가장 빠르게 고령화가 진행되고 있다. 2023년 기준 65세 이상 인구는 전체 인구의 18.4%를 차지하고 있으며, 2025년에는 20.6%로 초고령 사회에 진입할 것으로 전망되고 있다. 이처럼 급속한 고령화로 인한 노동력 감소, 경제 성장 둔화, 사회 복지 비용 증가 등 여러 사회 문제가 발생할 것으로 예상된다.
>
> 고령화는 여러 나라에서 일반적으로 발생하고 있으며 세계 각국은 고령화로 인한 사회 문제를 해결하기 위해 다양한 노력을 기울이고 있다. 유럽에서 이탈리아에 이어 두 번째로 초고령 사회에 진입한 독일은 2011년부터 노인에 대한 직접적인 지원 정책 외에도 교육, 고용, 도시개발 등의 과제까지 포괄적으로 고려하는 인구 전략을 실시하고 있으며, 노인의 생활상, 주기, 디지털화 등 다방면의 주제에 대한 노인보고서를 작성하여 노인 정책의 기본 방향 및 관련 지식 확산에 힘쓰고 있다. 베이비붐 세대의 본격적인 은퇴와 지속적인 출산율 감소로 급속도로 초고령 사회가 된 핀란드의 경우 노후소득보장 정책, 국가연금제도, 고령자 고용정책 등 다양한 노인복지 정책을 실시하고 있다. 우리나라와 가장 비슷한 양상을 보이는 일본은 2017년 기준 고령화율이 27%를 넘기는 초고령 사회이다. 사회보장급부비의 폭발적인 증가로 인해 일본은 고령화 대응 정부 기본계획으로서 고령사회 대책 대강을 실시하여 취업과 소득, 건강과 복지, 학습과 사회참가 등을 기본시책으로 삼아 노인이 계속해서 일할 수 있는 환경을 조성하는 등 다양한 대응책을 실시하고 있다.
>
> 이처럼 고령화는 전 세계적인 현상이며 각국은 이를 해결하기 위한 다양한 정책과 전략을 도입하고 있다. 우리나라의 경우 독일, 핀란드, 일본 등 고령화가 높은 수준으로 진행된 국가의 정책을 참고할 기회가 있으므로 각국의 고령화 대응정책에 대한 면밀한 연구를 통해 고령화 대응책 마련에 기초자료로 활용하면 추후에 발생할 사회 문제들을 완화하고 해소할 수 있을 것이다.

① 고령화의 직접적인 원인은 수명 증가와 저출산이다.
② 고령화는 모든 국가에서 공통적으로 발생하는 현상이다.
③ 각국 고령화 대응 정책의 기본은 고령화 비율의 감소이다.
④ 독일의 주요 고령화 대응 정책은 노인에 대한 금전적 지원이다.
⑤ 1억 명의 인구 중 65세 이상 인구가 1,500만 명이라면 고령화 사회에 해당한다.

09 다음 글의 내용으로 가장 적절한 것은?

> 건강식품, 필수 영양소 등 많은 사람들이 건강과 웰빙에 대해 관심을 가지게 되면서 식품, 영양이라는 단어는 많은 곳에서 쓰이고 있다. 식품과 영양은 밀접한 관계의 단어로서 비슷한 의미로 사용되곤 하는데, 이 두 개념은 서로 다른 의미와 역할을 가지고 있다.
>
> 먼저 식품은 우리가 먹고 마시는 모든 것을 의미한다. 과일, 채소, 고기 등 자연 상태의 음식뿐만 아니라 빵, 치즈, 소스 등 가공된 음식까지 포함한다. 식품은 우리의 생명을 유지하고 건강을 증진하는 데 필요한 영양소를 제공하는데, 과일과 채소는 비타민과 무기질이 풍부하며, 고기와 유제품은 단백질과 칼슘을 제공한다. 이러한 영양소는 신체의 성장과 발달, 에너지 생산, 세포 복구 및 유지에 필수적이다.
>
> 반면, 영양은 식품을 섭취한 후, 우리 몸이 그 식품에서 영양소를 흡수하고 사용하는 과정을 의미한다. 영양소는 탄수화물, 단백질, 지방, 비타민, 무기질 등으로 구성되며, 이들은 각각 신체의 다양한 기능을 지원한다. 예를 들어, 탄수화물은 에너지를 제공하고, 단백질은 근육과 조직을 형성하며, 지방은 세포막을 구성하고 비타민의 흡수를 돕는다. 또한 비타민과 무기질은 신체의 대사 과정과 면역 기능을 지원한다.
>
> 식품과 영양의 차이점을 살펴보면, 먼저 식품은 우리가 섭취하는 구체적인 물질을 의미하며, 영양은 그 물질이 우리 몸에서 어떻게 사용되는지를 설명한다. 또한 식품은 물리적 형태를 가지고 있지만, 영양은 생리학적·생화학적 과정에 초점을 맞춘다. 마지막으로 식품은 다양한 형태와 맛을 가지고 있지만, 영양은 신체의 필수적인 요구를 충족시키는 데 중점을 둔다.
>
> 식품과 영양은 상호작용을 통해 우리의 건강에 큰 영향을 미친다. 균형 잡힌 식단은 다양한 식품을 포함하여 모든 필수 영양소를 제공함으로써 최적의 건강을 유지하는 데 도움이 된다. 반면, 영양 결핍이나 과잉은 건강 문제를 초래할 수 있다. 예를 들어, 비타민 C 결핍은 괴혈병을 유발할 수 있으며, 과도한 지방 섭취는 비만과 심혈관 질환의 위험을 증가시킬 수 있다.
>
> 따라서 건강한 식습관을 유지하기 위해서는 식품과 영양에 대한 이해와 함께 다양한 식품을 섭취하여 모든 필수 영양소를 균형 있게 섭취해야 한다. 또한, 가공식품과 당분이 많은 식품의 섭취를 줄이고, 신선한 과일과 채소, 단백질이 풍부한 음식을 선택하는 것이 중요하다. 이러한 식습관은 건강을 증진하고, 질병을 예방하는 데 도움이 된다.

① 영양은 먹고 마시는 모든 것을 의미한다.
② 식품은 인간이 섭취하는 구체적인 물질을 의미한다.
③ 영양의 과잉은 일반적으로 건강에 문제가 되지 않는다.
④ 비타민 C의 결핍은 비만과 심혈관 질환의 위험을 증가시킨다.
⑤ 에너지를 만들고, 면역력을 높이는 것은 식품으로 설명할 수 있다.

10 다음 글의 주제로 가장 적절한 것은?

국민에게 식량을 공급하는 농촌이 갈수록 고령화되고 있다. 통계청 조사 결과 농가인구 가운데 65세 이상 고령 인구 비율은 50%에 달한다. 농촌이 도시보다 초고령 사회 진입이 빨라지고 있는 것이다.

농촌 소멸을 막고, 식량 안보를 확보하기 위해서는 농업후계자 육성이 절실하다. 농업후계자 가운데서도 청년들의 농업 진출이 중요해졌다. 그래서 정부는 청년농업인 육성에 본격적으로 나섰다. 청년농업인 유입과 안정적인 영농 정착을 위해 '청년농어업인 육성·지원법'이 제정됐고, '후계·청년농 육성 기본 계획'도 수립됐다.

농림축산식품부는 농림수산식품교육문화정보원과 함께 청년농업인 선발을 5,000명으로 늘려 영농창업과 정착을 체계적으로 지원한다. 청년 창업농 선발, 초기 정착, 농지·자금 등 영농창업 기반, 교육·컨설팅 지원과 스마트팜 창업 생태계 조성 등을 통해 농업 분야 신규 인력을 육성하고 있다. 이러한 정책 등에 힘입어 청년농업인 감소세는 둔화하고 있다. 통계청 조사에 따르면 2010~2015년에는 청년농업인 수가 56.6%나 감소했지만, 2015~2020년은 13.5% 줄어드는 데 그쳤다.

청년농업인의 유입과 영농 정착을 더욱 활성화하기 위해서는 우선 청년농업인들이 겪는 창업 초기의 소득 불안을 완화하기 위한 정책이 필요하다. 이를 위해 농식품부는 영농정착지원사업의 예산을 943억 원으로 대폭 늘려 최장 3년간 월 최대 110만 원의 영농정착지원금을 지급한다.

창업기반 강화도 중요하다. 청년농업인의 수요에 맞는 농지와 정보를 제공해 주고, 금융지원 문턱을 낮추는 동시에 민간투자도 확대할 필요가 있다. 그래서 농식품부는 청년농업인들에게 공급 가능한 농지 물량을 대폭 확대하고, 영파머스펀드(Young Farmers Fund)도 증액했다. 또 청년농업인에 대한 우대보증을 지원하는 농림수산업자신용보증기금의 정부 출연금을 증액해 보증지원이 더욱 원활해질 것으로 기대된다.

농촌 거주에 필수적인 주택 및 자녀 보육 등에 대한 지원도 빼놓을 수 없다. 농식품부가 '청년농촌보금자리조성 사업' 예산을 큰 폭으로 확대한 것은 청년들의 안정적 농촌 정착에 많은 도움이 될 것이다. 이와 함께 청년농업인 영농정착지원사업 대상자 연령의 상한을 현재의 40세 미만에서 45세 이하 등으로 상향 조정할 필요가 있다.

젊고 유능한 인재의 농업 분야 진출을 촉진하는 선순환 체계 구축은 튼튼한 농업, 활기찬 농촌 실현으로 이어질 것이다. 앞으로 농업에 도전하는 청년들이 늘어나고, 농촌에서 값진 삶을 사는 청년들이 많아지기를 기대한다.

① 농업 기술 발전과 스마트팜의 미래
② 농업 생산성 향상을 위한 기계화 전략과 그 효과
③ 도시 청년들의 농업 진출 현황과 그에 따른 경제적 영향
④ 농촌 관광 활성화를 위한 방안과 지역 경제에 미치는 영향
⑤ 농촌 고령화와 식량 안보를 위한 청년농업인 육성 정책의 중요성

11 부장 2명, 대리 4명, 사원 3명으로 구성된 부서에서 부장 1명, 대리 1명, 사원 1명을 뽑아 팀을 만들 때, 가능한 경우의 수는?

① 3가지 ② 9가지
③ 18가지 ④ 24가지
⑤ 36가지

12 다음은 1,100명을 대상으로 실시한 설문조사 응답자의 거주지역 및 성별 비율에 대한 자료이다. 인천에 사는 응답자 중 여성의 비율이 전체 응답자 중 여성의 비율과 같을 때, 전체 응답자 중 대구에 사는 여성은 몇 명인가?

〈응답자의 거주지역 및 성별 비율〉

구분	서울	경기	인천	부산	광주	대구	대전	울산	기타	계
남성	0.18	0.17		0.03	0.05		0.02	0.04	0.02	0.6
여성	0.07	0.03		0.07	0.05	( )	0.03	0.01	0.08	0.4
계		0.2	0.1	0.1	0.05	0.05	0.05	0.05	0.1	1

① 20명 ② 22명
③ 24명 ④ 26명
⑤ 28명

13 연이율 2.4%가 적용되는 만기 2년 단리 적금 상품에 만기 때까지 매월 초 80만 원씩 납입하였을 때 만기 시 받는 이자와 연이율 2.4%가 적용되는 만기 2년 월복리 적금 상품에 만기 때까지 매월 초 100만 원씩 납입하였을 때 만기 시 받는 이자의 차이는?(단, $1.002^{24}=1.0491$로 계산하며, 이자 소득에 대한 세금은 고려하지 않는다)

① 107,900원 ② 119,100원
③ 128,600원 ④ 135,700원
⑤ 143,500원

※ 다음은 X은행에서 판매하는 체크카드 상품에 대한 자료 및 Y씨에 대한 정보이다. 이어지는 질문에 답하시오. [14~15]

〈체크카드별 혜택〉

구분	혜택
A체크카드	• 전월 실적에 따라 온라인 및 오프라인 결제 할인 제공 (단위 : 원) 	구분 \ 전월 실적	300,000 ~ 499,999	500,000 ~
---	---	---
모바일 페이[1]	3,000	6,000
카페 및 미용용품[2]	3,000	6,000
OTT 서비스[3]	1,000		 1) 모바일 페이로 온라인 결제 시 3% 할인 제공 2) 카페 및 미용용품 오프라인 결제 시 4% 할인 제공 3) OTT서비스 결제 시 5% 할인 제공
H체크카드	• 전월 실적에 따라 온라인 및 오프라인 결제 할인 제공 (단위 : 원) | 구분 \ 전월 실적	200,000 ~ 399,999	400,000 ~ 599,999	600,000 ~ 999,999	1,000,000 ~
---	---	---	---	---
온라인[1]	4,000	8,000	15,000	25,000
오프라인[2]	3,000	5,000	7,000	10,000
총할인 한도	7,000	13,000	22,000	35,000	 1) 온라인 쇼핑몰, 온라인 서점, 어학시험, 배달앱 5% 및 C영화관 2,000원 적용 2) 카페 20%, 대중교통 10%, 편의점 5%, 통신비 자동납부 2,500원 적용
K체크카드	• 전월 실적에 따라 모빌리티 서비스 할인 제공 - 대중교통 10% - 카쉐어링 서비스 5% - 전기차 충전 5% (단위 : 원) 	전월 실적	200,000 ~ 799,999	800,000 ~
---	---	---
할인 한도	3,000	5,000	 • 전월 실적 200,000원 이상일 때 결제 시 캐시백 제공 - 이동통신 요금 5%(월 최대 3,000원) - 카페(월 최대 2,000원) - 편의점 5%(월 최대 1,000원)
M체크카드	• 전월 실적 100,000원 이상일 때 다음과 같은 혜택 제공 	항목	내용
일반 할인	- 전월 실적 100,000 ~ 299,999원 : 0.2% 적용 - 전월 실적 300,000 ~ 999,999원 : 0.3% 적용 - 전월 실적 1,000,000원 이상 : 0.5% 적용
주유 할인	- 리터당 40원 할인(일 최대 2회, 월 최대 6회)
가맹점	- 마트 : 2% 할인(월 최대 10,000원)	
N체크카드	• 전월 실적 조건 없이 사용금액의 0.2% 할인 제공

〈정보〉
• Y씨는 매월 500,000원을 사용한다.
• Y씨는 자가용 차를 이용하지 않고, 대중교통을 이용한다.
• Y씨는 카페를 이용하지 않는다.

14 Y씨에게 월 할인 금액이 가장 많은 체크카드를 추천하고자 할 때, 추천해 줄 수 있는 카드로 가장 적절한 것은?(단, Y씨가 이용하지 않는 혜택까지 포함하며, 주유 할인은 리터당 1,600원의 100,000원 어치 월 1회 주유로 가정한다)

① A체크카드
② H체크카드
③ K체크카드
④ M체크카드
⑤ N체크카드

15 Y씨는 K체크카드를 이용하기로 하였다. 매월 대중교통으로 사용하는 비용이 120,000원이고, 이동통신 요금이 100,000원일 때, Y씨가 편의점 할인 혜택을 포함하여 받는 월 할인 금액은 최대 얼마인가?

① 7,000원
② 9,000원
③ 17,000원
④ 18,000원
⑤ 19,000원

16 다음은 어느 지역에서 2014 ~ 2023년에 출하한 쌀과 고추의 연도별 10kg당 가격 변화 추이에 대한 자료이다. 이에 대한 설명으로 옳은 것은?

① 2014 ~ 2023년의 10kg당 쌀 가격은 항상 고추 가격보다 낮았다.
② 2014 ~ 2023년 중 10kg당 쌀 가격이 가장 높은 연도와 고추 가격이 가장 높은 연도는 같다.
③ 2014 ~ 2023년 중 10kg당 쌀 가격이 가장 낮은 연도와 고추 가격이 가장 낮은 연도는 같다.
④ 2015 ~ 2023년의 10kg당 쌀 가격과 고추 가격의 전년 대비 증감 추이는 같다.
⑤ 2015 ~ 2023년 중 10kg당 쌀 가격과 고추 가격이 전년 대비 동시에 오른 연도는 3개이다.

17 5월에 열린 국제영화제 행사에 참석한 N씨는 A ~ F영화를 다음 〈조건〉에 따라 1일부터 6일까지 하루에 한 편씩 보려고 한다. 다음 중 항상 옳은 것은?

> **조건**
> - F영화는 3일과 4일 중 하루만 상영된다.
> - D영화는 C영화가 상영된 날 이틀 후에 상영된다.
> - B영화는 C, D영화보다 먼저 상영된다.
> - 첫째 날 B영화를 본다면, 5일에 반드시 A영화를 본다.

① A영화는 C영화보다 먼저 상영될 수 없다.
② B영화는 1일 또는 2일에 상영된다.
③ C영화는 E영화보다 먼저 상영된다.
④ D영화는 5일이나 폐막작으로 상영될 수 없다.
⑤ E영화는 개막작이나 폐막작으로 상영된다.

18 N고등학교는 부정행위 방지를 위해 1 ~ 3학년이 한 교실에서 같이 시험을 본다. 다음 〈조건〉을 참고할 때, 항상 거짓인 것은?

> **조건**
> - 교실에는 책상이 세로로 여섯 줄 놓여 있다.
> - 같은 학년은 바로 옆줄에 앉지 못한다.
> - 첫 번째 줄과 다섯 번째 줄에는 3학년이 앉는다.
> - 3학년이 앉은 줄의 수는 1학년과 2학년이 앉은 줄의 수의 합과 같다.

① 2학년은 네 번째 줄에 앉는다.
② 첫 번째 줄과 세 번째 줄의 책상 수는 같다.
③ 3학년의 학생 수가 1학년의 학생 수보다 많다.
④ 여섯 번째 줄에는 1학년이 앉는다.
⑤ 1학년이 두 번째 줄에 앉으면 2학년은 세 번째 줄에 앉는다.

※ 다음은 예금거래기본약관의 제14조 사고·변경 사항 신고 및 제17조 면책에 대한 내용이다. 이어지는 질문에 답하시오. [19~20]

<예금거래기본약관>

제14조 사고·변경사항의 신고
① 거래처는 통장·도장·카드 또는 증권이나 그 용지를 분실·도난·멸실·훼손했을 때에는 즉시 서면으로 신고하여야 한다. 다만, 긴급하거나 부득이할 때는 영업시간 중에 전화 등으로 신고할 수 있으며, 이 때는 다음 영업일 안에 서면으로 신고하여야 한다.
② 거래처가 인감 또는 서명, 비밀번호, 성명, 상호, 대표자명, 대리인명, 주소, 전화번호, 기타 신고 사항을 바꿀 때는 서면으로 신고하여야 한다. 다만, 비밀번호는 서면 신고 없이 전산통신기기를 이용하여 바꿀 수 있으며, 이 경우 계좌번호, 주민등록번호, 비밀번호 등 은행이 정한 요건에 맞으면 은행은 새로운 비밀번호로 변경 처리한다.
③ 거래처는 주소, 전화번호 등의 일부 신고 사항에 대하여 은행이 정한 방법에 따라 전산통신기기를 이용하여 변경할 수 있다.
④ 제1항 및 제2항의 신고는 은행이 이를 접수한 뒤 전산입력 등 필요한 조치를 하는 데 걸리는 합리적인 시간이 지나면 그 효력이 생기며 전산장애 등 불가항력적인 사유로 처리하지 못한 때는 복구 등 사유해제 시 즉시 처리하여야 한다.
⑤ 제1항의 신고를 철회할 때에는 거래처 본인이 서면 또는 전산통신기기 등으로 하여야 한다.

제17조 면책
① 은행은 예금지급청구서, 증권(어음교환소에서 전자적 정보의 형태로 제시된 어음·수표 등 포함) 또는 신고서 등에 찍힌 인영(또는 서명)을 신고한 인감(또는 서명감)과 육안으로 주의 깊게 비교·대조하여 틀림없다고 여기고, 은행이 정한 방법에 따라 전산통신기기를 이용하여 입력된 비밀번호가 신고 또는 등록한 것과 같아서 예금을 지급하였거나 기타 거래처가 요구하는 업무를 처리하였을 때에는 인감이나 서명의 위조·변조 또는 도용이나 그 밖의 다른 사고로 인하여 거래처에 손해가 생겨도 그 책임을 지지 않는다. 다만, 은행이 거래처의 인감이나 서명의 위조·변조 또는 도용 사실을 알았거나 알 수 있었을 때는 그러하지 아니하다.
② 전산통신기기 등을 이용하거나 거래정보 등의 제공 및 금융거래명세 등 통보와 관련하여 은행이 책임질 수 없는 사유로 계좌번호, 비밀번호 등의 금융정보가 새어나가 거래처에 손해가 생겨도 은행은 그 책임을 지지 않는다.
③ 은행이 거래처의 실명확인증표 등으로 주의 깊게 본인 확인하여 예금을 지급하였거나 기타 거래처가 요구하는 업무를 처리하였을 때에는 위조·변조 또는 도용이나 그 밖의 다른 사고로 인하여 거래처에 손해가 생겨도 그 책임을 지지 않는다. 다만, 은행의 고의 또는 과실로 인한 귀책사유가 있는 경우 은행은 그 책임의 일부 또는 전부를 부담한다.
④ 은행이 주민등록증 등 실명확인증표로 주의 깊게 실명확인하거나 실명 전환한 계좌는 거래처가 실명확인증표 또는 서류의 위조·변조·도용 등을 한 경우, 이로 인하여 거래처가 손해가 생겨도 은행은 그 책임을 지지 않는다.
⑤ 거래처가 제14조 제1항, 제2항, 제4항의 신고나 절차를 미루어 생긴 손해에 대해 은행은 그 책임을 지지 않는다. 다만, 이 경우에도 은행은 거래처에 손해가 발생하지 않도록 선량한 관리자로서의 주의를 다하여야 한다.

19 윗글에 대한 설명으로 옳은 것은?

① 통장 분실사고가 발생하면 반드시 전화로 신고하여야 한다.
② 개인정보 변경, 비밀번호 변경 등의 신고 사항은 반드시 서면으로 신고하여야 한다.
③ 통신장애 등으로 신고 사항의 반영이 지연될 경우 신고자는 해당 사항을 재신고하여야 한다.
④ 개인이 개인 계좌번호와 비밀번호를 타인에게 공유하여 발생한 사고는 은행이 책임지지 않는다.
⑤ 은행 내 강도 등 강력범죄가 발생하였을 때, 은행은 반드시 방문객의 안전을 최우선으로 하여야 한다.

20 N은행 H지점에서 A씨의 명의가 도용되어 개인 동의 없이 계좌가 개설되는 사고가 발생하였다. 조사 결과 A씨가 개인정보 변경 여부를 제때 신고하지 않았던 점과 H지점의 미흡한 본인 확인으로 밝혀졌을 때, 약관에 따른 H지점의 대처로 가장 적절한 것은?

① 도용 사고는 전적으로 A씨의 귀책사유에 해당하므로 A씨와의 계약을 일괄 파기한다.
② A씨의 명의 도용 사고 관련 수사를 위해 수사 종결 때까지 A씨의 변경 전 정보를 유지한다.
③ A씨의 개인정보 확인을 소홀히 한 H지점의 과실이 있으므로 일부 책임을 부담한다.
④ 다른 사유로 A씨의 개인정보가 유출되었음을 의심할 수 있으므로 A씨의 과실을 주장한다.
⑤ A씨가 개인정보 변경 여부를 즉각 알리지 않았으므로 A씨에게 책임의 전체를 부담하게 한다.

21 다음 중 유럽연합(EU)의 회원국이 아닌 나라는?

① 크로아티아
② 폴란드
③ 루마니아
④ 스위스
⑤ 벨기에

22 다음 중 지중해 국가가 아닌 나라는?

① 모나코
② 레바논
③ 모로코
④ 리비아
⑤ 조지아

23 다음 〈보기〉의 문화재와 관련된 시기로 옳은 것은?

① 조선 ② 고려
③ 백제 ④ 고구려
⑤ 통일신라

24 다음 중 빈칸에 들어갈 용어에 접목되는 대표적인 첨단기술로 적절하지 않은 것은?

> 농업(Agriculture)과 첨단기술(Technology)을 결합한 합성어로 _____ 등 첨단기술을 농작물의 생산, 가공, 유통 전 과정에 적용하여 생산성을 높이고 상품의 질을 향상시키는 산업

① 블록체인 ② 빅데이터
③ 인공지능 ④ 머신러닝
⑤ 사물인터넷

25 다음 중 농협의 인재상으로 옳지 않은 것은?

① 시너지 창출가 ② 행복의 파트너
③ 진취적 도전가 ④ 정직과 도덕성을 갖춘 인재
⑤ 친절과 배려로 봉사하는 인재

26 다음 중 지역농협 전용 모바일 애플리케이션의 명칭으로 옳은 것은?

① NH올원뱅크
② NH스마트뱅킹
③ NH콕뱅크
④ NH멤버스
⑤ NH With

27 다음 중 농협의 사회공헌단체로 옳지 않은 것은?

① 농협재단
② 농협청년운동본부
③ 나눔축산운동본부
④ 도농상생국민운동본부
⑤ 우리농업지키기운동본부

28 다음 중 빈칸에 들어갈 단어로 옳은 것은?

> _____은/는 범농협 계열사와 농촌진흥청, 농림수산식품교육문화정보원, 축산물품질평가원 등 농업 관련 기관의 데이터를 연계·가공하여 이용자가 쉽고 빠르게 활용할 수 있도록 한 빅데이터 플랫폼이다. 농·축산물 종합정보, 귀농 및 귀촌 메이트 등 다양한 서비스를 제공한다.

① NH Farm
② N-Local
③ NH Info
④ N-Hub
⑤ NH Connect

02 60문항 유형

01 다음 글의 밑줄 친 ㉠ ~ ㉣ 중 쓰임이 적절하지 않은 것은?

> 저녁을 먹고 짧은 시간 동안 산책을 하기 위해 집을 나섰다. 수확한 뒤 들판에 남은 ㉠ <u>낟알</u>을 쪼아 먹는 새들의 ㉡ <u>지저귐</u>과 저물어 가는 노을이 하루 동안 ㉢ <u>심란했던</u> 마음을 평온하게 보듬어 주었다. 자연의 아름다움과 고요함이 ㉣ <u>비로소</u> 나에게 진정한 휴식을 안겨주었다.

① ㉠
② ㉡
③ ㉢
④ ㉣

02 다음 중 A씨의 행동과 가장 적합한 한자성어는?

> A씨는 매일 아침 사과를 먹는다. A씨는 어느 날 심한 감기에 걸리게 되는데, 감기에 걸린 이유가 자신의 건강이 나빠서이며, 건강이 나빠진 이유는 매일 아침에 사과를 먹었기 때문이라고 생각하였다. 이후 A씨는 아침에 사과를 먹으면 심한 감기에 걸릴 수 있다고 사람들에게 주장하기 시작했다.

① 아전인수(我田引水)
② 견강부회(牽强附會)
③ 사면초가(四面楚歌)
④ 사필귀정(事必歸正)

03 다음 중 밑줄 친 부분의 띄어쓰기가 옳지 않은 것은?

① 이 일을 할 수 있는 사람은 <u>너 밖에</u> 없다.
② 완고한 그를 <u>설득하는 데</u> 며칠이 걸렸다.
③ 저 산이 얼마나 <u>높은지</u> 아무도 모른다.
④ 서울로 떠난 그는 <u>사흘 만에</u> 다시 왔다.

04 다음 제시된 문단을 읽고, 이어질 문단을 논리적 순서대로 바르게 나열한 것은?

> 협동조합운동은 19세기 중엽 영국에서 처음 일어났다. 1844년에 발족한 로치데일 공정선구자 협동조합(Rochidale Society of Equitable Pioneers)이 근대 협동조합의 효시이다. 자본주의의 성립·발달 과정에서 발생한 빈부의 격차·실업·저임금 등 사회문제를 해결하기 위해 등장한 것이다. 10여 년 후에는 프랑스와 독일에서도 협동조합운동이 일어났다.

(가) 실로 협동조합운동이 이 같은 정치적 색채를 띤 것은 세계 협동조합역사상 찾아보기 드문 일이었는데, 이 때문에 또한 일제의 탄압이 따를 수밖에 없었다. 따라서 이 운동은 1930년대 초반 조선총독부가 벌인 농촌진흥운동이 시작될 무렵 자연 소멸하거나 강제 해산되고 말았다.

(나) 우리나라의 협동조합운동은 서유럽에 비해 약 80년 뒤져서 시작되었다. 1910년대의 금융조합이나 1920년대의 산업조합은 일제 총독부가 한국을 식민지로 지배·통치하기 위한 경제적 보조기관으로 설립한 것이기 때문에 엄밀한 의미에서 협동조합이라고 규정하기에는 이론이 없지 않다.

(다) 이 민간 협동조합은 전통적 협동조직인 계와 향약을 바탕으로 한 우리 농민·노동자·지식인·일반 서민 대중이 주체가 되어 자발적으로 소비조합과 신용조합을 조직함으로써 경제적 자력갱생운동을 벌이는 한편, 계몽활동을 병행함으로써 민족의식 고취와 조국해방을 염원하였다.

(라) 영국의 초기 협동조합이 주로 노동자의 생활상태 개선을 위한 소비조합형태로 출발하였다면, 미처 자본주의가 확립되지 못한 프랑스에서는 산업혁명을 치르기 위해 중소 수공업을 근대적 공장제공업으로 개편하기 위한 생산조합 설립부터 착수하였다. 한편, 독일에서는 도시산업과 농촌농업의 생산력 증대에 무엇보다 시급한 것은 고리채를 추방하고 이자율이 낮은 자금을 공급하는 데 있다고 판단하고 신용조합을 결성·보급하는 데서 출발하였다.

(마) 오히려 1920년대 중반, 우리 한민족에 의해 전개된 조선물산장려운동·외화배척운동·납세거부운동·소작쟁의·민립대학설립운동 등과 함께 일어난 민간 협동조합운동이야말로 최초의 진정한 협동조합운동이었다고 평가해야 옳을 것이다.

① (다) – (라) – (가) – (나) – (마)
② (다) – (라) – (가) – (마) – (나)
③ (라) – (나) – (가) – (다) – (마)
④ (라) – (나) – (마) – (다) – (가)

05 다음 글의 빈칸에 들어갈 접속사로 가장 적절한 것은?

> Newspapers, popular magazines, radio, and television aid consumers. The media play a vital role in warning people about frauds being practiced locally. They also offer useful advice on investing, health and nutrition, housing, and other topics of special interest to consumers. _____, the media help people resolve consumer complaints. Businesses that might ignore a consumer acting alone respond fast and favorably when a reporter gets involved. This is because they want to avoid unfavorable publicity.

① In short
② In contrast
③ In addition
④ As a result

06 N사원은 자동차를 타고 60km/h로 출근하던 중 15분이 지났을 때, 중요한 서류를 집에 두고 왔다는 사실을 깨달았다. 처음 출근했을 때의 1.5배의 속력으로 집으로 돌아가 서류를 챙긴 후, 서류를 챙기러 돌아갔을 때의 1.2배의 속력으로 다시 회사로 향했다. N사원이 회사에 도착할 때까지 걸린 시간이 50분이라고 할 때, N사원의 집에서 회사까지의 거리는?(단, 서류를 챙기는 데 걸린 시간은 고려하지 않는다.)

① 40km
② 45km
③ 50km
④ 55km

07 남자 4명, 여자 4명으로 이루어진 팀에서 2명의 팀장을 뽑으려고 한다. 이때 팀장 2명이 모두 남자로만 구성될 확률은?

① $\dfrac{3}{14}$
② $\dfrac{2}{7}$
③ $\dfrac{3}{7}$
④ $\dfrac{4}{7}$

08 욕조에 물을 가득 채우는 데 A관은 30분, B관은 40분이 걸리고, 가득 채운 물을 배수하는 데는 20분이 걸린다. A관과 B관을 동시에 틀고 동시에 배수를 할 때, 욕조에 물이 가득 채워질 때까지 걸리는 시간은?

① 60분
② 80분
③ 100분
④ 120분

※ 일정한 규칙으로 수를 나열할 때, 빈칸에 들어갈 알맞은 수를 고르시오. [9~10]

09

$$\frac{36}{2} \quad \frac{37}{4} \quad \frac{38}{8} \quad \frac{39}{16} \quad (\quad)$$

① $\frac{40}{32}$
② $\frac{40}{36}$
③ $\frac{40}{48}$
④ $\frac{40}{52}$

10

350 222 130 ( ) 30 10 2

① 104
② 92
③ 80
④ 68

11 A기업은 N은행에서 기업희망론을 통해 대출을 받았다. 다음과 같은 조건일 때, A기업이 내야 하는 마지막 달의 비용은 얼마인가?(단, 조건 외의 경우는 고려하지 않는다)

〈기업희망론〉
- 가입대상 : 기업
- 대출기간 : 1년 이내
- 대출한도 : 5천만 원 이내
- 대출금리 : 고정
- 상환방법 : 만기일시상환(대출기간 중에는 이자만 지불하다가 만기일에 대출 전액을 상환하는 방식)
- 중도상환 : 수수료 없음
- 만기경과 후 기한의 이익상실에 대한 안내
  만기일 경과 후 대출금액을 전액 상환하지 않은 경우 은행여신거래 기본약관 제7조에 따라 기한의 이익이 상실되어 대출잔액에 대한 지연배상금이 부과됩니다.

조건
A기업은 대출기간과 대출한도를 최대로 하였으며, 가입할 당시 금리는 연 3%였다. 중도상환은 하지 않았으며, 만기일을 모두 채워 일시상환을 하였다.

① 50,125,000원
② 50,145,000원
③ 51,520,000원
④ 51,535,000원

12 연이율 3.6%가 적용되는 만기 3년 단리 적금 상품이 있다. 이 상품에 만기 때까지 매월 초 일정한 금액을 납입하여 만기 시 받는 이자가 99만 9천 원일 때, 매월 초 납입해야 하는 금액은?(단, 이자소득에 대한 세금은 고려하지 않는다)

① 50만 원 ② 55만 원
③ 60만 원 ④ 65만 원

13 연이율 6%가 적용되는 만기 3년 월복리 적금 상품에 만기 때까지 매월 초 50만 원씩 납입하였을 때, 만기 시 수령액은?(단, $1.005^{36}=1.2$로 계산하며, 이자 소득에 대한 세금은 고려하지 않는다)

① 1,920만 원 ② 1,980만 원
③ 2,000만 원 ④ 2,010만 원

14 다음은 일부가 지워진 영수증이다. 이 영수증에서 상품 전체 구매 금액과 부가세액을 합한 합계 금액은?(단, 부가세액은 상품 전체 구매 금액의 10%이다)

① 46,750원 ② 49,500원
③ 51,150원 ④ 52,250원

※ 다음 명제가 모두 참일 때, 반드시 참인 명제를 고르시오. [15~16]

15

- 책을 많이 읽으면 어휘력이 풍부하다.
- 안경을 쓴 어떤 사람은 책을 많이 읽는다.
- 시력이 나쁜 어떤 사람은 안경을 쓴다.

① 책을 많이 읽은 사람은 시력이 나쁘다.
② 시력이 나빠 안경을 쓴 사람은 책을 많이 읽는다.
③ 책을 많이 읽지 않는 사람은 안경을 쓰지 않는다.
④ 어휘력이 풍부한 어떤 사람은 시력이 좋을 수 있다.

16

- 늦잠을 자지 않으면 부지런하다.
- 늦잠을 자면 건강하지 않다.
- 비타민을 챙겨먹으면 건강하다.

① 비타민을 챙겨먹으면 부지런하다.
② 부지런하면 비타민을 챙겨먹는다.
③ 늦잠을 자면 비타민을 챙겨먹는다.
④ 늦잠을 자면 부지런하지 않다.

17 N금은방에서 절도 사건이 발생하였다. 용의자 A~E를 조사한 결과 범인은 모두 2명이었다. 다음의 대화에서 범인 2명 중 1명만 거짓으로 진술하고, 나머지 4명은 진실로 진술하였을 때, 범인은 누구인가?

- A : D는 범인이 아니에요.
- B : A는 거짓말을 하고 있어요.
- C : A는 확실히 범인이 아니에요.
- D : E는 확실히 범인이에요.
- E : C의 말은 사실이에요.

① A, C
② B, D
③ B, E
④ C, E

18 다음과 같은 좌석에 4쌍의 커플이 〈조건〉에 따라 앉을 때, 항상 참인 것은?

2열	1	2	3	4	5	6
1열	1	2	3	4	5	6

조건
- 모든 커플끼리는 서로 이웃하여 앉지 않아도 된다.
- 각 커플의 남자와 여자는 반드시 같은 열에 이웃하여 앉아야 한다.
  예 A-a 커플 : 2열 1번, 2열 2번(○) / 2열 1번, 2열 3번(×) / 1열 1번, 2열 1번(×)
- 서로 다른 커플의 다른 성별끼리는 이웃하여 앉을 수 없다.
- 서로 다른 커플의 다른 성별끼리는 같은 번호에 앉을 수 없다.
- 1열 3번, 1열 4번 자리에는 남자가 앉을 수 없다.
- 모든 열의 6번 자리에는 여성이 앉을 수 없다.

① 1열 1번 자리에 여자가 앉으면 1열 3번, 1열 4번에 앉는 사람은 없다.
② 1열 3번, 1열 4번 자리에 여자가 앉으면 2열 6번 자리에 앉는 사람은 없다.
③ 2열 3번, 2열 4번 자리에 남자가 앉으면 1열 6번 자리에 앉는 사람은 없다.
④ 1열 6번, 2열 6번 자리에 남자가 앉으면 모든 열의 1번 자리에는 반드시 남자가 앉아야 한다.

19 해외영업부 A대리는 B부장과 함께 샌프란시스코에 출장을 가게 되었다. 샌프란시스코의 시각은 한국보다 16시간 느리고, 비행 시간은 10시간 25분일 때 샌프란시스코 현지 시각으로 11월 17일 오전 10시 35분에 도착하는 비행기를 타려면 한국 시각으로 인천공항에 몇 시까지 도착해야 하는가?

구분	날짜	출발 시각	비행 시간	날짜	도착 시각
인천 → 샌프란시스코	11월 17일		10시간 25분	11월 17일	10:35
샌프란시스코 → 인천	11월 21일	17:30	12시간 55분	11월 22일	22:25

※ 단, 비행기 출발 1시간 전에 공항에 도착해 티켓팅을 해야 함

① 12:10　　　　　　　　　　② 13:10
③ 14:10　　　　　　　　　　④ 15:10

20 N은행 총무부에 재직 중인 귀하는 외국인에게 배포할 명함을 제작하고자 한다. 〈조건〉에 따라 다음과 같은 초안을 만들었을 때, 발생한 오류는?

조건
- 명함은 너비 90mm, 높이 50mm로 한다.
- 전화번호를 제외한 모든 정보는 영어로 전달해야 한다.
- 명함 상단에 검은색, 초록색, 노란색 굵은 선을 넣는다.
- 명함 좌측 상단에 대한민국을 넣는다.
- 명함 우측 상단에 회사 CI를 넣는다(단, 굵은 선이 CI 위에 있으면 안 된다).
- 명함 하단에 이름, 전화번호, 이메일 주소를 넣는다.
- 전화번호는 [대한민국의 국가번호(82)] - (0을 제외한 지역번호) - (나머지 전화번호)를 적는다.
- 이메일은 사내메일(id@hankooknh.co.kr)을 적는다.

① 대한민국의 영문명에 오탈자가 발생하였다.
② 검은색, 초록색, 노란색 굵은 선이 회사 CI 위에 있다.
③ 이름이 누락되었다.
④ 전화번호의 국가번호를 잘못 적었다.

CHAPTER 04 2023년 하반기 기출복원문제

정답 및 해설 p.035

01 | 70문항 유형

01 다음 제시된 단어에서 공통으로 연상할 수 있는 단어는?

| 바이올린　줄　우쿨렐레 |

① 건반악기　　　　　　　　　② 전자악기
③ 타악기　　　　　　　　　　④ 관악기
⑤ 현악기

02 다음 중 밑줄 친 어휘의 맞춤법이 옳지 않은 것은?

① 오늘은 <u>웬일인지</u> 은총이가 나에게 웃으며 인사해주었다.
② 그녀의 집은 살림이 <u>넉넉지</u> 않다.
③ 분위기에 <u>걸맞은</u> 옷차림이다.
④ 영희한테 들었는데 이 집 자장면이 그렇게 <u>맛있데</u>.
⑤ 그는 목이 <u>메어</u> 한동안 말을 잇지 못했다.

03 다음 중 밑줄 친 단어를 바꾸어 사용할 수 없는 것은?

- 그가 하는 이야기는 ㉠ <u>당착</u>이 심하여 도무지 이해할 수가 없었다.
- 용하다고 소문난 점쟁이는 눈빛부터 ㉡ <u>용인</u>과 달랐다.
- 마산만은 숱한 ㉢ <u>매립</u>으로 인해 대부분의 해변이 사라졌다.
- 앞으로 국내에 6개월 이상 ㉣ <u>체류</u>하는 외국인은 건강보험에 가입해야 한다.
- 공정경제 문화 정착을 위해 공공기관부터 공정경제의 ㉤ <u>모범</u>이 되어야 한다.

① ㉠ - 모순　　　　　　　　　② ㉡ - 범인
③ ㉢ - 굴착　　　　　　　　　④ ㉣ - 체재
⑤ ㉤ - 귀감

04 다음 글의 내용과 가장 관련 있는 한자성어는?

> 우리나라의 200만 개 일자리를 창출 중인 건설업에서 매년 400여 명이 목숨을 잃고 있는 것으로 나타났다. 이에 고용노동부 장관은 최근 희생자가 발생한 8개 건설사의 대표이사들을 불러 이 문제에 대한 간담회를 가졌다.
> 간담회에서 이 장관은 단순히 안전 구호를 외치며 안전 체조를 하던 과거 방식은 더 이상 사망사고를 막을 수 없다며, 사망사고를 예방하기 위해서는 각 작업장에서의 위험 요소를 파악하고 이에 대한 안전조치를 파악해 현장 자체를 변화시켜야 한다고 주장했다. 또한 특정 건설사에서 계속하여 사망사고가 발생하는 것은 경영자와 본사의 노력이 현장에 미치지 못하고 형식적인 데에서만 그치고 있는 것이라며 안전경영 리더십을 글이 아닌 직접 행동으로 보여줄 것을 촉구하였다.

① 각주구검(刻舟求劍)
② 수주대토(守株待兔)
③ 자강불식(自强不息)
④ 오하아몽(吳下阿蒙)
⑤ 일취월장(日就月將)

05 다음 문단을 논리적 순서대로 바르게 나열한 것은?

> (가) 친환경 농업은 최소한의 농약과 화학비료만을 사용하거나 전혀 사용하지 않은 농산물을 일컫는다. 친환경 농산물이 주목받는 이유는 우리가 먹고 마시는 것들이 건강과 직결되기 때문이다.
> (나) 사실상 병충해를 막고 수확량을 늘리는 데 있어, 농약은 전 세계에 걸쳐 관행적으로 사용됐다. 깨끗이 씻어도 쌀에 남아있는 잔류농약을 완전히 제거하기는 어렵다. 잔류농약은 아토피와 각종 알레르기를 유발한다. 출산율을 저하하고 유전자 변이의 원인이 되기도 한다. 특히 제초제 성분이 체내에 들어올 경우, 면역체계에 치명적인 손상을 일으킨다.
> (다) 미국 환경보호청은 제초제 성분의 60%를 발암물질로 규정했다. 결국 더 많은 농산물을 재배하기 위한 농약과 제초제 사용이 오히려 인체에 치명적인 피해를 줄지 모를 '잠재적 위험 요인'으로 자리매김한 셈이다.

① (가) – (나) – (다)
② (나) – (가) – (다)
③ (나) – (다) – (가)
④ (다) – (가) – (나)
⑤ (다) – (나) – (가)

06 다음 글의 내용으로 적절하지 않은 것은?

> 지난해 충청남도에서 청년농업인의 맞춤형 스마트팜인 '온프레시팜 1호'가 문을 열었다. 이는 청년농업인이 안정적으로 농업을 경영하여 자리 잡아 살아갈 수 있는 영농 터전을 마련하기 위한 맞춤형 사업으로, 이를 통해 농작물 재배 능력이 낮고 영농 기반이 부족한 청년농업인들이 농촌 안에서 안정적으로 농작물을 생산하고 경제적으로 정착할 수 있을 것으로 기대되고 있다.
> 온프레시팜은 에어로포닉스와 수열에너지를 접목해 토양 없이 식물 뿌리와 줄기에 영양분이 가득한 물을 분사해 농작물을 생산하는 방식으로 화석연료 대비 경제적으로 우수할 뿐만 아니라 병해충의 발생이 적고 시설적으로도 쾌적하다. 또한 토양이 없어 공간 활용에 유리하며 재배 관리 자동화가 가능해 비교적 관리도 수월하다. 하지만 초기 시설비용이 많이 들고 재배 기술의 확보가 어려워 접근이 쉽지 않다.

① 온프레시팜 사업은 청년농업인들이 영농활동을 지속할 수 있도록 지원하는 사업이다.
② 온프레시팜은 기존 농업인이 아닌 농촌에 새로 유입되고 있는 청년농업인을 위한 사업이다.
③ 온프레시팜 방식으로 농작물을 재배하면 흙 속 병해충으로 인해 발생하는 피해를 예방할 수 있다.
④ 온프레시팜 방식은 같은 재배면적에서 기존 농업방식보다 더 많은 농작물의 재배를 가능하게 한다.
⑤ 청년농업인은 기존의 농업방식보다는 자동화 재배 관리가 가능한 온프레시팜 방식의 접근이 더 수월하다.

07 다음 글을 읽고 알 수 있는 내용으로 적절하지 않은 것은?

> 인간은 평생의 3분의 1 정도를 잠으로 보낸다. 잠은 낮에 사용한 에너지를 보충하고, 피로를 해소하는 중요한 과정이다. 하지만 한국인은 잠이 부족하다. 한국인의 수면 시간은 7시간 41분밖에 되지 않으며, 2016년 기준 경제협력개발기구(OECD) 회원국 가운데 꼴찌를 차지했다. 한 조사에 따르면, 전 국민의 17% 정도가 주 3회 이상 불면 증상을 보이고 있으며, 이는 나이가 많아짐에 따라 늘어났다.
>
> 이에 따라 불면증, 기면증, 수면무호흡증 등 수면장애로 병원을 찾는 사람은 2016년 기준 291만 8,976명으로 5년 새 13% 증가했다. 수면장애를 방치하면 삶의 질 저하는 물론 만성 두통, 심혈관계 질환 등이 발생할 수 있다. 불면증은 수면 질환의 대명사로, 가장 흔하고 복합적인 질환이다. 불면증은 면역기능 저하, 인지 감퇴뿐만 아니라 일상생활에 장애를 초래할 수 있으며 우울증, 인지장애 등을 유발할 수 있다.
>
> 코를 골며 자다가 몇 초에서 몇 분 동안 호흡을 멈추는 수면무호흡증도 있다. 이 역시 인지기능 저하와 심혈관계질환 등 합병증을 일으킨다. 특히 수면무호흡증은 비만과 관계가 깊고, 졸음운전의 원인이 되기도 한다.
>
> 최근 고령 인구 증가로 뇌 퇴행성 질환인 렘수면행동장애(RBD ; Rem-sleep Behavior Disorder)도 늘고 있다. 이 병은 잠자는 동안 악몽을 꾸면서 소리를 지르고, 팔다리를 움직이고, 벽을 치고, 침대에서 뛰어내리는 등 난폭한 행동을 한다. 이 병을 앓는 상당수는 파킨슨병, 치매 환자로 이어진다. 또한 잠들기 전에 다리에 이상 감각이나 통증이 생기는 하지불안증후군도 수면의 질을 떨어뜨리는 병이다. 낮 동안 졸리는 기면증(嗜眠症) 역시 일상생활에 심각한 장애를 초래한다.
>
> 한 정신건강의학과 교수는 "수면 문제는 결국 심혈관계질환, 치매와 파킨슨병 등의 퇴행성 질환, 우울증, 졸음운전의 원인이 되므로 전문적인 치료를 받아야 한다."라고 했다.

① 한국인의 부족한 수면 시간
② 수면마취제의 부작용
③ 수면장애의 종류
④ 수면장애의 심각성
⑤ 전문 치료가 필요한 수면장애

※ 일정한 규칙으로 수 또는 문자를 나열할 때, 빈칸에 들어갈 알맞은 것을 고르시오. [8~9]

08 2 5 14 41 122 (   )

① 364
② 365
③ 366
④ 367
⑤ 368

09 ㄱ ㄷ ㄴ (   ) ㄹ ㅅ

① ㅁ
② ㅅ
③ ㅇ
④ ㅈ
⑤ ㅋ

10 어떤 자동차 경주장의 원형도로의 길이가 6km이다. 경주용 A차가 200km/h의 일정한 속력을 유지하며 돌고 있고 경주용 B차는 더 빠른 속력으로 달리고 있다. 경주용 A차와 경주용 B차가 동시에 출발한 후, 2시간 만에 처음으로 같은 위치에 있게 된다면 경주용 B차의 속력은?

① 201km/h
② 202km/h
③ 203km/h
④ 206km/h
⑤ 208km/h

11 A사원과 B사원이 함께 일하면 이틀 만에 마칠 수 있는 일이 있다. A사원이 하루 동안 작업한 후 나머지를 B사원이 나흘 동안 작업하여 마쳤다고 할 때, B사원이 이 일을 혼자 하면 며칠이 걸리는가?

① 4일
② 5일
③ 6일
④ 7일
⑤ 8일

12 영민이가 연이율 2.4%인 3년 만기 월복리 적금 상품에 매월 초 100만 원씩 납입하여 만기 시 받는 금액보다 3년 만기 단리 예금 상품에 3,600만 원을 예치하고 만기 시 받는 금액이 더 많을 때, 단리 예금 상품의 연이율은 최소 몇 % 이상이어야 하는가?(단, $1.002^{36}=1.075$로 계산하며, 이자 소득에 대한 세금은 고려하지 않는다)

① 약 1.1%
② 약 1.2%
③ 약 1.4%
④ 약 1.5%
⑤ 약 1.7%

13 한결이가 연이율 1.8%인 1년 만기 월복리 적금 상품에 매월 초 60만 원씩 납입할 때, 만기 시 받는 이자는?(단, $1.0015^{12}=1.018$로 계산하며, 이자 소득에 대한 세금은 고려하지 않는다)

① 10,000원
② 10,200원
③ 10,400원
④ 10,600원
⑤ 10,800원

14 다음은 N지역의 2013 ~ 2022년 논 면적 및 20kg당 쌀값 변화 추이에 대한 자료이다. 이에 대한 설명으로 옳지 않은 것은?

〈2013 ~ 2022년 논 면적 및 쌀값 변화 추이〉

구분	2013년	2014년	2015년	2016년	2017년
논 면적(ha)	213	193	187	182	179
쌀값(원/20kg)	44,000	42,500	37,500	32,000	39,000
구분	2018년	2019년	2020년	2021년	2022년
논 면적(ha)	173	169	166	159	155
쌀값(원/20kg)	45,000	47,000	50,000	57,000	48,500

※ (전체 쌀값) = $\dfrac{[논\ 1ha당\ 수확한\ 쌀의\ 무게(kg)] \times (논\ 면적) \times (20kg당\ 쌀값)}{20}$

① 조사 기간 동안 논 면적은 매년 감소하였다.
② 논 면적이 가장 많이 감소한 해의 20kg당 쌀값이 가장 비싸다.
③ 5년 연속으로 20kg당 쌀값이 상승하였던 때가 있다.
④ 2013년의 전체 쌀값과 2018년의 전체 쌀값이 같다면 1ha당 수확한 쌀의 양은 2018년이 더 많다.
⑤ 매년 논 1ha당 수확하는 쌀의 양이 일정하다면 2020년의 전체 쌀값은 2015년의 전체 쌀값보다 비싸다.

15 다음은 N지역의 연도별 상·하반기 공립 및 사립 유치원 및 어린이집 수에 대한 자료이다. 이에 대한 설명으로 옳지 않은 것은?

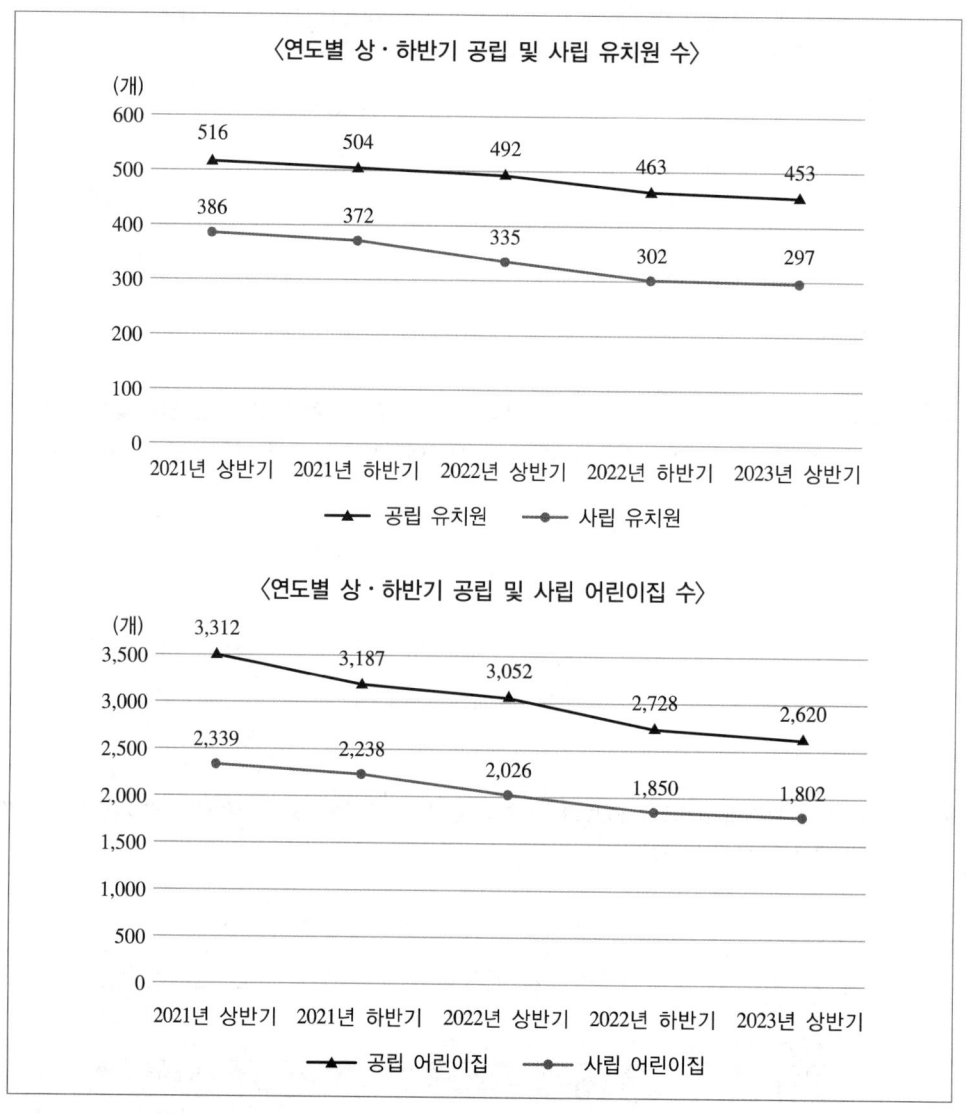

① 전체 유치원 수와 전체 어린이집 수는 감소하는 추세이다.
② 매 시기마다 공립 어린이집 수는 공립 유치원 수의 6배 이상이다.
③ 2021년 상반기 대비 2023년 상반기의 공립 유치원 수 감소율은 20% 미만이다.
④ 2021년 상반기 대비 2023년 상반기의 사립 유치원 수는 70개 이상 감소하였다.
⑤ 공립 어린이집의 감소폭이 가장 클 때와 사립 어린이집의 감소폭이 가장 클 때는 다르다.

16 김대리는 체육대회에 참여할 직원 명단을 작성하고자 한다. A ~ F 6명의 직원들이 다음 〈조건〉에 따라 참여한다고 할 때, 체육대회에 반드시 참여하는 직원의 수는?

> **조건**
> - A가 참여하면 F는 참여하지 않고, B는 체육대회에 참여한다.
> - C가 체육대회에 참여하면 D가 체육대회에 참여하지 않는다.
> - E가 체육대회에 참여하지 않으면 C는 체육대회에 참여한다.
> - B와 E중 1명만 체육대회에 참여한다.
> - D는 체육대회에 참여한다.

① 2명 ② 3명
③ 4명 ④ 5명
⑤ 6명

17 한 대학교의 기숙사에서는 기숙사에 거주하는 4명(가 ~ 라)을 1층부터 4층에 매년 새롭게 배정하고 있다. 올해도 다음 〈조건〉에 따라 배정할 때, 반드시 참인 것은?(단, 한 층에는 1명만 거주한다)

> **조건**
> - 한 번 거주한 층에는 다시 거주하지 않는다.
> - 가와 라는 2층에 거주한 적이 있다.
> - 나와 다는 3층에 거주한 적이 있다.
> - 가와 나는 1층에 거주한 적이 있다.
> - 가, 나, 라는 4층에 거주한 적이 있다.

① 다는 4층에 배정될 것이다.
② 라는 3층에 거주한 적이 있을 것이다.
③ 라는 1층에 거주한 적이 있을 것이다.
④ 다는 2층에 거주한 적이 있을 것이다.
⑤ 기숙사에 3년 이상 산 사람은 가밖에 없다.

18 다음은 N은행 탄소Zero챌린지적금 상품에 대한 설명이다. 이 상품에 가입하고자 하는 고객 A씨에 대한 정보가 〈보기〉와 같을 때, 이에 대한 설명으로 옳지 않은 것은?

〈탄소Zero챌린지적금〉

- 대상과목 : 정기적금
- 가입방법 : 스마트뱅킹
- 가입금액(계좌당)
  - 초입금 : 1만 원 이상
  - 가입한도 : 월 10만 원, 연 120만 원
  - 회차별 적립금 : 1만 원 이상 ~ 10만 원 이하
- 가입기간 : 12개월 만기(가입기간 연장 불가)
- 기본이율 : 신규 가입일의 정기적금 12개월 이율(세전 연 3.3%) 적용
- 우대이율
  - 최고 우대이율 : 0.25%p

우대조건		우대이율(세전)
조건	충족횟수	
1) 탄소Zero생활 실천 우대	8회	0.1%p
2) 대중교통 이용 우대	10회 이상	0.2%p
3) 종이거래Zero 실천 우대	1회	0.05%p

  1) 탄소중립 생활실천 12개 항목 중 8개 이상의 항목에 '참여동의' 시 우대이율 적용
  2) 본 적금 가입 후 만기 전전월 말일까지 N은행 채움카드 후불교통카드(신용 및 체크카드)로 대중교통(버스, 지하철) 이용 실적이 10회 이상일 때 우대이율 적용(단, 실물카드로 결제하는 경우에만 우대이율이 적용되며 각종 페이 및 결제앱 등의 비실물카드의 이용실적은 미인정)
  3) 본 적금 가입 후 만기일까지 종이통장 발급 이력이 없는 경우 우대이율 적용
- 이자지급방식 : 만기일시지급식
- 기타
  - 무통장거래 가능하며, 재예치 불가능
  - 분할해지 등의 중도인출은 불가능하며, 중도해지 시 보통예탁금 금리 적용

> **보기**
> - A씨는 N은행 스마트뱅킹을 통해 탄소Zero챌린지적금 상품에 가입하고자 한다.
> - 2023년 9월 5일에 가입하여 10만 원을 초입금으로 하고, 월 9만 원을 납입하고자 한다.
> - 가입 시 실물통장을 발급받고자 한다.
> - 2023년 10월부터 2024년 6월까지 매월 5회 이상 N은행 채움카드 후불교통카드를 이용할 것이다.
> - 탄소중립 생활실천 12개 항목 중 5개 항목은 동의하지 않았다.

① A씨가 받을 수 있는 금리는 연 3.5%이다.
② A씨는 탄소Zero챌린지적금 상품에 가입할 수 있다.
③ A씨는 재예치를 통해 2025년 9월을 만기로 할 수 있다.
④ A씨는 2024년 5월에 중도인출을 하고자 하더라도 인출할 수 없다.
⑤ A씨가 가입신청 시 종이통장을 발급받지 않는다면 최고 우대이율을 적용받을 수 있다.

19 다음은 고향사랑기부제 특화 카드에 대한 설명이다. 고객의 문의사항에 대한 답변으로 가장 적절한 것은?

〈Zgm.고향으로카드 정보〉

구분	평일(월 ~ 금)	주말(토 ~ 일)
기본서비스	국내 및 해외 0.7% N포인트 적립	국내 1%, 해외 0.7% N포인트 적립
우대서비스	-	1. 기부지역 광역시·도 오프라인 가맹점 1.7% 2. 전국 N판매장(N마트, N주유소) 1.7%
비고	1. 전월실적 조건 및 적립한도 없음 2. 해외이용 시 국제브랜드 및 해외서비스 수수료는 별도로 청구	1. 카드를 발급받은 회원 중 "고향사랑기부제" 참여 또는 기부한 고객에 한하여 우대서비스 제공 2. 전월실적 40만 원 이상일 경우 우대서비스 제공(적립한도 없음) 3. 카드 사용 등록일로부터 그다음 달 말일까지 전월실적 미달이여도 우대서비스 제공

〈고객 문의사항〉

'Zgm.고향으로카드'는 국내 이용에서 이용할 때, 해외에서 이용할 때보다 더 많은 포인트가 적립되나요? 그리고 사용할 때 우대서비스를 받으려면 전월실적이 있어야 하는지도 궁금합니다.

① 네, 국내에서 이용하시는 경우, 해외에서 이용하시는 것보다 결제금액당 더 많은 포인트가 적립됩니다. 또한 우대서비스는 기본적으로 제공되는 서비스이므로, 전월실적과는 무관하게 혜택을 받으실 수 있습니다.
② 주말에 국내에서 이용하시는 경우 적립 포인트는 해외 이용 시보다 0.3%p 더 많이 적립되지만, 평일에 이용하시는 경우는 국내와 해외의 적립률은 동일합니다. 또한 우대서비스를 적용받으시려면, 전월실적 40만 원 이상을 충족하셔야 합니다. 단, 카드 사용 등록일로부터 그다음 달 말일까지 전월실적과 무관하게 우대서비스를 받으실 수 있습니다.
③ 국내에서 이용하는 경우와 해외에서 이용하는 경우 모두 적립한도는 없습니다. 또한 우대서비스를 적용받으시려면, 전월실적 40만 원 이상을 충족하셔야 합니다. 다만 카드 사용 등록일로부터 그다음 달 말일까지 전월실적과 무관하게 우대서비스를 받으실 수 있습니다.
④ 주말에 국내에서 이용하시는 경우 적립 포인트는 해외 이용 시보다 0.3%p 더 많이 적립되지만, 평일에 이용하시는 경우 국내와 해외의 적립률은 동일합니다. 또한 우대서비스는 기본적으로 제공되는 서비스이므로, 전월실적과는 무관하게 혜택을 받으실 수 있습니다.
⑤ 네, 국내에서 이용하시는 경우, 해외에서 이용하시는 것보다 결제금액당 더 많은 포인트가 적립됩니다. 또한 우대서비스를 받으시려면, 전월실적 40만 원 이상을 충족하셔야 합니다. 다만 카드 사용 등록일로부터 그다음 달 말일까지는 전월실적과 무관하게 우대서비스를 받으실 수 있습니다.

20 다음 중 농협의 사회공헌사업의 중점 과제로 옳지 않은 것은?

① 농업인의 경제·사회·문화적 지위 향상
② 농촌복지·의료·문화·교육서비스 확대
③ 농업의 공익적 가치를 국민과 공유
④ 전통문화 계승·발전, 도시민 힐링
⑤ 이웃사랑·소외계층 나눔 확대

21 다음 중 농업·농촌의 발전을 위해 농협이 시행한 사회 운동을 시대 순으로 바르게 나열한 것은?

① 신토불이 → 또 하나의 마을 만들기 → 食사랑農사랑 → 새농민
② 신토불이 → 새농민 → 食사랑農사랑 → 또 하나의 마을 만들기
③ 새농민 → 食사랑農사랑 → 신토불이 → 또 하나의 마을 만들기
④ 새농민 → 신토불이 → 食사랑農사랑 → 또 하나의 마을 만들기
⑤ 또 하나의 마을 만들기 → 신토불이 → 食사랑農사랑 → 새농민

22 다음 중 구제역과 관련 없는 동물은?

① 소
② 말
③ 양
④ 돼지
⑤ 사슴

02   60문항 유형

01   다음 밑줄 친 단어의 유의어가 쓰인 문장은?

> 그때의 기억이 어제의 일인 것처럼 <u>선연하게</u> 떠오른다.

① 차가운 아스팔트 위에 <u>성긴</u> 눈발이 희끗희끗 날리고 있었다.
② 그는 바닷바람이 <u>선선하게</u> 부는 해변을 걸었다.
③ 매일 등하교를 했던 거리는 <u>뚜렷하게</u> 그의 기억 속에 남아 있었다.
④ 앞으로 살아갈 길이 <u>막연하다</u>.

02   다음 밑줄 친 단어와 반대되는 의미를 가진 것은?

> 순전히 <u>타의</u>에 의해 우리 팀의 목표를 설정하였다.

① 자의   ② 고의
③ 과실   ④ 임의

03   다음과 같은 상황에서 기획팀 직원 A가 가장 먼저 메일을 보내야 할 사람은?

> N은행 기획팀 직원인 A는 사내 행사를 준비하기 위해 경영지원팀 직원 B로부터 사내 행사계획서를 메일로 전달받았다. 그런데 B가 보낸 사내 행사계획서를 살펴보니 사내 행사의 내용과 일정이 바뀌어 있었다.

① 총무팀 담당자   ② 경영지원팀 팀장
③ 경영지원팀 직원 B   ④ 사내 행사 기획자

04 다음 중 밑줄 친 ㉠~㉢의 한글 맞춤법상 표기로 옳지 않은 것은?

우리나라를 넘어서 세계적인 겨울축제로 자리매김한 '화천산천어축제'가 올해도 어김없이 첫날부터 ㉠ <u>북적였다</u>. 축제가 열리는 장소인 강원도 화천군 화천읍 화천천 얼음벌판은 축제 시작일 이른 아침부터 두둑한 복장으로 중무장한 사람들로 ㉡ <u>북새통</u>을 이루기 시작했고, 이곳저곳에서 산천어를 낚는 사람들의 환호성이 끊이질 않고 있다. 또 세계적인 축제답게 많은 외국인 관광객들도 잇달아 ㉢ <u>낚싯대</u>를 늘어뜨리고 있다.

이 축제가 이처럼 전 세계적으로 유명세를 타기 시작한 건 지난 2009년 미국의 유명잡지인 'TIME' 지에 축제 사진이 실리면서부터였다. 이후 미국 채널인 'CNN'이 겨울철 7대 ㉣ <u>불가사이</u> 축제라며 이 축제를 언급했고 이후 지금까지 매년 100만 명이 찾는 유명 축제로 그 명성을 계속 유지하고 있다.

① ㉠
② ㉡
③ ㉢
④ ㉣

05 다음 중 밑줄 친 ㉠, ㉡의 한자 표기가 바르게 연결된 것은?

국보 1호 숭례문은 2층 누각에서 발생한 작은 불씨로 인해 누각을 받치는 석축만 남긴 채 전소하였다. 이는 자신이 소유한 토지보상 문제로 불만을 품은 C씨가 숭례문에 시너를 붓고 불을 지른 사건으로, 원래의 모습을 완벽하게 ㉠ <u>복구</u>하기는 사실상 불가능할 것으로 판단된다.

사건 직후 숭례문 ㉡ <u>복원</u> 작업에 착수하였는데, 2층 문루 정면에 걸려 있던 숭례문 현판도 떼어내는 과정에서 지면으로 떨어져 심하게 손상되었고, 일부 파편은 유실되었다. 실측 도면이 있으나 주요 부분들이 불에 타버렸거나 손상되었기 때문에 원래의 모습을 되찾기는 어렵다는 것이다.

	㉠	㉡
①	복구(復舊)	복원(復元)
②	복구(復舊)	복원(復員)
③	복구(復仇)	복원(復元)
④	복구(復仇)	복원(復員)

06 다음 글의 내용과 가장 관련 있는 한자성어는?

> 우리가 사는 이 세계는 서로가 서로에게 의지하며 살아가는 '상호의존성'의 성질을 갖고 있다. 이 세계는 방송국에서도 존재한다. 제작, 편성, 송출, 광고 등 방송국 내에 여러 부문은 서로 밀접하게 관련되어 있으며 각각 저마다 자신의 위치에서 그 역할을 다하고 있기 때문에 지금처럼 순탄한 과정이 이어지고 있는 것이다. 하지만 최근 일부 TV홈쇼핑 사업자들이 지역 케이블TV 방송사들을 상대로 송출 수수료를 놓고 접전하다 결국 채널 송출을 중단하겠다고 나섰다.
> 홈쇼핑과 케이블TV는 일종의 매장 임차인과 임대인의 관계와 같다. 홈쇼핑은 자신들의 상품을 판매하기 위해 일종의 매장 임대료와 같은 성격의 송출 수수료를 케이블TV에 지불하고 채널을 확보한다. 또한 목 좋은 위치의 매장 임대료가 높듯 케이블TV에서도 드라마, 종편과 같은 시청률이 높은 채널의 옆자리 송출 수수료가 높게 책정된다. 이는 오랜 시간에 걸쳐 이어져 온 체계이다.
> 그런데 홈쇼핑들이 이러한 송출 수수료를 두고 케이블TV와 협상을 시도하다가 뜻대로 안 되자 더 이상 채널 송출을 하지 않겠다고 나선 것이다. 만일 홈쇼핑이 통상적인 매장이고 그들이 철수한다면 그들을 내보내고 다른 매장을 다시 구하면 된다. 하지만 홈쇼핑 채널은 엄격한 규정을 통해 승인되는 채널이기 때문에 그들이 철수한다면 케이블TV로서는 이를 대체할 자를 구할 수 없는 상황에 놓이게 되는 것이다.
> 이 상황은 홈쇼핑 입장에서도 악순환을 초래하는 행태이다. 이들이 당장의 송출 수수료를 이유로 채널 송출을 중단한다면 그만큼 소비자에게 상품을 알릴 수 있는 기회가 줄어들 것이고, 매출 또한 줄어들게 될 수밖에 없는 구조이기 때문이다. 즉, 채널 송출을 중단하는 행위는 홈쇼핑과 케이블TV 쌍방 모두를 망하게 하는 지름길이 될 것이다.

① 간난신고(艱難辛苦) ② 견원지간(犬猿之間)
③ 난형난제(難兄難弟) ④ 순망치한(脣亡齒寒)

07 다음 대화에서 빈칸에 들어갈 표현으로 가장 적절한 것은?

> A : Good evening. Can I help you?
> B : Yes. _____ My name is John Smith. I have a reservation for three nights.

① How much is the charge?
② I'd like to check in, please.
③ I'd like to check out, please.
④ Can I deposit valuables here?

08 다음 제시된 글 뒤에 이어질 문단을 논리적 순서대로 바르게 나열한 것은?

> Past research has shown that experiencing frequent psychological stress can be a significant risk factor for cardiovascular disease, a condition that affects almost half of those aged 20 years and older in the United States.

> (A) Does this mean, though, that people who drive on a daily basis are set to develop heart problems, or is there a simple way of easing the stress of driving?
> (B) According to a new study, there is. The researchers noted that listening to music while driving helps relieve the stress that affects heart health.
> (C) One source of frequent stress is driving, either due to the stressors associated with heavy traffic or the anxiety that often accompanies inexperienced drivers.

① (A) - (C) - (B)
② (B) - (A) - (C)
③ (C) - (A) - (B)
④ (C) - (B) - (A)

09 다음 글의 내용으로 적절하지 않은 것은?

> 2022년 기초생활보장 생계급여는 1인 기준 중위소득(194만 4,812원)의 30%인 58만 3,444원으로 국민기초생활수급자의 수급비가 현실을 반영하지 못한 채 여전히 불충분한 상황에 놓여있다. 여기에 애초 신청조차 할 수 없도록 한 복지제도가 많아 역차별 논란까지 빚고 있다.
> 통계청에 따르면 전국의 만 18세 이상 34세 이하 청년들의 생활비는 월 84만 9,222원인 것으로 나타났으며, 나이가 많아질수록 생활비는 더 늘어났다.
> 하지만 생계급여 수급비 액수 자체가 물가 인상률 등 현실적인 요소를 제대로 반영하지 못하고 있는 데다가, 수급자들의 근로소득 공제율이 낮아 근로를 하고 싶어도 수급자 탈락을 우려해 일을 하지 않거나 일부러 적게 하는 경우도 생겨나고 있다.
> 특히 현 제도하에서의 소득 하위 20%인 수급자들은 생필품조차 제대로 구입하지 못하고 있는 것으로 나타났으며, 이들은 취업시장과도 거리가 멀어져 탈수급도 요원해지는 상황이다. 여기에다 기초수급자들은 생계급여를 받는다는 이유로 긴급복지지원제도·국민내일배움카드·노인일자리사업·구직촉진수당·연금(기초·공적연금) 등 5가지 복지제도에 신청조차 할 수 없다. 기초수급비가 충분한 금액이 아니기 때문에 조그마한 일이 생겨도 위기상황에 처하는 등 위험에 노출돼 있어 극단적 선택을 하는 경우가 많아지고 있다.

① 복지혜택이 가장 시급한 이들이 일부 복지제도에서 제외되고 있다.
② 수급자들이 근로를 할 경우 오히려 근로 이전보다 생계가 어려워질 수도 있다.
③ 근로소득 공제율을 높이면 탈수급을 촉진할 수 있다.
④ 현 생계급여 수급비로는 생계유지가 곤란한 상황이다.

10 N기업은 담수화 플랜트 관련 사업을 추진하며 현 실태를 파악하기 위해 담수화 과정을 도입하고 있는 나라와 그 배경을 조사하였다. 조사 중 한 신문에서 다음과 같은 글을 보았을 때, 알 수 있는 내용으로 적절하지 않은 것은?

> 최근 세계적으로 사막화가 빠른 속도로 진행되고 있다. 이러한 사막화가 인류에게 심각한 위협이라는 인식을 전 세계가 공유해야만 한다. 유엔의 조사 결과 이대로 가면 지구 육지 면적의 3분의 1이 사막화될 것으로 예상된다.
> 사막화란 건조 지대에서 일어나는 토지 황폐화 현상으로, 지구 온난화를 비롯한 지구 환경의 변화 때문에 발생한다. 과도한 경작으로 땅을 혹사시키거나 무분별한 벌목으로 삼림을 파괴하는 인간의 잘못된 활동에 의해서도 일어날 수 있다. 사막화는 많은 나라에서 진행되기 때문에 심각한 문제이다. 그중 특히 심각한 곳은 아프리카이고 중동이나 호주, 중국도 심각한 수준이다.
> 사막화의 피해는 눈에 띌 정도로 뚜렷하게 나타난다. 우선 생산력을 잃은 토지에서 식물이 자랄 수 없게 되고 농경이 불가능해진다. 이것은 식량 생산의 감소를 의미한다. 또한 식수가 부족하게 될 것이다. 최근 중동 지역이나 호주 같은 나라들은 이 문제를 해결하기 위해 바닷물을 담수화 과정을 거쳐 식수로 만들고 있다.

① 사막화를 막는 방안 ② 사막화가 심한 지역
③ 사막화 진행 이유 ④ 사막화의 정의

11 다음 글을 논리적 순서대로 바르게 나열한 것은?

> (가) 이에 대하여 다른 쪽은 그것은 하나만 알고 둘은 모르는 소리라고 반박한다. 자연에 손을 대는 편의 시설을 만들면 지금 당장은 편리하겠지만, 나중에는 인간이 큰 손해가 될 수 있다는 것이다.
> (나) 한쪽에서는 현재 인간이 겪고 있는 상황을 고려해 볼 때 자연에 손을 대는 일은 불가피하며, 그 과정에서 생기는 일부 손실은 감내해야 한다고 주장한다.
> (다) 최근 들어 나라 곳곳에서 큰 규모로 이루어지는 여러 가지 '자연 개발'에 대하여 상반된 주장이 맞서고 있다.
> (라) 한편으로는 이 두 주장 모두 편향적인 시각이라는 비판도 있다. 두 주장 모두 어디까지나 인간을 모든 것의 중심에 놓고, 막상 그 대상인 자연의 입장은 전혀 고려하지 않았다는 것이다.

① (나) - (가) - (라) - (다)
② (나) - (라) - (가) - (다)
③ (다) - (나) - (가) - (라)
④ (라) - (가) - (다) - (나)

※ 일정한 규칙으로 수 또는 문자를 나열할 때, 빈칸에 들어갈 알맞은 것을 고르시오. [12~14]

12 1 2 2 6 4 18 (   )

① 8 ② 9
③ 10 ④ 12

13 1 2 3 5 8 (   )

① 12 ② 13
③ 14 ④ 15

14 J L N (   ) R T

① M ② O
③ P ④ Q

15 N회사에 근무하는 A씨는 2일마다 쉬고, B씨는 3일마다 쉰다. A씨는 월요일에 쉬었고, B씨는 그다음 날에 쉬었다면 처음으로 A씨와 B씨가 동시에 쉬는 날은 무슨 요일인가?

① 수요일 ② 목요일
③ 금요일 ④ 토요일

16 어떤 일을 준희가 하면 14시간, 민기가 하면 35시간이 걸린다고 할 때, 준희와 민기가 같이 일한다면 총 몇 시간이 걸리겠는가?

① 10시간 ② 10시간 30분
③ 11시간 ④ 11시간 30분

17 농도 5%의 소금물 320g에 물 80g을 섞으면 농도 몇 %의 소금물이 되는가?

① 3% ② 3.5%
③ 4% ④ 4.5%

18 교통사고 차량을 견인하기 위해 A, B 두 업체에서 견인차를 보내려고 한다. 사고지점은 B업체보다 A업체와 40km 더 가깝고, A업체의 견인차가 63km/h로 일정한 속력으로 달리면 40분 만에 사고지점에 도착한다. B업체에서 보낸 견인차가 A업체의 견인자보다 늦게 도착하지 않으려면 B업체의 견인차가 내야 하는 최소 속력은?

① 120km/h   ② 121km/h
③ 122km/h   ④ 123km/h

19 성호는 가격이 100만 원인 컴퓨터를 이달 초에 먼저 20만 원을 지불하고 구매했으며, 남은 금액은 6개월 할부로 지불하고자 한다. 이자는 월이율 3%로 1개월마다 복리로 적용할 때 남은 금액을 한 달 후부터 일정한 금액으로 갚는다면, 매달 얼마씩 갚아야 하는가?(단, $1.03^6=1.2$로 계산한다)

① 12.6만 원   ② 14.4만 원
③ 16.2만 원   ④ 18만 원

20 현수가 연이율 2.4%인 월복리 적금 상품에 원금 총 2,400만 원을 납입하고자 한다. 2년 만기 적금 상품에 매월 초 100만 원씩 납입할 때 만기 시 원리합계와 1년 만기 적금 상품에 매월 초 200만 원씩 납입할 때 만기 시 원리합계의 차이는?(단, $1.002^{12}=1.024$, $1.002^{24}=1.049$로 계산하며, 이자 소득에 대한 세금은 고려하지 않는다)

① 50.1만 원   ② 50.2만 원
③ 50.3만 원   ④ 50.4만 원

21 다음은 1972 ~ 2022년의 도시 및 농촌 인구수에 대한 자료이다. 이에 대한 설명으로 옳지 않은 것은?

〈1972 ~ 2022년 도시 및 농촌 인구수〉

(단위 : 천 명)

구분	1972년	1982년	1992년	2002년	2012년	2022년
도시	6,816	16,573	32,250	35,802	36,784	33,561
농촌	28,368	18,831	14,596	12,763	12,402	12,415

① 1972년 농촌 인구수는 도시 인구수의 4배 이상이다.
② 2012년 대비 2022년의 도시 인구수는 감소하였고, 농촌 인구수는 증가하였다.
③ 조사 연도별 도시 인구수와 농촌 인구수의 합은 1982년부터 2012년까지는 증가하는 추세였다.
④ 1972년 대비 1982년의 도시 인구수는 100% 이상 증가하였고, 농촌 인구수는 25% 미만 감소하였다.

22 다음 명제가 모두 참일 때, 옳지 않은 것은?

- 사과 수확량이 감소하면, 사과 가격이 상승한다.
- 사과 소비량이 감소하면, 사과 수확량이 감소한다.
- 사과 수확량이 감소하지 않으면, 사과 주스 가격이 상승하지 않는다.

① 사과 주스의 가격이 상승하면, 사과 가격이 상승한다.
② 사과 가격이 상승하지 않으면, 사과 수확량이 감소하지 않는다.
③ 사과 소비량이 감소하지 않으면, 사과 주스 가격이 상승하지 않는다.
④ 사과 수확량이 감소하지 않으면, 사과 소비량이 감소하지 않는다.

23 다음은 농민·농촌을 사업 근거로 하는 특수은행인 N은행의 SWOT 분석 결과를 정리한 것이다. ㉠~㉣ 중 SWOT 분석 결과에 들어갈 내용으로 적절하지 않은 것은?

〈SWOT 분석 결과〉

강점 (Strength)	• 공적 기능을 수행하는 농민·농촌의 은행이라는 위상은 대체 불가능함 • 전국에 걸친 국내 최대의 영업망을 기반으로 안정적인 사업 기반 및 수도권 이외의 지역에서 우수한 사업 지위를 확보함 • 지자체 시금고 예치금 등 공공금고 예수금은 안정적인 수신 기반으로 작용함 • ㉠ 은행권 최초로 보이스피싱 차단을 위해 24시간 '대포통장 의심 계좌 모니터링' 도입 • BIS자기자본비율, 고정이하여신비율, 고정이하여신 대비 충당금커버리지비율 등 자산 건전성 지표가 우수함 • 디지털 전환(DT)을 위한 중장기 전략을 이행 중이며, 메타버스·인공지능(AI)을 활용한 개인 맞춤형 상품 등 혁신 서비스 도입 추진
약점 (Weakness)	• 수수료 수익 등 비이자 이익의 감소 및 이자 이익에 편중된 수익 구조 • N중앙회에 매년 지급하는 농업지원사업비와 상존하는 대손 부담으로 인해 시중은행보다 수익성이 낮음 • ㉡ 인터넷전문은행의 활성화 및 빅테크의 금융업 진출 확대 추세 • 금리 상승, 인플레이션, 경기 둔화 등의 영향으로 차주의 상환 부담이 높아짐에 따라 일정 수준의 부실여신비율 상승이 불가피할 것으로 예상
기회 (Opportunity)	• ㉢ 마이데이터(Mydata)로 제공할 수 있는 정보 범위의 확대 및 암호화폐 시장의 성장 • 2023년 홍콩, 중국, 호주, 인도에서 최종 인가를 획득하는 등 해외 영업망 확충 • 금융 당국의 유동성 지원 정책과 정책자금 대출을 기반으로 유동성 관리가 우수함 • 법률에 의거해 농업금융채권의 원리금 상환을 국가가 전액 보증하는 등 유사시 정부의 지원 가능성이 높음 • 귀농·귀촌 인구의 증가 및 농촌에 대한 소비자의 인식 변화로 새로운 사업 발굴 가능
위협 (Threat)	• 자산관리 시장에서의 경쟁 심화 • 사이버 위협에 대응해 개인정보 보안 대책 및 시스템 마련 시급 • ㉣ 이자 이익 의존도가 높은 은행의 수익 구조에 대한 비판 여론 • 금리 및 물가 상승 영향에 따른 자산 건전성 저하 가능성 존재 • 주택 시장 침체, 고금리 지속 등으로 가계여신 수요 감소 전망 • 경기 침체, 투자 심리 위축으로 기업여신 대출 수요 감소 전망 • 보험사, 증권사, 카드사 등의 은행업(지급 결제, 예금·대출) 진입 가능성 • 은행에 있던 예금·적금을 인출해 주식·채권으로 이동하는 머니무브의 본격화 조짐

① ㉠
② ㉡
③ ㉢
④ ㉣

24 다음 제시된 상품의 마케팅 사례를 SCAMPER 방법론에 따라 분석할 때, 가장 연관성이 높은 기법은?

- 제품명 : 텀블러 블렌더
- 제품 특징 : 텀블러를 들고 다니며 내용물을 마실 수 있으며, 텀블러의 뚜껑에 블렌더 날과 모터가 내장되어 있으므로 텀블러를 뒤집고 버튼을 누르면 모터가 작동되어 블렌더로 텀블러 내부의 내용물을 분쇄한다.

① Substitute
② Combine
③ Adapt
④ Eliminate

25 다음은 N은행에서 판매하는 신용카드에 대한 정보이다. 고객 A와 B에 대한 정보가 〈보기〉와 같을 때, A와 B에게 추천할 카드를 바르게 짝지은 것은?

〈신용카드 정보〉

구분	휴가중카드	The pay카드	Play++카드
연회비	국내전용 : 23,000원 해외겸용 : 25,000원	국내전용 : 10,000원 해외겸용 : 12,000원	국내전용 : 63,000원 해외겸용 : 65,000원
혜택 내용	해외 이용 금액에 따른 N포인트 적립 우대 1. 전월실적 없음 : 기본적립 2% 2. 전월실적 50만 원 이상 150만 원 미만 : 추가적립 1% 3. 전월실적 150만 원 이상 : 추가적립 3% * 월 적립한도 : 10만 포인트	1. 국내 및 해외 온·오프라인 결제에 대하여 1% 할인 제공 * 월 할인한도 : 제한 없음 2. 온라인 간편결제 등록 후 결제 시 1.2% 할인 제공 * 월 통합할인한도 : 10만 원	1. 앱 결제 10% 청구 할인 - 이용 건당 1만 원 이상 결제 시 제공 - 앱 결제 합산 일 1회 및 월 2회 최대 5천 원 할인 제공 (단, Y앱 관련 결제 제외) 2. 이동통신요금 10% 청구할인 - 월 1회 최대 5천 원 할인 제공 - 이동통신요금 자동납부 건에 한하여 제공 (단, 알뜰폰 통신사 제외)

보기

구분	정보
A고객	• Y앱 구독 서비스 이용자이므로 국내 결제금액에 대해 할인을 받고자 한다. • 국내 알뜰폰 통신사를 이용하고 있다. • 통신요금에서도 할인받기를 희망한다.
B고객	• 해외여행 및 해외출장이 잦다. • 간편결제 서비스를 이용하지 않는다. • 적립 혜택보다는 할인 혜택을 희망한다.

	A고객	B고객		A고객	B고객
①	휴가중카드	휴가중카드	②	The pay카드	휴가중카드
③	The pay카드	The pay카드	④	Play++카드	The pay카드

26 다음 중 농협 윤리경영위원회의 업무가 아닌 것은?

① 농업인의 강령 실천에 관한 사항
② 윤리경영 관련 규정의 제정 및 개정
③ 윤리경영 추진에 관한 중요정책 결정
④ 윤리경영 관련 중요규정에 대한 유권해석

27 다음 기사의 빈칸에 공통으로 들어갈 사업은?

> 농협중앙회 농협경제연구소는 D시에 위치한 농업기술센터에서 '_____ 현장설명회'를 개최했다고 밝혔다.
> _____은/는 미래에 부담해야 하는 의료비 등 사회적 비용 감소를 위해 경제적 취약계층을 대상으로 영양 보충적 지원을 하기 위해 시작되었으며, 채소·과일 등 농식품을 구매할 수 있는 정부 상품권을 전자카드 형태로 지원하는 사업이다. 이 사업은 지난해 10월 예비타당성 조사 대상 과제로 선정돼 현재 조사 진행 중이며 국정과제로도 지정되었고, 올해 276억 원 규모의 예산으로 달성군을 포함한 18개 지자체가 시범사업을 진행하고 있다.
> 이날 설명회에는 농협 관내 조합장과 농림축산식품부 식생활소비정책과장, 농협경제연구소 부장을 비롯한 농협 임직원 등 30여 명이 참석했다. D시의 관내 농협 조합장을 대상으로 _____ 운영현황과 정부의 향후 진행 방향을 공유했다.
> 농식품부 식생활소비정책과장은 "국내산 농산물에 대한 관심 증가 및 소비 확대, 취약계층의 식생활 개선 등 지원에 따른 긍정적 효과가 뚜렷하다."고 설명했다.
> 농협경제연구소 부장은 "취약계층의 건강한 식생활을 지원하고 농가경제 활성화를 도모하는 _____이/가 확대되고 본 사업으로 지정될 수 있도록 힘을 모아주시길 바란다."고 밝혔다.

① 방방곡곡 온기나눔 RUN
② 농식품바우처
③ 하나로 행복나눔
④ 농식품올바로

CHAPTER 05 2023년 상반기 기출복원문제

정답 및 해설 p.047

01 70문항 유형

01 다음 중 짝지어진 단어 사이의 관계가 나머지와 다른 하나는?

① 밀집 – 산재
② 좌시 – 방관
③ 훼방 – 협조
④ 방만 – 절연
⑤ 옹색 – 윤택

02 다음 중 제시된 단어에서 공통으로 연상할 수 있는 단어는?

갤런   배럴   온스

① 무게
② 부피
③ 온도
④ 압력
⑤ 넓이

03 다음 글의 빈칸에 들어갈 한자성어로 가장 적절한 것은?

> 최근 1명의 사망자와 1명의 부상자를 낸 ○○교 붕괴사고에 대한 뒤늦은 사태파악이 이루어지고 있다. 지반 약화 또는 불법·부실 시공이 있었는지 파악 중이지만, 30년도 더 된 자료와 당시 관계자의 진술을 확보하는 데 어려움을 겪는 것으로 알려졌다.
> 즉, 어떤 건물이든지 기초를 튼튼히 하기 위하여 지질을 검사하고, 지반부터 다져야 한다. 만약 _____한다면 오래가지 못할 것이며, 완성되기도 전에 무너질 수 있다.

① 혼정신성
② 표리부동
③ 철저성침
④ 격화소양
⑤ 사상누각

04 다음 밑줄 친 단어와 같은 의미로 사용된 것은?

> 아무래도 말을 꺼내기가 조심스럽다.

① 아이가 말을 배우기 시작했다.
② 빈칸에 들어갈 적절한 말을 찾으시오.
③ 민지와 슬기는 서로 말을 놓기로 하였다.
④ 주영이가 떠난다는 말이 퍼지기 시작했다.
⑤ 경서는 무료해 보이는 연주에게 말을 건넸다.

05 다음 글을 읽고 추론한 내용으로 적절하지 않은 것은?

> 우리는 도시화, 산업화, 고도성장 과정에서 우리 경제의 뒷방살이 신세로 전락한 한국 농업의 새로운 가치에 주목해야 한다. 농업은 경제적 효율성이 뒤처져서 사라져야 할 사양 산업이 아니다. 전 지구적인 기후 변화와 식량 및 에너지 등 자원 위기에 대응하여 나라와 생명을 살릴 미래 산업으로서 농업의 전략적 가치가 크게 주목받고 있다. 농본주의의 가치를 앞세우고 농업 르네상스 시대의 재연을 통해 우리 경제가 당면한 불확실성의 터널을 벗어나야 한다.
> 우리는 왜 이런 주장을 하는가? 농업은 자원순환적이고 환경친화적인 산업이기 때문이다. 땅의 생산력에 기초해서 한계적 노동력을 고용하는 지연(地緣) 산업인 동시에 식량과 에너지를 생산하는 원천적인 생명 산업이기 때문이다. 물질적인 부의 극대화를 위해서 한 지역의 자원을 개발하여 이용한 뒤에 효용 가치가 떨어지면 다른 곳으로 이동하는 유목민적 태도가 오늘날 위기를 낳고 키워 왔는지 모른다. 급변하는 시대의 흐름에 부응하지 못하는 구시대의 경제 패러다임으로는 오늘날의 역사에 따라가기 어렵다. 이런 맥락에서 지키고 가꾸어 후손에게 넘겨주는 문화적 지속성을 존중하는 농업의 가치가 새롭게 조명받는 이유에 주목할 만하다. 과학 기술의 눈부신 발전 성과를 수용하여 새로운 상품과 시장을 창출할 수 있는 녹색성장 산업으로서 농업의 잠재적 가치가 중시되고 있는 것이다.

① 산업화를 위한 국가의 정책 추진 과정에서 농업은 소외되어 왔다.
② 농업의 성장을 위해서는 먼저 과학 기술의 문제점을 성찰해야 한다.
③ 지나친 경제적 효율성 추구로 세계는 현재 자원 위기에 처해 있다.
④ 자원순환적 · 환경친화적 산업의 가치가 주목받고 있다.
⑤ 기존의 경제 패러다임으로는 미래 사회에 적응할 수 없다.

06 다음 글에 나타난 '라이헨바흐의 논증'을 평가·비판한 내용으로 적절하지 않은 것은?

> 귀납은 현대 논리학에서 연역이 아닌 모든 추론, 즉 전제가 결론을 개연적으로 뒷받침하는 모든 추론을 가리킨다. 귀납은 기존의 정보나 관찰 증거 등을 근거로 새로운 사실을 추가하는 지식 확장적 특성이 있다. 이 특성으로 인해 귀납은 근대 과학 발전의 방법적 토대가 되었지만, 한편으로 귀납 자체의 논리적 한계를 지적하는 문제들에 부딪히기도 한다.
>
> 먼저 흄은 과거의 경험을 근거로 미래를 예측하는 귀납이 정당한 추론이 되려면 미래의 세계가 과거에 우리가 경험해 온 세계와 동일하다는 자연의 일양성(一樣性), 즉 한결같음이 가정되어야 한다고 보았다. 그런데 자연의 일양성은 선험적으로 알 수 있는 것이 아니라 경험에 기대어야 알 수 있는 것이다. 즉, "귀납이 정당한 추론이다."라는 주장은 "자연은 일양적이다."라는 다른 지식을 전제로 하는데, 그 지식은 다시 귀납에 의해 정당화되어야 하는 경험적 지식이므로 귀납의 정당화는 순환 논리에 빠져 버린다는 것이다. 이것이 귀납의 정당화 문제이다.
>
> 귀납의 정당화 문제로부터 과학의 방법인 귀납을 옹호하기 위해 라이헨바흐는 이 문제에 대해 현실적 구제책을 제시한다. 라이헨바흐는 자연이 일양적일 수도 있고 그렇지 않을 수도 있음을 전제한다. 먼저 자연이 일양적일 경우, 그는 지금까지의 우리의 경험에 따라 귀납이 점성술이나 예언 등의 다른 방법보다 성공적인 방법이라고 판단한다. 자연이 일양적이지 않다면, 어떤 방법도 체계적으로 미래 예측에 계속해서 성공할 수 없다는 논리적 판단을 통해 귀납은 최소한 다른 방법보다 나쁘지 않은 추론이라고 확언한다. 결국 자연이 일양적인지 그렇지 않은지 알 수 없는 상황에서는 귀납을 사용하는 것이 옳은 선택이라는 라이헨바흐의 논증은 귀납의 정당화 문제를 현실적 차원에서 해소하려는 시도로 볼 수 있다.

① 귀납이 지닌 논리적 허점을 완전히 극복한 것은 아니라는 비판의 여지가 있다.
② 귀납을 과학의 방법으로 사용할 수 있음을 지지하려는 목적에서 시도하였다는 데 의미가 있다.
③ 귀납과 다른 방법을 비교하기 위해 경험적 판단과 논리적 판단을 모두 활용한 것이 특징이다.
④ 귀납과 견주어 미래 예측에 더 성공적인 방법이 없다는 판단을 근거로 귀납의 가치를 보여 주고 있다.
⑤ 귀납이 현실적으로 옳은 추론 방법임을 밝히기 위해 자연의 일양성이 선험적 지식임을 증명한 데 의의가 있다.

07 다음 제시된 문단을 논리적 순서대로 바르게 나열한 것은?

(가) 애그테크는 농업 산업의 생산성·효율성과 작물의 품질·수량을 높이고, 자원 사용을 최적화하는 것을 목표로 한다. 다양한 기술을 활용하여 농작물 재배, 가축 사육, 작물 보호, 수확 및 포장 등 농업에 관련한 모든 단계에서 다양한 첨단 기술이 적용된다.

(나) 애그테크는 농업의 자동화, 효율화 등을 위해 다양한 기술을 활용한다. 첫째, 센서 기술을 통해 토양 상태, 기후 조건, 작물 성장 등을 모니터링한다. 이를 통해 작물의 생장 상태를 실시간으로 파악하고 작물에 필요한 물과 비료의 양을 조절할 수 있다. 둘째, 드론과 로봇 기술을 통해 농지 상태를 파악하고 작물을 자동으로 식별하여 수확할 수 있다. 이를 통해 농업에 필요한 인력을 절감하고 생산성을 높일 수 있다. 셋째, 센서나 로봇으로 수집한 데이터를 분석하는 빅데이터 분석 기술을 통해 작물의 성장 패턴, 질병 예측, 수확 시기 등 최적의 정보를 얻을 수 있다. 이를 통해 농부는 더 효과적으로 작물을 관리하고 의사 결정을 내릴 수 있다. 넷째, 수직 농장, 수경 재배, 조직 배양 등 혁신적인 재배 기술을 통해 더 많은 작물을 작은 공간에서 생산하고 최적의 자원을 투입하여 낭비를 막을 수 있다. 마지막으로 생명공학 및 유전자 기술을 통해 작물의 생산성, 내구성 등을 개선할 수 있다. 이를 통해 수확량을 증대시키고, 재해에 대한 저항력을 향상시킬 수 있다.

(다) 농협경제연구소는 2023년 주목해야 할 농업·농촌 이슈 중의 하나로 "애그테크(Ag-tech)의 성장"을 선정하였다. 애그테크는 농업(Agriculture)과 기술(Technology)의 융합을 뜻하는 것으로 정보기술(ICT), 생명과학, 로봇공학, 센서 기술 등 다양한 기술을 농업 분야에 적용하는 기술이다.

(라) UN 식량농업기구(FAO)는 2050년에는 세계 인구가 90억 명으로 급증하여 식량부족현상이 일어날 수 있다고 경고한다. 농업에 종사하는 사람은 점점 적어지고 있으므로 애그테크는 자동화, 최적화, 효율화를 통해 급증하는 인구에 식량을 제공하고, 환경 문제를 해결하는 등 미래 사회를 위해 반드시 필요한 기술이다.

① (나) – (가) – (다) – (라)
② (나) – (다) – (가) – (라)
③ (다) – (가) – (나) – (라)
④ (다) – (나) – (가) – (라)
⑤ (다) – (라) – (가) – (나)

※ 일정한 규칙으로 수를 나열할 때, 빈칸에 들어갈 알맞은 수를 고르시오. [8~11]

08

$$2 \quad 1 \quad 3 \quad 4 \quad 0 \quad 5 \quad 1 \quad 4 \quad 1.5 \quad 3.5 \quad 3 \quad (\ \ )$$

① 0
② 0.5
③ 1
④ 1.5
⑤ 2

09

$$-23 \quad 1 \quad -\frac{13}{2} \quad -10 \quad \frac{7}{4} \quad 100 \quad (\ \ ) \quad -1{,}000$$

① -13
② $\frac{3}{8}$
③ $\frac{47}{8}$
④ -500
⑤ $\frac{67}{8}$

10

$$4 \quad 36 \quad 9 \quad \frac{1}{4} \quad \frac{1}{36} \quad \frac{1}{9} \quad (\ \ )$$

① 4
② 9
③ 36
④ $\frac{1}{9}$
⑤ $\frac{1}{36}$

11

$$\frac{101}{399} \quad \frac{126}{374} \quad (\ \ ) \quad \frac{221}{279} \quad \frac{284}{216}$$

① $\frac{112}{578}$
② $\frac{67}{312}$
③ $\frac{19}{481}$
④ $\frac{77}{223}$
⑤ $\frac{572}{644}$

12 자산운용사 갑돌이는 원금 4,000,000원으로 작년 말에 수익률 200%를 달성하였으나, 올해 재투자에 실패하여 올해 말에는 수익이 −60%가 되었다. 2년간의 누적 수익률은 얼마인가?(단, 재투자의 경우 작년 원금과 투자수익 모두 투지하였다)

① 5%   ② 10%
③ 20%   ④ 25%
⑤ 30%

13 어느 회사의 서버 비밀번호는 0에서 9까지 10개의 숫자를 사용하여 4자리로 설정할 수 있다. 동일 숫자를 2번 중복 사용하여 설정할 수 있는 비밀번호는 모두 몇 가지인가?

① 3,260가지   ② 3,680가지
③ 4,590가지   ④ 4,620가지
⑤ 4,820가지

14 서주임과 김대리는 공동으로 프로젝트를 끝내고 보고서를 제출하려고 한다. 이 프로젝트를 혼자 할 때 서주임은 24일이 걸리고, 김대리는 16일이 걸린다. 처음 이틀은 같이 하고, 이후에는 김대리 혼자 프로젝트를 하다가 보고서 제출 하루 전날에는 같이 하였다고 할 때, 보고서를 제출할 때까지 총 며칠이 걸렸는가?

① 11일   ② 12일
③ 13일   ④ 14일
⑤ 15일

※ 다음은 NH진짜사나이적금 상품 설명과 2021년 1월 1일에 24개월 만기로 가입한 간부 A~D의 NH농협은행 금융거래 실적에 대한 자료이다. 이어지는 질문에 답하시오. **[15~16]**

〈NH진짜사나이적금〉

- 상품특징 : 군간부 및 간부후보생 급여실적 및 교차거래에 따른 우대금리 제공 적립식 상품
- 가입대상 : 군간부(장교, 부사관, 군의관, 법무관 등) 및 간부후보생(사관생도 등)과 복무중인 병역법 제5조 제1항 제3호 나목의 보충역(사회복무요원 제외) 대상(*1인 1계좌)
- 가입기간 : 12개월 이상 24개월 이내(월 단위)
- 가입금액 : 초입금 / 매회 1만 원 이상, 매월 50만 원 이하(1인당) 금액을 만기일 전까지 자유 적립
- 저축방법 : 자유적립식, 비과세
- 이자지급방식 : 만기일시지급식, 월복리식
- 적용금리 : 기본금리 연 3.1%+우대금리
- 우대금리 : 최대 연 3.7%p(우대조건을 충족하는 경우 만기해지 시 적용)

우대조건	우대금리
이 적금 가입기간 중 만기 전전월까지 6개월 이상 NH농협은행에 급여이체 시	3.0%p
가입 월부터 만기 전전월까지 은행에서 발급한 NH농협은행 개인신용카드 및 체크카드(채움) 월 평균 20만 원 이상 이용 시	0.2%p
만기일 전전월 말 기준으로 NH농협은행의 주택청약종합저축(청약저축 및 청년우대형 포함) 가입 시	0.2%p
만기일 전전월 말 기준으로 NH농협은행의 적립식(임의식) 펀드 중 1개 이상 가입 시	0.1%p
만기일 전전월 말 기준으로 NH농협은행의 대출 실적 보유 시	0.2%p

〈간부 A~D NH농협은행 금융거래 실적〉

A	• 월 30만 원 적립 • 2021년 1월부터 2022년 12월까지 NH농협은행에 급여 입금 내역 존재 • 2021년 1월부터 2022년 12월까지 NH농협은행 개인신용카드 및 체크카드(채움) 월평균 50만 원 사용 • NH농협은행의 주택청약종합저축 미가입 • NH농협은행의 적립식 펀드 미가입 • 2022년 12월 NH농협은행 대출 실적 보유
B	• 월 50만 원 적립 • 2021년 1월부터 2022년 12월까지 NH농협은행에 급여 입금 내역 없음 • 2021년 1월부터 2022년 12월까지 NH농협은행 개인신용카드 및 체크카드(채움) 사용 내역 없음 • 2022년 12월 NH농협은행의 주택청약종합저축 가입 • NH농협은행의 적립식 펀드 미가입 • NH농협은행 대출 실적 미보유
C	• 월 20만 원 적립 • 2022년 9월부터 2022년 12월까지 NH농협은행에 급여 입금 내역 존재 • 2021년 1월부터 2022년 12월까지 NH농협은행 개인신용카드 및 체크카드(채움) 월평균 70만 원 사용 • 2022년 6월 NH농협은행의 주택청약종합저축 가입 • 2022년 12월 NH농협은행의 적립식 펀드 가입 • 2021년 8월 NH농협은행 대출 실적 보유
D	• 월 40만 원 적립 • 2022년 1월부터 2022년 12월까지 NH농협은행에 급여 입금 내역 존재 • 2021년 1월부터 2022년 12월까지 NH농협은행 개인신용카드 및 체크카드(채움) 월평균 15만 원 사용 • 2021년 3월 NH농협은행의 주택청약종합저축 가입 • 2021년 6월 NH농협은행의 적립식 펀드 가입 • 2021년 3월 NH농협은행 대출 실적 보유

15 간부 A ~ D의 적금 만기 시 적용되는 금리가 작은 사람부터 순서대로 나열한 것은?

① B − A − C − D
② B − A − D − C
③ B − C − A − D
④ B − C − D − A
⑤ B − D − C − A

16 간부 A ~ D의 적금 만기 시 원리합계 금액이 바르게 연결된 것은?(단, 근삿값은 주어진 표를 따르고 소수점 셋째 자리에서 반올림하며, 이자는 월말에 발생한다)

$\left(1+\frac{0.031}{12}\right)^{24}$	1.064	$\left(1+\frac{0.062}{12}\right)^{24}$	1.131
$\left(1+\frac{0.033}{12}\right)^{24}$	1.068	$\left(1+\frac{0.063}{12}\right)^{24}$	1.133
$\left(1+\frac{0.036}{12}\right)^{24}$	1.075	$\left(1+\frac{0.066}{12}\right)^{24}$	1.141
$\left(1+\frac{0.037}{12}\right)^{24}$	1.077	$\left(1+\frac{0.068}{12}\right)^{24}$	1.145

	A	B	C	D
①	723.67만 원	1,206.38만 원	480.64만 원	970.15만 원
②	731.65만 원	1,224.68만 원	492.13만 원	1,017.25만 원
③	763.99만 원	1,241.91만 원	501만 원	1,031.09만 원
④	765.36만 원	1,237.2만 원	497.76만 원	1,023.36만 원
⑤	781.61만 원	1,295.94만 원	501.15만 원	1,051.66만 원

17 제시된 명제가 모두 참일 때, 다음 중 빈칸에 들어갈 명제로 가장 적절한 것은?

- 서로를 사랑하면 세계에 평화가 찾아온다.
- _____
- 그러므로 타인을 사랑하면 세계에 평화가 찾아온다.

① 서로를 사랑하지 않는다는 것은 타인을 사랑하지 않는다는 것이다.
② 세계가 평화롭지 않으면 서로를 싫어한다는 것이다.
③ 서로를 사랑하면 타인을 사랑하지 않게 된다.
④ 세계에 평화가 찾아오면 서로를 사랑하게 된다.
⑤ 세계에 평화가 찾아오면 서로를 미워하게 된다.

18 N은행 A대리는 상반기 신입사원들을 위한 시간관리 매트릭스 자료를 제작하던 중 커피를 흘려 자료의 일부가 지워졌다. 빈칸 (가)에 들어갈 내용으로 가장 적절한 것은?

〈시간관리 매트릭스〉

구분	긴급한 일	긴급하지 않은 일
중요한 일	긴급하면서 중요한 일 • _____(가)_____	긴급하지 않지만, 중요한 일 • _____
중요하지 않은 일	긴급하지만, 중요하지 않은 일 • _____	긴급하지 않고, 중요하지 않은 일 • _____

① 사무용품 사용 현황 보고
② 내년도 사업계획 수립
③ 지난주 매출 실적 및 결과 보고
④ 전 사원 하계 휴가 일정 정리
⑤ 동계 사내 야유회 예산안 작성

④ 출발적금에 가입한다.

20 N지방자치단체는 농민수당 지원사업을 시행하고 있다. 다음 공고문을 보고 〈보기〉 중 농민수당 신규 신청 시 제출해야 할 서류를 모두 고르면?

〈농민수당 지원사업 시행지침〉

1. 사업목적
   - 농업 활동이 창출하는 공익적 가치 보장 및 증진을 통하여 지속 가능한 농업·농촌 환경을 조성하고 지역경제 활성화에 기여하고자 함
2. 지급개요(조례 제8 ~ 10조)
   - 지급대상 : 3년 이상 계속 N지자체에 주소를 두고 실제 거주하며, 2년 이상 계속 농업경영정보를 등록하고 실제 농업에 종사하는 전업 농민
   - 지급액 및 지급방법 : 농민 1인당 연 40만 원(지역화폐 충전)
   - 지급 제외대상
     - 「국민건강보험법」상 직장가입자
     - 농업 외 종합소득금액이 3,700만 원 이상인 자
     - 최근 2년 내 각종 보조금을 부정 수급하였거나 지급 제한기간 내에 있는 자
     - 최근 2년 내 농지법, 산지관리법, 가축전염병 예방법을 위반하여 행정처분을 받은 자
     - 지방세 체납자
     - 어업인수당 지급 대상자(중복 수급 제외)
3. 지급신청
   가. 온라인 신청 또는 방문 신청
   나. 농민수당 신청서, 신규 신청 시 경작사실 확인서(이·통장 확인)를 첨부 또는 주소지 읍·면·동장에게 제출
   다. 사업 신청 전 지역화폐 카드를 발급받은 사람은 지참, 미발급자인 경우 공카드 지급(신청서에 카드번호 기재)
4. 지급대상자 선정
   가. 지급대상자 요건 충족 여부 확인 : '22. 4. 1. ~ 4. 28.
     - 확인방법 : Agrix시스템, 행정정보공동이용시스템, 농민수당전산시스템 및 제출서류로 확인
   나. 지급대상자 선정 결과 제출 : '22. 4. 28.
     - 지원대상자 1차 선정결과 수합 제출 : '22. 5. 1.
     ※ 농민수당 지급요건을 충족하고, 지급신청 시 농민수당 수급권자 이행서약서(별지 제3호 서식)에 날인한 경우 대상자로 선정
5. 지급대상자 최종선정
   - 지급대상자 선정결과 안내 : '22. 5. 1. ~ 5. 19.
6. 지급대상자 확정 및 지급
   - 지역화폐 사용기간 : 지급일 ~ '22. 12. 31.

보기
ㄱ. 경작사실 확인서
ㄴ. 지역화폐 카드발급 신청서
ㄷ. 농민수당 신청서
ㄹ. 기존 보조금 수령내역 증명서
ㅁ. 농민수당 수급권자 이행서약서

① ㄱ, ㄷ, ㅁ
② ㄴ, ㄷ, ㄹ
③ ㄱ, ㄴ, ㄷ, ㄹ
④ ㄱ, ㄴ, ㄹ, ㅁ
⑤ ㄱ, ㄴ, ㄷ, ㄹ, ㅁ

02 60문항 유형

01 다음 제시된 단어의 유의어는?

창출

① 발췌　　　　　　　② 추출
③ 구출　　　　　　　④ 창조

02 다음 밑줄 친 단어의 유의어로 옳은 것은?

이렇게 만나게 되어 더할 <u>나위</u> 없는 영광입니다.

① 유용　　　　　　　② 여지
③ 자취　　　　　　　④ 지경

03 다음 중 밑줄 친 부분의 띄어쓰기가 옳은 것은?

① 내가 믿을 사람은 <u>너 뿐이야</u>.
② 날씨를 보니 다음 주부터 비가 <u>올 성싶다</u>.
③ 강당은 숨소리가 <u>들릴만큼</u> 조용했다.
④ <u>선생님께 만큼은</u> 솔직하게 말하고 싶었다.

04 다음 상품 설명서에서 잘못 쓰인 글자는 모두 몇 개인가?(단, 띄어쓰기는 무시한다)

> 이 설명서는 은행 이용자의 상품에 대한 이해를 돕고 약관의 중요내용을 알려드리기 위한 참고자료이며, 실제 계약은 대출거래약정서(가계용), 여신거래기본약관이 적용됩니다. 계약을 신청하는 경우 약관이, 계약을 체결하는 경우 계약서류가 교부됩니다.
>
> • 대출 이자율
> - 고정금리 : 여신실행 시 결정한 금리가 약정기간 동안 동일하게 적용되는 금리입니다. 다만, 여신실행일 현재 은행에서 고시하는 기준금리의 변동에 따라 금리 차이가 발생할 수 있습니다.
> - 변동금리 : 대출약정 기간 내에 기준금리가 변경될 경우 당해 대출금리가 변경되는 금리로서 기준금리가 인상될 경우 고객의 이자 부담이 증가될 수 있습니다.
> - 금리인하요구권 : 채무자인 고객은 본인의 신용상태에 현저한 변동이 있는 경우(승진, 직장의 변동, 연 소득 증가, 국가고시 합격, 은행의 우수고객으로 선정, 신용등급 개선, 자산 증가, 부채 감소 등)에는 증빈자료를 첨부한 금리인하 신청서를 은행에 재출, 금리변경을 요구할 수 있습니다.
>
> • 수수료 등 비용
> - 중도상환수수료 : (　)%
>   ▶ (중도상환대출금액)×(중도상환수수료)×[(대출잔여일수)÷(대출기간)]=(중도상환수수료)
> - 한도약정수수료 : 대출한도 금액의 (　)%
>   ▶ (대출한도 금액)×(한도약정수수료율)=(한도약정수수료)
> - 인지세
>   ▶ 인지세법에 의해 대출약정 체결 시 납부하는 세금으로 대출금액에 따라 세액이 차등 적용되며, 각 50%씩 고객과 은행이 가담합니다.

① 1개
② 2개
③ 3개
④ 4개

05 다음 중 공문서의 특징에 대한 설명으로 가장 적절한 것은?

① 회사 내부로 전달되는 글이므로 육하원칙이 드러나지 않아도 된다.
② 날짜 다음에 괄호를 사용할 경우 반드시 마침표를 찍어야 한다.
③ 복잡한 내용은 도표를 통해 시각화하여 이해도를 높인다.
④ 반드시 일정한 양식과 격식을 갖추어 작성하여야 한다.

06 다음 대화 중 적절하지 않은 것은?

① A : What time are we having lunch?
　B : It'll be ready before noon.
② A : I called you several times. Why didn't you answer?
　B : Oh, I think my cell phone was turned off.
③ A : Are you going to take a vacation this winter?
　B : I might. I haven't decided yet.
④ A : Hello. Sorry I missed your call.
　B : Would you like to leave a message?

07 다음 제시된 문장에 이어질 문장을 순서대로 바르게 나열한 것은?

The population explosion gives rise to a number of problems.

(A) Also, this concerns getting proper medical care for all of them, especially the aged.
(B) Thus, we come face to face with more and more difficult problems.
(C) One of them has to do with finding enough food for all the people in the world.

① (A) - (B) - (C)　　　② (B) - (C) - (A)
③ (C) - (A) - (B)　　　④ (C) - (B) - (A)

08 다음 글에서 〈보기〉의 문단이 들어갈 위치로 가장 적절한 곳은?

농림축산식품부는 농업・농촌의 공익기능 증진과 농업인의 소득 안정을 위해 '공익직불제'를 시행하고 있다. 공익직불제는 농업활동을 통해 환경보전, 농촌 공동체 유지, 먹거리 안전 등 공익을 창출할 수 있도록 농업인에게 보조금을 지원하는 제도이다.

(가) 공익직불제는 기존 직불제의 한계점을 해결하기 위해 시행되었다. 먼저 모든 작물을 대상으로 동일금액을 지급하여 작물 간의 형평성을 제고하고 쌀 중심의 농정 패러다임을 전환하도록 유도하였다. 또한 경영규모가 작을수록 높은 단가를 적용하는 등 중・소규모 농가에 대한 소득안정기능을 강화하여 농가 간 형평성을 제고하였다. 마지막으로 다양한 준수사항을 설정하여 농업인의 공익 준수의무를 강화하였다.

(나) 직불금을 받는 농업인은 공익을 위해 다음의 준수사항을 실천해야 한다. 첫째, 농지의 형상 및 기능을 유지하는 등 생태계 보전을 위해 노력해야 한다. 둘째, 농약 안전사용기준이나 농산물 출하제한 명령 등을 준수하여 먹거리 안전을 실현해야 한다. 셋째, 마을 공동체 활동 참여 등 공동체 활성화에 이바지해야 한다. 넷째, 영농일지 작성, 농업 증진 교육 이수 등 영농활동을 준수해야 한다. 다섯째, 화학비료, 하천・지하수 이용 기준을 준수하는 등 환경보호에 힘써야 한다. 이러한 준수사항을 위반할 경우 직불금의 총액이 감액될 수 있다.

(다) 공익직불제는 실제 농사를 짓는 농업인이 직불금을 받을 수 있도록 규정되어 있다. 위조, 거짓 신청, 농지분할, 무단점유 등 부정수급을 막기 위하여 사업신청정보 통합관리 시스템으로 직불금 자격요건 검증 및 심사를 강화하고 있으며, 특별사법경찰관・명예감시원 등을 통해 관리・감독을 시행하고 있다. 이를 위반한 경우 부당이익금 전액이 환수되며, 최대 5배까지 제재부가금이 부과된다. 이 밖에도 부정수급 적발을 위해 신고포상금제도도 운영하고 있다.

(라) 2023년 현재 공익직불제는 시행 4년 차를 맞아 더욱 다양한 농업인에게 폭넓은 혜택을 제공할 수 있도록 확대되었다. 공익직불제는 부정수급 관련 문제나, 제도 사각지대 등 여러 문제점이 아직 존재하지만 점차 개선 중에 있으며 농업의 다원적 기능과 공익적 역할을 유도하는 데 많은 도움을 주고 있다.

보기

2004년 WTO 재협상 이후 수입쌀이 값싼 가격에 들어오면서 정부는 농가 피해보전을 위해 쌀 소득보전 직불제를 도입하여 농가소득안정과 규모화 및 생산구조 효율화에 기여하였다. 그러나 이는 쌀의 과잉공급을 초래하였고 다른 작물을 재배하는 소규모 농가에 대한 소득안전망 기능 미흡 등 다양한 문제점이 있었다.

① (가) ② (나)
③ (다) ④ (라)

09 다음 글의 내용으로 적절하지 않은 것은?

생각만으로도 가슴이 따뜻해지는 나의 고향에 힘을 보태주기 위한 고향사랑기부제가 2023년 1월 1일부터 행정안전부 주재로 시작되었다. 고향사랑기부제는 개인이 주소지 이외의 지방자치단체에 일정 금액을 기부하면 세액공제와 함께 답례품을 받는 제도이다. 행정안전부는 「고향사랑 기부금에 관한 법률」 및 같은 법 시행령, 지자체 조례에 따라 고향사랑기부제를 시행하고 있다.

기부금 한도는 개인당 연간 500만 원으로 주민등록상 주소지를 제외한 모든 지자체에 기부할 수 있다. 기부금액 10만 원 이하는 전액 세액공제가 되며, 10만 원 초과 시에는 16.5%를 공제받을 수 있다. 또 기부자에게는 기부금액의 30% 이내에 해당하는 답례품이 제공된다. 예를 들어 10만 원을 기부하면 세액공제 10만 원, 답례품 3만 원을 합해 13만 원의 혜택을 돌려받을 수 있다. 100만 원을 기부하면 54만 8,500원(세액공제 24만 8,500원, 답례품 30만 원)의 혜택을 받게 된다.

답례품은 해당 지역에서 생산되는 지역특산품 등으로, 지자체 간 과도한 경쟁이 일어나지 않도록 개인별 기부금 총액의 30% 이내로 정해져 있다. 지자체는 답례품 및 답례품 공급업체의 공정한 선정을 위해 답례품선정위원회를 운영하여 농·축·수산물, 가공식품, 생활용품, 관광·서비스, 지역 상품권 등 2,000여 종의 답례품을 선정하여 기부자에게 증정하고 있다.

각 지자체는 정부 광고매체를 활용해 모금할 수 있다. 다만 법령에서는 개별적인 전화·서신, 호별 방문, 향우회·동창회 등 사적 모임을 통한 모금의 강요나 권유·독려, 지자체가 주최·주관·후원하는 행사에 참석·방문해 적극적으로 권유·독려하는 방법을 금지하고 있으며 이를 위반했을 경우에는 최대 8개월까지 기부금 모금이 제한되고, 지자체의 모금이 제한된 경우에는 해당 기관의 누리집 등을 통해 알려야 한다.

고향사랑기부제는 국내에서는 올해 처음 시행된 제도로 모인 기부금은 지자체를 통해 주민복리 증진과 지역활성화에 사용된다. 지자체는 기부금으로 조성된 고향사랑기금을 투명하게 사용할 수 있도록 지방기금법에 따라 관리·운용하고 있으며, 여기서 기부금의 모집·운용 등에 쓸 수 있는 기금의 범위는 전년도 기부금의 15% 이내이다.

행정안전부는 기부자가 쉽고 편리하게 해당 제도를 이용할 수 있도록 원스톱 정보시스템인 '고향사랑e음'을 구축하여 운용하고 있다. 기부자는 고향사랑e음에서 전국 243개 지자체에 편리하게 기부할 수 있고, 국세청 연말정산시스템과 연계하여 자동으로 세액공제 혜택을 받을 수 있다. 또한 기부자가 원하는 시기에 원하는 답례품을 선택할 수 있도록 기부금의 30%를 포인트로 적립해 준다. '고향사랑e음' 시스템 외에도 전국 5,900여 개 농협 창구를 직접 방문해 기부할 수도 있다. 창구를 이용할 경우 본인 신분증(주민등록증·운전면허증 등)을 가지고 농협 근무시간(오전 9시 ~ 오후 3시 30분)에 방문해 현장에서 기부할 수 있다. 기부금액에 따른 답례품 선택 등도 안내받을 수 있다.

① 온라인 이외에도 은행에 방문하여 현장에서 기부할 수 있다.
② 고향사랑e음을 통해 기부하면 자동으로 세액공제 혜택을 받을 수 있다.
③ 기부금 모금 독려는 지자체가 주관하는 지방행사에서 가능하다.
④ 고향사랑e음을 통해 기부자는 답례품을 자신이 원하는 시기에 원하는 물건으로 받을 수 있다.

※ 일정한 규칙으로 수 또는 문자를 나열할 때, 빈칸에 들어갈 알맞은 것을 고르시오. [10~11]

10

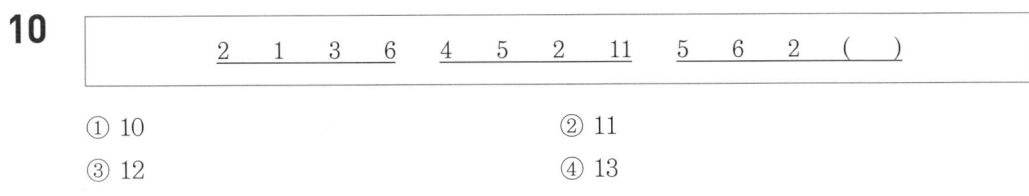

2 1 3 6   4 5 2 11   5 6 2 ( )

① 10   ② 11
③ 12   ④ 13

11

c A ( ) D g P

① b   ② c
③ d   ④ e

12 판매자 A씨는 원가가 400원인 포도에 x원만큼의 금액을 가산한 정가로 80개를 판매하여 9,600원의 이익을 남겼다고 할 때, 가산한 금액 x는?

① 120원   ② 220원
③ 320원   ④ 420원

13 현재 1,000만 원을 보유한 A씨는 매년 이자가 10%인 N예금상품에 3년 동안 전액을 예치하려고 한다. 예금방식에는 단리식과 복리식이 있을 때, 두 경우의 원리합계 금액의 합은?(단, 연 복리를 적용하고, $1.1^3 = 1.331$로 계산한다)

- 단리예금 : 목돈을 원하는 만큼 맡기고, 원금에 대해서만 이자를 산정하여 만기 시까지 추가 입금이 불가한 금융상품
- 복리예금 : 원금과 이자에 대한 이자를 받을 수 있고, 만기 시까지 추가 입금이 불가하며, 이자 지급기간에 따라 연 복리, 월 복리, 일 복리로 구분하는 금융상품

① 2,122만 원   ② 2,482만 원
③ 2,631만 원   ④ 2,896만 원

14 $a_1=3$인 타일이 다음과 같이 놓여 있다. 이 타일에 그림과 같이 $1\times k$(k는 자연수)인 타일을 시계방향대로 순서대로 놓았을 때, n번째 타일의 크기를 a_n이라 하면, a_{2023}의 값은?

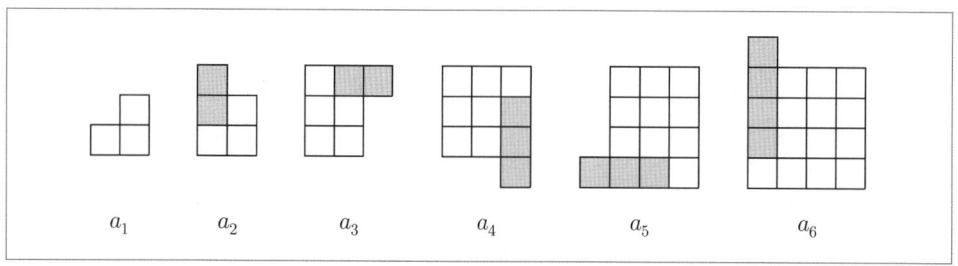

① $1,012^2$
② $1,012^2+1,012$
③ $1,012^2+1,013$
④ $1,012^2+2,024$

15 다음은 N사의 간이재무제표이다. 해당 재무제표에서 2021년과 2022년 중 이자보상비율이 더 높은 연도와 그 비율을 바르게 연결한 것은?(단, 이자보상배율은 소수점 둘째 자리에서 반올림한다)

〈N사 간이재무제표〉

(단위 : 억 원)

구분		2021년	2022년
재무상태표	유동자산	1,400	1,700
	유동부채	160	200
	자산총계	5,000	5,200
	부채총계	3,000	3,700
	자본총계	2,000	1,500
손익계산서	영업이익	485	525
	이자비용	320	540
	당기순이익	125	10

- (이자보상배율) = $\dfrac{(영업이익)}{(이자비용)}$

- (이자보상비율) = $\dfrac{(영업이익)}{(이자비용)} \times 100$

① 2021년, 150%
② 2021년, 125%
③ 2022년, 150%
④ 2022년, 125%

16 제시된 명제가 모두 참일 때, 다음 중 항상 참인 것은?

> • 창조적인 기업은 융통성이 있다.
> • 오래가는 기업은 건실하다.
> • 오래가는 기업이라고 해서 모두가 융통성이 있는 것은 아니다.

① 융통성이 있는 기업은 건실하다.
② 창조적인 기업이 오래갈지 아닐지 알 수 없다.
③ 융통성이 있는 기업은 오래간다.
④ 어떤 창조적인 기업은 건실하다.

17 N과장은 사무실의 복합기가 고장이 나서 교체하려고 한다. 복합기의 성능 및 복합기 선택 조건이 다음과 같을 때, 어떤 복합기로 교체해야 하는가?(단, 기간에 따른 월 이자는 고려하지 않는다)

〈복합기 성능 비교 분석〉

구분	사용 가능 용지	분당 출력 매수	비용
A복합기	A3, A4, A5, B4, B5	흑백 : 8매/분 컬러 : 22매/분	(판매) 300만 원
B복합기	A4, A5, B4, B5	흑백 : 30매/분 컬러 : (미지원)	(판매) 270만 원
C복합기	A3, A4, B4, B5	흑백 : 20매/분 컬러 : (미지원)	(판매) 250만 원
D복합기	A3, A4, A5, B4, B5	흑백 : 22매/분 컬러 : 10매/분	(판매) 200만 원
E복합기	A3, A4, A5, B4	흑백 : 33매/분 컬러 : 27매/분	(대여) 23만 원/월
F복합기	A3, A4, A5	흑백 : 29매/분 컬러 : 17매/분	(대여) 15만 원/월
G복합기	A3, A4, A5, B5	흑백 : 35매/분 컬러 : 20매/분	(대여) 12만 원/월
H복합기	A4, A5, B4, B5	흑백 : 20매/분 컬러 : 15매/분	(대여) 10만 원/월

〈복합기 선택 조건〉

• 사무실에서 주로 사용하는 용지는 A3, A4, B5이다.
• 사무실에서 주로 컬러 인쇄를 사용한다.
• 분당 출력 매수가 적어도 15매는 넘어야 한다.
• 24개월 기준으로 비용이 최소인 것을 선택한다.

① A복합기
② D복합기
③ F복합기
④ G복합기

※ 다음은 NH농협에서 판매하고 있는 주택화재보험 약관의 일부와 2022년 8월에 내린 폭풍우로 피해를 입은 A~D농가의 피해 산정액에 대한 자료이다. 이어지는 질문에 답하시오. [18~19]

〈특수건물 풍수재위험담보 특별약관〉

제1조(보상하는 손해)
회사는 보통약관 제3조(보상하는 손해) 외에 화재로 인한 재해보상과 보험가입에 관한 법률 제2조 제3호와 동법 시행령 제2조 제1항에서 정하는 특수건물(동산은 제외합니다. 이하「특수건물」이라 합니다)에 대하여는 아래의 위험으로 인하여 보험의 목적에 생긴 손해를 보상하여 드립니다.
- 태풍, 회오리바람, 폭풍, 폭풍우, 홍수, 해일, 범람 및 이와 비슷한 풍재 또는 수재

제2조(보상하지 않는 손해)
회사는 아래와 같은 손해는 보상하여 드리지 않습니다.
1. 보험의 목적에 생긴 분실 또는 도난 손해
2. 지진 또는 분화로 생긴 손해
3. 풍재 또는 수재와 관계없이 댐 또는 제방이 터지거나 무너져 생긴 손해
4. 바람, 비, 눈, 우박 또는 모래, 먼지가 들어옴으로써 생긴 손해. 그러나 보험의 목적인 건물이 풍재 또는 수재로 직접 파손되어 보험의 목적에 생긴 손해는 보상하여 드립니다.
5. 추위, 서리, 얼음, 눈으로 생긴 손해
6. 풍재의 직접, 간접에 관계없이 보험의 목적인 네온사인 장치에 전기적 사고로 생긴 손해 및 건식 전구의 필라멘트에(만) 생긴 손해

제3조(지급보험금의 계산)
회사가 특수건물에 생긴 손해에 대하여 지급할 보험금은 아래에 따라 계산합니다.
1. 보험가입금액이 보험가액의 80% 해당액과 같거나 클 때 : 보험가입금액을 한도로 손해액 전액을 지급합니다(단, 보험가입금액이 보험가액보다 많을 때에는 보험가액을 한도로 합니다).
2. 보험가입금액이 보험가액의 80% 해당액보다 작을 때 : 보험가입금액을 한도로 아래의 금액을 지급합니다.

$$(손해액) \times \frac{(보험가입금액)}{(보험가액의\ 80\%\ 해당액)}$$

3. 동일한 계약의 목적과 동일한 사고에 관하여 보험금을 지급하는 다른 계약(공제계약을 포함합니다)이 있는 경우에는 제1항 내지 제2항에 추가하여 보통약관 제9조(지급보험금의 계산) 제2항의 계산방식을 따릅니다.

제4조(준용규정)
이 특별약관에 정하지 않은 사항은 보통약관을 따릅니다.

〈2022년 8월 폭풍우로 인한 A~D농가의 피해 산정액〉

(단위 : 백만 원)

구분	A농가	B농가	C농가	D농가
손해액	20	24	5	25
보험가액	500	400	800	300
보험가입금액	450	300	600	500

18 A ~ D농가 중 지급받는 보험금액이 가장 많은 농가는?

① A농가 ② B농가
③ C농가 ④ D농가

19 A ~ D농가 중 보험료율이 가장 높은 농가는?(단, 보험료율은 보험가입금액에 대한 보험지급액의 백분율이다)

① A농가 ② B농가
③ C농가 ④ D농가

20 다음 중 브레인스토밍(Brainstorming) 방식으로 회의를 진행할 때에 대한 설명으로 옳지 않은 것은?

① 아이디어가 많을수록 질적으로 우수한 아이디어가 나온다.
② 다수의 의견을 도출해낼 수 있는 사람을 회의의 리더로 선출한다.
③ 논의하고자 하는 주제를 구체적이고 명확하게 정한다.
④ 다른 사람과 자유롭게 의견을 공유하고 비판한다.

21 다음은 MECE(Mutually Exclusive, Collectively Exhaustive)의 적용 절차이다. 〈보기〉 중 (가) ~ (마)에 들어갈 절차를 순서대로 바르게 나열한 것은?

```
1. 문제 파악(문제의 핵심)
2. _____(가)_____
3. _____(나)_____
4. _____(다)_____
5. _____(라)_____
6. _____(마)_____
7. 메시지 전달(결과 보고)
```

보기

ㄱ. 불필요한 문제 제거하기
ㄴ. 계획 수립하기(세부 내용)
ㄷ. 문제 분해하기(중복과 누락 검사 등)
ㄹ. 분석하고 종합하기(검증)
ㅁ. 가설 세우기(실행 가능 요소)

① ㄱ - ㄴ - ㅁ - ㄷ - ㄹ
② ㄱ - ㄷ - ㅁ - ㄴ - ㄹ
③ ㄷ - ㄱ - ㅁ - ㄴ - ㄹ
④ ㄷ - ㅁ - ㄱ - ㄴ - ㄹ

22 다음은 농협의 마스코트 아리(Ari)이다. 이에 대한 설명으로 옳지 않은 것은?

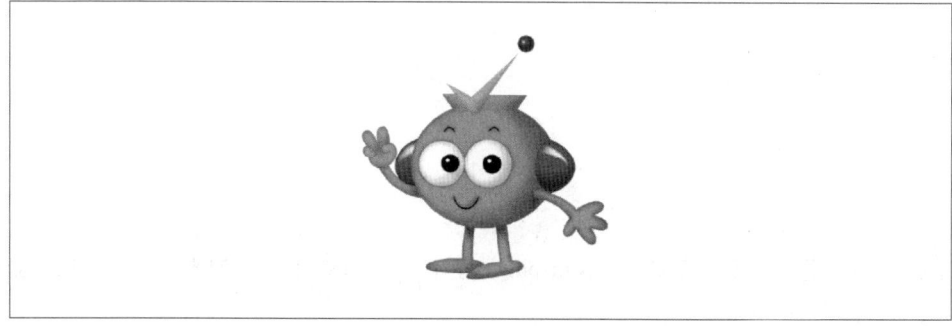

① 2000년 농협과 축협이 통합하면서 달걀에서의 '알'을 따와서 이름 지었다.
② 전통 음율 아리랑을 연상하게 하여 '흥', '어깨춤' 등 동적인 이미지를 지닌다.
③ 곡식을 담을 '항아리'를 연상하게 하여 '풍요'와 '결실'의 의미를 지닌다.
④ 통합 농협으로 새 출발하는 미래지향적 기업 이미지를 뜻한다.

23 다음 중 농협중앙회 종회로부터 독립적으로 운영되는 부서는?

① 조합감사위원회사무처　　　　② 경영감사부
③ 준법지원부　　　　　　　　　④ 조합구조개선부

24 다음 중 농협의 5대 핵심가치에 대한 설명이 바르게 연결되지 않은 것은?

① 농업인과 소비자가 함께 웃는 유통 대변화 : 소비자에게 합리적인 가격으로 더 안전한 먹거리를, 농업인에게 더 많은 소득을 제공하는 유통개혁 실현
② 미래 성장 동력을 창출하는 디지털 혁신 : 4차 산업혁명 시대에 부응하는 디지털 혁신으로 농업·농촌·농협의 미래 성장 동력 창출
③ 정체성이 살아 있는 든든한 농협 : 농업인 영농지원 강화 등을 통한 농업경쟁력 제고로 농업인 소득 증대 및 삶의 질 향상
④ 지역과 함께 만드는 살고 싶은 농촌 : 지역사회의 구심체로서 지역사회와 협력하여 살고 싶은 농촌 구현 및 지역경제 활성화에 기여

25 다음 중 농약의 포장지 앞면에 표시하는 사항과 그 위치가 바르게 연결되지 않은 것은?

① '농약' 문자 표기 : 최상단 중앙
② 독성·행위금지 등 그림문자 : 정중앙
③ 해독·응급처치 방법 : 그림문자 상단
④ 품목명 : 상표명 하단

CHAPTER 06 2022년 하반기 기출복원문제

정답 및 해설 p.058

01 | 70문항 유형

01 다음 한자성어 중 의미가 다른 하나는?

① 군계일학(群鷄一鶴)
② 철중쟁쟁(鐵中錚錚)
③ 태산북두(泰山北斗)
④ 낭중지추(囊中之錐)
⑤ 천재일우(千載一遇)

02 다음 상황에 어울리는 한자성어로 가장 적절한 것은?

> 대규모 댐 건설 사업 공모에 ○○건설회사가 참여하였다. 해당 사업은 막대한 자금과 고도의 건설기술이 필요했기에 ○○건설회사가 감당하기 어려운 것이었다. 많은 사람들은 무리하게 공모에 참여한 ○○건설회사에 대해 무모하다고 여겼다.

① 각골난망(刻骨難忘)
② 난공불락(難攻不落)
③ 토사구팽(兎死狗烹)
④ 당랑거철(螳螂拒轍)
⑤ 파죽지세(破竹之勢)

03 다음 중 왼쪽 문장의 의미를 잘못 해석한 것은?

① 가슴을 태우다. – 마음에 상처를 입다.
② 가슴을 열다. – 속마음을 털어놓거나 받아들이다.
③ 가슴이 미어지다. – 마음이 슬픔이나 고통으로 가득 차 견디기 힘들다.
④ 가슴이 뜨끔하다. – 양심의 가책을 받다.
⑤ 가슴이 뜨겁다. – 깊고 큰 사랑과 배려를 받아 고마움으로 마음의 감동이 크다.

04 다음 단어 중 의미가 다른 하나는?

① 어렵다 ② 난해하다
③ 복잡하다 ④ 까다롭다
⑤ 수난하다

05 다음 밑줄 친 부분과 반대되는 의미를 가진 단어는?

> 경서는 생긴 것과 다르게 <u>호들갑을 떤다</u>.

① 관람 ② 관찰
③ 관상 ④ 관조
⑤ 관광

06 다음 밑줄 친 단어를 한자로 바꾼 것으로 옳은 것은?

> 이번 월드컵에서 선전하면 한국 축구는 세계 무대로 <u>도약</u>할 수 있을 것입니다.

① 圖謀 ② 挑戰
③ 跳躍 ④ 倒置
⑤ 到來

07 다음 밑줄 친 부분과 바꾸어 사용할 수 있는 단어는?

> 이 병원은 심장 질환 수술을 전문적으로 <u>다룬다</u>.

① 사고팔다　　　　　　　　② 사용하다
③ 취급하다　　　　　　　　④ 상대하다
⑤ 부리다

08 다음 중 밑줄 친 부분의 맞춤법이 옳지 않은 것은?

① 말뚝에 <u>매인</u> 배들이 태풍에 심하게 흔들렸다.
② 아버지는 일꾼에게 논을 <u>매이기</u>로 하였다.
③ 어깨에 <u>메인</u> 핸드백이 걸을 때마다 움직인다.
④ 젊은이는 나라의 장래를 <u>메고</u> 나갈 사람이다.
⑤ 나는 요즘 업무에 <u>메여서</u> 꼼짝도 할 수가 없다.

09 다음 문단을 논리적 순서대로 바르게 나열한 것은?

> (가) 그러나 이러한 현상에 대해 비판적인 시각도 생겨났다. 대량 생산된 복제품은 예술 작품의 유일무이(唯一無二)한 가치를 상실케 하고 예술적 전통을 훼손한다는 것이다.
> (나) MP3로 대표되는 복제 기술이 어떻게 발전할 것이며 그에 따라 음악은 어떤 변화를 겪을지, 우리가 누릴 수 있는 새로운 전통은 우리 삶을 어떻게 변화시킬지 생각해 보는 것은 매우 흥미로운 일이다.
> (다) 근래에는 음악을 컴퓨터 파일의 형태로 바꾸는 기술이 개발되어 작품을 나누고 섞고 변화시키는 것이 훨씬 자유로워졌다. 이에 따라 낯선 곡은 반복을 통해 친숙한 음악으로, 친숙한 곡은 디지털 조작을 통해 낯선 음악으로 변모시킬 수 있게 되었다.
> (라) 그러나 복제품은 자신이 생겨난 환경에 매여 있지 않기 때문에 새로운 환경에서 새로운 예술적 전통을 만들어 낸다. 최근 음악 환경은 IT 기술의 발달과 보급에 따라 매우 빠르게 변화하고 있다.

① (가) – (다) – (라) – (나)　　　　② (다) – (가) – (라) – (나)
③ (다) – (라) – (가) – (나)　　　　④ (라) – (가) – (나) – (다)
⑤ (라) – (다) – (가) – (나)

※ 다음 식을 계산한 값으로 옳은 것을 구하시오. [10~11]

10
$$414-13\times32+323$$

① 311　　② 321
③ 331　　④ 341
⑤ 351

11
$$\frac{35}{77}\times11^2+25$$

① 70　　② 75
③ 80　　④ 85
⑤ 90

※ 일정한 규칙으로 수 또는 문자를 나열할 때, 빈칸에 들어갈 알맞은 것을 고르시오. [12~13]

12
360　60　300　75　( )

① 160　　② 185
③ 200　　④ 225
⑤ 240

13
F　G　E　H　D　( )　C

① B　　② I
③ J　　④ K
⑤ M

14 다음은 N헬스장의 2019년 4분기 운동 프로그램 회원 수와 2020년도 1월 예상 회원 수에 대한 자료이다. 〈조건〉에 따라 방정식 $2a+b=c+d$가 성립할 때, b에 들어갈 알맞은 회원 수는?

〈N헬스장 운동 프로그램 회원 현황〉
(단위 : 명)

구분	2019년 10월	2019년 11월	2019년 12월	2020년 1월
요가	50	a	b	-
G.X	90	98	c	-
필라테스	106	110	126	d

조건
- 2019년 11월 요가 회원은 전월 대비 20% 증가했다.
- 2019년 4분기 필라테스 총회원 수는 동분기의 G.X 총회원 수보다 37명 더 많다.
- 2020년 1월 필라테스의 예상 회원 수는 2019년 4분기 필라테스의 월 평균 회원 수이다.

① 110명　　　　　　　　　② 111명
③ 112명　　　　　　　　　④ 113명
⑤ 114명

15 육상선수 갑, 을, 병이 운동장을 각각 8분에 4바퀴, 9분에 3바퀴, 4분에 1바퀴를 돈다. 세 사람이 4시 30분에 같은 방향으로 동시에 출발하였다면, 출발점에서 다시 만나는 시각은?

① 4시 39분　　　　　　　② 4시 40분
③ 4시 41분　　　　　　　④ 4시 42분
⑤ 4시 43분

16 다음은 연도별 뺑소니 교통사고 통계현황을 나타낸 자료이다. 이에 대한 〈보기〉의 설명 중 옳은 것을 모두 고르면?

〈연도별 뺑소니 교통사고 통계현황〉

(단위 : 건, 명)

구분	2016년	2017년	2018년	2019년	2020년
사고건수	15,500	15,280	14,800	15,800	16,400
검거 수	12,493	12,606	12,728	13,667	14,350
사망자 수	1,240	1,528	1,850	1,817	1,558
부상자 수	9,920	9,932	11,840	12,956	13,940

※ [검거율(%)] = $\dfrac{(검거\ 수)}{(사고건수)} \times 100$

※ [사망률(%)] = $\dfrac{(사망자\ 수)}{(사고건수)} \times 100$

※ [부상률(%)] = $\dfrac{(부상자\ 수)}{(사고건수)} \times 100$

보기

ㄱ. 사고건수는 매년 감소하지만 검거 수는 매년 증가한다.
ㄴ. 2018년의 사망률과 부상률이 2019년의 사망률과 부상률보다 모두 높다.
ㄷ. 2019~2020년 사망자 수와 부상자 수의 전년 대비 증감추이는 반대이다.
ㄹ. 2017~2020년 검거율은 매년 높아지고 있다.

① ㄱ, ㄴ
② ㄴ, ㄷ
③ ㄷ, ㄹ
④ ㄱ, ㄴ, ㄷ
⑤ ㄱ, ㄷ, ㄹ

17 10월 15일 체육의 날을 맞이하여 기획개발팀 5명은 다른 팀 사원들과 각각 15회 배드민턴 경기를 하였다. 팀원들은 점수계산방법에 따라 각자 자신의 경기 결과를 종합하여 〈보기〉와 같이 발표하였다. 이를 근거로 판단할 때, 기획개발팀의 팀원 중 거짓을 말한 사람은?

> **보기**
> - 점수계산방법 : 각 경기에서 이길 경우 7점, 비길 경우 3점, 질 경우 −4점을 받는다.
> - 각자 15회의 경기를 한 후 자신의 합산 점수를 다음과 같이 발표하였다.
>   'A팀장 : 93점, B대리 : 90점, C대리 : 84점, D연구원 : 79점, E연구원 : 64점'

① A팀장
② B대리
③ C대리
④ D연구원
⑤ E연구원

18 다음 명제가 모두 참일 때, 반드시 참인 것은?

> - 물을 녹색으로 만드는 조류는 냄새 물질을 배출한다.
> - 독소 물질을 배출하는 조류는 냄새 물질을 배출하지 않는다.
> - 물을 황색으로 만드는 조류는 물을 녹색으로 만들지 않는다.

① 독소 물질을 배출하는 조류는 물을 녹색으로 만들지 않는다.
② 물을 녹색으로 만들지 않는 조류는 냄새 물질을 배출하지 않는다.
③ 독소 물질을 배출하지 않는 조류는 물을 녹색으로 만든다.
④ 냄새 물질을 배출하지 않는 조류는 물을 황색으로 만들지 않는다.
⑤ 냄새 물질을 배출하는 조류는 독소 물질을 배출한다.

19 다음 〈조건〉을 바탕으로 추론한 내용으로 옳은 것은?

> **조건**
> - 분야별 인원 구성
>   - A분야 : a(남자), b(남자), c(여자)
>   - B분야 : 가(남자), 나(여자)
>   - C분야 : 갑(남자), 을(여자), 병(여자)
> - 4명씩 나누어 총 2팀(1팀, 2팀)으로 구성한다.
> - 같은 분야의 같은 성별인 사람은 한 팀이 될 수 없다.
> - 각 팀에는 분야별로 적어도 1명 이상이 들어가야 한다.
> - 한 분야의 모든 사람이 한 팀에 들어갈 수는 없다.

① 갑과 을이 한 팀이 된다면 가와 나도 한 팀이 될 수 있다.
② 4명으로 나뉜 두 팀에는 남녀가 각각 2명씩 들어간다.
③ a가 1팀으로 간다면 c는 2팀으로 가야 한다.
④ 가와 나는 한 팀이 될 수 없다.
⑤ c와 갑은 한 팀이 될 수 있다.

20 다음은 2018 ~ 2021년 N국 기업의 남성육아휴직제 시행 현황에 대한 자료이다. 이에 대한 설명으로 옳은 것은?

① 2019년 이후 전년보다 참여직원 수가 가장 많이 증가한 해와 시행기업 수가 가장 많이 증가한 해는 동일하다.
② 2021년 남성육아휴직제 참여직원 수는 2018년의 7배 이상이다.
③ 시행기업당 참여직원 수가 가장 많은 해는 2021년이다.
④ 2021년 시행기업 수의 2019년 대비 증가율은 참여직원 수의 증가율보다 높다.
⑤ 2018 ~ 2021년 참여직원 수의 연간 증가인원의 평균은 6,000명 이하이다.

21 다음 사례에 나타난 N씨의 자원낭비 요인은?

> N씨는 요즘 밤늦게까지 게임을 하느라 잠이 부족하다. 어젯밤에도 다음 날 오전에 친구와 약속이 있다는 것을 알면서도 새벽까지 게임을 하느라 아침이 다 되어 잠이 들었다. 알람이 울려 잠시 눈을 떴지만, 잠을 더 자야겠다는 생각에 알람을 끄고 다시 눈을 감았다. 결국 해가 중천에 뜨고 나서야 일어난 A씨는 잔뜩 화가 난 친구의 문자를 확인하고 친구에게 전화를 걸었지만, 친구는 전화를 받지 않았다.

① 비계획적 행동 ② 편리성 추구
③ 자원에 대한 인식 부재 ④ 노하우 부족
⑤ 잘못된 가치 판단

22 N사원은 인적자원의 효과적 활용에 대한 강연을 듣고, 인맥을 활용하였을 때의 장점에 대해 다음과 같이 정리하였다. 밑줄 친 ㉠ ~ ㉣ 중 N사원이 잘못 메모한 내용은 모두 몇 개인가?

> 〈인적자원의 효과적 활용〉
>
> • 인적자원이란?
>   … 중략 …
> • 인맥 활용 시 장점
>   - ㉠ 각종 정보와 정보의 소스 획득
>   - ㉡ '나' 자신의 인간관계나 생활에 대해서 알 수 있음
>   ↳ ㉢ 자신의 인생에 탄력이 생김
>   - ㉣ '나' 자신만의 사업을 시작할 수 있음 ← 참신한 아이디어 획득

① 0개 ② 1개
③ 2개 ④ 3개
⑤ 4개

23 다음 중 조직의 유형에 대한 설명으로 옳은 것은?

① 공식조직은 비공식조직에 비해 규모가 거대한 조직을 가리킨다.
② 조직발달사에 따르면, 공식조직의 내부집단으로서 비공식조직들이 발생하였다.
③ 환경보존을 홍보하는 상품을 직접 판매하고, 그 수익을 극대화하기 위해 운영되는 조직은 비영리조직에 해당한다.
④ 비공식조직 내에서의 행동유형 공유는 공식조직의 기능을 지원하기도 한다.
⑤ 정부조직은 비영리조직이자 비공식조직에 해당한다.

24 다음 〈보기〉 중 농협조합원으로 가능한 사람을 모두 고르면?

> **보기**
> ㄱ. 조합의 구역에 주소, 거소나 사업장이 있는 농업인
> ㄴ. 1천 제곱미터 이상의 농지를 경영 또는 경작하는 자
> ㄷ. 1년 중 60일 이상 농업에 종사하는 자

① ㄱ
② ㄱ, ㄴ
③ ㄱ, ㄷ
④ ㄴ, ㄷ
⑤ ㄱ, ㄴ, ㄷ

25 다음 중 농협조합원의 당연 탈퇴 사유에 해당하지 않는 것은?

① 성년후견개시의 심판을 받은 경우
② 조합원인 법인이 해산한 경우
③ 조합원의 자격이 없는 경우
④ 파산한 경우
⑤ 고의 또는 중대한 과실로 조합에 손실을 끼치거나 조합의 신용을 잃게 한 경우

02 60문항 유형

01 다음 중 '중도에 그만 둘 수 없는 형세'를 나타내는 한자성어는?

① 기호지세 ② 우공이산
③ 노갑이을 ④ 곡학아세

02 다음 중 밑줄 친 부분의 맞춤법이 옳지 않은 것은?

① 어린아이를 눈덩이로 맞히다니 너무 짖궂다.
② 그 이야기를 듣자 왠지 불길한 예감이 들었다.
③ 그 남자의 굳은살 박인 빌을 봐.
④ 약을 먹은 효과가 금세 나타났다.

03 다음 문장의 빈칸에 들어갈 단어로 가장 적절한 것은?

다시 잘못하면 크게 혼날 테니 ____하여라.

① 주도 ② 고소
③ 각심 ④ 조장

04 다음 중 이불을 뜻하는 단어가 아닌 것은?

① 천금 ② 침금
③ 해금 ④ 금구

05 다음 중 띄어쓰기가 옳지 않은 문장은?

① 나는 책을 읽어도 보고 했으나 머릿속에 들어오지 않았다.
② "어디, 나한테 덤벼들어 봐라!"
③ 신발이 그만 물에 떠내려가 버렸다.
④ 하늘을 보니 비가 올듯도 하다.

06 다음 글의 빈칸에 들어갈 접속어를 바르게 연결한 것은?

> 하늘을 이용해 길을 찾는 곤충이 있다. 나방은 달이 없는 밤 북극성을 따르고, 쇠똥구리는 안전한 곳으로 가기 위해 은하수를 보고 방향을 찾는다. ___㉠___ 인간이 크고 밝은 조명을 선호하게 되면서 이러한 곤충의 시스템이 흔들리고 있다. 우리는 파리가 가로등에 부딪히거나 나방이 불빛 앞에서 멍하게 있는 모습을 본 경험이 있다. 한 보고서에 따르면 가로등에 몰려드는 곤충의 30 ~ 40%는 충돌과 과열 등으로 죽는다고 한다. 북미의 반딧불이는 은은한 불빛을 내며 짝짓기 상대를 유혹한다. ___㉡___ 이들의 짝짓기 신호가 이제 거리의 불빛에 묻혀버리면서 암컷과 수컷은 서로를 찾기가 힘들어졌다. 과학자들은 반딧불이 종 감소에 빛 공해가 많은 영향을 주고 있다고 주장한다. ___㉢___ 빛 공해는 낭비가 심하다. 야외 조명의 30%는 하늘로 빛을 보내는 낭비로 끝난다. 야외 조명에 따른 에너지 비용은 미국에서만 매년 20 ~ 30억 달러에 달한다고 한다.

	㉠	㉡	㉢
①	그래서	또한	그러나
②	그래서	그러나	결국
③	하지만	그러나	또한
④	하지만	그러므로	또한

07 다음 문장을 논리적 순서대로 바르게 나열한 것은?

> (가) 역사 연구가는 대상을 마음대로 조립할 수 있다. 프랑스대혁명을 예로 들더라도 그는 그것을 그의 관점에 따라 다르게 조립할 수 있다.
> (나) 역사와 문학의 차이는 역사 연구가와 문학 연구가를 비교할 때 더욱 뚜렷하게 드러난다.
> (다) 그것은 수정 불가능한, 완전히 결정되어 있는 우주이다.
> (라) 그러나 문학 연구가의 경우 그러한 조립은 불가능하다. 이광수의 『무정』은 그것이 처음으로 발표된 1917년이나 1973년이나 마찬가지 형태로 제시된다.

① (가) – (나) – (라) – (다)
② (나) – (가) – (라) – (다)
③ (다) – (나) – (가) – (라)
④ (라) – (나) – (다) – (가)

08 다음 기사의 제목으로 가장 적절한 것은?

> 농협은 화이트데이에 사탕보다는 꽃으로 사랑을 전하자는 의미에서 3월 14일을 '화(花)이트데이'로 정하고, 화훼 소비촉진에 앞장서겠다고 밝혔다. 또한 특별한 화이트데이를 기념하여 대표이사가 직접 여직원들에게 사랑의 꽃을 전달하는 이벤트도 실시하였다. 화이트데이에 사랑하는 사람에게 선물하기 좋은 꽃으로 장미(사랑), 꽃도라지(영원한 사랑), 카라(순수한 사랑), 튤립(사랑의 고백), 국화(고결한 사랑) 등을 추천하였다. 대표이사는 "최근 소비 부진으로 화훼농가가 어려움을 겪고 있다."며, "花이트데이가 화훼농가에 큰 힘이 되길 바란다."고 전했다.
> 한편, 농협은 침체된 화훼 생산 농가를 돕고자 꽃 생활화 캠페인(1 Table 1 Flower, 책상 위에 꽃 놓기), 장례식장 화환 재사용 근절, 자율적인 수급 안정을 위한 절화의무자조금 도입 등 꽃 소비 확대를 위한 사업을 지속해서 추진하겠다고 밝혔다.

① 1 Table 1 Flower, 침체된 화훼농가를 도와주세요!
② 花이트데이, 정열적인 사랑을 표현하는 장미를 선물하세요!
③ 花이트데이, 사탕 대신 꽃으로 사랑을 전하세요.
④ 花이트데이, 꽃처럼 예쁜 사탕을 선물하세요!

※ 일정한 규칙으로 수를 나열할 때, 빈칸에 들어갈 알맞은 수를 고르시오. [9~10]

09

| 0 | 3 | 5 | 10 | 17 | 29 | 48 | ( ) |

① 55
② 60
③ 71
④ 79

10

| −13 | 7 | 9 | −3 | 1 | 5 | −3 | −3 | 6 | −7 | 5 | ( ) |

① −3
② 5
③ −4
④ 6

11 $\sum_{k=1}^{32} \dfrac{1}{\sqrt{k+4}+\sqrt{k+3}}$ 을 계산하면?

① 3 ② 4
③ 5 ④ 6

12 철수는 다음 그림과 같은 원기둥에 물을 채우려고 한다. 원기둥에 가득 채워지는 물의 부피로 옳은 것은?[단, 원주율(π)은 3으로 계산한다]

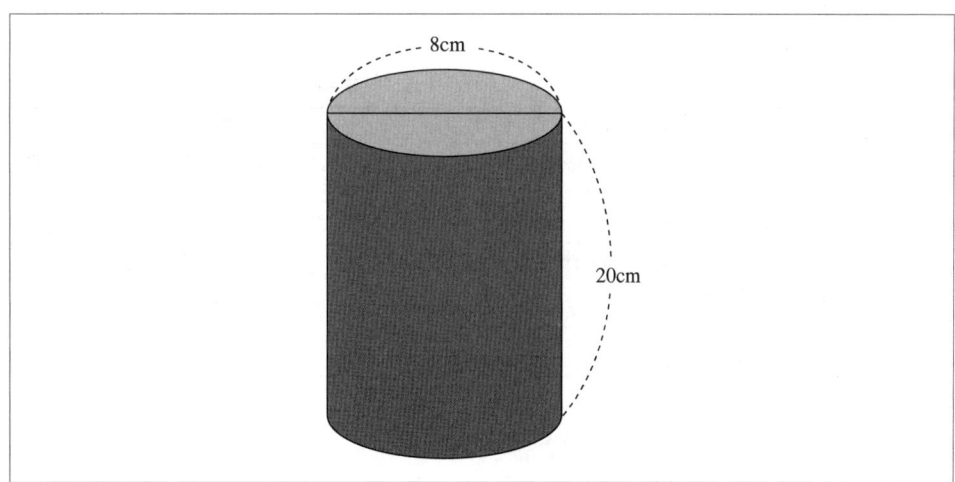

① 240cm³ ② 480cm³
③ 720cm³ ④ 960cm³

13 다음은 업무수행 과정 중 발생한 문제 유형이다. 이를 발생형 문제, 탐색형 문제, 설정형 문제로 바르게 구별한 것은?

> ㄱ. N사의 에어컨 판매부서는 현재 어느 정도 매출이 나오고 있는 상황이지만, 경쟁이 치열해지고 있기 때문에 생산성 제고를 위한 활동을 하려 한다.
> ㄴ. 더워서 사용하기 위해 작년에 N사에서 구입한 에어컨을 정돈하고, 사용해보자 고장이 나서 작동하지 않았다.
> ㄷ. 에어컨에 주력하던 N사는 올해부터 새로운 사업으로 공기청정기 분야에 진출하기 위한 계획을 해야 한다.

	ㄱ	ㄴ	ㄷ
①	발생형 문제	탐색형 문제	설정형 문제
②	설정형 문제	탐색형 문제	발생형 문제
③	설정형 문제	발생형 문제	탐색형 문제
④	탐색형 문제	발생형 문제	설정형 문제

14 N은행에 근무 중인 L사원은 국내 금융 시장에 대한 보고서를 작성하면서 N은행에 대한 SWOT 분석을 진행하였다. L사원이 작성한 SWOT 분석의 위협 요인에 들어갈 내용으로 적절하지 않은 것은?

<SWOT 분석 결과>

강점(Strength)	약점(Weakness)
• 지속적 혁신에 대한 경영자의 긍정적 마인드 • 고객만족도 1위의 높은 고객 충성도 • 다양한 투자 상품 개발	• 해외 투자 경험 부족으로 취약한 글로벌 경쟁력 • 타 은행에 비해 부족한 금융 자금
기회(Opportunity)	위협(Threat)
• 국내 유동자금의 증가 • 해외 금융 시장 진출 확대 • 정부의 규제 완화 정책	

① 경기 침체 장기화
② 부족한 리스크 관리 능력
③ 금융업의 경계 파괴에 따른 경쟁 심화
④ 정부의 정책 노선 혼란 등으로 인한 시장의 불확실성 증가

15 다음 중 시네틱스에 대한 설명으로 옳은 것은?

① 각종 힌트에 강제적으로 연결 지어서 발상하는 방법이다.
② 대상과 비슷한 것을 찾아내어 그것을 힌트로 새로운 아이디어를 생각하는 방법이다.
③ 서로 관련이 없어 보이는 것들을 조합하여 새로운 아이디어를 생각하는 방법이다.
④ 생각나는 대로 자유롭게 발상하는 방법으로 여러 사람의 아이디어를 합친 후 최적의 대안을 찾는 방법이다.

16 다음 중 빈칸에 들어갈 명제로 가장 적절한 것은?

- 어떤 경위는 파출소장이다.
- _____
- 30대 중 파출소장인 사람이 있다.

① 어떤 경위는 30대이다.
② 어떤 경위는 30대가 아니다.
③ 30대는 모두 경위이다.
④ 모든 경위는 30대이다.

17 N마트에서는 최근 시간관리 매트릭스에 대한 교육을 실시했다. 시간관리 매트릭스는 효율적으로 시간관리를 할 수 있도록 중요한 일과 중요하지 않은 일의 우선순위를 나누는 분류 방법이다. 다음 중 강의를 들은 A씨가 교육 내용을 적용하여 ㉠ ~ ㉢를 바르게 분류한 것은?

〈시간관리 매트릭스〉

구분	긴급한 일	긴급하지 않은 일
중요한 일	제1사분면	제2사분면
중요하지 않은 일	제3사분면	제4사분면

※ 각 사분면의 좌표의 위치는 우선 순위 정도에 고려하지 않음

A씨는 N마트 고객지원팀 사원이다. A씨는 ㉠ 다음 주에 상부에 보고할 내용을 마무리 하는 도중 고객으로부터 '상품을 먹은 후 두드러기가 나서 일상생활이 힘들 정도다.'라는 ㉡ 불만 접수를 받았다. 고객은 오늘 내로 해결할 방법을 알려달라는 강한 불만을 제기했다. 아직 업무는 다 끝내지 못한 상태고, 오늘 저녁에 ㉢ 친구와 약속이 있다. 약속 시간까지는 2시간 정도 남은 상태이다.

	제1사분면	제2사분면	제3사분면	제4사분면
①	㉠	㉢	㉡	–
②	㉡	㉠	–	㉢
③	㉡, ㉢	–	–	㉠
④	–	㉠	㉢	㉡

18 다음 중 인적자원에 대한 설명으로 옳지 않은 것은?

① 주위에 있는 모든 사람들이 하나의 중요한 자원이다.
② 인적자원은 조직차원에서만 중요하다.
③ 인맥은 기본적으로 가족, 친구, 직장동료 등으로 나누어진다.
④ 인맥에는 핵심인맥과 파생인맥 등이 있다.

19 농협창업농지원센터에서는 미래의 농업·농촌을 이끌어 나갈 예비 청년 농업인들을 육성하기 위한 '청년농부사관학교'를 운영하고 있다. 다음 중 청년농부사관학교에 대한 설명으로 옳지 않은 것은?

① 보통 4개월의 교육 기간을 거쳐 진행된다.
② 농가 현장 인턴 등 실습 위주로 교육한다.
③ 만 30세 이하 창농 희망자를 대상으로 한다.
④ 졸업 후에도 사후케어링 시스템을 운영한다.

20 다음 〈보기〉 중 농협의 교육지원 업무에 대한 설명으로 옳은 것을 모두 고르면?

> **보기**
> ㄱ. 미래의 농업·농촌의 발전을 이끌 영농 인력을 육성하기 위한 지도 사업을 실시한다.
> ㄴ. 농업 현장의 어려움과 개선사항을 정책에 적극 반영하기 위한 농정 활동을 시행한다.
> ㄷ. 농업인의 복지 증진과 지역사회의 발전을 위해 지속적으로 사회공헌 활동을 실천한다.
> ㄹ. 농업·농촌에 대한 범국민적 공감대를 형성하기 위해 '또 하나의 마을 만들기' 같은 도농협동 운동을 추진한다.

① ㄱ, ㄴ, ㄷ
② ㄱ, ㄷ, ㄹ
③ ㄴ, ㄷ, ㄹ
④ ㄱ, ㄴ, ㄷ, ㄹ

CHAPTER 07 2022년 상반기 기출복원문제

정답 및 해설 p.068

01 70문항 유형

01 다음 뜻을 나타내는 한자성어로 가장 적절한 것은?

> 배에 표시를 새겨 칼을 구하다라는 뜻으로, 어리석고 미련하여 융통성이 없다는 말

① 신언서판 ② 신상필벌
③ 순망치한 ④ 어불성설
⑤ 각주구검

02 다음 중 밑줄 친 부분의 쓰임이 적절하지 않은 것은?

① 주머니에서 꺼낸 지폐가 <u>구김져</u> 있다.
② 여름이 되자 포도나무에 포도가 <u>알알이</u> 탐스럽게 열렸다.
③ 빨랫줄에 널어놓은 차렵이불이 <u>강직하게</u> 펄럭인다.
④ 작은 것까지 <u>옴니암니</u> 따지는 사람을 대하는 것은 피곤하다.
⑤ 큰일이 닥쳤을 때 이겨내고 전진하는 사람과 <u>답보하는</u> 사람이 있다.

03 다음 중 농협의 커뮤니케이션 브랜드 NH에 대한 설명으로 옳지 않은 것은?

① 미래지향적이고 글로벌한 농협의 이미지를 표현하고 있다.
② 농협의 영문자 첫글자이자 Nature & Human의 약자로, 자연과 인간의 조화를 설명하고 있다.
③ New Hope의 약자로, 새로운 희망을 상징적으로 표현한다.
④ 건강한 농촌을 지향한다는 뜻의 New Healthy의 의미가 내포되어 있다.
⑤ 색상은 Nature Green, Human Blue, Heart Yellow 세 가지이다.

04 다음 제시된 단어의 반의어는?

가지런하다

① 나란하다　　　　　　　② 똑바르다
③ 균등하다　　　　　　　④ 들쭉날쭉하다
⑤ 고르다

05 다음 제시된 단어와 동의 또는 유의 관계인 단어는?

는개

① 작달비　　　　　　　② 안개비
③ 개부심　　　　　　　④ 그믐치
⑤ 여우비

06 다음 중 짝지어진 단어 사이의 관계가 나머지와 다른 것은?

① 포유류 – 사람　　　　② 책 – 소설
③ 계절 – 가을　　　　　④ 커피 – 아메리카노
⑤ 한국 – 일본

07 다음 제시된 단어에서 공통으로 연상할 수 있는 단어는?

구근식물　　근채류　　외떡잎

① 비트　　　　　　　② 연근
③ 벤자민　　　　　　④ 수국
⑤ 토란

08 다음 중 제시문과 동일한 오류를 범하고 있는 것은?

> 예수님은 존재하지 않아. 우리 중에 예수님을 본 사람이 있으면 나와 보라고 해. 거 봐, 없잖아.

① 얘, 빨리 가서 공부해. 공부를 못하면 착한 어린이가 아니야.
② 저는 학생에게서 돈을 빼앗지 않았습니다. 제가 돈을 뺏는 걸 본 사람이 없는걸요.
③ 여러분, 저 사람이 바로 민족의 명예를 더럽힌 사건의 주범입니다.
④ 그 집의 막내아들도 좋은 대학에 합격할 거야. 그 아이의 형들이 다 명문대 학생이거든.
⑤ 지난번 돼지꿈을 꾸고 복권에 당첨되었어. 이번에도 돼지꿈을 꾸었으니까 복권에 당첨될 거야.

09 다음은 일정한 규칙으로 나열한 수열이다. 빈칸에 들어갈 알맞은 수는?

| 3 2 4 2   6 4 7 17   7 3 9 ( )   4 5 13 7 |

① 12
② 10
③ 8
④ 6
⑤ 4

10 작년 기획팀 팀원 20명의 평균 나이는 35세였다. 올해 65세인 팀원 A와 55세인 팀원 B가 퇴직하고 새로운 직원 C가 입사하자 기획팀의 평균 나이가 작년보다 2세 줄었다고 할 때, C의 나이는?

① 27세
② 30세
③ 32세
④ 34세
⑤ 35세

11 A사원은 휴대전화를 구입하면서 한 달에 45,000원(부가세 포함)인 요금제에 가입했다. 휴대전화의 구입 가격은 360,000원이고 24개월 할부이며, 할부 월 이자는 0.5%라고 할 때, 한 달에 납부해야 하는 금액은?(단, 요금제에서 초과 이용하지 않는다)

① 61,000원 ② 61,300원
③ 61,500원 ④ 61,600원
⑤ 61,800원

12 김팀장은 부서 간식으로 25,000원짜리 피자 두 판과 8,000원짜리 샐러드 세 개를 주문했다. 통신사 멤버십 혜택으로 피자는 15%, 샐러드는 25%를 할인받을 수 있고, 이벤트로 통신사 멤버십 혜택을 적용한 금액의 10%를 추가 할인받았다고 한다. 김팀장이 할인받은 금액은?

① 12,150원 ② 13,500원
③ 18,600원 ④ 19,550원
⑤ 20,850원

13 N지역농협 인사팀의 A사원, B대리, C팀장, D주임과 홍보팀의 E사원, F팀장은 신입사원 채용시험 진행을 위해 회의실에 모였다. A~F가 〈조건〉에 따라 원형 테이블에 앉는다고 할 때, 다음 중 항상 옳은 것은?

> **조건**
> • 홍보팀의 E사원과 F팀장은 서로 나란히 앉는다.
> • 채용시험의 총괄을 맡은 인사팀의 C팀장은 홍보팀 F팀장과 마주 앉는다.
> • B대리와 C팀장은 서로 사이가 좋지 않아 나란히 앉지 않는다.
> • D주임은 C팀장의 왼쪽에 앉아 회의록을 작성한다.

① A사원은 F팀장과 나란히 앉지 않는다.
② B대리는 D주임 옆자리에 앉는다.
③ C팀장의 오른쪽에는 B대리가 앉는다.
④ D주임은 B대리와 마주 앉는다.
⑤ E사원은 D주임과 마주 앉는다.

14 N팀에서 일하는 네 명의 여자 사원 A ~ D와 세 명의 남자 사원 E ~ G는 회식을 진행할 것인지를 두고 토론하고 있다. 그들 가운데 네 명은 회식 진행에 찬성하고, 세 명은 반대한다. 이들의 찬반 성향이 다음과 같다고 할 때, 반드시 참이라고 할 수 없는 것은?

> - 남자 사원 가운데 적어도 한 사람은 반대하지만 그들 모두 반대하는 것은 아니다.
> - A와 B 가운데 한 사람은 반대한다.
> - B가 찬성하면 A와 E는 반대한다.
> - B가 찬성하면 C와 D도 찬성하고, C와 D가 찬성하면 B도 찬성한다.
> - F가 찬성하면 G도 찬성하고, F가 반대하면 A도 반대한다.

① A와 F는 같은 입장을 취한다.
② B와 F는 서로 다른 입장을 취한다.
③ C와 D는 같은 입장을 취한다.
④ E는 반대한다.
⑤ G는 찬성한다.

15 한 레스토랑의 코스 요리는 총 7개의 코스로 구성되어 있으며, 서로 다른 한 종류의 요리가 순서대로 나온다. 다음 〈조건〉에 근거하여 바르게 추론한 것은?

> **조건**
> - 가장 먼저 나오는 것은 스프이다.
> - 스프와 생선 튀김 사이에는 치킨 샐러드를 준다.
> - 생선 튀김은 스테이크보다 앞에 나온다.
> - 버섯 파스타는 4번째 순서이다.
> - 가장 마지막으로는 푸딩을 준다.
> - 치즈 케이크는 스테이크보다는 뒤에 나온다.

① 치즈 케이크는 5번째 이전 순서에 나온다.
② 치킨 샐러드는 버섯 파스타보다 늦게 나온다.
③ 스테이크 바로 다음 순서는 버섯 파스타가 아닌 치즈 케이크이다.
④ 생선 튀김을 먹은 다음에는 치킨 샐러드가 나올 것이다.
⑤ 스테이크를 먹었다면 코스의 절반보다 조금 더 남았다고 봐야 한다.

16 다음은 A균과 B균의 증식 개수를 확인하기 위해 실온에 방치하고 그 수를 확인한 실험 결과이다. A균과 B균의 수가 일정하게 증가하였다면, 11주 후 A균과 B균 수의 합은?

〈A균과 B균 수 변화〉
(단위 : 개)

구분	1주 후	2주 후	3주 후	4주 후	5주 후	6주 후
A균	20	23	26	29	32	35
B균	10	11	14	19	26	35

① 130개
② 140개
③ 150개
④ 160개
⑤ 170개

17 N공장에서 G제품을 생산하고 있는데, 최대한 비용과 시간을 절약하려고 한다. G제품은 A~F부품 중 3가지 부품으로 구성되며, 다음은 부품별 세부사항에 대한 자료이다. 〈조건〉에 따라 G제품을 완성할 경우 A~F부품의 부품 구성으로 옳은 것은?

〈부품별 세부사항〉

부품	가격	조립 시간	필요 개수	부품	가격	조립 시간	필요 개수
A	20원	1분	4개	D	50원	4분	3개
B	35원	2분	2개	E	90원	2분 30초	2개
C	40원	1분 30초	3개	F	120원	3분 30초	1개

※ 가격과 시간은 부품 1개에 해당하며, 필요 개수는 완제품 1개를 만들 때 필요한 개수임

조건
- C부품과 D부품은 같이 사용할 수 없고, 완제품에는 둘 중 한 부품이 필요하다.
- E부품과 F부품은 같이 사용할 수 없고, 완제품에는 둘 중 한 부품이 필요하다.
- C부품을 사용할 경우 B부품과 함께 사용한다.
- 완제품을 만들 때 부품의 총개수가 가장 적어야 한다.
- 완제품을 만들 때 총소요시간이 가장 짧아야 한다.
- 완제품을 만들 때 총가격이 340원 이하여야 한다.
- 부품 구성에서 중요도는 '가격 조건 만족 – 개수 – 소요시간' 순이다.

① A, D, E
② A, D, F
③ B, C, E
④ B, C, F
⑤ B, D, F

02　60문항 유형

01　다음 제시된 단어와 그 의미가 다른 것은?

새벽

① 여명　　　　　　　　　② 동트기
③ 상오　　　　　　　　　④ 개동

02　다음 제시된 단어의 뜻으로 옳은 것은?

뜨더귀

① 폐지　　　　　　　　　② 새내기
③ 간격　　　　　　　　　④ 조각

03　다음 글의 내용과 가장 관련 있는 한자성어는?

> 농협 농가희망봉사단 소속 60여 명은 A지역 내 L씨를 비롯하여 C씨, M씨 등 3개 농가의 주택을 개보수하는 사랑의 집 고치기 봉사를 했다. 봉사단원들은 이날 이른 아침부터 저녁 늦게까지 지붕을 덧씌우고 낡은 벽을 수리하는 한편, 전선과 전등 등 전기 시설 교체, 보일러 점검, 노후화된 장판과 싱크대 교체, 주거용 하우스 철거 및 이동식 주택 설치, 가스레인지 가설 등으로 온종일 구슬땀을 흘렸다.
> 이번 작업은 사전에 현지를 방문, 필요한 자재 등을 파악한 뒤 이뤄진 것이어서 매우 순조롭게 진행되었으며, 봉사단의 정성과 노력으로 새롭게 단장된 집 모습에 농가들은 연신 "고맙다."는 감사의 마음을 전했다.

① 음마투전(飮馬投錢)　　　　② 해의추식(解衣推食)
③ 괄목상대(刮目相對)　　　　④ 반계곡경(盤溪曲徑)

04　다음 중 밑줄 친 어휘의 맞춤법이 옳지 않은 것은?

① 그 일은 그렇게 <u>어물쩡</u> 넘어갈 일이 아니다.
② 그 이야기를 듣자 <u>웬일인지</u> 불길한 예감이 들었다.
③ 그 남자의 굳은살 <u>박인</u> 발을 봐.
④ 집에 가든지 학교에 <u>가든지</u> 해라.

05 다음 글을 읽고 논리적 순서대로 바르게 나열한 것은?

(가) 나무를 가꾸기 위해서는 처음부터 여러 가지를 고려해 보아야 한다. 심을 나무의 생육조건, 나무의 형태, 다 자랐을 때의 크기, 꽃과 단풍의 색, 식재지역의 기후와 토양 등을 종합적으로 생각하고 심어야 한다. 나무의 생육조건은 저마다 다르기 때문에 지역의 환경조건에 적합한 나무를 선별하여 환경에 적응하도록 해야 한다. 동백나무와 석류, 홍가시나무는 남부지방에 키우기 적합한 나무로 알려져 있지만 지구온난화로 남부수종의 생육한계선이 많이 북상하여 중부지방에서도 재배가 가능한 나무도 있다. 부산의 도로 중앙분리대에서 보았던 잎이 붉은 홍가시나무는 여주의 시골집 마당 양지바른 곳에서 3년째 잘 적응하고 있다.

(나) 더불어 나무의 특성을 외면하고 주관적인 해석에 따라 심었다가는 훗날 낭패를 보기 쉽다. 물을 좋아하는 수국 곁에 물을 싫어하는 소나무를 심었다면 둘 중 하나는 살기 어려운 환경이 조성된다. 나무를 심고 가꾸기 위해서는 전체적인 밑그림을 그려보고 생태적 특징을 살펴본 후에 심는 것이 바람직하다.

(다) 나무들이 밀집해 있으면 나무들끼리의 경쟁은 물론 바람길과 햇빛의 방해로 성장은 고사하고 병충해에 시달리기 쉽다. 또한 나무들은 성장 속도가 다르기 때문에 항상 다 자란 나무의 모습을 상상하며 나무들 사이의 공간 확보를 염두에 두어야 한다. 그러나 묘목을 심고 보니 듬성듬성한 공간을 메꾸기 위하여 자꾸 나무를 심게 되는 실수를 저지른다.

(라) 식재 계획의 시작은 장기적인 안목으로 적재적소의 원칙을 염두에 두고 나무를 선정해야 한다. 식물은 햇빛, 물, 바람의 조화를 이루면 잘 산다고 하지 않는가. 그래서 나무의 특성 중에서 햇볕을 좋아하는지 그늘을 좋아하는지, 아니면 물을 좋아하는지 살펴보는 것이 중요하다. 어린 묘목을 심을 때 실수하는 것은 나무가 자랐을 때의 생육공간을 생각하지 않고 촘촘하게 심는 것이다.

① (가) – (나) – (다) – (라)
② (가) – (나) – (라) – (다)
③ (가) – (라) – (나) – (다)
④ (가) – (라) – (다) – (나)

06 다음 제시된 명제가 참일 때 옳은 것은?

감자꽃은 유채꽃보다 늦게 피고 일찍 진다.

① 유채꽃이 피기 전이라면 감자꽃도 피지 않았다.
② 감자꽃과 유채꽃은 동시에 피어있을 수 없다.
③ 감자꽃은 유채꽃보다 오랫동안 피어있다.
④ 유채꽃은 감자꽃보다 일찍 진다.

07 다음 식을 계산한 값으로 옳은 것은?

$$4,646-2,351-5,456+5,441$$

① 2,080　　　　　　　　　② 2,180
③ 2,280　　　　　　　　　④ 2,380

08 $\dfrac{1}{\sqrt{x+1}+\sqrt{x}}+\dfrac{1}{\sqrt{x+1}-\sqrt{x}}$ 을 간단히 하면?

① $\sqrt{x-1}$　　　　　　　② $\sqrt{x}$
③ $2\sqrt{x+1}$　　　　　　　④ $\dfrac{1}{\sqrt{x-1}}$

09 $x+\dfrac{1}{x}=3$일 때, $x^2+\dfrac{1}{x^2}$의 값은?

① 6　　　　　　　　　　② 7
③ 8　　　　　　　　　　④ 9

10 N전자에서는 30% 할인해서 팔던 노트북을 이월상품 정리기간에 할인된 가격의 10%를 추가로 할인해서 팔기로 하였다. 이 노트북은 원래 가격에서 얼마나 할인된 가격으로 판매되는 것인가?

① 36%　　　　　　　　　② 37%
③ 38%　　　　　　　　　④ 39%

11 A지점 지역농협 내 동아리에서 임원진(회장, 부회장, 총무)을 새롭게 선출하려고 한다. 동아리 전체 인원이 17명일 때, 회장, 부회장, 총무를 1명씩 뽑는 경우의 수는?(단, 작년에 임원진이었던 3명은 연임하지 못한다)

① 4,080가지　　　　　　　② 2,730가지
③ 2,184가지　　　　　　　④ 1,360가지

12 한 상자 안에 A회사에서 만든 A4용지 7묶음과 B회사에서 만든 A4용지 5묶음이 있다. 상자에서 A4용지를 한 묶음씩 두 번 꺼낼 때, 꺼낸 A4용지 묶음이 모두 A회사에서 만든 A4용지일 확률은? (단, 꺼낸 A4용지 묶음은 상자에 다시 넣지 않는다)

① $\frac{3}{22}$
② $\frac{2}{11}$
③ $\frac{5}{22}$
④ $\frac{7}{22}$

13 다음은 일정한 규칙으로 나열한 문자이다. 빈칸에 들어갈 알맞은 문자는?

① 매
② 배
③ 래
④ 채

14 N시는 2021년에 폐업 신고한 전체 자영업자를 대상으로 창업교육 이수 여부와 창업부터 폐업까지의 기간을 조사하였다. 다음은 조사결과를 이용하여 창업교육 이수 여부에 따른 기간별 생존비율을 비교한 자료이다. 이에 대한 설명으로 옳은 것은?

① 창업교육을 이수한 폐업 자영업자 수가 창업교육을 미이수한 폐업 자영업자 수보다 더 많다.
② 창업교육을 미이수한 폐업 자영업자의 평균 생존기간은 창업교육을 이수한 폐업 자영업자의 평균 생존기간보다 더 길다.
③ 창업교육을 이수한 폐업 자영업자의 생존비율과 창업교육을 미이수한 폐업 자영업자의 생존비율의 차이는 창업 후 20개월에 가장 크다.
④ 창업교육을 미이수한 폐업 자영업자 중 생존기간이 10개월 미만인 자영업자의 비율은 20% 이상이다.

15 다음은 2021년과 2020년 친환경인증 농산물의 생산 현황에 대한 자료이다. 이에 대한 설명으로 옳지 않은 것은?

〈종류별・지역별 친환경인증 농산물 생산 현황〉

(단위 : 톤)

구분		2021년				2020년
		합계	인증형태			
			유기 농산물	무농약 농산물	저농약 농산물	
종류	곡류	343,380	54,025	269,280	20,075	371,055
	과실류	341,054	9,116	26,850	305,088	457,794
	채소류	585,004	74,750	351,340	158,914	753,524
	서류	41,782	9,023	30,157	2,602	59,407
	특용작물	163,762	6,782	155,434	1,546	190,069
	기타	23,253	14,560	8,452	241	20,392
	합계	1,498,235	168,256	841,513	488,466	1,852,241
지역	서울	1,746	106	1,544	96	1,938
	부산	4,040	48	1,501	2,491	6,913
	대구	13,835	749	3,285	9,801	13,852
	인천	7,663	1,093	6,488	82	7,282
	광주	5,946	144	3,947	1,855	7,474
	대전	1,521	195	855	471	1,550
	울산	10,859	408	5,142	5,309	13,792
	세종	1,377	198	826	353	0
	경기도	109,294	13,891	71,521	23,882	126,209
	강원도	83,584	17,097	52,810	13,677	68,300
	충청도	159,495	29,506	64,327	65,662	207,753
	전라도	611,468	43,330	443,921	124,217	922,641
	경상도	467,259	52,567	176,491	238,201	457,598
	제주도	20,148	8,924	8,855	2,369	16,939
	합계	1,498,235	168,256	841,513	488,466	1,852,241

① 2021년 친환경인증 농산물 종류 중 생산 감소량이 전년 대비 세 번째로 큰 농산물은 곡류이다.
② 2021년 친환경인증 농산물의 종류별 생산량에서 무농약 농산물 생산량이 차지하는 비중은 서류가 곡류보다 크다.
③ 2021년 각 지역 내에서 인증형태별 생산량 순위가 서울과 같은 지역은 인천과 강원도뿐이다.
④ 2021년 친환경인증 농산물의 생산량이 전년 대비 30% 이상 감소한 지역은 총 2곳이다.

16 다음 (가) ~ (다)의 문제해결 방법을 바르게 연결한 것은?

> (가) : 상이한 문화적 토양을 가지고 있는 구성원을 가정하고, 서로의 생각을 직설적으로 주장하고 논쟁이나 협상을 통해 서로의 의견을 조정해 가는 방법이다. 이때 논리, 즉 사실과 원칙에 근거한 토론이 중심적 역할을 한다.
> (나) : 깊이 있는 커뮤니케이션을 통해 서로의 문제점을 이해하고 공감함으로써 창조적인 문제해결을 도모한다. 초기에 생각하지 못했던 창조적인 해결 방법이 도출되고, 동시에 구성원의 동기와 팀워크가 강화된다.
> (다) : 조직 구성원들을 같은 문화적 토양을 가지고 이심전심으로 서로를 이해하는 상황으로 가정한다. 무언가를 시사하거나 암시를 통하여 의사를 전달하고 기분을 서로 통하게 함으로써 문제해결을 도모하려고 한다.

	(가)	(나)	(다)
①	퍼실리테이션	하드 어프로치	소프트 어프로치
②	소프트 어프로치	하드 어프로치	퍼실리테이션
③	소프트 어프로치	퍼실리테이션	하드 어프로치
④	하드 어프로치	퍼실리테이션	소프트 어프로치

17 다음과 같은 〈조건〉의 프로젝트를 최단기간에 완료하는 데 투입되는 최소 인력은?

> **조건**
> - 프로젝트는 A부터 E까지의 작업으로 구성되며, 모든 작업은 동일 작업장 내에서 행해진다.
> - 각 작업의 필요 인원과 기간은 다음과 같다.
>
> | 구분 | A작업 | B작업 | C작업 | D작업 | E작업 |
> |---|---|---|---|---|---|
> | 필요 인원(명) | 5 | 3 | 5 | 2 | 4 |
> | 기간(일) | 10 | 18 | 50 | 18 | 16 |
>
> - B작업은 A작업이 완료된 이후에 시작할 수 있음
> - E작업은 D작업이 완료된 이후에 시작할 수 있음
> - 각 인력은 A부터 E까지 모든 작업에 동원될 수 있으며, 각 작업에 투입된 인력의 생산성은 동일하다.
> - 각 작업의 필요 인원은 증원 또는 감원될 수 없다.

① 8명 ② 9명
③ 10명 ④ 12명

③ 11월 3일 15:50 인천시티

④ 2.4% 2,042,000원

CHAPTER 08 2021년 기출복원문제

01 70문항 유형

※ 다음 제시된 단어에서 공통으로 연상할 수 있는 단어로 가장 적절한 것을 고르시오. [1~3]

01

| 돼지   소   염소 |

① 구제역
② 광우병
③ 조류인플루엔자
④ 과수화상병
⑤ 탄저병

02

| 주스   무가당   천연과즙 |

① 무설탕
② 천연당
③ 유기농
④ 무농약
⑤ 친환경

03

| 팥죽   절기   겨울 |

① 입춘
② 추분
③ 입동
④ 대설
⑤ 동지

※ 다음 중 밑줄 친 단어와 같은 뜻으로 쓰인 것을 고르시오. **[4~6]**

04
> 이번 기회에 꼭 합격하기로 마음을 먹었다.

① 상대의 반칙에 앙심을 먹고 복수하였다.
② 실수로 연탄가스를 마셨다.
③ 상대방의 공격에 겁을 먹어 움직일 수가 없었다.
④ 기말시험에서 1등을 먹었다.
⑤ 강력한 슈팅에 한 골 먹었다.

05
> 구석에 숨어 그곳에서 일어나는 상황을 엿볼 수 있었다.

① 너무 궁금해서 쥐구멍을 통해 엿보았다.
② 좁은 문틈으로 무엇을 하고 있는지 엿보았다.
③ 골목 뒤에서 기회를 엿보다가 친구를 놀래켜 주었다.
④ 이번에 고백할 여인의 마음을 엿보고 싶다.
⑤ 라이벌의 생각을 엿보며 반격할 기회를 살피고 있다.

06
> 훈련을 통해 체력을 기르다.

① 까치 새끼를 기르다.
② 아이를 잘 기른다.
③ 좋은 버릇을 길러라.
④ 수양을 통해 정신을 길렀다.
⑤ 수염을 길게 기르다.

07 다음 중 띄어쓰기가 옳지 않은 문장은?

① 내가 사랑하는 사람은 너뿐이야.
② 너만큼 나도 강해졌어.
③ 나 이곳에 자주 올 거야.
④ 공부밖에 재미있는 것이 없어.
⑤ 집에 가서 밥 먹어야할 텐데.

※ 다음 글과 가장 관련 있는 한자성어를 고르시오. [8~9]

08
> 정책을 결정하는 사람들이 모여 회의하고 있다. 이들 중 한 명은 국민 지원금으로 1인당 1억 원을 지급하여 다들 먹고 살 수 있게 하면 자영업자의 위기를 해결할 수 있다고 말하고 있고, 다른 한 명은 북한이 자꾸 도발을 하니 지금이라도 기습 공격을 하면 통일 문제가 해결된다고 하였다. 가만히 듣고 있던 누군가가 일본·중국에 대한 여론이 나쁘니 두 나라와 무역 및 외교를 금지하면 좋지 않겠냐고 하니 회의에 참여한 사람들이 서로 좋은 의견이라고 칭찬했다.

① 토사구팽(兔死狗烹)
② 계명구도(鷄鳴狗盜)
③ 표리부동(表裏不同)
④ 사면초가(四面楚歌)
⑤ 탁상공론(卓上空論)

09
> 까마귀는 까만 자기의 깃털을 좋아하지 않았다. 주변의 공작새, 파랑새, 백조 등을 보고 자신도 밝고 화려한 색을 가지고 싶었다. 까마귀는 결국 주변의 다른 색의 깃털을 모아서 자신의 몸을 치장하며, 자신도 밝고 화려한 색을 가진 새가 되려고 하였다. 주변의 다른 새들은 까마귀를 보면서 말렸지만 까마귀는 멈추지 않고 계속 털을 모으고 치장하였다.

① 오매불망(寤寐不忘)
② 이란투석(以卵投石)
③ 사필귀정(事必歸正)
④ 미생지신(尾生之信)
⑤ 육지행선(陸地行船)

10 다음 글에 대한 설명으로 가장 적절한 것은?

> 인공지능을 면접에 활용하는 일이 논의되고 있다. 인공지능 앞에서 면접을 보느라 진땀을 흘리는 인간의 모습을 보게 될 날이 머지않은 듯하다. 미래에 인공지능이 인간의 고유한 영역까지 대신할 것이라고 혹자들은 말하지만, 과연 인공지능이 인간을 대신할 수 있을까?
> 인공지능은 인간의 삶을 편리하게 돕는 도구일 뿐이다. 인간이 만든 도구인 인공지능이 인간을 평가할 수 있는지에 대해 생각해 볼 필요가 있다. 도구일 뿐인 기계가 인간을 평가하는 것은 정당하지 않다. 인간이 개발한 인공지능이 인간을 판단한다는 것은 주체와 객체가 뒤바뀌는 상황이 발생함을 의미한다.
> 인공지능이 발전하더라도 인간과 같은 사고는 불가능하다. 인공지능은 겉으로 드러난 인간의 말과 행동을 분석하지만, 인간은 말과 행동 너머의 의미까지 고려하여 사고한다. 인공지능은 빅데이터를 바탕으로 결과를 도출해 내는 기계에 불과하므로 통계적 분석을 할 뿐, 타당한 판단을 할 수 없다. 기계가 타당한 판단을 할 것이라는 막연한 기대를 한다면 머지않아 인간이 기계에 예속되는 상황이 벌어질지도 모른다.
> 인공지능은 사회적 관계를 맺을 수 없다. 반면 인간은 사회에서 의사소통을 통해 관계를 형성한다. 이 과정에서 축적된 경험을 바탕으로, 인간은 타인의 잠재력을 발견할 수 있다.

① 인공지능과 인간의 공통점을 통해 논지를 주장하고 있다.
② 인공지능은 빅데이터를 바탕으로 타당한 판단을 할 수 있다.
③ 인공지능은 의사소통을 통해 사회적 관계를 형성한다.
④ 미래에 인공지능이 인간을 대체할 것이다.
⑤ 인공지능이 인간을 평가하는 것은 정당하지 않다.

11 다음 문단을 논리적 순서대로 바르게 나열한 것은?

> ㄱ. 농협은 이달 초 전국 8개 김치공장 운영농협 조합장 등이 참석한 가운데 김치공장의 통합을 확약하는 합의각서(MOA)를 체결하였다.
> ㄴ. 농협은 이 같은 김치공장의 통합은 지난해 중국의 김치 종주국 억지주장과 비위생적인 절임배추 영상 등으로 촉발된 국민들의 안심 먹거리에 대한 관심에 부응하고, 또 100% 우리농산물로 안전하고 위생적으로 만든 농협김치의 경쟁력 제고를 위해 추진하게 되었다고 전했다.
> ㄷ. 이번 합의각서에는 김치공장의 통합방식, 통합조공법인 내 조직 및 인력 구성, 생산특화 및 통합브랜드 운영 등 운영의 전반에 걸친 사항이 포함되어 있다.
> ㄹ. 또한 다가오는 설 명절을 맞이하여 김치를 밀폐용기에 담아 편리성과 고급스러움을 강조한 '국민명품세트'와 김치, 떡국떡, 한우곰탕, 만두로 구성된 '국민밥상세트'도 새롭게 선보일 계획이라고 밝혔다.

① ㄱ - ㄴ - ㄷ - ㄹ
② ㄱ - ㄷ - ㄴ - ㄹ
③ ㄴ - ㄷ - ㄱ - ㄹ
④ ㄷ - ㄱ - ㄹ - ㄴ
⑤ ㄹ - ㄱ - ㄷ - ㄴ

12 다음과 같이 일정한 규칙으로 수를 나열할 때, 빈칸에 들어갈 알맞은 수는?

$$-2 \quad -18 \quad -16.3 \quad -146.7 \quad -145 \quad (\quad)$$

① -694
② -883
③ $-1,194$
④ $-1,305$
⑤ $-1,584$

13 다음은 일정한 규칙을 가진 수를 나열한 것이다. 이 중 규칙이 다른 것은?

① 4 8 12 16 20
② 3 6 9 12 15
③ 1 2 4 8 16 32
④ 2 4 6 8 10 12
⑤ 5 10 15 20 25

14 두 개의 주사위를 굴려 눈의 합이 12 이상이 나오는 확률과 눈의 합이 7이 나오는 확률의 합은?

① $\frac{1}{36}$　　　　　　　　　② $\frac{1}{12}$

③ $\frac{5}{36}$　　　　　　　　　④ $\frac{7}{36}$

⑤ $\frac{1}{4}$

15 농협에서 근무하는 전체 여직원과 남직원의 비율이 3 : 2이고, 여직원 중 안경을 쓴 비율은 20%, 남직원 중 안경을 쓴 비율이 80%라고 할 때, 전체 직원 중 안경을 쓴 비율은?

① 18%　　　　　　　　　② 22%

③ 28%　　　　　　　　　④ 34%

⑤ 44%

16 A, B는 농기구를 1시간 50분 동안 옮겼다. A는 1시간 30분 동안 100개를 옮기고 20분을 쉬었으며, B는 1시간 50분 동안 110개를 옮겼다. B가 농기구를 옮긴 일률은 A가 농기구를 옮긴 일률의 약 몇 %인가?(단, 일률은 1시간 동안 쉬지 않고 옮긴 농기구 수이고, 일률 및 비율은 소수점 첫째 자리에서 버림한다)

① 90%　　　　　　　　　② 91%

③ 92%　　　　　　　　　④ 93%

⑤ 94%

④ 37,332,000원

18 다음은 N은행에 대한 SWOT 분석 결과이다. 이를 토대로 판단할 때, 빈칸에 들어갈 전략이 잘못 연결된 것은?

〈SWOT 분석 결과〉

구분	분석 결과
강점(Strength)	• 대중적으로 알려진 인지도 • 안정적인 자금력
약점(Weakness)	• N은행에는 자산이 많은 부유층 고객 수가 적음 • 농업인들을 위한 은행이라는 인식
기회(Opportunity)	• 다른 은행들의 부유층 고객이 최근 주거래 은행을 옮기는 현상 발생 • 최근 정부의 금융상품에 대한 규제 완화
위협(Threat)	• 신규 온라인 은행들의 설립과 관련 정책 활성화 • 농업인, 어업인 등 특정 단체를 위한 은행 출범

구분	강점(S)	약점(W)
기회(O)	안정적인 자금력을 대중들에게 홍보하여 부유한 고객을 영업한다.	㉠
위협(T)	㉡	㉢

① ㉠ : 농업인이 아닌 다양한 국민들이 이용할 수 있는 새로운 금융상품을 만들어 판매한다.
② ㉠ : 규제 전에 할 수 없던 고금리 금융상품을 만들어 부유층 고객에게 어필한다.
③ ㉡ : 안정적인 자금력을 어필하여 신규 은행보다 재무적으로 안정됐다는 것을 인식시킨다.
④ ㉡ : 안정적인 자금력을 어필하여 부유층 고객이 안심할 수 있다는 점을 중점으로 광고한다.
⑤ ㉢ : 신규 온라인 은행과 특정인을 위한 은행의 상품보다 혜택이 좋은 금융상품 개발을 통해 시장을 선점한다.

19 다음 중 창의적 사고 기법에 대한 설명으로 옳은 것은?

① 브레인스토밍은 여러 사람의 아이디어를 합친 후 최적의 방안을 찾는다.
② 자유연상법은 주제의 본질과 닮은 것을 힌트로 발상하는 방법이다.
③ 비교발상법은 각종 힌트에 강제적으로 연결 지어서 발상하는 방법이다.
④ NM법은 서로 관련이 없어 보이는 것들을 조합하여 새로운 것을 도출하는 방법이다.
⑤ 시네틱스는 대상과 비슷한 것을 찾아내 그것을 힌트로 새로운 아이디어를 생각하는 방법이다.

02 60문항 유형

※ 다음 제시된 단어의 유의어를 고르시오. [1~3]

01

털끝

① 일호　　　　　　　　② 끝장
③ 관대　　　　　　　　④ 궁극

02

안손님

① 바깥손님　　　　　　② 여객
③ 외객　　　　　　　　④ 동료

03

군더더기

① 쭉　　　　　　　　　② 빈약
③ 이연　　　　　　　　④ 사족

04 다음은 농협의 인재상에 대한 설명이다. 밑줄 친 단어의 쓰임이 적절하지 않은 것은?

① 항상 열린 마음으로 계통 간, 구성원 간에 존경과 협력을 다하여 조직 전체의 성과가 극대화될 수 있도록 시너지 <u>재고</u>를 위해 노력하는 인재
② 꾸준히 자기<u>계발</u>을 통해 자아를 성장시키고, 유통·금융 등 맡은 분야에서 최고의 전문가가 되기 위해 지속적으로 노력하는 인재
③ <u>매사에</u> 혁신적인 자세로 모든 업무를 투명하고 정직하게 처리하여 농업인과 고객, 임직원 등 모든 이해관계자로부터 믿음과 신뢰를 받는 인재
④ 미래지향적 도전의식과 창의성을 바탕으로 새로운 사업과 성장<u>동력</u>을 찾기 위해 끊임없이 변화와 혁신을 추구하는 역동적이고 열정적인 인재

05 다음 밑줄 친 단어의 한자 표기로 옳은 것은?

이번에 <u>사업</u>으로 큰 손해를 본 A씨는 다음 투자는 신중히 해야겠다고 마음속으로 <u>결의</u>하였다.

	사업	결의
①	司業	決議
②	邪業	決意
③	邪業	決議
④	事業	決意

06 다음 중 공문서 작성법에 대한 설명으로 옳지 않은 것은?

① 연도와 월일을 함께 기입한다.
② 주로 구어체로 작성한다.
③ 목적이 드러나도록 작성한다.
④ 마지막에 '끝'자로 마무리한다.

07 다음 글을 읽고 알 수 있는 내용으로 적절하지 않은 것은?

> 지구 온난화 현상의 이유는 이산화탄소가 많아져서 오존층에 구멍을 내고, 이 구멍으로 햇빛이 오존층으로 걸러지지 않고 바로 들어오는 것으로 추정되고 있다. 오존층에 걸러지지 않고 들어온 햇빛은 우리의 피부를 상하게 할 수 있고, 비가 내리지 않게 함으로 식물들은 말라서 다 죽고, 풀을 먹는 동물들이 죽고 육식동물이 죽고 결국 우리 사람도 죽어서 멸망에 이를 수 있다. 또한 지구가 온난화되면서 빙하가 녹으면서 해수면 상승 등이 야기된다.
> 지구 온난화의 원인은 명확하게 규명되지 않았으나, 전문가들은 온실효과를 일으키는 온실기체가 유력한 원인으로 보고 있다. 온실기체는 이산화탄소가 대표적이며 인류의 산업화가 진행되면서 그 양 역시 계속 증가하고 있다. 특히 현대에 사용하기 시작한 프레온 가스는 한 분자당 온실효과를 가장 크게 일으키는 원인이 된다. 또한 숲을 파괴하는 등 환경오염 때문에 산호초가 줄어드는 것에 의해서 온난화 현상이 심해진다는 가설도 있다. 나무나 산호가 줄어듦으로써 공기 중에 있는 이산화탄소를 자연계가 흡수하지 못해서 이산화탄소의 양이 계속 증가한다는 것이다. 이러한 가설 이외에도 태양 방사선이 온도 상승에 영향을 준다는 등의 가설이 있지만, 온실효과 이외에는 뚜렷한 과학적 합의점은 아직 없다.
> 이 온난화 현상을 해결하는 방안으로는 시민들이 할 수 있는 일이 가장 많다. 시민들은 스프레이나 에어컨 사용을 줄여서 프레온 가스 배출량을 낮춰 공기 중의 이산화탄소 함량을 줄일 수 있고, 나무 심기를 통해 공기 중 산소량을 늘려 지구 온난화도 막을 수 있다. 그 외에도 환경친화적 상품으로의 소비양식 전환, 폐기물 재활용의 실천, 나무를 심고 가꾸기를 생활화 등이 온난화 현상을 막을 수 있는 방안이다.

① 지구 온난화는 인류를 멸망시킬 수 있다.
② 온실기체를 지구 온난화를 유발하는 원인으로 보고 있다.
③ 지구 온난화는 본질적으로 해결할 수 없다.
④ 프레온 가스는 온실기체 중 지구 온난화에 큰 영향을 미친다.

08 다음 글의 내용으로 가장 적절한 것은?

최근 농협이 '스마트 가축시장 플랫폼' 구축 사업을 추진 중인 가운데 시범사업 축협 3개소 신규 도입 완료에 이어 무진장축협 장계 스마트 가축시장을 정식으로 오픈하여 본격 사업 추진에 돌입하였다.
'스마트 가축시장 플랫폼'이란 스마트폰을 활용한 비대면 가축시장 경매 플랫폼으로, 스마트폰에 응찰, 경매 실황 중계, 스마트 경매 안내 시스템 등의 새로운 기능이 탑재되어 기존 가축시장의 비효율적 업무가 개선되고, 경매 참여자에게 한층 더 높은 서비스를 제공할 수 있다는 기대를 받고 있는 사업이다.
스마트 가축시장 플랫폼은 경매 참여자는 경매 시간에 맞춰 '가축시장' 앱을 실행한 뒤, 개체정보를 확인한 후 가격을 제출하는 방식으로 진행되며, 낙찰이 이뤄지게 되면 낙찰자 번호와 낙찰가 등 여러 정보 역시 실시간으로 확인할 수 있다. 이에 따라 타 지역에서도 스마트폰 하나로 실시간 경매 상황을 확인하는 것은 물론 경매 응찰까지도 가능해지고 있어 호평을 받고 있다.
이처럼 굳이 가축시장까지 나가지 않아도 실시간으로 경매에 참여하거나 낙찰정보를 확인할 수 있어 가축시장에 나오지 않는 농가가 크게 늘어 '과거에 보기 힘든 풍경'이라는 현장의 목소리도 나오고 있다. 그뿐만 아니라 이 과정이 전자 시스템을 통해 이뤄지면서 경매정보 관리도 용이해지고 인력 운영이 편리해진 장점이라는 평도 있다.

① 스마트 가축시장 플랫폼을 통해 축사의 스마트관리가 가능해졌다.
② 스마트 가축시장 플랫폼은 공간 제약은 받지 않지만, 시간의 제약을 받는다.
③ 가축시장 경매에 참여하기 위해서는 반드시 스마트폰이 필요하다.
④ 기존 가축시장 경매에서는 실시간으로 경매 상황을 확인할 수 없었다.

09 영수증을 정리하려고 하는데 영수증에 지워진 부분이 있었다. 이 영수증의 단가에서 지워진 수를 a, b, c라고 할 때, (6×a)+(31×b)+(9×c)의 값을 바르게 구한 것은?

〈영수증〉

상품명	단가	수량	금액
○○비료	56a300원	1	지워짐
○○사료	4bc80원	1	지워짐
-		합계	1,050,380원

※ a, b, c는 연속하는 수로 세 수의 합은 27임(단, a, b, c는 순서 없이 나타낸 것이다)

① 205 ② 314
③ 386 ④ 392

10 A~E는 감자, 고구마, 오이, 토마토, 고추 순으로 한 명씩 돌아가며 밭을 가꾸기로 하였다. 다음을 참고할 때 D가 가꾸는 작물은?

- A는 토마토와 고추만 가꿀 줄 안다.
- C는 감자와 토마토만 가꿀 줄 안다.
- D는 오이를 가꿀 줄 모른다.
- E는 고추만 가꿀 줄 안다.

① 감자
② 고구마
③ 오이
④ 토마토

11 다음 명제가 모두 참일 때, 반드시 참인 것은?

- 축산업이 발전하면 소득이 늘어난다.
- 해외수입이 줄어들면 축산업이 발전한다.

① 해외수입이 줄어들면 소득이 줄어든다.
② 해외수입이 늘어나면 소득이 늘어난다.
③ 축산업이 발전되지 않으면 소득이 늘어난다.
④ 해외수입이 줄어들면 소득이 늘어난다.

12 다음과 같이 자동차를 탑승할 때, 자리 배치로 옳은 것은?

- 탑승인원은 운전자, 팀장, 대리, 사원이다.
- 4인용 승용차에 탑승한다.
- 운전자가 제일 하급자이며, 팀장이 제일 상급자이다.
- 대리가 사원보다 상급자이다.

	조수석	조수석 뒤	운전석 뒤
①	대리	팀장	사원
②	팀장	대리	사원
③	팀장	사원	대리
④	사원	팀장	대리

13 다음 1분기 예산서에서 간접비의 총액은?

구분	금액	세목
〈1분기 예산서〉		
가. 인건비(5명)	930,000원	- 1월 : 300,000원 - 2월 : 250,000원 - 3월 : 380,000원
나. 장비 및 재료비	4,500,000원	- 프로그램 구입비 : 1,000,000원 - 컴퓨터 구입비 : 1,500,000원 - 시제품 제작비 : 2,000,000원
다. 활동비	1,200,000원	- 조사비 : 800,000원 - 인쇄비 : 400,000원
라. 프로젝트 추진비	1,000,000원	- 여비 : 700,000원 - 회의비 : 300,000원
마. 일반관리비	7,500,000원	- 공과금 : 4,000,000원 - 건물관리비 : 3,500,000원
합계	15,130,000원	-

① 7,500,000원
② 7,630,000원
③ 8,700,000원
④ 9,700,000원

14 N모임에서 단체로 회식을 하였다. 다음 메뉴와 주문 상황을 보고 N모임에서 지불한 회식비용을 바르게 구한 것은?

〈메뉴〉

구분	가격	할인
A세트	34,000원	A세트를 3개 이상 주문 시 1개 무료
B세트	28,000원	–
C세트	30,000원	C세트를 3개 이상 주문 시 1개 무료
주류	4,000원	–
음료수	1,000원	–

※ 총가격이 200,000원 초과면 10% 할인됨
※ 할인 메뉴의 경우, 3세트 이상 주문하면 총주문 세트 중 1세트를 무료로 줌

〈주문 상황〉

- N모임의 회식에는 총 10명이 참석하였다.
- 술을 마시는 사람은 모두 주류를 1개씩 주문하였고, 음료수도 1개씩 주문하였다.
- 술을 못 마시는 사람 4명은 음료수를 2개씩 주문하였다.
- 3명은 A세트를 1개씩 주문하였다.
- 2명은 B세트를 1개씩 주문하였다.
- 5명은 C세트를 1개씩 주문하였다.

① 241,500원
② 245,100원
③ 253,800원
④ 260,800원

15 다음은 N공공기관의 작년 한 해 동안 선물을 주고받은 자료이다. 〈보기〉 중 김영란법(부정청탁 및 금품등 수수의 금지에 관한 법률)에 위배되는 사람을 모두 고르면?(단, 주어진 정보 이외의 법은 무시하며, N공공기관의 회계연도는 1/1 ~ 12/31이다)

〈부정청탁 및 금품 등 수수의 금지에 관한 법률〉

제8조(금품등의 수수 금지)
① 공직자등은 직무 관련 여부 및 기부·후원·증여 등 그 명목에 관계없이 동일인으로부터 1회에 100만 원 또는 매 회계연도에 300만 원을 초과하는 금품등을 받거나 요구 또는 약속해서는 아니 된다.

보기

- A : 1분기에 산삼 액기스 1개, 홍삼 4개, 인삼주 5개, 상황버섯 6개를 J로부터 선물받았다.
- B : 여름에는 사과 주스 착즙액 12개, 도라지 고농축액 8개, 상황버섯 4개를 P에게, 가을에는 홍삼 3개, 인삼주 2개를 R에게 각각 선물하였다.
- C : 1년 동안 F에게 산삼 액기스 2개, 홍삼 4개, 사과 주스 착즙액 5개, 도라지 고농축액 3개, 인삼주 3개, 상황버섯 1개를 짝수 달마다 한 품목씩 선물하였다.
- D : 작년 1월 설연휴 3일 동안 날마다 산삼 액기스 1개, 4월 식목일에 홍삼 2개, 5월 어린이날 도라지 고농축액 2개, 6월 현충일에 인삼주 6개를 G로부터 선물받았다. 인삼주는 한 번에 받았다.
- E : 2분기에 산삼 액기스 1개, 인삼주 5개를 K로부터 선물받았고, 4분기에 K에게 홍삼 5개, 상황버섯 2개를 선물하였다.

※ 한 번에 받았다고 명시되지 않은 선물은 여러 번에 나누어 주고받음

〈상품별 단가〉

- 산삼 액기스 : 38만 원
- 홍삼 : 24만 원
- 사과 주스 착즙액 : 6만 원
- 도라지 고농축액 : 11만 원
- 인삼주 : 18만 원
- 상황버섯 : 12만 원

① A, B
② B, C
③ C, D
④ D, E

CHAPTER 09 2020년 기출복원문제

정답 및 해설 p.083

01 70문항 유형

01 다음 중 빈칸에 들어갈 단어로 가장 적절한 것은?

> 음성본인확인 서비스는 개인이 갖고 있는 100가지 이상의 목소리 특징을 모은 정보로 고객의 목소리를 _____하여 이를 상담과 금융 거래에 활용하는 기술이다.

① 판별
② 구별
③ 구분
④ 식별
⑤ 분별

02 다음 제시된 단어의 대응 관계로 볼 때, 빈칸에 들어갈 단어로 가장 적절한 것은?

> 마수걸이 : 개시 = 또렷하다 : ( )

① 흐릿하다
② 복잡하다
③ 깔끔하다
④ 선명하다
⑤ 산뜻하다

03 다음 제시된 단어의 관계와 유사한 것은?

> 모임 – 회합

① 밀물 – 썰물
② 운영 – 운용
③ 죽음 – 탄생
④ 이야기 – 대화
⑤ 보조개 – 볼우물

04 다음 제시된 단어와 반대되는 의미의 단어는?

> 느긋하다

① 설면하다 ② 성마르다
③ 평탄하다 ④ 원만하다
⑤ 무사하다

※ 다음 제시된 단어에서 공통으로 연상할 수 있는 단어로 가장 적절한 것을 고르시오. **[5~7]**

05

> 깃털   네트   라켓

① 배구   ② 탁구
③ 테니스 ④ 배드민턴
⑤ 스쿼시

06

> 신라시대   운문   향찰

① 속요   ② 시조
③ 한시   ④ 가사
⑤ 향가

07

> 짜다   액체   메주

① 소금   ② 식초
③ 간장   ④ 된장
⑤ 고추장

08 다음 중 밑줄 친 단어와 바꾸어 쓸 수 없는 것은?

> 일정이 예상보다 앞당겨지는 바람에 이틀간의 <u>말미</u>을/를 얻었다.

① 휴가   ② 여유
③ 알음   ④ 겨를
⑤ 여가

09 다음 글을 바탕으로 〈보기〉의 ㉠ ~ ㉢에 들어갈 단어를 바르게 연결한 것은?

고령 사회로 접어들면서 65세 이상 고령 운전자에 의한 교통사고 및 사망 건수가 급속도로 증가하고 있다. 경찰청의 연령대별 교통사고 통계자료에 따르면 전체 사고 중 65세 이상 고령 운전자의 교통사고 비중은 매년 증가하고 있다. 고령자는 왜 운전 사고에 취약할까?
고령 운전자의 사고 원인으로는 노화에 따른 시력 저하나 인지지각 기능 및 운동능력의 감소 등이 있다. 이들 중 사고의 위험을 가장 높이는 원인은 시력 저하이다. 한국교통연구원의 연구결과에 따르면 60세 이상부터 동체 시력이 30대의 80% 수준으로 떨어지는 것으로 나타났다. 동체 시력은 움직이는 물체를 정확하고 빠르게 인지하는 시각적 능력으로, 자동차의 이동속도가 빠를수록 저하되는 경향을 보인다. 정지 시력이 1.2인 사람이 50km/h의 속도로 운전하면 동체 시력은 0.5 이하로 떨어진다. 노화로 동체 시력이 떨어진 상태에서 자동차의 속도감이 더해지면 도로표지를 읽는 게 힘들어지고 속도감이 떨어져 과속하게 되며, 다른 차나 보행자의 움직임을 제대로 구별하기 어려워 교통사고의 위험이 커지게 된다. 보통 60세 이상의 40%가량이 시력 문제로 야간운전 능력이 저하되는 것으로 추정된다.
인지 및 반응속도 감소도 고령 운전자의 사고 위험을 높이는 요인이다. 한 연구 결과에 의하면 운전 중 제동능력 평가 실험에서 고령 운전자의 제동거리는 30 ~ 50대 운전자의 약 2배인 것으로 나타났다. 또 돌발 상황을 가정해 측정한 결과, 비고령 운전자의 반응 시간은 0.7초인데 비해 고령 운전자의 반응 시간은 1.4초가 넘었다.
경찰청은 고령 운전자 교통사고를 예방하기 위해 75세 이상 운전자의 면허 갱신 기간을 5년에서 3년으로 줄였으며, 고령 운전자 교통안전교육을 이수해야 면허 취득·갱신이 가능하도록 했다. 특히 교통안전교육에서 총 3단계의 '인지능력 자가진단' 과정을 모두 통과하지 못하면 운전면허를 반납해야 한다.
우리나라보다 먼저 고령화가 시작된 미국과 일본 등에서는 운전면허 반납제도와 면허 갱신제도 등을 지속적으로 시행하고 있으며, 주변 차량이 쉽게 인식할 수 있는 고령자 차량 인증마크 부착과 고령자 맞춤 교통표지판 설치와 같은 도로 환경 개선을 병행하고 있다. 우리나라도 고령자의 자동차 운전면허증 반납 확대 외에도 다양한 교통안전 대책을 생각하여 고령 운전자의 교통사고 감소 대책을 마련해야 한다.

보기

고령 운전자의 반응 시간은 비고령 운전자에 비해 ㉠빠른/느린 1.4초로 나타났고, 제동거리는 비고령 운전자보다 ㉡길다/짧다. 이에 따라 고령 운전자의 면허 갱신 기간이 ㉢줄어들었다/늘어났다.

	㉠	㉡	㉢
①	빠른	길다	늘어났다
②	빠른	길다	줄어들었다
③	느린	길다	줄어들었다
④	느린	짧다	줄어들었다
⑤	느린	짧다	늘어났다

10 다음 글을 읽고 후광효과에 해당하는 사례로 옳은 것은?

후광효과(Halo Effect)는 한 대상의 두드러진 특성이 그 대상의 다른 세부 특성을 평가하는 데에도 영향을 미치는 현상으로, 사람에 대한 인상을 형성하거나 상품 선택에 영향을 미치는데 이는 배리 스토(Barry Staw) 교수의 무작위 실험을 통해 알 수 있다.

배리 스토 교수는 학생들을 여러 조로 나눠 A사의 매출 결과를 예측하게 했다. 그리고 어떤 조에는 과제에 대한 칭찬을, 그 외의 조에는 비판을 한 뒤, 학생들이 자신의 결과물을 자체 평가하게 했다. 이때 칭찬을 받은 조의 학생은 자신의 결과물에 긍정적인 평가를 내렸고, 비판을 받은 조의 학생은 부정적인 평가를 내렸다. 이는 배리 스토 교수의 평가가 학생들에게 지대한 영향을 미쳤기 때문이었다.

이러한 후광효과는 어떤 상품이나 브랜드에 대한 호감이나 반감으로 이어져 구매에 영향을 끼치기도 한다. 대표적으로 K사의 자동차 브랜드 '쏘울'을 예로 들 수 있다. 2014년 한국을 방문한 프란치스코 교황은 국내에서 가장 작은 차를 타고 싶다는 메시지를 전했고, 경호와 안전 문제 등을 종합적으로 고려하여 최종적으로 선택된 차량이 K사의 쏘울이었다. K사가 교황을 마케팅에 이용한다는 비판을 피하고자 따로 광고하지 않았음에도 불구하고, 곧장 판매량의 변화로 나타났다. 하루 평균 판매량이 10대 미만이던 차량이 32.5대로 증가한 것이다. 또한, 이는 해외 판매량의 상승으로 이어졌다.

① 업계에서 항상 판매량 2위를 차지하던 라면 제조 회사는 자신들이 언젠가 1등을 하겠다는 솔직한 광고 문구를 통해 소비자들의 동정심을 얻었고, 그 결과 매출도 크게 늘어났다.
② 어느 대기업이 신제품을 출시하자 대기업의 제품이 다른 기업의 제품에 비해 성능이 뛰어날 것이라는 소비자들의 인식으로 인해 동일한 기능의 제품을 판매하던 다른 기업의 매출이 떨어졌다.
③ TV홈쇼핑을 시청하던 소비자는 많은 고객이 해당 제품을 주문하고 있다는 쇼호스트의 말을 듣고 충동구매를 하게 되었다.
④ 운동화 시장에 새롭게 진출한 신발 제조업체는 제품에 대한 설명 없이 브랜드와 제품의 이미지를 SNS에 반복적으로 노출시킴으로써 인지도를 높였다.
⑤ 미국의 한 전자제품 제조 회사는 노트북, 태블릿 PC, 휴대전화 등의 디자인을 통일하고 제품 간 호환성을 강화함으로써 소비자들의 구매를 유도한다.

※ 다음 글을 읽고, 이어지는 질문에 답하시오. [11~12]

청산도의 구들장논은 경사가 급하고 토심이 얕아 농업에 불리한 환경에서 농지를 확보하기 위한 농민들의 노력으로 만들어졌다. 구들장논은 한국의 전통 난방기술인 온돌(구들)과 유사한 구조를 보인다. 온돌 구조에서 아궁이와 구들돌이 열전달과 불의 세기를 조절한다면, 구들장논은 통수로와 판석 형태의 돌이 물의 양과 방향을 조절하는 기능을 갖는다. 구들장논은 상류 지역 수원의 물이 상부 논에서 하부 논으로 흐르는 물길을 따라 연속적인 계단 형태를 띠며 논에 필요한 용수를 관개한다.

구들장논은 청산도 내에서도 사질토양이 발달한 동부에 주로 분포하고 있으며, 물의 활용이 용이하도록 내부구조가 층을 이루어 조성되어 있다. 구들장논의 하부 구조인 석축은 평균 1~1.5m의 높이로, 크고 작은 돌을 성기게 배치하여 돌을 경제적으로 사용하도록 축조되었다. 높은 곳은 3m까지도 나타나는데, 논의 앞쪽 석축은 토양층이 무너지지 않도록 토양층보다 약간 높게 쌓는다.

석축 하부에는 통수로라고 하는 수구형 배수 구조가 나타난다. 물의 흐름을 고려하여 석축 하부 또는 중간에 물이 빠지는 공간을 확보하고, 그 위에 판석 형태의 돌(구들)을 얹어 정방형으로 조성한 통수로는 보통 3~10m의 깊이로 뚫려있다. 통수로 앞에는 샛똘을 놓아 좁은 수로로 물길을 돌리는데, 흘러내려 온 물을 하부 논에 채울 때는 샛똘을 열어 논에 물을 대고, 물을 댈 필요가 없을 때는 물길을 막아 흘려보낸다. 반면, 상부 논의 통수로에서 바로 하부 논으로 흘려보내는 수직 통수로(수직 수구)가 나타나는 곳도 있다. 통수로는 논이 있는 곳의 수량과 물의 흐름에 따라 위치와 개수, 크기가 모두 다르게 나타난다.

구들장논의 하부 석축 위에는 용수침탈을 막고 논에 물을 잡기 위한 혼합토층(밑복글)을 조성한다. 혼합토층은 작은 돌과 흙을 혼합하여 약 20~30cm로 깔고 물을 넣어가며 괭이나 삽을 이용해 밟거나 다진 층으로, 물이 아래로 빠지지 않게 하는 역할을 한다. 혼합토층 상부에는 약 20~30cm의 높이로 흙을 덮어 작물의 생육을 담당하는 토양층인 표토층(윗복글)을 조성한다. 즉, 물 빠짐이 심한 사질토양의 지반 한계를 극복하기 위해 관개용수 침투율이 낮은 혼합토층을 표토층 아래 조성하여 물을 저류하는 능력을 향상시킨 것이다.

단일 관개를 사용하는 일반 논과 달리, 구들장논은 연속 관개를 사용한다. 연속 관개는 물의 과잉 공급이나 비료 성분의 용탈, 차가운 용출수 유입에 의한 농작물 냉해 등 여러 가지 문제점이 나타난다. 이러한 문제점을 보완하기 위해 구들장논의 곳곳에는 소규모 수리시설과 선형의 수로가 설치되어 있다. 또한 구들장논은 일반 논과 달리 용·배수를 담당하는 통수로, 수직 수구 등의 중간 낙수 방식을 활용한다. 상부 논에서 배수된 물을 하부 논에 이용할 수 있으므로 관개용수를 절약할 수 있고, 상부 통수로를 개폐함으로써 농작물의 종류에 따라 공급되는 물의 양을 조절할 수 있다. 게다가 샛똘은 상부 논에서 하부 논으로 흘러가는 용수를 2~3개의 물길로 둘러 흐르게 하여 물의 온도를 높여 농작물의 냉해를 방지한다.

결국 청산도의 구들장논은 경사지에 돌로 구들을 놓는 방식으로 석축을 쌓고 흙을 다져 만든 논으로, 상부 논에서 집수된 물을 수로를 통해 하부 논으로 배수하여 농업용수를 효율적으로 이용한 연속관개구조의 논이라고 할 수 있다.

11 다음 구들장논의 단면도에서 (나)에 대한 설명으로 옳은 것은?

① 작물의 생육을 담당한다.
② 용수의 온도를 높이는 역할을 한다.
③ 평균 1∼1.5m의 높이로 조성된다.
④ 용수의 침출을 방지하는 역할을 한다.
⑤ 물의 흐름에 따라 위치가 다르게 나타난다.

12 구들장논의 특징을 다음과 같이 정리하였을 때, 옳지 않은 것은?

구분	설명
위치	① 지형이 경사진 지역
관개 방식	② 연속관개구조
특징	③ 관개용수의 저류 용이
	④ 농지별 다양한 농작물 경작 가능
	⑤ 관개용수의 과잉공급

13 다음 글의 제목으로 가장 적절한 것은?

> 우리 고유의 발효식품이자 한식 제1의 반찬인 김치는 천년이 넘는 역사를 함께해 온 우리 삶의 일부이다. 채소를 오래 보관하여 먹기 위한 절임 음식으로 시작된 김치는 양념을 버무리고 숙성하는 우리만의 발효과학 식품으로 변신하였고, 김장은 우리 민족의 가장 중요한 행사 중 하나가 되었다. 다른 나라에도 소금 등에 채소를 절인 절임음식이 존재하지만, 절임 후 양념으로 2차 발효시키는 음식으로는 우리 김치가 유일하다. 김치는 발효과정을 통해 원재료보다 영양이 한층 더 풍부하게 변신하며, 암과 노화, 비만 등의 예방과 억제에 효과적인 기능성을 보유한 슈퍼 발효 음식으로 탄생한다.
> 김치는 지역마다, 철마다, 또 특별한 의미를 담아 다양하게 변신하여 300가지가 넘는 종류로 탄생하는데, 기후와 지역 등에 따라서 다채로운 맛을 담은 김치들이 있으며, 주재료로 채소뿐만 아니라 수산물이나 육류를 이용한 독특한 김치도 있고, 같은 김치라도 사람에 따라 특별한 김치로 재탄생하기도 한다. 지역과 집안마다 저마다의 비법으로 담그기 때문에 유서 깊은 종가마다 독특한 비법으로 만든 특별한 김치가 전해오며, 김치를 담그고 먹는 일도 수행의 연속이라 여기는 사찰에서는 오신채를 사용하지 않은 특별한 김치가 존재한다.
> 우리 문화의 정수이자 자존심인 김치는 현대에 들어서는 문화와 전통이 결합한 복합 산업으로 펼쳐지고 있다. 김치에 들어가는 수많은 재료의 생산에 관련된 산업의 생산액은 3.3조 원이 넘으며, 주로 배추김치로 형성된 김치 생산은 약 2.3조 원의 시장을 형성하고 있고, 시판 김치의 경우 대기업의 시장 주도력이 증가하고 있다. 소비자 요구에 맞춘 다양한 포장 김치가 등장하고, 김치냉장고는 1.1조 원의 시장을 형성하고 있으며, 정성과 기다림을 상징하는 김치는 문화 산업의 소재로 활용되며, 김치 문화는 관광 관련 산업으로 활성화되고 있다. 김치의 영양 기능성과 유산균을 활용한 여러 기능성 제품이 개발되고, 부식뿐 아니라 새로운 요리의 식재료로서 김치는 39조 원의 외식산업 시장을 뒷받침하고 있다.

① 김치의 탄생
② 김치 산업의 활성화 방안
③ 우리 민족의 축제, 김장
④ 지역마다 다양한 종류의 김치
⑤ 우리 민족의 전통이자 자존심, 김치

※ 일정한 규칙으로 수를 나열할 때, 빈칸에 들어갈 알맞은 수를 고르시오. **[14~15]**

14

| | 3 | 4 | 12 | 48 | ( ) | |

① 56
② 96
③ 124
④ 256
⑤ 576

15

| | 1 | 15 | 36 | 64 | ( ) | |

① 76
② 84
③ 99
④ 105
⑤ 112

16 O씨는 행사용으로 제작한 달력을 준비된 박스에 포장하여 거래처로 배송하려고 한다. 박스 하나당 4개의 달력을 넣으면 마지막 박스에는 2개의 달력이 들어가고, 박스 하나당 10개의 달력을 넣으면 2개의 박스가 남는다. O씨가 준비한 박스의 개수는?

① 2개
② 3개
③ 5개
④ 8개
⑤ 10개

17 농부 A씨는 자신의 논을 모두 경작하는 데 8일이 걸린다. 경작을 시작한 첫날부터 마지막 날까지 항상 전날의 2배 넓이를 경작한다고 할 때, 마지막 날에 경작한 넓이의 $\frac{1}{4}$ 만큼 경작하는 날은 경작을 시작한 지 며칠째 되는 날인가?

① 3일
② 4일
③ 5일
④ 6일
⑤ 7일

18 같은 헤어숍에 다니고 있는 A양과 B군은 일요일에 헤어숍에서 마주쳤다. 서로 마주친 이후 A양은 10일 간격으로 헤어숍에 방문했고, B군은 16일 간격으로 헤어숍에 방문했다. 두 사람이 다시 헤어숍에서 만났을 때의 요일은?

① 월요일
② 화요일
③ 수요일
④ 목요일
⑤ 금요일

19 N고등학교의 1반 학생들을 대상으로 수학 시험을 진행했다. 시험 결과 반 전체의 평균 점수는 84점이었고, 여학생의 평균 점수는 81점, 남학생의 평균 점수는 87점이었다. 이때 1반의 여학생과 남학생의 성비는?

① 0.75 : 1
② 1 : 0.75
③ 1 : 1
④ 1 : 1.25
⑤ 1.25 : 1

20 은경이는 아랍에미리트로 여행을 가기 위해 환전을 하였다. 아랍에미리트 통화인 1AED의 살 때 가격은 320원/AED이었고, 은경이는 환전해 간 돈의 68%를 사용하였다. 사용하고 남은 돈을 다시 한국 돈으로 팔 때의 금액이 250원/AED였다면 남은 돈은 처음 금액의 몇 %인가?

① 20% ② 25%
③ 30% ④ 35%
⑤ 40%

21 다음은 2018년 ~ 2020년 국가고시 합격자 인원 및 여성의 구성비에 대한 자료이다. 이에 대한 〈보기〉의 설명 중 옳은 것을 모두 고르면?

〈국가고시 합격자 인원 및 성별 현황〉

구분		2018년		2019년		2020년	
		전체(명)	여자 비율(%)	전체(명)	여자 비율(%)	전체(명)	여자 비율(%)
행정고시		357	36.7	336	38.1	335	36.1
	행정직	284	40.5	270	40.7	264	40.5
	기술직	73	21.9	66	27.3	71	19.7
외교관 후보자		45	60.0	41	48.8	51	52.9
변호사 시험		2,724	44.0	2,053	44.3	1,981	45.5

보기
ㄱ. 2018년 행정고시 행정직 합격자 중 여성과 남성의 성비는 1.2 : 1이다.
ㄴ. 행정고시 기술직 합격자 중 여성의 수는 2018년 대비 2020년에 감소하였다.
ㄷ. 변호사 시험 합격자 중 남성의 수는 2019년에 전년 대비 증가하였다.
ㄹ. 여성 대비 남성의 비율은 2018년 행정고시 전체의 경우보다 2020년 변호사 시험의 경우가 더 낮다.

① ㄱ, ㄴ ② ㄱ, ㄷ
③ ㄴ, ㄷ ④ ㄴ, ㄹ
⑤ ㄷ, ㄹ

22 다음은 2014년과 2019년의 분기별 및 시도별 한육우 농가 수 및 마리 수에 대한 자료이다. 이에 대한 설명으로 옳지 않은 것은?

〈분기별 및 시도별 한육우 농가 수〉

(단위 : 개)

구분	2014년				2019년			
	1/4	2/4	3/4	4/4	1/4	2/4	3/4	4/4
전국	131,975	127,127	122,852	116,441	95,855	94,943	94,360	94,007
서울	5	5	4	4	2	2	2	1
부산	158	158	157	145	105	105	103	102
대구	796	773	735	689	491	486	473	473
인천	607	599	585	582	553	540	526	507
광주	264	253	242	219	180	172	170	172
대전	239	231	229	226	183	184	187	183
울산	2,114	2,088	2,038	1,983	1,659	1,644	1,631	1,624
세종	826	817	825	786	701	690	697	695
경기	9,254	8,958	8,844	8,499	7,624	7,461	7,559	7,555
강원	9,618	9,314	8,988	8,501	7,080	7,016	7,007	6,938
충북	8,067	7,843	7,578	7,268	5,978	5,930	5,925	5,891
충남	16,716	16,074	15,623	14,663	12,187	12,090	12,070	12,026
전북	12,181	11,742	11,428	10,841	9,333	9,314	9,255	9,227
전남	24,068	23,125	22,209	20,933	17,162	17,029	16,800	16,794
경북	27,180	26,375	25,550	24,363	20,108	19,921	19,755	19,698
경남	18,983	17,912	16,976	15,928	11,820	11,672	11,515	11,441
제주	899	860	841	811	689	687	685	680

⟨분기별 및 시도별 한육우 마리 수⟩

(단위 : 마리)

구분	2014년				2019년			
	1/4	2/4	3/4	4/4	1/4	2/4	3/4	4/4
전국	3,082,740	3,149,275	3,103,583	3,027,737	3,059,327	3,242,394	3,268,546	3,237,055
서울	190	139	193	206	104	100	100	98
부산	2,228	2,260	2,108	1,994	1,513	1,535	1,572	1,575
대구	17,642	17,307	16,985	16,595	13,524	14,287	13,690	13,538
인천	22,832	23,021	22,133	22,162	20,607	20,996	20,593	21,061
광주	5,415	5,370	5,050	4,718	4,197	4,456	4,441	4,566
대전	4,998	5,161	5,562	5,063	4,642	5,177	4,997	4,750
울산	34,271	35,765	34,965	33,707	32,544	34,466	35,053	34,321
세종	25,200	25,971	25,883	25,145	25,300	26,788	26,877	26,347
경기	292,647	296,994	292,486	286,588	285,677	301,325	306,641	305,160
강원	203,354	212,122	207,020	200,999	214,952	233,608	235,155	231,612
충북	211,555	220,681	219,699	214,021	209,390	226,185	226,862	222,012
충남	382,052	391,715	386,519	373,816	374,162	398,599	404,254	400,150
전북	352,773	361,729	359,585	354,428	367,667	392,426	397,912	394,925
전남	502,580	501,710	490,473	478,206	507,438	532,586	541,120	537,968
경북	669,196	689,460	681,306	667,722	670,466	709,276	708,077	702,696
경남	317,677	321,120	316,655	305,438	290,949	303,824	305,064	300,263
제주	38,130	38,750	36,961	36,929	36,195	36,760	36,138	36,013

① 2019년 4분기에 인천 한육우의 농가 수는 직전분기 대비 5% 이상 감소하였다.
② 2014년 하반기 대비 2019년 하반기에 전국의 한육우 농가 수는 감소하였지만, 한육우의 마리 수는 증가하였다.
③ 1분기부터 4분기까지 전북의 한육우 농가 수의 증감추이는 2014년과 2019년에 동일하다.
④ 2019년 2분기 대비 4분기에 한육우 마리 수가 증가한 지역은 총 7곳이다.
⑤ 2014년 1분기 대비 3분기에 대전의 한육우 마리 수는 10% 이상 증가하였다.

23 N기업은 1인 가구를 대상으로 한 서비스를 기획하고자 한다. 해당 업무를 맡게 된 귀하는 1인 가구의 생활 및 소비행태에 대해 분석하여 보고서를 작성하였고, 보고서의 내용을 뒷받침할 근거자료를 추가하여 보완하려고 한다. 다음 중 보고서에 활용하지 못하는 근거자료는?

〈1인 가구의 생활 및 소비행태의 분석〉

1인 가구로 생활한 기간은 10년 이상(25.3%), 5년 이상 10년 미만(25.3%), 2년 이상 5년 미만(25.1%), 2년 미만(24.3%) 순으로 단기, 중장기 기간에 걸쳐 고루 분포되어 1인 가구의 증가 추세가 최근 몇 년 사이에 일어난 단기현상이 아님을 보여주고 있다.

성별과 연령대별로 생활 기간의 차이를 보면 남성이 여성보다 단기(2년 미만), 장기(10년 이상) 생활기간이 많은 것으로 나타났다. 연령대별로는 생활 기간에 따라 완만한 상승 또는 하강의 곡선을 보일 것이라는 예상과 달리 30대의 경우 5년 이상 10년 미만 생활 기간이 31.4%로 가장 많이 나타났으며 나머지 생활 기간들도 비슷한 비율을 보여 다양한 1인 가구 생활 기간을 가진 연령대를 대표한다고 볼 수 있다. 50대 이상 연령대의 경우 40대에 비해 2년 미만 생활 기간이 상대적으로 높게 나타나 결혼 상태나 생애주기의 변화에 따른 1인 가구화가 점차 시작되는 연령대임을 알 수 있다.

1인 가구로 생활하게 된 주된 이유에 대해서는 '본인의 직장·학업 때문에'라는 응답이 50.0%로 과반수를 차지하였으며, 그다음으로 '자유롭게 생활하고 싶어서' 26.9%, '같이 살 가족이 없어서' 11.6% 순으로 나타났다.

최근 1년간 소비생활에 있어 가계지출 항목별 지출 비중을 조사한 결과, 가장 많은 지출 비중을 차지하고 있는 항목은 식생활비로 전체의 25.7%를 차지하고 있으며, 그다음으로 주생활비 16.6%, 금융비 13.7%, 의생활비 10.6% 순으로 나타났다. 즉, 의식주 관련 총 생활비가 52.9%로 지출의 과반수 이상을 차지하고 있으며, 금융비까지 포함하면 66.6%로 가계지출의 2/3 정도를 차지하는 것으로 나타났다. 가장 낮은 지출 비중은 외국어 등 자기개발과 자녀학원비 등을 포함한 교육비로 1.7%로 나타났다.

① 성별 1인 가구 생활 기간(단위 : %)

② 1인 가구 생활 기간

③ 연령대별 1인 가구 생활 기간

④ 전체 및 연령대별 가계지출 비중(단위 : %)

⑤ 1인 가구로 생활하게 된 주된 이유(단위 : %)

24 A ~ D는 농산물 홍보를 위한 연극에서 각각 밤, 콩, 오이, 토마토 캐릭터를 담당하기로 하였다. 다음 명제가 모두 참일 때, 항상 참이 아닌 것은?

- A는 콩 또는 오이이다.
- A가 오이이면 B는 콩이다.
- C가 토마토이면 B는 콩이 아니다.
- D가 밤이 아니면 C는 토마토가 아니다.
- B가 콩이 아니면 C는 토마토이다.

① B는 밤이 될 수 없다.
② B는 토마토가 될 수 없다.
③ C는 밤이 될 수 없다.
④ C는 콩이 될 수 없다.
⑤ D는 오이가 될 수 없다.

25 A ~ D사원은 각각 홍보부, 총무부, 영업부, 기획부 소속으로 3 ~ 6층의 서로 다른 층에서 근무하고 있다. 이들 중 한 명이 거짓말을 하고 있을 때, 바르게 추론한 것은?(단, 각 팀은 서로 다른 층에 위치하며, 거짓인 진술은 전체가 거짓이다)

- A사원 : 저는 홍보부와 총무부 소속이 아니며, 3층에서 근무하고 있지 않습니다.
- B사원 : 저는 영업부 소속이며, 4층에서 근무하고 있습니다.
- C사원 : 저는 홍보부 소속이며, 5층에서 근무하고 있습니다.
- D사원 : 저는 기획부 소속이며, 3층에서 근무하고 있습니다.

① A사원은 홍보부 소속이다.
② B사원은 영업부 소속이다.
③ 기획부는 3층에 위치한다.
④ 홍보부는 4층에 위치한다.
⑤ D사원은 5층에서 근무하고 있다.

※ 오디션 프로그램에 출연한 가수 지망생 A~E는 2명의 1차 합격자를 뽑는 예선에서 한 조가 되어 심사를 마쳤으며, 심사 결과를 바탕으로 다음과 같은 대화를 나누었다. 이어지는 질문에 답하시오. [26~27]

- A : 나와 D는 탈락했어.
- B : 나와 C는 모두 탈락했어.
- C : 나와 B 중 1명만 합격했어.
- D : 나와 E 중 1명만 합격했어.
- E : 나와 B 중 1명은 탈락하지 않았어.

26 A~E 중 1명의 진술이 거짓일 때, 거짓말을 하고 있는 사람은?

① A ② B
③ C ④ D
⑤ E

27 26번에 따라 1명의 진술이 거짓일 때, A~E 중 2명의 합격자는?

① A, C ② A, D
③ B, D ④ B, E
⑤ C, E

28 어느 날, 도둑이 금은방의 보석을 훔쳤다. 용의자는 갑~무 5명이고, 이들 중 2명이 거짓말을 하고 있으며 그중 1명이 범인이다. 다음 중 보석을 훔친 범인은?(단, 거짓인 진술은 전체가 거짓이다.)

- 갑 : 을은 그 시간에 병과 함께 동네 PC방에 있었습니다.
- 을 : 그날 저는 갑, 병과 함께 있었습니다.
- 병 : 저는 사건이 일어났을 때 혼자 집에 있었습니다.
- 정 : 을의 진술은 참이며, 저는 금은방에 있지 않았습니다.
- 무 : 저는 그날 갑과 함께 집에 있었고, 금은방에 있지 않았습니다.

① 갑 ② 을
③ 병 ④ 정
⑤ 무

29 다음 중 자원을 관리할 때 고려해야 할 사항으로 적절하지 않은 것은?

① 필요한 자원의 종류와 양을 확인할 때는 구체적으로 확인한다.
② 필요한 자원을 확보하였다면 업무의 우선순위를 고려하여 계획을 세운다.
③ 될 수 있으면 계획대로 수행할 수 있도록 노력한다.
④ 불가피하게 계획을 수정해야 하는 경우에는 전체에 미칠 수 있는 영향을 고려한다.
⑤ 이용 가능한 자원은 계획대로 필요한 만큼 준비한다.

30 다음은 경영전략 추진과정을 나타낸 것이다. 경영전략 추진과정에서 (A) 부분에 대한 사례 중 그 성격이 다른 것은?

① 제품 개발을 위해 우리가 가진 예산의 현황을 파악해야 해.
② 우리 제품의 시장 개척을 위해 법적으로 문제가 없는지 확인해 봐야겠군.
③ 이번에 발표된 정부의 정책으로 우리 제품이 어떠한 영향을 받을 수 있는지 확인해 볼 필요가 있어.
④ 신제품 출시를 위해 경쟁사들의 동향을 파악해 봐야겠어.
⑤ 우리가 공급받고 있는 원재료들의 원가를 확인해 보자.

31 다음 내용을 통해 알 수 있는 시간의 성격으로 옳은 것은?

> • 오늘이 두 번 다시 오지 않는다는 것을 잊지 말라.
> • 인간은 항상 시간이 모자란다고 불평을 하면서 마치 시간이 무한정 있는 것처럼 행동한다.
> • 시간이 언제까지든 당신을 기다리는 것은 아니다.

① 유한성　　　　　　　　　② 보편성
③ 상대성　　　　　　　　　④ 환금성
⑤ 부증성

32 마스크 공급 업체 N사는 A~D지점에 매월 일정량의 마스크를 납품하고 있다. 다음과 같은 상황을 고려할 때, 1월부터 4월 중 N사의 마스크 납품 매출액이 가장 큰 달과 그 매출액이 바르게 연결된 것은?

- 마스크 공급 업체 N사는 매월 1일에 다음 납품량과 납품 단가에 따라 마스크를 납품해왔다.

〈지점별 납품 정보〉

구분	A지점	B지점	C지점	D지점
납품량	70개	120개	95개	115개
납품 단가	800원	1,000원	600원	1,100원

- 하지만 내부 사정으로 인해 공급량이 줄어들었고, 이에 따라 매달 3개의 지점에만 물량을 공급하기로 했다.
  [예] 1월에는 A지점을 제외한 나머지 지점에 납품량을 공급하고, 그다음 달은 B지점을 제외한 지점들의 납품량에 맞추어 공급을 한다. D지점까지 돌아간 후 다시 A지점을 제외한 곳에 납품을 진행한다.

	매출액이 큰 달	매출액
①	1월	303,500원
②	1월	304,500원
③	2월	303,500원
④	3월	243,500원
⑤	4월	304,500원

33 다음에서 설명하고 있는 농협의 사업으로 옳은 것은?

기업의 경영자나 단체의 대표를 명예 이장으로 위촉하고, 소속 임직원이나 회원들을 명예 주민으로 참여시킨 새로운 협동 모델로, 마을의 숙원사업과 소득 증대 등을 목표로 하는 프로젝트이다.

① 1사1촌 자매결연 운동
② 원 테이블 원 플라워 운동
③ 사랑의 1% 나눔 운동
④ 또 하나의 마을 만들기 운동
⑤ 실버프렌드

34 다음 중 농협의 NH Wave가 상징하는 것으로 옳은 것은?

① 공생, 화합, 조화 + 변화, 혁신, 새로운 바람
② 공생, 희망, 사랑, 혁신, 새로운 바람
③ 상생, 화합, 조화 + 변화, 혁신, 새로운 바람
④ 상생, 화합, 진보, 순수, 따뜻한 햇빛
⑤ 상생, 희망, 사랑, 혁신, 따뜻한 햇빛

35 다음 중 농협의 '농업인법률구조사업'에 대한 설명으로 옳지 않은 것은?

① 농업인의 경제적·사회적 지위 향상을 위한 무료법률구조사업이다.
② 농업인이 대한법률구조공단에 구조 신청을 하면, 공단이 농협에 소송을 의뢰한다.
③ 농협은 법률구조에 필요한 증거수집 등의 중계 활동을 한다.
④ 대한법률구조공단은 농협과 공동으로 농촌 현지 법률상담 등의 피해 예방 활동을 한다.
⑤ 기준 중위소득 150% 이하인 농업인 등이 대상이 된다.

36 다음 중 조직 내 의사결정 과정에 대한 설명으로 옳지 않은 것은?

① 확인 단계는 비공식적으로 이루어지기도 한다.
② 개발 단계는 판단, 분석, 교섭의 방법으로 이루어진다.
③ 탐색은 관련자와의 대화나 공식적인 문서를 참고하여 이루어질 수 있다.
④ 모든 과정에 충분한 시간을 고려하여야 한다.
⑤ 설계는 이전에 없었던 새로운 문제에 대한 해결 방법을 찾기 위해 필요하다.

37 다음 사례에 나타난 효과로 옳은 것은?

> 국내의 한 우유 제조 회사는 제조일자를 제품 전면에 표기함으로써 우유의 신선도에 대한 소비자 인식의 틀을 바꾸었다. 소비자들은 우유의 신선도를 유통기한이 아닌 제조일자로 판단하게 되었고, 해당 우유 회사는 신선한 우유를 만드는 기업으로 인식되면서 매출이 크게 향상되었다.

① 바넘 효과(Barnum Effect)
② 앵커링 효과(Anchoring Effect)
③ 헤일로 효과(Halo Effect)
④ 프레이밍 효과(Framing Effect)
⑤ 피그말리온 효과(Pygmalion Effect)

38 다음은 SWOT 분석에 대한 설명이다. 이를 토대로 유기농 수제버거 전문점의 SWOT 분석을 실시했을 때, SWOT 분석 결과에 따른 전략으로 가장 적절한 것은?

〈SWOT 분석〉

SWOT은 Strength(강점), Weakness(약점), Opportunity(기회), Threat(위협)의 머리글자를 따서 만든 단어로 경영 전략을 세우는 방법론이다. SWOT으로 도출된 조직의 내·외부 환경을 분석하고, 이 결과를 통해 대응전략을 구상하는 분석방법론이다.

'SO(강점 – 기회)전략'은 기회를 활용하기 위해 강점을 사용하는 전략이고, 'WO(약점 – 기회)전략'은 약점을 보완 또는 극복하여 시장의 기회를 활용하는 전략이다. 'ST(강점 – 위협)전략'은 위협을 피하기 위해 강점을 활용하는 방법이며, 'WT(약점 – 위협)전략'은 위협요인을 피하기 위해 약점을 보완하는 전략이다.

내부 외부	강점(Strength)	약점(Weakness)
기회(Opportunity)	SO(강점 – 기회)전략	WO(약점 – 기회)전략
위협(Threat)	ST(강점 – 위협)전략	WT(약점 – 위협)전략

〈유기농 수제버거 전문점의 SWOT 분석 결과〉

구분	내용
강점(Strength)	• 주변 외식업 상권 내 독창적 아이템 • 커스터마이징 고객 주문 서비스 • 주문 즉시 조리 시작
약점(Weakness)	• 높은 재료 단가로 인한 비싼 상품 가격 • 대기업 버거 회사에 비해 긴 조리 과정
기회(Opportunity)	• 웰빙을 추구하는 소비 행태 확산 • 치즈 제품을 선호하는 여성들의 니즈 반영
위협(Threat)	• 제품 특성상 테이크아웃 및 배달 서비스 불가

① SO전략 : 주변 상권의 프랜차이즈 샌드위치 전문업체의 제품을 벤치마킹해 샌드위치도 함께 판매한다.
② WO전략 : 유기농 채소와 유기농이 아닌 채소를 함께 사용하여 단가를 낮추고 가격을 내린다.
③ ST전략 : 테이크아웃이 가능하도록 버거의 사이즈를 조금 줄이고 사이드 메뉴를 서비스로 제공한다.
④ WT전략 : 조리과정을 단축시키기 위해 커스터마이징 형식의 고객 주문 서비스 방식을 없애고, 미리 조리해놓은 버거를 배달 제품으로 판매한다.
⑤ ST전략 : 치즈의 종류를 다양하게 구성해 커스터마이징 주문 시 선택할 수 있도록 한다.

02　60문항 유형

01　다음 중 밑줄 친 단어의 뜻으로 옳은 것은?

> 놀이터에서 아이들이 <u>시망스럽게</u> 놀고 있다.

① 몹시 짓궂은 데가 있다.
② 순진하고 어수룩한 듯하다.
③ 얄밉도록 맹랑한 데가 있다.
④ 보기에 뒤죽박죽이 되어 어지럽고 질서가 없는 데가 있다.

02　다음 중 '같은 목표를 위해 다 같이 힘쓴다.'는 의미의 한자성어는?

① 이심전심　　　　　　　　② 동심동덕
③ 이인동심　　　　　　　　④ 동고동락

03　다음 제시된 단어의 관계와 유사한 것은?

> 질병 – 감기

① 보리 – 쌀　　　　　　　　② 닭 – 오리
③ 각막 – 망막　　　　　　　④ 내장 – 간

※ 다음 제시된 단어의 동의어 또는 유의어를 고르시오. [4~5]

04

여우잠

① 쪽잠   ② 괭이잠
③ 나비잠 ④ 새우잠

05

무릇

① 가령(假令)   ② 대개(大蓋)
③ 대저(大抵)   ④ 도통(都統)

06 다음 중 의미가 다른 하나는?

① 적임(適任)   ② 소임(所任)
③ 업무(業務)   ④ 직책(職責)

※ 다음 빈칸에 들어갈 단어로 가장 적절한 것을 고르시오. [7~8]

07 | 할머니는 손자를 위해 식탁을 ____ 차렸다. |

① 푸지게　　　　　　　　　② 당차게
③ 가뜬하게　　　　　　　　④ 바특하게

08 | 지나친 나트륨 섭취는 건강에 나쁘다는 것이 일반적인 ____이다. |

① 만념　　　　　　　　　　② 상념
③ 이념　　　　　　　　　　④ 통념

09 다음 중 맞춤법이 옳지 않은 문장은?
① 감염병의 발생률을 낮추기 위해 노력해야 한다.
② 상금을 두고 세기의 대결이 펼쳐졌다.
③ 퇴사를 앞두고 책상을 깨끗이 치웠다.
④ 새로운 시대에 걸맞는 인재를 양성해야 한다.

10 다음 중 밑줄 친 단어와 같은 의미로 쓰인 것은?

> 고장 난 시계를 <u>고쳤다</u>.

① 정비소에서 자동차를 <u>고쳤다</u>.
② 시험 종료종이 울리면 더 이상 답안을 <u>고칠</u> 수 없습니다.
③ 그녀는 머리 모양을 <u>고치려고</u> 미용실에 들렀다.
④ 다친 제비를 <u>고쳐</u> 준 흥부는 제비에게 박씨를 받아 부자가 되었다.

11 다음 중 ㉠~㉢에 들어갈 단어가 바르게 연결된 것은?

> • 생산성 ㉠ <u>재고 / 제고</u>를 위한 대책을 마련해야 한다.
> • 문장 속에 숨겨진 ㉡ <u>함의 / 결의</u>를 살펴보고자 한다.
> • 과도한 경쟁에 대한 ㉢ <u>지향 / 지양</u>을 당부했다.

	㉠	㉡	㉢
①	재고	결의	지향
②	재고	함의	지양
③	제고	함의	지양
④	제고	함의	지향

12 다음 중 상황에 따른 의사표현방법으로 적절하지 않은 것은?

① 상대방의 잘못을 질책하는 경우에 샌드위치 화법을 사용하면 듣는 사람이 반발하지 않고 부드럽게 받아들일 수 있다.
② 상대방의 요구를 거절해야 할 때는 기분이 상하지 않도록 응할 수 없는 이유에 대해 돌려서 설명하는 것이 좋다.
③ 칭찬은 상대방의 기분을 좋게 만드는 전략으로 대화 서두에 분위기 전환을 위해 간단한 칭찬을 사용한다.
④ 상대방에게 명령해야 할 때는 강압적 표현보다 청유형으로 부드럽게 하는 것이 효과적이다.

13 다음 글의 내용으로 가장 적절한 것은?

> 농촌진흥청은 해마다 반복되는 배 과수원의 봄철 저온 피해 예방을 위해 환경친화적인 연소 기술을 개발했다. 우리나라는 해마다 배꽃이 피는 시기에 서리와 저온으로 꽃이 죽는 저온 피해가 발생한다. 올해는 12월과 1월의 기온이 예년보다 2.4℃ 높아 3∼4월에 갑작스러운 추위가 오면 더 큰 피해가 발생할 것으로 예상된다.
> 저온 피해 예방을 위해 과거에는 왕겨, 짚, 전정 가지를 태워 온도를 유지하는 방법을 사용했으나, 현재는 폐기물관리법에 저촉되므로 함부로 태워서는 안 된다. 한편 물(살수법)을 이용한 장치도 보급되었으나, 초기 비용이 많이 들어 실제 농가 보급은 미미한 편이다.
> 농촌진흥청이 새로 개발한 기술은 금속용기에 메탄올 젤, 목탄, 액체파라핀 등 3종의 자재를 배치해 연소하는 방식이다. 이들 연소 자재는 친환경적인 소재로, 기존 석유류로 연소했을 때보다 매연 발생량을 4분의 1 이하로 줄일 수 있다. 또한 연소 자재를 분리·배치하고, 연소 과정 중 액상 연료를 고르게 혼합하여 완전히 탈 때까지 불꽃 세력을 안정적으로 유지할 수 있다. 연소 시간은 금속용기의 뚜껑을 닫는 수준에 따라 달라지는데, 뚜껑을 절반 수준으로 열었을 때는 5시간 30분, 완전히 열었을 때는 1시간 30분 동안 유지된다. 비용도 경제적이다. 살수법은 10아르(a)당 85만 원이 소요되고 과수원 규모에 따라 초기 시설비가 많이 들지만, 새로 개발한 연소 자재는 약 30만 원 수준이며 초기 시설도 필요 없다.
> 농촌진흥청은 이번에 개발한 연소 자재를 특허 출원하고, 산업체 기술이전을 통해 보급 중이다. 농촌진흥청의 연구소장은 "과수 농가 대부분이 저온 피해를 본 뒤 대책 중심으로 대응해 왔지만, 피해가 잦은 과수원은 연소 자재를 적극적으로 활용해 과실이 안정적으로 달리도록 해야 한다."라며, "연소 자재를 사용할 경우, 불을 붙일 때부터 끌 때까지 외부 기온 변화를 주시하면서 연소량을 조절하고, 주변을 미리 정리해 화재 위험이 없도록 주의해야 한다."라고 전했다.

① 국내에서 최초로 연소법이 사용되었다.
② 연소법을 사용할 경우 매연이 발생한다.
③ 저온 피해는 과실에 직접적인 피해를 준다.
④ 새로 개발된 기술을 통해 연소 시간을 증가시켰다.

14 다음과 같이 일정한 규칙으로 문자를 나열할 때, 빈칸에 들어갈 문자로 알맞은 것은?

| ㄴ   ㅁ   ㅈ   ㅎ   ㅂ   (   ) |

① ㄱ
② ㅂ
③ ㅍ
④ ㅈ

15 A, B, C 세 숫자의 편차를 구하려고 한다. 편차의 크기를 바르게 나타낸 것은?

| A : 98   B : 164   C : 185 |

① B<A<C
② B<C<A
③ C<A<B
④ C<B<A

16 다음 식이 성립하고 미지수 a와 b의 값이 $-10 \leq a \leq 10$, $-5 \leq b \leq 5$인 정수일 때, a와 b의 값을 순서대로 나열한 것으로 옳은 것은?

$$7a \div \frac{1}{2} - b\sqrt{49} = 168$$

① 9, 3
② 9, −4
③ 10, −3
④ 10, 4

17 다음과 같은 상황에서 A가 만기 시 받을 이자 금액으로 옳은 것은?

| A는 농협은행에 방문하여 2년 만기인 연이율 4% 단리 적금 상품에 가입하였고, 매월 10,250원씩 입금하기로 하였다. |

① 9,840원
② 10,000원
③ 10,250원
④ 10,500원

18 K씨는 지난 영국출장 때 사용하고 남은 1,400파운드를 N은행에서 환전해 이번 독일출장 때 가지고 가려고 한다. N은행에서 고시한 환율은 1파운드당 1,500원, 1유로당 1,200원일 때, K씨가 환전한 유로화는 얼마인가?(단, 국내 은행에서 파운드화에서 유로화로 환전 시 이중환전을 해야 하며, 환전 수수료는 고려하지 않는다)

① 1,700유로　　　　　　　　　② 1,750유로
③ 1,800유로　　　　　　　　　④ 1,850유로

19 A연구소에는 20명의 직원이 근무하고 있으며, 협력업체 B공장에는 41명의 생산직 직원이 근무하고 있다. A연구소 직원의 60%는 남직원이고, A연구소와 B공장 전체 남직원 수의 40%는 B공장의 생산직 남직원 수와 같을 때, A연구소의 여직원과 B공장의 생산직 여직원은 모두 몇 명인가?

① 26명　　　　　　　　　② 33명
③ 37명　　　　　　　　　④ 41명

20 N은행에 근무하는 김사원과 박사원은 고객을 위한 서비스 개발 업무를 맡게 되었다. 김사원이 혼자 업무를 끝내려면 6일, 박사원은 12일이 걸린다고 할 때, 같이 일하면 며칠 만에 업무를 끝낼 수 있는가?

① 1일　　　　　　　　　② 2일
③ 3일　　　　　　　　　④ 4일

21 다음은 2019년 1분기부터 2020년 1분기까지 수도권 및 비수도권의 지역별 장애인 취업자 수 및 취업률을 나타낸 자료이다. 이에 대한 〈보기〉의 설명 중 옳지 않은 것을 모두 고르면?

〈지역별 장애인 취업률〉

(단위 : %)

구분	2019년 1/4	2019년 2/4	2019년 3/4	2019년 4/4	2020년 1/4
수도권	49.4	60.6	62.4	66.7	60.5
비수도권	51.7	60.9	58.1	59.5	60.1
전국	53.0	64.0	56.4	58.7	62.0

보기

ㄱ. 2019년 3분기부터 2020년 1분기까지 매분기에 장애인 취업률은 전국이 비수도권보다 높다.
ㄴ. 2019년 2분기 대비 4분기의 수도권 장애인 취업률의 증감률은 8% 이상이다.
ㄷ. 2020년 1분기의 전년 동기 대비 장애인 취업자 수 증가율은 수도권이 비수도권보다 크다.

① ㄱ　　　　　　　　　② ㄷ
③ ㄱ, ㄴ　　　　　　　 ④ ㄴ, ㄷ

22 다음은 대전시의 자치구별 일반건강검진 1차 판정현황을 나타낸 자료이다. 이에 대한 〈보기〉의 설명 중 옳은 것을 모두 고르면?

〈대전시 자치구별 일반건강검진 1차 판정현황〉

(단위 : 명)

구분		정상	경계	질환의심	유질환자	합계
전체	합계	53,757	159,993	296,350	101,451	611,551
	남자	17,080	81,295	187,279	55,712	341,366
	여자	36,677	78,698	109,071	45,739	270,185
동구	소계	6,714	21,661	44,021	17,909	90,305
	남자	2,139	11,032	27,131	9,270	49,572
	여자	4,575	10,629	16,890	8,639	40,733
중구	소계	7,774	24,742	48,416	18,779	99,711
	남자	2,300	11,572	29,174	9,788	52,834
	여자	5,474	13,170	19,242	8,991	46,877
서구	소계	18,291	52,302	93,643	31,105	195,341
	남자	5,490	25,220	58,224	17,134	106,068
	여자	12,801	27,082	35,419	13,971	89,273
유성구	소계	15,182	41,377	71,326	19,194	147,079
	남자	5,245	23,136	48,266	11,663	88,310
	여자	9,937	18,241	23,060	7,531	58,769
대덕구	소계	5,796	19,911	38,944	14,464	79,115
	남자	1,906	10,335	24,484	7,857	44,582
	여자	3,890	9,576	14,460	6,607	34,533

보기

ㄱ. 남성 대비 여성의 비율은 동구에서 경계 판정을 받은 경우가 유성구에서 유질환자 판정을 받은 경우보다 높다.
ㄴ. 중구에서 일반건강검진을 받은 남성 중 질환의심 판정을 받은 사람의 비율은 60% 이상이다.
ㄷ. 대덕구에서 정상 판정을 받은 여성의 수는 유성구에서 유질환자로 판정받은 남성의 수의 40% 미만이다.
ㄹ. 지역별로 일반건강검진을 받은 사람 중에 경계 판정을 받은 사람의 비율은 동구가 서구보다 높다.

① ㄱ, ㄴ　　　　　　　　　② ㄱ, ㄷ
③ ㄴ, ㄷ　　　　　　　　　④ ㄴ, ㄹ

23 김주임은 부서에서 시행하는 추계 단합대회를 위해 제주도에 위치한 펜션을 예약하였으나 코로나19의 여파로 행사가 취소되었다. 김주임이 다음 내용에 따라 이미 예약을 완료하고 비용을 지불한 상태라고 할 때, 환불받을 수 있는 금액은?(단, 김주임은 12월 24일에 환불을 요청하였다)

〈펜션 결제 안내〉

- 객실 유형별 숙박비

구분	2인실	3인실	5인실	7인실
객실비용(1박당)	140,000원	190,000원	250,000원	380,000원

- 부대비용

구분	침구류	야외용 그릴(1일)	6인승 차량(1일)	8인승 차량(1일)
대여비용(개당)	30,000원	40,000원	80,000원	100,000원

※ 청소비는 1박당 40,000원이 별도로 부과됨
※ 침구류는 숙박기간에 관계없이 대여 가능함

〈환불 규정〉

- 객실비용의 경우 환불신청일에 따라 다음의 취소수수료를 부과합니다.

구분	체크인 1일 전	체크인 2일 전	체크인 3일 전까지
취소수수료율	10%	5%	없음

- 대여비용은 이용하지 않은 경우 전액 환급합니다.
- 청소비는 외주 계약된 인원에게 지불하는 금액으로 환불되지 않습니다.
- 온라인으로 예약한 경우 취소수수료 10,000원이 추가 청구됩니다.

〈예약 내용〉

- 12월 26일에 체크인하는 일정으로 온라인을 통해 예약하였다.
- 5인실 방 1개, 3인실 방 2개를 예약하였다.
- 모든 방은 2박을 연박으로 예약하였다.
- 바베큐 파티를 위해 야외용 그릴 2개를 하루 동안 대여하였다.
- 침구류는 인원수에 맞게 2박 동안 대여하였다.
- 이동을 위하여 8인승 차량 1대와 6인승 차량 1대를 하루 동안 렌트하였다.
- 방은 인원수를 고려하여 딱 맞게 예약하였다.

① 1,480,500원 ② 1,518,000원
③ 1,697,000원 ④ 1,780,000원

24 N사의 기획부는 코로나19 감염 예방을 위해 2021년 1월 마지막 한 주 동안 재택근무를 실시하고 자 한다. 다음 내용에 따라 최소 인원을 제외한 인원은 모두 재택근무를 한다고 할 때, 가장 적은 인원이 출근하는 날짜로 옳은 것은?

〈당직근무표〉

구분	월	화	수	목	금
	1/25	1/26	1/27	1/28	1/29
당직자	박대리	김사원	이주임	박대리	최사원

〈기획부 인력운영 규정〉

- 직원들은 주중에만 출근한다.
- 사원끼리만 출근할 수 없다.
- 대리와 주임은 같은 날 출근하지 않는다.
- 부장이 출근한 날은 반드시 주임도 출근한다.
- 부장은 일주일에 이틀을 출근해야 한다.
- 월요일과 화요일에는 반드시 재정 담당자가 1명 이상 출근하여야 한다.
- 수요일에는 반드시 운영 담당자가 1명 이상 출근하여야 한다.
- 목요일과 금요일에는 반드시 기획 담당자가 1명 이상 출근하여야 한다.
- 반드시 출근할 필요가 없는 인원은 최대한 재택근무를 실시한다.
- 당직근무자는 자신이 당직인 날에 반드시 출근하여야 하며, 당직 전날과 다음 날은 출근하지 않는다.

〈기획부 직원별 정보〉

구분	담당	비고
최사원	재정	출장(월요일)
김사원	운영	-
이주임	기획	출장(월요일)
박대리	재정	-
조과장	운영	휴가(화요일)
정팀장	기획	-
차부장	재정	-

① 25일   ② 26일
③ 27일   ④ 28일

25 다음은 가족돌봄 휴가비용 긴급지원 제도에 대한 자료이다. 박주임의 상황이 다음과 같을 때, 박주임이 수령 가능한 지원금의 최대 금액으로 옳은 것은?

〈가족돌봄 휴가비용 긴급지원 제도〉

1. 지원대상 : 사업주가 무급으로 휴가를 부여했을 경우 지원
   - 아래와 같은 사유로 남녀고용평등법상 가족돌봄휴가를 사용한 근로자(대기업, 공공기관 포함)
     ① 조부모, 부모, 배우자, 자녀, 손자녀(조손가정에 한함)가 코로나19 확진자, 의사환자, 조사대상 유증상자로 긴급하게 돌봄이 필요한 경우
     ② 만 8세 이하 또는 초등 2학년 이하의 자녀가 아래와 같은 사유로 긴급하게 돌봄이 필요한 경우
       - 자녀가 소속된 어린이집·유치원·학교가 코로나19 관련하여 휴원·휴교·개학연기를 실시한 경우
       - 무증상 자율격리자로 등(원)교 중지 조치를 받은 경우
       - 접촉자로 분류되어 자가격리 대상인 경우
2. 지원내용
   - 지원기간 : 근로자 1인당 가족돌봄휴가 사용 시 5일 이내 지원
     - 외벌이도 지원(5일 이내), 맞벌이(부부 각각 5일), 한 부모(10일 이내)
   - 지원금액 : 1일 5만 원(부부합산 최대 50만 원 지원)
     ※ 단시간 근로자는 근로시간에 비례하여 지원(단, 4시간 이하는 2.5만 원 일괄 지원)
   - 적용 : 국내 첫 번째 코로나19 확진 판정('20.1.20.) 이후 사용한 가족돌봄휴가까지 소급하여 지원

〈박주임의 상황〉

- 박주임은 공공기관에서 정규직으로 근무 중이다.
- 박주임은 만 4세, 7세의 딸이 있으며, 자녀들 및 아내와 함께 거주하고 있다.
- 첫째 딸이 다니는 초등학교가 코로나19로 인하여 2020년 4월 17일부로 휴교하게 되어 박주임과 아내 모두 가족돌봄휴가를 사용하게 되었다.
- 박주임의 아내는 박주임과 동일한 공공기관에서 오전 9시부터 오후 12시까지만 근무하는 계약직 직원으로 근무 중이다.

① 22만 5천 원   ② 25만 원
③ 28만 4천 원   ④ 37만 5천 원

26 다음 도식에서 기호들은 일정한 규칙에 따라 문자를 변화시킨다. ?에 들어갈 알맞은 문자는?

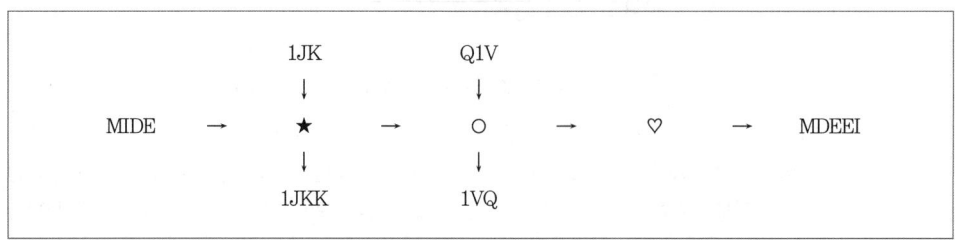

$$5KD \rightarrow ♡ \rightarrow ★ \rightarrow ?$$

① 55KD ② KDD5
③ KD55 ④ DK55

27 N사는 임직원 850명에게 마스크를 1개씩 배부하기로 하였다. 마스크 업체 A ~ C 중 총비용이 가장 적은 업체를 선정하여 제품을 구입한다고 할 때, 선정될 업체와 해당 업체의 총비용이 바르게 연결된 것은?

〈마스크 업체 정보〉

구분	개당 단가	배송비	비고
A업체	600원	25,000원	800개 이상 주문 시 마스크 개당 가격 5% 할인
B업체	500원	100개당 3,000원	• 400개 이상 주문 시 전체 배송비 10% 할인 • 900개 이상 주문 시 무료 배송
C업체	700원	• 500개 이하는 20,000원 • 500개 초과 시 100개마다 5,000원 요금 추가	마스크 350개 이상 주문 시 350개 초과분에 대하여 개당 20% 할인

	업체	총비용
①	A	449,300원
②	B	449,300원
③	B	509,500원
④	C	509,500원

28 다음은 자원관리능력의 하위 능력 중 하나에 대한 설명이다. 빈칸에 들어갈 내용으로 적절한 것은?

> _____관리능력은 직업생활에서 필요한 _____을 확인하고, 최대한 확보하여 실제 업무에 어떻게 활용할 것인지에 대한 계획을 수립한 뒤 이에 따라 효율적으로 활용하여 관리하는 능력이다. 산업의 고도화와 함께 다양한 _____이 활용되고 있으며, 이를 필요한 시기와 장소에 적절히 활용하는 것은 매우 중요하다.

① 시간
② 예산
③ 물적자원
④ 인적자원

29 다음 중 인사관리 원칙에 해당하지 않는 것은?

① 생산성 향상의 원칙
② 공정 보상의 원칙
③ 공정 인사의 원칙
④ 창의력 계발의 원칙

30 다음 〈보기〉 중 쌍무계약에 해당하는 것은 모두 몇 개인가?

> **보기**
> ㄱ. 매매
> ㄴ. 교환
> ㄷ. 임대차
> ㄹ. 고용
> ㅁ. 도급
> ㅂ. 화해
> ㅅ. 증여
> ㅇ. 조합
> ㅈ. 소비대차
> ㅊ. 무상임치

① 5개
② 6개
③ 7개
④ 10개

31 다음 〈보기〉 중 BCG 매트릭스의 구분에 따른 사업에 대한 설명으로 옳지 않은 것은?

> **보기**
> ㄱ. Star 사업은 시장점유율이 높고 성장 가능성이 높으므로 높은 수익을 올릴 수 있다.
> ㄴ. Cash Cow 사업은 시장점유율이 높고 현금 유입이 많으므로 성장 가능성이 높다.
> ㄷ. Question Mark 사업은 성장 가능성이 높으므로 지속적인 투자가 필요하다.
> ㄹ. Dog 사업은 시장점유율이 낮고 성장 가능성도 없으므로 철수해야 한다.

① ㄱ
② ㄴ
③ ㄷ
④ ㄹ

32 다음 중 농협 로고에 대한 설명으로 옳지 않은 것은?

① 심볼마크의 'V' 꼴은 협동·단결을 상징한다.
② 심볼마크의 'V' 꼴 외의 아랫부분은 원만과 돈을 의미한다.
③ 심볼마크 전체는 '협'자의 'ㅎ'을 변형하였다.
④ 심볼마크는 항아리에 쌀이 가득 담겨 있는 형상이다.

33 다음 〈보기〉 중 농업인에 해당하지 않는 사람을 모두 고르면?

> **보기**
> ㄱ. 운영 중인 스마트 농장에서 재배한 농산물을 온라인으로 판매하여 연간 3,000만 원의 소득을 올리고 있는 A씨
> ㄴ. 귀농하여 500m²의 농지에 농작물을 재배하고 있는 B씨
> ㄷ. 자신의 농지에 설치한 300m²의 버섯재배사에서 버섯을 재배하고 있는 C씨
> ㄹ. 10년 동안 항상 1년의 반 이상을 염소, 사슴 등의 축산업에 종사한 D씨

① ㄱ, ㄴ
② ㄱ, ㄷ
③ ㄴ, ㄷ
④ ㄴ, ㄹ

34 다음 〈보기〉 중 은행 직원의 업무에 해당하는 것은 모두 몇 개인가?

> **보기**
> ㄱ. 신용카드 이용 한도 증액
> ㄴ. 사기업 주식 직접 구매
> ㄷ. 교통카드 기능이 포함된 카드 발급
> ㄹ. 보험 상품 설계
> ㅁ. 부동산 관련 투자
> ㅂ. 공과금 감면 상담

① 1개
② 2개
③ 3개
④ 4개

35 다음 중 농협이 신뢰받는 조직으로 발돋움하기 위해 정립한 인재상으로 적절하지 않은 것은?
① 시장경쟁력을 갖추고, 고객을 감동시키며, 성과를 창출하는 인재
② 협력을 통해 조직 전체의 성과가 극대화될 수 있도록 시너지 제고를 위해 노력하는 인재
③ 프로다운 서비스 정신을 바탕으로 농업인과 고객을 가족처럼 여기는 인재
④ 유통・금융 등 맡은 분야에서 최고의 전문가가 되기 위해 노력하는 인재

CHAPTER 10 2019년 하반기 기출복원문제

정답 및 해설 p.101

01 70문항 유형

01 다음 제시된 단어의 관계와 유사한 것은?

할머니 – 할아버지

① 신문 – 매체
② 학교 – 학생
③ 높다 – 크다
④ 탄생 – 죽음
⑤ 겨울 – 감기

02 다음 제시된 단어의 대응 관계로 볼 때, 빈칸에 들어갈 단어로 가장 적절한 것은?

한옥 : 대들보 = 나무 : ( )

① 장작
② 가지
③ 의자
④ 돌
⑤ 바람

※ 다음 제시된 단어에서 공통으로 연상할 수 있는 단어를 고르시오. [3~6]

03

| | 크다 | 활 | 켜다 |

① 바이올린 ② 하프
③ 콘트라베이스 ④ 기타
⑤ 화살

04

| | 깎는 | 빛나는 | 비싼 |

① 거울 ② 보석
③ 조각 ④ 전구
⑤ 번개

05

| | 차갑다 | 미끄러지다 | 빠르다 |

① 인라인스케이트 ② 미끄럼틀
③ 자전거 ④ 오토바이
⑤ 스키

06

| | 자루 | 파다 | 농사 |

① 낫 ② 벼
③ 논 ④ 호미
⑤ 밭

07 다음 중 ㉠~㉢에 들어갈 단어가 바르게 나열된 것은?

- 대통령은 정상회의를 앞두고 아시아 지역 언론 연합 신문에 기고문을 ㉠ 기재 / 게재했다.
- 고온으로 가열된 프라이팬에 식용유를 ㉡ 두르다 / 둘르다 화상을 입는 경우가 많다.
- 최근 지방의 지자체들은 실속 행정을 위해 ㉢ 겉치레 / 겉치례 행사를 개선하고 있다.

	㉠	㉡	㉢
①	기재	두르다	겉치레
②	기재	두르다	겉치례
③	게재	두르다	겉치레
④	게재	둘르다	겉치레
⑤	게재	둘르다	겉치례

08 다음 빈칸에 들어갈 단어로 가장 적절한 것은?

> 정부는 선거와 관련하여 신고자에 대한 _____을/를 대폭 강화하기로 하였다.

① 보훈(報勳) ② 공훈(功勳)
③ 공로(功勞) ④ 포상(褒賞)
⑤ 공적(功績)

09 다음 한자성어 중 의미가 다른 하나는?

① 금의환향(錦衣還鄕) ② 입신양명(立身揚名)
③ 간담상조(肝膽相照) ④ 부귀공명(富貴功名)
⑤ 마부위침(磨斧爲針)

10 다음 중 '자는 호랑이에게 코침 주기'와 뜻이 비슷한 한자성어는?

① 전전반측(輾轉反側)
② 각골통한(刻骨痛恨)
③ 평지풍파(平地風波)
④ 백아절현(伯牙絶絃)
⑤ 곡학아세(曲學阿世)

11 다음 중 맞춤법이 옳지 않은 것은?

① 과녁에 화살을 맞추다.
② 오랜만에 친구를 만났다.
③ 그는 저기에 움츠리고 있었다.
④ 단언컨대 내 말이 맞다.
⑤ 저건 정말 희한하다.

12 a, b, c 세 유리수의 합은 18이다. a는 b와 c 합의 2배이고, c는 b의 3배일 때, 세 유리수 중에서 가장 큰 수는?

① $\dfrac{27}{2}$
② 11
③ 12
④ $\dfrac{44}{3}$
⑤ 15

13 홍보를 위해 A~E 다섯 장소에 전단지를 돌리기로 하였다. A장소에서 처음 가지고 있던 전단지의 절반을 돌리고, B-C-D장소에서 차례대로 남은 절반에서 한 부를 먼저 벽에 붙인 뒤 나머지 절반을 돌렸다. 마지막 E장소에서 남은 전단지의 절반을 돌렸더니 1부가 남았다. 처음 가지고 있던 전단지는 몇 부인가?

① 46부
② 58부
③ 65부
④ 88부
⑤ 97부

※ 일정한 규칙으로 수를 나열할 때, 빈칸에 들어갈 알맞은 수를 고르시오. [14~15]

14

| 2 3 6 18 108 ( ) |

① 1,944
② 1,924
③ 1,844
④ 1,842
⑤ 1,824

15

| 10 8 16 13 39 35 ( ) |

① 90
② 100
③ 120
④ 140
⑤ 150

16 U식당은 매주 시장에서 생닭을 일정량 주문한다고 한다. 지난주는 1,400원짜리 생닭을 70만 원어치 주문했고, 이번 주도 같은 양을 주문했다. 이번 주에 주문한 생닭 한 마리 가격이 2,100원일 때, 이번 주에 지불한 비용은 얼마인가?

① 99만 원
② 101만 원
③ 105만 원
④ 109만 원
⑤ 114만 원

17 다음 중 빈칸에 들어갈 내용으로 적절한 것은?

> S씨는 물품을 효과적으로 관리하기 위해 _____의 원칙에 따라 안 쓰는 이면지를 서랍 하단에 별도로 모아두고 있다.

① 동일성
② 유사성
③ 구분성
④ 명료성
⑤ 변별성

18 다음과 같은 비즈니스 에티켓 특징을 가지고 있는 국가는?

> • 인사 : 중국계의 경우 악수로 시작하는 일반적인 비즈니스 문화를 가지고 있으며, 말레이계의 경우 이성과 악수를 하지 않는 것이 일반적이다. 인도계 역시 이성끼리 악수를 하지 않고 목례를 한다.
> • 약속 : 약속 없이 방문하는 것은 실례이므로 업무상 필수적으로 방문해야 하는 경우에는 약속을 미리 잡아 일정 등에 대한 확답을 받은 후 방문한다. 미팅에서는 부수적인 이야기를 거의 하지 않으며 바로 업무에 관한 이야기를 한다. 이때 상대방의 말을 끝까지 경청해야 한다. 명함을 받을 때도 두 손으로 받는 것이 일반적이다.

① 미국
② 싱가포르
③ 인도네시아
④ 필리핀
⑤ 태국

19 다음 중 농협이 주관하는 농촌체험브랜드로, 농촌·문화·관광이 결합된 농촌체험여행을 의미하는 것은?

① 일손나눔
② 농촌스테이
③ 팜스테이
④ 팜랜드
⑤ 농촌문화체험

02 100문항 유형

01 다음 밑줄 친 단어의 한자 표기로 옳은 것은?

> 처음에 조그마한 세력이었던 이 단체는 급속히 성장하다가 최근 쇠퇴하기 시작하였다.

① 聲張　　　　　　　② 盛裝
③ 盛粧　　　　　　　④ 成長

02 다음 한자어의 뜻을 가진 속담으로 옳은 것은?

> 凍足放尿

① 밑 빠진 독에 물 붓기
② 언 발에 오줌 누기
③ 가재는 게 편이다
④ 백지장도 맞들면 낫다

03 다음 중 띄어쓰기가 옳지 않은 것은?

① 호랑이같은 힘이 난다.
② 남자같이 생겼다.
③ 불꽃같은 형상이 나타났다.
④ 저 자동차와 같이 가면 된다.

04 자연수 a, b는 $a(a-b)=23$의 방정식이 성립한다. 이때 a^2-b^2의 값은?

① 40
② 42
③ 43
④ 45

05 다음 중 가장 큰 수가 나오는 식은?

① $4 \times 12 \div 3$
② $13+23+7-34$
③ $48+35 \div 7-10$
④ $31 \times 2-105 \div 5$

06 슬기와 경서는 꽁꽁 언 강 위에서 각각 다른 일정한 속력으로 썰매를 타고 있다. 경서는 슬기의 출발선보다 1.2m 앞에서 동시에 출발하여 슬기가 따라잡기로 하였다. 경서의 속력은 0.6m/s이며, 슬기가 출발하고 6초 후 경서를 따라잡았다고 할 때, 슬기의 속력은?

① 0.8m/s
② 1.0m/s
③ 1.2m/s
④ 1.4m/s

07 농협에 방문한 은경이는 목돈 5,000만 원을 정기예금에 맡기려고 한다. 은경이가 고른 상품은 월단리 예금 상품으로 월이율 0.6%이며, 기간은 15개월이다. 은경이가 이 상품에 가입했을 경우 만기 시 받는 이자는?(단, 정기예금은 만기일시지급식이다)

① 4,500,000원
② 5,000,000원
③ 5,500,000원
④ 6,000,000원

08 농협에서 근무하는 갑, 을, 병사원은 고객설문조사 업무를 맡았다. 갑사원이 혼자 할 경우 12일 걸리고, 을사원은 18일, 병사원은 36일이 걸린다고 한다. 3명의 사원이 함께 업무를 진행한다고 할 때, 걸리는 기간은?

① 8일
② 7일
③ 6일
④ 5일

09 유속 10m/s로 흐르는 강물에서 유진이는 일정한 속력으로 움직이는 배를 타고 있다. 배가 내려올 때의 속력이 반대로 올라갈 때의 속력의 1.5배와 같을 때, 배 자체의 속력은?

① 45m/s
② 50m/s
③ 55m/s
④ 60m/s

10 다음 중 빈칸에 공통적으로 들어갈 단어로 옳은 것은?

> 농산물 밭떼기 거래 시 발생하는 재배농가의 피해 예방을 위해 농산물 _____ 표준계약서 보급이 필요하다.
> 농수산물 유통 및 가격안정에 관한 법률에 따라 _____은/는 반드시 서면계약을 해야 하며, 서면계약의 의무 품목인 양배추, 양파 품목은 이를 위반할 경우 매수인은 500만 원 이하, 매도인은 100만 원 이하의 과태료가 부과된다.
> 농산물 표준계약서 보급은 매년 채소류의 _____ 시 농가와 상인의 빈번한 구두 계약과 채소류 가격 등락에 따른 잔금 미지급, 계약해지 등으로 발생할 수 있는 농가의 피해를 예방하는 효과가 있다.

① 시장매매 ② 현물매매
③ 포전매매 ④ 계약매매

11 다음이 설명하는 창의적 사고 개발 방법은?

> 일정한 주제에 관하여 회의를 하고, 참가하는 인원이 자유발언을 통해 아이디어를 제시하는 것으로 다른 사람의 발언에 비판하지 않는다.

① 스캠퍼 기법 ② 여섯 가지 색깔 모자
③ 브레인스토밍 ④ TRIZ

12 다음 중 농협은행은 어떤 유형의 은행인가?

① 특수은행 ② 상호저축은행
③ 일반은행 ④ 지방은행

※ 다음은 A지점 지역농협에서 신입사원 채용일정을 위해 2월 일정표에 인사부서 직원 및 임원들의 스케줄을 표시한 자료이다. 이어지는 질문에 답하시오. [13~14]

〈2월 일정표〉

월	화	수	목	금	토	일
						1
2 B(연차)	3	4	5 병	6 갑	7	8
9	10	11 D	12 을, 병	13 B, C	14	15
16	17 A, C	18	19 E	20	21	22
23 갑	24	25 전국 농협행사	26 전국 농협행사	27 전국 농협행사	28 전국 농협행사	29

※ 출장인 직원 및 임원은 일정표에 직책을 제외하고 표시함

보기

- 채용일정은 '서류 접수 – 서류합격자 발표 – 필기시험 – 필기합격자 발표 – 면접시험 – 최종합격자 발표' 순서로 진행한다.
- 최종합격자는 80명이고, 필기시험 응시자는 최종합격자의 2배이다.
- 채용일정이 끝날 때마다 다음 날부터 2일 이상의 결재 기간이 필요하다.
- 결재 기간은 월요일부터 토요일까지 가능하다.
- 인사부 직원은 A사원, B사원, C대리, D과장, E부장 5명이며, 임원은 갑, 을, 병 3명이다.
- 채용일정은 행사가 있는 날에는 불가능하다.

13 다음 〈조건〉에 부합하는 면접시험 날짜로 가능한 날은?

> **조건**
> - 필기시험 날짜는 2일 월요일이다.
> - 면접관은 임원 1명과 인사부 대리 이상의 직원 2명이 참석한다.
> - 면접시험 날에 인사부 직원 중 진행요원 2명이 필요하다.
> - 합격자 발표는 1일, 면접시험은 연속 2일 동안 진행한다.
> - 면접시험은 주중에만 시행할 계획이다.

① 7일
② 10일
③ 17일
④ 25일

14 필기시험 응시자의 60%가 필기시험에 합격하여 면접시험을 준비한다. 응시자 4명을 팀으로 15분씩 면접을 보며, 한 팀이 끝날 때마다 다음 팀의 면접 시작 전에 면접관은 5분간 휴식을 갖는다. 하루에 면접시험 진행시간을 4시간 이하로 정했을 경우, 2일 동안 실시되는 면접시험에서 면접관의 휴식시간은?(단, 면접시험 진행시간에는 휴식시간도 포함한다)

① 1시간 40분
② 1시간 45분
③ 1시간 50분
④ 1시간 55분

CHAPTER 11 2019년 상반기 기출복원문제

정답 및 해설 p.108

01 70문항 유형

※ 다음 제시된 단어의 대응 관계로 볼 때, 빈칸에 들어갈 알맞은 단어를 고르시오. [1~3]

01 이력 : 경력 = (　　) : 해결

① 분쟁
② 무시
③ 상생
④ 타개
⑤ 논의

02 바리스타 : 커피콩 = 목수 : (　　)

① 톱
② 나무
③ 목장
④ 쇠
⑤ 용접

03 고래 : 포유류 = 개구리 : (　　)

① 파충류
② 무척추동물
③ 양서류
④ 어류
⑤ 조류

※ 다음 제시된 단어에서 공통으로 연상할 수 있는 단어를 고르시오. [4~9]

04

| 시다 | 노랗다 | 둥글다 |

① 바나나 ② 석류
③ 배 ④ 레몬
⑤ 포도

05

| 거대하다 | 높다 | 연속되다 |

① 빌딩 ② 산맥
③ 바다 ④ 숲
⑤ 사막

06

| 누르다 | 열리다 | 위아래 |

① 엘리베이터 ② 에스컬레이터
③ 계단 ④ 케이블카
⑤ 헬리콥터

07

| 감정 | 함께하는 | 느끼다 |

① 동정 ② 연민
③ 희생 ④ 공감
⑤ 행복

08

| 이름   새기다   찍다 |

① 사진 ② 여권
③ 등본 ④ 통장
⑤ 도장

09

| 음료   마시다   꽂다 |

① 컵 ② 병
③ 빨대 ④ 책꽂이
⑤ 냉장고

※ 다음 빈칸에 들어갈 단어로 가장 적절한 것을 고르시오. [10~12]

10

| 토론에서 세 명이 ____을/를 한다. |

① 발인(發靷) ② 발족(發足)
③ 발주(發注) ④ 발제(發題)
⑤ 발췌(拔萃)

11

| 상대방 의견은 ____의 가치도 없다. |

① 일각(一角) ② 일고(一考)
③ 일람(一覽) ④ 일부(一部)
⑤ 일반(一般)

12

| 백두산은 압록강의 ____이다. |

① 재원(財源) ② 발원(發源)
③ 어원(語源) ④ 연원(淵源)
⑤ 전원(電源)

13 다음 중 밑줄 친 단어의 쓰임이 옳은 것은?

① 팀장님, 여기 서류에 <u>결제</u> 부탁드립니다.
② 한국 남자 수영팀이 10년 만에 한국 신기록을 <u>갱신</u>했다.
③ 일제강점기 독립운동가들은 일제 경찰에게 갖은 <u>곤혹</u>을 당했다.
④ 재난 당국은 실종자들의 생사 <u>유무</u>를 파악 중이다.
⑤ 그녀는 솔직하고 <u>담백하게</u> 자신의 마음을 표현했다.

14 다음 중 ㉠~㉢에 들어갈 단어가 바르게 연결된 것은?

- 성준이는 수업 시간에 ㉠ <u>딴생각 / 딴 생각</u>을 많이 하는 편이다.
- 그는 내가 ㉡ <u>사사받은 / 사사한</u> 교수님이다.
- 궂은 날씨로 인해 기대했던 약속이 ㉢ <u>파토 / 파투</u> 났다.

	㉠	㉡	㉢
①	딴생각	사사받은	파토
②	딴생각	사사한	파투
③	딴 생각	사사받은	파토
④	딴 생각	사사받은	파투
⑤	딴 생각	사사한	파투

15 다음 밑줄 친 단어와 같은 의미로 쓰인 것은?

> 사람들의 함성이 공연장을 가득 <u>메웠다</u>.

① 해당 문서의 공란을 <u>메워</u> 제출해주시길 바랍니다.
② 그 선수는 지속적인 훈련을 통해 부족한 점을 <u>메우기</u>로 했다.
③ 그녀는 무료한 시간을 <u>메우기</u> 위해 뜨개질을 시작했다.
④ 불법 주차된 차량이 인근 도로를 <u>메워</u> 주민들이 불편을 겪고 있다.
⑤ 남의 소에 멍에를 <u>메워</u> 제 밭을 간다.

16 다음 중 농협의 기업 이미지를 업(UP)시키는 제2의 상징체인 캐릭터는?

① 보리
② 아리
③ 우리
④ 유리
⑤ 지리

17 다음 중 창의력 증진방법의 하나인 스캠퍼(SCAMPER) 기법의 약자로 옳지 않은 것은?

① S : 대체하기(Substitute)
② C : 선택하기(Choose)
③ A : 적용하기(Adapt)
④ E : 제거하기(Eliminate)
⑤ R : 재배치하기(Rearrange)

※ 일정한 규칙으로 수 또는 문자를 나열할 때, 빈칸에 들어갈 알맞은 것을 고르시오. [18~20]

18

1 4 13 40 121 ( ) 1,093

① 351
② 363
③ 364
④ 370
⑤ 392

19

3 8 25 4 5 21 5 6 ( )

① 27
② 28
③ 29
④ 30
⑤ 31

20 | b g e j ( ) m k p |

① h
② i
③ l
④ n
⑤ o

21 등산 동아리 회원들은 경주로 놀러가기 위해 숙소를 예약하였다. 방 하나에 회원을 6명씩 배정하면 12명이 남으며, 7명씩 배정하면 1개의 방에는 6명이 배정되고 2개의 방이 남는다. 이때 등산 동아리에서 예약한 방은 총 몇 개인가?

① 25개
② 26개
③ 27개
④ 28개
⑤ 29개

22 N고등학교 운동장은 다음과 같이 양 끝이 반원 모양이다. 한 학생이 운동장 가장자리를 따라 한 바퀴를 달린다고 할 때, 학생이 달린 거리는?(단, 원주율 $\pi = 3$으로 계산한다)

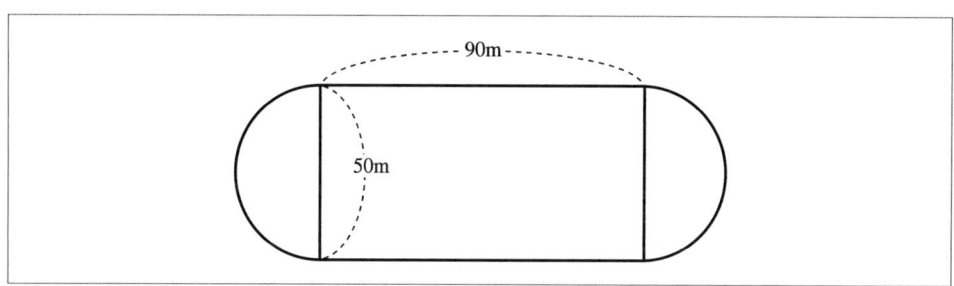

① 300m
② 310m
③ 320m
④ 330m
⑤ 340m

23 N회사에 근무하는 A, B사원은 프로젝트를 맡게 되었다. A사원이 혼자 프로젝트를 끝내려면 4일, B사원은 12일이 걸린다고 할 때, 같이 일하면 며칠 만에 끝나는가?

① 1일 ② 2일
③ 3일 ④ 4일
⑤ 5일

24 사과 1.2kg은 15,000원이고, 같은 무게일 때 배의 가격은 사과의 2배, 귤의 가격은 사과의 $\frac{1}{2}$배이다. 사과 하나의 무게는 120g, 배는 400g, 귤은 200g이다. 각 과일을 90,000원어치씩 구매한다고 할 때, 구입한 사과, 배, 귤의 개수는 총 몇 개인가?

① 140개 ② 141개
③ 142개 ④ 143개
⑤ 144개

25 N은행은 작년부터 H적금상품을 판매하였다. 올해에는 작년보다 25%가 증가한 450명이 가입하였다면, 작년에 이 상품에 가입한 고객은 몇 명인가?

① 360명 ② 365명
③ 370명 ④ 375명
⑤ 380명

26 N은행에서는 건물 보수공사를 할 업체를 선정하려고 한다. 후보업체는 A~E 다섯 업체로, 다음은 N은행에서 후보업체에 대한 부문별 점수와 부문별 가중치를 나타낸 표이다. 가중치를 적용한 가중평균점수가 가장 높은 업체를 선정한다고 할 때, N은행에서 선정할 업체는?

〈후보업체별 점수 현황〉

(단위 : 점)

구분	규모	가격	위치
A업체	8	8	7
B업체	7	9	8
C업체	6	10	5
D업체	5	7	10
E업체	8	6	8

〈부문별 가중치〉

구분	규모	가격	위치
가중치	0.2	0.5	0.3

① A업체 ② B업체
③ C업체 ④ D업체
⑤ E업체

27 5kg 물체를 당기는 힘은 5N이고, 3kg 물체를 당기는 힘이 3N일 때 각각의 물체는 같은 가속도로 운동을 한다. 두 물체를 줄로 연결하여 함께 당긴다고 할 때, 두 물체가 가속도 $3m/s^2$으로 운동하려면 얼마의 힘으로 당겨야 하는가?[단, 모든 마찰과 공기 저항은 무시하고 모든 물체는 직선운동을 하며, (힘)=(가속도)×(질량)이다]

① 35N ② 30N
③ 24N ④ 20N
⑤ 16N

28 농도 15%의 소금물 800g에서 소금물을 조금 퍼내고, 150g의 물을 다시 부었다. 이때 소금물의 농도가 12%라면, 처음에 퍼낸 소금물의 양은 얼마인가?

① 100g ② 150g
③ 200g ④ 250g
⑤ 300g

02 100문항 유형

01 다음 제시된 단어 중 뜻이 다른 하나는?

> 도로(道路)　고지(高地)　가두(街頭)　노상(路上)

① 도로
② 고지
③ 가두
④ 노상

02 다음 중 밑줄 친 부분의 띄어쓰기가 옳은 것은?

① 이 가방은 저희 매장에 <u>하나 밖에</u> 남지 않은 마지막 상품입니다.
② 이번 휴가에는 올해 <u>열살이</u> 된 조카와 놀이공원에 가려고 한다.
③ 실제로 본 백두산의 모습은 사진에서 <u>본 바와</u> 같이 아름다웠다.
④ 화가 머리끝까지 차오른 주인은 손님을 <u>쫓아내버렸다</u>.

03 다음 중 한자 표기가 잘못된 단어는?

① 지역사회(地域社會)
② 금융위기(金融位記)
③ 봉사활동(奉仕活動)
④ 다문화가정(多文化家庭)

04 다음 중 간접비에 속하지 않는 것은?

① 복지후생비
② 보험료
③ 광고비
④ 근로자 임금

05 다음 중 비공식적 조직과 공식적 조직에 대한 설명으로 옳지 않은 것은?

① 공식적 조직은 구성원 간 역할과 권한에 대한 규정이 있다.
② 비공식적 조직은 조직 구성원에게 소속감 등을 제공한다.
③ 공식적 조직의 유형에는 라인 조직, 매트릭스 조직 등이 있다.
④ 비공식적 조직은 의도적으로 구성된 조직으로 수명이 길다.

06 농협의 커뮤니케이션 브랜드인 'NH'의 뜻에 해당하지 않는 것은?

① New Happiness ② New Honor
③ Nature & Human ④ New Hope

07 다음 중 고객만족경영의 3C에 해당하지 않는 것은?

① Complete ② Customer
③ Change ④ Competition

08 다음 중 농협의 통장표제부에서 알 수 없는 것은?

① 예금 종류 ② 계좌번호
③ 통장개설 일자 ④ 잔여 금액

09 T씨는 연 3%인 연 복리 예금 상품에 4,300만 원을 예치하였다. T씨가 만기 시 금액으로 원금의 2배를 받는 것은 몇 년 후인가?(단, log1.03=0.01, log2=0.3으로 계산한다)

① 18년 후 ② 20년 후
③ 26년 후 ④ 30년 후

10 다음 중 예약이 가능한지를 묻는 표현은?

① Is it possible to book a table for 7 o'clock?
② Do you have a reservation?
③ I'd like to cancel my reservation.
④ What do you think of a spot to have a dinner?

CHAPTER 12 2018년 하반기 기출복원문제

01 70문항 유형

01 다음 중 밑줄 친 단어의 관계가 다른 하나는?

① 농협 NH채움카드의 신규 TV 광고가 전파를 <u>탔다</u>.
　얼마 전 방문했던 식당이 방송을 <u>탔다</u>.
② 나는 오랫동안 길러 왔던 <u>머리</u>를 잘랐다.
　우리는 그 문제를 해결하기 위해 열심히 <u>머리</u>를 돌렸다.
③ 원고 마감일이 다가오자 그는 며칠 밤을 꼬박 새워 글을 <u>썼다</u>.
　가뭄으로 물을 끌어다 붓는 등 갖은 애를 <u>쓰느라</u> 농사의 생산비가 크게 증가했다.
④ 그는 그녀의 <u>손</u>에 반지를 끼워주며 청혼했다.
　나는 부모님이 일찍 돌아가셔서 할머니의 <u>손</u>에서 자랐다.
⑤ 세탁을 잘못하여 새로 산 옷에 파란 물이 <u>들었다</u>.
　올해에는 풍년이 <u>들어</u> 농민들의 걱정이 줄었다.

02 다음 제시된 단어에서 공통적으로 연상할 수 있는 단어는?

	캄캄함	갑작스러움	불편함

① 번개
② 정전
③ 불꽃
④ 채색
⑤ 천둥

03 다음 제시된 의미로 사용할 수 없는 단어는?

> 황무지를 농지로 바꾸다.

① 개척하다 ② 간척하다
③ 경작하다 ④ 개간하다
⑤ 갈다

04 다음 중 ㉠과 ㉡에 들어갈 단어가 바르게 연결된 것은?

- 매년 10만여 명의 ㉠ 뇌졸중 / 뇌졸증 환자가 발생하고 있다.
- 그의 변명이 조금 ㉡ 꺼림직 / 꺼림칙 / 꺼림칫했으나, 한번 믿어보기로 했다.

	㉠	㉡
①	뇌졸증	꺼림칙
②	뇌졸증	꺼림직
③	뇌졸증	꺼림칫
④	뇌졸중	꺼림칫
⑤	뇌졸중	꺼림직

05 2019년 2월 말부터는 소비자가 달걀을 구입할 때 보다 자세하고 정확한 정보를 확인할 수 있도록 달걀에 산란 일자, 생산자 고유번호, 사육환경번호를 차례대로 표기해야 한다. 사육환경번호의 경우 닭의 사육환경에 따라 1(방사육), 2(축사 내 평사), 3(개선된 케이지), 4(기존 케이지)와 같이 구분된다. 이와 같은 달걀 난각 표시 개정안에 따를 때, 생산자 고유번호가 'AB38E'인 한 농장에서 방사 사육된 닭이 9월 7일에 낳은 달걀의 난각 표시로 옳은 것은?

① AB38E 0907 1 ② AB38E 0907 2
③ 0907 1 AB38E ④ 0907 2 AB38E
⑤ 0907 AB38E 1

06 다음 중 밑줄 친 부분의 맞춤법이 옳지 않은 것은?

> 어젯밤 꿈에서 돌아가신 할머니를 만났다. 할머니는 <u>숨겨둔</u> 비밀을 밝힐 때가 됐다며, 꿈에서 깨면 본인이 사용했던 화장대의 <u>첫 번째</u> 서랍을 열어보라고 하셨다. 나는 할머니의 비밀이 도대체 무엇인지 여러 차례 물었지만 돌아오는 것은 할머니의 <u>미소뿐이었다</u>. 꿈에서 <u>깨어나 보니</u> 할머니는 더 이상 보이질 않았고, 방안은 고요한 적막만 흘렀다. 나는 왠지 모르게 그동안 나를 <u>덥쳤던</u> 온갖 불행들이 사라진 것 같은 기분이 들었다.

① 숨겨둔
② 첫 번째
③ 미소뿐이었다
④ 깨어나 보니
⑤ 덥쳤던

07 다음 중 자원관리 단계에 대한 설명으로 옳지 않은 것은?

① 필요한 자원의 종류 확인 – 일반적으로 '시간자원, 예산자원, 물적자원, 인적자원'으로 구분하여 파악한다.
② 필요한 자원의 양 확인 – 필요한 자원이 얼마만큼 필요한지 구체적으로 파악한다.
③ 이용 가능한 자원 수집 – 필요한 양보다 여유 있게 자원을 확보한다.
④ 자원활용계획 수립 – 활동에 투입되는 자원의 희소성을 고려하여 계획을 수립한다.
⑤ 계획에 따른 수행 – 계획대로 업무를 추진한다.

08 다음 중 언어의 친교적 기능이 드러난 대화를 모두 고르면?

> ㉠ A : 오늘 날씨가 춥네. 밥은 먹었니?
>   B : 옷을 좀 더 따뜻하게 입고 다녀야겠네.
> ㉡ A : 얘, 이제 곧 저녁 먹어야 하는데 지금 어디 가니?
>   B : 우체국에 잠시 다녀올게요.
> ㉢ A : 이만 가봐야겠다. 이따가 전화하자.
>   B : 오늘 정말 즐거웠어.
> ㉣ A : 김대리, 여행은 어디로 다녀왔나?
>   B : 네, 부장님. 홍콩과 마카오로 다녀왔습니다.
> ㉤ A : 이렇게 헤어지기 너무 아쉽다.
>   B : 그래, 조만간 밥 한번 먹자.
> ㉥ A : 오랜만이네, 얼굴이 더 좋아졌다.
>   B : 그래, 너도 잘 지내고 있지?

① ㉠, ㉡
② ㉡, ㉣
③ ㉠, ㉢, ㉤
④ ㉡, ㉣, ㉥
⑤ ㉠, ㉢, ㉤, ㉥

09 다음 글의 전개상 특징으로 가장 적절한 것은?

> 우리나라의 전통음악은 정악(正樂)과 민속악으로 나눌 수 있다. 정악은 주로 양반들이 향유하던 음악으로, 궁중에서 제사를 지낼 때 사용하는 제례악과 양반들이 생활 속에서 즐기던 풍류음악 등이 이에 속한다. 이와 달리 민속악은 서민들이 즐기던 음악으로, 서민들이 생활 속에서 느낀 기쁨, 슬픔, 한(恨) 등의 감정이 솔직하게 표현되어 있다.
> 정악의 제례악에는 종묘제례악과 문묘제례악이 있다. 본래 제례악의 경우 중국 음악을 사용하였는데, 이 때문에 우리나라의 정악을 중국에서 들어온 것으로 여기고 순수한 우리의 음악으로 받아들이지 않을 수 있다. 그러나 종묘제례악은 세조 이후부터 세종대왕이 만든 우리 음악을 사용하였고, 중국 음악으로는 문묘제례악과 이에 사용되는 악기 몇 개일 뿐이다.
> 정악의 풍류음악은 주로 양반 사대부들이 사랑방에서 즐기던 음악으로, 궁중에서 경사가 있을 때 연주되기도 하였다. 대표적인 곡으로는 '영산회상', '여민락' 등이 있으며, 양반 사대부들은 이러한 정악곡을 반복적으로 연주하면서 음악에 동화되는 것을 즐겼다. 이처럼 대부분의 정악은 이미 오래 전부터 우리 민족 고유의 정서와 감각을 바탕으로 만들어져 전해 내려온 것으로 부정할 수 없는 우리의 전통 음악이다.

① 예상되는 반론에 대비하여 근거를 들어 주장을 강화하고 있다.
② 비교·대조를 통해 여러 가지 관점에서 대상을 살펴보고 있다.
③ 기존 견해를 비판하고 새로운 견해를 제시하고 있다.
④ 대상의 장점과 단점을 분석하고 있다.
⑤ 구체적인 사례를 들며 대상을 비판하고 있다.

10 인천 광역 버스 1300번, 790번, 1301번의 배차시간은 차례대로 30분, 60분, 80분이다. 이 세 버스가 같은 정류장에서 오전 7시에 첫차로 출발한다고 할 때, 이 정류장에서 두 번째로 같이 출발하는 시각은?

① 오전 9시 30분　　　　　② 오전 10시
③ 오전 11시　　　　　　　④ 오전 11시 30분
⑤ 오전 11시 40분

11 C사원은 퇴근하면서 딸기를 구매하기 위해 마트에 들렀다. 마침 마트에 싱싱한 딸기가 있어 근처에 사시는 부모님 것까지 사기로 하였다. 딸기는 1박스(1kg)에 7,600원이었으며, 3박스 묶음으로 구매 시 5% 할인해주고, 6박스 묶음 구매 시 2박스는 30% 할인을 해준다. C사원이 딸기 6박스 묶음으로 하나를 구입한다고 할 때, 3박스 묶음으로 두 개를 구입할 때와 금액의 차이는?

① 2,280원 덜 낸다.　　　　② 2,280원 더 낸다.
③ 2,490원 덜 낸다.　　　　④ 2,490원 더 낸다.
⑤ 금액은 동일하다.

12 경기도에 있는 N은행의 모든 지점의 직원 수를 조사한 결과 여자 직원은 작년보다 10% 감소하였으며, 남자 직원은 8% 증가하였다. 작년 총원은 820명이었고, 올해 총원은 작년보다 10명이 감소하였다면 작년 여자 직원 수는?

① 400명　　　　　　　　② 420명
③ 422명　　　　　　　　④ 430명
⑤ 432명

13 유진이와 은미는 제주도에 놀러가 감귤 농장 체험프로그램에 참여하였다. 체험프로그램에서는 1시간 30분 동안 감귤을 따서 마음대로 바구니에 담아 가지고 갈 수 있다고 한다. 유진이는 90개를 1시간 10분 동안 따고 20분 쉬었으며, 은미는 프로그램 시간 내내 95개를 땄다. 은미가 농장에서 일한 능률은 유진이 농장에서 일한 능률의 약 몇 %를 차지하는가?(단, 능률은 쉬는 시간을 제외한 시간에서 1시간 동안 딴 감귤의 개수를 말하며, 능률 및 비율의 소수점 이하는 버림한다)

① 73%   ② 75%
③ 77%   ④ 81%
⑤ 83%

14 다음 규칙에 따라 빈칸에 들어갈 문자를 순서대로 바르게 나열한 것은?

ㄱ( )ㄷ   ㄴgㅂ   ㄷi( )   ㄹkㅌ

① q, ㅂ   ② f, ㅇ
③ a, ㅎ   ④ w, ㅅ
⑤ e, ㅈ

15 N마트에서 장을 보고 있다. 사야 할 목록을 확인하던 중 지금까지 고른 물건의 중간계산을 해보니 버섯 1봉지, 두부 2모, 대파 1묶음, 우유 2팩, 계란 1판으로 총 12,500원이었다. 우유는 세일 제품으로 2팩에 4,200원, 계란은 1판에 3,400원이며, 버섯 1봉지와 두부 1모의 가격은 대파 3묶음 가격보다 300원 저렴하고, 버섯 1봉지는 두부 1모보다 300원 비싸다고 할 때, 대파 1묶음의 가격은?

① 1,500원   ② 1,400원
③ 1,350원   ④ 1,200원
⑤ 1,000원

16 직장인 A씨는 NH농협 인기 적금 중 하나에 가입하려고 한다. 다음의 인기 적금 3종 정보와 〈조건〉을 참고할 때 가장 높은 이자를 받을 수 있는 적금 상품과 이자금액은 얼마인가?[단, $\frac{0.023}{12} = 0.0019$, $\left(1 + \frac{0.023}{12}\right)^{24} = 1.047$, $1.026^{\frac{1}{12}} = 1.002$, $1.026^2 = 1.05$로 계산하며, 이자금액은 백 원 이하 버림한다]

〈NH농협 인기 적금 3종〉

구분	NH직장인월복리적금	e금리우대적금	NH쏠쏠적금
상품유형	목돈 모으기		
상품특징	급여이체 및 교차거래 실적에 따라 금리가 우대되는 직장인 전용 월 복리 상품	대표 비대면 적금 상품	NH쏠쏠카드 보유 고객 대상 금리우대를 제공하는 NH쏠쏠패키지 내 자유 적립식 상품
가입대상	만 18세 이상 개인	개인(1인 1계좌)	NH쏠쏠카드를 보유한 개인(1인 1계좌)
가입기간	12개월 이상 36개월 이내 (월 단위)	12개월 이상 36개월 이내 (월 단위)	12개월 이상 36개월 이내 (월 단위)
예금자보호 여부	○	○	○
우대금리	- 급여이체 여성 연계상품 : 0.3%p - 당행 주택청약종합저축(청약저축 포함) 또는 적립식 펀드 중 1개 이상 가입 : 0.2%p - 당행 신용 또는 체크카드 실적 월 100만 원 이상 : 0.3%p	- 급여이체 여성 연계상품 : 0.1%p - 당행 신용 또는 체크카드 사용 중 : 0.1%p - 당행 적립식 펀드 1개 이상 가입 : 0.2%p	- 급여이체 여성 연계상품 : 0.1%p - NH쏠쏠카드 실적 월 30만 원 이상 50만 원 미만 : 0.1%p (50만 원 이상 0.2%p) - NH쏠쏠패키지대출 보유 시 : 0.1%p
기본금리(연)	1.8%	2.2%	1.8%

※ NH직장인월복리적금 외의 상품은 연 복리 적금 상품임

조건
- 직장인 A씨는 여성이다.
- NH쏠쏠신용카드로 매월 30만 원에서 40만 원 정도 사용한다.
- 급여이체로 NH농협을 이용하고 있다.
- 매월 초 30만 원씩 자동이체와 2년 동안 적금가입을 원한다.
- 당행 적립식 펀드를 가입한 지 3개월이 되었다.

	적금 상품	이자금액
①	NH직장인월복리적금	315,000원
②	NH직장인월복리적금	235,000원
③	e금리우대적금	315,000원
④	e금리우대적금	235,000원
⑤	NH쏠쏠적금	325,000원

02　100문항 유형

01　다음 밑줄 친 단어와 같은 의미로 사용된 것은?

> 반복되는 지적에 그의 표정이 점점 굳어졌다.

① 얼굴이 굳었다.　　　② 관습으로 굳어졌다.
③ 땅이 굳어졌다.　　　④ 혀가 굳었다.

02　다음 중 농협의 핵심가치로 옳지 않은 것은?

① 정체성이 살아 있는 든든한 농협
② 지역과 함께 만드는 살고 싶은 농촌
③ 미래 성장동력을 창출하는 디지털 혁신
④ 경쟁력 있는 농업, 행복한 농업인

03　다음 중 농협의 사회공헌 활동으로 적절하지 않은 것은?

① 농협장학관 운영　　　② 독거노인 말벗 서비스
③ 행복채움 금융교육　　④ 농산물 산지유통센터 운영

04　다음 중 인적자원의 배치·이동의 원칙으로 적절하지 않은 것은?

① 능력주의　　　② 실적주의
③ 적재적소주의　④ 균형주의

05 다음 중 자원의 낭비 요인으로 적절하지 않은 것은?

① 비계획적 행동
② 편리성 추구
③ 낮은 기술 수준
④ 자원에 대한 인식 부재

06 다음은 농협의 심볼마크에 대한 설명이다. 빈칸 ㉠에 들어갈 단어로 적절한 것은?

[V] 꼴은 [ ]자의 [ ]을 변형한 것으로 싹과 벼를 의미하며 농협의 무한한 발전을, [V] 꼴을 제외한 아랫부분은 [㉠]자의 [ ]을 변형한 것으로 원만과 돈을 의미하며 협동 단결을 상징합니다.
또한 마크 전체는 [ ]자의 [ ]을 변형한 것으로 [ ]은 농협을 나타내고 항아리에 쌀이 가득 담겨 있는 형상을 표시하여 농가 경제의 융성한 발전을 상징합니다.

① 농
② 업
③ 협
④ 중

07 다음 중 올바른 개인정보 이용에 대한 설명으로 옳지 않은 것은?

① 최대한의 정보를 이용한다.
② 이용 목적을 명확하게 밝힌다.
③ 정보의 정확성, 완전성 및 최신성이 보장되도록 한다.
④ 정보주체의 동의를 받은 경우 제3자에게 개인정보를 제공할 수 있다.

08 다음 중 밑줄 친 부분의 띄어쓰기가 옳은 것은?

① 토마토는 <u>손 쉽게 가꿀 수 있는</u> 채소이다.
② 농협이 <u>발 빠르게 지원에 나서</u> 주목받고 있다.
③ <u>겨울한파에 언마음이</u> 따뜻하게 녹았으면 좋겠다.
④ 협동의 <u>깃발 아래 한 데 뭉치자</u>.

09 다음은 전국 농협 조직도의 일부이다. 이에 대한 설명으로 적절하지 않은 것은?

① 농협의 개인조합원 수는 2백만 명 이상이다.
② 농협의 중앙본부에는 8개의 교육원이 있다.
③ 품목 농·축협과 인삼협의 사무소는 지역축협의 수보다 적다.
④ 농협중앙회는 전국에 총 16개의 지역본부 사무소를 두고 있다.

10 다음 중 '농협'의 한자 표기로 옳은 것은?

① 農協
② 濃協
③ 儂脅
④ 農劦

11 다음 중 '등불을 가까이 할 만하다.'의 뜻을 가진 한자성어로, 가을밤에 등불을 가까이 하여 글 읽기에 좋다는 의미를 가진 것은?

① 天高馬肥
② 螢雪之功
③ 燈火可親
④ 韋編三絶

12 은미는 지름이 다른 A ~ C 세 가지 호스를 사용하여 수족관에 물을 채우려고 한다. A호스 하나를 사용하여 물을 채우면 6분, B호스는 18분, C호스는 36분이 걸린다. A, B, C호스를 각각 수도관에 연결하여 동시에 수족관 물을 채운다고 할 때, 은미가 수족관 물을 다 채울 때까지 걸리는 시간은?

① 1분 30초 ② 3분
③ 4분 ④ 4분 30초

13 유진이는 겨울방학을 맞아 평일에 미술관에 가기로 하였다. 유진이의 집에서 미술관에 가는 방법에는 다음 그림과 같이 여러 길이 있다. 미술관까지 가는 여러 길 중 가장 가까운 거리의 길을 이용할 때, 유진이가 집에서 미술관까지 간 거리는?(단, 그림에서 길을 나타내는 선분 옆의 숫자는 거리를 나타내며, 거리 단위는 km이다)

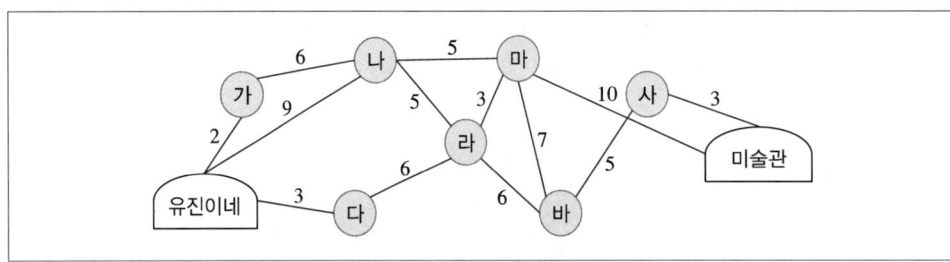

① 21km ② 22km
③ 23km ④ 24km

14 다음 제시된 명제가 모두 참일 때, 항상 참인 것은?

- 수박을 사면 감자를 산다.
- 귤을 사면 고구마를 사지 않는다.
- 사과를 사면 배도 산다.
- 배를 사면 수박과 귤 중 하나를 산다.
- 고구마를 사지 않으면 감자를 산다.

① 사과를 사면 수박과 귤을 모두 산다.
② 수박을 사지 않으면 고구마를 산다.
③ 배를 사지 않으면 수박과 귤을 모두 산다.
④ 귤을 사면 감자도 같이 산다.

15 농협에서 고객들을 유치하기 위해 새로운 상품을 내놓았다. J고객은 그중 두 상품을 선택했는데, 첫 번째는 연 복리 적금 상품으로 매달 초에 12만 원씩 납입하며 적용금리는 연 2.4%의 3년 만기 복리 적금 상품이고, 두 번째는 400만 원을 예치하는 단리 예금으로 연 2.8%의 2년 만기상품이다. J고객이 두 상품 모두 만기가 되어 돈을 찾는다고 할 때, 두 상품의 만기 금액 차이는?(단, $1.024^{\frac{1}{12}}=1.002$, $1.024^3=1.074$로 계산한다)

① 214,880원 ② 222,880원
③ 224,880원 ④ 226,800원

16 N기업의 영업부서에 재직 중인 김대리는 목요일에 2박 3일 동안 일본으로 출장을 간다고 한다. 다음은 일본출장을 가기 위한 교통편에 대한 정보를 나타낸 자료이다. 김대리는 비행기를 탈 경우 기내식을 먹기 원하며, 크루즈를 이용할 경우 회사에서 선착장까지 너무 멀어 회사 차를 이용할 수 없다. 김대리가 〈조건〉에 맞는 교통편을 선택한다고 할 때, 왕복 이용 시 비용은?(단, 비용에는 교통비와 식비를 포함한다)

〈교통편별 편도 금액 및 세부사항〉

구분		편도 금액	식사 포함 유무	좌석	비고
H항공사		310,000원	×	비즈니스석	식사 별도 주문 가능(10,000원/1식)
		479,000원	○	퍼스트클래스	왕복권 구입 시 10% 할인
P항공사		450,000원	○	퍼스트클래스	-
Y크루즈		292,000원	×	S석	음식 구매 가능(9,000원/1식)
Z크루즈		180,000원	○	B석	평일 이용 시 15% 할인

※ 크루즈 이용 시 회사에서 타는 곳까지 좌석버스 요금은 25,000원임(반대방향도 동일)
※ 모든 교통편은 이용 시 식사가 한 번 제공됨

조건
- 비행기는 비즈니스석 이상을 이용한다.
- 크루즈는 A석 또는 S석을 이용한다.
- 식사가 포함 안 될 시 별도 주문 및 구매한다.
- 한 가지 교통편만 이용한다.
- 가장 저렴한 교통편을 선택한다.

① 900,000원 ② 862,200원
③ 652,000원 ④ 640,000원

17 농협 □□지점의 A사원은 일주일 동안 방문하는 고객들이 사는 곳을 조사해 통계를 내려고 한다. A사원은 조사한 고객들을 (가) ~ (마) 다섯 지역으로 나누어 통계결과표를 작성하였다. (가)지역에 사는 고객이 72.8%로 가장 높았으며, 그다음 (다)지역이 21.4%로 높았다. (마)지역에 사는 고객 비율은 (다)지역 비율의 $\frac{1}{8}$ 이며, (나)지역의 고객 수 비율은 (라)지역의 1.5배라고 할 때, 농협 □□지점에 방문했던 (라)지역의 고객 비율은 몇 %인가?

① 1.25%
② 1.475%
③ 1.55%
④ 1.875%

18 N중학교에서 올해 1학기 중간고사를 보았다. 1학년 2반의 전체 평균이 72점이었고, 평균 50점과 60점을 받은 학생 수가 같았다. 다음 평균점수표를 참고할 때, 60점을 받은 학생은 몇 명인가?(단, 2반 정원은 15명이다)

〈1학년 2반 중간고사 평균점수 현황〉

(단위 : 명)

구분	50점	60점	70점	80점	90점	100점
인원	( )	( )	5	4	( )	1

① 1명
② 2명
③ 3명
④ 4명

19 다음은 농산물 가격을 나타낸 자료이다. 이에 대한 설명으로 옳은 것은?(단, 비율 및 증감률은 소수점 둘째 자리에서 반올림한다)

〈농업부문 생산액 전망〉

(단위 : 10억 원)

구분		2016년	2017년	2018년	2019년	2020년	증감률(%) 17/16	18/17
농업 총생산액		44,519	42,937	43,277	44,475	48,886	−3.6	0.8
재배업		25,307	24,673	24,342	24,496	25,060	−2.5	−1.3
	곡물류	8,830	7,633	7,741	6,850	6,200	−13.6	1.4
	채소류	8,989	9,700	9,194	9,752	10,278	7.9	−5.2
	과실류	3,687	3,453	3,531	3,742	4,069	−6.3	2.2
	기타	1,474	1,466	1,465	1,638	1,871	−0.5	−0.1
축잠업		19,212	18,264	18,935	19,978	23,826	−4.9	3.7
	한육우	4,708	4,465	4,388	4,700	5,374	−5.2	−1.7
	돼지	6,967	6,770	6,660	7,077	8,497	−2.8	−1.6
	닭	1,910	1,990	2,084	2,286	2,865	4.2	4.7
	계란	1,837	1,563	2,214	1,947	2,441	−14.9	41.6
	젖소	2,285	2,215	2,219	2,316	2,464	−3.1	0.2
	오리	814	618	706	915	1,313	−24.0	14.2

※ 재배업과 축잠업의 하위항목 중 일부만 표시하였음
※ 17/16은 2016년 대비 2017년 증감률임

① 2017년부터 2020년까지 재배업과 축잠업의 생산액 전망의 증감 추이는 동일하다.
② 2017년 재배업 항목에서 두 번째로 높은 항목이 2019년에 농업 총생산액에서 차지하는 비중은 20% 이상이다.
③ 젖소의 2018년 생산액의 전년 대비 증감률은 2020년 축잠업 항목에서 세 번째로 높은 항목의 2018년 전년 대비 증감률보다 5.0%p 이상 더 높다.
④ 2019년에 농업 총생산액에서 재배업의 기타, 축잠업의 닭, 오리 생산액 비율은 10.9%이다.

CHAPTER 13 2018년 상반기 기출복원문제

01 다음은 농민신문의 일부이다. 이 기사에서 틀린 글자는 몇 개인가?(단, 띄어쓰기는 고려하지 않는다)

◆ 농업계 염원 외면한 정부
법 적용에서 농축산물을 제외하거나 적용기준을 완화해주길 바랐던 농축산물 유통업계는 실망감을 감추지 못했다.
특히 올 추석경기는 김영란법 시행 이후 전개될 업계판도를 가늠해볼 수 있는 축소판이라고 입을 모은다. 법 시행 이전임에도 농축산물 소비가 크게 위축된 만큼 본격적으로 법이 시행되면 농축산업계 피해는 더욱 커질 것이라는 전망을 내놓고 있다.
서울 가락동 농수산물도매시장의 한 중도매인은 "최근 5년 동안 올해만큼 과일 선물세트 판매가 힘들기는 처음인 것 같다."며 "김영란법 시행을 앞두고 수년 전부터 꾸준히 거래했던 기업의 발주물량이 크게 줄었다."고 분위기를 전했다.
농업계는 특히 김영란법이 고품질 농축산물 소비를 위축시키고, 농축산물 판매가격 상승폭을 제한하는 가이드라인으로 작용할 가능성이 크다고 우려한다. 선물 기준 가액이 5만 원으로 정해진 만큼 비교적 고가로 판매되는 친환경농산물이나 농산물우수관리(GAP) 인증 농산물의 판매 위축은 물론 5만 원 이하 맞춤형 저가 상품 판매 확대에 따른 가격상승폭 제한은 불가피하다는 것이다.

◆ 사면초가에 빠진 인삼·화훼업계
김영란법 시행의 최대 피해 품목으로 꼽히는 인삼·화훼업계는 망연자실한 표정이다.
농협홍삼 마케팅본부장은 "시행령 상한액 기준에 따라 5만 원 이하의 저가 제품 구성을 늘릴 수밖에 없다."며 "저가 제품은 인삼함유량이 10% 이하에 불과해 인삼 소비에 악영향을 미칠 것"이라고 우려했다.
화훼 유통업계는 경조사용 소비의 비중이 80% 이상을 차지해 타격이 더욱 클 것이란 전망이다. 화훼의 경우 시행령에서 경조사용 화환은 경조사비(10만 원), 승진 축하용 난은 선물(5만 원)에 해당한다. 화훼 유통업체인 프레시플라워 대표는 "화환은 부주금을 포함하면 10만 원이 넘기 때문에 사실상 거래가 어렵다."며 "난도 저가의 품종은 5만 원 정도이지만 선물용으로 가치가 떨어진다."고 말했다. 그러면서 "법이 시행되면 꽃 선물이 금기시되면서 화훼산업이 붕괴될 것"이라고 한숨을 내쉬었다.

① 1개　　　　　　　　　② 2개
③ 3개　　　　　　　　　④ 4개
⑤ 5개

02 N은행은 하반기 공채에서 9명의 신입사원을 채용하였고, 신입사원 교육을 위해 조를 나누기로 하였다. 신입사원들을 한 조에 3명씩 3개의 조로 나누고 3개의 조를 각각 A, B, C로 나누는 경우의 수는?

① 1,240가지
② 1,460가지
③ 1,680가지
④ 1,800가지
⑤ 1,930가지

03 N회사 사무실에 도둑이 들었다. 범인은 2명이고, 용의자로 지목된 A ~ E가 다음과 같이 진술했다. 이 중 2명이 거짓말을 하고 있다고 할 때, 동시에 범인이 될 수 있는 사람끼리 바르게 짝지어진 것은?

- A : B나 C 중에 1명만 범인이에요.
- B : 저는 확실히 범인이 아닙니다.
- C : 제가 봤는데 E가 범인이에요.
- D : A가 범인이 확실해요.
- E : 사실은 제가 범인이에요.

① A, B
② B, C
③ B, D
④ C, E
⑤ D, E

04 다음 한 변의 길이가 20cm인 정사각형 안에 있는 넓이가 113cm²인 큰 원과 넓이가 78cm²인 작은 원의 공통넓이가 가장 클 때 공통넓이의 값은?

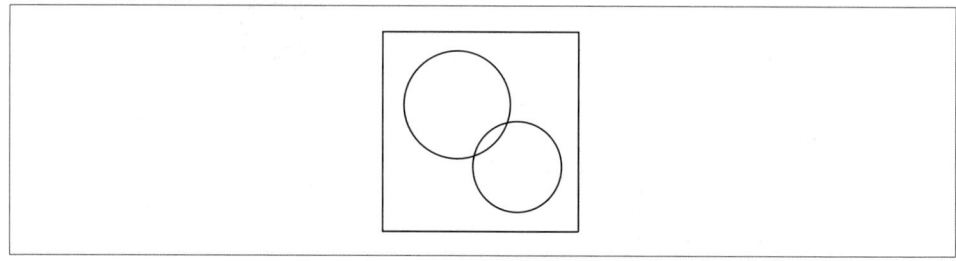

① 0
② 54cm²
③ 78cm²
④ 113cm²
⑤ 400cm²

05 다음 제시된 한자 중 반의 관계인 것은?
① 成長 : 衰退
② 合格 : 成功
③ 商人 : 販賣
④ 代表 : 社長
⑤ 動物 : 昆蟲

06 서류전형을 통과한 8명의 지원자들과 사원 2명이 토론면접을 준비하고 있다. 지원자와 사원을 섞어서 면접을 진행할 예정이고 신분을 숨기기 위해 모두 1번부터 10번까지 번호를 붙인다. 사원이 각각 1번과 10번을 받았고 항상 마주보고 있다고 할 때, 지원자들과 사원이 원탁에 둘러앉을 수 있는 경우의 수는?
① $_8C_4$
② $4! \times 4!$
③ $2 \times 4!$
④ $8! \div 2$
⑤ $8!$

07 다음 중 낡은 것을 바꾸어 새것으로 만든다는 뜻을 가진 한자성어는?

① 사필귀정(事必歸正) ② 타산지석(他山之石)
③ 환부작신(換腐作新) ④ 안거위사(安居危思)
⑤ 복철지계(覆轍之戒)

08 다음 밑줄 친 부분과 같은 의미로 쓰인 것은?

> 소비자들은 기능과 디자인, 어느 쪽에 중점을 <u>두느냐</u>에 따라 다른 선택을 할 것이다.

① 책상 위에 공책을 <u>두었다</u>.
② 너를 <u>두고</u> 가려니 마음이 좋지 않다.
③ 그 단체는 세계 각지에 지사를 <u>두고</u> 있다.
④ 그 안건을 <u>두고</u> 찬성파와 반대파가 격하게 대립하고 있다.
⑤ 별일 아니니 크게 의미 <u>두지</u> 마세요.

09 다음 중 밑줄 친 부분의 띄어쓰기가 모두 옳은 것은?

① 최선의 세계를 만들기 위해서 <u>무엇 보다</u> 이 세계에 있는 모든 대상들이 지닌 성질을 정확하게 <u>인식해야 만</u> 한다.
② 일과 여가 <u>두가지를</u> 어떻게 <u>조화시키느냐하는</u> 문제는 항상 인류의 관심대상이 되어 왔다.
③ <u>내로라하는</u> 영화배우 중 내 고향 출신도 상당수 된다. 그래서 어릴 때부터 자연스럽게 영화배우를 꿈꿨고, <u>그러다 보니</u> 영화는 내 생활의 일부가 되었다.
④ 실기시험은 까다롭게 <u>심사하는만큼</u> 준비를 철저히 해야 한다. <u>한 달 간</u> 실전처럼 연습하면서 시험에 대비하자.
⑤ 우주의 <u>삼라 만상은</u> 우리에게 온갖 경험을 제공하지만 많은 경험의 결과들이 서로 <u>모순 되는</u> 때가 많다.

10 N은행의 A사원은 동계 연수에 참가하고자 한다. 연수 프로그램의 참여 조건이 다음과 같을 때, 〈보기〉 중 옳은 것을 모두 고르면?

〈참여 조건〉
- 전략기획연수에는 반드시 참여해야 한다.
- 노후관리연수에 참여하면 직장문화연수에도 참여한다.
- 자기관리연수에 참여하면 평생직장연수에는 참여하지 않는다.
- 직장문화연수에 참여하면 전략기획연수에는 참여하지 않는다.
- 자기관리연수와 노후관리연수 중 한 가지 프로그램에는 꼭 참여한다.

보기
ㄱ. A사원은 노후관리연수에 참여한다.
ㄴ. A사원은 자기관리연수에 참여한다.
ㄷ. A사원은 직장문화연수에 참여하지 않는다.
ㄹ. A사원은 평생직장연수에 참여한다.

① ㄱ, ㄴ ② ㄱ, ㄷ
③ ㄴ, ㄷ ④ ㄴ, ㄹ
⑤ ㄷ, ㄹ

11 다음과 같이 일정한 규칙으로 문자를 나열할 때, 빈칸에 들어갈 문자로 알맞은 것은?

| H I G J F ( ) E |

① B ② I
③ J ④ K
⑤ Z

12 다음 중 높임말이 옳지 않은 것은?

① 할아버지께서 진지를 드신다.
② 손님, 주문하신 커피 나오셨습니다.
③ 철수가 할아버지를 모시고 왔다.
④ 철수가 영희에게 책을 주었다.
⑤ 김 서방, 밥 먹고 가게.

13 철수는 3월 2일에 995,565원을 달러로 환전하여 미국을 여행한 후, 남은 달러 전부를 3월 6일에 다시 원화로 팔았더니 256,125원이 되었다. 철수는 미국 여행 중 몇 달러를 사용하였는가?(단, 환전 수수료는 고려하지 않는다)

⟨환율 정보⟩			
구분	통화명	살 때	팔 때
2018년 3월 2일	1달러(미국)	1,070.5원	1,034.5원
2018년 3월 6일	1달러(미국)	1,052.5원	1,024.5원

① 660달러　　　　　　　　　　② 680달러
③ 700달러　　　　　　　　　　④ 720달러
⑤ 740달러

14 다음 중 글쓴이가 하고자 하는 말과 가장 어울리는 속담은?

> 부지런함이란 무얼 뜻하겠는가? 오늘 할 일을 내일로 미루지 말며, 아침에 할 일을 저녁으로 미루지 말며, 맑은 날에 해야 할 일을 비 오는 날까지 끌지 말도록 하고, 비 오는 날 해야 할 일도 맑은 날까지 끌지 말아야 한다. 늙은이는 앉아서 감독하고, 어린 사람들은 직접 행동으로 어른의 감독을 실천에 옮기고, 젊은이는 힘이 드는 일을 하고, 병이 든 사람은 집을 지키고, 부인들은 길쌈을 하느라 한밤중이 넘도록 잠을 자지 않아야 한다. 요컨대 집안의 상하 남녀 간에 단 한 사람도 놀고먹는 사람이 없게 하고, 또 잠깐이라도 한가롭게 보여서는 안 된다. 이런 걸 부지런함이라 한다.

① 백지장도 맞들면 낫다
② 작은 것부터 큰 것이 이루어진다
③ 사공이 많으면 배가 산으로 간다
④ 일찍 일어나는 새가 벌레를 잡는다
⑤ 고기 보고 기뻐만 말고 가서 그물을 떠라

15 다음은 농협에서 하는 일에 대한 설명이다. 이 일은 무엇인가?

> We operate a Farm Stay program to boost farmer's income. Farm Stay is an experiential tourism program where people can experience living on a farm and participating in village festivals.
> The program helps explore other-than-farming income sources for farmers via urban and rural area exchanges, boosting the agricultural economy and revitalizing rural communities. Other benefits of the program include helping rural households by promoting Farm Stay as Korea's representative agricultural experiential tourism product and publicizing the role of Nong-Hyup to our customers as well as to local governments. We will provide systematic and consistent support to Farm Stay villages and work hard to attract urban citizens to experience our rural culture.

①   ②

③   ④

⑤

16 다음 중 농협의 윤리경영에 대한 설명으로 옳지 않은 것은?

① 일반적으로 CEO나 임직원이 기업활동에서 갖추어야 할 윤리를 말한다.
② 부정을 저지르지 않는 것을 궁극적인 목표로 한다.
③ 임직원의 구체적인 행동지침을 문서화한 것이 행동강령이다.
④ 농협은 청렴계약제도를 도입하였다.
⑤ 윤리경영은 시장경쟁 우위, 기업생존, 업무 효율성에 기여한다.

※ N은행은 별관과 복지동을 연결하는 다리 건설을 계획하고 있다. 입찰에는 A~F업체가 참여하였다. 다음은 N은행의 입찰기준에 따라 입찰업체를 분야별로 10점 척도로 점수화한 자료와 업체별 입찰가격을 나타낸 자료이다. 이어지는 질문에 답하시오. [17~18]

〈업체별 입찰기준 점수〉

입찰기준 업체	경영점수	안전점수	디자인점수	수상실적
A업체	9점	7점	4점	-
B업체	6점	8점	6점	2개
C업체	7점	7점	5점	-
D업체	6점	6점	4점	1개
E업체	7점	5점	2점	-
F업체	7점	6점	7점	1개

※ (입찰점수)=(경영점수)+(안전점수)+(디자인점수)+(수상실적 가점)
※ 수상실적 가점은 수상실적 1개당 2점의 가점을 부과함

〈업체별 입찰가격〉

(단위 : 원)

구분	A업체	B업체	C업체	D업체	E업체	F업체
입찰가격	11억	10억 5천만	12억 1천만	9억 8천만	10억 1천만	8억 9천만

17 다음의 선정방식에 따라 다리 건설 업체를 선정하고자 할 때, 최종 선정될 업체는?

- 입찰가격이 12억 원 미만인 업체 중에서 선정한다.
- 입찰점수가 가장 높은 3개 업체를 중간 선정한다.
- 중간 선정된 업체들 중 안전점수와 디자인점수의 합이 가장 높은 곳을 최종 선정한다.

① A업체 ② B업체
③ D업체 ④ E업체
⑤ F업체

18 N은행은 입찰가격도 구간별로 점수화하여 다시 업체를 선정하고자 한다. 입찰가격에 따른 가격점수를 산정하고, 기존 입찰점수에 가격점수를 추가로 합산하여 최종 입찰점수를 계산했을 때, 입찰점수가 가장 높은 업체는?

(단위 : 원)

구분	9억 미만	9억 이상 10억 미만	10억 이상 11억 미만	11억 이상 12억 미만	12억 이상
가격점수	10점	8점	6점	4점	2점

① A업체 ② B업체
③ C업체 ④ D업체
⑤ F업체

※ A사원은 그날의 날씨와 평균기온을 고려하여 〈보기〉의 조건에 따라 자신이 마실 음료를 고른다. 다음은 음료의 메뉴판과 이번 주 일기예보 자료이다. 이어지는 질문에 답하시오. [19~20]

〈메뉴판〉
(단위 : 원)

커피류			차 및 에이드류		
구분	작은 컵	큰 컵	구분	작은 컵	큰 컵
아메리카노	3,900	4,300	자몽에이드	4,200	4,700
카페라테	4,400	4,800	레몬에이드	4,300	4,800
바닐라라테	4,600	5,000	자두에이드	4,500	4,900
카페모카	5,000	5,400	밀크티	4,300	4,800

〈이번 주 일기예보〉

구분	7월 22일 일요일	7월 23일 월요일	7월 24일 화요일	7월 25일 수요일	7월 26일 목요일	7월 27일 금요일	7월 28일 토요일
날씨	흐림	맑음	맑음	흐림	비	비	맑음
평균기온	24℃	26℃	28℃	27℃	27℃	25℃	26℃

보기
- A사원은 맑거나 흐린 날에는 차 및 에이드류를 마시고, 비가 오는 날에는 커피류를 마신다.
- 평균기온이 26℃ 미만인 날에는 작은 컵으로, 26℃ 이상인 날은 큰 컵으로 마신다.
- 커피를 마시는 날 중 평균기온이 25℃ 미만인 날은 아메리카노를, 25℃ 이상 27℃ 미만인 날은 바닐라라테를, 27℃인 날은 카페라테를, 28℃ 이상인 날은 카페모카를 마신다.
- 차 및 에이드류를 마시는 날 중 평균기온이 27℃ 미만인 날은 자몽에이드를, 27℃ 이상인 날은 자두에이드를 마신다. 단, 비가 오지 않는 화요일과 목요일에는 반드시 밀크티를 마신다.

19 오늘이 7월 26일이라고 할 때, 〈보기〉에 따라 A사원이 오늘 마실 음료는?

① 아메리카노 큰 컵
② 카페라테 큰 컵
③ 바닐라라테 작은 컵
④ 카페모카 큰 컵
⑤ 자두에이드 작은 컵

20 A사원은 24일에 직장동료인 B사원에게 음료를 사주고자 한다. B사원에게는 자신이 전날 마신 음료와 같은 종류의 음료를 사준다고 할 때, A사원이 음료 두 잔을 주문하며 지불할 금액은?

① 8,700원
② 9,000원
③ 9,200원
④ 9,500원
⑤ 9,700원

※ 다음 글을 읽고 이어지는 질문에 답하시오. [21~23]

(가) 따라서 급속하게 증가하는 고령화로 인한 국민의 노후에 대한 불안을 해소하고 치매·중풍 등으로 거동이 불편한 노인의 '삶의 질' 향상과 그 가족의 부양 부담을 경감하기 위한 사회안전망으로써 사회보장이 필요하다.

(나) 결국 노인 장기요양보험은 노인 요양문제에 따르는 젊은 층의 노인 부양비용을 사회적 연대원리에 의해 충당하는 제도로서, 젊은 층의 안정적 생활을 위해 반드시 마련되어야 하는 사회보험제도라는 인식 개선이 필요하다.

(다) 사람이라면 누구든지 치매·중풍 등의 노화 현상과 노인성질환 등으로 인한 장기요양의 필요성으로부터 자유로울 수 없으며, 노인 장기요양보험제도는 이러한 장기요양의 문제를 사회적으로 공동 해결하기 위하여 노인 및 그 가족뿐만 아니라 국민 전체에 의한 사회적 부양이라는 측면에서 사회적 연대원리로 운영되는 사회보험제도이다.

(라) 우리 사회의 급격한 고령화에 따라 치매·중풍·파킨슨 등 노인성질병으로 일상생활을 혼자서 수행하기 어려운 노인들이 급속히 증가하고 있다. 요양이 필요한 노인은 증가하고 있지만 우리 사회의 핵가족화와 여성의 사회참여 증가로 가정에 의한 돌봄은 이미 한계에 도달하였고, 치매·중풍 등의 노인을 돌보는 가정에서는 비용 부담, 부양 문제로 인한 가족 간의 갈등이 빈번하게 발생하고 있는 실정이다.

21 윗글을 논리적 순서대로 바르게 나열한 것은?

① (다) – (나) – (가) – (라)
② (다) – (나) – (라) – (가)
③ (다) – (라) – (가) – (나)
④ (라) – (가) – (다) – (나)
⑤ (라) – (나) – (가) – (다)

22 윗글의 주제로 가장 적절한 것은?

① 사회보험의 현재와 미래
② 고령화의 원인과 해결방안
③ 고령화와 사회보장
④ 우리나라의 사회보험제도
⑤ 장기요양의 필요성

23 윗글이 어떤 질문에 대한 답이 된다면 그 질문으로 가장 적절한 것은?

① 사회보장이란 무엇인가요?
② 노인 장기요양보험은 왜 필요한가요?
③ 고령화를 극복하기 위한 방법에는 무엇이 있나요?
④ 다른 나라와 우리나라의 사회보험제도의 차이점은 무엇인가요?
⑤ 노인성질환이란 무엇인가요?

24 A지역 농협에서는 사회공헌활동의 일환으로 복지아동센터에 봉사활동을 가려고 한다. 직원들의 스케줄을 고려하여 날짜를 정하기로 하였는데, 수요일에 가능한 직원은 47명이며, 수요일과 목요일 모두 가능한 직원은 12명이었다. 또한 모두 불가능한 직원은 15명이었을 때, 목요일에 봉사활동이 가능한 직원의 수는 몇 명인가?(단, 직원 수는 총 100명이다)

① 20명 ② 30명
③ 40명 ④ 50명
⑤ 60명

25 다음은 농협협동조합법 시행령의 일부이다. 이에 대한 내용으로 옳은 것은?

〈농협협동조합법 시행령〉

제11조의7(중앙회 감사위원의 자격요건)
법 제129조 제2항에서 "대통령령으로 정하는 요건에 적합한 외부전문가"란 다음 각호의 어느 하나에 해당하는 사람을 말한다.
1. 중앙회(중앙회의 자회사 및 손자회사를 포함한다), 조합 또는 「금융위원회의 설치 등에 관한 법률」 제38조에 따른 검사대상기관(이에 상응하는 외국금융기관을 포함한다)에서 10년 이상 종사한 경력이 있는 사람. 다만, 중앙회 또는 조합에서 최근 2년 이내 임직원으로 근무한 사람(중앙회 감사위원으로 근무 중이거나 근무한 사람은 제외한다)은 제외한다.
2. 농업·축산업 또는 금융 관계 분야의 석사학위 이상의 학위소지자로서 연구기관 또는 대학에서 연구원 또는 조교수 이상의 직에 5년 이상 종사한 경력이 있는 사람
3. 판사·검사·군법무관·변호사 또는 공인회계사의 직에 5년 이상 종사한 경력이 있는 사람
4. 「자본시장과 금융투자업에 관한 법률」 제9조 제15항 제3호에 따른 주권상장법인에서 법률·재무·감사 또는 회계 관련 업무에 임원으로 5년 이상 또는 임직원으로 10년 이상 종사한 경력이 있는 사람
5. 국가, 지방자치단체, 공공기관 및 금융감독원에서 재무 또는 회계 관련 업무 및 이에 대한 감독 업무에 5년 이상 종사한 경력이 있는 사람

제12조(중앙회 사업전담대표이사 등의 자격요건)
법 제130조 제2항에서 "대통령령으로 정하는 요건에 맞는 사람"이란 다음 각호의 어느 하나에 해당하는 사람을 말한다.
1. 삭제 〈2017.6.27.〉
2. 상호금융대표이사는 중앙회, 「은행법」에 따른 은행 또는 금융업과 관련된 국가기관, 연구기관, 교육기관, 자기자본 200억 원 이상인 회사에서 10년 이상 종사한 경력이 있는 사람. 이 경우 종전의 법(2016년 12월 27일 법률 제14481호로 일부개정되기 전의 것을 말한다) 제128조 제1항 제1호 및 같은 조 제2항 제1호에 따른 사업부문에 종사한 경력은 제외한다.
3. 전무이사는 중앙회 또는 농업·축산업이나 금융업과 관련된 국가기관, 연구기관, 교육기관, 자기자본 200억 원 이상인 회사에서 10년 이상 종사한 경력이 있는 사람

제22조(조합감사위원회의 위원장 및 위원의 자격요건)
법 제144조 제3항에서 "대통령령으로 정하는 요건에 맞는 사람"이란 다음 각호의 어느 하나에 해당하는 사람을 말한다.

1. 조합, 중앙회(중앙회의 자회사 및 손자회사를 포함한다), 연합회 또는 「금융위원회의 설치 등에 관한 법률」 제38조에 따른 검사대상기관(이에 상당하는 외국금융기관을 포함한다)의 감사, 회계 또는 농정부문에서 상근직으로 10년 이상 종사한 경력이 있는 사람. 다만, 조합감사위원회의 위원장의 경우에는 조합 또는 중앙회에서 최근 2년 이내에 임직원으로 근무한 사람(조합감사위원으로 근무 중이거나 근무한 사람은 제외한다)은 제외한다.
2. 농업·축산업 또는 금융업과 관련된 국가기관, 연구기관, 교육기관 또는 회사에서 종사한 경력이 있는 사람으로서 제1호에 규정된 사람과 같은 수준 이상의 자격이 있다고 중앙회의 정관으로 정하는 요건에 해당되는 사람
3. 판사·검사·군법무관·변호사 또는 공인회계사의 직에 5년 이상 종사한 경력이 있는 사람

제45조의2(농협경제지주회사 대표이사의 자격요건)
법 제161조의3 제2항 본문에서 "대통령령으로 정하는 요건에 맞는 사람"이란 다음 각호의 어느 하나에 해당하는 사람을 말한다.
1. 중앙회, 농협경제지주회사 및 그 자회사에서 10년 이상 종사한 경력이 있는 사람. 이 경우 종전의 법(2011년 3월 31일 법률 제10522호로 일부개정되기 전의 것을 말한다)에 따른 중앙회의 신용사업(공제사업 및 부대사업을 포함한다)부문에 종사한 경력과 법 제127조 제3항 제1호에 따른 사업부문에 종사한 경력은 제외한다.
2. 농업·축산업과 관련된 국가기관·연구기관·교육기관 또는 자기자본 200억 원 이상인 회사에서 10년 이상 종사한 경력이 있는 사람

제45조의3(농협경제지주회사 임원추천위원회 외부전문가의 요건)
법 제161조의3 제2항 본문에서 "대통령령으로 정하는 외부전문가"란 농업인단체와 학계 등에서 추천하는 학식과 경험이 풍부한 사람(공무원은 제외한다) 중에서 농협경제지주회사의 이사회가 위촉하는 사람을 말한다.

① 중앙회 또는 조합에서 최근 2년 이내 임직원으로 근무한 사람을 감사위원으로 임명해야 한다.
② 감사위원장은 중앙회 또는 농업·축산업이나 금융업과 관련된 국가기관, 연구기관, 교육기관, 자기자본 200억 원 이상인 회사에서 10년 이상 종사한 경력이 있는 사람을 임명해야 한다.
③ 조합감사위원은 판사·검사·군법무관·변호사 또는 공인회계사의 직에 15년 이상 종사한 경력이 있는 사람이어야 한다.
④ 대표이사는 제조업과 관련된 자기자본 200억 원 이상인 회사에서 10년 이상 종사한 사람을 임명한다.
⑤ 외부전문가는 농업인단체와 학계 등에서 추천하는 학식과 경험이 풍부한 사람(공무원은 제외한다) 중에서 농협경제지주회사의 이사회가 위촉하는 사람을 말한다.

26 T호텔은 고객들을 위해 무료로 이벤트를 하고 있다. 매일 분수쇼와 퍼레이드를 보여주고 있으며, 시간은 오전 10시부터 시작한다. 분수쇼는 10분 동안 하고 35분 쉬고, 퍼레이드는 20분 공연하고 40분 휴식을 한다. 사람들이 오후 12시부터 오후 6시 사이에 분수쇼와 퍼레이드의 시작을 동시에 볼 수 있는 기회는 몇 번인가?

① 1번　　　　　　　　　　　　② 2번
③ 3번　　　　　　　　　　　　④ 4번
⑤ 5번

PART III

주요 금융권 NCS 기출복원문제

CHAPTER 01 2025년 주요 금융권 NCS 기출복원문제
CHAPTER 02 2024년 주요 금융권 NCS 기출복원문제
CHAPTER 03 2023년 주요 금융권 NCS 기출복원문제

CHAPTER 01 2025년 주요 금융권 NCS 기출복원문제

정답 및 해설 p.130

| 하나은행

01 다음 글과 관련 있는 한자성어로 가장 적절한 것은?

> 한 공유 오피스 건물에는 스타트업 회사인 A사와 B사가 있다. 두 회사는 비슷한 분야의 사업을 진행하는 경쟁사 관계로 A사는 인공지능 기반 번역 서비스를 개발했고, B사는 온라인 회의 플랫폼을 만들고 있었다. 어느 날 건물 전체에 심각한 인터넷 장애가 발생해 업무가 마비되었고, 복구까지 최소 이틀이 걸린다는 공지가 내려졌다. A사는 자체 보유한 임시 와이파이 장비가 있었지만 회의 시스템이 불안정해 외부와 소통하기 어려웠고, B사는 강력한 모바일 핫스팟 장비를 가지고 있었으나 데이터 사용량이 제한적이었다. 각자 가진 자원만으로는 정상적인 업무가 불가능하다는 사실을 깨달은 두 회사는 결국 장비와 기술을 공유하기로 했다. A사는 번역 서버 운영을 위한 와이파이 장비를 제공했고, B사는 외부 미팅을 위한 핫스팟과 회의 플랫폼을 지원했다. 덕분에 두 회사는 중요한 업무를 무사히 마칠 수 있었고, 이후에도 비록 경쟁 관계이지만, 위기 상황에서는 협력할 수 있다는 신뢰를 쌓았다.

① 전화위복(轉禍爲福)
② 각주구검(刻舟求劍)
③ 자승자박(自繩自縛)
④ 오월동주(吳越同舟)

| 하나은행

02 다음 글의 중심 내용으로 가장 적절한 것은?

> H은행이 은행권 최초로 인공지능 기술을 이용한 '기술력 기반 ML 모형'을 개발했다. 이를 통해 H은행은 기존의 재무제표 기반으로 진행했던 중소기업의 신용평가 방법에서 벗어나, 2014년부터 기술신용평가에서 축적된 중소기업의 정보 및 보유 기술을 기반으로 성장 가능성을 평가할 수 있게 되었다.
> AI 학습데이터인 기술력 기반 ML 모형은 기업이 보유한 기술과 관련한 정보, 예를 들면 특허 및 기술 인증뿐만 아니라 기술 인력, 기술개발 현황, 기술 사업화 역량 등을 활용하여 이 기업이 지금 보유한 이 기술들을 바탕으로 미래에 얼마나 성장할 수 있을지 평가한다. 즉, 재무제표를 통해서는 알 수 없었던 기업의 미래의 신용을 평가할 수 있게 된 것이다.
> H은행은 기술력 기반 ML 모형으로 기업의 기술 평가 데이터를 분석하여, 리스크 측면에서 설명 가능한 항목을 구별하고 변동성이 낮은 항목을 학습해 평가 결과의 안정성을 확보했다. 이를 통해 기업의 미래 신용도에 긍정 및 부정 영향을 미치는 요인이 무엇인지 파악이 가능하게 되었다.

① 은행권 최초로 중소기업의 기술력을 평가하다.
② 인공지능 기술을 통해 기업의 미래를 평가하다.
③ 은행권 최초로 인공지능 기술을 신용평가에 도입하다.
④ 인공지능 기술을 통해 기업평가의 안정성을 확보하다.

| 하나은행

03 다음 글을 읽고 〈보기〉의 빈칸에 들어갈 내용으로 가장 적절한 것은?

> H은행이 금융권 최초로 퇴직연금 가입 투자자의 '로보어드바이저 일임운용 서비스'를 시작하였다. 이는 투자자의 분석을 통해 맞춤형 포트폴리오를 생성한 뒤, 컴퓨터 알고리즘을 통해 고객이 어떤 상품에 투자하면 좋을지 판단해 개인형 IRP 적립금을 일임운용하는 금융서비스이다.
> 로보어드바이저 일임운용 서비스는 개인형 IRP 가입자가 이용할 수 있으며, 매년 추가로 납입한 가입자부담금 중 연간 900만 원에 한해 가입자 동의 시 일임이 가능하다.
> H은행은 고객이 장기적으로 더 편리하고 더 안정적으로 노후 소득재원을 확보하고 관리할 수 있도록 이 금융서비스를 도입했다고 말하며, 이후에도 보다 혁신적인 금융서비스를 고객에게 제공할 수 있도록 지속적으로 개발하겠다고 밝혔다.

보기

'로보어드바이저 일임운용 서비스'란 _____ 알고리즘이 자동으로 개인형 IRP 적립금을 투자 관리해 안정적인 노후 소득재원을 확보해주는 서비스이다.

① 투자 금액에 맞춰
② 투자 흐름에 맞춰
③ 투자자 성향에 맞춰
④ 투자자 소득에 맞춰

04 다음은 반지름이 6cm, 중심각이 90°인 부채꼴에 대한 그림이다. 직각삼각형 부분을 제외한 회색 활꼴의 넓이는?(단, $\pi=3.14$로 계산한다)

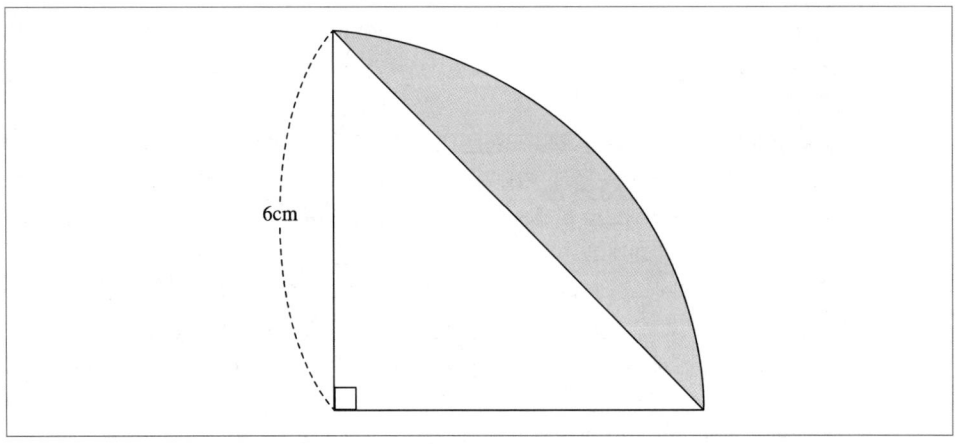

① 10.26cm² ② 10.64cm²
③ 11.04cm² ④ 11.26cm²

05 A와 B는 각각 1,000만 원을 가지고 2가지 종목에 500만 원씩 〈조건〉과 같이 투자하였다. 총수익을 토대로 수익률을 산정할 때, 다음 중 수익률이 더 높은 사람과 두 사람의 수익률 차이가 바르게 연결된 것은?

> **조건**
> • A의 투자 결과
>   - 첫 번째 종목에서 1차 +20%, 2차 -10%의 변동이 있었다.
>   - 두 번째 종목에서 1차 -10%, 2차 +30%의 변동이 있었다.
> • B의 투자 결과
>   - 첫 번째 종목에서 1차 -10%, 2차 +10%의 변동이 있었다.
>   - 두 번째 종목에서 1차 +10%, 2차 -10%의 변동이 있었다.

	높은 수익자	수익률 차이
①	A	11.5%p
②	A	13.5%p
③	B	11.5%p
④	B	13.5%p

※ 다음은 H기업 제품의 2024년 분기별 평균 판매 실적에 대한 자료이다. 이어지는 질문에 답하시오. **[6~7]**

〈2024년 H기업 제품의 분기별 평균 판매 실적〉

구분	출고단가(원)	판매수량(천 개)	할인율(%)	원가율(%)
1분기	12,000	40	25	60
2분기	15,000	30	20	60
3분기	10,000	50	0	65
4분기	14,000	50	0	50

※ (실제 판매단가)=(출고단가)×[1－(할인율)]
※ (매출액)=(실제 판매단가)×(판매수량)
※ (매출원가)=(매출액)×(원가율)
※ (매출총이익)=(매출액)－(매출원가) (단, 원가율은 실제 판매단가 기준으로 적용)

| 하나은행

06 제시된 자료를 참고할 때, H기업의 2024년 연간 매출액은?

① 18.6억 원　　　　　　　　② 18.8억 원
③ 19.0억 원　　　　　　　　④ 19.2억 원

| 하나은행

07 제시된 자료를 참고할 때, H기업의 2024년 연간 매출총이익은?

① 7.64억 원　　　　　　　　② 7.82억 원
③ 8.05억 원　　　　　　　　④ 8.13억 원

08 H은행에서 열린 국제 콘퍼런스에 대하여 A ~ E는 서로의 참석 여부를 〈조건〉과 같이 진술하였다. 참석하지 않은 2명은 항상 거짓을 말하고, 참석한 3명은 항상 참을 말할 때, 콘퍼런스에 참석하지 않은 2명은?

> **조건**
> - A : B와 D 중 1명만 콘퍼런스에 참석했다.
> - B : E는 콘퍼런스에 참석하였다.
> - C : B는 콘퍼런스에 참석하지 않았다.
> - D : B와 E는 모두 콘퍼런스에 참석하지 않았다.
> - E : A는 콘퍼런스에 참석하지 않았다.

① A, C
② B, D
③ B, E
④ C, D

09 H사원은 휴대폰 요금제를 변경하려고 한다. 다음 자료를 보고 H사원이 변경할 요금제로 가장 적절한 것은?

〈H사원의 최근 3달간 서비스 이용량〉

구분	데이터 이용량	통화 이용량	문자 이용량
1월	32GB	752분	78건
2월	19GB	816분	132건
3월	33GB	571분	63건

〈가입 가능한 요금제 목록〉

구분	요금	데이터 제공량	통화 제공량	문자 제공량	프로모션
A(X통신사)	84,000원	무제한	무제한	무제한	-
B(X통신사)	79,000원	30GB	1,000분	500건	-
C(Y통신사)	65,000원	30GB	800분	무제한	통신사 변경 시 10% 할인
D(Y통신사)	56,000원	25GB	700분	600건	통신사 변경 시 10% 할인

〈H사원의 요금제 선택 조건〉
- H사원은 현재 X통신사를 3년 째 이용 중이다.
- X통신사와 Y통신사 모두 2년 이상 장기 이용 고객에게 25%의 요금 할인을 제공한다.
- 최근 3개월간의 이용량 평균보다 적게 제공하는 요금제는 선택하지 않는다.
- 모든 사항을 고려하여, 한 달 요금이 가장 낮은 요금제를 선택한다.
- 한 달에 내야 할 요금이 같을 경우, 데이터 제공량이 더 많은 요금제를 선택한다.

① A요금제
② B요금제
③ C요금제
④ D요금제

10 다음은 H은행을 분석한 자료이다. 이때 활용된 분석 기법은?

<H은행 분석 결과>

구분	분석 결과
요소 1	• 금융기관에 대한 정부 정책, 규제, 감독 강화가 지속되고 있음. 디지털 금융 확산에 따라 개인정보 보호, 자금세탁방지 등 새로운 규제 환경이 등장하고 있으며, 정부의 핀테크 육성 정책, 금융혁신지원 특별법 등은 H은행의 진출과 성장에 기회인 동시에 규제 준수의 부담으로 작용함 • 정부의 디지털 전환 촉진 정책과 금융산업 혁신 지원은 H은행에 긍정적이지만, 각종 규제는 진입장벽이 될 수 있음
요소 2	• 금리, 환율, 경기 변동, 인플레이션 등 환경이 은행의 수익성과 리스크에 직접적인 영향을 미침 • 디지털 뱅킹 성장으로 기존 오프라인 점포 운영비 절감과 비대면 금융서비스 확대에 따른 신규 수익모델 창출이 가능하지만, 경기 침체 시 대출 부실 등 리스크 존재 • 금융시장 경쟁 심화, 빅테크 기업의 금융 진출 등으로 수익성 압박이 증대
요소 3	• 모바일·비대면 금융서비스에 대한 소비자 수요 증가, 젊은 층을 중심으로 디지털 금융 선호도 높아짐 • 고령층이나 디지털 소외계층에 대한 접근성 문제, 금융소비자 보호에 대한 사회적 요구도 증가 • 개인정보 보호, 신뢰성, 투명성 등 사회적 가치 실현이 중요한 이슈로 부상
요소 4	• AI, 빅데이터, 클라우드, 블록체인 등 첨단 IT기술이 H은행 핵심 경쟁력으로 작용 • AI 기반 가상 은행원, 자동화된 신분증 검사, 빅데이터 활용 맞춤형 금융서비스, 개방형 API를 통한 외부 서비스 연계가 가능해짐 • 사이버 보안, 데이터 보호, 신기술 도입 속도 등이 경쟁 우위를 좌우함

① 3C 분석
② PEST 분석
③ 5 Force 분석
④ 가치사슬 분석

※ 다음 글을 읽고 이어지는 질문에 답하시오. [11~12]

채권은 어떤 사람이 다른 사람에게 특정 행위를 요구할 수 있는 권리이다. 이 특정 행위를 급부라 하고, 특정 행위를 해 주어야 할 의무를 채무라 한다. 채무자가 채권을 가진 이에게 급부를 이행하면 채권에 대응하는 채무는 소멸한다. 급부는 재화나 서비스 제공인 경우가 많지만 그 외의 내용일 수도 있다.

민법상의 권리는 여러 가지가 있는데 계약 없이 법률로 정해진 요건의 충족으로 발생하기도 하지만 대개 계약의 효력으로 발생한다. 계약이란 권리 발생 등에 관한 당사자의 합의로서, 계약이 성립하면 합의 내용대로 권리 발생 등의 효력이 인정되는 것이 원칙이다. 당장 필요한 재화나 서비스는 그 제공을 급부로 하는 계약을 성립시켜 확보하면 되지만 미래에 필요할 수도 있는 재화나 서비스라면 계약을 성립시킬 수 있는 권리를 확보하는 것이 유리하다. 이를 위해 '예약'이 활용된다. 일상에서 예약이라고 할 때와 법적인 관점에서의 예약은 구별된다. ⊙ 기차 탑승을 위해 미리 돈을 지불하고 승차권을 구입하는 것을 '기차 승차권을 예약했다.'라고도 하지만, 이 경우는 예약에 해당하지 않는 계약이다. 법적으로 예약은 당사자들이 합의한 내용대로 권리가 발생하는 계약의 일종으로, 재화나 서비스 제공을 급부 내용으로 하는 다른 계약인 '본계약'을 성립시킬 수 있는 권리 발생을 목적으로 한다.

예약은 예약상 권리자가 가지는 권리의 법적 성질에 따라 두 가지 유형으로 나뉜다. 첫째는 채권을 발생시키는 예약이다. 이 채권의 급부 내용은 '예약상 권리자의 본계약 성립요구에 대해 상대방이 승낙하는 것'이다. 회사의 급식 업체 공모에 따라 여러 업체가 신청한 경우 그중 한 업체가 선정되었다고 회사에서 통지하면 예약이 성립한다. 이때 선정된 업체가 급식을 제공하고 대금을 받기로 하는 본계약체결을 요청하면 회사는 이에 응할 의무를 진다. 둘째는 예약 완결권을 발생시키는 예약이다. 이 경우 예약상 권리자가 본계약을 성립시키겠다는 의사를 표시하는 것만으로 본계약이 성립한다. 가족 행사를 위해 식당을 예약한 사람이 식당에 도착하여 예약 완결권을 행사하면 곧바로 본계약이 성립하므로 식사 제공이라는 급부에 대한 계약상의 채권이 발생한다.

예약에서 예약상의 급부나 본계약상의 급부가 이행되지 않는 문제가 생길 수 있는데, 예약의 유형에 따라 발생 문제의 양상이 다르다. 일반적으로 급부가 이행되지 않아 채권자에게 손해가 발생한 경우 채무자는 자신의 고의나 과실에서 비롯된 것이 아님을 증명하지 못하는 한 채무 불이행 책임을 진다. 이로 인해 채무의 내용이 바뀌는데 원래의 급부 내용이 무엇이든 채권자의 손해를 돈으로 물어야 하는 손해 배상 채무로 바뀐다.

만약 타인이 고의나 과실로 예약상 권리자가 가진 권리 실현을 방해했다면 예약상 권리자는 그에게도 책임을 물을 수 있다. 법률에 의하면 누구든 고의나 과실에 의해 타인에게 피해를 끼치는 행위를 하고 그 행위의 위법성이 인정되면 불법행위 책임이 성립하여, 가해자는 피해자에게 손해를 돈으로 배상할 채무를 지기 때문이다. 다만 예약상 권리자에게 예약 상대방이나 방해자 중 누구라도 손해 배상을 하면 다른 한쪽의 배상 의무도 사라진다. 이는 급부 내용이 동일하기 때문이다.

| MG새마을금고 지역본부

11 다음 중 윗글을 읽고 이해한 내용으로 적절하지 않은 것은?

① 불법행위의 책임은 계약의 당사자 사이에 국한된다.
② 급부가 이행되면 채무자의 채권자에 대한 채무가 소멸된다.
③ 예약상 권리자는 본계약상 권리의 발생 여부를 결정할 수 있다.
④ 재화나 서비스 제공을 대상으로 하는 권리 외에 다른 형태의 권리도 존재한다.

| MG새마을금고 지역본부

12 다음 중 밑줄 친 ㉠에 대해 이해한 내용으로 가장 적절한 것은?

① 기차 탑승은 채권에 해당하고 돈을 지불하는 행위는 그 채권의 대상인 급부에 해당한다.
② 기차에 탑승하지 않는 것은 승차권 구입으로 발생한 채권에 대응하는 의무를 포기하는 것이다.
③ 기차 승차권을 미리 구입하는 것은 계약을 성립시키면서 채권의 행사 시점을 미래로 정해 두는 것이다.
④ 승차권 구입은 계약 없이 법률로 정해진 요건을 충족하여 서비스를 제공받을 권리를 발생시키는 행위이다.

| MG새마을금고 지역본부

13 일정한 규칙으로 수를 나열할 때, 빈칸 ㉠, ㉡에 들어갈 수의 합으로 옳은 것은?(단, 첫 번째 수열과 두 번째 수열에 적용하는 규칙은 각각 다르다)

- 16 32 64 ㉠ 256
- 6 8 14 22 36 ㉡ 94

① 108
② 120
③ 162
④ 186

14 M기업은 사업 계획 보고를 위해 국내 신재생에너지 산업에 대한 SWOT 분석을 진행하였다. SWOT 전략과 경영 전략이 바르게 연결되지 않은 것을 〈보기〉에서 모두 고르면?

〈국내 신재생에너지 산업에 대한 SWOT 분석 결과〉

구분	분석 결과
강점(Strength)	• 해외 기관과의 협업을 통한 풍부한 신재생에너지 개발 경험 • 에너지 분야의 우수한 연구개발 인재 확보
약점(Weakness)	• 화석연료 대비 낮은 전력 효율성 • 도입 필요성에 대한 국민적 인식 저조
기회(Opportunity)	• 신재생에너지에 대한 연구가 세계적으로 활발히 추진 • 관련 정부부처로부터 충분한 예산 확보
위협(Threat)	• 신재생에너지 특성상 설비 도입 시의 높은 초기 비용

보기
㉠ SO전략 - 개발 경험을 통해 쌓은 기술력을 바탕으로 향후 효과적인 신재생에너지 산업 개발 가능
㉡ ST전략 - 우수한 연구개발 인재들을 활용하여 초기비용 감축방안 연구 추진
㉢ WO전략 - 확보한 예산을 토대로 우수한 연구원 채용
㉣ WT전략 - 세계의 신재생에너지 연구를 활용한 전력 효율성 개선

① ㉠, ㉡
② ㉠, ㉢
③ ㉡, ㉢
④ ㉢, ㉣

15 다음 글에서 설명하는 창의적 사고 발상 기법으로 옳은 것은?

이 기법은 창의적인 아이디어를 발상하거나 기존의 아이디어를 변형하여 개선하기 위한 도구이다. 7가지의 지정된 사고방향을 활용하여 아이디어를 발산하는 일종의 체크리스트 기법이다. 이 기법의 특징인 7가지의 사고 키워드는 대체, 결합, 응용, 수정·확대·축소, 다른 용도로 사용, 제거, 반전·재정렬이 있으며, 참가자들은 해당 키워드를 활용하여 새로운 아이디어를 발상하고, 실행 가능한 최적의 대안을 고르게 된다.

① 트리즈(TRIZ)
② 스캠퍼(SCAMPER)
③ 마인드맵(Mind Map)
④ 브레인스토밍(Brainstorming)

※ 다음은 2024년 세계 주요 국가의 경제 지표이다. 이어지는 질문에 답하시오. [16~17]

〈2024년 세계 주요 국가의 경제 지표〉

구분	국민총소득 (억 USD)	국내총생산 (억 USD)	소비자물가 상승률(%)	경제성장률(%)	수출액 (억 USD)	수입액 (억 USD)
미국	110,000	175,000	3.5	6.3	98,000	88,000
캐나다	74,500	140,000	3.7	2.7	65,000	73,000
멕시코	42,000	48,000	14.7	-0.4	13,000	18,000
중국	135,000	151,000	5.2	3.1	99,000	73,500
러시아	74,000	73,000	17.1	-1.1	20,500	24,500
프랑스	72,400	97,600	6.3	2.1	60,700	12,400
영국	60,700	84,300	5.7	1.6	44,500	31,300
이집트	22,000	27,000	3.2	-1.2	13,000	5,000
호주	57,200	77,400	5.8	-1.3	45,200	18,000

※ [무역의존도(%)]=(수출액+수입액)÷국내총생산×100

| IBK기업은행

16 다음 중 위 자료에 대한 설명으로 옳지 않은 것은?(단, 제시된 국가 이외는 고려하지 않는다)

① 2024년 세계 주요 국가들은 모두 소비자물가가 상승하였다.
② 국내총생산이 세 번째로 높은 나라는 경제성장률 역시 세 번째로 높다.
③ 국민총소득 상위 3곳의 국내총생산 합은 나머지 국가들의 국내총생산 합보다 많다.
④ 수출액과 수입액의 차이가 세 번째로 큰 국가는 소비자물가 상승률이 5% 이하이다.

| IBK기업은행

17 다음 중 위 자료에서 국내총생산 상위 3개국을 무역의존도가 높은 순서대로 바르게 나열한 것은?

① 중국 - 캐나다 - 미국
② 중국 - 미국 - 캐나다
③ 미국 - 중국 - 캐나다
④ 미국 - 캐나다 - 중국

※ 다음 글을 읽고 이어지는 질문에 답하시오. [18~19]

(가) 한국거래소 단일 체제로 운영되었던 국내 주식시장이 넥스트레이드의 출범으로 복수 거래 시장 체제로 바뀌게 되었다. 이는 자본시장 인프라 경쟁체제 도입을 통한 시장 선진화와 투자자 효용증대를 위한 것으로 업계 관계자들은 이를 두고 이전보다 거래비용과 처리속도, 주문방식, 거래시간 등 인프라 환경이 투자자에게 유리하게 바뀔 수 있을 것이라며 넥스트레이드의 출범에 대해 긍정적으로 보고 있다.

(나) 먼저 투자자의 시장 접근성과 거래편의성을 향상시키기 위한 정규시장 전후로 거래시간이 확대된다. 정규시장보다 1시간 일찍 개장하는 프리마켓(08:00 ~ 08:50)과 정규시장 폐장 후 경쟁접속매매 방식으로 거래되는 애프터마켓(15:40 ~ 20:00)이 도입되어 현행 거래소의 거래시간에서 5시간 30분 확대된 12시간 동안 거래가 가능해진 것이다. 이러한 애프터마켓의 도입으로 해외 투자자가 해당 국가의 낮에 우리 주식을 거래할 수 있게 됨으로써 해외 투자자의 국내시장 접근성이 용이해져 야간시장 유동성 증가도 기대되고 있다.

(다) 또한 넥스트레이드는 새로운 호가 유형인 '중간가호가(Mid Point Order)'와 '스톱지정가호가(Stop Limit Order)'를 제공하겠다고 밝혔다. 중간가호가란 최우선매수·매도호가의 중간 가격(산술평균 가격)으로 매매하고자 하는 주문을 말하며, 이를 통해 안정적이고 풍부한 유동성이 확보될 것으로 기대된다. 스톱지정가호가란 시장가격이 투자자가 사전에 설정한 가격(Stop Price)에 도달하는 경우 지정가호가로 매매하도록 전환되는 주문을 말한다. 다만, 두 호가 모두 넥스트레이드에서만 가능하며, 프리·애프터마켓 운영시간이 아닌 기존 정규시장에서만 사용이 가능하다.

(라) 이와 더불어 거래소 경쟁체제로 인해 기존 대비 투자비용을 절감할 수 있을 것으로 기대된다. 넥스트레이드가 거래소 경쟁체제 확립과 투자자 편익 향상을 위해 거래소보다 20 ~ 40% 낮은 수수료를 제공하겠다고 밝혔기 때문이다. 거래유형에 구분 없이 일률적으로 수수료를 부과하던 기존의 방식을 탈피해 기존 호가 잔량을 이용하여 거래를 체결하는 '테이커(Taker)'에는 기존 거래소 대비 80% 수준인 0.00182%를 부과하고, 시장에 유동성을 공급하는 '메이커(Maker)'에게는 이보다 더 낮은 0.00134%의 수수료를 부과하는 등 투자자 친화적인 수수료방식으로 진행할 예정이다.

18 다음 중 윗글의 대한 설명으로 가장 적절한 것은?

① 기존에는 국내 주식시장이 독점으로 운영되어 투자자들에게 불리했다.
② 애프터마켓의 도입 전에는 해외 투자자가 우리나라 주식을 거래할 수 없었다.
③ 중간가호가와 스톱지정가호가는 넥스트레이드에서만 할 수 있는 매매 주문이다.
④ 거래소 경쟁체제의 도입으로 모든 거래소에서 거래유형에 따라 부과되는 수수료가 상이해졌다.

19 윗글에서 다음 〈보기〉의 문장이 들어갈 위치로 가장 적절한 곳은?

> **보기**
> 이에 대해 넥스트레이드 측은 "우리나라도 시간의 문제일 뿐, 언젠가는 24시간 주식거래체계를 갖추어야 국내 및 해외 투자자 니즈를 만족시키고, 글로벌 경쟁에서 뒤떨어지지 않을 것"이라고 덧붙였다.

① (가) 문단의 뒤 ② (나) 문단의 뒤
③ (다) 문단의 뒤 ④ (라) 문단의 뒤

※ 다음은 I퇴직연금에 대한 상품설명서이다. 이어지는 질문에 답하시오. [20~21]

〈I퇴직연금 상품설명서〉

- I퇴직연금은 65세 정년퇴직한 사람만 퇴직 후 연금을 수령할 수 있다(정년퇴직일은 65세가 된 해 마지막 날임).
- I퇴직연금은 가입일로부터 매월 소득의 10%를 납입하여야 하며, 정년퇴직 시 납입을 중단하고 매월 1,200,000원을 지급받는다.
- I퇴직연금 상품은 정년퇴직일에 일시금으로 받을 수 있는 옵션이 있는데, 이는 납입기간이 30년 이상이거나, 총 납입금액이 2억 원 이상인 경우에만 가능하다.
- I퇴직연금은 정년퇴직일 이후 공모펀드, ETF, 예금 중 하나에 실물이전이 가능하며, 실물이전 후 상품의 리스크에 따른 추정 수익률은 다음과 같다.

구분	추정 수익률
공모펀드	• 30% 확률로 이전금의 30% 상승 • 20% 확률로 이전금의 20% 상승 • 50% 확률로 이전금의 10% 하락
ETF	• 15% 확률로 이전금의 100% 상승 • 25% 확률로 이전금의 50% 상승 • 55% 확률로 이전금의 30% 하락 • 5% 확률로 이전금의 50% 하락
예금	• 100% 확률로 이전금의 5% 상승

※ 기대 수익률은 상품별 추정 수익률의 확률 가중 평균하여 백분율로 표시한 것임
- 실물이전은 퇴직연금 납입액의 50%를 이전할 수 있으며 단 1회만 할 수 있다.
- 실물이전을 통해 선택한 상품들의 가입기간은 5년이며, 5년 만기 후 해당 상품에 특성에 따른 금액을 일시금으로 수령한다. 단, 이 기간 동안 연금액은 수령하지 못한다.
- 실물이전을 하지 않은 채 연금을 받다가 사망하여 퇴직연금 총 납입금이 수령액보다 많다면, 잔여 납입금을 일시불로 상속할 수 있다. 이 경우 상속세는 5%이다.

20 다음 중 I퇴직연금 상품에 대한 설명으로 옳지 않은 것은?

① I퇴직연금에서 실물이전할 경우 기대 수익률이 가장 높은 상품은 공모펀드이다.
② I퇴직연금을 40세에 가입하고, 월 소득이 800만 원일 때, 정년퇴직일에 일시금으로 수령할 수 있다.
③ 월 소득이 600만 원인 사람이 I퇴직연금에 20년간 가입 후, 정년퇴직을 통해 10년간 연금을 수령하였다면, 납입금과 수령액은 동일하다.
④ I퇴직연금 납입금이 5천만 원이고, 실물이전을 하지 않은 상태에서 30개월간 연금을 받다 사망한 경우 상속 가능한 실제 금액은 1,330만 원이다.

21 다음은 A씨의 급여상황 및 노후대책 계획이다. A씨가 정년퇴직 후 얻을 수 있는 최대금액은?(단, 금액은 연금 수령액과 실물이전 투자 수익을 모두 반영한다)

- 26세에 취업한 A씨는 65세에 정년퇴직을 하며, 연봉은 5년 단위로 재협상한다. 재협상 시 A씨의 연봉은 600만 원씩 상승한다.
- A씨의 최초 월급은 200만 원이며 그 외 수입은 없다.
- A씨는 36세에 I퇴직연금 상품에 가입할 예정이며, 정년퇴직까지 I퇴직연금을 유지할 예정이다.
- A씨는 76세에 실물이전을 진행할 예정이다.
- A씨는 85세 끝까지 연금을 받을 것으로 가정한다.

① 2억 8,800만 원
② 2억 9,250만 원
③ 2억 9,412만 원
④ 3억 5,302만 원

※ 다음은 I은행의 승진 규정과 대리 직급 승진 대상자의 평가 점수이다. 이어지는 질문에 답하시오. [22~23]

〈I은행 승진 규정〉
- 승진 대상자는 업무실적, 팀워크, 전문성, 성실성을 평가한다.
- 평가 항목별 점수는 100점을 만점으로 한다.
- 최종 평가 점수는 평가 항목별 점수에서 다음의 가중치를 반영하여 합산한다.

구분	업무실적	팀워크	전문성	성실성
가중치	40%	15%	25%	20%

- 최종 평가 점수가 동일할 경우, 업무실적과 전문성 점수의 평균을 구해 판정한다.

〈대리 직급 승진 대상자 개별 평가 점수〉

(단위 : 점)

구분	업무실적	팀워크	전문성	성실성
A주임	60	90	84	98
B주임	70	86	84	96
C주임	91	76	96	53
D주임	84	92	76	80

| IBK기업은행

22 다음 중 I은행 승진 규정에 따라 대리로 진급하는 사람은?

① A주임　　　　　　　　② B주임
③ C주임　　　　　　　　④ D주임

| IBK기업은행

23 I은행은 특별 프로젝트를 진행하기 위해 제시된 승진 대상자들 중 1명을 대리로 진급시켜 팀장 직책을 부여하려 한다. 승진 규정을 다음과 같이 변경할 때, 팀장이 되는 사람은?

- 최종 평가 점수는 평가 항목별 점수에서 다음의 가중치를 반영하여 합산한다.

구분	업무실적	팀워크	전문성	성실성
가중치	15%	30%	40%	15%

- 최종 평가 점수가 동일할 경우, 팀워크와 전문성 점수의 평균이 더 높은 사람을 선정한다.

① A주임　　　　　　　　② B주임
③ C주임　　　　　　　　④ D주임

※ 다음은 I은행의 고객 데이터베이스에 적용되는 상품 코드 부여 규칙이다. 이어지는 질문에 답하시오. **[24~25]**

<I은행 고객 데이터베이스 상품 코드 부여 규칙>

상품 종류	계약 대상	계약 연령층	계약 기간	적용 이율
예적금 : DP 대출 : LN 펀드 : FD 신탁 : TR 외환 : FX 보험 : IS	개인 : IC 법인 : CC	법인 : 0 10대 : 1 20대 : 2 30대 : 3 40대 : 4 …	단기 : S 중기 : M 장기 : L 펀드·외환 : N	고정 이율 : FR 변동 이율 : VR 펀드, 외환 : NA

※ 상품 코드는 [상품 종류][한글 상품명 앞 2글자] – [계약 대상][계약 연령층][계약 기간][개월(연) 수][적용 이율] 순서로 부여됨
　예) 디데이적금, 26살 개인, 12개월, 고정이율 → DP디데-IC2S12FR
※ 12개월 이하는 단기, 13~36개월은 중기, 3년 초과는 장기이며, 개월 수와 연 수는 2자리 숫자로 표시함
※ 펀드·외환은 계약 기간, 적용 이율 표기가 곤란하므로 개월(연) 수에는 00을, 적용 이율에는 적용 불가(NA)를 부여함

| IBK기업은행

24 위 상품 코드 부여 규칙에 따를 때, 다음 <보기>에서 성립할 수 없는 코드는 모두 몇 개인가?

보기
- IS내일-IC2L20VR
- FD제일-CC0N00NA
- OP더굴-CC0L10VR
- TR믿음-CC2M24FR
- LN드림-IC3M24VR
- FX플러-IC3L05NA
- DP모아-IC2M48FR
- DP준비-IC4S12FR

① 1개　　② 2개
③ 3개　　④ 4개

| IBK기업은행

25 다음과 같은 상황에서 A씨가 계약한 상품의 데이터베이스 코드로 옳은 것은?

첫 직장에 입사한 22살 A씨는 전셋집을 구하기 위하여 I은행에서 대출 상담을 받았다. 상담 결과 "파워신용대출" 상품으로 10년까지 기간을 연장하여 계약하고, 고정 이율을 적용하여 상환하기로 하였다.

① LN대출-IC2L10FR　　② LN파워-CC2L10FR
③ LN파워-IC2L10FR　　④ LN파워-IC2L10VR

CHAPTER 02 2024년 주요 금융권 NCS 기출복원문제

정답 및 해설 p.137

| KB국민은행

01 다음 글의 내용으로 적절하지 않은 것은?

> 이제 은행은 단순히 금융에서 그치는 것이 아닌 이를 넘어서 비금융 영역에서도 다양한 서비스를 제공하고 있다. 대표적으로 KB국민은행의 'KB스타뱅킹'을 들 수 있다.
> KB스타뱅킹은 KB국민은행의 핵심 플랫폼으로 금융 및 비금융 영역에서 다양한 서비스를 제공하여 플랫폼 경쟁력을 더하고 있으며, 현재 월간활성고객(MAU) 1,240만 명을 넘어선 금융권 슈퍼앱으로 자리 잡았다. 또한 KB스타뱅킹은 KB금융그룹 계열사의 70여 개의 서비스를 한 번에 제공하고 있어 고객의 편의성도 높였다.
> KB스타뱅킹이 제공하는 금융 서비스인 'KB모임통장'은 고객이 별도로 계좌를 추가 개설하는 번거로운 과정을 없앨 수 있도록 기존에 사용하던 입출금계좌를 모임통장으로 변환할 수 있게 하였다. 또한 KB모임통장을 등록한 고객에게는 이를 손쉽게 관리할 수 있도록 KB스타뱅킹 홈화면 하단에 별도의 공간을 제공해 고객 편의성을 높였다. 이를 클릭하면 모임통장 전용화면으로 즉각 연결돼 모임 구성원을 초대할 수 있음은 물론, 정기회비 설정과 거래내역 확인까지 손쉽게 처리할 수 있다.
> KB스타뱅킹이 제공하는 비금융 서비스에서는 KB국민은행의 알뜰폰 브랜드 KB리브모바일과 연계해 KB스타뱅킹에서 한 번에 가입할 수 있는 'KB스타뱅킹 요금제 LTE 15GB+'를 출시했다.
> 해당 요금제는 KB스타뱅킹에서만 가입·개통할 수 있으며, 이를 이용하고 싶은 고객은 다른 채널에 들어갈 필요 없이 KB스타뱅킹 내 테마별 서비스 중 '통신'에서 편리하게 가입 할 수 있다. 최대 24개월 동안 전용 할인 쿠폰이 매달 1회 제공되며, 최대 할인을 받게 되면 저렴한 가격인 월 2만 200원에 통신 서비스를 이용할 수 있다.

① KB스타뱅킹 앱을 통해 KB금융그룹 각 계열사 앱을 별도 설치 없이 서비스 이용이 가능하다.
② KB국민은행 신규고객이 KB모임통장 서비스를 이용하기 위해서는 별도로 계좌 개설 과정이 필요하다.
③ KB모임통장을 이용하는 고객은 별도로 모임원들에게 연락할 필요 없이 KB스타뱅킹 앱에서 모임원을 초대할 수 있다.
④ KB스타뱅킹 요금제를 이용하는 고객은 2년 동안 최대 2만 200원의 통신요금을 절감할 수 있다.

| KB국민은행

02 다음 글의 제목으로 가장 적절한 것은?

> 전 세계적으로 인공지능(AI)에 대한 열풍과 함께 대규모 투자가 일어나고 있으나 그에 반해 관련 수익은 미미하다는 통계 결과가 나왔다. 이에 일각에서는 'AI거품론'까지 거론되고 있다.
> 한 투자매체에 따르면 2026년까지 AI에 투자한 자본은 600억 달러에 이른다. 하지만 그에 반해 동일 기간 예상되는 매출액은 200억 달러에 그칠 것으로 보인다며, AI에 대한 투자 자본과 AI로 인한 매출액은 불일치할 것이라고 지적했다. 또한 전문가들은 AI에 대한 과도한 기대로 '묻지마 투자'가 이루어진 것이라며 우려를 표했다.
> 하지만 일각에서는 AI서비스의 혁신으로 높은 관심을 도출해 낸다면 분위기는 바뀔 수 있다고 주장했다. 특히 AI 수혜주의 대표주자인 반도체 기업 N사에 대해서, 중기적으로 볼 때 AI 자본 지출이 앞으로 몇 년 동안 크게 유지될 것으로 보이기 때문에 갑자기 투자가 줄어드는 등의 불가피한 상황이 없다면 어려움이 없을 것으로 전망했다.

① 인공지능 투자와 거품
② 인공지능 투자 분위기의 변곡점
③ 인공지능 거품론 사이에서도 피어나는 희망
④ 인공지능에 대한 과도한 기대가 불러일으킨 비극

| KB국민은행

03 다음 문단을 논리적 순서대로 바르게 나열한 것은?

> 가상화폐를 주도하던 비트코인의 가격이 6만 달러 선까지 하락하자, 시장에서는 비트코인이 5만 달러 선까지 하락하는 거 아니냐는 우려가 퍼지고 있다.
> (가) 이처럼 비트코인이 하락세를 이어가는 원인으로 전문가들은 최근 시장에서의 대규모 자금 이동을 주장하고 있다.
> (나) 우선 2014년 해킹으로 파산에 이른 일본의 비트코인 거래소 M사가 채권자들에게 상환으로 14만 개 규모, 약 90억 달러 수준의 비트코인을 지급하겠다고 밝히면서 비트코인의 급락을 만들었다.
> (다) 비트코인은 지난 3월 7만 3,000달러로 최고가를 기록했지만, 이후에는 계속 하락세를 보이며 겨우 두 달 만인 5월에 최저가인 5만 8,000달러를 기록했다. 이는 20% 이상 하락한 수준이다.
> (라) 여기에다 통상적으로 암호화폐는 중앙화 거래소를 사용해 자산의 판매가 이루어지므로 암호화폐가 중앙화 거래소로 옮겨지는 것은 하락세로 판단되는데, 독일과 미국이 압류한 비트코인을 크라켄과 코인베이스 등의 암호화폐 거래소로 이동시키면서 비트코인 투자에 부정적인 영향을 준 것으로 보인다.

① (가) - (나) - (다) - (라)
② (가) - (나) - (라) - (다)
③ (다) - (가) - (나) - (라)
④ (다) - (라) - (가) - (나)

04 다음 글을 읽고 〈보기〉의 밑줄 친 정책 방향에 대한 추론으로 가장 적절한 것은?

> 동일한 환경에서 야구공과 고무공을 튕겨 보면, 고무공이 훨씬 민감하게 튀어 오르는 것을 볼 수 있다. 즉, 고무공은 야구공보다 탄력이 좋다. 일정한 가격에서 사람들이 사고자 하는 물건의 양인 수요량에도 탄력성의 개념이 적용될 수 있다. 재화의 가격이 변화할 때 수요량도 변화하게 되는 것이다. 이때 경제학에서는 가격 변화에 대한 수요량 변화의 민감도를 측정하는 표준화된 방법을 '수요탄력성'이라고 한다.
>
> 수요탄력성은 수요량의 변화 비율을 가격의 변화 비율로 나눈 값이다. 일반적으로 가격과 수요량은 반비례하므로 수요탄력성은 음(−)의 값을 가진다. 그러나 통상적으로 음의 부호를 생략하고 절댓값만 표시한다.
>
> 가격에 따른 수요량 변화율에 따라 상품의 수요는 '단위 탄력적', '탄력적', '완전 탄력적', '비탄력적', '완전 비탄력적'으로 나눌 수 있다. 수요 탄력성이 1인 경우 수요는 '단위 탄력적'이라고 불린다. 또한, 수요탄력성이 1보다 큰 경우 수요는 '탄력적'이라고 불린다. 한편 영(0)에 가까운 아주 작은 가격 변화에도 수요량이 매우 크게 변화하면 수요탄력성은 무한대가 된다. 이 경우의 수요는 '완전 탄력적'이라고 불린다. 소비하지 않아도 생활에 지장이 없는 사치품이 이에 해당한다. 반면, 수요탄력성이 1보다 작다면 수요는 '비탄력적'이라고 불린다. 만일 가격이 아무리 변해도 수요량에 어떠한 변화도 나타나지 않는다면 수요탄력성은 영(0)이 된다. 이 경우 수요는 '완전 비탄력적'이라고 불린다. 생필품이 이에 해당한다.
>
> 수요탄력성의 크기는 상품의 가격이 변할 때 이 상품에 대한 소비자의 지출이 어떻게 변하는지를 알려 준다. 상품에 대한 소비자의 지출액은 가격에 수요량을 곱한 것이다. 먼저 상품의 수요가 탄력적인 경우를 따져 보자. 이 경우에는 수요탄력성이 1보다 크기 때문에, 가격이 오른 정도에 비해 수요량이 많이 감소한다. 이에 따라 가격이 상승하면 소비자의 지출액은 가격이 오르기 전보다 감소한다. 반면에 가격이 내릴 때는 가격이 내린 정도에 비해 수요량이 많아지므로 소비자의 지출액은 증가한다. 물론 수요가 비탄력적이면 위와 반대되는 현상이 일어난다. 즉, 가격이 상승하면 소비자의 지출액은 증가하며 가격이 하락하면 소비자의 지출액은 감소하게 된다.

보기

A국가의 정부는 경제 안정화를 위해 개별 소비자들이 지출액을 줄이도록 유도하는 <u>정책</u>을 시행하기로 하였다.

① 생필품과 사치품의 가격을 모두 낮추려 하겠군.
② 생필품과 사치품의 가격을 모두 유지하려 하겠군.
③ 생필품의 가격은 낮추고 사치품의 가격은 높이려 하겠군.
④ 생필품의 가격은 높이고 사치품의 가격은 유지하려 하겠군.

05 다음은 2023년 9 ~ 12월의 원/100엔 환율 변동을 나타낸 그래프이다. 이에 대한 설명으로 옳지 않은 것은?

① 원/100엔 환율이 가장 높은 달은 2023년 12월이다.
② 원/100엔 환율이 가장 낮은 달은 2023년 11월이다.
③ 원/100엔 환율이 가장 큰 폭으로 증가한 시기는 2023년 9월과 2023년 10월 사이이다.
④ 원/100엔 환율이 가장 큰 폭으로 감소한 시기는 2023년 10월과 2023년 11월 사이이다.

06 다음은 2023년 9월과 2023년 12월의 원/달러 환율이다. 2023년 9월에 100만 원을 달러로 환전하고 2023년 12월에 다시 원화로 환전했을 때, 손해를 보는 금액은 얼마인가?(단, 환전수수료는 고려하지 않는다)

〈원/달러 환율〉

구분	2023년 9월	2023년 12월
환율	1,327원/달러	1,302원/달러

※ 단, 원화에서 달러로 환전할 때에는 소수점 둘째 자리에서 반올림하고, 달러에서 원화로 환전할 때에는 백의 자리에서 반올림함

① 17,000원
② 19,000원
③ 21,000원
④ 23,000원

※ 다음은 K회사의 여비규정에 대한 자료이다. 이어지는 질문에 답하시오. [7~8]

〈국내여비 정액표〉

구분		대상	가군	나군	다군
운임	항공운임		실비(1등석/비지니스)	실비(2등석/이코노미)	
	철도운임		실비(특실)		실비(일반실)
	선박운임		실비(1등급)	실비(2등급)	
	자동차운임	버스운임	실비		
		자가용승용차운임	실비		
일비(1일당)			2만 원		
식비(1일당)			2만 5천 원	2만 원	
숙박비(1박당)			실비	실비(상한액 : 서울특별시 7만 원, 광역시·제주도 6만 원, 그 밖의 지역 5만 원)	

〈실비 단가(1일당 상한액)〉

구분	가군	나군	다군
항공운임	100만 원	50만 원	
철도운임		7만 원	3만 원
선박운임	50만 원	20만 원	
버스운임	1,500원		
자가용승용차운임	20만 원		
숙박비	15만 원	-	-

| KB국민은행

07 지난주 출장을 다녀온 A부장의 출장 내역이 다음과 같을 때, A부장이 받을 수 있는 최대 여비는?

〈A부장 출장 내역〉

- 2박 3일 동안 가군으로 출장을 간다.
- 항공은 첫째 날과 셋째 날에 이용한다.
- 철도는 첫째 날과 둘째 날에 이용한다.
- 자가용은 출장 기간 동안 매일 이용한다.

① 315만 5천 원 ② 317만 원
③ 317만 5천 원 ④ 318만 원

| KB국민은행

08 영업팀 3명이 각각 다른 군으로 출장을 갈 때, 영업팀이 받는 총여비는?

〈영업팀 출장 내역〉

- 1박 2일 동안 출장을 간다.
- 비용은 최대로 받는다.
- 항공은 첫째 날에 이용한다.
- 선박은 둘째 날에 이용한다.
- 기차는 출장 기간 동안 매일 이용한다.
- 버스는 출장 기간 동안 매일 이용한다.
- 자가용은 출장 기간 동안 매일 이용한다.
- 나군은 서울에 해당한다.
- 다군은 제주도에 해당한다.

① 485만 9천 원 ② 488만 6천 원
③ 491만 6천 원 ④ 497만 9천 원

※ 다음은 온국민 건강적금 상품에 대한 설명이다. 이어지는 질문에 답하시오. [9~10]

〈온국민 건강적금 상품설명서〉

구분	내용
가입대상	실명의 개인(1인 1계좌)
상품유형	자유적립식 예금
가입금액 및 저축방법	월 1만 원 이상 20만 원 이하 ※ 매월(해당 월의 초일부터 말일까지) 자유롭게 저축(만기일 전일까지 저축 가능)
계약기간	6개월
가입채널	KB스타뱅킹(단, 가입일 기준 만 60세 이상 고객은 영업점을 통해 가입 가능)
이자지급시기	만기일시지급식 : 만기해지 또는 중도해지 시 이자를 일시에 지급
기본이율	연 2.0%
우대이율	[최고 연 6.0%p] • 즐거운 걷기 우대이율(매월 연 0.5%p, 최고 연 3.0%p) : 매월 10만 걸음 걷기(단, 가입일 기준 만 60세 이상 고객은 5만 걸음 걷기) • 발자국 찍기 우대이율(연 1.0%p) : KB스타뱅킹 내 발자국 스탬프 찍기를 매월 1회씩 6회 모두 완료한 경우 • 웰컴 스뱅 우대이율(연 2.0%p) : 적금 가입 전전월 말 기준 6개월 이상 KB스타뱅킹 로그인 이력이 없는 경우 ※ 우대이율은 적용 조건을 충족하는 경우 만기해지 시 계약기간 동안 적용
중도해지이율 (단위 : 연 %)	• 1개월 미만 : 0.1 • 1개월 이상 3개월 미만 : 기본이율×50%×경과월수÷계약월수(단, 최저금리는 0.1) • 3개월 이상 : 기본이율×50%×경과월수÷계약월수(단, 최저금리는 0.1) ※ 경과월수 : 입금일 다음 날로부터 해지월 입금해당일까지를 월수로 하고, 1개월 미만은 절상 ※ 계약월수 : 6개월 ※ 이율은 소수점 둘째 자리까지 표시(소수점 셋째 자리에서 절사)
계약해지방법	• KB스타뱅킹, 인터넷뱅킹, 영업점 및 고객센터를 통해 해지 • 만기자동해지 신청 가능(사전 지정계좌로 입금)
유의사항	• 본 상품의 '즐거운 걷기 우대이율'을 받기 위해서 안드로이드 기기에는 '구글 피트니스', iOS 기기에는 '건강' 앱이 설치되어 있어야 함 • 인정되는 걸음 수는 KB스타뱅킹 내 [금리확인] 화면에서 확인할 수 있음

09 다음 중 온국민 건강적금 상품에 대한 설명으로 옳지 않은 것은?

① 온국민 건강적금의 최종이율은 최대 연 8%이다.
② 온국민 건강적금으로 받을 수 있는 이자는 최대 96,000원이다.
③ 매월 10만 걸음 걷기를 4개월간 성공했다면, 우대이율은 최소 2%p이다.
④ 즐거운 걷기 우대이율을 받기 위해서는 별도의 스마트폰 애플리케이션이 필요하다.

10 다음 고객정보를 참고할 때 A ~ D가 받는 이자의 총합은?

〈고객정보〉

구분	월 납입금액	경과(납입)월수	걷기 미션 성공 횟수	스탬프 미션 성공 횟수	웰컴 스뱅 적용 여부
A	50,000원	4개월	3회	4회	O
B	100,000원	6개월	6회	6회	×
C	160,000원	6개월	6회	5회	O
D	200,000원	2개월	1회	2회	×

※ A ~ D는 모두 같은 날 상품에 가입하였으며, 경과월수 동안 매월 빠짐없이 납입 후 해지함

① 48,960원
② 50,220원
③ 52,260원
④ 61,280원

11 다음 글을 통해 추론할 수 있는 내용으로 가장 적절한 것은?

사람과 동물처럼 우리 몸을 구성하는 세포도 자의적으로 죽음을 선택하기도 한다. 그렇다면 왜 세포는 죽음을 선택할까? 소위 '진화'의 관점으로 본다면 개별 세포도 살기 위해 발버둥쳐야 마땅한데 스스로 죽기로 결정한다니 역설적인 이야기처럼 들린다. 세포가 죽음을 선택하는 이유는 자신이 죽는 것이 전체 개체에 유익하기 때문이다. 도대체 '자의적'이란 말을 붙일 수 있는 세포의 죽음은 어떤 것일까?

세포의 '자의적' 죽음이 있다는 말은 '타의적' 죽음도 있다는 말일 것이다. 타의적인 죽음은 네크로시스(Necrosis), 자의적인 죽음은 아포토시스(Apoptosis)라고 부른다. 이 두 죽음은 그 과정과 형태에서 분명한 차이를 보인다. 타의적인 죽음인 네크로시스는 세포가 손상돼 어쩔 수 없이 죽음에 이르는 과정을 말한다. 세포 안팎의 삼투압 차이가 수만 배까지 나면 세포 밖의 물이 세포 안으로 급격하게 유입돼 세포가 터져 죽는다. 마치 풍선에 바람을 계속 불어 넣으면 '펑!' 하고 터지듯이 말이다. 이때 세포의 내용물이 쏟아져 나와 염증반응을 일으킨다. 이러한 네크로시스는 정상적인 발생과정에서는 나타나지 않고 또한 유전자의 발현이나 새로운 단백질의 생산도 필요 없다.

반면 자의적인 죽음인 아포토시스는 유전자가 작동해 단백질을 만들어 내면 세포가 스스로 죽기로 결정하고 생체 에너지인 ATP를 적극적으로 소모하면서 죽음에 이르는 과정을 말한다. 네크로시스와는 정반대로 세포는 쪼그라들고, 세포 내의 DNA는 규칙적으로 절단된다. 그다음 쪼그라들어 단편화된 세포 조각들을 주변의 식세포가 시체 처리하듯 잡아먹는 것으로 과정이 종료된다.

인체 내에서 아포토시스가 일어나는 경우는 크게 두 가지다. 하나는 발생과 분화의 과정 중에 불필요한 부분을 없애기 위해서 일어난다. 사람은 태아의 손이 발생할 때 몸통에서 주걱 모양으로 손이 먼저 나온 후에 손가락 위치가 아닌 나머지 부분의 세포들이 사멸해서 우리가 보는 일반적인 손 모양을 만든다. 이들은 이미 죽음이 예정돼 있다고 해서 이런 과정을 PCD(Programed Cell Death)라고 부른다.

다른 하나는 세포가 심각하게 훼손돼 암세포로 변할 가능성이 있을 때 전체 개체를 보호하기 위해 세포는 죽음을 선택한다. 즉, 방사선, 화학 약품, 바이러스 감염 등으로 유전자 변형이 일어나면 세포는 이를 감지하고 자신이 암세포로 변해 전체 개체에 피해를 입히기 전에 스스로 죽음을 결정한다. 이때 아포토시스 과정에 문제가 있는 세포는 죽지 못하고 암세포로 변한다. 과학자들은 이와 같은 아포토시스와 암의 관계를 알게 되자 암세포의 죽음을 유발하는 물질을 이용해 항암제를 개발하려는 연구를 진행하고 있다.

흥미로운 것은 외부로부터 침입한 세균 등을 죽이는 역할의 T-면역세포도 아포토시스를 이용한다는 사실이다. 세균이 몸 안에 침입하면 T-면역세포는 세균에 달라붙어서 세균의 세포벽에 구멍을 뚫고 아포토시스를 유발하는 물질을 집어넣는다. 그러면 세균은 원치 않는 죽음을 맞이하게 되는 것이다.

① 손에 난 상처가 회복되는 것은 네크로시스와 관련이 있겠군.
② 우리 몸이 일정한 형태를 갖추게 된 것은 아포토시스와 관련이 있겠군.
③ 아포토시스를 이용한 항암제는 세포의 유전자 변형을 막는 역할을 하겠군.
④ 화학약품은 네크로시스를 일으켜 암세포로 진행되는 것을 막는 역할을 하겠군.
⑤ T-면역세포가 아포토시스를 통해 세균을 죽이는 과정에서 염증을 발생시키겠군.

| 신한은행

12 다음은 OECD 회원국의 고용률을 조사한 자료이다. 이에 대한 설명으로 옳지 않은 것은?

〈OECD 회원국 고용률 추이〉
(단위 : %)

구분	2019년	2020년	2021년	2022년				2023년	
				1분기	2분기	3분기	4분기	1분기	2분기
OECD 전체	65.0	65.0	66.5	66.5	65.0	66.0	66.5	67.0	66.3
미국	67.5	67.5	68.7	68.5	68.7	68.7	69.0	69.3	69.0
일본	70.6	72.0	73.3	73.0	73.5	73.5	73.7	73.5	74.5
영국	70.0	70.5	73.0	72.5	72.5	72.7	73.5	73.7	74.0
독일	73.0	73.5	74.0	74.0	73.0	74.0	74.5	74.0	74.5
프랑스	64.0	64.5	63.5	64.5	63.0	63.0	64.5	64.0	64.0
한국	64.5	64.5	65.7	65.7	64.6	65.0	66.0	66.0	66.0

① 2019년부터 영국의 고용률은 계속 증가하고 있다.
② 2023년 2분기 OECD 전체 고용률은 전년 동분기 대비 2% 증가하였다.
③ 2023년 1분기와 2분기에서 고용률이 변하지 않은 국가는 프랑스와 한국이다.
④ 2023년 1분기 6개 국가의 고용률 중 가장 높은 국가와 가장 낮은 국가의 고용률 차이는 10%p 이다.
⑤ 2019년부터 2023년 2분기까지 프랑스와 한국의 고용률은 OECD 전체 고용률을 넘은 적이 한 번도 없었다.

| 신한은행

13 S사의 A~E사원들은 봉사활동의 일환으로 홀로 사는 노인들에게 아침 식사를 제공하기 위해 일일 식당을 운영하기로 했다. 다음 명제들이 모두 참이라고 할 때, 항상 참인 진술은?

- 음식을 요리하는 사람은 설거지를 하지 않는다.
- 주문을 받는 사람은 음식 서빙을 함께 담당한다.
- 음식 서빙을 담당하는 사람은 요리를 하지 않는다.
- 음식 서빙을 담당하는 사람은 설거지를 한다.

① A사원은 설거지를 하면서 음식 서빙도 한다.
② B사원이 설거지를 하지 않으면 음식을 요리한다.
③ C사원이 음식 주문을 받으면 설거지는 하지 않는다.
④ D사원은 음식을 요리하면서 음식 주문을 받기도 한다.
⑤ E사원이 설거지를 하지 않으면 음식 주문도 받지 않는다.

※ 다음은 S은행 상품인 신한 S드림(DREAM) 적금의 상품설명서이다. 이어지는 질문에 답하시오. [14~15]

〈신한 S드림(DREAM) 적금〉

구분	세부사항
상품명	• 신한 S드림(DREAM) 적금
상품과목	• 정기적금
가입방법	• 인터넷, 모바일, 영업점, 전화신규
가입대상	• 개인, 개인사업자
가입기간	• 6개월 이상 ~ 60개월 이하(1개월 단위)
가입금액	• 1천 원부터 제한 없음
저축방법	• 자유적립식, 정기적립식
금리	• 기본금리 : 신규일 당시 고시된 가입기간별 기본금리를 적용하고, 자유적립식의 기본금리는 정기적립식 기간별 적용금리에서 연 0.50%p 차감

〈정기적립식 기본금리〉

구분	6개월 이상	12개월 이상	24개월 이상	36개월 이상	48개월 이상	60개월
기본금리	연 2.50%	연 2.70%	연 2.80%	연 3.00%	연 3.15%	연 3.20%

• 우대금리 : 신규일로부터 만기일 전전달 말일까지 다음 요건을 충족하는 경우 최고 연 0.40%p 우대

구분	세부사항	적용금리
정기예금	월말일자로 정기예금 잔액 3백만 원 이상의 보유실적이 1회 이상인 경우	연 0.2%p
청약	월말일자로 청약저축 잔액 30만 원 이상의 보유실적이 1회 이상인 경우	연 0.2%p
장기고객	적금상품(청약상품 제외) 만기해지 후 3개월 이내 이 상품을 신규하는 경우	연 0.1%p
신규금액	30만 원 이상 신규하는 경우	연 0.1%p
비대면채널	비대면채널을 통해 신규하는 경우	연 0.1%p
모범납세자	지자체가 발급한 "모범납세자 증명서"를 만기해지 전 만기월에 영업점에 제출하는 경우(서류제출일은 증명서상의 유효기간 이내여야 한다)	연 0.2%p

※ 가입기간이 12개월 이상인 만기해지계좌에 한하여 제공

이자지급방법	• 만기일시지급(단리식)
특별중도해지	• 결혼, 출산, 전세계약, 주택구입, 상해·질병 입원으로 긴급자금 마련을 위해 중도해지하는 경우 신규시점에 적용된 기본금리에 최초 신규시점에 확정된 우대금리를 포함하여 적용 • 사유발생일 이전에 가입한 계좌로 사유발생일로부터 3개월 이내에 해지된 계좌로 증빙서류를 제출하는 경우에 한함(예식장 계약서, 청첩장, 출산증명서, 전세·매매계약서, 입·퇴원 확인서 중 선택)
중도해지이자	• 1개월 미만 : 연 0.10% • 1개월 이상 : (기본금리)×1−(차감률)×(경과월수)/(계약월수) ※ 단, 연 0.10% 미만으로 산출될 경우 연 0.10% 적용

14 다음 중 제시된 상품설명서에 대한 설명으로 옳은 것은?

① 가입기간이 6개월인 고객이 정기적립식 방식을 택했을 경우 적용되는 기본금리는 자유적립식 방식을 택했을 때보다 1.5배 더 높다.
② 모범납세자 우대금리를 적용받기 위해서는 모범납세자 증명서상의 유효기간이 신규가입일 이후여야 한다.
③ 가입기간이 1년 이하인 고객은 우대금리 혜택을 적용받을 수 없다.
④ 특별중도해지 시에도 조건을 충족한다면 최고 우대금리인 0.40%p를 적용받을 수 있다.
⑤ 질병입원기간 중 해당 상품을 가입한 고객이 해당 질병입원비 마련을 이유로 특별중도해지를 신청한 경우에는 받아들여지지 않는다.

15 A씨는 다음 〈조건〉과 같이 신한 S드림(DREAM) 적금에 가입하였다. A씨가 받을 수 있는 최종금리는?(단, 조건에 명시되지 않은 사항은 우대금리 조건을 충족하지 않은 것으로 한다)

> **조건**
> • 자유적립식에 비대면으로 48개월 가입
> • 신규가입 당시 40만 원 적립
> • 38개월 차에 모범납세자 증명서 제출
> • 주택구입을 위해 40개월 차에 중도해지(사유발생일로부터 2개월 뒤 매매계약서 제출)

① 연 2.85% ② 연 2.95%
③ 연 3.05% ④ 연 3.15%
⑤ 연 3.25%

※ 다음은 S은행에서 판매하는 적금 상품의 금리 정보이다. 이어지는 질문에 답하시오. [16~17]

<S은행 적금 상품>

구분	금리 정보

청년 처음적금	• 기본금리 : 연 3.5%
	• 가입기간 : 12개월
	• 우대금리 : 최대 연 3.0%p
	  ① 주거래 우대 : 연 1.0%p
	  ② S카드 결제 우대 : 연 0.5%p
	  ③ 모바일 앱 사용 우대 : 연 0.5%p
	  ④ 첫 거래 또는 이벤트 우대 : 연 1.0%p
	※ 만 18~39세 청년이 아닐 경우 가입 제한

2024 프로야구 적금	• 기본금리 : 연 2.5%
	• 가입기간 : 12개월
	• 우대금리 : 최대 연 1.7%p
	  ① 선택한 나의 응원팀 등수에 따라 우대이율 제공(중복 미적용, 최대 1.0%p)
	    - 한국시리즈 우승 : 연 1.0%p
	    - 포스트시즌 진출 : 연 0.8%p
	    - 포스트시즌 미진출 : 연 0.5%p
	  ② 콘텐츠 이용 우대 : 연 0.5%p
	  ③ 소득입금 우대 : 연 0.2%p

알.쏠 적금	• 기본금리 : 가입기간에 따라 차등 적용
	  ① 12개월 이상 24개월 미만 : 연 3.0%
	  ② 24개월 이상 36개월 미만 : 연 3.1%
	  ③ 36개월 : 연 3.2%
	• 가입기간 : 12개월 이상 36개월 이하
	• 우대금리 : 연 최대 1.3%p
	  ① 소득이체 우대 : 연 0.6%p
	  ② 카드이용 우대 : 연 0.3%p
	  ③ 오픈뱅킹 우대 : 연 0.6%p
	  ④ 청약보유 우대 : 연 0.3%p
	  ⑤ 마케팅동의 우대 : 연 0.1%p

정기 적금	• 기본금리 : 가입기간에 따라 차등 적용
	  ① 1개월 이상 6개월 미만 : 연 2.2%
	  ② 6개월 이상 12개월 미만 : 연 2.45%
	  ③ 12개월 이상 24개월 미만 : 연 2.7%
	  ④ 24개월 이상 36개월 미만 : 연 2.75%
	  ⑤ 36개월 : 연 2.9%
	  ⑥ 37개월 초과 : 연 2.95%
	• 가입기간 : 1개월 이상 60개월 이하
	• 우대금리 : 없음

스마트 적금	• 기본금리 : 연 3.6% • 가입기간 : 12개월 • 우대금리 : 없음

| 신한은행

16 A씨의 희망 가입기간이 36개월일 때, 기본금리를 최대로 받을 수 있는 상품은?

① 청년 처음 적금 ② 2024 프로야구 적금
③ 알.쏠 적금 ④ 정기 적금
⑤ 스마트 적금

| 신한은행

17 만 26세인 B씨가 S은행 적금 상품에 가입기간 12개월로 가입하였다. 월초에 가입하여 250,000원을 납입 후 매월 초 250,000원씩 같은 금액을 납입할 때, 만기 시 B씨가 가장 많이 받을 수 있는 적금 상품의 원리합계는 얼마인가?(단, 모든 적금 상품은 단리로 적용하며, 만기 시 우대이율은 그 상품의 최대우대이율로 적용하고, 세금은 고려하지 않는다)

① 2,765,750원 ② 2,876,435원
③ 2,975,600원 ④ 3,105,625원
⑤ 3,257,280원

18 다음은 한 달 동안 S사원의 야근 및 휴일근무를 기록한 것이다. 회사의 초과근무수당 규정을 참고하여 S사원이 이번 달 받을 수 있는 야근 및 특근수당을 바르게 구한 것은?(단, S사원의 세전 연봉은 3천만 원이고, 시급 산정 시 월평균 근무시간은 200시간으로 계산한다)

일	월	화	수	목	금	토
	1 (18 ~ 21시)	2	3	4 (18 ~ 22시)	5	6
7	8	9 (18 ~ 24시)	10	11	12	13
14 (09 ~ 12시)	15	16	17	18	19	20
21	22	23	24	25	26 (18 ~ 21시)	27 (13 ~ 18시)
28	29 (18 ~ 19시)	30				

〈초과근무수당 규정〉

- 시급 환산 시 세전 연봉으로 계산한다.
- 평일 야근수당은 시급에 5,000원을 가산하여 지급한다.
- 주말 특근수당은 시급에 10,000원을 가산하여 지급한다.
- 식대는 10,000원을 지급하며, 식대는 야근 및 특근수당에 포함되지 않는다.
- 야근시간은 오후 7시부터 적용되며 10시를 초과할 수 없다(초과시간 수당 미지급).

① 285,000원 ② 320,000원
③ 355,000원 ④ 405,000원
⑤ 442,500원

19 다음 글의 빈칸에 들어갈 내용으로 가장 적절한 것은?

> 육색사고모자기법(6 Thinking Hat)은 에드워드 드 보노가 개발한 창의적 사고 기법으로, 여섯 가지 색깔의 모자를 통해 다양한 사고방식을 훈련하는 방법이다. 육색사고모자기법의 핵심은 각 색깔의 모자가 특정 사고 유형을 대표한다는 점이다. 흰색 모자는 객관적 사실, 빨간색 모자는 감정과 직관, 노란색 모자는 긍정적 사고, 검은색 모자는 부정적 사고, 녹색 모자는 창의적 아이디어, 파란색 모자는 사고 과정의 통제를 나타낸다. 이 기법을 사용하면 한 번에 하나의 사고방식에 집중할 수 있어, 복잡한 문제를 체계적으로 접근할 수 있다.
>
> 창의성 발달에 있어 육색사고모자기법의 효과는 여러 연구를 통해 입증되었다. 육색사고모자기법은 다양한 관점에서 문제를 바라보고 해결책을 찾는 능력을 향상시킨다. 예를 들어, 녹색 모자를 사용할 때는 새로운 아이디어를 자유롭게 제시할 수 있고, 노란색 모자를 쓰면 긍정적인 측면을 찾아내는 데 집중할 수 있다. 이러한 과정을 통해 창의적 사고의 폭을 넓히고 깊이를 더할 수 있다.
>
> 육색사고모자기법은 특히 유아교육 분야에서 효과가 주목받고 있다. 이 기법을 활용한 활동은 유아의 언어표현력, 미술 감상능력, 사회적 기술능력을 향상시키는 데 도움을 준다. 또한 창의적 능력과 창의적 성격 발달에도 긍정적인 영향을 미치며, 명화 감상, 동화 듣기, 인성교육, 감정코칭, 문제해결 활동 등 다양한 상황에 적용하여 창의적 사고를 유도한다.
>
> 육색사고모자기법의 또 다른 장점은 협력적 사고를 촉진한다는 점이다. 이 기법을 그룹 활동에 적용하면, 참가자들이 서로 다른 관점을 이해하고 수용하는 태도를 기를 수 있어 창의적인 문제 해결과 의사결정 과정을 학습하는 데 효과적이다. 또한 검은색 모자를 사용할 때는 아이디어의 단점이나 위험을 분석하게 되는데, 이 과정에서 _____이 길러진다. 이는 창의성과 함께 균형 잡힌 사고를 하는 데 도움을 준다.
>
> 육색사고모자기법은 온라인 환경에서도 효과적으로 적용될 수 있다. 온라인 실시간 토론 도구를 개발하여 이 기법을 적용하면, 구조화된 상호작용과 의사소통을 촉진할 수 있다. 이는 디지털 시대의 창의성 교육에 새로운 가능성을 제시한다.
>
> 결론적으로, 육색사고모자기법은 다양한 사고방식을 체계적으로 훈련함으로써 창의성 발달에 크게 기여한다. 문제를 다각도로 바라보는 능력, 새로운 아이디어를 생성하는 능력, 협력적 사고 능력, 비판적 사고 능력 등을 종합적으로 향상시킬 수 있기 때문에 교육 현장이나 일상생활에서 이 기법을 적극적으로 활용한다면, 개인과 집단의 창의성을 효과적으로 발달시킬 수 있을 것이다.

① 객관적 사고력
② 창의적 사고력
③ 과정적 사고력
④ 비판적 사고력

20 다음 글에서 법학자 A의 견해로 가장 적절한 것은?

> 명예는 세 종류가 있다. 첫째는 인간으로서의 존엄성에 근거한 고유한 인격적 가치를 의미하는 내적 명예이며, 둘째는 실제 이 사람이 가진 사회적·경제적 지위에 대한 사회적 평판을 의미하는 외적 명예, 셋째는 인격적 가치에 대한 자신의 주관적 평가 내지는 감정으로서의 명예감정이다.
> 악성 댓글, 즉 악플에 의한 인터넷상의 명예훼손이 통상적 명예훼손보다 더 심하기 때문에 통상의 명예훼손행위에 비해서 인터넷상의 명예훼손행위를 가중해서 처벌해야 한다는 주장이 일고 있다. 이에 대해 법학자 A는 다음과 같이 주장하였다.
> 인터넷 기사 등에 악플이 달린다고 해서 즉시 악플 대상자의 인격적 가치에 대한 평가가 하락하는 것은 아니므로, 내적 명예가 그만큼 더 많이 침해되는 것으로 보기 어렵다. 또한, 만약 악플 대상자의 외적 명예가 침해되었다고 하더라도 이는 악플에 의한 것이 아니라 악플을 유발한 기사에 의한 것으로 보아야 한다. 오히려 악플로 인해 침해되는 것은 명예감정이라고 보는 것이 마땅하다. 다만 인터넷상의 명예훼손행위는 그 특성상 해당 악플의 내용이 인터넷 곳곳에 퍼져 있을 수 있어 명예감정의 훼손 정도가 피해자의 정보수집량에 좌우될 수 있다는 점을 간과해서는 안될 것이다. 구태여 자신에 대한 부정적 평가를 모을 필요가 없음에도 부지런히 수집·확인하여 명예감정의 훼손을 자초한 피해자에 대해서 국가가 보호해 줄 필요성이 없다는 점에서 명예감정을 보호해야 할 법익으로 삼기 어렵다. 따라서 인터넷상의 명예훼손이 통상적 명예훼손보다 더 심하다고 보기 어렵다.

① 기사가 아니라 악플로 인해서 악플 피해자의 외적 명예가 침해된다.
② 악플 피해자의 명예감정의 훼손 정도는 피해자의 정보수집 행동에 영향을 받는다.
③ 인터넷상의 명예훼손행위를 통상적 명예훼손행위에 비해 가중해서 처벌하여야 한다.
④ 인터넷상의 명예훼손행위의 가중처벌 여부의 판단에서 세 종류의 명예는 모두 보호하여야 할 법익이다.

※ 다음은 비-REM수면과 REM수면에 대한 글이다. 이어지는 질문에 답하시오. [21~22]

수면은 피로가 누적된 심신을 회복하기 위해 주기적으로 잠을 자는 상태를 의미한다. 수면은 '비-REM수면'과 급속한 안구 운동을 동반하는 'REM(Rapid Eye Movement)수면'이 교대로 나타난다. 일반적으로 비-REM수면 이후 REM수면이 진행된다. 비-REM수면은 4단계로 진행되면서 깊은 잠에 빠져들게 되는 수면이다. 이러한 수면의 양상은 수면 단계에 따라 달리 측정되는 뇌파로 살펴볼 수 있다. (가)
먼저 막 잠이 들기 시작하는 1단계 수면 상태에서 뇌는 '세타파'를 내보낸다. 세타파란 얕은 잠을 자는 상태에서 나타나는 뇌파로, 이때는 언제든 깰 수 있을 정도의 수면 상태이다. 이 단계는 각성 상태에서 수면으로 넘어가는 과도기적 상태로 뇌파가 각성 상태보다 서서히 느려진다.
2단계 수면에서는 세타파 사이사이에 '수면방추'와 'K-복합체'라는 독특한 뇌파의 모습이 보인다. 수면방추는 세타파 중간마다 마치 실이 감겨 있는 것처럼 촘촘한 파동의 모습인데, 분당 2~5번 정도 나타나며 수면을 유지시켜 주는 역할을 한다. K-복합체는 2단계 수면에서 나타나는데, 세타파 사이사이에 아래위로 갑자기 삐죽하게 솟아오르는 모습을 보인다. 실험에 의하면 K-복합체는 수면 중 갑작스러운 소음이 날 때 활성화된다. (나)
깊은 수면의 단계로 진행되면 뇌파 가운데 가장 느리고 진폭이 큰 '델타파'가 나타난다. 3단계와 4단계는 '델타파'의 비중에 따라 구별된다. 보통 델타파의 비중이 20~50%일 때는 3단계로, 50%를 넘어서 더 깊은 수면에 빠지는 상태가 되면 4단계로 본다. 때문에 4단계 수면은 '서파수면(Slow-wave-sleep)'으로도 알려져 있다. (다)
서파수면은 대뇌의 대사율과 혈류량이 각성 수준의 75%까지 감소되는 깊은 잠의 상태이고, REM수면은 잠에 빠져 있음에도 정신 활동이 이루어지는 상태이다. 때문에 서파수면 상태에 있는 사람을 깨우면 정신을 못 차리고 비틀거리며 혼란스러워 하고, REM수면 상태의 사람을 깨우면 금세 각성 상태로 돌아온다. (라)
자극에 반응을 하지 않을 정도의 비-REM수면은 온전한 휴식을 통해 진정한 심신의 회복을 가져다준다. 자면서도 정신 활동이 이루어지는 REM수면은 인간의 뇌의 활동이나 학습에도 도움을 준다. 비-REM수면이든 REM수면이든 문제가 생기면 인간의 활동은 영향을 받게 된다.

┃하나은행

21 다음 중 윗글의 주된 내용 전개 방식으로 가장 적절한 것은?

① 현상의 과정을 단계별로 나누어 설명하고 있다.
② 현상에 대한 다양한 관점을 비교·분석하고 있다.
③ 구체적인 사례를 통해 관련 현상을 설명하고 있다.
④ 새로운 시각으로 현상을 분석하는 이론을 소개하고 있다.

┃하나은행

22 다음 중 〈보기〉의 문장이 들어갈 위치로 가장 적절한 곳은?

> **보기**
>
> 이를 통해 이것은 잠자는 사람이 깨는 것을 방지해 주는 역할을 하여 깊은 수면을 유도함을 알 수 있다.

① (가) ② (나)
③ (다) ④ (라)

| 하나은행

23 A와 B가 직선 트랙을 달리려고 한다. A는 180m/min의 속력으로 4분 동안 달린 후 2분 동안 제자리에서 쉬고, B는 225m/min의 속력으로 8분 동안 달린 후 2분 동안 제자리에서 쉰다고 한다. A가 30분 먼저 출발하고 그 후에 B가 같은 시작점에서 뒤따라 출발할 때, A와 B가 처음으로 만나는 곳은 시작점으로부터 몇 m 떨어진 곳인가?

① 8,400m
② 9,600m
③ 10,800m
④ 12,000m

| 하나은행

24 고등학생 8명이 래프팅을 하러 여행을 떠났다. 보트는 3명, 5명씩 두 팀으로 나눠 타기로 했다. 이때 8명 중 반장과 부반장은 서로 다른 팀이 된다고 할 때, 8명이 두 팀으로 나눠 타는 경우의 수는?(단, 반장과 부반장은 각각 1명이다)

① 15가지
② 18가지
③ 30가지
④ 32가지

| 하나은행

25 다음과 같은 전개도를 가진 원뿔의 밑면의 넓이가 64cm²일 때, 옆면의 넓이는?

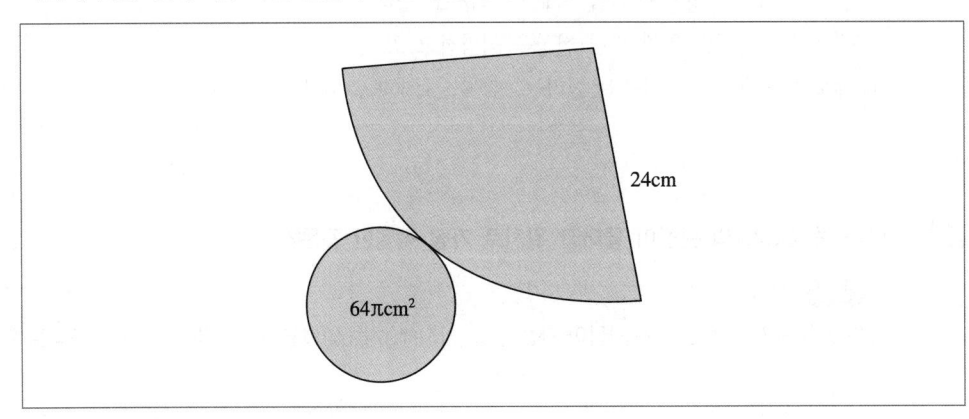

① 176π cm²
② 182π cm²
③ 188π cm²
④ 192π cm²

26 다음은 각 국가의 환율 및 미화환산율에 대한 자료이다. 이에 대한 설명으로 옳지 않은 것은?(단, 소수점 셋째 자리에서 반올림한다)

〈국가별 환율 및 미화환산율〉

구분	매매기준가(원)	구입 가격(원)	판매 가격(원)	미화환산율
미국(USD)	1,377	1,401.10	1,352.90	1.00
일본(100엔)	878.67	894.05	863.29	0.64
중국(CNY)	189.7	199.19	180.22	( )
영국(GBP)	1,721.94	1,755.86	1,688.02	1.25
호주(AUD)	( )	918.58	883.08	0.65

※ (구입 가격)=(매매기준가)×[1+(환전수수료)]
　(판매 가격)=(매매기준가)×[1−(환전수수료)]

① 중국의 미화환산율은 0.14이다.
② 호주의 매매기준가는 895.05원이다.
③ 미국과 일본의 구입할 때의 환전수수료는 같다.
④ 판매할 때의 환전수수료가 가장 적은 국가는 중국이다.

※ 다음은 H은행의 청년도약계좌의 상품설명서와 A씨의 가입 정보이다. 이어지는 질문에 답하시오.
[27~28]

<H은행 청년도약계좌>

구분	내용

가입대상	• 가입일 현재 만 19세 이상 만 34세 이하인 자(병적증명서를 통해 병역 의무를 이행한 기록이 확인되는 경우, 현재 연령에서 병역을 이행한 기간을 최대 6년 제외한다)
	• 개인소득이 다음 기준을 만족하는 자(단, 육아휴직급여, 육아휴직수당, 병사 봉급을 제외한 비과세소득을 제외한다)
	  – 직전년도 총급여액이 7,500만 원 이하인 자
	  – 직전 과세기간의 종합소득과세표준에 합산되는 종합소득금액이 6,300만 원 이하인 자
	• 가입일 현재 직전 과세기간의 가구소득이 직전년도 기준중위소득의 250% 이하인 자
	• 가입일이 속한 과세기간의 직전 3개 과세기간 중 1회 이상 금융소득종합과세대상자에 해당하지 않는 자

가입기간	• 5년
가입금액	• 1천 원 이상 70만 원 이하(1천 원 단위)
적립한도	• 매월 1천 원 이상 70만 원 이하(1천 원 단위) • 연 840만 원 이하(가입일 기준으로 1년)
이자지급방법	• 만기일시지급식, 단리식 적립방법 • 자유적립식
기본금리	• 연 4.5%(세전)
우대금리	• 최대 연 1.5%p(세전)

우대항목	우대금리	내용
급여(가맹점대금) 이체	연 0.6%p	해당 예금 가입 후 만기 전전월말 기준, 본인 명의 H은행 입출금통장을 통해 36회 이상 급여 입금 또는 가맹점(결제) 대금 입금 실적 보유(건당 50만 원 이상, 월 1회 인정)
카드 결제	연 0.2%p	해당 예금 가입 후 만기 전전월말 기준, 본인 명의 H은행 입출금통장을 통해 36회 이상 월 10만 원 이상의 H은행 카드 결제 실적 보유(신용/체크카드)
목돈마련 응원	연 0.1%p	해당 예금 가입일로부터 직전 1년간 적금 또는 예금 상품을 미보유한 경우(청년희망적금, 청년내일저축계좌, 청년도약계좌, 주택청약종합저축 예외)
마케팅 동의	연 0.1%p	해당 예금 가입 전 H은행 상품, 서비스 마케팅 동의 항목을 모두 동의한 경우
소득 플러스	최대 연 0.5%p	해당 예금 가입신청 및 가입 후 1년 주기로 심사한 개인소득금액의 소득요건 충족* 횟수에 따라 우대금리 제공 1회 : 0.1%p, 2회 : 0.2%p, 3회 : 0.3%p, 4회 : 0.4%p, 5회 : 0.5%p

*소득요건 충족 기준은 다음과 같다.
  – 총급여 2,400만 원 이하
  – 종합소득 1,600만 원 이하
  – 연말정산소득 1,600만 원 이하

비고	• 본 상품은 청년의 중장기 자산형성 지원을 위한 금융상품으로 비과세 혜택을 제공하는 적립식 상품이다. • 본 상품에 가입 후 만기 전에 나이를 초과하였어도, 중도해지하지 않았다면 가입일 당시 나이를 기준으로 금리를 적용한다.

⟨A씨 청년도약계좌 가입 정보⟩

- 가입일 기준 만 36세이다.
- 부사관으로서 3년간 복무한 병역 의무 이행 기록이 있다.
- 가입일 직전 과세기간의 종합소득 과세표준 합산 종합소득금액은 연 6,000만 원이다.
- 가입일 직전 과세기간의 가구소득이 직전년도 기준 중위소득의 200%이며, 가입일 기준 전체 과세기간 동안 금융소득 종합과세 대상자에 해당된 기록이 존재하지 않았다.
- 만기일까지 H은행 입출금통장에 월 150만 원 이상의 급여가 들어올 것이다.
- 만기일까지 H은행 신용카드로 월 15만 원 이상 고정 지출이 있을 예정이다.
- 가입일 기준 H은행의 K적금 상품에 가입 중이다.
- H은행 상품・서비스 마케팅 동의 항목에 동의하지 않은 항목이 있다.
- 가입일 당시 총급여는 연 2,300만 원이며, 매년 100만 원씩 증가할 예정이다.

| 하나은행

27 A씨의 청년도약계좌 가입 정보를 근거로 할 때, 만기일에 적용받는 금리는?

① 연 4.5% ② 연 5.5%
③ 연 6%   ④ 가입할 수 없다.

| 하나은행

28 A씨가 이달 초에 청년도약계좌에 가입하면서 500,000원을 납입한 후 매월 초 500,000원씩 납입할 때, 가입 정보에 따라 만기일에 A씨가 받을 수 있는 원리금은?

① 30,000,000원 ② 33,431,250원
③ 34,193,750원 ④ 34,575,000원

29 H은행에 입행한 신입행원 A ~ E 5명은 각각 2개 항목의 물품을 신청하였다. 5명의 신입행원 중 2명의 진술이 거짓일 때, 다음 중 신청 행원과 신청 물품이 바르게 연결된 것은?

신입행원이 신청한 항목은 4개이며, 항목별 신청 행원의 수는 다음과 같다.
- 필기구 : 2명
- 의자 : 3명
- 복사용지 : 2명
- 사무용 전자제품 : 3명

- A : 나는 필기구를 신청하였고, E는 거짓말을 하고 있다.
- B : 나는 의자를 신청하지 않았고, D는 진실을 말하고 있다.
- C : 나는 의자를 신청하지 않았고, E는 진실을 말하고 있다.
- D : 나는 필기구와 사무용 전자제품을 신청하였다.
- E : 나는 복사용지를 신청하였고, B와 D는 거짓말을 하고 있다.

① A – 복사용지　　　　　　　　② B – 사무용 전자제품
③ C – 필기구　　　　　　　　　④ E – 필기구

30 다음은 A섬유회사에 대한 SWOT 분석 자료이다. 이에 따른 대응 전략으로 적절한 것을 〈보기〉에서 모두 고르면?

• 첨단 신소재 관련 특허 다수 보유	• 신규 생산 설비 투자 미흡 • 브랜드의 인지도 부족
S 강점	W 약점
O 기회	T 위협
• 고기능성 제품에 대한 수요 증가 • 정부 주도의 문화 콘텐츠 사업 지원	• 중저가 의류용 제품의 공급 과잉 • 저임금의 개발도상국과 경쟁 심화

보기
ㄱ. SO전략으로 첨단 신소재를 적용한 고기능성 제품을 개발한다.
ㄴ. ST전략으로 첨단 신소재 관련 특허를 개발도상국의 경쟁업체에 무상 이전한다.
ㄷ. WO전략으로 문화 콘텐츠와 디자인을 접목한 신규 브랜드 개발을 통해 적극적 마케팅을 한다.
ㄹ. WT전략으로 기존 설비에 대한 재투자를 통해 대량생산 체제로 전환한다.

① ㄱ, ㄴ　　　　　　　　　　② ㄱ, ㄷ
③ ㄴ, ㄷ　　　　　　　　　　④ ㄴ, ㄹ

31 다음 글의 내용에 대한 추론으로 적절하지 않은 것은?

> 지난해 경북 봉화군은 농기계임대사업소를 설치해 1,279농가에 6,135건의 농기계를 임대함으로써 농업의 인력난 해소와 더불어 농작업 편의성을 높였다.
>
> 올해는 무인 안내기 이른바 '키오스크'를 설치한 농기계임대사업소를 새롭게 확장 이전해 농업인 스스로 필요로 하는 농기계를 임대, 출고, 결제할 수 있는 편리한 서비스를 제공하고 있다. 이를 통해 농업인은 간편하게 농기계 임대를 진행할 수 있어 이전보다 대기하는 시간이 크게 감소하였음은 물론, 스마트폰 앱을 이용해 실시간으로 농기계 재고를 확인하고 예약할 수 있는 서비스까지 제공하고 있어 효율적 이용이 가능해졌다.
>
> 또한 KT인공지능(AI) 기술인 '보이스봇' 서비스를 도입하여 분주한 농업인들이 휴일 및 야간에 구애받지 않고 24시간 전화 상담 및 예약을 가능하게 하고 있으며, 농업인들이 임대한 농기계를 안전하게 사용할 수 있도록 이에 맞는 교육도 제공하고 있다.
>
> 봉화군은 앞으로도 지역 내 농업인들이 필요로 하는 농기계를 추가 구입해 지역 내 농업인들이 임대 농기계를 편하게 이용할 수 있도록 힘쓸 것은 물론, 경제적 어려움을 겪고 있는 농업인들에게는 저렴하게 임대할 수 있도록 하겠다고 밝혔다.

① 농업에 부족한 인력을 농기계가 대신하고 있어, 농업에서 농기계의 사용은 불가피하다.
② 지난해에는 직원을 통해서만 농기계 임대가 가능해 농기계 임대하기까지 많은 시간이 소요되었다.
③ 이전에는 실시간 농기계 재고 확인이 어려워 농기계임대사업소에 도착하더라도 바로 임대가 어려운 경우가 발생했다.
④ 올해는 농기계임대사업소를 직접 방문하지 않고도 임대농기계를 예약하고 현장에서 바로 사용할 수 있다.
⑤ 각 지역 농업 환경 특성에 따라 필요로 하는 농기계가 다를 수 있다.

32 다음 글의 내용으로 적절하지 않은 것은?

> 사과를 포함한 일부 과일 가격이 계속 상승하고 있다. 이에 농식품부는 '올해 2월 눈, 비가 많이 내렸기 때문에 참외 수확량이 적었다. 그러나 4월에 열린 과실량이 5월에 함께 공급될 것으로 예상되며, 특히 5월부터 참외 수확량이 작년 수준만큼 회복될 것으로 보인다.'고 하였다.
> 또한 올 여름 수박의 출하 면적이 지난해와 비교해 볼 때 소폭 상승해 생장기 기상상황이 안정적이라면, 수박 공급량 역시 작년과 비슷할 것으로 판단된다고 하였다. 이밖에도 토마토의 경우 생육이 회복하고 있어 긍정적으로 보이지만, 멜론의 경우 재배면적이 작년보다 감소해 공급량이 줄어들 것으로 예상된다. 사과 역시 햇과일이 나올 때까지는 계속 가격이 상승할 것으로 보이지만, 여름에는 사과보다는 비교적 참외와 수박이 소비되는 경향이 있어 사과보다는 참외와 수박의 가격이 체감 물가로 이어질 것으로 보인다고 하였다.
> 이에 농식품부는 제철과일 및 채소의 생육관리를 위해 농업인 기술지도를 늘리고, 농작물 생장관리를 위한 영양제를 저렴하게 공급하겠다며, 농가에서도 농산물의 생육관리를 위해 수박은 15도 이상으로 참외는 30도 이하로 유지하는 등 각 과일 및 채소 재배환경에 맞는 적절한 온도 조절과 환기에 신경 써달라고 당부했다.

① 5월에 비가 자주 내린다면, 참외 수확량은 적을 것이다.
② 참외, 수박, 토마토, 사과의 경우 올해 긍정적인 전망이 예상되는 반면, 멜론의 경우 그렇지 않다.
③ 소비자 입장에서의 사과의 체감 물가는 증가할 것이다.
④ 과일 및 채소의 체감 물가와 수확량은 반비례한다.
⑤ 여름 제철과일이라 하더라도, 각 과일 생장기에 따른 적절한 재배 온도는 다를 수 있다.

33 다음은 농협법에 대한 기사이다. 이에 대한 내용으로 가장 적절한 것은?

> 최근 농협법 개정안의 통과 여부에 대한 관심이 쏟아지고 있다. 이 개정안이 통과된다면 농협 금융지주는 농협중앙회에 명칭사용료 명목으로 매출액의 최대 5%를 지불하여야 한다.
> 이에 대해 일각에서는 농협금융의 설립 목적과 취약한 농촌 상황을 고려하면, 해당 개정안이 통과되어야한다고 주장하지만, 반대쪽 입장에서는 다른 금융지주들의 명칭사용료가 0.1 ~ 0.3% 수준인 것을 고려할 때 이는 타사 대비 최대 30배 가까운 수준의 비용을 지불하는 것이라며 우려하고 있다.
> 금융권에 의하면, 농협금융은 2012년 창사 이후 매년 매출액의 2.5%를 명칭사용료 명목으로 농협중앙회에 지불해왔고, 2016년 농협법에 따라 명칭사용료가 농업지원사업비로 그 명칭이 변경되었지만 비율은 이전과 동일한 2.5% 그대로였다고 밝혔다.
> 이로 인해 농협중앙회는 작년에 농협금융으로부터 4,927억 원을, 그 전년에는 4,505억 원을 명칭사용료 명목으로 거둬들였는데, 이는 전년 대비 약 9.4% 증액된 수치로, 이와 비교하여 농협금융의 당기순이익은 작년에 2조 2,343억 원, 전년에 2조 2,309억 원으로 약 0.2% 증가해 큰 차이가 보이지 않고 있다.

① 농협법 개정안이 통과된다면, 명칭사용료 금액이 이전보다 2배 증액된다.
② 농협금융의 명칭사용료 수준이 타사 대비 높은 이유는 농협금융의 설립 목적과 취약한 농촌 상황에 있다.
③ 농협금융이 농협은행에 지불하고 있는 명칭사용료는 창사 이후 매년 증가하고 있다.
④ 농협금융이 명칭사용료로 지불하는 금액은 증가하는 반면, 농협금융의 실적은 감소하고 있다.
⑤ 지금과 같은 상황에서 농협법 개정안이 통과된다면 농협금융의 실적은 후퇴할 것이다.

34 다음 문단을 논리적 순서대로 바르게 나열한 것은?

> (가) 왜냐하면 눈과 자율신경을 통한 인간의 정신적·생리적 삶의 리듬은 일별, 월별로 변화하는 주광에 영향을 받기 때문이다.
> (나) 인공광은 변화하는 주광과 달리 시간의 제약 없이 빛의 밝기를 원하는 대로 조절할 수 있지만, 인간의 건강과 안락감에 부정적 영향을 미치는 측면을 간과할 수 없다.
> (다) 우리가 전등이라고 부르는 인공광은 빛의 조도 조절, 야간 조명, 기후나 기상에 따른 변화 등에 대처하기 위해 필요하다.
> (라) 하지만 인공광은 생리적 반응에 있어서 자연광과 일치하지 않기 때문에 인간의 시각적 적응 능력을 필요로 하며, 자연 채광이 차단된 밀폐된 공간에서는 상황 판단에 혼란을 일으키기 쉽다는 단점이 있다.

① (나) – (가) – (다) – (라)
② (나) – (다) – (가) – (라)
③ (다) – (나) – (가) – (라)
④ (다) – (라) – (나) – (가)
⑤ (라) – (가) – (나) – (다)

35 A와 B는 1.2km 떨어진 직선거리의 양 끝에서부터 12분 동안 마주 보고 달려 한 지점에서 만났다. B는 A보다 1.5배 더 빠르다고 할 때, A의 속도는?

① 28m/분
② 37m/분
③ 40m/분
④ 48m/분
⑤ 53m/분

36 다음은 2017 ~ 2023년 우리나라 지진 발생 현황에 대한 자료이다. 이에 대한 설명으로 옳은 것은?

〈우리나라 지진 발생 현황〉

구분	지진 횟수	최고 규모
2017년	42회	3.3
2018년	52회	4.0
2019년	56회	3.9
2020년	93회	4.9
2021년	49회	3.8
2022년	44회	3.9
2023년	492회	5.8

① 지진 횟수가 증가할 때 지진의 최고 규모도 커진다.
② 2020년에는 2019년보다 지진이 44회 더 발생했다.
③ 2017년 이후 지진 발생 횟수가 꾸준히 증가하고 있다.
④ 2020년에 일어난 규모 4.9의 지진은 2017년 이후 우리나라에서 발생한 지진 중 가장 강력한 규모이다.
⑤ 2023년에 발생한 지진 횟수는 2017년부터 2022년까지의 평균 지진 횟수에 비해 약 8.8배 급증했다.

37 다음 제시된 명제가 모두 참일 때, 빈칸에 들어갈 명제로 가장 적절한 것은?

> 전제1. 창의적인 문제해결을 하기 위해서는 브레인스토밍을 해야 한다.
> 전제2. 브레인스토밍을 하기 위해서는 상대방의 아이디어를 비판해서는 안 된다.
> 결론. _____

① 상대방의 아이디어를 비판하지 않으면 창의적인 문제해결이 가능하다.
② 상대방의 아이디어를 비판하지 않으면 브레인스토밍을 할 수 있다.
③ 브레인스토밍을 하면 창의적인 문제해결이 가능하다.
④ 창의적인 문제해결을 하기 위해서는 상대방의 아이디어를 비판해서는 안 된다.
⑤ 브레인스토밍을 하지 않으면 상대방의 아이디어를 비판해도 된다.

38 다음 제시된 명제가 모두 참일 때, 반드시 참인 명제는?

> • 갑과 을 앞에 감자칩, 쿠키, 비스킷이 놓여 있다.
> • 세 가지의 과자 중에는 각자 좋아하는 과자가 반드시 있다.
> • 갑은 감자칩과 쿠키를 싫어한다.
> • 을이 좋아하는 과자는 갑이 싫어하는 과자이다.

① 갑은 좋아하는 과자가 없다.
② 갑은 비스킷을 싫어한다.
③ 을은 비스킷을 싫어한다.
④ 갑과 을이 같이 좋아하는 과자가 있다.
⑤ 갑과 을이 같이 싫어하는 과자가 있다.

39 A~E는 각각 월~금요일 중 하루씩 돌아가며 당직을 선다. 이 중 2명이 거짓말을 하고 있다고 할 때, 이번 주 수요일에 당직을 서는 사람은?

- A : 이번 주 화요일은 내가 당직이야.
- B : 나는 수요일 당직이 아니야. D가 이번 주 수요일 당직이야.
- C : 나와 D는 이번 주 수요일 당직이 아니야.
- D : B는 이번 주 목요일 당직이고, C는 다음 날인 금요일 당직이야.
- E : 나는 이번 주 월요일 당직이야. 그리고 C의 말은 모두 사실이야.

① A ② B
③ C ④ D
⑤ E

40 해외지사에서 근무 중인 직원들 중 업무성과가 우수한 직원을 선발하여 국내로 초청하고자 한다. 다음의 자료를 토대로 각국 직원들이 국내에 도착하는 순서를 바르게 나열한 것은?

〈각국 해외지사 직원들의 비행 스케줄〉

출발지	출발지 기준 이륙 시각	비행 시간 (출발지 → 대한민국)
독일(뮌헨)	2024년 11월 6일(수) 오후 04:20	11시간 30분
인도(뉴델리)	2024년 11월 6일(수) 오후 10:10	8시간 30분
미국(뉴욕)	2024년 11월 6일(수) 오전 07:40	14시간

〈동일 시점에서의 각국의 현지 시각〉

국가(도시)	현지 시각
대한민국(서울)	2024년 11월 6일(수) 오전 06:20
독일(뮌헨)	2024년 11월 5일(화) 오후 11:20
인도(뉴델리)	2024년 11월 6일(수) 오전 03:50
미국(뉴욕)	2024년 11월 5일(화) 오후 05:20

① 독일 – 인도 – 미국
② 독일 – 미국 – 인도
③ 미국 – 독일 – 인도
④ 인도 – 독일 – 미국
⑤ 인도 – 미국 – 독일

41 다음 글의 내용으로 가장 적절한 것은?

> 대출심사는 금융기관이 대출 신청자의 신용도와 상환 능력을 평가하는 중요한 과정으로 이 과정에서는 신청자의 소득, 직업, 자산, 부채, 신용 이력 등 다양한 요소를 종합적으로 고려한다. 최근에는 인공지능(AI)과 빅데이터 기술을 활용하여 더욱 정확하고 신속한 심사가 가능해졌으며, 이러한 기술의 도입으로 과거에는 파악하기 어려웠던 비정형 데이터까지 분석할 수 있게 되어, 심사의 정확도가 크게 향상되었다.
> 대출심사의 주요 목적은 금융기관의 리스크를 관리하고 건전한 대출 포트폴리오를 유지하는 것이다. 심사 결과에 따라 대출 승인 여부, 대출 한도, 이자율 등이 결정되며, 일반적으로 신용점수가 높고 안정적인 소득이 있는 신청자는 더 유리한 조건으로 대출을 받을 수 있다. 그러나 최근에는 신용점수 외에도 소득 대비 대출 비율(LTI; Lone To Income ratio), 총부채상환비율(DTI; Debt To Income ratio) 등 다양한 대안적 지표들을 활용하여 신청자의 상환 능력을 평가하는 추세이다.
> 많은 금융기관들은 대출심사 과정에서 신청자의 상환 의지와 능력을 판단하기 위해 면담을 실시하기도 한다. 면담 과정을 통해 신청자의 재무 상황과 대출 목적에 대해 더 자세히 파악할 수 있으며, 일부 기관에서는 비대면 화상 면담 시스템을 도입하여 신청자의 편의성을 높이고 있다.
> 대출심사는 금융기관뿐만 아니라 대출 신청자에게도 중요한 과정이다. 신청자는 자신의 재무 상황을 객관적으로 평가받고, 적절한 대출 상품을 선택하는 데 도움을 받을 수 있다. 또한, 일부 금융기관에서는 대출 거절 시 그 이유를 상세히 설명하고 개선 방안을 제시하여 신청자의 재무 건전성 향상을 돕고 있다.
> 최근에는 환경 – 사회 – 지배구조(ESG) 요소를 대출심사에 반영하는 금융기관들이 늘어나고 있다. 이는 기업의 지속가능성과 사회적 책임을 평가하여 장기적인 리스크를 관리하고자 하는 노력의 일환이다.

① 대출심사에서 신용점수는 여전히 유일한 평가 기준으로 사용되고 있다.
② 모든 금융기관은 대출 거절 시 그 이유와 개선 방안을 상세히 제공하고 있다.
③ ESG 요소의 반영은 대출심사의 객관성을 떨어뜨리는 요인으로 작용하고 있다.
④ 일부 금융기관에서는 비대면 화상 면담 시스템을 도입하여 신청자의 편의성을 높이고 있다.

42 다음 글의 내용으로 적절하지 않은 것은?

통화정책은 중앙은행이 경제 안정과 성장을 위해 통화량과 금리를 조절하는 정책이다. 통화정책의 주요 목표는 물가안정, 고용 증대, 경제성장 촉진 등이다. 이를 위해 중앙은행은 기준금리 조정, 지급준비율 변경, 공개시장조작 등의 수단을 활용하여 통화정책을 실행한다.

기준금리 조정은 가장 대표적인 통화정책 수단이다. 금리를 낮추면 대출이 늘어나고 소비와 투자가 증가하여 경기가 활성화되지만, 인플레이션이 발생할 위험이 있다. 반대로 금리를 올리면 대출과 투자가 줄어들어 경기가 위축되지만, 물가안정에 도움이 된다.

지급준비율은 은행이 예금의 일정 비율을 중앙은행에 예치해야 하는 비율이다. 이 비율을 높이면 은행의 대출 여력이 줄어들어 통화량이 감소하고, 낮추면 대출 여력이 늘어나 통화량이 증가한다.

공개시장조작은 중앙은행이 국채 등을 매매하여 시중 통화량을 조절하는 방법이다. 국채를 매입하면 시중에 유동성이 공급되어 통화량이 늘어나고, 매각하면 통화량이 줄어든다.

최근에는 전통적인 통화정책 수단 외에도 양적완화, 포워드 가이던스 등 비전통적 수단도 활용되고 있다. 양적완화는 중앙은행이 대규모로 자산을 매입하여 시중에 유동성을 공급하는 정책이며, 포워드 가이던스는 중앙은행이 미래의 통화정책 방향을 미리 제시하여 시장의 기대를 관리하는 정책이다.

통화정책의 효과는 즉각적으로 나타나지 않고 시차를 두고 나타나며, 그 영향력은 경제 상황에 따라 다르게 나타날 수 있다. 따라서 중앙은행은 경제 지표를 면밀히 분석하고 미래 전망을 고려하여 신중하게 정책을 결정해야 한다.

① 양적완화와 포워드 가이던스는 비전통적 통화정책 수단의 예시이다.
② 지급준비율을 높이면 은행의 대출 여력이 늘어나 통화량이 증가한다.
③ 통화정책의 주요 목표에는 물가안정, 고용 증대, 경제성장 촉진 등이 포함된다.
④ 기준금리를 낮추면 대출과 투자가 증가하여 경기가 활성화되지만, 인플레이션 위험이 있다.

43 다음 제시된 문단을 논리적 순서대로 바르게 나열한 것은?

주요국 다국적 기업에 글로벌 최저한세 제도가 도입되면서 국책은행들은 자문 용역을 발주하는 등 대책을 강구하는 데 몰두하고 있다.

(가) 해당 제도가 적용되는 기업은 연결 재무제표상 매출액이 7억 5,000만 유로 이상인 곳으로 약 200여 개가 대상이며, 2025년부터 법인세가 부과될 방침이다.

(나) 하지만 기획재정부는 2026년까지 전환기 적용면제 특례 규정을 적용하여 매출액·이익, 이익 대비 법인세 비중, 초과이익 요건 중 하나 이상을 충족한 기업에는 비록 올해부터 시행되는 제도이나 추가세액 납부 의무를 2026년까지 면제해 주겠다고 밝혔다.

(다) 글로벌 최저한세 제도란 우리나라에 모회사를 두는 다국적 기업의 해외 자회사가 현지 최저한 세율인 15%에 미치지 못하는 세금을 납부하면 지주사 등 모기업에서 추가 세액을 납부하도록 하는 것이다.

① (가) - (나) - (다) ② (가) - (다) - (나)
③ (다) - (가) - (나) ④ (다) - (나) - (가)

44 다음은 I은행의 2019 ~ 2023년 인터넷뱅킹 이용 실적 및 이용 금액에 대한 자료이다. 이에 대한 설명으로 옳지 않은 것은?

〈인터넷뱅킹 이용 실적〉

(단위 : 만 건)

구분	2019년	2020년	2021년	2022년	2023년
계(이체+대출)	248	260	278	300	334
모바일뱅킹	177	190	214	238	272
이체	247.9	259.7	277.5	299.3	333.1
대출	0.1	0.3	0.5	0.7	0.9

〈인터넷뱅킹 이용 금액〉

(단위 : 억 원)

구분	2019년	2020년	2021년	2022년	2023년
계(이체+대출)	96,164	121,535	167,213	171,762	197,914
모바일뱅킹	19,330	27,710	40,633	44,658	57,395
이체	95,677	120,398	165,445	169,368	195,151
대출	487	1,137	1,768	2,394	2,763

① 2020 ~ 2023년 동안 전년 대비 전체 인터넷뱅킹 이용 실적과 이용 금액 모두 매년 증가하였다.
② 2019 ~ 2023년 동안 전체 인터넷뱅킹 이용 실적 중 모바일뱅킹 이용 실적은 매년 70% 이상이었다.
③ 2019 ~ 2023년 동안 전체 인터넷뱅킹 이용 금액 중 모바일뱅킹 이용 금액은 매년 30% 미만이었다.
④ 2020 ~ 2023년 동안 전년 대비 인터넷뱅킹 대출 이용 실적 건수당 대출 금액은 매년 증가하였다.

45 I회사의 기획팀 부장 1명, 대리 2명, 주임 3명, 사원 2명이 회의실을 이용하고자 한다. 다음 〈조건〉에 따라 자리에 앉을 수 있는 경우의 수는?

조건
- 스크린의 맞은편에는 부장이 앉는다.
- 스크린과 가장 가까운 자리 중 하나는 노트북을 연결해야 하므로 앉을 수 없다.
- 대리 2명은 부장과 가장 가까운 자리에 앉는다.
- 사원은 대리 바로 옆에 앉아야 한다.

① 480가지
② 960가지
③ 2×9!가지
④ $\dfrac{11!}{2}$ 가지

| IBK기업은행

46 다음은 2023년 7∼12월의 미국, 중국, 일본의 환율에 대한 자료이다. 이에 대한 설명으로 옳은 것은?

〈2023년 7∼12월 미국·중국·일본 환율〉

구분	2023년 7월	2023년 8월	2023년 9월	2023년 10월	2023년 11월	2023년 12월
미국 (원/달러)	1,308	1,346	1,357	1,375	1,331	1,329
중국 (원/위안)	188	191	192	193	190	192
일본 (원/엔)	9.27	9.3	9.19	9.2	8.88	9.23

① 2023년 8∼12월 동안 미국의 전월 대비 환율은 꾸준히 상승하였다.
② 2023년 8∼12월 동안 중국과 일본의 전월 대비 환율의 증감 추이는 같다.
③ 2023년 7∼12월 동안 위안화 대비 엔화는 항상 20엔/위안 이상이다.
④ 2023년 7월 대비 12월의 환율 증가율이 가장 큰 국가는 미국이다.

| IBK기업은행

47 다음은 I회사의 승진 규정과 승진후보자 정보이다. 이에 따를 때, 2024년 현재 직급이 대리인 직원은?

〈승진 규정〉
- 2023년까지 근속연수가 3년 이상인 자를 대상으로 한다.
- 출산휴가 및 병가 기간은 근속연수에서 제외한다.
- 평가연도 업무평가 점수가 80점 이상인 자를 대상으로 한다.
- 평가연도 업무평가 점수는 직전연도 업무평가 점수에서 벌점을 차감한 점수이다.
- 벌점은 결근 1회당 −10점, 지각 1회당 −5점이다.
- 직급은 사원 → 주임 → 대리 → 과장 순으로 높아진다.

〈승진후보자 정보〉

구분	근무기간	작년 업무평가	근태현황 지각	근태현황 결근	기타
A사원	1년 4개월	79점	1회	−	−
B주임	3년 1개월	86점	−	1회	출산휴가 35일
C대리	7년 1개월	89점	1회	1회	병가 10일
D과장	10년 3개월	82점	−	−	−

① A사원
② B주임
③ C대리
④ D과장

48 다음은 IBK기업은행의 채권 상품인 'IBK 2024특판중금채'에 대한 상품설명서이다. 이에 대한 설명으로 옳은 것은?

<IBK 2024특판중금채>

구분	세부사항
상품특징	• 우대조건이 쉬운 특판 거치식 상품 • 중소기업금융채권
상품과목	• 일시예치식, 채권
가입금액	• 1인당 1백만 원 이상 10억 원 이내(원 단위)
가입대상	• 실명의 개인(법인사업자, 외국인 비거주자 제외) ※ 계좌 수 제한 없음
계약기간	• 1년, 2년, 3년

금리	• 기본금리
	  - 12개월 : 연 3.74%
	  - 24개월 : 연 3.62%
	  - 36개월 : 연 3.62%
	• 우대금리 : 아래 조건 중 하나 이상을 충족하고 만기해지하는 경우 최대 연 0.2%p
	  (1) 최초신규고객
	     ㄱ. 실명등록일로부터 3개월 이내
	     ㄴ. 가입일 직전월 기준 6개월간 총수신평잔 0원
	  (2) 마케팅 동의
	     가입 시점에 상품서비스 마케팅 문자 수신이 동의 상태인 경우(기존 미동의 고객이 계좌신규 이후 동의한 경우는 불가)
	  (3) 'IBK청년희망적금' 만기해지고객
	     가입 시점에 IBK청년희망적금 만기해지 이력을 보유한 경우(중도해지 및 특별중도해지 인정 불가)

이자지급방법	• 만기일시지급식 • 만기 (후) 또는 중도해지 요청 시 이자를 지급
가입방법	• 영업점, i-ONE 뱅크
유의사항	• 비과세종합저축 가입 가능 • 계약기간 만료일 이후의 이자는 과세됨

① 가입 가능한 계좌 수의 제한은 없으며, 가입 가능한 금액은 계좌당 1백만 원 이상 10억 원 이내이다.
② 해당 상품은 법인사업자와 외국인의 가입은 불가능한 상품이다.
③ 해당 상품에 가입 시 적용받을 수 있는 최대 금리는 연 3.94%이다.
④ 최초 상품 가입일에 마케팅을 미동의한 고객은 최대 우대금리 혜택을 적용받을 수 없다.

49 다음은 IBK기업은행의 예금상품인 'IBK내사업처음통장'에 대한 상품설명서이다. 이에 대한 설명으로 옳은 것은?

〈IBK내사업처음통장〉

구분	내용
상품특징	• 계좌 개설일로부터 최대 3년까지 잔액 500만 원 이하 금액에 대해 연 3.0% 금리 제공 (500만 원 초과 금액에 대해 연 0.1% 고시금리 적용)
가입금액	• 제한없음
가입대상	• 사업자등록증상의 사업개시일로부터 1년 이내 법인 및 개인사업자 • 사업자번호별 1개 계좌만 가입 가능
계약기간	• 제한없음
이자지급식 주기	• 예금의 이자는 매년 3월, 6월, 9월, 12월 3번째 주 토요일에 계산하여 그다음 일에 원금에 더함
이자지급방법	• 예금이자는 최초입금일(또는 지난 원가일)부터 원가일(또는 지급일) 전날까지를 이자계산으로 하고 매일 최종잔액을 평균하여 해당 이자율을 적용 및 계산
기타	• 법인은 영업점 창구에서 가입 가능 • 공동명의, 임의단체 가입 불가 • 양수도 불가
기본금리	• 연 0.1%

우대금리	• 통장 개설일로부터 3년 응당 도래일까지 잔액에 따른 우대금리 제공
	  -500만 원 이하 : 연 3.0%(기본금리 포함)
	  -500만 원 초과 : 연 0.1%(기본금리 적용)
	• 해당 기본금리와 우대금리는 변경될 수 있으며, 변경일로부터 변경이자율이 적용됨

① 생애 최초 창업을 시작한 사업자가 사업개시일로부터 1년 이내에 한해 가입 가능한 상품이다.
② 계좌 개설일로부터 3년이 경과하면 가입금액에 상관없이 이자 지급이 제한된다.
③ 한 사업자가 가입 가능한 계좌 수는 1개이다.
④ 5백만 원을 초과하는 금액에 대해서는 우대금리 연 0.1%p를 포함해 연 3.1%의 우대금리를 제공한다.

※ 다음은 기존주택 전세임대주택에 대한 자료이다. 이어지는 질문에 답하시오. [50~51]

〈기존주택 전세임대주택〉

구분	내용
임대기간	• 2년(최대 20년 거주 가능하며, 최초 임대기간 경과 후 2년 단위로 최대 9회 재계약) • 신혼부부Ⅱ에 해당하는 경우, 2회 재계약으로 최대 6년 거주 가능하며, 자녀가 있는 경우 2회 추가 계약을 통해 최대 10년 거주 가능

면적	• 국민주택규모(전용 85m² 이하)이며, 다음과 같은 경우 예외로 함
	  - 1인 가구일 경우 60m² 이하
	  - 공고일 기준 태아 포함 세 명 이상의 다자녀 가구일 경우 85m² 초과 가능

종류	• 단독주택, 다가구주택, 공동주택, 주거용 오피스텔

지원한도액
• 기존주택, 신혼부부Ⅰ, 신혼부부Ⅱ로 구분하여 차등 적용

구분	기존주택	신혼부부Ⅰ	신혼부부Ⅱ
지원한도액	1억 3,000만 원/호	1억 4,500만 원/호	2억 4,000만 원/호
실지원금액	최대 1억 2,350만 원/호 (지원한도액의 95%)	최대 1억 3,775만 원/호 (지원한도액의 95%)	최대 1억 9,200만 원/호 (지원한도액의 80%)
입주자부담금	지원한도액 범위 내 전세보증금의 5% 해당액은 입주자 부담 (단, 신혼부부Ⅱ의 경우 지원한도액 범위 내 전세보증금의 20% 부담)		
보증금한도액	최대 3억 2,500만 원/호 (지원한도액의 250%)	최대 3억 6,250만 원/호 (지원한도액의 250%)	최대 6억 원/호 (지원한도액의 250%)

신청자격
• 기존주택, 신혼부부Ⅰ, 신혼부부Ⅱ로 구분하여 차등 적용
 - 기존주택 유형

우선순위	대상
1순위	생계·의료 수급자, 한부모가족, 주거지원 시급가구, 만 65세 이상 고령자, 가구당 월평균소득 70% 이하 장애인
2순위	가구당 월평균소득 50% 이하, 가구당 월평균소득 100% 이하 장애인

 - 신혼부부Ⅰ·Ⅱ 유형

우선순위	대상
1순위	공고일 기준 임신 및 출산·입양 등으로 미성년 자녀가 있는 신혼부부 및 예비신혼부부, 만 6세 이하 자녀가 있는 한부모가족
2순위	자녀가 없는 신혼부부 및 예비신혼부부
3순위	만 6세 이하 자녀가 있는 혼인가구

소득 및 자산보유기준
• 소득기준 및 자산기준을 초과할 경우 신청자격이 주어지지 않음
 - 소득기준 : 전년도 도시근로자 가구당 월평균소득

구분	50%	70%	100%
1인 가구	1,741,482원	2,438,075원	3,482,964원
2인 가구	2,707,856원	3,790,998원	5,415,712원
3인 가구	3,599,325원	5,039,054원	7,198,649원
4인 가구	4,124,234원	5,773,927원	8,248,467원
5인 가구	4,387,536원	6,142,550원	8,775,071원

- 자산기준

구분		내용
소득 및 자산보유기준	총자산	기존주택	세대구성원 전원이 보유하고 있는 총자산가액 합산기준 2억 4,100만 원 이하
		신혼부부	세대구성원 전원이 보유하고 있는 총자산가액 합산기준 3억 4,500만 원 이하
	자동차		세대구성원 전원이 보유하고 있는 개별 자동차가액 3,708만 원 이하 (단, 자동차를 보유하지 않는 경우 해당 항목은 자산 산정에서 제외한다)

| IBK기업은행

50 다음의 기존주택 전세임대주택 신청자 A ~ D 중 유형에 관계없이 우선순위 2순위에 해당하는 사람은?

〈기존주택 전세임대주택 신청자〉

신청자	유형	가구 구성	가구당 월평균소득	비고
A	신혼부부Ⅰ	3인 가구	1,876,735원	만 5세, 만 3세 자녀가 있는 한부모가족
B	기존주택	1인 가구	2,257,385원	만 70세의 고령자
C	신혼부부Ⅱ	2인 가구	4,437,586원	자녀가 없는 예비신혼부부
D	신혼부부Ⅰ	4인 가구	6,678,032원	만 4세, 만 2세 자녀가 있는 혼인가구

① A
② B
③ C
④ D

| IBK기업은행

51 다음 〈보기〉는 기존주택 전세임대주택의 신청자격이 주어지지 않은 사람의 정보이다. 신청자격이 주어지지 않은 이유로 가장 적절한 것은?

보기

- 만 12세, 만 8세의 자녀가 있는 4인 혼인가구
- 월평균소득 4,057,786원인 기존주택 유형
- 총자산 3억 5,000만 원
- 자가용이 없어 대중교통 이용 중

① 한부모가족이 아니다.
② 가구당 월평균소득 3,790,998원을 초과하였다.
③ 총자산 2억 4,100만 원을 초과하였다.
④ 자동차를 보유하지 않아 정확한 자산 산정이 불가능하다.

52 다음 중 아이디어 발상 기법인 고든법에 대한 설명으로 옳지 않은 것은?

① 진행자는 해결할 과제를 최대한 구체적으로 참가자에게 제시한다.
② 진행자는 회의 중에 참가자들의 아이디어를 주제와 결합시켜 검토한다.
③ 습관적 사고의 틀을 벗어나기 위해 참가자끼리의 비판은 허용되지 않는다.
④ 고든법에 참가하는 사람들은 가급적 다양한 전공의 사람들을 모으는 것이 좋다.

53 다음은 A ~ E 5개 등산로의 길이, 평균 등산 속도, 완주 시간에 대한 자료이다. 가장 짧은 등산로와 완주 시간이 가장 짧은 등산로를 바르게 짝지은 것은?

〈등산로별 길이, 평균 등산 속도, 완주 시간〉

구분	길이	평균 등산 속도	완주 시간
A		3.6km/h	3시간 20분
B	16km	3.2km/h	
C	14.3km	3.9km/h	
D	12.35km	3.8km/h	3시간 15분
E		3.5km/h	3시간 30분

	가장 짧은 등산로	가장 짧은 완주 시간
①	A	C
②	A	D
③	D	A
④	D	D

③ 940만 원

55 다음 글의 내용으로 가장 적절한 것은?

> 미국의 사회이론가이자 정치학자인 로버트 엑셀로드의 저서 『협력의 진화』에서 언급된 팃포탯(Tit for Tat) 전략은 '죄수의 딜레마'를 해결할 가장 유력한 전략으로 더욱 잘 알려져 있다.
> 죄수의 딜레마는 게임 이론에서 가장 유명한 사례 중 하나로, 두 명의 실험자가 참여하는 비영합 게임(Non Zero-sum Game)의 일종이다. 두 명의 실험자는 각각 다른 방에 들어가 심문을 받는데, 둘 중 하나가 배신하여 죄를 자백한다면 자백한 사람은 즉시 석방되는 대신 나머지 한 사람이 10년을 복역하게 된다. 다만 두 사람 모두가 배신하여 죄를 자백할 경우는 5년을 복역하며, 두 사람 모두 죄를 자백하지 않는다면 각각 6개월을 복역하게 된다.
> 죄수의 딜레마에서 실험자들은 개인에게 있어 이익이 최대화된다는 가정 아래 움직이기 때문에 결과적으로는 모든 참가자가 배신을 선택하는 결과가 된다. 즉, 자신의 최대 이익을 노리려던 선택이 오히려 둘 모두에게 배신하지 않는 선택보다 나쁜 결과를 불러오는 것이다.
> 팃포탯 전략은 1979년 엑셀로드가 죄수의 딜레마를 해결하기 위해 개최한 1·2차 리그 대회에서 우승한 프로그램의 짧고 간단한 핵심전략이다. 캐나다 토론토 대학의 심리학자인 아나톨 라포트 교수가 만든 팃포탯은 상대가 배신한다면 나도 배신을, 상대가 의리를 지킨다면 의리로 대응한다는 내용을 담고 있다. 이 단순한 전략을 통해 팃포탯은 총 200회의 거래에서 유수의 컴퓨터 프로그램을 제치고 우승을 차지할 수 있었다.
> 대회가 끝난 후 엑셀로드는 참가한 모든 프로그램들의 전략을 '친절한 전략'과 '비열한 전략'으로 나누었는데, 친절한 전략으로 분류된 팃포탯을 포함해 대체적으로 친절한 전략을 사용한 프로그램들이 좋은 성적을 냈다는 사실을 확인할 수 있었다. 그리고 그중에서도 팃포탯이 두 차례 모두 우승할 수 있었던 것은 비열한 전략을 사용하는 프로그램에는 마찬가지로 비열한 전략으로 대응했기 때문임을 알게 되었다.

① 엑셀로드가 만든 팃포탯은 죄수의 딜레마에서 우승할 수 있는 가장 유력한 전략이다.
② 죄수의 딜레마에서 자신의 이득이 최대로 나타나는 경우는 죄를 자백하지 않는 것이다.
③ 엑셀로드는 리그 대회를 통해 팃포탯과 같은 대체로 비열한 전략을 사용하는 프로그램이 좋은 성적을 냈다는 사실을 알아냈다.
④ 팃포탯 전략이 우승한 것은 비열한 전략에 마찬가지로 비열하게 대응했기 때문이다.

56 다음 글에서 '최적통화지역 이론'과 관련하여 고려하지 않은 것은?

> 최적통화지역은 단일 통화가 통용되거나 여러 통화들의 환율이 고정된 최적의 지리적인 영역을 지칭한다. 여기서 최적이란 대내외 균형이라는 거시 경제의 목적에 의해 규정되는데, 대내 균형은 물가 안정과 완전 고용, 대외 균형은 국제수지 균형을 의미한다. 최적통화지역 개념은 고정환율 제도와 변동환율 제도의 상대적 장점에 대한 논쟁 속에서 발전하였다. 최적통화지역 이론은 어떤 조건에서 고정환율 제도가 대내외 균형을 효과적으로 이룰 수 있는지 고려했다.
> 초기 이론들은 최적통화지역을 규정하는 가장 중요한 경제적 기준을 찾으려 하였다. 먼델은 노동의 이동성을 제시했다. 노동의 이동이 자유롭다면 외부 충격이 발생할 때 대내외 균형 유지를 위한 임금 조정의 필요성이 크지 않을 것이고 결국 환율 변동의 필요성도 작을 것이다. 잉그램은 금융시장 통합을 제시하였다. 금융시장이 통합되어 있으면 지역 내 국가들 사이에 경상수지 불균형이 발생했을 때 자본 이동이 쉽게 일어날 수 있을 것이며 이에 따라 조정의 압력이 줄어들게 되므로 지역 내 환율 변동의 필요성이 감소하게 된다는 것이다. 이러한 주장들은 결국 고정환율 제도 아래에서도 대내외 균형을 달성할 수 있는 조건들을 말해 주고 있는 것이다.
> 이후 최적통화지역 이론은 위의 조건들을 종합적으로 판단하여 단일 통화 사용에 따른 비용 – 편익 분석을 한다. 비용보다 편익이 크다면 최적통화지역의 조건이 충족되며 단일 통화를 형성할 수 있다. 단일 통화 사용의 편익은 화폐의 유용성이 증대된다는 데 있다. 단일 화폐의 사용은 시장 통합에 따른 교환의 이익을 증대시킨다는 것이다.
> 반면에 통화정책 독립성의 상실이 단일 통화 사용에 따른 주요 비용으로 간주된다. 단일 통화의 유지를 위해 대내 균형을 포기해야 하는 경우가 발생하기 때문이다. 이 비용은 가격과 임금이 경직될수록, 전체 통화지역 중 일부 지역들 사이에 서로 다른 효과를 일으키는 비대칭적 충격이 클수록 증가한다. 가령 한 국가에는 실업이 발생하고 다른 국가에는 인플레이션이 발생하면, 한 국가는 확대 통화정책을, 다른 국가는 긴축 통화 정책을 원하게 되는데, 양 국가가 단일 화폐를 사용한다면 서로 다른 통화정책의 시행이 불가능하기 때문이다. 물론 여기서 노동 이동 등의 조건이 충족되면 비대칭적 충격을 완화하기 위한 독립적 통화정책의 필요성은 감소한다. 반대로 두 국가에 유사한 충격이 발생한다면 서로 다른 통화정책을 택할 필요가 줄어든다. 이 경우에는 독립적 통화정책을 포기하는 비용이 감소한다.

① 시장 통합으로 인한 편익의 계산 방식
② 환율 변동을 배제한 경상수지 조정 방식
③ 화폐의 유용성과 시장 통합 사이의 관계
④ 단일 화폐 사용에 따른 비용을 증가시키는 조건

57 다음은 대학생 300명을 대상으로 한 달 평균 생활비를 조사한 자료이다. 이에 대한 설명으로 옳은 것은?

〈대학생 300명 한 달 평균 생활비〉

생활비	누적도수(명)
0원 이상 20만 원 미만	23
20만 원 이상 40만 원 미만	89
40만 원 이상 60만 원 미만	173
60만 원 이상 80만 원 미만	279
80만 원 이상 100만 원 미만	298
100만 원 이상	300

① 한 달 생활비가 100만 원 이상인 학생의 수가 가장 많다.
② 한 달 생활비가 60만 원 이상인 학생의 수는 전체의 50%를 넘는다.
③ 한 달 생활비가 20만 원 이상 40만 원 미만인 학생의 수는 40만 원 이상 60만 원 미만인 학생의 수보다 적다.
④ 한 달 생활비가 많을수록 불필요한 지출이 많다.

58 A~F 6명이 일렬로 된 6개의 좌석에 다음 〈조건〉과 같이 앉아 있다. 좌석은 왼쪽부터 1번으로 시작하는 번호가 매겨져 있고 C가 4번에 앉아 있다면, 항상 옳은 것은?

조건
- D와 E는 사이에 3명을 두고 있다.
- A와 F는 인접할 수 없다.
- D는 F보다 왼쪽에 있다.
- F는 C보다 왼쪽에 있다.

① A는 C보다 오른쪽에 앉아 있다.
② E는 C보다 오른쪽에 앉아 있다.
③ E는 A보다 왼쪽에 앉아 있다.
④ D는 B보다 왼쪽에 앉아 있다.

| 신협중앙회

59 월요일부터 금요일까지 소연이를 포함한 5명의 직원들이 1명씩 돌아가며 사무실 청소를 하기로 했다. 다음 〈조건〉을 바탕으로 지현이가 월요일에 청소를 한다면 승혜가 청소하는 요일은?

> **조건**
> • 주희는 월, 화, 수요일에는 청소를 할 수 없다.
> • 지현이와 승혜는 수요일에 청소를 할 수 없다.
> • 지영이는 금요일에 청소를 할 것이다.

① 월요일 ② 화요일
③ 수요일 ④ 목요일

| 신협중앙회

60 S외식업체는 고객전용 주차장의 공간이 협소하여 외부 주차장을 활용하려고 한다. 외부 주차장을 이용하는 방식은 월 임대료를 내고 사용하는 방법과 주차권을 발행하여 계산하는 방법이 있다. 어떠한 방법이 더 경제적이며, 그 차액은?

> ■ 외부 주차장 이용방법
> 1) 월 임대료 납부 시 : 월 1,500만 원 1회 납부, 주차 대수 무관
> 2) 주차권 발행 시 : 1회 주차권 3시간 이용 가능, 주차권 1장당 3,000원 납부
>
> ■ 요일별 방문고객 현황
>
> | 구분 | 월요일 | 화요일 | 수요일 | 목요일 | 금요일 | 토요일 | 일요일 |
> | --- | --- | --- | --- | --- | --- | --- | --- |
> | 방문고객 수(평균) | 150명 | 180명 | 170명 | 175명 | 250명 | 400명 | 450명 |
> | 차량보유비율 | 62% | 55% | 50% | 68% | 80% | 92% | 88% |
>
> ※ 휴무일을 고려하여 1개월을 4주와 동일한 것으로 간주함
> ※ 방문고객 수 및 차량보유비율은 지난 1년간 수집한 통계치를 근거로 작성됨
> ※ 방문고객 1명당 1장의 주차권을 제공함

	더 경제적인 방법	차액
①	월 임대료 납부	920,000원
②	월 임대료 납부	1,320,000원
③	주차권 발행	920,000원
④	주차권 발행	1,320,000원

CHAPTER 03 2023년 주요 금융권 NCS 기출복원문제

정답 및 해설 p.153

| 하나은행

01 다음 글의 주제로 가장 적절한 것은?

> 시중은행 대출 금리가 가파르게 증가하자 경매에 넘어간 부동산이 2010년대 하락장 수준으로 증가하고 있다. 이는 대출금리의 인상으로 인한 이자 부담 가중으로 주택담보대출을 상환하지 못하는 경우와 이로 인한 부동산 경기 침체로 집값이 하락해 세입자의 보증금을 상환하지 못하는 경우가 대부분이다.
> 법원에 따르면 담보권 실행 경매가 신청된 부동산은 2014년 10월 이후 최대치를, 강제경매가 신청된 부동산은 2020년 3월 이후 가장 많은 수치를 보이고 있다. 특히 이들 대부분은 집값 급등 시기에 대출을 받아 내 집을 마련한 이른바 '영끌족'이다. 하지만 이들이 계속된 고금리에 이자를 부담하기 어려워 집을 처분하려고 해도, 부동산 경기 침체로 인해 집을 사려는 사람이 없어 처분조차도 어려운 상황이다.
> 실제로 서울부동산정보광장에 따르면 지난 4월 3,000건을 상회하던 거래량이 지난달인 10월에는 1,923건으로 하락한 반면, 매물은 늘어나는데 거래가 줄면서 계속 매물이 쌓여 현재 매물은 올해 초 대비 50% 이상 증가했다.

① 대출금리 인상으로 무너지는 내 집 마련
② 대출금리 인상으로 집을 사지 못하는 사람들
③ 대출금리 인상으로 인해 늘어난 부동산 선택지
④ 대출금리 인상으로 활발해진 부동산 경매시장

02 다음 글의 빈칸에 들어갈 단어로 가장 적절한 것은?

> 선형경제가 제품을 생산하고 사용한 뒤 폐기하는 1차원적인 형식이라면, 순환경제는 제품을 생산하고 사용한 뒤 사용한 제품을 다시 제조과정을 거쳐 제품을 생산하고 이를 다시 사용하는 것과 같은 과정으로 자원을 계속하여 순환시키는 도넛 형식의 경제를 말한다.
> 전문가들은 이러한 순환경제는 기후 변화 대응 및 탄소 중립 차원을 넘어서 미래 성장 동력 확보 차원을 위해서 반드시 구축하여야 하는 환경이라고 강조하며, 이를 통해 산업발달과 경제성장이 야기한 환경적인 문제점들을 해결하고 희소자원의 고갈을 막을 수 있을 뿐만 아니라, 독립적인 경제 생태계를 이룩할 수 있다고 전했다.
> 이를 위해 우리 기업들은 규제에 대응하기보다는 _____ 친환경 순환경제가 이루어질 수 있도록 대체재를 개발하는 등 자원 절약과 재활용에 초점을 두어야 한다. 즉, 순환경제를 통해 어떻게 금전적 가치를 얻느냐하는 것이 아닌 이미 금전적 가치를 가져다주고 있는 기존의 선형경제를 어떻게 순환경제로 변화시키는가에 집중해야 하는 것이다.

① 단속적인 ② 발전적인
③ 지속적인 ④ 대체 가능한

03 다음 글의 내용으로 적절하지 않은 것은?

> 1890년 독점 및 거래제한 행위에 대한 규제를 명시한 셔먼법이 제정됐다. 셔먼은 반독점법 제정이 소비자의 이익 보호와 함께 소생산자들의 탈집중화된 경제 보호라는 목적이 있다는 점을 강조했다. 그는 독점적 기업결합 집단인 트러스트가 독점을 통한 인위적인 가격 상승으로 소비자를 기만한다고 보았다. 더 나아가 트러스트가 사적 권력을 강화해 민주주의에 위협이 된다고 비판했다. 이런 비판의 사상적 배경이 된 것은 시민 자치를 중시하는 공화주의 전통이었다.
>
> 이후 반독점 운동에서 브랜다이스가 영향력 있는 인물로 부상했다. 그는 독점 규제를 통해 소비자의 이익이 아니라 독립적 소생산자의 경제를 보호하고자 했다. 반독점법의 취지는 거대한 경제 권력의 영향으로부터 독립적 소생산자들을 보호함으로써 자치를 지켜내는 데 있다는 것이다. 이런 생각에는 공화주의 전통이 반영되어 있었다. 브랜다이스는 거대한 트러스트에 집중된 부와 권력이 시민 자치를 위협한다고 보았다. 이 점에서 그는 반독점법이 소생산자의 이익 자체를 도모하는 것보다는 경제와 권력의 집중을 막는 데 초점을 맞추어야 한다고 주장했다.
>
> 반독점법이 강력하게 집행된 것은 1930년대 후반에 이르러서였다. 1938년 아놀드가 법무부 반독점국의 책임자로 임명되었다. 아놀드는 소생산자의 자치와 탈집중화된 경제의 보호가 대량 생산 시대에 맞지 않는 감상적인 생각이라고 치부하고, 시민 자치권을 근거로 하는 반독점 주장을 거부했다. 그는 독점 규제의 목적이 권력 집중에 대한 싸움이 아니라 경제적 효율성의 향상에 맞춰져야 한다고 주장했다. 독점 규제를 통해 생산과 분배의 효율성을 증가시키고 그 혜택을 소비자에게 돌려주는 것이 핵심 문제라는 것이다. 이 점에서 반독점법의 목적이 소비자 가격을 낮춰 소비자 복지를 증진시키는 데 있다고 보았다. 그는 사람들이 반독점법을 지지하는 이유도 대기업에 대한 반감이나 분노 때문이 아니라, '돼지갈비, 빵, 안경, 약, 배관공사 등의 가격'에 대한 관심 때문이라고 강조했다. 이 시기 아놀드의 견해가 널리 받아들여진 것도 소비자 복지에 대한 당시 사람들의 관심사를 반영했기 때문으로 볼 수 있다. 이런 점에서 소비자 복지에 근거한 반독점 정책은 안정된 법적·정치적 제도로서의 지위를 갖게 되었다.

① 아놀드는 독점 규제의 목적에 대한 브랜다이스의 견해에 비판적이었다.
② 셔먼과 아놀드는 소비자 이익을 보호한다는 점에서 반독점법을 지지했다.
③ 반독점 주장의 주된 근거는 1930년대 후반 시민 자치권에서 소비자 복지로 옮겨 갔다.
④ 브랜다이스는 독립적 소생산자와 소비자의 이익을 보호하여 시민 자치를 지키고자 했다.

04 다음 문장을 읽고 이어질 문단을 논리적 순서대로 바르게 나열한 것은?

| 하나은행

> 케인스학파에서는 시장에서 임금이나 물가 등의 가격 변수가 완전히 탄력적으로 작용하지는 않기 때문에 경기적 실업은 자연스럽게 해소될 수 없다고 주장한다.

(가) 그래서 경기 침체에 의해 물가가 하락하더라도 화폐환상현상으로 인해 노동자들은 명목임금의 하락을 받아들이지 않게 되고, 결국 명목임금은 경기적 실업이 발생하기 이전의 수준과 비슷하게 유지된다. 이는 기업에서 노동의 수요량을 늘리지 못하는 결과로 이어지게 되고 실업은 지속된다. 따라서 케인스학파에서는 정부가 정책을 통해 노동의 수요를 늘리는 등의 경기적 실업을 감소시킬 수 있는 적극적인 역할을 해야 한다고 주장한다.
(나) 이에 대해 케인스학파에서는 여러 가지 이유를 제시하는데 그중 하나가 화폐환상현상이다. 화폐환상현상이란 경기 침체로 인해 물가가 하락하고 이에 영향을 받아 명목임금이 하락하였을 때의 실질임금이 명목임금의 하락 이전과 동일하다는 것을 노동자가 인식하지 못하는 현상을 의미한다.
(다) 즉, 명목임금이 변하지 않은 상태에서 경기 침체로 인한 물가 하락으로 실질임금이 상승하더라도, 고전학파에서 말하는 것처럼 명목임금이 탄력적으로 하락하는 현상은 일어나기 어렵다고 본 것이다.

① (가) - (나) - (다) ② (가) - (다) - (나)
③ (다) - (가) - (나) ④ (다) - (나) - (가)

| 하나은행

05 10명이 앉을 수 있는 원형 탁자에 국문학과 2명, 영문학과 2명, 수학과 2명, 전자과 2명, 회화과 2명이 앉고자 한다. 과가 같은 학생끼리 마주보도록 앉는 경우의 수는?

① 330가지
② 348가지
③ 366가지
④ 384가지

| 하나은행

06 H씨는 비행기를 타고 출장을 가려고 한다. 작년에 비해 항공요금은 20% 내렸고, 숙박비는 15% 올라서 올해의 항공요금과 숙박비의 합계는 작년에 비해 10% 오른 308,000원이라고 한다. 이때, 올해의 항공요금은?

① 31,000원
② 32,000원
③ 33,000원
④ 34,000원

| 하나은행

07 A고객은 H은행 정기예금을 만기 납입했다. 정기예금의 조건이 다음과 같을 때, A고객이 만기 시 수령할 이자는?

〈H은행 정기예금〉

▲ 가입자 : 본인
▲ 계약기간 : 6개월
▲ 저축방법 : 거치식
▲ 저축금액 : 1,000만 원
▲ 이자지급방식 : 만기일시지급, 단리식
▲ 기본금리 : 연 0.1%
▲ 우대금리 : 최대 연 0.3%p
▲ 기타사항 : 우대금리를 최대로 받는다.

① 10,000원
② 15,000원
③ 18,000원
④ 20,000원

| 하나은행

08 김대리는 이번 휴가에 여행을 갈 장소를 고르고 있다. 각 관광 코스에 대한 정보가 다음과 같을 때, 〈조건〉에 따라 김대리가 선택하기에 가장 적절한 관광 코스는?

〈A ~ D 관광 코스〉

구분	A코스	B코스	C코스	D코스
기간	3박 4일	2박 3일	4박 5일	4박 5일
비용	245,000원	175,000원	401,000원	332,000원
경유지	3곳	2곳	5곳	5곳
참여인원	25명	18명	31명	28명
할인	K카드로 결제 시 5% 할인	-	I카드로 결제 시 귀가셔틀버스 무료 제공	I카드로 결제 시 10% 할인
비고	공항 내 수하물 보관서비스 제공	-	경유지별 수하물 운송서비스 제공	-

조건
- 휴가기간에 맞추어 4일 이상 관광하되 5일을 초과하지 않아야 한다.
- 비용은 결제금액이 30만 원을 초과하지 않아야 한다.
- 모든 비용은 I카드로 결제한다.
- 참여인원이 30명을 넘지 않는 코스를 선호한다.
- 되도록 경유지가 많은 코스를 고른다.

① A코스　　　　　　　　　② B코스
③ C코스　　　　　　　　　④ D코스

| 하나은행

09 올해 H은행에 입사한 신입사원 갑~기 6명에 대한 정보와 이들이 배치될 부서에 대한 정보가 다음과 같을 때, 각 부서에 배치될 신입사원이 잘못 연결된 것은?

- 신입사원들은 서로 다른 부서에 배치되며, 배치되지 않는 신입사원은 없다.
- 신입사원들의 정보가 부서별 요구사항을 충족할 시 해당 부서에 배치된다.
- 신입사원들에 대한 정보는 다음과 같다.

구분	전공	학위	인턴 경험	업무역량		
				데이터분석	재무분석	제2외국어
갑	경영	학사	1회	×	×	O
을	인문	석사	–	O	×	×
병	공학	학사	1회	×	O	×
정	사회	학사	2회	×	O	O
무	공학	학사	–	O	×	×
기	경영	박사	–	×	O	×

- 부서별 신입사원 요구사항은 다음과 같다.

구분	요구사항
총무부	경영 전공자, 인턴 경험 보유
투자전략부	재무분석 가능, 석사 이상
인사부	인턴 등 조직 경험 1회 이상
대외협력부	제2외국어 가능자
품질관리부	석사 이상, 데이터분석 역량 보유
기술개발부	데이터분석 가능자

      부서   신입사원
① 투자전략부   기
② 대외협력부   갑
③ 품질관리부   을
④ 기술개발부   무

④ 25~26, 30일

11 다음 공고문을 읽고 이해한 내용으로 적절하지 않은 것은?

〈제1회 농업인과 함께하는 스마트농업 현장활용 경진대회〉

1. 대회 기간 : 2022년 8 ~ 12월 말

대회 공고	→	참가 접수	→	작물재배 예선	→	성과 평가	→	시상식
8월 1일		8월 8일		10 ~ 11월		11월 中		12월

2. 참가 분야 및 자격

   ＊ 수상예정자 자격 충족 여부 확인 : 농업경영체등록확인서, 현장실사 등

   ① 시설원예 스마트팜 작물재배
   - (대상) 스마트팜을 운영하는 중소·청년 농업인
     - 단독 또는 팀(시군농업기술센터, 지역농협 등) 참여 가능
     - 단체, 대학, 민간업체의 참여는 제한되며 농업인 중심의 협업은 가능함
   - (작목) 경진대회 동안 재배가 가능한 작목(토마토, 딸기에 한함)
   - (기술) 스마트팜 생산성 향상 AI 모델 등 다양한 요소기술 적용

     - 스마트팜 데이터(환경, 생육, 경영 등) 수집, 관리 및 활용(시스템 활용)
     - AI 기반 스마트팜 플랫폼 활용
     - 스마트 병해충 예찰 및 방제
     - 환경 복합 제어(온도, 습도, 양분, 광, 이산화탄소, 난방 등)
     - 지능정보기술, 로봇 등 최신 ICT장비 도입 및 활용
     - 작물생장 모니터링 기술
     - 인공광원, 작물 관수 및 양액 공급, 재배기술
     - 에너지 절감 시설
     - 농산물 유통정보, 생산량, 가격 정보 활용 의사결정
     - 인공지능 최적환경설정 모델, 영상 데이터 활용 스마트재배 의사결정 및 경영 등

   ② 스마트팜 수기공모
   - (대상) 스마트팜(시설원예, 노지, 축산)을 운영하고 있는 모든 농가
   - (주제) 스마트팜을 운영하며(준비, 운영 후기 포함) 경험한 다양한 이야기

     - 스마트팜에 선진 영농기술을 접목하여 성과를 낸 사례
     - 스마트팜 도입을 희망하는 농업인에게 전하고 싶은 이야기
     - 스마트팜에 성공적으로 정착하거나 실패를 딛고 역경을 이겨낸 사례
     - 스마트팜을 통해 농업·농촌·농민에 기여한 사례 등

   ＊ 분야 간 중복참여는 가능하나, 중복수상은 불가(중복수상 시, 두 분야 중 최고 시상금만 지급)

3. 참가 접수
    - (접수기간) 작물재배(8.8 ~ 9.8), 수기공모(8.8 ~ 10.31)
    - (접수방법) 온라인 접수가 원칙이며, 부득이한 경우 오프라인 접수 가능
4. 평가 : 평가위원회를 별도 구성하여 평가 기준 설정
    - (작물재배) 1차 예선(도 단위 서류 및 현장점검) → 2차 본선(중앙단위 현장평가+발표평가)
        - 평가 서류 제출 시 세부추진계획은 참가자 개별 연락(메일 등)
    - (수기공모) 서면심사 및 수상예정자 대상 현지점검
5. 시상
    - 시설원예 스마트팜 작물재배 부문 : 00명(농협, 농진청 동일배분)
    - 스마트팜 수기공모 부문 : 00명(농협, 농진청 동일배분)
    * 참가규모 및 상황에 따라 시상 계획은 변경될 수 있음
    - 유의사항
        - 시상금에 대한 제세공과금(4.4%)은 수상자 부담
        - 모방 또는 차용, 타 공모전 출품작으로 확인되는 등 중대한 결격사유가 있는 경우 수상이 취소되며, 시상금 회수 조치
        - 작물재배 분야에 팀을 이루어 참가할 경우 시상금은 농업인에게 지급됨
6. 문의
    - 작물재배 ☎ 012-345-6789 / abc@korea.kr
    - 수기공모 ☎ 농협중앙회 02-1234-5678 / def@nbank.com
    * 전화문의는 평일 9:30 ~ 18:00까지 가능(주말 및 공휴일 제외)

① 참가 분야는 작물재배와 수기공모 두 부문이며, 단독 또는 팀으로 참여할 수 있다.
② 대회는 약 5개월간 진행되며, 참가 분야 간 중복참여가 가능하지만 중복 수상은 불가능하다.
③ 참가 접수는 온라인과 오프라인 모두 가능하지만, 참가 분야에 따라 접수기간이 다르니 유의해야 한다.
④ 시상식은 12월에 있으며, 수상자는 시상금에 대한 제세공과금을 직접 부담해야 한다.
⑤ 대회 관련 문의는 전화와 이메일로 가능하지만, 참가 분야에 따라 문의처가 다르므로 유의해야 한다.

※ 다음 글을 읽고 이어지는 질문에 답하시오. [12~13]

조선시대 장리(長利)와 환곡(還穀)은 농업금융의 수단이었다. 장리는 봄에 곡식이나 돈을 꿔 주어 농사를 짓게 하고, 한 해 이자로 꿔 준 곡식의 절반 이상을 가을에 받는 것이며, 환곡은 사창(社倉)에 저장해 둔 곡식을 흉년이나 춘궁기에 꿔 주고 가을에 이자를 붙여 거두는 것이다. 이 외에도 농민들은 금전 융통을 위해 상호부조의 정신을 바탕으로 계(契)를 들었다. 계는 공익, 친목, 공동노동 등 여러 목적에 따라 저축계(貯蓄契)·산통계(算筒契)·식리계(殖利契) 등 다양하게 조직되었다.

우리나라의 근대적 협동조합 금융은 1907년 지방 금융조합이 설립되면서 실시되었다. 비록 식민지 정책의 일환으로 일본인 재정고문의 건의에 따라 설립된 관제 조합이었지만, 조직이나 운영은 대체로 독일의 라이파이젠 협동조합의 조직원리에 따른 신용조합의 성격을 지녔었다. 광주지방금융조합을 시작으로 지방금융조합은 급격하게 확대되었으며, 1918년 지방금융조합령이 금융조합령으로 개정됨에 따라 도시에도 금융조합을 설립할 수 있게 되었고 도 단위에 금융조합연합회가 설치되었다.

금융조합은 광복 후 상업금융에 치중하는 한편 정부의 구매·보관·배급 등 각종 업무와 농회의 비료 업무, 대한식량공사의 양곡조작 및 고공품 업무를 대행하였다. 그런데 이러한 대행사업의 폐지 및 이관으로 금융조합의 경영이 악화되었고, 협동조합과 농업금융기관의 설립이 촉진되었다. 1957년 「농협법」과 「농업은행」이 공포됨에 따라 금융조합 및 금융조합연합회가 폐지되었으며, 조직·업무 등이 구 농협과 농업은행으로 이어졌다.

1958년 농협은 이동조합 – 시군조합 – 중앙회의 3단계 조직으로 중앙회 창립총회를 개최하였으며, 농업은행은 융자대상을 농민·농협 및 동 중앙회와 농업단체로 확대하는 등의 법안 수정을 거쳐 발족하였다. 그러나 농협 시군조합과 중앙회의 신용사업은 법에 의해 배제되었으며, 농업은행의 농협에 대한 자금지원 및 협조는 매우 소극적이었다. 이에 따라 전국에 방대한 조직망을 갖춘 농협은 대부분 개점휴업 상태가 되었으며, 농민 경제단체로서의 기능을 제대로 발휘하지 못했다.

농업협동조합과 농업은행의 통합 문제는 1961년 '협동조합을 재편성하여 농촌경제를 향상시킨다.'는 방침 하에 급진전하였다. 농림부 장관을 위원장으로 한 농협·농업은행통합처리위원회가 새 농협법안과 시행령안을 작성하였으며, 국민 대다수인 농민의 이해관계와 결부되는 법률인 만큼 신중하게 심의를 거친 끝에 공포되었다. 새로운 「농협법」에 따라 경제사업과 신용사업을 함께 수행하는 새로운 종합농협은 금융부를 비롯한 중앙회 10개 부와 8개 도지부, 140개 군조합, 2만 1,042개의 이동조합을 갖춘 3단계 조직을 구축하고 8월 15일 광복절에 역사적인 창립기념식을 개최하였다.

12 윗글의 제목으로 가장 적절한 것은?

① 근대적 협동조합금융의 도입
② 종합농협 이전의 농업금융
③ 농협과 농업은행의 비우호적 관계
④ 농협의 경영위기 극복 과정
⑤ 종합농협 출범의 역사

13 윗글을 읽고 이해한 내용으로 적절하지 않은 것은?

① 조선시대부터 계・장리・환곡 등의 전통적인 금융수단이 존재하였다.
② 지방금융조합령의 '지방'을 삭제함으로써 도시에도 금융조합을 설립할 수 있었다.
③ 광복 후 협동조합과 농업금융기관은 정부, 농회, 대한식량공사의 각종 업무를 대행했다.
④ 1950년대 후반 농협과 농업은행이 발족하였으나 상호 간 업무 협조가 원활하지 않았다.
⑤ 1960년대 초반 농협과 농업은행이 통합된 종합농협이 출범하였다.

14 어느 학교의 작년의 전체 학생 수는 2,000명이었다. 올해는 작년에 비하여 남학생은 5% 감소하고, 여학생은 5% 증가하여 전체적으로 14명이 줄었다. 이 학교의 작년 여학생 수는?

① 820명 ② 830명
③ 840명 ④ 850명
⑤ 860명

15 기태는 N은행의 적금 상품에 가입하여 2018년 1월 초부터 2021년 4월 초까지 매월 초에 일정한 금액을 적립한 후 2021년 4월 말에 2,211만 원을 지급받기로 하였다. 월이율 0.5%의 복리로 계산할 때, 기태가 매월 적립해야 하는 금액은?(단, $1.005^{40}=1.22$로 계산한다)

① 35만 원 ② 40만 원
③ 45만 원 ④ 50만 원
⑤ 55만 원

16 다음은 은행별 적금 보험 상품에 대한 안내이다. A은행에서 3년 말에 받는 적립금과 B은행에서 2년 말에 받는 적립금을 비교할 때 어떤 은행에서 얼마 더 많은 금액을 받을 수 있는가?(단, $1.001^{36}=1.04$, $1.002^{24}=1.05$로 계산한다)

〈은행별 적금 보험 상품 안내〉

구분	상품
A은행	매월 초에 5만 원씩 월이율 0.1%의 복리로 3년 동안 적립하는 상품
B은행	매월 초에 10만 원씩 월이율 0.2%의 복리로 2년 동안 적립하는 상품

① A은행, 503,000원 ② B은행, 503,000원
③ A은행, 403,000원 ④ B은행, 403,000원
⑤ A은행, 303,000원

17 김대리는 새로운 사무실을 계약하기 위해 N지역의 지리를 파악하고 있다. 〈조건〉에 따라 건물이 배치되어 있을 때, A ~ E 중 학교와 병원의 위치가 바르게 연결된 것은?

| NH농협은행 6급

〈N지역 지도〉

	7번 도로				
대형마트	E	주차장		공터	D
12번 도로			9	12번 도로	
미술관	A	교회	번 도 로	C	영화관
공터	카페	B		식료품점	공터
	13번 도로				

※ 건물들의 면적 및 도로들의 폭은 각각 동일하다고 가정함

조건
- 두 건물 사이에 도로나 다른 건물이 없을 때, '두 건물이 이웃한다.'라고 표현한다. 도로와 건물 간의 이웃 여부도 동일한 기준에 따라 표현한다.
- A, B, C, D, E는 각각 학교, 놀이터, 병원, 학원, 공원 중 서로 다른 하나에 해당한다.
- 학교는 병원보다 주차장으로부터의 직선거리가 더 가까운 곳에 있다.
- 학원은 공터와 이웃하고 있다.
- 13번 도로와 이웃하고 있는 곳은 공원뿐이다.
- 놀이터와 학원은 모두 동일한 두 개의 도로에 이웃하고 있다.

	학교	병원
①	A	B
②	A	C
③	A	E
④	B	C
⑤	B	D

⑤ (나)보험 / (다)보험

19 A~G 7명이 원형테이블에 〈조건〉과 같이 앉아 있을 때, 다음 중 직급이 사원인 사람과 대리인 사람이 바르게 연결된 것은?

> **조건**
> - A, B, C, D, E, F, G는 모두 사원, 대리, 과장, 차장, 팀장, 부부장, 부장 중 하나의 직급에 해당한다.
> - 이 중 동일한 직급인 직원은 없다.
> - A의 왼쪽에는 부장이, 오른쪽에는 차장이 앉아 있다.
> - E는 사원과 이웃하여 앉지 않았다.
> - B는 부장과 이웃하여 앉아 있다.
> - C의 직급은 차장이다.
> - G는 차장과 과장 사이에 앉아 있다.
> - D는 A와 이웃하여 앉아 있다.
> - 사원은 부장, 대리와 이웃하여 앉아 있다.

	사원	대리
①	A	F
②	B	E
③	B	F
④	D	E
⑤	D	G

20 다음 중 농업진흥지역에 대한 설명으로 옳지 않은 것은?

① 농업진흥지역의 지정은 전국의 모든 녹지지역을 대상으로 한다.
② 농업진흥지역은 농업진흥구역과 농업보호구역으로 구분하여 지정된다.
③ 시·도지사는 농림축산식품부장관의 승인을 받아 농업진흥지역을 지정한다.
④ 농업보호구역은 농업진흥구역의 용수원 확보 등 농업환경을 보호하기 위해 지정된 곳이다.
⑤ 농업진흥구역은 일정 규모의 농지가 집단화되어 농업 목적으로 이용할 필요가 있는 지역이다.

21 다음 중 밑줄 친 부분의 맞춤법이 옳지 않은 것은?

① 그는 목이 메어 한동안 말을 잇지 못했다.
② 어제는 종일 아이를 치다꺼리하느라 잠시도 쉬지 못했다.
③ 왠일로 선물까지 준비했는지 모르겠다.
④ 노루가 나타난 것은 나무꾼이 도끼로 나무를 베고 있을 때였다.

22 다음 글의 주제로 가장 적절한 것은?

새마을금고는 사업자 고객 대상 모바일 앱 서비스 'MG더뱅킹기업'을 신규 출시한다고 밝혔다. MG더뱅킹기업은 개인 사업자 및 법인 고객 대상 모바일 앱으로서, 새마을금고 자체 최초의 기업용 스마트뱅킹 서비스이다. 기존 기업 인터넷뱅킹 사용자들의 요구 사항을 적극 반영하여 약 1년에 걸쳐 신규 구축했다. 새마을금고는 '편리하게 또 안전하게'를 모토로 앱을 출시했으며, MG더뱅킹기업의 주요 특징은 직관적인 UI/UX, 모바일 결재함, 간편인증, 비대면센터 등이다.

UI/UX는 사용자 관점에서 직관적인 디자인을 추구했다. 사업자 유형별 맞춤형 메인 화면을 구성했으며, 이체 등 주요 메뉴에서 페이지 이동 없이 단일 화면에서 완결할 수 있다. 또한 다양한 색상 및 아이콘을 사용하여 편의성을 강화했다.

기업의 내부통제를 지원하기 위한 모바일 결재함을 제공한다. 사업체 내 다수의 사용자가 금융업무 이용 시 결재 요청 및 승인을 통해 거래를 완결하는 서비스로, 앱을 통한 결재 처리 및 조회가 가능하다.

개인사업자 대상 간편인증과 비대면센터도 제공한다. 1일 1,000만 원 이하의 소액 이체 거래에 대하여 추가 인증 절차를 배제한 '간편패스'를 도입했으며 간편 로그인 및 간편 출금 등이 가능하다. 또한 비대면센터를 통하여 디지털 OTP 발급 및 예적금 상품 개설 등이 가능하다.

새마을금고중앙회장은 "기존의 개인용 MG더뱅킹에 금번 출시되는 사업자용 MG더뱅킹기업으로 새마을금고의 비대면 채널이 다각화될 것으로 기대되며, 새마을금고의 모든 개인 및 기업 고객을 위한 맞춤형 서비스를 제공할 계획"이라고 전했다.

새마을금고는 2021년 개인 고객 대상 MG더뱅킹 앱 리뉴얼 출시, 2022년 기업 고객 대상 MG더뱅킹기업 앱 신규 출시 등 비대면 서비스를 확대하고 있으며, 향후 개인뱅킹 전면 재구축, 마이데이터 서비스 등 지속적인 디지털 혁신 사업을 추진할 예정이다.

① 모바일 앱 서비스 'MG더뱅킹기업'에 대한 고객평가
② 새마을금고 모바일 앱 서비스의 종류
③ 모바일 앱 서비스 'MG더뱅킹기업'의 출시
④ 모바일 앱 서비스의 보안 규정

23 다음 글의 내용으로 가장 적절한 것은?

> 기준금리는 중앙은행이 경제를 조절하고 통화정책을 시행하기 위해 설정하는 핵심적인 금리이다. 중앙은행은 경제의 안정과 성장을 도모하기 위해 노력하며, 기준금리는 이를 위한 주요한 도구로 사용된다.
>
> 기준금리는 경제의 주요 지표와 금융시장의 조건 등을 고려하여 결정된다. 주로 인플레이션, 경제성장, 고용상황 등과 같은 경제 지표를 분석하고, 금융시장의 유동성과 안정성을 고려하여 중앙은행이 적절한 수준의 기준금리를 결정한다. 이를 통해 중앙은행은 경기 변동에 따른 위험을 완화하고 금융시장의 원활한 운영을 돕는 임무를 수행한다.
>
> 또한 기준금리는 주로 중앙은행이 자금공급 및 대출을 조절하여 경제의 동향을 조절하기 위해 설정된다. 일반적으로 경제가 성장하고 인플레이션이 심해지면 중앙은행은 기준금리를 인상해 자금을 제한하고 대출을 어렵게 만든다. 이는 소비와 투자를 저하시키는 효과를 가지며, 경기 과열을 억제하는 역할을 한다.
>
> 반대로 경제가 침체되면 중앙은행은 기준금리를 낮춰 자금을 유동성 있게 공급하고 대출을 유도한다. 이는 경기 활성화와 경제 확장을 촉진하며 기업과 개인의 대출 활동을 유도하여 경제에 활력을 불어넣는 효과를 가진다.
>
> 중앙은행은 기준금리를 결정할 때 정책 목표와 관련된 다양한 요소를 고려한다. 대표적으로 인플레이션 목표율, 경제 성장률, 고용률, 외환 시장 상황, 금융시장 안정성 등 다양한 요인이 있으며 국제 경제 상황과 금융시장의 변동성, 정책 변화의 시너지 효과 등도 고려한다.
>
> 기준금리는 중앙은행의 중요한 정책 수단으로, 정부와 기업, 개인들의 경제 활동에 직간접적인 영향을 준다. 따라서 중앙은행은 신중하고 적절한 기준금리 조정을 통해 경제의 안정과 균형을 유지하려는 노력을 계속해야 한다. 이를 위해 경제 지표와 금융시장의 변동을 면밀히 관찰하고, 정책 목표에 맞는 조치를 취하며, 투명한 커뮤니케이션을 통해 경제 주체들에게 예측 가능한 환경을 제공해야 한다.

① 경기가 과열되면 중앙은행은 기준금리를 인하한다.
② 중앙은행이 기준금리를 인상하면 개인과 기업의 소비와 투자가 촉진된다.
③ 기준금리는 경기 변동에 따른 위험을 완화하는 장치이다.
④ 기준금리 설정에서 가장 중요한 요인은 국제 경제 상황이다.

24 A팀을 포함한 7팀이 다음 대진표와 같이 축구 대회에 출전하였다. 제비뽑기를 통해 A팀이 부전승으로 경기에 진출할 확률은?

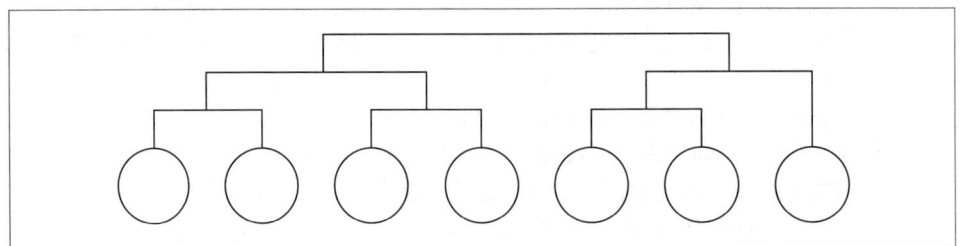

① $\dfrac{1}{5}$　　　　　　　　　② $\dfrac{1}{7}$

③ $\dfrac{1}{9}$　　　　　　　　　④ $\dfrac{1}{12}$

25 다음은 M금고의 2023년 3·4분기 전체 민원 건수 및 해결률을 나타낸 자료이다. 2023년 4분기 금융 해결 건수는 전 분기의 $\dfrac{5}{7}$ 이다. 2023년 4분기 서비스 해결 건수가 97건이고, 2023년 3분기 총 건수 해결률이 (다)라고 할 때, (가)+(나)+(다)의 값으로 옳은 것은?(단, 건수 및 해결률은 소수점 첫째 자리에서 반올림한다)

〈M금고 2023년 3·4분기 민원 해결 건수〉

(단위 : 건, %)

구분		민원 건수	
		2023년 3분기	2023년 4분기
금융	전체 민원 건수	102	72
	해결률	96	(가)
서비스	전체 민원 건수	20	(나)
	해결률	100	(가)

※ (총 건수)=(금융 건수)+(서비스 건수)
※ 해결률은 민원 건수 중 해결된 건수의 비율임

① 290　　　　　　　　　② 292
③ 294　　　　　　　　　④ 296

26 형준, 연재, 영호, 소정이가 언어영역, 수리영역, 외국어영역으로 구성된 시험을 본 뒤 채점을 해보니 〈보기〉와 같은 결과가 나타났다. 다음 중 반드시 참인 것은?

> **보기**
> ㄱ. 형준이는 언어영역에서 1등이고, 수리영역에서는 연재보다 잘했다.
> ㄴ. 연재는 수리영역 4위가 아니다.
> ㄷ. 소정이는 외국어영역에서 형준이보다 못했다.
> ㄹ. 형준이는 외국어영역에서 영호와 연재에게만 뒤처졌다.
> ㅁ. 영호는 언어영역에서 4위를 했고, 수리영역은 연재보다 못했다.
> ㅂ. 동점자는 존재하지 않는다.
> ㅅ. 형준이는 수리영역에서 소정이보다 못했다.
> ㅇ. 소정이의 외국어영역 순위는 연재의 수리영역 순위에 1을 더한 것과 같다.

① 언어영역 2위는 연재이다.
② 외국어영역 3위는 형준이다.
③ 영호는 세 과목에서 모두 4위이다.
④ 연재의 언어영역 순위에 1을 더한 값은 형준이의 외국어영역 순위와 같다.

27 M공사의 항공교육팀은 항공보안실을 대상으로 다음과 같은 항공보안교육계획을 세웠다. 항공보안교육을 반드시 이수해야 하는 팀을 〈보기〉에서 모두 고르면?

〈2024 항공보안교육계획〉

구분	과정명	비고
보안검색감독자	보안검색감독자 초기 / 정기	필수
보안검색요원	보안검색요원 초기 / 정기	필수
	보안검색요원 인증평가	필수
	보안검색요원 재교육	필요시
폭발물처리요원	폭발물 처리요원 직무	필요시
	폭발물 처리요원 정기	필요시
	폭발물위협분석관 초기 / 정기	필요시
장비유지보수요원	항공보안장비유지보수 초기 / 정기	필수

구분		업무분장
항공보안처	보안계획팀	항공보안 시행계획 수립
	보안검색팀	보안검색 협력사 관리 / 보안검색 상황실 운영 / 보안검색 감독
	테러대응팀	폭발물 및 생화학처리 업무 / 대테러장비 및 물품 관리운영
경비보안처	보안경비팀	보안상황실 운영 / 보안경비 협력사 관리 / 총기 보관 및 관리
	보안장비팀	CCTV 및 영상관리 시스템 관리 / 항공보안장비 구매 및 유지·관리
	출입증 관리센터	보호구역 출입증 발급 및 관리 / 출입증 보안 및 관리 교육 업무

① 보안계획팀, 보안검색팀
② 보안계획팀, 테러대응팀
③ 보안검색팀, 보안경비팀
④ 보안검색팀, 보안장비팀

28 제시된 협상 대화에 대한 대답으로 가장 바르게 말한 사람을 〈보기〉에서 고르면?

> M사 : 안녕하세요. 다름이 아니라 현재 단가로는 더 이상 귀사에 납품하는 것이 어려울 것 같아 자재의 단가를 조금 올리고 싶어서요. 이에 대해 어떻게 생각하시나요?
> 대답 : _____

보기
A : 지난달 자재의 불량률이 너무 높은데 단가를 더 낮춰야 할 것 같습니다.
B : 저희도 이 정도 가격은 꼭 받아야 해서요. 단가를 지금 이상 올리는 것은 불가능합니다.
C : 불량률을 3% 아래로 낮춰서 납품해 주시면 단가를 조금 올리도록 하겠습니다.
D : 단가를 올리면 저희 쪽에서 주문하는 수량이 줄어들 텐데, 감당할 수 있으세요?

① A
② B
③ C
④ D

※ 다음은 IBK탄소제로적금에 대한 정보이다. 이어지는 질문에 답하시오. [29~30]

<IBK탄소제로적금>

구분	세부내용
상품특징	• 거주세대의 전기사용량 절약 여부에 따라 금리혜택을 제공하는 적금 상품
가입금액	• 신규금액 : 최소 1만 원 이상 • 납입한도 : 매월 100만 원 이하(천 원 단위)
계약기간	• 1년제
가입대상	• 실명의 개인(개인사업자 제외) • 1인 1계좌
이자지급방법	• 만기일시지급식
약정이율	• 연 3.0%
우대금리	• 최고 연 4.0%p • 계약기간 동안 아래 조건을 충족하고 만기해지 시 우대이자율 제공 ① 에너지 절감 : 적금가입월부터 10개월 동안 적금가입월의 전기사용량(kWh) 대비 월별 전기사용량(kWh) 절감횟수가 다음에 해당하는 경우("아파트아이" 회원가입을 통해 등록된 주소에 대한 관리비 명세서의 전기사용량(kWh)만 인정되며 주소가 변경될 경우 "아파트아이"에서 주소 변경을 완료해야만 변경된 주소의 실적이 반영 가능하며, 주소 변경은 연 3회로 제한한다) 　- 3회 이상 : 연 1.0%p 　- 5회 이상 : 연 2.0%p ② 최초거래고객 : 가입 시 아래 요건 중 1가지 충족 시 연 1.0%p 　- 실명등록일로부터 3개월 이내 　- 가입일 직전월 기준 6개월간 총수신평잔 0원 ③ 지로 / 공과금 자동이체 : 본인 명의 입출금식 통장에서 지로 / 공과금 자동이체 실적이 3개월 이상인 경우, 연 1.0%p
중도해지이율	• 만기일 이전에 해지할 경우 입금액마다 입금일부터 해지일 전일까지의 기간에 대하여 가입일 당시 IBK 적립식중금채의 중도해지금리를 적용 • 납입기간 경과비율 　- 10% 미만 : (가입일 현재 계약기간별 고시금리)×5% 　- 10% 이상 20% 미만 : (가입일 현재 계약기간별 고시금리)×10% 　- 20% 이상 40% 미만 : (가입일 현재 계약기간별 고시금리)×20% 　- 40% 이상 60% 미만 : (가입일 현재 계약기간별 고시금리)×40% 　- 60% 이상 80% 미만 : (가입일 현재 계약기간별 고시금리)×60% 　- 80% 이상 : (가입일 현재 계약기간별 고시금리)×80% ※ 모든 구간 최저금리 연 0.1% 적용
만기 후 이율	• 만기일 당시 IBK 적립식중금채의 만기 후 금리를 적용 　- 만기 후 1개월 이내 : (만기일 당시 IBK 적립식중금채의 계약기간별 고시금리)×50% 　- 만기 후 1개월 초과 6개월 이내 : (만기일 당시 IBK 적립식중금채의 계약기간별 고시금리)×30% 　- 만기 후 6개월 초과 : (만기일 당시 IBK 적립식중금채의 계약기간별 고시금리)×20%

29 다음 중 위 자료에 대한 내용으로 적절하지 않은 것은?

① 신규금액을 제외하고 최대 납입 가능한 금액은 1,200만 원이다.
② 계약기간 동안에 주소 변경을 하기 위해서는 아파트아이 계정이 필요하다.
③ 자신이 세대주가 아닐 경우, 지로 / 공과금 자동이체 우대금리를 적용받기 위해서는 세대주 명의의 입출금식 통장을 개설하여야 한다.
④ 최대 이율을 적용받는 사람이 납입기간 50%를 경과하고 중도해지 할 경우 적용받는 금리는 이전보다 5.8%p 적다.

30 다음은 IBK탄소제로적금에 가입한 A고객의 가입정보이다. 제시된 자료를 근거로 할 때, A고객이 지급받을 이자는 총 얼마인가?(단, A고객은 "아파트아이"에 회원가입하여 주소를 등록하였으며, 계약기간 동안 주소 변경은 하지 않았으며, 만기일 당시 IBK 적립식중금채의 고시금리는 연 3.0%이다.)

〈A고객의 가입정보〉

- 가입상품 : IBK탄소제로적금
- 가입금액
  - 최초 납입금액 : 30만 원
  - 추가 납입금액 : 70만 원(2022.11.1)
- 계약기간 : 1년(2022.5.1 ~ 2023.4.30)
- 우대금리 관련 사항
  ① 월별 전기사용량

연도/월	22/5	22/6	22/7	22/8	22/9	22/10
전기사용량(kWh)	448	436	478	481	442	430
연도/월	22/11	22/12	23/1	23/2	23/3	23/4
전기사용량(kWh)	452	466	485	447	440	447

  ② 최초거래고객 : 실명등록일(2022.3.25)
  ③ 지로 / 공과금 자동이체 : 본인명의 입출금식 통장으로 월 아파트관리비 총 5회 자동이체
- 적금 실제 해지일 : 23.10.31

① 43,500원 ② 45,500원
③ 50,000원 ④ 64,500원

※ 다음은 보조배터리를 생산하는 K사의 시리얼넘버에 대한 자료이다. 이어지는 질문에 답하시오. **[31~32]**

⟨시리얼넘버 부여 방식⟩

시리얼넘버는 [제품분류]-[배터리 형태][배터리 용량][최대 출력]-[고속충전 규격]-[생산날짜] 순서로 부여한다.

⟨시리얼 넘버 세부사항⟩

제품분류	배터리 형태	배터리 용량	최대 출력
NBP : 일반형 보조배터리 CBP : 케이스 보조배터리 PBP : 설치형 보조배터리	LC : 유선 분리형 LO : 유선 일체형 DK : 도킹형 WL : 무선형 LW : 유선+무선	4 : 40,000mAH 이상 3 : 30,000mAH 이상 2 : 20,000mAH 이상 1 : 10,000mAH 이상	A : 100W 이상 B : 60W 이상 C : 30W 이상 D : 20W 이상 E : 10W 이상

고속충전 규격	생산날짜		
P31 : USB-PD3.1 P30 : USB-PD3.0 P20 : USB-PD2.0	B3 : 2023년 B2 : 2022년 … A1 : 2011년	1 : 1월 2 : 2월 … 0 : 10월 A : 11월 B : 12월	01 : 1일 02 : 2일 … 30 : 30일 31 : 31일

| IBK기업은행

31 다음 〈보기〉 중 시리얼넘버가 잘못 부여된 제품은 모두 몇 개인가?

보기
- NBP-LC4A-P20-B2102
- CBP-WK4A-P31-B0803
- NBP-LC3B-P31-B3230
- CNP-LW4E-P20-A7A29
- PBP-WL3D-P31-B0515
- CBP-LO3E-P30-A9002
- PBP-DK1E-P21-A8B12
- PBP-DK2D-P30-B0331
- NBP-LO3B-P31-B2203
- CBP-LC4A-P31-B3104

① 2개　　　　　　　　　　　② 3개
③ 4개　　　　　　　　　　　④ 5개

32 K사 고객지원팀에 재직 중인 S주임은 보조배터리를 구매한 A고객으로부터 다음과 같이 전화를 받았다. 해당 제품을 회사 데이터베이스에서 검색하기 위해 시리얼번호를 입력할 때, 고객 제품의 시리얼번호로 옳은 것은?

> S주임 : 안녕하세요. K사 고객지원팀 S입니다. 무엇을 도와드릴까요?
> A고객 : 안녕하세요. 지난번에 구매한 보조배터리가 작동을 하지 않아서요.
> S주임 : 네, 고객님. 해당 제품 확인을 위해 시리얼번호를 알려주시기 바랍니다.
> A고객 : 제품을 들고 다니면서 시리얼번호가 적혀 있는 부분이 지워졌네요. 어떻게 하면 되죠?
> S주임 : 고객님 혹시 구매하셨을때 동봉된 제품설명서 가지고 계실까요?
> A고객 : 네, 가지고 있어요.
> S주임 : 제품설명서 맨 뒤에 제품정보가 적혀있는데요. 순서대로 불러주시기 바랍니다.
> A고객 : 설치형 보조배터리에 70W, 24,000mAH의 도킹형 배터리이고, 규격은 USB-PD3.0이고, 생산날짜는 2022년 10월 12일이네요.
> S주임 : 확인 감사합니다. 고객님 잠시만 기다려 주세요.

① PBP-DK2B-P30-B1012
② PBP-DK2B-P30-B2012
③ PBP-DK3B-P30-B1012
④ PBP-DK3B-P30-B2012

※ 다음은 공무원 가족 국외여비 지급 기준표이다. 이어지는 질문에 답하시오. [33~34]

〈공무원 가족 국외여비 지급 기준표〉

지급사유	지급액
1. 부임 또는 전근하는 경우 소속 장관의 허가를 받아 가족을 근무지로부터 새로운 근무지까지 동반해야 할 때	가. 12세 이상의 가족에 대해서는 본인이 여행하는 때와 같은 등급의 철도운임·선박운임·항공운임 및 자동차 운임 및 준비금의 전액과 일비·숙박비 및 식비의 3분의 2에 상당하는 금액 나. 12세 미만의 가족에 대해서는 본인이 여행하는 때와 같은 등급의 철도운임·선박운임·항공운임 및 자동차 운임 및 준비금의 전액과 일비·숙박비 및 식비의 3분의 1에 상당하는 금액
2. 외국 근무 중 소속 장관의 허가를 받아 한 차례에 한정하여 가족을 그 근무지로 불러오거나 본국으로 귀국시킬 때	
3. 외국에서 4년 이상 계속 근무한 공무원이 소속 장관의 명에 따라 본국에서 재교육을 받기 위하여 배우자와 18세 미만 자녀와 함께 일시 귀국할 때(단, 4년마다 한차례로 한정한다)	
4. 주재국의 급격한 정세변화로 인하여 동반 가족을 철수시킬 때	
5. 외국 근무 중 소속 장관의 허가를 받아 배우자를 동반한 공무여행을 할 때	
6. 소속 장관의 허가를 받아 본인을 대신하여 가족 중 1명 또는 본인과 동반하여 배우자가 일시 귀국할 때	
7. 근무조건이 매우 불리하다고 외교부장관이 인정하는 지역에서 근무 중인 공무원이 소속 장관의 허가를 받아 연간 한 차례만 가족 동반으로 다른 지역에서 휴양을 할 때 또는 의료검진을 받을 때	본인이 여행하는 때와 같은 등급의 철도운임·선박운임·항공운임 및 자동차 운임의 전액을 지급한다.
8. 근무조건이 매우 불리하다고 외교부장관이 인정하는 고산지역에서 근무 중인 공무원이 소속장관의 허가를 받아 연간 23일 범위에서 분기별로 한 차례 가족 동반으로 저지대(低地帶) 요양을 할 때	

* 가족은 본인을 포함한 구성원을 지칭함
** 취업 후 독립하여 생계를 유지하는 자녀 및 26세 이상 자녀는 특수한 경우를 제외하고 지급하지 아니함

33 다음은 공무원 가족 국외여비 지급 기준표이다. 다음 중 국외여비로 받을 수 있는 사람은?

① 출장지역에서 내전으로 인해 근무환경에 위협을 받아 급하게 귀국하는 공무원 A씨
② 근무지인 노르웨이에서 6살 딸을 불러오려는 공무원 B씨
③ 배우자 지인의 상(喪)으로 베이징에서 배우자와 급하게 귀국하려는 공무원 C씨
④ 해발 5,500m 지역에서 근무하다 1분기 휴가 때 가족과 함께 14일간 바닷가에서 쉬려는 공무원 D씨

34 해외로 발령받은 4명의 공무원 모두 소속 장관의 허가하에 가족을 동반하여 근무지로 가고자 한다. K항공을 이용할 때, 지급받을 국외여비가 바르게 연결되지 않은 것은?(단, 천 원 단위에서 올림한다)

⟨K항공 운임 비용⟩

구분	운임 비용	기내식 비용
S CLASS	성인 : 1,200,000원 소인 : 성인의 80%	기내식 무료 제공
A CLASS	성인 : 900,000원 소인 : 성인의 80%	성인 : 15,000원 소인 : 무료 제공
B CLASS	성인 : 750,000원 소인 : 성인의 80%	20,000원 (소인 구분 없음)
C CLASS	700,000원	20,000원 (소인 구분 없음)

* C CLASS의 운임 비용은 성인과 소인의 구분이 없음
** 소인은 18세 미만의 청소년을 지칭함
*** 8세 미만의 어린이는 모든 CLASS에서 운임 비용을 받지 않음

① W부장, 5인 가족(16세 / 10세 / 7세 자녀), A CLASS 이용, 기내식 신청
   가족 국외여비 : 1,940,000원

② X과장, 4인 가족(23세 / 21세 자녀, 독립하지 않음), S CLASS 이용, 기내식 신청
   가족 국외여비 : 3,200,000원

③ Y대리, 2인 부부, B CLASS 이용, 기내식 미신청
   가족 국외여비 : 1,000,000원

④ Z주임, 4인 가족(6세 / 4세 자녀), C CLASS 이용, 기내식 신청
   가족 국외여비 : 1,440,000원

35 다음은 IBK기업은행에서 판매하고 있는 직장인우대MY통장 상품에 대한 설명의 일부이다. 어느 날 이 적금 상품에 가입하려는 A ~ D의 조건이 〈보기〉와 같을 때, 가입예정자 중 우대금리가 가장 높은 사람은?

〈직장인우대MY통장〉

- 계약기간 : 1년(12개월)
- 신규금액 : 최소 1만 원 이상
- 납입한도 : 매월 1만 ~ 20만 원(만 원 단위)
- 가입대상 : 실명의 개인(1인 1계좌)
  ※ 개인사업자 제외
- 이자지급주기 : 만기 시 지급
- 이자지급방법 : 만기일시지급식
- 기본금리 : 연 3.55%
- 우대금리 : 최대 연 1.3%p
  - 계약기간 동안 아래 조건을 충족한 고객이 만기해지하는 경우 제공

우대조건	우대금리
가입시점에 직장인으로 확인되는 경우	연 0.3%p
당행 실명등록일로부터 3개월 이내 신규 또는 상품가입 직전월 기준 6개월 이상 총수신평잔 0원인 경우	연 0.3%p
계약기간 동안 당행 계좌로 6개월 이상 급여이체 실적(50만 원 이상)이 있는 경우	연 0.5%p
계약기간 동안 당행 신용(체크)카드 이용실적이 300만 원 이상인 경우 (단, 이용실적은 매출표 접수 기준 결제계좌가 당행인 경우에 한하며 현금서비스 실적은 제외)	연 0.2%p

- 유의사항
  - 계좌에 압류, 가압류, 질권설정 등이 등록된 경우 원금 및 이자 지급 제한
  - 예금 잔액 증명서 발급 당일에는 입금·출금·이체 등 잔액 변동 불가

보기

〈직장인우대MY통장 가입예정자 정보〉

가입자	비고
A	• K사 사원 재직 확인(월 실수령 225만 원 이상) • 당행 계좌로 30개월 분 급여 이체 내역 확인 • 당행 신용카드로 매월 20만 원 미만 고정 지출 내역 확인
B	• 15일 후 N사 신입사원으로 입사 예정(월 실수령 200만 원 이상) • 12개월 이상 잔고 0원인 계좌 확인 • 급여계좌 당행으로 설정 예정 • 당행 신용카드로 매월 30만 원 이상 고정 지출 내역 확인
C	• P사 과장 재직 확인(월 실수령 275만 원 이상) • 타행 계좌로 100개월 분 급여 이체 내역 확인 • 당행 신용카드로 매월 50만 원 이상 고정 지출 내역 확인
D	• O사 과장 재직 확인(월 실수령 330만 원 이상) • 당행 계좌로 120개월 분 급여 이체 내역 확인 • 당행 계좌 압류 상태 확인 • 당행 신용카드 및 체크카드 미발급

※ 가입 이후 급여계좌 및 급여 여부, 신용카드 및 체크카드의 발급 여부 및 실적은 변동되지 않는 것으로 가정함

① A
② B
③ C
④ D

36 다음은 A ~ M은행의 2022년과 2023년의 매출액 및 영업이익을 비교 정리한 자료이다. 이에 대한 설명으로 옳은 것은?

〈은행별 매출액 및 영업이익〉

(단위 : 백만 원)

구분	전체 매출 순위		2023년		2022년	
	2023년	2022년	매출액	영업이익	매출액	영업이익
A은행	12	30	29,313,199	1,545,969	17,133,742	381,790
B은행	196	205	2,464,004	339,704	2,295,414	292,786
C은행	41	49	14,688,241	270,070	12,709,341	374,836
D은행	35	40	16,672,315	1,958,961	14,656,536	1,733,685
E은행	80	84	8,141,461	-1,948,376	6,549,092	44,020
F은행	33	36	16,992,875	1,491,949	15,397,591	1,473,910
G은행	29	32	17,826,443	1,168,411	16,346,500	1,159,449
H은행	19	22	23,556,006	1,574,204	20,450,040	1,351,586
I은행	16	18	25,923,541	-35,507	25,924,261	-1,102,292
J은행	308	275	1,499,130	267,892	1,621,639	260,634
K은행	185	170	2,778,583	426,609	2,968,890	418,814
L은행	46	42	13,051,317	208,696	13,873,438	-364,683
M은행	54	51	11,692,591	365,820	11,926,330	496,358

① 2022년 대비 2023년에 전체 매출 순위가 올라간 은행은 총 8곳이다.
② A은행을 제외하고 2022년 대비 2023년에 매출액이 가장 많이 오른 은행은 D은행이다.
③ 2023년에 영업이익이 마이너스인 은행 수는 2022년에 영업이익이 마이너스인 은행 수보다 많다.
④ A ~ M은행을 서로 비교할 때, C은행은 2022년 매출액의 순위와 영업이익의 순위가 같다.

37 다음 문단을 논리적 순서대로 바르게 나열한 것은?

(가) 그렇다면 블록체인 기술은 어떻게 시스템 해킹 및 변조를 막을 수 있을까? 그 답은 블록체인의 이름에 있다. 블록체인 방식으로 거래하기 위해서는 먼저 네트워크에 포함된 모든 사람들이 똑같은 데이터를 가진 블록을 보유하고 있어야 한다. 새로운 거래가 생기면 네트워크에 포함된 모든 사람은 블록을 서로 비교하여 현재의 정보에 변조가 없는지 확인하게 된다. 무결성이 확인되었다면 새로운 거래가 담긴 블록을 기존의 블록과 연결하여 서로 체인을 이루게 만든다. 이후 다른 거래가 생길 때마다 동일한 방식으로 네트워크 구성원 간 데이터를 비교하고, 새로운 블록을 쌓는 방식으로 진행된다.

(나) 이처럼 블록체인 기술은 중앙은행의 중계 없이 사용자 간 직접 거래를 통해 해킹이나 변조에서 비교적 안전해지고, 거래자의 개인정보도 보호할 수 있다는 다양한 장점을 지녔다. 하지만 탈중앙화라는 특징으로 인해 범죄와 연관될 가능성이 높으며, 금융사고로 인한 손실을 복구하기도 어렵다. 또한 해싱으로 인해 개인정보를 보호할 수 있지만, 로그 등의 데이터 자체는 여전히 모든 이용자에게 공개되므로 지나친 투명성에 의한 단점도 생길 수 있다.

(다) 데이터의 집합체인 블록에는 정보들이 해싱(Hashing)되어 저장된다. 해싱은 다양한 길이를 가진 데이터를 고정된 길이를 가진 데이터로 매핑하는 것으로, 블록에 저장되는 데이터는 16진수 숫자(1 ~ F)로 암호화된다. 해싱 이전의 데이터가 조금이라도 바뀔 경우 해싱 이후의 데이터가 크게 변하는 특징이 있으므로, 블록 간 데이터의 무결성을 비교할 때 해시 데이터(Hash Data)를 보고 쉽게 판독할 수 있다. 또한 해시값을 기존의 데이터로 복구하는 것이 불가능하다는 특징이 있어 투명하면서 개인정보 또한 보호할 수 있다.

(라) 블록체인(Block Chain) 기술은 비트코인, 이더리움 등의 암호화폐나 대체 불가능 토큰(NFT; Non Fungible Token)의 핵심 기술이다. 블록체인이란 P2P(Peer to Peer) 네트워크를 통해서 관리되는 분산 데이터베이스로, 거래 정보를 중앙 서버 한 곳에 저장하는 것이 아니라 블록체인 네트워크에 연결된 여러 컴퓨터에 저장 및 보관하는 기술이다. 시스템을 해킹하거나 변조하는 것을 사실상 불가능하게 만드는 탈중앙화 방식으로 정보를 기록하는 디지털 장부라고 볼 수 있다.

① (다) - (나) - (가) - (라)
② (다) - (라) - (가) - (나)
③ (라) - (가) - (나) - (다)
④ (라) - (가) - (다) - (나)

38 다음 글의 주제로 가장 적절한 것은?

의식주는 사람이 생활하는 데 필수적인 3가지 요소이다. 이 3가지 요소는 경제 변동과 무관하게 항상 이루어져야 한다. 그러나 이 가운데 주는 필수 요소임에도 불구하고 우리나라에서 많은 자본이 필요하며, 경제 변동에 매우 민감하게 반영되곤 한다.

2021년 낮아진 금리로 인해 많은 사람들, 특히 사회초년생인 20 ~ 30대는 여러 곳으로부터 돈을 최대한 빌리는 이른바 '영끌'을 통해 집을 마련하였다. 낮은 금리로 인해 마땅히 투자를 할 곳이 없었기 때문에 부동산에 투자한 것일 수도 있지만, 대부분의 사회초년생들은 '렌트푸어'가 되느냐, '하우스푸어'가 되느냐의 양자택일에 놓였기 때문에 후자를 택했다.

렌트푸어란 급등하는 전셋값을 감당하기 위해 돈을 빌려, 이를 상환하는 데 소득의 대부분을 지출하여 여유 없이 사는 사람들을 의미한다. 반면 하우스푸어는 집을 구매하기 위해 돈을 빌려, 이를 상환하는 데 소득의 대부분을 지출하는 사람들이다. 비슷해 보이지만 렌트푸어는 집을 가지지 못해 가난하게 사는 사람이고, 하우스푸어는 집을 가져서 가난하게 사는 사람이다. 2030 청년들 입장에서는 전세를 구하기 위해 돈을 빌리나, 집을 사기 위해 돈을 빌리나 똑같이 많은 빚을 지게 되는 것이고, 당시에는 역전세 등 전셋값이나 매매값이나 큰 차이가 나지 않았으며 부동산 가격이 계속 상승세였던 데다 금리 또한 낮았기 때문에 영끌이라는 선택을 한 것이다.

그러나 최근 기준금리가 상승하면서 영끌을 했던 2030 청년들은 그야말로 공포에 떨고 있다. 많은 돈을 빌려 산 집의 가격은 떨어지고 있으며, 금리인상으로 인해 은행에 지불하는 이자는 천정부지로 뛰었기 때문이다. 집을 팔자니 이미 수억의 손해를 보았으며, 가만히 놔두자니 늘어난 이자가 거대한 부담으로 다가오고 있다. 이로 인해 청년 부채는 지속적으로 증가하고 있으며, 경제 주체로서 자산을 형성하는 데 큰 어려움을 겪고 있다.

① 사회초년생의 자산현황
② 부동산 시장의 변동 원인
③ 사람이 생활하는 데 필요한 필수적인 요소
④ 2030 '영끌'의 이유

39 S씨가 결혼 전 모은 현금의 40%를 배우자와 공동자산으로 합쳐 총 3억 원을 마련했다고 한다. S씨의 공동자산 축적 기여도가 48%일 때, S씨가 결혼 전 모은 현금은?

① 3억 2천만 원 ② 3억 6천만 원
③ 4억 원 ④ 4억 4천만 원

40 어떤 모형을 만드는 데 서로 다른 부품이 10개 필요하고, 작년에 이 중 A부품 1개의 가격이 전체 부품값의 15%였다. 올해에 모든 부품값이 10,000원씩 상승하여 A부품 1개 가격이 전체 부품값의 14.5%가 될 때, 올해 모형을 만드는 데 필요한 모든 부품값은?(단, 서로 다른 10개 부품 모두 1개씩 필요하다)

① 1,200,000원 ② 1,100,000원
③ 1,000,000원 ④ 900,000원

41 다음 기사를 읽고 이해한 내용으로 적절하지 않은 것은?

> KB국민은행은 고금리 및 경기둔화로 어려움을 겪고 있는 취약차주에 대한 상생금융과 기업의 사회적 책임 실천을 위해 'KB국민희망대출'을 출시한다고 밝혔다.
> KB국민희망대출은 제2금융권 신용대출을 낮은 금리의 은행권 대출로 전환해주는 대환 대출 상품이다. 은행 대출이 어려웠던 중저신용 차주들은 KB국민희망대출을 통한 은행권 진입으로 이자비용은 경감하고 개인의 신용도는 개선할 수 있게 되었다.
> 대상 고객은 제2금융권 신용대출을 보유한 근로소득자로, KB국민은행 고객뿐만 아니라 타행 거래 고객도 신청 가능하다. KB국민은행은 5천억 원 규모로 대출을 지원할 방침이다.
> KB국민은행은 최대한 많은 금융소비자들이 KB국민희망대출의 혜택을 누릴 수 있도록 대상 요건을 대폭 완화했다. 자체 내부평가모델을 활용해 일반적으로 은행권 대출이 어려운 다중채무자 등 중저신용 차주들도 이용할 수 있게 했다.
> 차주의 재직기간 및 소득 요건도 최소화했다. 재직기간의 경우 사회초년생 고객을 고려해 1년 이상 재직 시 대출 신청이 가능하도록 했다. 소득 요건도 크게 낮춰 2023년 최저임금수준을 고려한 연소득 2천 4백만 원 이상으로 결정했다.
> 대출금리는 고객의 실질적인 이자부담 경감 효과를 위해 최고금리를 연 10% 미만으로 제한하여 운영한다. 이는 대출 이후에도 적용되어, 상환기간 중 기준금리(금융채 12개월물)가 상승하더라도 연 10% 미만의 금리로 대출을 이용할 수 있다.
> 대출한도 산정에 있어서도 큰 폭의 변화를 주었다. 일반적으로 여러 금융기관의 대출을 보유한 다중채무자의 경우 대출한도가 부여되기 어려우나 KB국민희망대출은 다중채무자라 하더라도 별도의 감액이나 거절 기준 없이 신용등급에 따라 최대 1억 원까지 한도를 부여한다. 최종 대출금액은 고객이 현재 보유한 제2금융권 신용대출의 상환금액이며, 고객별 금융기관 대출잔액 및 소득금액에 따른 DSR 범위 내에서 대환이 가능하다.
> 대출상환은 분할상환 방식으로 이뤄지며 원금균등분할상환과 원리금균등분할상환 중 선택이 가능하다. 대부분의 제2금융권 신용대출이 5년 이내 분할상환으로 운영되고 있으나, KB국민은행은 상환기간을 최장 10년까지 확대하여 고객의 선택권을 강화했다.

① 여러 금융사로부터 중복해서 돈을 빌렸어도 KB국민희망대출을 이용할 수 있다.
② KB국민희망대출은 대출 이후에도 상환기간 중 금리가 연 10% 미만으로 적용된다.
③ KB국민희망대출을 통해 자금을 빌릴 경우, 대출원금은 만기일에 일시상환한다.
④ 같은 이자율과 같은 금액으로 대출했더라도 KB국민희망대출은 제2금융권 신용대출에 비해 월 상환부담금을 낮출 수 있다.

42 다음은 KB청년도약계좌의 상품설명서이다. 이에 대한 내용으로 적절하지 않은 것은?

<KB청년도약계좌>

구분	내용
가입대상	국내 거주자로서 다음 각호의 요건을 모두 충족하는 실명의 개인 ① 나이요건 : 가입일 현재 만 19세 이상 만 34세 이하인 사람(국내 거주 외국인 포함) ② 개인소득요건 : 가입일 현재 다음 각 목 중 하나의 개인소득기준을 충족하는 사람 　가. 직전 과세기간의 총급여액이 7,500만 원 이하 　나. 직전 과세기간의 종합소득금액이 6,300만 원 이하
가입제한	• 전 금융기관 1인 1계좌 • 청년희망적금 보유자 가입 불가(청년희망적금 해지 전 가입신청은 가능) • 개인사업자 및 서류 미제출 임의단체 가입 불가, 공동명의 불가 • 외국인의 경우 실명확인증표는 외국인등록증만 사용 가능
상품유형	자유적립식 예금
계약기간	60개월
저축금액	회차별 최소 1천 원 이상, 1천 원 단위로 매월(월 초일부터 말일까지) 70만 원 이하
최종금리	• 기본금리 : 연 4.5% • 우대금리 : 최고 연 1.5%p 　- 급여이체 : 연 0.6%p 　- 자동납부 : 연 0.3%p 　- 거래감사 : 연 0.1%p 　- 소득플러스 : 최고 연 0.5%p(1년 주기로 소득요건을 확인하여 충족할 경우 0.1%p씩 증가)
이자지급시기	만기일시지급식 : 만기 (후) 또는 중도해지 요청 시 이자를 지급
정부기여금	• 정부기여금은 만기해지 시 이자소득과 함께 지급(단, 외국인에게는 정부기여금 미지급) • 유의사항 　① 정부기여금은 서민금융진흥원이 정부예산으로 지급하는 지원금으로 정책 및 관련 법률 등이 변경될 경우 지급이 중단될 수 있음 　② 정부기여금의 이자는 서민금융진흥원이 은행에 입금한 날부터 만기일 전일까지의 기간 동안 기본이율을 적용하여 계산함 　③ 중도해지 시 정부기여금을 지급하지 않으며, 중도해지 후 재가입하는 경우 정부 정책 등에 따라 받을 수 있는 정부기여금의 규모가 축소될 수 있음 　④ 계약기간 동안 추심, 상계 등으로 가입자가 본인 납입금을 수령할 수 없는 경우 정부기여금을 지급하지 않음 　⑤ 가입자에게 지급하는 정부기여금이 공공재정 부정청구 금지 및 부정이익 환수 등에 관한 법률에 따른 부정이익으로 확인되는 경우에는 같은 법에 따라 부정이익 환수 등의 제재를 받을 수 있음

① 중도해지 후 재가입을 한 경우 정부기여금을 지급받을 수 없다.
② 저축 가능한 최고 금액은 4,200만 원이다.
③ KB청년도약계좌는 국내 외국인 거주자도 가입할 수 있다.
④ KB청년도약계좌에 가입 후 다른 은행의 청년도약계좌를 가입할 수 없다.

43 A~D고객은 KB 직장인든든 신용대출 상품을 통해 대출을 받고자 상담을 받았다. 다음 상품설명과 A~D고객에 대한 조건을 바탕으로 각각의 대출한도 및 최종금리를 바르게 짝지은 것은?(단, A~D고객 모두 대출한도 및 금리에 대한 불이익은 없다)

〈KB 직장인든든 신용대출〉

구분	내용
상품특징	직장인이라면 신청 가능
대출신청자격	재직기간 3개월 이상의 당행 선정 우량 직장인 및 재직기간 6개월 이상의 일반 직장인 ※ 최종합격자를 포함한 정규직 공무원, 중사 이상의 군인, 교사는 재직기간에 관계없이 자격 부여
대출금액	최대 3억 원 이내(단, 재직기간 1년 미만의 사회초년생은 최대 5천만 원 이내로 제한) - 종합통장자동대출은 최대 1억 원 이내로 제한 - 금융소외계층(최근 2년 이내 신용카드 실적 및 최근 3년 이내 대출실적이 없는 고객)은 최대 3백만 원 이내의 기본한도 제공

대출금리	(기준일 : 2022.08.28)
	
	|
		기준금리	가산금리	우대금리	최저금리	최고금리 |
						|---|---|---|---|---|---|
						| CD 91일물 | 연 3.69% | 연 2.36%p | 최고 연 0.9%p | 연 5.15% | 연 6.05% |
						| 금융채 6개월 | 연 3.80% | 연 2.34%p | 최고 연 0.9%p | 연 5.24% | 연 6.14% |
						| 금융채 12개월 | 연 3.88% | 연 2.29%p | 최고 연 0.9%p | 연 5.27% | 연 6.17% |
						
						※ 기준금리 : 금융채 금리는 금융투자협회가 고시하는 「AAA등급 금융채 유통수익률」로 전주 최종영업일 전 영업일 종가 적용
						※ 가산금리 : 신용등급, 대출기간 등에 따라 차등 적용(대출기간 2년 미만, 신용등급 3등급 기준)
						※ 우대금리 : 최고 연 0.9%p
						각 항목의 우대조건 충족 여부에 따라 대출신규 3개월 이후 매월 재산정 후 적용
						① KB신용카드 이용실적 우대 : 최고 연 0.3%p
						  - 결제계좌를 KB국민은행으로 지정하고, 최근 3개월간 KB신용카드 이용실적이 있는 경우
						
						| KB신용카드 이용실적 | 우대금리 |
						|---|---|
						| 30만 원 이상 60만 원 미만 | 연 0.1%p |
						| 60만 원 이상 90만 원 미만 | 연 0.2%p |
						| 90만 원 이상 | 연 0.3%p |
						
						② 급여(연금) 이체 관련 실적 우대 : 연 0.3%p
						  - 전월 말 기준 최근 3개월간 2회 이상 본인 계좌로 급여(연금) 이체(단, 건별 50만 원 이상)
						③ 적립식 예금 잔액 30만 원 이상의 계좌 보유 : 연 0.1%p
						④ 자동이체 3건 이상 실적 우대 : 연 0.1%p
						  - 신규 3건, 재산정 시 2건 이상의 자동이체 출금실적
						⑤ KB스타뱅킹 이용 우대 : 연 0.1%p
						※ 적용금리 : (기준금리)+(가산금리)-(우대금리)

구분	조건

A고객	• 재직기간 2개월 초임 교사
	• 적용 기준금리 : CD91일물
	• 당행 이용실적
	  - 최근 3개월간 KB신용카드 50만 원 이용내역 확인(결제계좌 : KB국민은행)
	  - 잔액 100만 원 이상의 적립식 예금 계좌 보유

B고객	• 무직
	• 적용 기준금리 : 금융채 6개월
	• 당행 이용실적
	  - 최근 3개월간 KB신용카드 100만 원 이용내역 확인(결제계좌 : KB국민은행)
	  - KB스타뱅킹 이용

C고객	• 재직기간 9개월 사무직
	• 적용 기준금리 : CD91일물
	• 당행 이용실적
	  - 최근 3개월간 KB신용카드 80만 원 이용내역 확인(결제계좌 : KB국민은행)
	  - 전월 말 기준 최근 3개월 이상 당행 본인 계좌로 월 200만 원 급여 입금내역 확인
	  - 잔액 50만 원 이상의 적립식 예금 계좌 보유

D고객	• 재직기간 5년 사무직
	• 적용 기준금리 : 금융채 12개월
	• 당행 이용실적
	  - 최근 3개월간 KB신용카드 120만 원 이용내역 확인(결제계좌 : KB국민은행)
	  - 전월 말 기준 최근 1년 이상 당행 본인 계좌로 월 280만 원 급여 입금내역 확인
	  - 잔액 1,300만 원 이상의 적립식 예금 계좌 보유
	  - KB스타뱅킹 이용

※ A ~ D고객 모두 대출기간은 1년, 신용등급은 3등급임
※ 가산금리는 2022년 8월 28일 기준 최대치로 계산함

	대출한도	최종금리
① A고객	1억 원	5.75%
② B고객	5천만 원	5.89%
③ C고객	5천만 원	5.45%
④ D고객	3억 원	6.17%

44

다음은 10개 도시의 2022년 6월 및 12월의 부동산 전세 가격지수 동향에 대한 자료이다. 2022년 6월 대비 12월 부동산 전세 가격지수의 증가량이 가장 적은 도시의 증감률은?

〈2022년 10개 도시 부동산 전세 가격지수 동향〉

구분	6월	12월	구분	6월	12월
A도시	90.2	95.4	F도시	98.7	98.8
B도시	92.6	91.2	G도시	100.3	99.7
C도시	98.1	99.2	H도시	92.5	97.2
D도시	94.7	92.0	I도시	96.5	98.3
E도시	95.1	98.7	J도시	99.8	101.5

① 약 -2.9%
② 약 -1.5%
③ 약 1%
④ 약 5.8%

45

20대 남녀, 30대 남녀, 40대 남녀 6명이 K금융상품 설명회에 참석하기 위해 K금융그룹의 대강당을 찾았다. 다음 〈조건〉에 따라 지정된 자리에 앉았다고 할 때, 항상 참인 것은?

조건
- 양 끝자리에는 다른 성별이 앉는다.
- 40대 남성은 왼쪽에서 두 번째 자리에 앉는다.
- 30대 남녀는 서로 인접하여 앉지 않는다.
- 30대와 40대는 인접하여 앉지 않는다.
- 30대 남성은 맨 오른쪽 끝자리에 앉는다.

① 20대 남녀는 왼쪽에서 첫 번째 자리에 앉을 수 없다.
② 20대 남성은 40대 여성과 인접하여 앉는다.
③ 30대 남성은 20대 여성과 인접하여 앉지 않는다.
④ 40대 남녀는 서로 인접하여 앉지 않는다.

앞선 정보 제공! 도서 업데이트

언제, 왜 업데이트될까?

도서의 학습 효율을 높이기 위해 자료를 추가로 제공할 때!
공기업·대기업 필기시험에 변동사항 발생 시 정보 공유를 위해!
공기업·대기업 채용 및 시험 관련 중요 이슈가 생겼을 때!

01 시대에듀 도서 www.sdedu.co.kr/book 홈페이지 접속

02 상단 카테고리 「도서업데이트」 클릭

03 해당 기업명으로 검색

참고자료, 시험 개정사항 등 정보 제공으로 학습효율을 높여 드립니다.

시대에듀
금융권 필기시험 시리즈

알차다!
꼭 알아야 할 내용을 담고 있으니까

친절하다!
핵심내용을 쉽게 설명하고 있으니까

명쾌하다!
상세한 풀이로 완벽하게 익힐 수 있으니까

핵심을 뚫는다!
시험 유형과 흡사한 문제를 다루니까

"신뢰와 책임의 마음으로 수험생 여러분에게 다가갑니다."

"농협" 합격을 위한 시리즈

   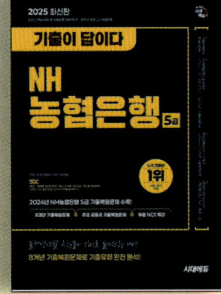

농협 계열사 취업의 문을 여는
Master Key!

※ 도서의 이미지 및 구성은 변동될 수 있습니다.

2025 하반기

NCS 핵심이론 및 대표유형 무료 PDF · 온라인 모의고사 무료쿠폰

기출이 답이다

지역농협 6급

지역농협 | 지역축협 | 품목농협 | 품목축협

정답 및 해설

편저 | SDC(Sidae Data Center)

SDC
SDC는 시대에듀 데이터 센터의 약자로 약 30만 개의 NCS · 적성 문제 데이터를
바탕으로 최신 출제경향을 반영하여 문제를 출제합니다.

8개년 기출복원문제 ✚ 주요 금융권 기출복원문제 ✚ 무료 NCS 특강

출제영역별 유형풀이 TIP으로 필기시험 대비!
8개년 기출복원문제로 기출유형 완전 분석!

시대에듀

PART

기출복원문제
정답 및 해설

끝까지 책임진다! 시대에듀!
QR코드를 통해 도서 출간 이후 발견된 오류나 개정법령, 변경된 시험 정보, 최신기출문제, 도서 업데이트 자료 등이 있는지 확인해 보세요! 시대에듀 합격 스마트 앱을 통해서도 알려 드리고 있으니 구글 플레이나 앱 스토어에서 다운받아 사용하세요. 또한, 파본 도서인 경우에는 구입하신 곳에서 교환해 드립니다.

CHAPTER 01 2025년 상반기 기출복원문제

01 | 70문항 유형

01	02	03	04	05	06	07	08	09	10	11	12	13	14	15	16	17	18	19	20
④	②	②	⑤	④	②	②	①	④	③	④	②	③	⑤	④	②	③	②	⑤	④
21	22	23	24	25															
④	③	②	①	②															

01 정답 ④

'보우(保佑)'는 '보호하고 도와줌'을 의미한다.
나머지 단어는 결함이나 부족함을 메워서 더 좋게 만들거나 강하게 한다는 의미이다.

오답분석
① 보강(補强) : 보태거나 채워서 본디보다 더 튼튼하게 함
② 보충(補充) : 부족한 것을 보태어 채움
③ 강화(强化) : 세력이나 힘을 더 강하고 튼튼하게 함
⑤ 보완(補完) : 모자라거나 부족한 것을 보충하여 완전하게 함

02 정답 ②

제시된 단어는 문제 현상과 그에 대한 대책 관계이다.
'가뭄'의 대책은 '관개'이고, '해충'의 대책은 '방제'이다.

03 정답 ②

제시된 단어는 측정 도구와 측정 대상이다.
'저울'로 '무게'를 측정하고, '나침반'으로 '방향'을 측정한다.

04 정답 ⑤

제시된 단어를 통해 공통적으로 연상할 수 있는 단어는 '혼례'이다.
• 초례상 : 전통적으로 치르는 혼례식인 초례를 지낼 때 베풀어 놓는 큰상
• 함진아비 : 혼인 때에, 신랑집에서 신붓집에 보내는 함을 지고 가는 사람
• 닭 : 전통 혼례에서 수탉과 암탉을 푸른 천과 붉은 천에 싸 배치하여 악귀를 쫓고, 다산을 기원하였음
• 폐백 : 신부가 처음으로 시부모를 뵐 때 큰절을 하고 올리는 물건. 또는 그런 일

05 정답 ④

'오징어', '호박엿', '명이나물' 모두 '울릉도'의 대표적인 특산품이다.

06 정답 ②

'실로폰', '징', '소고' 모두 채로 악기를 쳐서 소리를 내는 '타악기'이다.

오답분석
① 고수 : 북이나 장구 따위를 치는 사람
③ 취주악 : 목관 악기, 금관 악기 따위의 관악기를 주체로 하고 타악기를 곁들인 합주 음악
④ 사물놀이 : 네 사람이 각기 꽹과리, 징, 장구, 북을 가지고 어우러져 치는 놀이
⑤ 전통악기 : 국악에 쓰는 기구를 통틀어 이르는 말로, '실로폰'은 이에 해당하지 않음

07 정답 ②

오답분석
① 단비 : 꼭 필요한 때 알맞게 내리는 비
③ 여우비 : 볕이 나 있는 날 잠깐 오다가 그치는 비
④ 소슬비 : 으스스하고 쓸쓸하게 오는 비
⑤ 장대비 : 장대처럼 굵고 거세게 좍좍 내리는 비

08 정답 ①

'요지부동(搖之不動)'은 '흔들어도 꼼짝하지 않는다.'는 뜻으로, 어떠한 자극에도 움직이지 않거나 태도의 변화가 없음을 이르는 말이다.

오답분석
② 괴력난신(怪力亂神) : '괴이와 용력과 패란과 귀신에 관한 일'이라는 뜻으로, 이성적으로 설명하기 어려운 불가사의한 존재나 현상을 이르는 말
③ 고진감래(苦盡甘來) : '쓴 것이 다하면 단 것이 온다.'는 뜻으로, 고생(苦生) 끝에 즐거움이 옴을 이르는 말
④ 새옹지마(塞翁之馬) : '변방 노인의 말'이라는 뜻으로, 인생의 길흉화복은 변화가 많아서 예측하기가 어려움을 이르는 말
⑤ 우이독경(牛耳讀經) : '쇠귀에 경 읽기'라는 뜻으로, 아무리 가르치고 일러 주어도 알아듣지 못함을 이르는 말

09 정답 ④

'노기등등(怒氣騰騰)'은 몹시 성이 치받쳐 화난 기운이 얼굴에 가득 참을 이르는 말이다.

오답분석
① 타산지석(他山之石) : '다른 산의 나쁜 돌이라도 자신의 산의 옥돌을 가는 데에 쓸 수 있다.'는 뜻으로, 본이 되지 않은 남의 말이나 행동도 자신의 지식과 인격을 수양하는 데에 도움이 될 수 있음을 비유적으로 이르는 말
② 풍전등화(風前燈火) : '바람 앞의 등불'이라는 뜻으로, 매우 위험한 상황이나 불안정한 상태를 이르는 말
③ 근묵자흑(近墨者黑) : '먹을 가까이하면 검어진다.'는 뜻으로, 나쁜 사람과 가까이 지내면 나쁜 습관에 물들기 쉬움을 이르는 말
⑤ 대경실색(大驚失色) : '크게 놀라 얼굴빛을 잃는다.'는 뜻으로, 낯빛이 하얗게 질릴 정도로 몹시 놀란 모습을 이르는 말

10 정답 ③

단오는 5월 5일로, 양의 수인 홀수로 이루어진 양기가 왕성한 날에 해당하여 큰 명절로 여겨졌기 때문에 여러 가지 풍속과 행사가 이어졌다. 대표적인 풍속으로는 '단오장'이라 하여 여자들은 창포물에 머리를 감고 창포뿌리로 비녀를 만들어 꽂았으며, 남자들은 창포뿌리를 허리에 두르고 다녔다. 또 대표적인 놀이로 여자들은 그네를 타며 하늘로 높이 솟아 일상을 벗어났고, 남자들은 사람과 사람이 직접 맞닿으며 힘을 겨루는 씨름을 했다.

11 정답 ④

스트레스 완충자본 제도의 도입 전에는 금융당국이 스트레스 테스트에서 취약성이 판단되는 은행에 직접적인 조치를 취할 법적 근거가 없었을 뿐, 이전에도 스트레스 테스트를 시행하여 손실흡수능력은 평가할 수 있었다.

오답분석
① 스트레스 완충자본 제도는 독자적인 자본 보강이 어렵거나 정부의 손실보전 의무가 있는 은행은 제외된다.
② 스트레스 완충자본 제도는 미래에 발생할 수도 있는 위기 상황에서 은행이 정상적인 기능을 지속할 수 있도록 현재에 미리 자본을 마련하는 제도이다.
③ 스트레스 완충자본 제도의 시행으로 은행은 미래의 위기에 대응한 추가적인 자본을 확충하여야 하므로 당장의 경제적 부담감이 발생할 수 있다.
⑤ 스트레스 완충자본 제도의 시행으로 은행 입장에서는 추가적인 자본의 확충이 필요하며, 경기 악화로 인해 중소기업을 시작으로 연체율이 증가하고 있어 해당 제도가 도입된다면 기업 대출의 문턱은 높아질 것이다.

12 정답 ②

제시된 글에서는 '그린바이오산업'이 무엇이고 어떠한 분야에 대한 것인지를 설명하고 있다. 그러므로 제시된 글에 이어질 문장으로 가장 적절한 것은 해당 분야에 대한 구체적인 예시를 제시한 (가)이다. (나)와 (다)를 살펴보면 (나)에서는 우리나라에서 그린바이오산업이 어떻게 이루어지고 있는지를 설명하고 있으며, (다)에서는 그린바이오산업이 세계적으로 주목받는 이유와 어떻게 진행되고 있는지에 대해 설명하고 있다. 이때 (나)가 '어떤 내용을 전제로 하여 그것과 유사하게'라는 의미를 가진 부사 '역시'로 시작하고 있으므로, (다) – (나) 순서로 이어져야 한다. 따라서 제시된 글에 이어 (가) – (다) – (나) 순으로 나열해야 한다.

13 정답 ③

앞의 항에 $+2$, $+6$, $+10$, ⋯인 수열이다.
따라서 (   )$=19+14=33$이다.

14 정답 ⑤

앞의 항에 $\times 3$인 수열이다.
따라서 (   )$=108\times 3=324$이다.

15 정답 ④

$3-4+5\times 9=44$

오답분석
① $3+4-5\times 9=-38$
② $3\times 4\div 5+9=11.4$
③ $3-4\div 5\times 9=-4.2$
⑤ $3-4\times 5+9=-8$

작은 수를 활용하여 큰 수인 44가 나왔으므로 사칙연산 중 곱셈이 쓰였음을 파악할 수 있다. 44에 가장 근접한 5×9=45를 먼저 계산한 뒤, -1을 만들 수 있는지 살펴보면 빠른 풀이가 가능하다.

16 정답 ②

A, B, C가 하루 동안 할 수 있는 일의 양은 각각 $\frac{1}{15}$, $\frac{1}{10}$, $\frac{1}{30}$ 이다. 전체 일의 양을 1이라고 하면 다음과 같은 식이 성립한다.

$\left(\frac{1}{15}+\frac{1}{10}+\frac{1}{30}\right)\times x=1$

$\rightarrow \frac{1}{5}x=1$

$\therefore x=5$

따라서 A~C 3명이 함께 일하면 5일 만에 일을 끝낼 수 있다.

17 정답 ③

각 소금물에 담긴 소금의 양을 구하면 다음과 같다.

• 농도 40%의 소금물 150g : $\frac{40}{100}\times 150=60$g

• 농도 20%의 소금물 100g : $\frac{20}{100}\times 100=20$g

그러므로 두 소금물을 섞었을 때, 소금의 양은 총 60+20=80g이다.
두 소금물을 모두 섞은 후 소금물의 양은 150+100=250g이고, 가열하여 물 50g을 증발시킨 소금물의 양은 250-50=200g이다. 이때 여기에 들어간 소금의 양은 변함이 없다.

따라서 최종 소금물의 농도는 $\frac{80}{200}\times 100=40$%이다.

18 정답 ②

BTO 사업에서 사업 개수의 전년 대비 증가율은 각각 다음과 같다.
• 2018년 : (70-60)÷60×100≒16.67%
• 2019년 : (77-70)÷70×100=10%
• 2020년 : (30-77)÷77×100≒-61.04%
• 2021년 : (45-30)÷30×100=50%
• 2022년 : (70-45)÷45×100≒55.56%(가장 높음)
• 2023년 : (60-70)÷70×100≒-14.29%
• 2024년 : (85-60)÷60×100≒41.67%

BTL 사업에서 사업 개수의 전년 대비 증가율은 각각 다음과 같다.
• 2018년 : (300-270)÷270×100≒11.11%
• 2019년 : (400-300)÷300×100≒33.33%
• 2020년 : (200-400)÷400×100=-50%
• 2021년 : (270-200)÷200×100=35%
• 2022년 : (150-270)÷270×100≒-44.44%
• 2023년 : (200-150)÷150×100≒33.33%
• 2024년 : (300-200)÷200×100=50%(가장 높음)

따라서 BTL 사업에서 전년 대비 사업 개수의 증가율이 가장 큰 해는 2024년이므로 옳지 않은 설명이다.

오답분석

① BTO 사업에서 사업 비용의 전년 대비 증가율은 각각 다음과 같다.
- 2018년 : $(1,100-1,000)÷1,000×100=10\%$
- 2019년 : $(1,200-1,100)÷1,100×100≒9.09\%$
- 2020년 : $(500-1,200)÷1,200×100≒-58.33\%$
- 2021년 : $(700-500)÷500×100=40\%$
- 2022년 : $(1,000-700)÷700×100≒42.86\%$
- 2023년 : $(600-1,000)÷1,000×100=-40\%$
- 2024년 : $(900-600)÷600×100=50\%$

따라서 BTO 사업에서 사업 비용의 전년 대비 증가율이 가장 큰 해는 2024년이다.

③ BTL 사업에서 사업 평균수익률이 가장 낮은 해는 2024년이며, 이때 사업 비용의 전년 대비 증가율은 $(14,500-11,500)÷11,500×100≒26.09\%$로 25% 이상이다.

④ BTL 사업에서 사업 개수당 사업 비용은 각각 다음과 같다.
- 2017년 : $15,000÷270≒55.56$백만 원
- 2018년 : $16,000÷300≒53.33$백만 원
- 2019년 : $18,000÷400=45$백만 원
- 2020년 : $7,500÷200=37.5$백만 원
- 2021년 : $10,000÷270≒37.04$백만 원
- 2022년 : $12,000÷150=80$백만 원
- 2023년 : $11,500÷200=57.5$백만 원
- 2024년 : $14,500÷300≒48.33$백만 원

따라서 BTL 사업에서 사업 개수당 사업 비용이 가장 큰 해는 2022년이며, 이때 사업 평균수익률은 5% 흑자를 기록하였다.

⑤ BTO 사업에서 사업 개수당 사업 투입 인원이 가장 많은 해는 2018년이며, 이때 사업 비용의 전년 대비 증가율은 $(1,100-1,000)÷1,000=10\%$이다.

19 정답 ⑤

- 2022년 대한민국의 임상 의사 수 대비 간호사 수 : $9.1÷2.7≒3.37$명
- 2021년 독일의 임상 의사 수 대비 간호사 수 : $11.8÷3.8≒3.11$명

따라서 옳은 설명이다.

오답분석

① 국가별 전체 인구수를 알 수 없으므로 비교할 수 없다.

② 2022년 독일과 대한민국의 전년 대비 종합병원당 병상 수의 증가율은 각각 다음과 같다.
- 독일 : $\frac{14.2-14.0}{14.0}×100≒1.43\%$
- 대한민국 : $\frac{12.7-12.5}{12.5}×100=1.6\%$

따라서 독일의 증가율이 더 낮다.

③ 2021년 일본의 국민 천 명당 임상 의사 수는 대한민국의 국민 천 명당 임상 의사 수의 $4.0÷2.3≒1.74$배이다. 일본의 인구가 대한민국의 인구보다 2배 많다면 전체 임상 의사 수는 약 $1.74×2=3.48$배 많다.

④ 종합병원 전체 병상 수는 인구수와 관련이 없다. 따라서 2020년부터 2024년까지 뉴질랜드의 인구수가 변하지 않았더라도 종합병원 전체 병상 수는 알 수 없다.

20 정답 ④

2020 ~ 2024년 국가별 평균 행복지수는 각각 다음과 같다.
- 미국 : (7.4+7.7+8.1+7.8+7.4)÷5=7.68점(가장 높음)
- 캐나다 : (7.5+8.1+7.8+7.7+7.2)÷5=7.66점
- 대한민국 : (6.7+7.4+7.2+7.3+7.5)÷5=7.22점
- 일본 : (7.5+7.7+6.5+7.4+7.4)÷5=7.3점
- 중국 : (5.3+4.8+5.1+5.5+5.4)÷5=5.22점
- 러시아 : (5.2+4.5+4.1+3.9+4.3)÷5=4.4점
- 독일 : (6.1+5.4+5.7+6.8+6.4)÷5=6.08점
- 영국 : (7.1+7.5+7.3+7.4+7.8)÷5=7.42점
- 프랑스 : (5.5+5.7+6.1+5.9+6.3)÷5=5.9점

2022 ~ 2024년 국가별 평균 자살률은 각각 다음과 같다.
- 미국 : (7.2+7.0+7.3)÷3≒7.17명
- 캐나다 : (4.8+5.2+5.5)÷3≒5.17명(가장 낮음)
- 대한민국 : (26.0+25.2+27.3)÷3≒26.17명
- 일본 : (14.8+14.2+15.5)÷3≒14.83명
- 중국 : (22.1+22.0+21.9)÷3=22명
- 러시아 : (12.3+11.5+15.7)÷3≒13.17명
- 독일 : (8.5+7.6+7.7)÷3≒7.93명
- 영국 : (9.5+9.4+9.3)÷3=9.4명
- 프랑스 : (5.1+5.3+5.8)÷3=5.4명

따라서 2020년부터 2024년까지 평균 행복지수가 가장 높은 국가는 미국이고, 2022년부터 2024년까지 평균 자살률이 가장 낮은 국가는 캐나다이므로 동일하지 않다.

오답분석

① 2021 ~ 2024년 대한민국 자살율의 연도별 증감 추이는 감소 – 증가 – 감소 – 증가이다. 이와 같은 증감 추이를 보이는 국가는 미국, 일본, 독일 3곳이다.
② 2022년 아시아 국가의 평균 행복지수와 2023년 유럽 국가의 평균 행복지수는 각각 다음과 같다.
  - 2022년 아시아 국가 : (7.2+6.5+5.1)÷3=6.27점
  - 2023년 유럽 국가 : (3.9+6.8+7.4+5.9)÷4=6점

  따라서 2022년 아시아 국가의 평균 행복지수가 더 높다.
③ 2021년 캐나다의 자살률은 5.0명이며, 프랑스의 자살률은 5.6명으로 캐나다의 자살률이 더 적다. 따라서 두 국가의 자살한 사람의 수가 동일하다면 캐나다의 인구가 더 많은 것이다.
⑤ 2020년 행복지수가 가장 낮은 국가는 러시아이며, 러시아의 2020 ~ 2024년 평균 자살률은 (10.5+11.1+12.3+11.5+15.7)÷5=12.22명이다. 2023년 북아메리카 국가의 자살률의 합은 7.0+5.2=12.2명이므로 옳은 설명이다.

21 정답 ④

C부서는 화이트보드가 있는 나, 다 회의실 중 총 7명을 수용할 수 있는 다 회의실을 사용한다.

오답분석

① A부서는 빔 프로젝터가 있는 가, 마 회의실 중 하나를 사용할 것이다. 그러나 마 회의실은 오후에 사용이 불가능하므로, A부서는 가 회의실을 사용한다.
② B부서는 화상회의 시스템을 갖춘 나, 라 회의실 중 7명 이상을 수용하고 오후 4시부터 6시까지 이용이 가능한 라 회의실을 사용한다.
⑤ D부서는 빔 프로젝터를 사용할 수 있고 오전 중 3시간 반 동안 사용이 가능한 회의실인 마 회의실을 사용한다.

22 정답 ③

고향사랑기부제는 개인이 주민등록상 거주지(기초+광역)를 제외한 다른 모든 지방자치단체에 연간 일정 금액을 기부할 수 있는 제도이다. 자신의 고향 지자체뿐만 아니라 마음에 들거나 개인적으로 응원하고 싶은 지역을 선택할 수 있으며, 2024년 이후 연간 최대 2,000만 원을 기부할 수 있다. 기부금에 대한 세액공제 혜택은 10만 원까지는 전액, 10만 원 초과 금액은 16.5%가 공제된다. 고향사랑기부 완료 시 해당 지자체 기부 포인트를 기부금의 최대 30%까지 제공하며 기부한 지역의 답례품을 구매할 수 있다.

23 정답 ②

농정홍보활동은 농업현장의 어려움과 개선사항을 정책에 적극 반영하기 위해 농정활동, 농업·농촌의 가치를 전 국민에게 알리기 위한 농협의 홍보활동으로 교육지원사업에 해당한다. 나머지는 농협의 경제부문활동 중 농업경제사업에 해당한다.

24 정답 ①

흙의 날은 흙의 소중함과 보전의 필요성을 널리 알리기 위해 제정된 법정기념일로 2015년 개정된 「친환경농어업 육성 및 유기식품 등의 관리·지원에 관한 법률(친환경농어업법)」 제5조의2(흙의 날)에 의해 매년 3월 11일이 흙의 날로 지정되었으며, 국가와 지방자치단체가 흙의 날에 적합한 행사 등 사업을 실시하도록 노력할 것을 규정하고 있다. 흙의 날은 1996년 농협중앙회의 '흙 살리기 운동'에서 시작되어 2016년에 첫 공식 기념식이 개최되었다. 날짜인 3월 11일에서 3은 하늘(天), 땅(地), 사람(人)의 3원과 농업, 농촌, 농민의 3농을 의미하며 11은 흙을 뜻하는 한자 土의 파자인 십(十), 일(一)에서 비롯되었다.

25 정답 ②

농협의 슬로건은 '희망농업, 행복농촌 농협이 만들어 갑니다.'이다.

02 60문항 유형

01	02	03	04	05	06	07	08	09	10	11	12	13	14	15	16	17	18	19	20
④	③	②	④	②	①	①	③	①	②	②	③	②	④	②	③	①	①	③	③

01 정답 ④

㉠ 구별(區別) : 성질이나 종류에 따라 차이가 남 또는 성질이나 종류에 따라 갈라놓음
㉡ 분류(分類) : 종류에 따라서 가름
㉢ 결합(結合) : 둘 이상의 사물이나 사람이 서로 관계를 맺어 하나가 됨

[오답분석]
- 구분(區分) : 일정한 기준에 따라 전체를 몇 개로 갈라 나눔
- 분리(分離) : 서로 나뉘어 떨어짐. 또는 그렇게 되게 함
- 조합(組合) : 여럿을 한데 모아 한 덩어리로 짬

02 정답 ③

'이렇게 하든지 저렇게 하든지'를 뜻하는 어휘는 '어차피'이다.

03 정답 ②

다른 형태소 뒤에서 [빼기]로 발음되는 경우, '빼기'로 적는다는 한글 맞춤법에 따라 '곱빼기'가 올바른 표기이다.

오답분석
① 겸연적다 → 겸연쩍다
③ 맛갈 → 맛깔
④ 거적대기 → 거적때기

04 정답 ④

'표리부동(表裏不同)'은 겉으로 드러나는 언행과 속으로 가지는 생각이 다름을 이르는 말이다.

오답분석
① 가렴주구(苛斂誅求) : 세금을 가혹하게 거두어들이고, 무리하게 재물을 빼앗음을 이르는 말
② 견물생심(見物生心) : 어떠한 실물을 보게 되면 그것을 가지고 싶은 욕심이 생김을 이르는 말
③ 각주구검(刻舟求劍) : 융통성 없이 현실에 맞지 않는 낡은 생각을 고집하는 어리석음을 이르는 말

05 정답 ②

'구밀복검(口蜜腹劍)'은 말로는 친한 듯하나 속으로는 해칠 생각이 있음을 이르는 말이다.

오답분석
① 지록위마(指鹿爲馬) : 윗사람을 농락하여 권세를 마음대로 함을 이르는 말
③ 호가호위(狐假虎威) : 남의 권세를 빌려 위세를 부림을 이르는 말
④ 교각살우(矯角殺牛) : 잘못된 점을 고치려다가 그 방법이나 정도가 지나쳐 오히려 일을 그르침을 이르는 말

06 정답 ①

㉠ 빈칸의 뒤에 오는 내용은 앞의 내용을 강조하고 있으므로 '특히'가 가장 적절하다.
㉡ 빈칸의 뒤에 오는 내용은 앞의 내용인 체험 행사와 함께 진행된 다른 활동을 제시하고 있으므로 정보의 추가를 의미하는 '또한'이 가장 적절하다.
㉢ 빈칸의 뒤에 오는 내용이 앞의 내용과 전혀 다른 내용이므로 맥락의 전환을 의미하는 '한편'이 가장 적절하다.

07 정답 ①

ESG 경영은 단기적으로는 기업의 이윤 창출에 부정적인 영향을 줄 수 있지만 이는 단기적 부담일 뿐, 기업의 발전을 저해한다고는 볼 수 없다. 오히려 비용 절감, 내부 조직문화 개선 등 단기적으로도 기업 발전에 큰 효용이 있다.

오답분석
② ESG 경영이란 기업의 비재무적인 요소에 해당하는 환경, 사회, 지배구조를 개선해 나가며 기업을 경영하는 방식을 말한다.
③ 세 번째 문단에 따르면 ESG 경영을 통해 향상된 기업 이미지는 소비자와 투자자 모두에게 신뢰를 쌓고 이것이 수익률 향상으로 직결될 수 있다고 하였다.
④ 마지막 문단에 따르면 ESG 경영은 단순히 따라야 할 가치 판단의 기준을 넘어서 기업이 유지되느냐 아니냐를 결정하는 핵심 전략이 되었다고 하였다.

08 정답 ③

$(42+44+46+48) \times 2 \times \dfrac{2}{4} + 25$

$= 180 \times 2 \times \dfrac{2}{4} + 25$

$= 180 \times 1 + 25$

$= 205$

09 정답 ①

$\sqrt{4.5+11.5} + \sqrt{22+23-4+(5\times 8)}$

$= \sqrt{16} + \sqrt{22+23-4+40}$

$= \sqrt{16} + \sqrt{81}$

$= 4+9$

$= 13$

10 정답 ②

앞의 항에 +4인 수열이다.
따라서 (   )=14+4=18이다.

11 정답 ②

앞의 항에 +2, +3, +4, …인 수열이다.

A	C	F	J	(O)
1	3	6	10	15

12 정답 ③

만기일시지급식 예금의 단리 이자 계산식은 (이자)=(원금)×(연 이율)×(기간)이다. 연 이율을 $x\%$라 하고 나머지 항에 값을 대입하면 다음과 같다.

$96{,}000 = 1{,}000{,}000 \times 0.01x \times 3$

→ $96{,}000 = 30{,}000x$

→ $x = \dfrac{96{,}000}{30{,}000}$

∴ $x=3.2$

따라서 해당 상품의 연 이율은 3.2%이다.

13 정답 ②

2의 배수와 3의 배수를 뽑는 경우의 수는 각각 다음과 같다.
- 2의 배수를 뽑는 경우의 수 : 5가지
- 3의 배수를 뽑는 경우의 수 : 3가지

뽑은 공은 다시 넣으므로 첫 번째에 2의 배수를 뽑을 확률은 $\dfrac{5}{10} = \dfrac{1}{2}$, 두 번째에 3의 배수를 뽑을 확률은 $\dfrac{3}{10}$이다.

따라서 구하고자 하는 확률은 $\dfrac{1}{2} \times \dfrac{3}{10} = \dfrac{3}{20}$이다.

14 정답 ④

색칠된 삼각형의 넓이는 배경이 되는 직사각형의 넓이에서 흰색 삼각형 3개의 넓이를 빼서 구할 수 있다. 등변 기호가 있는 변의 길이는 16cm의 절반인 8cm이므로 흰색 삼각형 각각의 넓이는 다음과 같다.
- 상단 삼각형 : $20 \times 8 \div 2 = 80 \text{cm}^2$
- 좌하단 삼각형 : $(20-8) \times 8 \div 2 = 48 \text{cm}^2$
- 우하단 삼각형 : $8 \times 16 \div 2 = 64 \text{cm}^2$

따라서 색칠된 삼각형의 넓이는 $(20 \times 16) - (80+48+64) = 128 \text{cm}^2$이다.

15 정답 ②

중도해지 시 받을 수 있는 중도해지 이율은 36개월 미만으로 $0.025 \times 0.6 = 0.015\%$이다.

따라서 중도해지 환급금은 $15,000,000 \times \left(1 + 0.015 \times \dfrac{30}{12}\right) = 15,562,500$원이다.

16 정답 ③

인구 1,000명당 신생아 수를 구하기 위해서는 먼저 전체 인구수를 구할 필요가 있다. 이혼율이 인구 1,000명당 이혼 건수를 의미하므로 전체 인구는 [(이혼 건수)÷(이혼율)]×1,000명이다. 인구 1,000명당 신생아 수는 [(신생아 수)÷(전체 인구)]×1,000명이므로 이를 정리하면 다음과 같다.

(인구 1,000명당 신생아 수)

$= \dfrac{(신생아\ 수)}{[(이혼\ 건수) \div (이혼율)] \times 1,000} \times 1,000$

$= \dfrac{(신생아\ 수)}{(이혼\ 건수)} \times (이혼율)$

정리한 식을 바탕으로 2018년과 2022년의 인구 1,000명당 신생아 수를 구하면 다음과 같다.
- 2018년 : $\dfrac{400,000}{110,000} \times 2.2 ≒ 8.0$명
- 2022년 : $\dfrac{360,000}{90,000} \times 1.95 = 7.8$명

따라서 인구 1,000명당 신생아 수는 2018년이 2022년보다 많다.

[오답분석]
① 2021년과 2022년 이혼 건수는 동일하나 이혼율은 감소하였다. 이에 따라 전체 인구는 증가하였다.
② 이혼율이 증가한 해는 2018년, 2019년, 2024년이다. 이때의 이혼 건수는 모두 전년 대비 증가하였다.
④ 이혼 건수가 가장 많이 증가한 해는 전년 대비 10,000건이 증가한 2018년이며, 신생아 수 또한 2018년에 전년 대비 60,000명 감소하여 가장 많이 감소하였다.

17 정답 ①

마지막 명제의 대우는 '운동을 좋아하는 사람은 고전을 좋아한다.'이다. 따라서 두 번째 명제와 연결하면 '사진을 좋아하는 사람은 고전을 좋아한다.'는 반드시 참이다.

18 정답 ①

- A가 거짓을 말한다면 A가 깨뜨린 것이 된다.
- B가 거짓을 말한다면 1명은 C가 깼다고 말하고, 2명은 깨지 않았다고 말한 것이 되므로 모순이다.
- C가 거짓을 말한다면 1명은 C가 깼다고 말하고, 2명은 깨지 않았다고 말한 것이 되므로 모순이다.
- D가 거짓을 말한다면 1명은 C가 깼다고 말하고, 1명은 깨지 않았다고 말한 것이 되므로 모순이다.

따라서 거짓을 말한 A가 화분을 깨뜨렸다.

19 정답 ③

첫 번째 ~ 세 번째 조건과 그 대우를 논리 기호화하여 정리하면 다음과 같다.

- $\sim(D \vee G) \rightarrow F$ / $\sim F \rightarrow (D \wedge G)$
- $F \rightarrow \sim E$ / $E \rightarrow \sim F$
- $\sim(B \vee E) \rightarrow \sim A$ / $A \rightarrow (B \wedge E)$

마지막 조건에 따라 A가 투표를 하였으므로 세 번째 조건의 대우에 의해 B와 E 모두 투표를 하였다. 또한 E가 투표를 하였으므로 두 번째 조건의 대우에 따라 F는 투표하지 않았으며, F가 투표하지 않았으므로 첫 번째 조건의 대우에 따라 D와 G는 모두 투표하였다. A, B, D, E, G 5명이 모두 투표하였으므로 마지막 조건에 따라 C는 투표하지 않았다. 따라서 투표를 하지 않은 사람은 C와 F이다.

20 정답 ③

두 번째 조건에 의해 B는 6층에 입주해야 하고, 세 번째 조건에 의해 F-D-E 순으로 높은 층에 입주해야 한다.
A와 C는 1~3층에 거주해야 하므로 E는 3층부터, D는 4층부터 입주가 가능하다. 이를 정리하면 다음과 같다.

구분	1층	2층	3층	4층	5층	6층
A				×	×	×
B	×	×	×	×	×	○
C				×	×	×
D	×	×	×	○	×	×
E				×	×	×
F	×	×	×	×	○	×

6명이 빌딩에 입주하는 방법의 경우의 수는 A, C, E가 남은 층에 입주하는 방법의 경우의 수와 같다. 따라서 6명이 빌딩에 입주하는 방법의 경우의 수는 3×2×1=6가지이다.

CHAPTER 02 2024년 하반기 기출복원문제

01 70문항 유형

01	02	03	04	05	06	07	08	09	10	11	12	13	14	15	16	17	18	19	20
②	②	①	⑤	①	②	②	④	③	④	⑤	③	④	③	④	③	④	④	④	③
21	22	23	24	25															
②	③	④	①	③															

01 정답 ②

'기거'란 같은 장소에서 먹고 자고 하는 등의 일상생활을 영위하는 것을 말하고, '거주'란 동일한 장소에 머무르며 삶을 살아가는 것을 말한다. 따라서 두 단어는 유의 관계이다.

오답분석

① '간객'은 서적, 잡지 등을 읽거나 보는 사람을 말하는 반면, '작자'는 글이나 악곡 등을 쓰는 사람을 말한다. 따라서 두 단어는 반의 관계이다.
③ '생존'은 살아 있거나 살아남았다는 의미인 반면, '종명'은 '사망'과 유사한 의미로 생명이 끝났음을 의미한다. 따라서 두 단어는 반의 관계이다.
④ '주동'은 어떠한 사건에 주체가 되어 활동하는 것을 의미하는 반면, '사동'은 실제적인 주체가 본인이 아닌 제3자로 하여금 활동하도록 하는 것을 의미하므로 두 단어는 반의 관계이다.
⑤ '유의어'란 그 뜻이 서로 유사한 말을 의미하는 반면, '대의어'는 그 뜻이 완전히 서로 상반되는 말을 의미한다. 따라서 두 단어는 반의 관계이다.

02 정답 ②

'방증'은 어떠한 사실에 대한 직접적인 증거로써의 역할은 못하지만, 주변의 상황을 밝힘으로 간접적으로 증명하는 데에 도움을 주는 것을 말한다.

오답분석

① 검증 : 어떠한 문제에 대해 논리적으로 판단하여 진실인지 혹은 거짓인지에 대해 조사하거나 증명하는 것을 말한다.
③ 실증 : 명확한 증거 자체를 말하거나, 어떠한 사실을 실질적으로 증명하는 것을 말한다.
④ 예증 : 어떠한 사실에 대하여 구체적인 사례를 들어 이를 증명하는 것을 말한다.
⑤ 확증 : 어떠한 사실에 대한 확실한 증거 자체를 말하거나, 이를 증명하는 것을 말한다.

03 정답 ①

'마이동풍(馬耳東風)'이란 동풍이 말의 귀를 스쳐 간다는 뜻으로, 남의 말을 귀담아듣지 않고 지나쳐 흘려버림을 이르는 말로 제시문과 가장 어울리는 한자성어이다.

오답분석
② 만시지탄(晚時之歎) : 때를 놓쳐 기회를 잃은 것에 대해 한탄하는 모습을 일컫는 말이다.
③ 사필귀정(事必歸正) : 옳지 못한 것은 오래지 않아 결국 바른 길로 돌아가게 된다는 의미의 말이다.
④ 연목구어(緣木求魚) : 나무에 올라가서 물고기를 구한다는 뜻으로, 목적과 방법이 맞지 않아 불가능한 일을 애써 하려고 하는 모습을 일컫는 말이다.
⑤ 좌정관천(坐井觀天) : 우물 속에 앉아 보이는 하늘이 다인 줄 아는 것처럼 견문이 매우 좁은 사람을 일컫는 말이다.

04 정답 ⑤

'우수리'란 물건 값을 치르고 남아 거슬러 받는 소액의 돈을 말한다. 따라서 제시문의 '잔돈'과 가장 유사한 의미를 가진다.

오답분석
①·④ 거금·모갯돈 : 많은 액수의 돈을 의미하는 말이다.
② 돈머리 : '금액' 또는 '액수'와 유사한 의미로 얼마라고 이름을 붙인 돈의 액수를 일컫는 말이다.
③ 돈자리 : '계좌'를 뜻하는 북한말이다.

05 정답 ①

'호미'와 '괭이'는 모두 한쪽에 넓적한 날이 있어 땅을 파는 농기구이다. 호미의 경우 주로 감자나 고구마 따위를 수확할 때 쓰이며, 괭이는 땅을 파거나 고를 때 쓰인다.

오답분석
② 쇠뇌 : 쇠로 된 발사 장치가 달린 활로 여러 개의 화살을 연달아 쏠 수 있도록 한 장치이다.
③ 쟁기 : 가축이나 기계에 활용해 논밭을 갈 때 쓰는 농기구이다.
④ 당그래 : 고기잡이용 기구로, 주로 김을 씻거나 풀어줄 때 저어 사용한다.
⑤ 도리깨 : 곡식의 낟알을 떠는 데 쓰는 탈곡용 농기구를 말한다.

06 정답 ②

'개구리'는 양서류인 반면, 악어, 거북이, 도마뱀, 카멜레온은 파충류에 속한다.

07 정답 ②

'첼로'는 바이올린 계통의 대형 저음 현악기이다. 현이 네 줄이며 의자에 앉아 동체를 무릎 사이에 끼고 활을 수평으로 하여 연주하는데, 침착하고 차분한 음색을 갖고 있어 독주 또는 합주 악기로 쓴다.

오답분석
① 나각 : 큰 소라 껍데기로 만든 관악기의 한 종류이다.
③ 마라카스 : 손잡이를 잡고 흔들면 둥근 울림통에 들어있는 작은 알갱이가 부딪히며 소리를 내 리듬을 만들어내는 타악기의 한 종류이다.
④ 아코디언 : 바람통으로 공기의 압을 조절하고 건반과 버튼을 통해 멜로디와 화음을 동시에 낼 수 있는 건반악기의 한 종류이다.
⑤ 클라리넷 : 마우스피스와 리드사이로 공기를 불고 원통 관에 달린 구멍의 패드를 손가락으로 누르며 음정을 내는 목관악기이다.

08 정답 ④

두 번째 문단의 '꼭 필요한 부위에만 접착제와 대나무 못을 사용하여 목재가 수축·팽창하더라도 뒤틀림과 휘어짐이 최소화될 수 있도록 하였다.'라는 문장을 볼 때, 접착제와 대나무 못을 사용하면 수축과 팽창이 발생하지 않게 된다는 내용은 적절하지 않다.

09 정답 ③

제시문은 유기농 식품의 생산이 증가하고 있지만, 몇몇 전문가들은 유기 농업을 부정적으로 보고 있다는 글이다. 따라서 (가) 최근 유기농 식품 생산의 증가 – (다) 유기 농업을 부정적으로 보는 몇몇 전문가들의 시선 – (라) 전통 농가에 비해 수확량도 적고 벌레의 피해가 잦은 유기 농가 – (나) 유기 농업으로는 굶주리는 사람을 충분히 먹여 살릴 수 없음 순으로 나열하는 것이 적절하다.

10 정답 ④

내국인 순유출이 가장 많았던 해는 2009년이며, 외국인 순유입이 가장 적은 해는 2013년이다.

11 정답 ⑤

정상체중 비율의 연령대별 최대치와 최저치의 차이는 2014년은 $74.9-62.4=12.5$%p, 2023년은 $67.5-51.8=15.7$%p이므로 2023년이 더 크다.

오답분석
① 60대의 비만 증가는 $46.2-30.2=16$%p로 가장 많다.
② 40대 이하의 비만율 총합은 82.3%인 것에 비해 40대 이후의 비만율 총합은 120.3%이므로 50대 이상 비만율의 평균이 훨씬 높다.
③ 2014년 70세 이상의 비만율과 저체중 비율의 차이는 8.8%p이며, 동년 40대의 차이는 29.5%p이므로 두 수치는 3배 이상의 차이를 보인다.
④ 저체중 비율이 가장 높은 연령대는 2014년에는 70세 이상으로 비만율에서 하위 2위를 기록하였으며, 2023년에는 19~29세로 비만율에서 하위 1위를 기록했다.

12 정답 ③

포도알 개수에 대한 식을 세우면 다음과 같다.
$2n+20=3n-10$
$\therefore n=30$
따라서 초등학생 수는 30명이고, 처음에 갖고 있던 포도알은 $2\times30+20=80$알이다.

13 정답 ④

최우수상을 받으려면 4과목의 평균점수가 85점 이상이어야 하므로 총점은 $85\times4=340$점 이상이어야 한다.
따라서 갑돌이는 $340-(70+85+90)=95$점 이용을 받아야 한다.

14 정답 ③

책의 전체 쪽수를 x쪽이라고 하면 다음과 같은 식이 성립한다.
$x-\frac{1}{3}x-\frac{1}{4}\left(x-\frac{1}{3}x\right)-100=92$
$\therefore x=384$
따라서 책의 전체 쪽수는 384쪽이다.

15 정답 ④

앞의 항에 +1, +2, +3을 번갈아 가며 더하는 수열이다.
따라서 ( )=14+2=16이다.

16 정답 ③

홀수 항은 2씩 곱하고, 짝수 항은 3씩 빼는 문자열이다.

E	N	(J)	K	T	H
5	14	(10)	11	20	8

17 정답 ④

돼지꿈을 꾼 다음 날 복권을 사는 사람들은 모두가 미신을 따르는 사람이고, 미신을 따르는 사람 중 과학자는 없다. 즉, 돼지꿈을 꾼 다음 날 복권을 사는 사람이라면 과학자가 아니다.

18 정답 ④

제시문을 논리 기호화하면 다음과 같다.
ⅰ) A(○) → B(○)
ⅱ) A(×) → [D(×) ∧ E(×)]
ⅲ) B(○) → [C(○) ∨ A(×)]
ⅳ) D(×) → [A(○) ∧ C(×)]
ⅱ)와 ⅳ)를 통해 A가 채택되지 않으면 D와의 관계에서 모순이 발생하므로 A는 반드시 채택된다는 것을 알 수 있으며 이를 ⅰ)과 결합하면 B 역시 채택된다는 것을 알 수 있다. 또한 B가 채택된다는 사실을 ⅲ)과 결합하면 C도 채택된다는 것을 알 수 있고, 이를 ⅳ)의 대우와 연결하면 D가 채택된다는 것을 알 수 있다. 마지막으로 남은 E는 ⅱ)를 통하더라도 반드시 채택되어야 하는 것은 아니므로 결과적으로 A, B, C, D 4개의 업체가 반드시 채택됨을 알 수 있다.

19 정답 ④

D는 부양능력이 있는 며느리와 함께 살고 있으므로 기초생활수급자 선정 기준에 해당하지 않는다.

오답분석
① A의 소득인정액은 (100−20)+12=92만 원인데, 이는 3인 가구의 최저생계비인 94만 원보다 적으므로 기초생활수급자에 해당한다.
② B의 소득인정액은 (0−30)+36=6만 원인데, 이는 1인 가구의 최저생계비인 42만 원보다 적으므로 기초생활수급자에 해당한다(가구 수 산정 시 부양의무자가 아닌 조카는 제외).
③ C의 소득인정액은 (80−22)+24=82만 원인데, 이는 3인 가구의 최저생계비인 94만 원보다 적으므로 기초생활수급자에 해당한다.
⑤ E의 소득인정액은 (60−30)+36=66만 원인데, 이는 2인 가구의 최저생계비인 70만 원보다 적으므로 기초생활수급자에 해당한다.

20 정답 ③

국제관 세미나실B의 경우 화요일에 글로벌전략실의 이용이 끝난 13:30부터 예약이 가능하다.

오답분석
① 본관 1세미나실의 경우 수요일은 15시 이후에 이용 가능하지만 회의는 오후 1시부터 오후 4시 사이에 진행되어야 하므로, 1시간 30분 동안 연이어 진행되어야 하는 회의는 불가능하다.
② 본관 2세미나실은 최대 수용가능인원이 16명이므로 24명의 회의 참석자를 수용하지 못해 제외된다.
④ 국제관 세미나실B의 경우 수요일은 오후 1시부터 오후 4시 사이에 진행되어야 하는 조건에 따라 내진기술실 이용 전에는 1시간, 이용 후에는 30분만 이용이 가능하므로 1시간 30분 동안 연이어 진행되어야 하는 회의는 불가능하다.
⑤ 복지동 세미나실은 빔프로젝터가 없어서 제외된다.

21 정답 ②

명함은 하위자가 상위자한테 먼저 건네야 하며, 상위자의 명함을 받을 때에는 왼손으로 가볍게 받쳐야 한다.

22 정답 ③

NH농협이 하는 일

구분	내용
교육지원사업	• 미래 농업·농촌을 이끌 영농인력 육성 ③ • 농촌지역 삶의 질을 높이는 문화·복지사업 실시 • 농촌에 활력을 불어넣는 다양한 교류사업 추진 • 농업·농촌의 가치를 알리는 농정홍보활동 • 지역사회 중심체인 농·축협을 체계적으로 지원 • 사회공헌 및 국제교류
농업경제사업	• 규모화·전문화를 통한 농산물 산지유통 혁신 • 영농에 필요한 자재를 안정적으로 공급 ① • 혁신적 물류체계 구축으로 농산물 도매유통 선도 ② • 다양한 유통채널을 통해 우수 국산 농산물 판매 ④ • 안전 농식품 공급으로 국민 건강에 기여 ⑤
상호금융사업	• 농촌경제 활성화를 위한 다양한 금융서비스 제공 • 안정적인 농업경영을 위한 영농·가계자금 지원 • 농촌농협 – 도시농협 상생의 가교 역할 수행 • 맞춤형 금융상품을 통해 서민금융 활성화에 기여 • 조합원·고객의 실익증진을 위한 각종 사업 추진 • 소외계층 지원을 위한 사회공헌기금 조성

23 정답 ④

농업협동조합법 제3조 제1항에 따르면 지역조합은 지역명을 붙이거나 지역의 특성을 나타내는 농업협동조합 또는 축산업협동조합의 명칭을, 품목조합은 지역명과 품목명 또는 업종명을 붙인 협동조합의 명칭을, 중앙회는 농업협동조합중앙회의 명칭을 각각 사용하여야 한다.

24 정답 ①

NH농협의 농사같이(農四價値)운동은 농민존중, 농업성장, 농촌재생, 농협혁신의 네 가지 중요 가치 구현을 위한 운동이다.

25 정답 ③

NH농협의 인재상

구분	내용
시너지 창출가	항상 열린 마음으로 계통 간, 구성원 간에 존경과 협력을 다하여 조직 전체의 성과가 극대화될 수 있도록 시너지 제고를 위해 노력하는 인재
행복의 파트너	프로다운 서비스 정신을 바탕으로 농업인과 고객을 가족처럼 여기고 최상의 행복 가치를 위해 최선을 다하는 인재
최고의 전문가	꾸준히 자기계발을 통해 자아를 성장시키고, 유통·금융 등 맡은 분야에서 최고의 전문가가 되기 위해 지속적으로 노력하는 인재
정직과 도덕성을 갖춘 인재	매사에 혁신적인 자세로 모든 업무를 투명하고 정직하게 처리하여 농업인과 고객, 임직원 등 모든 이해관계자로부터 믿음과 신뢰를 받는 인재
진취적 도전가	미래지향적 도전의식과 창의성을 바탕으로 새로운 사업과 성장 동력을 찾기 위해 끊임없이 변화와 혁신을 추구하는 역동적이고 열정적인 인재

02 60문항 유형

01	02	03	04	05	06	07	08	09	10	11	12	13	14	15	16	17	18	19	20
①	①	④	②	②	④	②	③	③	④	④	④	④	①	③	②	①	③	②	④
21	22																		
①	②																		

01 정답 ①

'후안무치(厚顔無恥)'란 얼굴이 두꺼워 창피함을 모른다는 말로 제시문과 가장 어울리는 한자성어이다.

오답분석
② 견리사의(見利思義) : 이익을 마주치면 의로움에 대해 먼저 생각하는 자세를 일컫는 말로 '견리망의'와 상반된 뜻을 가지고 있다.
③ 지록위마(指鹿爲馬) : 윗사람을 교묘하게 꾀어내어 그 권력을 제 맘대로 이용하는 모습을 일컫는 말이다.
④ 회빈작주(回賓作主) : 손님이 오히려 주인마냥 제멋대로 행동한다는 뜻으로 남의 의견은 무시하고 자기 마음대로 행동하는 모양새를 말한다.

02 정답 ①

첫 번째 빈칸이 있는 문장의 서술어가 '때문이다.'로 되어 있으므로 빈칸에는 이와 호응하는 '왜냐하면'이 와야 한다. 다음으로 두 번째 빈칸에는 문장의 내용이 앞 문장과 상반되는 내용이 아닌, 앞 문장을 부연하는 내용이므로 병렬 기능의 접속부사 '그리고'가 들어가야 한다. 마지막으로 세 번째 빈칸은 내용상 결론에 해당하므로 '그러므로'가 적절하다.

03 정답 ④

두 번째 문단의 '강계부는 세금을 납부한 ~ 비변사에 보고하였다.'라는 내용을 통해 조선 정부는 삼상과 관련된 여러 가지 상황을 파악하고 있었음을 알 수 있다.

[오답분석]
① 두 번째 문단의 '황첩이 없거나 ~ 처벌되었다.'를 보면 황첩 자체가 없거나 거래량을 허위로 신고하는 경우에 대한 설명은 있으나, 황첩을 위조하였는지는 알 수 없다.
② 마지막 문단에서 조선 정부의 엄격한 통제로 인해 상인들은 합법적인 인삼 매매와 무역을 포기하고 잠상이 되었고 더 많은 이익을 취하려 했다는 내용은 있으나, 이들에 대한 정부의 합법화 노력은 언급되지 않았다.
③ 첫 번째 문단과 두 번째 문단에 따르면 송도는 삼상들의 근거지임을 알 수 있고, 삼상들이 강계부에 출입한 것은 이곳이 인삼이 모이는 거점이었기 때문이지, 가격이 더 싸서 간 것은 아니라는 것을 알 수 있다.

04 정답 ②

- 병행되야 : 한글 맞춤법에 따르면 어간 모음 'ㅚ' 뒤에 '-어'가 붙어 'ㅙ'로 줄여진다면 'ㅙ'로 표기하라고 명시되어 있다. 따라서 '병행되어야'를 줄인 말이므로 '병행돼야'로 표기되어야 한다.
- 제기하는 : '제기하다'는 어떠한 의견 등을 제시하는 것을 말하고, '재기하다'는 역량이나 능력을 끌어 모아 다시금 일어나는 것을 말한다. 따라서 문맥상 '제기하는'이 아닌 '재기하는'으로 표기되어야 한다.
- 곰곰히 : '곰곰'이란 깊게 생각하는 모양새를 뜻하는 부사이므로 부사형 접미사인 '-이'를 붙여야 한다. 따라서 '곰곰히'가 아닌 '곰곰이'로 표기되어야 한다.
- 높히고 : '높다'의 사동사로 '높히다'는 올바르지 않은 표기법이다. '높이고', '높여서'처럼 '높히고'가 아닌 '높이고'라고 표기되어야 한다.

[오답분석]
- 온전히 : 본바탕 그대로란 의미의 '온전하다'의 부사어로 올바르게 표기되었다.
- 파헤치겠다고 : '파헤치다'는 숨겨지거나 보이지 않는 실상을 찾아낸다는 동사로 올바르게 표기되었다.
- 해치는 : '헤치다'란 모여 있는 것을 흩트린다는 의미이고, '해치다'는 사람의 감정이나 몸에 해를 끼친다는 의미이다. 따라서 문맥상 올바르게 표기되었다.

05 정답 ②

'도리여'는 예상했거나 기대한 바와 다르게 된 상태를 의미하는 부사어인 '도리어'의 방언 표기법으로 올바른 맞춤법은 '도리어'이다.

[오답분석]
① '밑돌다'는 어떠한 기준에 다다르지 못한다는 뜻으로, 반의어로는 어떠한 기준을 넘어선다는 '웃돌다'가 있다. 문맥상 적절한 어휘는 '밑도는'이다.
③ '정체'는 사물이 발전하거나 나아가지 못하고 한자리에 머물러 있음을 나타내는 단어이다. 논농업에 비해 밭농업의 기계화율이 목표치에 도달하지 못하고 있으므로 적절한 어휘 사용이다.
④ '채'는 이미 있는 상태 그대로란 의미의 의존명사이고, '체'란 그럴듯하게 꾸미어 흉내 내는 거짓된 것을 의미하는 의존명사이다. 따라서 문맥상 적절한 어휘는 '채'이다.

06 정답 ④

'-별'은 명사 뒤에 붙어 '그것에 따른'의 뜻을 더하는 접미사이다. 따라서 앞말과 붙여 쓰는 것이 올바른 표기법이므로, '분기 별'이 아닌 '분기별'로 표기되어야 한다.

[오답분석]
① 새 가족 : '새'는 이전의 것이 아닌 처음 생기거나 다시 생긴 또는 사용하거나 구매한 지 얼마 안 된 것을 뜻하는 관형사로 사전에 한 단어로 등재된 새해, 새집, 새것, 새댁 등을 제외하고는 원칙적으로 뒷말과 띄어 쓰므로 올바르게 표기되었다.
② 만 8세 : 나이 앞에 쓰이는 '만'은 정해진 시기나 햇수가 꽉 참을 뜻하는 관형사로 뒷말과 띄어 써야 하므로 올바르게 표기되었다.
③ 제2의 : 어떠한 숫자에 해당하는 차례 또는 순서의 뜻을 더하는 접두사인 '제-'는 뒷말과 붙여 써야 하므로 올바르게 표기되었다.

07 정답 ②

봄보리는 봄에 파종하여 그해 여름에 수확하며, 가을보리는 가을에 파종하여 이듬해 여름에 수확하므로 봄보리의 재배 기간이 더 짧다.

오답분석
① 흰색 쌀은 가을, 여름에 심는 콩도 가을에 수확한다.
③ 흰색 쌀은 논에서 수확한 벼를 가공한 것이며, 회색 쌀은 밭에서 자란 보리를 가공한 것이다.
④ 보릿고개는 하지까지이므로 그 이후에는 보릿고개가 완화된다.

08 정답 ③

$\dfrac{4,324}{6} \times \dfrac{66}{2,162} - \dfrac{15}{6}$
$= 22 - 2.5$
$= 19.5$

09 정답 ③

$14,465 - 3,354 + 1,989 - 878 + 1$
$= 11,111 + 1,111 + 1$
$= 12,223$

10 정답 ④

$\dfrac{2(6-x)}{3y} = 1$을 y에 대해 정리하면 $y = -\dfrac{2}{3}x + 4$이다.

x는 $-6 < x < 3$인 실수이므로 정리하면 다음과 같다.

$-\dfrac{2}{3} \times 3 + 4 < -\dfrac{2}{3}x + 4 < -\dfrac{2}{3} \times (-6) + 4$

$\rightarrow 2 < -\dfrac{2}{3}x + 4 < 8$

$\therefore 2 < y < 8$

이를 만족하는 자연수는 3, 4, 5, 6, 7이므로 모든 값의 합은 3+4+5+6+7=25이다.

11 정답 ④

전체 일의 양을 1이라 하고 A, B, C가 1일 동안 할 수 있는 일의 양을 각각 a, b, c라고 하면 다음과 같은 관계가 성립한다.
$15(a+b) = 1 \cdots \text{㉠}$
$30(b+c) = 1 \cdots \text{㉡}$
$18(c+a) = 1 \cdots \text{㉢}$

$a+b = \dfrac{1}{15}$, $b+c = \dfrac{1}{30}$, $c+a = \dfrac{1}{18}$이므로 ㉠+㉡+㉢을 정리하면 $2(a+b+c) = \dfrac{1}{15} + \dfrac{1}{30} + \dfrac{1}{18} = \dfrac{14}{90}$이다.

따라서 A, B, C가 함께 일할 때 끝마칠 때까지 걸리는 기간은 $\dfrac{1}{a+b+c} = \dfrac{90}{7} = 12.86$이므로 13일이다.

12 정답 ④

색칠한 영역의 넓이는 삼각형 $O_1O_2O_3$과 활꼴 O_1O_2 3개의 넓이를 더한 것과 같으므로 각 도형의 넓이를 구하면 다음과 같다.

• 삼각형 $O_1O_2O_3$의 넓이

  : $\dfrac{\sqrt{3}}{4}r^2 = \dfrac{\sqrt{3}}{4} \times 12^2 = 36\sqrt{3}\,\text{cm}^2$

• 활꼴 O_1O_2의 넓이(부채꼴 $O_1O_2O_3$ - 삼각형 $O_1O_2O_3$)

  : $\pi r^2 \times \dfrac{60}{360} - \dfrac{\sqrt{3}}{4}r^2 = 12^2\pi \times \dfrac{1}{6} - \dfrac{\sqrt{3}}{4} \times 12^2$

  $= (24\pi - 36\sqrt{3})\,\text{cm}^2$

삼각형의 넓이와 활꼴 3개의 넓이를 더하면 다음과 같다.

$36\sqrt{3} + 3(24\pi - 36\sqrt{3})$

→ $= 36\sqrt{3} + 72\pi - 108\sqrt{3}$

→ $= 72\pi - 72\sqrt{3}$

∴ $= 72(\pi - \sqrt{3})$

따라서 색칠한 영역의 넓이는 $72(\pi - \sqrt{3})\text{cm}^2$이다.

13 정답 ④

작년 N공장에서 제작한 물건의 원가가 480만 원이므로 20% 이율을 붙인 정가는 480×1.2=576만 원이다.
올해 원가는 15% 증가했으므로 480×1.15=552만 원이고, 정가는 작년 정가에서 25% 증가한 576×1.25=720만 원이다.
따라서 작년 이익은 576-480=96만 원이고, 올해 이익은 720-552=168만 원이므로 그 차이는 168-96=72만 원이다.

14 정답 ①

ㄱ. 해외연수 경험이 있는 지원자의 합격률을 구하면 $\dfrac{53}{53+414+16} \times 100 ≒ 11\%$로, 해외연수 경험이 없는 지원자의 합격률인 $\dfrac{11+4}{11+37+4+139} \times 100 ≒ 7.9\%$보다 높다.

ㄴ. 인턴 경험이 있는 지원자의 합격률은 $\dfrac{53+11}{53+414+11+37} \times 100 = \dfrac{64}{515} \times 100 ≒ 12.4\%$로, 인턴 경험이 없는 지원자의 합격률인 $\dfrac{4}{16+4+139} \times 100 = \dfrac{4}{159} \times 100 ≒ 2.5\%$보다 높다.

[오답분석]

ㄷ. 인턴 경험과 해외연수 경험이 모두 있는 지원자 합격률(11.3%)은 인턴 경험만 있는 지원자 합격률(22.9%)보다 낮다.

ㄹ. 인턴 경험과 해외연수 경험이 모두 없는 지원자와 인턴경험만 있는 지원자 간 합격률 차이는 22.9-2.8=20.1%p로 30%p 미만이다.

15 정답 ③

×1, +1, -1, ×2, +2, -2, ×3, +3, …을 하는 문자열이다.

B	B	C	B	D	F	D	L	(O)
2	2	3	2	4	6	4	12	15

16 정답 ②

제시된 수열은 (23^2-25)에서 제곱하는 수는 5, 6, 7, 8, …씩 감소하고, 빼는 수는 4씩 감소하는 수열이다.
따라서 ( )=$(23-5)^2-(25-4)=18^2-21=303$이다.

17 정답 ①

참인 명제는 그 대우 명제도 참이므로 두 번째 명제의 대우 명제인 '배를 좋아하지 않으면 귤을 좋아하지 않는다.' 역시 참이다. 이를 첫 번째, 세 번째 명제와 연결하면 '사과를 좋아함 → 배를 좋아하지 않음 → 귤을 좋아하지 않음 → 오이를 좋아함'이 성립한다. 따라서 '사과를 좋아하면 오이를 좋아한다.'가 성립한다.

18 정답 ③

생일 주인공인 지영이가 먹은 케이크 조각이 가장 크고, 민지가 먹은 케이크 조각은 가장 작지도 않고 두 번째로 작지도 않으므로 민지는 세 번째 또는 네 번째로 작은 케이크를 먹었을 것이다. 이때 재은이가 먹은 케이크 조각은 민지가 먹은 케이크 조각보다 커야 하므로 민지는 세 번째로 작은 케이크 조각을, 재은이는 네 번째로 작은 케이크 조각을 먹었음을 알 수 있다. 또한 정호와 영재의 관계에서 영재의 케이크 조각이 가장 작음을 알 수 있다. 따라서 먹은 케이크 조각의 크기가 작은 순서대로 나열하면 '영재 – 정호 – 민지 – 재은 – 지영'이다.

19 정답 ②

ㄱ. 강점인 공공기관으로서의 신뢰성을 바탕으로 해외 개발 사업에 참여하는 것은 강점을 살려 기회를 포착하는 SO전략으로 적절하다.
ㄷ. 약점인 환경파괴를 최소화하는 방향의 환경친화적 신도시 개발은 약점을 보완하여 기회를 포착하는 WO전략으로 적절하다.

오답분석
ㄴ. 국토개발로 인한 환경파괴라는 약점과 환경보호 단체 등과의 충돌을 겪고 있는 위협을 고려했을 때 적절한 전략으로 볼 수 없다.
ㄹ. 환경보호 단체나 시민 단체와의 충돌을 규제 강화라는 강압적 방법으로 해결하는 것은 적절한 전략으로 볼 수 없으며, 공공기관의 역할 수행으로도 볼 수 없다.

20 정답 ④

1973년 3월 「각종 기념일 등에 관한 규정」에 의해 어민의 날(4월 1일)과 권농의 날(6월 1일), 목초의 날(9월 5일)을 권농의 날로서 6월 첫째 토요일로 통합하였다. 이후 1984년 전국적으로 모내기 시기가 앞당겨짐에 따라 권농의 날을 5월 넷째 화요일로 변경하였으나, 1996년 5월 「각종 기념일 등에 관한 규정」에 의해 권농의 날을 폐지하고, 농민은 흙에서 나서 흙을 벗삼아 함께 살다가 흙으로 돌아간다는 의미에서 흙 '土'자가 겹친 '土月土日', 11월 11일을 '농어업인의 날'로 지정하였다. 이때가 모든 영농을 마치고 풍년제를 할 수 있는 적절한 시기라는 것도 하나의 이유이다. 이후 1997년에 '농어업인의 날'을 '농업인의 날'로 변경하였다.

21 정답 ①

오답분석
② 'V'꼴을 제외한 아랫부분은 '업'의 'ㅇ'을 변형한 것으로 원만과 돈을 의미하며 협동·단결을 상징한다.
③ 심벌마크 전체는 '협'의 'ㅎ'을 변형한 것으로 'ㄴ'+'ㅎ'은 농협을 나타내고 항아리에 쌀이 가득 담겨 있는 형상을 표시하여 농가 경제의 융성한 발전을 상징한다.
④ NH농협 심벌마크에 주로 사용하는 노란색은 '풍요로운 생활의 중심, 근원이 되는 농협의 이미지를 계승'을 의미한다.

22 정답 ②

NH농협의 핵심가치
- 국민에게 사랑받는 농협
- 농업인을 위한 농협
- 지역 농축협과 함께하는 농협
- 경쟁력 있는 글로벌 농협

CHAPTER

03 2024년 상반기 기출복원문제

01 70문항 유형

01	02	03	04	05	06	07	08	09	10	11	12	13	14	15	16	17	18	19	20
④	①	⑤	①	②	⑤	⑤	①	②	⑤	④	②	②	④	①	⑤	②	⑤	④	③
21	22	23	24	25	26	27	28												
④	⑤	⑤	①	⑤	③	②	④												

01 정답 ④

프로폴리스는 꿀벌이 나무의 싹이나 수액에서 수집한 수지질의 혼합물로 천연 항생제로 널리 알려져 있다. 건강기능식품으로서 인정받고 있지만, 알레르기나 설사 같은 부작용이 동반될 수 있다. 따라서 제시된 단어에서 공통으로 연상할 수 있는 단어는 '프로폴리스'이다.

02 정답 ①

감자는 대표적인 구황작물로서 양분을 지하줄기에 저장해 구근을 형성하는 알뿌리 식물이다. 감자의 싹에는 솔라닌이라는 독성 물질이 있으며, 약한 전류가 통하므로 전지로도 사용할 수 있다. 따라서 제시된 단어에서 공통으로 연상할 수 있는 단어는 '감자'이다.

03 정답 ⑤

유기물은 탄소가 포함되어 있는 물질을 뜻하며, 넷제로는 탄소 중립이라는 뜻으로 지구상에서 생성되는 탄소량과 흡수되는 탄소량의 총량을 같게 하여 탄소 배출량을 0으로 맞추는 것이다. 그래핀은 탄소 원자들이 육각형의 벌집 모양으로 연결된 탄소 동소체 신소재이다. 마지막으로 다이아몬드는 고온 고압 상태에서 순수한 탄소가 압축되어 구성되는 물질이다. 따라서 제시된 단어에서 공통으로 연상할 수 있는 단어는 '탄소'이다.

04 정답 ①

'암팡지다'는 '몸이 작아도 힘차고 다부지다.' 또는 '행동이 허술하지 않고 매우 세차고 억세다.'를 뜻한다. 따라서 제시된 단어에서 공통으로 연상할 수 있는 단어는 '암팡지다'이다.

오답분석

② 옴팡지다 : 보기에 가운데가 좀 오목하게 쑥 들어가 있다.

05 정답 ②

퇴사와 휴직은 육아를 위해 일을 할 수 없는 상황을 의미하며, 유모차와 이유식은 모두 육아에 필요한 용품을 의미한다. 따라서 제시된 단어에서 공통으로 연상할 수 있는 단어는 '육아'이다.

06 정답 ⑤

제시문은 어지러운 시국에 충신과 역신이 뒤바뀌기가 매우 쉽다는 것을 뜻하므로 손바닥을 뒤집는 것 같이 일이 매우 쉬움을 이르는 말인 '여반장(如反掌)'이 빈칸에 들어갈 가장 적절한 한자성어이다.

오답분석

① 장광설(長廣舌) : 쓸데없이 장황하게 늘어놓는 말
② 유분수(有分數) : 마땅히 지켜야 할 분수가 있음
③ 등한시(等閒視) : 소홀하게 보아 넘김
④ 도외시(度外視) : 상관하지 아니하거나 무시함

07 정답 ⑤

'미덥다'는 믿음이 가는 데가 있음을 뜻하는 말이다. 밑줄 친 부분은 '하는 짓이나 됨됨이가 매우 어리석고 미련하다.'의 의미가 더욱 적절하므로 '미욱한'이 더 적절한 어휘이다.

오답분석

① 경솔하다 : 말이나 행동이 조심성 없이 가볍다.
② 소요 : 여럿이 떠들썩하게 들고 일어남. 또는 그런 술렁거림과 소란
③ 자구책 : 스스로를 구원하기 위한 방책
④ 남루하다 : 옷 따위가 낡아 해지고 차림새가 너저분하다.

08 정답 ①

고령화는 전체 인구 중 65세 이상 노인의 비율이 증가하는 것이다. 65세 이상 노인이 오래 생존하고, 새로 태어나는 아이가 적어지면 65세 이상 노인의 비율이 상승하게 되므로 수명 증가와 저출산은 고령화의 직접적인 원인이 된다.

오답분석

② 고령화는 여러 나라에서 일반적으로 발생하고 있다고 하였으나, 모든 나라에서 공통적으로 발생한다고는 서술되지 않았다.
③ 고령화 비율을 감소시키기 위해서는 출산율의 급격한 증가가 필요하다. 그러나 제시문에서 각국의 고령화 대응 정책은 노인관련 정책이 대다수이다. 따라서 고령화 비율의 감소보다 고령 인구의 활용 및 복지가 각국 고령화 대응 정책의 기본이라 할 수 있다.
④ 독일의 경우 노인에 대한 직접적인 지원 정책 이외에도 교육, 고용, 도시개발 등 다양한 과제를 포괄적으로 고려하는 인구전략을 실행하고 있다. 따라서 금전적 지원이 주요 대응 정책이라고는 보기 어렵다.
⑤ 1억 명 중 65세 이상 인구가 1,500만 명이라면 고령화 비율은 15%이다. 65세 이상 인구 비율이 전체의 14%를 넘으므로 고령사회에 해당한다.

09 정답 ②

두 번째 문단에서 식품은 우리가 먹고 마시는 모든 것을 의미하며, 자연 생태의 음식뿐만 아니라 가공된 음식까지 포함한다고 하였다.

오답분석

① 영양은 식품을 섭취한 후, 식품의 영양소를 흡수하고 사용하는 과정이다.
③ 다섯 번째 문단에서 지방의 과잉은 비만과 심혈관 질환의 위험을 증가시킬 수 있다고 하였으므로 적절하지 않은 설명이다.
④ 다섯 번째 문단에서 비타민 C 결핍은 괴혈병을 유발한다고 하였으므로 적절하지 않은 설명이다.
⑤ 에너지를 만들고, 면역력을 높이는 것은 영양소를 흡수하고 사용하는 과정에 해당하므로 영양으로 설명할 수 있다.

10 정답 ⑤

제시문에서는 농촌 고령화, 농촌 소멸, 식량 안보 등 농촌 사회에 닥친 현재의 문제점을 설명하고, 이를 해결하기 위한 청년농업인 육성 방법 및 각종 정책 등을 소개하고 있다. 그러므로 제시문의 주제로 농촌 고령화와 식량 안보를 해결하기 위한 청년농업인 육성 정책의 중요성이 가장 적절하다.

11 정답 ④

부장 2명 중 1명, 대리 4명 중 1명, 사원 3명 중 1명을 뽑아 팀을 만들 때, 가능한 경우의 수는 $_2C_1 \times {_4C_1} \times {_3C_1} = 2 \times 4 \times 3 = 24$가지이다.

12 정답 ②

서울에 사는 응답자의 비율은 $0.18+0.07=0.25$이고, 전체 응답자의 비율의 합은 1이다. 그러므로 인천에 사는 응답자의 비율은 $1-(0.25+0.2+0.1+0.1+0.05+0.05+0.05+0.1)=0.1$이다.
인천에 사는 응답자 중 여성의 비율은 전체 응답자 중 여성의 비율과 같으므로 전체 응답자 중 인천에 사는 여성의 비율은 $0.1 \times 0.4 = 0.04$이다. 전체 응답자 중 여성의 비율이 0.4이므로 대구에 사는 여성 응답자의 비율은 $0.4-(0.07+0.03+0.04+0.07+0.05+0.03+0.01+0.08)=0.02$이다.
따라서 전체 응답자 중 대구에 사는 여성의 비율은 0.02이므로 그 인원은 $1,100 \times 0.02 = 22$명이다.

13 정답 ②

- 연이율 2.4%가 적용되는 만기 2년 단리 적금 상품에 만기 때까지 매월 초 80만 원씩 납입하였을 때 받는 이자

$$80 \times \frac{24 \times 25}{2} \times \frac{0.024}{12} = 48만 \ 원$$

- 연이율 2.4%가 적용되는 만기 2년 월복리 적금 상품에 만기 때까지 매월 초 100만 원씩 납입하였을 때 받는 이자

$$100 \times \frac{\left(1+\frac{0.024}{12}\right)\left\{\left(1+\frac{0.024}{12}\right)^{24}-1\right\}}{\left(1+\frac{0.024}{12}\right)-1} - 100 \times 24$$

$$= 100 \times \frac{1.002 \times (1.002^{24}-1)}{1.002-1} - 2,400$$

$$= 100 \times \frac{1.002 \times 0.0491}{0.002} - 2,400$$

$$= 2,459.91 - 2,400$$

$$= 59.91만 \ 원$$

따라서 만기 시 받는 이자의 차이는 $59.91-48=11.91$이므로, 119,100원이다.

14 정답 ④

Y씨는 매월 500,000원을 사용하므로 각 체크카드의 전월 실적이 500,000원일 때, 최대 할인 금액은 다음과 같다.
- A체크카드 : $6,000+6,000+1,000=13,000$원
- H체크카드 : 13,000원
- K체크카드 : $3,000+3,000+2,000+1,000=9,000$원
- M체크카드 : $(500,000 \times 0.003)+\left(\frac{100,000}{1,600} \times 40\right)+10,000=14,000$원
- N체크카드 : $500,000 \times 0.002=1,000$원

따라서 Y씨에게 추천할 카드는 M체크카드이다.

15 정답 ①

K체크카드의 대중교통 혜택 금액은 대중교통 요금의 10%이므로 120,000×0.1=12,000원이지만, 전월 실적에 따른 할인 한도는 3,000원이다. 이동통신 요금 할인 혜택은 5%로 100,000×0.05=5,000원이지만, 월 할인 한도는 최대 3,000원이다. 카페를 이용하지 않으므로 적용되지 않고, 편의점 월 할인 금액은 최대 1,000원이다.

따라서 A씨가 K체크카드를 이용하여 받을 수 있는 월 할인 금액은 최대 3,000+3,000+1,000=7,000원이다.

16 정답 ⑤

2015 ~ 2023년 중 10kg당 쌀 가격과 고추 가격이 전년 대비 동시에 오른 연도는 2018년, 2020년, 2023년이다.

오답분석

① 2014 ~ 2023년의 10kg당 쌀 가격은 2015년을 제외하고 항상 10kg당 고추 가격보다 낮았다.
② 2014 ~ 2023년 중 10kg당 쌀 가격이 가장 높은 연도는 2021년이고, 10kg당 고추 가격이 가장 높은 연도는 2020년이다.
③ 2014 ~ 2023년 중 10kg당 쌀 가격이 가장 낮은 연도는 2017년이고, 10kg당 고추 가격이 가장 낮은 연도는 2015년이다.
④ 2015 ~ 2023년의 10kg당 쌀 가격의 전년 대비 증감 추이는 '감소 – 감소 – 감소 – 증가 – 증가 – 증가 – 증가 – 감소 – 증가'이고, 10kg당 고추 가격의 전년 대비 증감 추이는 '감소 – 증가 – 감소 – 증가 – 감소 – 증가 – 감소 – 증가 – 증가'로 같지 않다.

17 정답 ②

주어진 조건을 정리하면 다음과 같다.

구분	1일	2일	3일	4일	5일	6일
경우 1	B	E	F	C	A	D
경우 2	B	C	F	D	A	E
경우 3	A	B	F	C	E	D
경우 4	A	B	C	F	D	E
경우 5	E	B	C	F	D	A
경우 6	E	B	F	C	A	D

따라서 B영화는 어떠한 경우에도 1일 또는 2일에 상영된다.

오답분석

① 경우 3 또는 4에서 A영화는 C영화보다 먼저 상영된다.
③ 경우 1 또는 5, 6에서 C영화는 E영화보다 늦게 상영된다.
④ D영화는 경우 1 또는 3, 6에서 폐막작으로, 경우 4 또는 5에서 5일에 상영된다.
⑤ E영화는 경우 1 또는 3에서 E영화는 개막작이나 폐막작으로 상영되지 않는다.

18 정답 ⑤

두 번째 조건과 세 번째 조건에 따라 3학년이 앉은 첫 번째 줄과 다섯 번째 줄의 바로 옆줄인 두 번째 줄과 네 번째 줄, 여섯 번째 줄에는 3학년이 앉을 수 없다. 즉, 두 번째 줄, 네 번째 줄, 여섯 번째 줄에는 1학년 또는 2학년이 앉아야 한다. 이때 3학년이 앉은 줄의 수가 1학년과 2학년이 앉은 줄의 수의 합과 같다는 네 번째 조건에 따라 남은 세 번째 줄에는 반드시 3학년이 앉아야 한다. 따라서 ⑤는 항상 거짓이 된다.

오답분석

① 네 번째 줄에는 1학년 또는 2학년이 앉을 수 있다.
② 책상 수가 몇 개인지는 알 수 없다.
③ 학생 수가 몇 명인지는 알 수 없다.
④ 여섯 번째 줄에는 1학년 또는 2학년이 앉을 수 있다.

19 정답 ④

제17조 제2항에 따르면, 개인이 계좌번호와 비밀번호를 타인에게 공유하는 행위는 은행이 책임질 수 없는 사유이므로 은행이 책임지지 않아도 된다.

> **오답분석**
> ① 제14조 제1항에 따르면, 통장 분실신고는 긴급하거나 부득이할 때는 영업시간 중에 전화로 신고할 수 있으며, 다음 영업일 안에 서면으로 신고하여야 한다.
> ② 제14조 제2항에 따르면, 비밀번호 변경은 서면 신고 없이 전산통신기기를 이용하여 변경할 수 있다.
> ③ 제14조 제4항에 따르면 은행은 전산장애 등 불가항력적인 사유로 처리하지 못할 때는 복구 등 사유 해제 시 즉시 처리해야 하지만, 신고자가 해야 할 일은 없다.
> ⑤ 제시된 약관에서는 확인할 수 없는 내용이다.

20 정답 ③

제17조 제3항에 따르면, 은행의 고의 또는 과실로 인한 귀책사유가 있는 경우 은행은 그 책임의 일부 또는 전체를 부담하여야 한다. H지점의 미흡한 본인 확인은 은행의 귀책사유에 해당하므로 일부 책임을 부담하는 것은 적절한 대처이다.

> **오답분석**
> ①·② A씨의 변경된 정보를 즉시 최신 정보로 갱신하여야 하며, 해당 대응은 약관에서 확인할 수 없는 내용이다.
> ④·⑤ H지점의 미흡한 본인 확인으로 발생한 사고를 인정하고 책임을 일부 또는 전체를 부담하여야 한다.

21 정답 ④

유럽연합(EU)은 유럽의 정치·경제의 통합을 실현하기 위한 국가연합으로 현재 27개국이 회원으로 가입하고 있다. 영국의 경우 2020년 브렉시트로 EU에서 탈퇴하였으며, 노르웨이, 러시아, 스위스, 우크라이나, 아이슬란드는 유럽국가임에도 EU에 가입하지 않은 대표적인 비회원국이다.

> **유럽연합(EU) 회원국**
> 벨기에, 룩셈부르크, 프랑스, 독일, 이탈리아, 네덜란드, 덴마크, 아일랜드, 그리스, 스페인, 포르투갈, 스웨덴, 오스트리아, 핀란드, 폴란드, 체코, 헝가리, 슬로바키아, 리투아니아, 슬로베니아, 라트비아, 에스토니아, 사이프러스, 몰타, 루마니아, 불가리아, 크로아티아

22 정답 ⑤

조지아는 흑해 동쪽 연안에 위치한 국가이다.
지중해는 북쪽으로 유럽, 동쪽으로 아시아, 남쪽으로 아프리카에 둘러싸여 있는 바다이다. 지중해와 접해 있는 연안 국가는 다음과 같다.
- 유럽 : 스페인, 프랑스, 모나코, 이탈리아, 몰타, 슬로베니아, 크로아티아, 보스니아 헤르체고비나, 몬테네그로, 알바니아, 그리스
- 아시아 : 튀르키예, 시리아, 레바논, 이스라엘, 팔레스타인, 사이프러스
- 아프리카 : 이집트, 리비아, 튀니지, 알제리, 모로코

23 정답 ⑤

보기에 제시된 문화재는 석굴암과 경주 불국사 삼층석탑(석가탑)이다.
- 석굴암은 대한민국 국보 제24호이자, 유네스코 세계문화유산이다. 석굴암은 경주시 토함산 동쪽에 있는 암자로 남북국시대 통일신라의 김대성이 창건한 사찰이다.
- 경주 불국사 삼층석탑은 국보 제21호로서 경주시 진현동 불국사 대웅전 앞뜰에 다보탑과 함께 대칭으로 서 있는 석탑으로 석가탑 또는 무영탑이라고도 한다. 탑의 내부에서는 세계 최고(最古)의 목판 인쇄본인 무구정광대다라니경이 발견되었다.

따라서 보기의 문화재와 관련된 시기는 통일신라이다.

24 정답 ①

제시된 글에서 설명하는 것은 애그테크(Agtech)이다. 애그테크는 농업(Agriculture)과 기술(Technology)의 합성어로, 첨단기술을 농작물의 생산부터 가공, 유통까지 전 과정에 적용하여 농업 생산성 향상 및 품질 개선을 목적으로 하는 신 농업기술이다. 애그테크에 접목되는 대표적인 첨단기술로는 인공지능(AI), 사물인터넷(IoT), 빅데이터(Big Data), 머신러닝(Machine Learning), 드론(Drone) 등이 있다.

블록체인(Block Chain) 기술은 암호화된 데이터 묶음인 블록을 분산 저장하여 데이터 위변조를 방지하기 위한 기술로 금융거래나 인증 등의 분야에서 활용되는 기술이다. 농산물의 유통 과정을 투명하게 관리하는 데 활용될 수 있으나, 애그테크의 핵심인 농업 생산성 및 품질 개선에 직접적으로 기여하는 기술은 아니다.

25 정답 ⑤

농협의 인재상
- 시너지 창출가 : 항상 열린 마음으로 계통 간, 구성원 간에 존경과 협력을 다하여 조직 전체의 성과가 극대화될 수 있도록 시너지 제고를 위해 노력하는 인재
- 행복의 파트너 : 프로다운 서비스 정신을 바탕으로 농업인과 고객을 가족처럼 여기고 최상의 행복 가치를 위해 최선을 다하는 인재
- 최고의 전문가 : 꾸준히 자기계발을 통해 자아를 성장시키고, 유통·금융 등 맡은 분야에서 최고의 전문가가 되기 위해 지속적으로 노력하는 인재
- 진취적 도전가 : 미래지향적 도전의식과 창의성을 바탕으로 새로운 사업과 성장 동력을 찾기 위해 끊임없이 변화와 혁신을 추구하는 역동적이고 열정적인 인재
- 정직과 도덕성을 갖춘 인재 : 매사에 혁신적인 자세로 모든 업무를 투명하고 정직하게 처리하여 농업인과 고객, 임직원 등 모든 이해관계자로부터 믿음과 신뢰를 받는 인재

26 정답 ③

NH콕뱅크에서 콕(CoK)은 (Agricultural) Cooperatives of Korea의 약자로 대한민국 농업협동조합을 의미한다. NH콕뱅크는 간편 송금, 모바일 현금카드 등의 간편 금융서비스와 농협조합 조합원과 직거래 시 QR 결제를 지원하는 농업인을 위한 서비스가 포함되어 있는 지역농협 전용 모바일 애플리케이션이다.

오답분석
① NH올원뱅크 : 간편 인증, 간편 송금, 간편 결제 등의 금융서비스와 쇼핑, 건강 등 생활서비스를 제공하는 농협중앙회 전용 모바일 애플리케이션
② NH스마트뱅킹 : 인증서, OTP, 보안카드 등 인증서비스와 고액 송금 등을 지원하는 농협중앙회 및 지역농협 범용 모바일 애플리케이션
④ NH멤버스 : 농협 제휴사의 거래, 제휴 혜택 등 통합멤버십 서비스를 제공하는 모바일 애플리케이션
⑤ NH With : 농업인과 국민 또는 농협 임직원 간 소통 및 협업을 위한 커뮤니티 모바일 애플리케이션

27 정답 ②

농협은 다양한 사회공헌활동을 수행하고 있으며, 임직원들의 자발적인 후원·기부금으로 4개의 사회공헌 단체를 운영하고 있다.
- 농협재단 : 다양한 장학·복지사업 전개, 농촌 다문화가정 모국 방문 후원
- 나눔축산운동본부 : 지역사회 환경개선활동, 축산물 정 나눔
- 도농상생국민운동본부 : 도농교류 활성화, 도농상생 희망이음 의료지원사업
- 우리농업지키기운동본부 : 장수사진 무료 촬영, 소외계층 돌봄

28 정답 ④

N-Hub는 농협의 올인원 빅데이터 플랫폼으로서 농협, 농촌진흥청, 농림수산식품교육문화정보원, 축산물품질평가원 등 농업 관련 기관의 데이터를 연계·가공하여 이용자가 쉽고 빠르게 활용할 수 있도록 제공한다. N-Hub에서 지원하는 서비스는 총 8가지로 농산물 종합정보, 축산물 종합정보, 하나로마트 매출 돋보기, 귀농·귀촌 메이트, 스마트팜 길라잡이, NH고객 라이프스토리, 농·축협 신용경제 통합뷰, NH유통상품 트렌드가 있다.

02 60문항 유형

01	02	03	04	05	06	07	08	09	10	11	12	13	14	15	16	17	18	19	20
①	②	①	④	③	②	①	④	①	④	①	①	④	③	④	①	③	②	④	④

01 정답 ①

'낟알'은 '하나하나 따로인 알'을 뜻하고, '낟알'은 '껍질을 벗기지 아니한 곡식의 알'을 뜻한다. 새가 들판에 남은 곡식의 알을 쪼아 먹고 있는 의미로 쓰였으므로 '낟알'이 더 정확한 표현이다.

02 정답 ②

'견강부회(牽强附會)'는 이치에 맞지 않는 말을 억지로 끌어 붙여 자기에게 유리하게 함을 의미한다. A씨의 경우 아침에 먹는 사과와 감기의 상관관계가 없음에도 불구하고, 이치에 맞지 않는 주장을 억지로 주장하고 있으므로 가장 적합한 한자성어는 견강부회이다.

[오답분석]
① 아전인수(我田引水) : 자기 논에 물 대기라는 뜻으로, 자기에게만 이롭게 되도록 생각하거나 행동함을 이르는 말
③ 사면초가(四面楚歌) : 사방에서 초나라 노래가 들린다는 뜻으로, 적에게 완전히 포위되어 옴짝달싹 못하는 절망적인 상황을 이르는 말
④ 사필귀정(事必歸正) : 모든 일은 반드시 바른길로 돌아감을 뜻하는 말

03 정답 ①

'~밖에'가 '뿐'의 뜻으로 쓰일 때는 하나의 조사이므로 앞말에 붙여 써야 한다.

[오답분석]
② ~데 : 장소, 경우, 일, 것 따위를 나타낼 때는 의존명사이므로 띄어 쓴다.
③ ~지 : 의문을 나타낼 때는 '~는지', '~은지', '~을지'처럼 하나의 어미이므로 붙여 쓴다.
④ ~만에 : 시간이 경과한 정도를 나타낼 때는 의존명사이므로 띄어 쓴다. 반면, 한정이나 강조를 나타낼 때나 그 정도가 같음을 나타낼 경우에는 조사로 쓰이므로 붙여 쓴다.

04 정답 ④

제시된 문단은 유럽의 협동조합운동에 대한 내용이고 문단 마지막에 프랑스와 독일의 협동조합운동에 대해 언급하고 있으므로 이어서 배치될 문단은 프랑스와 독일의 협동조합운동을 설명하는 (라) 문단이다. (라) 문단을 제외한 나머지 문단은 우리나라의 협동조합에 대한 내용이므로 서유럽과의 시기 차이를 언급하며 내용을 전개하는 (나) 문단이 다음에 와야 한다. (나) 문단에서 1910~1920년대 우리나라 협동조합이 일제에 의한 경제적 보조기관이므로 협동조합이라고 규정하기 어렵다고 하였으므로 진정한 협동조합이라고 할 수 있는 민간 협동조합운동에 대한 내용인 (마) 문단이 이어져야 한다. 남은 문단 중 (가) 문단의 경우 정치적 색채를 띤 민간협동조합에 대해 언급하고 있으므로 경제적 자력갱생운동 및 계몽활동에 대해 언급한 (다) 문단 뒤에 와야 적절하다. 따라서 제시된 문단 뒤에 이어질 문단을 논리적 순서대로 나열하면 (라) – (나) – (마) – (다) – (가)이다.

05 정답 ③

빈칸 앞에서 미디어의 장점에 대해 설명하고 있고, 빈칸 뒤 문장에도 미디어의 또 다른 긍정적 영향을 설명하고 있으므로 'In addition(게다가)'이 들어가는 것이 적절하다.

- fraud : 사기
- complaint : 불평
- publicity : 평판
- nutrition : 영양
- get involved : 개입되다

신문, 대중 잡지, 라디오, 텔레비전은 소비자에게 도움을 준다. 미디어는 지역적으로 행해지는 사기에 대해 사람들에게 경고하는 중요한 역할을 한다. 그들은 또한 투자, 건강, 영양, 주택 그리고 소비자들에게 특별한 흥미를 주는 다른 주제들에 대한 유용한 조언을 제공한다. <u>게다가</u> 미디어는 사람들이 소비자 불평을 해결하도록 도와준다. 소비자 혼자서 행동하는 것을 무시하는 기업도 기자들이 관여할 때 빠르게 그리고 우호적으로 반응한다. 이것은 그들이 비우호적인 평판들을 피하기를 원하기 때문이다.

06 정답 ②

처음 집을 나온 후 15분이 지났을 때 돌아갔으므로, 집과 다시 돌아갔던 지점 사이의 거리는 $60 \times \frac{15}{60} = 15$km이다.

다시 집으로 돌아갔을 때의 속력은 $60 \times 1.5 = 90$km/h이고, 집에서 회사로 다시 갈 때의 속력은 $90 \times 1.2 = 108$km/h이다. 집에서부터 회사까지의 거리를 $x$km라고 하면, 회사에 도착할 때까지 걸린 시간이 50분이므로 다음 식이 성립한다.

$\frac{15}{60} + \frac{15}{90} + \frac{x}{108} = \frac{50}{60}$

→ $135 + 90 + 5x = 450$

→ $5x = 225$

∴ $x = 45$

따라서 N사원의 집에서 회사까지의 거리는 45km이다.

07 정답 ①

- 8명 중 팀장 2명을 뽑는 경우의 수 : $_8C_2$
- 남자 4명 중 팀장 2명을 뽑는 경우의 수 : $_4C_2$

$\frac{_4C_2}{_8C_2} = \frac{4 \times 3}{8 \times 7} = \frac{3}{14}$

따라서 구하고자 하는 확률은 $\frac{3}{14}$이다.

08 정답 ④

욕조를 가득 채우는 데 필요한 물의 양을 1이라고 하고, A관과 B관을 동시에 틀고 배수를 할 때 욕조가 가득 채워질 때까지 걸리는 시간을 x분이라고 하면, A관에서 1분 동안 나오는 물의 양은 $\frac{1}{30}$, B관에서 1분 동안 나오는 물의 양은 $\frac{1}{40}$이고, 1분 동안 배수되는 양은 $\frac{1}{20}$이므로 다음 식이 성립한다.

$\left(\frac{1}{30} + \frac{1}{40} - \frac{1}{20}\right)x = 1$

→ $\frac{1}{120}x = 1$

∴ $x = 120$

따라서 A관과 B관을 동시에 틀고 동시에 배수를 할 때, 욕조에 물이 가득 채워질 때까지 걸리는 시간은 120분이다.

09 정답 ①

분자는 36부터 1씩 더하고, 분모는 2의 거듭제곱 형태, 즉 2^1, 2^2, 2^3, 2^4, 2^5인 수열이다.

따라서 ( ) = $\frac{39+1}{2^5} = \frac{40}{32}$이다.

10 정답 ④

제시된 수열은 7^3+7, 6^3+6, 5^3+5, …의 규칙을 갖고 있다.
따라서 ( )=4^3+4=64+4=68이다.

11 정답 ①

A기업의 대출기간은 1년, 대출금액은 5천만 원, 대출금리는 연 3%이다.
만기일시상환 방식으로 월 이자는 $50,000,000 \times 0.03 \times \frac{12}{12} \div 12 = 125,000$원이고, 마지막 달에는 원금과 함께 납입해야 되기 때문에 마지막 달의 비용은 50,000,000+125,000=50,125,000원이다.

12 정답 ①

연이율 3.6%가 적용되는 만기 3년 단리 적금 상품에 만기 때까지 매월 초 a만 원씩 납입할 때 만기 시 받는 이자는
$a \times \frac{36 \times 37}{2} \times \frac{0.036}{12} = 99.9$만 원이므로 매월 초 납입해야 하는 금액은 $a = \frac{99.9 \times 2}{0.003 \times 36 \times 37} = 50$만 원이다.

13 정답 ④

연이율 6%가 적용되는 만기 3년 월복리 적금 상품에 만기 때까지 매월 초 50만 원씩 납입할 때 만기 수령액은 다음과 같다.

$50 \times \frac{\left(1+\frac{0.06}{12}\right)\left\{\left(1+\frac{0.06}{12}\right)^{36}-1\right\}}{\left(1+\frac{0.06}{12}\right)-1}$

$= 50 \times \frac{1.005(1.005^{36}-1)}{1.005-1}$

$= 50 \times \frac{1.005 \times 0.2}{0.005}$

=2,010만 원

따라서 만기 시 수령액은 2,010만 원이다.

14 정답 ③

상품 전체 구매 금액을 계산하면 다음과 같다.
$(2,000 \times 3)+(3,000 \times 2)+(2,500 \times 1)+(4,000 \times 2)+(6,000 \times 4)=6,000+6,000+2,500+8,000+24,000=46,500$원
따라서 부가세액은 $46,500 \times 0.1 = 4,650$원이므로 전체 합계 금액은 46,500+4,650=51,150원이다.

15 정답 ④

'책을 많이 읽음'을 P, '어휘력이 풍부함'을 Q, '안경을 씀'을 R, '시력이 나쁨'을 S라 할 때, 제시된 명제를 벤 다이어그램으로 나타내면, '어휘력이 풍부한 어떤 사람은 시력이 좋을 수 있다.'는 다음과 같다.

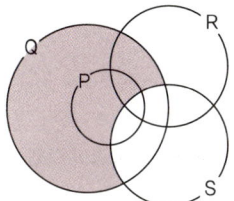

따라서 '어휘력이 풍부한 어떤 사람은 시력이 좋을 수 있다.'는 명제는 항상 참이다.

오답분석

①
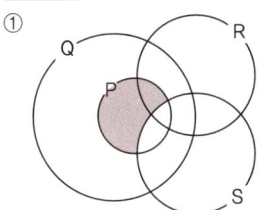

따라서 책을 많이 읽었지만, 시력이 좋은 사람이 있다.

②
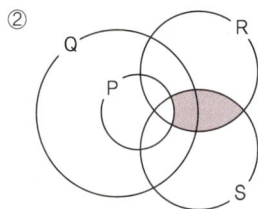

따라서 시력이 나빠 안경을 썼지만, 책을 많이 읽지 않는 사람이 있다.

③
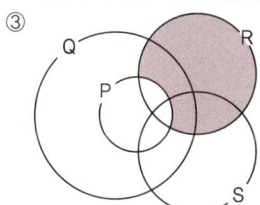

따라서 책을 많이 읽지 않았지만, 안경을 쓴 사람이 있다.

16 정답 ①

'늦잠을 잠'을 P, '부지런함'을 Q, '건강함'을 R, '비타민을 챙겨먹음'을 S라고 하면, 제시된 명제는 각각 ~P → Q, P → ~R, S → R이다. 어떤 명제가 참이면 그 대우도 참이므로, 첫 번째·세 번째 명제와 두 번째 명제의 대우를 연결하면 S → R → ~P → Q가 된다.
따라서 S → Q인 ①은 참이다.

오답분석

② S → Q의 역이며, 참인 명제의 역은 참일 수도, 거짓일 수도 있다.
③ P → S이므로 참인지 거짓인지 알 수 없다.
④ ~P → Q의 이이며, 참인 명제의 이는 참일 수도, 거짓일 수도 있다.

17 정답 ③

A가 거짓말을 하고 있다는 B의 진술이 참이면 A는 거짓말을 하고 있으므로 범인이지만, A가 범인이 아니라는 C의 진술 또한 거짓이 되므로 모순이 발생한다. 그러므로 B는 거짓말을 하는 범인이다. B를 제외한 나머지 4명의 진술은 참이므로 E가 확실히 범인이라는 D의 진술에 의해 범인은 B, E이다.

18 정답 ②

1열 3번, 1열 4번 자리에 여자가 앉으면 1열 2번, 1열 5번 자리에는 남자가 앉는다. 같은 번호에 다른 성별의 사람이 앉을 수 없으므로 2열 5번 자리에 여자가 앉을 수 없고, 그와 이웃한 6번 자리에 앉는 사람은 없다.

오답분석
① 1열 1번 자리에 여자가 앉으면 1열 2번 자리에는 남자가 앉지만, 1열 4번 자리에 여자가 앉을 수 있다.
③ 2열 3번, 2열 4번 자리에 남자가 앉으면 2열 2번, 2열 5번 자리에는 여자가 앉는다. 같은 번호에 다른 성별이 앉을 수 없고, 1열 3번, 1열 4번에는 남자가 앉을 수 없다. 따라서 반드시 1열 5번에는 여자가 앉고, 1열 6번에는 남자가 앉는다.
④ 모든 열의 6번 자리에 남자가 앉더라도 3번, 4번 자리에 앉지 않으면 1번 자리에 여자가 앉을 수 있다.

19 정답 ④

인천에서 샌프란시스코까지 비행 시간은 10시간 25분이므로, 샌프란시스코 도착 시각에서 거슬러 올라가면 샌프란시스코 시각으로 00시 10분에 출발한 것이 된다. 이때 한국은 샌프란시스코보다 16시간 빠르기 때문에 한국 시각으로는 16시 10분에 출발한 것이다. 그러나 비행기 티켓팅을 위해 출발 1시간 전에 인천공항에 도착해야 하므로 15시 10분까지 공항에 도착해야 한다.

20 정답 ④

대한민국의 국가번호는 '82'이다. 그러나 제시된 초안에는 국가번호가 '85'로 되어 있다.

CHAPTER 04 2023년 하반기 기출복원문제

01 70문항 유형

01	02	03	04	05	06	07	08	09	10	11	12	13	14	15	16	17	18	19	20
⑤	④	③	②	①	⑤	②	②	①	③	③	④	⑤	②	②	①	①	③	②	①
21	22																		
④	②																		

01 정답 ⑤
현악기는 줄을 이용해 소리를 내는 악기의 총칭이다. 따라서 바이올린, 줄, 우쿨렐레를 통해 '현악기'를 연상할 수 있다.

02 정답 ④
'-데'는 경험한 지난 일을 돌이켜 말할 때 쓰는 회상을 나타내는 종결어미이며, '-대'는 '다(고)해'의 준말이다. 또한 '-대'는 화자가 문장 속의 주어를 포함한 다른 사람으로부터 들은 이야기를 청자에게 간접적으로 전달하는 의미를 갖고 있다.
따라서 ④는 영희에게 들은 말을 청자에게 전달하는 의미로 쓰였으므로 '맛있대'로 쓰는 것이 옳다.

03 정답 ③
- 매립(埋立) : 우묵한 땅이나 하천, 바다 등을 돌이나 흙 따위로 채움
- 굴착(掘鑿) : 땅이나 암석 따위를 파고 뚫음

[오답분석]
① 당착(撞着) : 말이나 행동 따위의 앞뒤가 맞지 않음
　모순(矛盾) : 어떤 사실의 앞뒤, 또는 두 사실이 이치상 어긋나서 서로 맞지 않음
② 용인(庸人)・범인(凡人) : 평범한 사람
④ 체류(滯留)・체재(滯在) : 객지에 가서 머물러 있음
⑤ 모범(模範) : 본받아 배울 만한 대상
　귀감(龜鑑) : 거울로 삼아 본받을 만한 모범

04 정답 ②

'수주대토(守株待兔)'란 이전부터 행해지던 관습이나 사례들을 융통성 없이 계속하여 따르는 발전 없는 사람을 일컫는 것으로, 제시문에서 '단순히 안전 구호를 외치며 안전 체조를 하던 과거 방식을 고집하는 일부 건설사'와 가장 관련 있는 한자성어이다.

오답분석

① 각주구검(刻舟求劍) : 어리석고 우둔하여 현실과 맞지 않는 융통성 없는 행동을 하는 사람을 의미한다. 제시문에서 일부 건설사가 현실과 맞지 않는 방식을 고집하는 것은 어리석고 우둔하기보다는 낡은 과거 방식을 계속하여 고집하는 것이기 때문에 '각주구검'보다는 '수주대토'가 더 적절하다.
③ 자강불식(自强不息) : 스스로 강인하게 매진하여 쉬지 않고 끊임없이 목표를 향해 나아간다는 의미이다.
④ 오하아몽(吳下阿蒙) : 힘은 있으나 배워서 얻은 지식이 없는 사람을 비웃는 말이다.
⑤ 일취월장(日就月將) : 하루가 다르게 더 좋은 상태로 나아간다는 의미이다.

05 정답 ①

제시문은 친환경 농업과 농약에 대한 내용이다. 따라서 (가) 친환경 농업은 건강과 직결되어 있기 때문에 각광받고 있음 – (나) 병충해를 막기 위해 사용된 농약은 완전히 제거하기 어려우며 신체에 각종 손상을 입힘 – (다) 생산량 증가를 위해 사용한 농약과 제초제가 오히려 인체에 해를 입힐 수 있음 순서로 나열하는 것이 적절하다.

06 정답 ⑤

농작물 재배 능력이 낮고 영농 기반이 부족한 청년농업인들에게는 기존의 농업방식보다는 자동화 재배관리가 가능한 온프레시팜 방식이 농작물 재배에 더 용이할 수는 있으나, 초기 시설비용이 많이 들고 재배 기술의 확보가 어려워 접근이 더 수월하다고 볼 수는 없다.

오답분석

① 온프레시팜 지원 사업은 청년농업인들이 보다 쉽게 농작물을 재배하는 것은 물론 경제적으로도 정착할 수 있도록 도와주는 사업이다.
② 온프레시팜 방식은 농업에 이제 막 뛰어든 청년농업인들이 보다 수월하게 농업을 경영할 수 있도록 돕는 사업이다.
③·④ 온프레시팜 방식은 토양 없이 식물 뿌리와 줄기에 영양분이 가득한 물을 분사해 농작물을 생산하는 방식이기 때문에 흙 속에 살고 있는 병해충으로 인한 피해를 예방할 수 있을 뿐만 아니라 흙이 없어 다층으로의 재배도 가능해 동일한 면적에서 기존 농업방식보다 더 많은 농작물을 재배할 것으로 예상된다.

07 정답 ②

제시문에서는 OECD 회원국 가운데 꼴찌를 차지한 한국인의 부족한 수면 시간에 대해 언급하며, 이로 인해 수면장애 환자가 늘어나고 있음을 설명하고 있다. 또한 불면증, 수면무호흡증, 렘수면 행동장애 등 다양한 수면장애를 설명하며, 이러한 수면장애들이 심혈관계질환, 치매, 우울증 등의 원인이 될 수 있다는 점을 통해 심각성을 이야기한다. 마지막으로 이러한 수면장애를 방치해서는 안 되며, 전문적인 치료가 필요하다고 제시하고 있다. 따라서 제시문에서 수면마취제와 관련된 내용인 ②는 알 수 없다.

08 정답 ②

앞의 항에 $+3^1$, $+3^2$, $+3^3$, $+3^4$, …인 수열이다.
따라서 (　　)=$122+3^5$=122+243=365이다.

09 정답 ①

홀수 항은 2씩 곱하고, 짝수 항은 2씩 더하는 문자열이다.

ㄱ	ㄷ	ㄴ	(ㅁ)	ㄹ	ㅅ
1	3	2	5	4	7

10 정답 ③

경주용 B차의 속력을 $x$km/h라고 하면, 2시간 만에 경주용 A차와 1바퀴의 차이가 나므로 다음과 같은 식이 성립한다.
$2x - 400 = 6$
$\therefore x = 203$
따라서 경주용 B차의 속력은 203km/h이다.

11 정답 ③

전체 일의 양을 1로 하고, A사원과 B사원이 하루 동안 하는 일의 양을 x, B사원은 y로 가정하면, 다음과 같은 식이 성립한다.
$(x+y) \times 2 = 1 \rightarrow 2x + 2y = 1$ … ㉠
$x + 4y = 1$ … ㉡
㉠, ㉡을 연립하면, $x = \dfrac{1}{3}$, $y = \dfrac{1}{6}$ 이다.

따라서 B사원이 하루에 할 수 있는 일의 양은 $\dfrac{1}{6}$이므로, B사원이 혼자 일하는 데 걸리는 기간은 6일이다.

12 정답 ④

월복리 적금 상품의 연이율이 2.4%이므로 월이율은 $\dfrac{0.024}{12} = 0.002 = 0.2\%$이다.

그러므로 연이율 2.4%인 3년 만기 월복리 적금 상품에 매월 초 100만 원씩 36개월간 납입할 때 만기 시 원리합계는
$\dfrac{100 \times 1.002 \times (1.002^{36} - 1)}{1.002 - 1} = \dfrac{100 \times 1.002 \times (1.075 - 1)}{0.002} = 3,757.5$만 원이다.

3년 만기 단리 예금 상품의 연이율을 r%라고 하면, 3,600만 원을 예치할 때 만기 시 원리합계는 다음과 같다.

$3,600(1 + 36 \times \dfrac{r}{12}) > 3,757.5 \rightarrow 10,800r > 157.5$

$\therefore r > \dfrac{157.5}{10,800} ≒ 0.0145 ≒ 1.45\%$

따라서 단리 상품의 연이율은 최소 약 1.5% 이상이어야 한다.

13 정답 ⑤

월복리 적금 상품의 연이율이 1.8%이므로 월이율은 $\dfrac{0.018}{12} = 0.0015 = 0.15\%$이다.

따라서 만기 시 원리합계는 $\dfrac{60 \times 1.0015 \times (1.0015^{12} - 1)}{1.0015 - 1} = \dfrac{60 \times 1.0015 \times (1.018 - 1)}{0.0015} = 721.08$만 원이므로, 이자는 721.08 $-$ (60×12) = 721.08 $-$ 720 = 1.08만 원, 즉 10,800원이다.

14 정답 ②

논 면적이 가장 많이 감소한 해는 213−193=20ha로 2014년이지만, 20kg당 쌀값이 가장 비싼 해는 57,000원인 2021년이다.

오답분석

① 조사 기간 동안 논 면적은 매년 감소하고 있다.
③ 2013~2022년 중 20kg당 쌀값이 상승한 연도는 2017~2021년으로 5년 연속 상승하였다.
④ 2013년과 2018년의 전체 쌀값이 A원으로 같다면 논 1ha당 수확한 쌀의 무게는 $\frac{20A}{(논의\ 면적)\times(20kg당\ 쌀값)}$이다.

- 2013년 : $\frac{20A}{213\times 44{,}000} = \frac{A}{468{,}600}$ kg/ha
- 2018년 : $\frac{20A}{173\times 45{,}000} = \frac{A}{389{,}250}$ kg/ha

따라서 1ha당 수확한 쌀의 양은 2018년이 더 많다.

⑤ 논 1ha당 수확 가능한 쌀의 무게를 $a$kg이라 하면, 2015년의 전체 쌀값은 $\frac{187\times a\times 37{,}500}{20}=350{,}625a$원이고 2020년의 전체 쌀값은 $\frac{166\times a\times 50{,}000}{20}=415{,}000a$원이다. 따라서 2020년의 전체 쌀값은 2015년의 전체 쌀값보다 비싸다.

15 정답 ②

연도별 상·하반기 공립 유치원 수의 6배와 공립 어린이집 수를 비교하면 다음과 같다.
- 2021년 상반기 : 516×6=3,096 < 3,312
- 2021년 하반기 : 504×6=3,024 < 3,187
- 2022년 상반기 : 492×6=2,952 < 3,052
- 2022년 하반기 : 463×6=2,778 > 2,728
- 2023년 상반기 : 453×6=2,718 > 2,620

따라서 2022년 하반기, 2023년 상반기의 공립 어린이집 수는 공립 유치원 수의 6배 미만이다.

오답분석

① 매 시기 공립 및 사립 유치원 수와 공립 및 사립 어린이집 수가 감소하고 있으므로 전체 유치원 수와 어린이집 수는 감소하는 추세이다.
③ 2021년 상반기 대비 2023년 상반기의 공립 유치원 수 감소율은 $\frac{516-453}{516}\times 100 ≒ 12.2\%$으로 20% 미만이다.
④ 2021년 상반기 대비 2023년 상반기의 사립 유치원 수는 386−297=89개로 70개 이상 감소하였다.
⑤ 시기별 공립 어린이집 수 감소폭과 사립 어린이집 수 감소폭은 다음과 같다.
  - 2021년 하반기
    - 공립 어린이집 : 3,312−3,187=125개
    - 사립 어린이집 : 2,339−2,238=101개
  - 2022년 상반기
    - 공립 어린이집 : 3,187−3,052=135개
    - 사립 어린이집 : 2,238−2,026=212개
  - 2022년 하반기
    - 공립 어린이집 : 3,052−2,728=324개
    - 사립 어린이집 : 2,026−1,850=176개
  - 2023년 상반기
    - 공립 어린이집 : 2,728−2,620=108개
    - 사립 어린이집 : 1,850−1,802=48개

따라서 공립 어린이집 수의 감소폭이 가장 클 때는 2022년 하반기이고, 사립 어린이집 수의 감소폭이 가장 클 때는 2022년 상반기이므로 그 시기가 다르다.

16 정답 ①

제시된 조건을 기호화하여 나타내면 다음과 같다.
- A → ~F and B
- C → ~D
- ~E → C
- B or E
- D

마지막 조건에 의해 D가 참여하므로 두 번째 조건의 대우인 D → ~C에 의해 C는 참여하지 않고, 세 번째 조건의 대우인 ~C → E에 의해 E는 참여한다. E가 참여하므로 네 번째 조건에 의해 B는 참여하지 않는다. 또한 첫 번째 조건의 대우인 F or ~B → ~A에 의해 A는 참여하지 않는다. 그리고 F는 제시된 조건으로는 반드시 참여하는지 알 수 없다.
따라서 반드시 체육대회에 참여하는 직원은 D, E 2명이다.

17 정답 ①

한 번 거주했던 층에는 다시 거주할 수 없기 때문에 가 ~ 라 4명의 기숙사 배치를 표로 정리하면 다음과 같다.

구분	가	나	다	라
4층	×	×		×
3층		×	×	
2층	×			×
1층	×	×		

마지막 조건에 따라 4층에 거주할 수 있는 사람은 다 1명뿐이다. 따라서 반드시 참인 것은 ①이다.

오답분석
②·③·④ 주어진 조건만으로는 판단하기 힘들다.
⑤ 매년 새롭게 층을 배정하기 때문에 나 또한 3년 이상 거주했을 것이다.

18 정답 ③

탄소Zero챌린지적금 상품은 재예치가 불가능한 상품이므로 만기일은 2024년 9월 5일이고 이후에 재예치할 수 없다.

오답분석
① A씨는 탄소중립 생활실천 12개 항목 중 5개 항목은 동의하지 않았으므로 탄소Zero생활 실천 우대이율의 조건에 충족하지 않는다. 또한 실물 종이통장을 발급받았으므로 종이거래Zero 실천 우대이율을 받을 수 없다. 반면, 2023년 10월부터 2024년 6월까지 9개월 동안 매월 5회 이상 N은행 채움카드 후불교통카드를 이용할 것이므로 대중교통 이용 우대조건을 충족하여 우대이율 0.2%p를 받을 수 있다. 따라서 A씨는 3.3+0.2=3.5%의 연이율을 받는다.
② A씨는 스마트뱅킹을 통해 초입금 1만 원 이상, 매월 1만 원 이상 10만 원 이하를 납입할 예정이므로 가입 조건을 충족한다.
④ 탄소Zero챌린지적금 상품은 중도인출이 불가능한 상품이다.
⑤ 종이통장을 발급받지 않는다면 종이거래Zero 실천 우대이율 0.05%p의 추가이율을 적용받아 최고 우대이율 0.25%p를 받을 수 있다.

19 정답 ②

고객은 'Zgm.고향으로카드'를 해외에서 이용할 때보다 국내에서 이용할 때 더 많은 포인트가 적립되는지 여부 및 우대서비스를 적용받기 위한 전월실적의 필요 여부에 대해 문의하고 있다.
첫 번째 문의는 평일에는 적립률이 국내와 해외 모두 동일하고, 주말에는 국내에서 이용하는 경우가 해외에서 이용하는 경우보다 0.3%p 더 많이 적립됨을 안내하면 된다.
두 번째 문의는 우대서비스를 적용받으려면 전월실적 40만 원 이상이 필요하지만, 카드 사용 등록일로부터 그다음 달 말일까지는 전월실적을 충족하지 않아도 서비스가 제공됨을 안내하면 된다.

20　정답 ①

농업인의 '경제・사회・문화적 지위 향상'은 농협의 윤리경영에서 추구하는 가치이다.

> **농협 사회공헌사업의 중점 과제**
> - 경관보전, 깨끗하고 아름다운 마을 조성
> - 농촌복지・의료・문화・교육서비스 확대
> - 농업의 공익적 가치를 국민과 공유
> - 전통문화 계승・발전, 도시민 힐링
> - 이웃사랑・소외계층 나눔 확대

21　정답 ④

농업・농촌 발전을 위한 농협의 사회운동
- 새농민 운동(1965년) : 농협이 창립 4주년을 맞아 자립・과학・협동을 모토로 농민 주체 의식 확립과 선도 농민을 육성하기 위해 시행되었다.
- 신토불이 운동(1989년) : 우루과이라운드 협상으로 인한 농산물 시장 개방을 저지하기 위한 국산 농산물 장려운동으로 우리 농산물이 우리 몸에 더 좋다는 뜻의 신토불이(身土不二)를 구호로 사용하여 큰 호응을 얻었다.
- 食사랑農사랑 운동(2011년) : 농협이 창립 50주년을 맞아 식(食)을 통한 농(農)의 가치 확산을 목표로 시행한 농산물 장려운동이다. 농산물 수입 자유화와 식품 산업화가 급격히 진행되는 상황에서 우리 농산물을 기반으로 올바른 식문화를 확산시키는 등 국민 건강과 농촌의 가치를 증진시키기 위한 운동이다.
- 또 하나의 마을 만들기 운동(2016년) : 농협에서 추진하는 도농 협동 사업모델로 기업 CEO나 단체장 등을 농촌마을의 '명예이장' 으로 위촉하고, 기업의 임원 및 직원을 '명예주민'으로 참여시켜 일손 돕기, 전화・서신교환, 마을 농산물 홍보 등 다양한 지역사회 활동을 통해 농촌마을에 '또 하나의 마을'을 만들어 도농협동을 통한 농촌 활력화 증진을 도모하는 운동이다.

22　정답 ②

구제역은 발굽이 둘로 갈라진 우제류에 속하는 동물에게 퍼지는 바이러스성 감염병으로, 발굽이 하나인 말이나 당나귀 등의 기제류 동물은 구제역에 걸리지 않는다.

02　60문항 유형

01	02	03	04	05	06	07	08	09	10	11	12	13	14	15	16	17	18	19	20
③	①	③	④	①	④	②	③	③	①	③	①	②	③	③	①	③	④	②	①
21	22	23	24	25	26	27													
④	③	②	②	③	①	②													

01　정답 ③

'선연하다'는 '실제로 보는 것같이 생생하다.'는 의미로, '엉클어지거나 흐리지 않고 아주 분명하다.'는 의미의 '뚜렷하다'와 유의 관계이다.

오답분석

① 성기다 : 물건의 사이가 뜨다.
② 선선하다 : 시원한 느낌이 들 정도로 서늘하다.
④ 막연하다 : 갈피를 잡을 수 없게 아득하다.

02　정답 ①

'타의'는 '다른 사람의 생각이나 뜻'을 의미하므로 '자기의 생각이나 의견'이라는 의미의 '자의'와 반의 관계이다.

오답분석

② 고의(故意) : 일부러 하는 생각이나 태도
③ 과실(過失) : 부주의나 태만에서 비롯된 잘못이나 허물
④ 임의(任意) : 일정한 기준이나 원칙 없이 하고 싶은 대로 함

03　정답 ③

제시된 상황에서 A가 가장 먼저 메일을 보내야 할 사람은 메일을 보낸 당사자인 경영지원팀 직원 B이며, 바뀐 사내 행사의 내용과 일정에 대해 확인하는 것이 가장 먼저이다.

오답분석

①·② 담당자 업무와 관련한 내용을 담당자에게 알리기 전 곧바로 윗사람에게 보고하는 것은 상호 간 예의에서 벗어난 행동이다.
④ A가 답장해야 할 내용이 사내 행사와 관련된 것은 맞지만, 사내 행사의 직접적인 관련자보다는 우선 그 메일을 보낸 사람인 B에게 먼저 답장을 하는 것이 더 적절한 행동이다.

04　정답 ④

'사람의 생각으로 비추어 볼 때 짐작할 수 없는 신비한 것'을 뜻하는 단어의 옳은 표기법은 '불가사이'가 아닌 '불가사의'이다.

오답분석

① 북적이다 : 다수의 사람들이 한 곳에 집중되어 매우 어수선한 상황을 의미하는 단어로, 옳은 표기이다.
② 북새통 : 수많은 사람들이 한 곳에 모여 매우 떠들썩하게 있는 것을 의미하는 단어로, 옳은 표기이다.
③ 낚싯대 : 물고기를 낚을 때 쓰는 낚시 도구를 의미하는 단어로, 옳은 표기이다.

05 정답 ①

㉠ 복구(復舊) : 회복할 복(復)+옛 구(舊) → 손실 이전의 상태로 회복함
㉡ 복원(復元) : 회복할 복(復)+으뜸 원(元) → 원래대로 회복함

오답분석

- 복구(復仇) : 회복할 복(復)+원수 구(仇) → 원수를 되갚아 줌
- 복원(復員) : 회복할 복(復)+인원 원(員) → 전시 체제에 있던 군대를 평상 체제로 돌려 군인의 소집을 해제하는 일

06 정답 ④

'순망치한(脣亡齒寒)'은 '두 쪽 중 한쪽이 잘못되면 다른 한쪽도 그 영향을 피할 수 없어 이해관계가 얽혀 있는 사이'를 의미하는 한자성어이다. 제시문의 상황에서 홈쇼핑과 케이블TV는 서로 이해관계가 얽혀 있으므로 한쪽이 잘못되면 다른 한쪽도 그 피해를 입는 관계이므로 가장 어울리는 한자성어이다.

오답분석

① 간난신고(艱難辛苦) : 어렵고 또 어렵고 맵고 쓰다는 의미로, 매우 힘들고 어려운 때를 보내는 상황을 의미하는 한자성어이다.
② 견원지간(犬猿之間) : 만나면 항상 싸우는 개와 원숭이처럼 두 사이가 매우 안 좋은 것을 의미하는 한자성어이다.
③ 난형난제(難兄難弟) : 두 대상이 비등하여 어느 쪽이 더 월등하고 어느 쪽이 더 부족한지 말하기 어려운 것을 의미하는 한자성어이다.

07 정답 ②

- check in : (호텔에) 투숙하다, 숙박부에 기재하다(register)
- check out : (호텔에서) 퇴숙하다

> A : 안녕하세요. 도와드릴까요?
> B : 예. 저는 투숙을 원합니다. 이름은 존 스미스입니다. 3일 동안 예약할 겁니다.

08 정답 ③

제시문은 과거의 연구 결과에 의하면 'frequent stress(잦은 스트레스)'를 경험하는 것이 심혈관 질환의 주요 원인이 될 수 있다는 내용이다. 이는 (C)의 '잦은 스트레스의 한 가지 원인'과 연결되는데, (C)에서는 그 원인으로 운전을 제시하고 있다. 이 내용은 (A)에서 'this'로 받아서 그렇다면 운전을 하면 심장병에 걸리게 되는지 질문을 던지며 스트레스를 줄일 방안이 있는지 묻는다. 그에 대한 대답으로 (B)에서 'there is(존재한다)'라고 하며, 운전 중 음악 청취라는 방법을 소개한다. 따라서 (C)-(A)-(B) 순서로 나열되어야 한다.

- risk factor : 위험 요인, 위험 요소
- cardiovascular : 심혈관의
- on a daily basis : 매일
- stressor : 스트레스 요인

> 과거의 연구는 빈번한 심리적 스트레스를 경험하는 것이 미국의 20세 이상 성인 중 거의 절반에게 영향을 주는 문제인 심혈관 질환의 주요 위험 요인이 될 수 있다는 것을 보여주었다. (C) 잦은 스트레스의 한 가지 원인은 운전으로, 그것은 교통체증과 연관된 스트레스 요인이거나 또는 초보 운전자들에게 흔히 동반되는 불안일 수도 있다. (A) 그렇지만, 이 말은 매일 운전하는 사람들이 심장병에 걸리게 된다는 의미일까? 그게 아니면 운전 스트레스를 덜어줄 간단한 방법이 있을까? (B) 새로운 연구에 따르면, 존재한다. 연구원들은 운전하면서 음악을 듣는 것이 심장 건강에 영향을 미치는 스트레스를 완화시키는 데 도움을 준다는 것에 주목했다.

09　정답 ③

세 번째 문단에서 '수급자들의 근로소득 공제율이 낮아 근로를 하고 싶어도 수급자 탈락을 우려해 일을 하지 않거나 일부러 적게 하는 경우도 생겨나고 있다.'라고 하였다. 즉, 수급자들은 수급자 탈락을 우려해 근로를 피하고 있으므로, 근로소득 공제율을 높이는 것이 탈수급을 촉진한다고 보기 어렵다.

오답분석
① 첫 번째 문단의 '신청조차 할 수 없도록 한 복지제도가 많아 역차별 논란'이라는 내용과 마지막 문단의 '기초수급자들은 생계급여를 받는다는 이유로 긴급복지지원제도·국민내일배움카드·노인일자리사업·구직촉진수당·연금(기초·공적연금) 등 5가지 복지제도에 신청조차 할 수 없다.'라는 내용을 통해 알 수 있다.
② 세 번째 문단에 따르면 근로를 하다가 수급자 탈락을 할 가능성이 있어 근로 이전보다 생계가 어려워질 수도 있다.
④ 마지막 문단의 '수급자들은 생필품조차 제대로 구입하지 못하고 있는 것으로 나타났으며'라는 내용을 통해 알 수 있다.

10　정답 ①

사막화를 막는 방안은 제시문을 통해 알 수 없다.

오답분석
② 사막화가 심한 지역으로 아프리카, 중동, 호주, 중국을 말하고 있다.
③ 사막화는 지구 온난화, 과도한 경작, 무분별한 벌목으로 인한 삼림 파괴 등에 의해 일어날 수 있다고 말하고 있다.
④ 사막화란 건조 지대에서 일어나는 토지 황폐화 현상이다.

11　정답 ③

제시문은 자연 개발에 대한 찬반 입장과 두 입장을 모두 비판하는 주장을 소개하는 내용의 글이다. 따라서 (다) 자연 개발에 상반된 주장이 대두 – (나) 자연에 손을 대는 것이 불가피하다는 입장 – (가) 자연에 손을 대는 것을 반대하는 입장 – (라) 두 주장을 모두 비판하는 입장 순서로 연결되어야 한다.

12　정답 ①

홀수 항에는 2를 곱하고 짝수 항에는 3을 곱하는 수열이다.
따라서 (　)=4×2=8이다.

13　정답 ②

앞의 두 항의 합이 다음 항이 되는 피보나치 수열이다.
따라서 (　)=5+8=13이다.

14　정답 ③

앞에 항에 2씩 더하는 문자열이다.

J	L	N	(P)	R	T
10	12	14	16	18	20

15 정답 ③

A씨는 월요일부터 시작하여 2일 간격으로 쉬고, B씨는 그다음 날인 화요일부터 3일마다 쉬므로, 이를 정리하면 다음 표와 같다.

월	화	수	목	금	토	일
A		A		A		A
	B			B		

따라서 A씨와 B씨가 동시에 쉬는 날은 같은 주 금요일이다.

16 정답 ①

전체 일의 양을 1이라고 하면, 1시간 동안 준희와 민기가 할 수 있는 일의 양은 각각 $\frac{1}{14}$, $\frac{1}{35}$이다.
둘이 같이 일을 하여 x시간이 걸렸다고 가정하면 다음 식이 성립한다.
$\left(\frac{1}{14}+\frac{1}{35}\right)\times x=1$
$\rightarrow \frac{1}{10}x=1$
$\therefore x=10$
따라서 준희와 민기가 같이 일한다면 총 10시간이 걸린다.

17 정답 ③

농도 5%의 소금물 320g에 들어있는 소금의 양은 $\frac{5}{100}\times 320=16$g이다.
$\frac{16}{320+80}\times 100=4$
따라서 소금물 320g에 물 80g을 섞으면 농도 4%의 소금물이 된다.

18 정답 ④

B업체 견인차의 속력을 $x$km/h(단, $x\neq 0$)라 하면, A업체 견인차의 속력이 63km/h일 때 40분 만에 사고지점에 도착하므로 A업체부터 사고지점까지의 거리는 $63\times\frac{40}{60}=42$km이다.
사고지점은 B업체보다 A업체에 40km 더 가까우므로 B업체에서 사고지점까지의 거리는 42+40=82km이다.
B업체의 견인차가 A업체의 견인차보다 늦게 도착하지 않으려면 사고지점에 도착하는 데 걸리는 시간이 40분보다 적거나 같아야 하므로 다음 식이 성립한다.
$\frac{82}{x}\leq\frac{2}{3} \rightarrow 2x\geq 246$
$\therefore x\geq 123$
따라서 B업체의 견인차가 내야 하는 최소 속력은 123km/h이다.

19 정답 ②

성호가 먼저 20만 원을 지불하고 남은 금액은 80만 원이다.
매달 갚아야 할 금액을 a원이라고 하면, 매달 성호가 a원을 갚고 남은 금액은 다음과 같다.
- 1개월 후 : $80\times 1.03-a$
- 2개월 후 : $80\times 1.03^2-a\times 1.03-a$
- 3개월 후 : $80\times 1.03^3-a\times 1.03^2-a\times 1.03-a$
  ⋮
- 6개월 후 : $80\times 1.03^6-a\times 1.03^5-a\times 1.03^4-a\times 1.03^3-a\times 1.03^2-a\times 1.03-a=0$

그러므로 다음과 같은 식이 성립한다.

$80 \times 1.03^6 = \dfrac{a(1.03^6 - 1)}{1.03 - 1}$

$\rightarrow 80 \times 1.2 = \dfrac{a \times (1.2 - 1)}{0.03}$

$\therefore a = 80 \times 1.2 \times \dfrac{0.03}{0.2} = 14.4$

따라서 성호는 매달 14.4만 원씩 갚아야 한다.

20 정답 ①

월복리 적금 상품의 연이율이 2.4%이므로 월이율은 $\dfrac{0.024}{12} = 0.002 = 0.2\%$이다.

- 월초에 100만 원씩 24개월간 납입할 때 만기 시 원리합계

$: \dfrac{100 \times 1.002 \times (1.002^{24} - 1)}{1.002 - 1} = \dfrac{100 \times 1.002 \times (1.049 - 1)}{0.002} = 2,454.9$만 원

- 월초에 200만 원씩 12개월간 납입할 때 만기 시 원리합계

$: \dfrac{200 \times 1.002 \times (1.002^{12} - 1)}{1.002 - 1} = \dfrac{200 \times 1.002 \times (1.024 - 1)}{0.002} = 2,404.8$만 원

따라서 차이는 2,454.9-2,404.8=50.1만 원이다.

21 정답 ④

- 1972년 대비 1982년의 도시 인구수 증가율 : $\dfrac{16,573 - 6,816}{6,816} \times 100 ≒ 143\%$
- 1972년 대비 1982년의 농촌 인구수 감소율 : $\dfrac{18,831 - 28,368}{28,368} \times 100 ≒ -34\%$

따라서 1972년 대비 1982년 도시 인구수는 100% 이상 증가하였고, 농촌 인구수는 25% 이상 감소하였다.

오답분석

① 6,816×4=27,264<28,368이므로 1972년의 농촌 인구수는 도시 인구수의 4배 이상이다.
② 2012년 대비 2022년의 도시 인구수는 감소하였고, 농촌 인구수는 증가하였다.
③ 조사 연도별 전체 인구수는 다음과 같다.
  - 1972년 : 6,816+28,368=35,184천 명
  - 1982년 : 16,573+18,831=35,404천 명
  - 1992년 : 32,250+14,596=46,846천 명
  - 2002년 : 35,802+12,763=48,565천 명
  - 2012년 : 36,784+12,402=49,186천 명
  - 2022년 : 33,561+12,415=45,976천 명

  따라서 전체 인구수는 1982년부터 2012년까지 증가하였고, 2022년에 감소하였다.

22 정답 ③

오답분석

① 세 번째 명제의 대우와 첫 번째 명제를 통해 알 수 있다.
② 첫 번째 명제의 대우이다.
④ 두 번째 명제의 대우이다.

23　정답 ②

ⓒ '인터넷전문은행의 활성화 및 빅테크의 금융업 진출 확대 추세'는 강력한 경쟁 상대의 등장을 의미하므로 조직 내부의 약점(W)이 아니라 조직 외부로부터의 위협(T)에 해당한다.

[오답분석]
㉠ 조직의 목표 달성을 촉진할 수 있으며 조직 내부의 통제 가능한 강점(S)에 해당한다.
ⓒ 조직 외부로부터 비롯되어 조직의 목표 달성에 도움이 될 수 있는 통제 불가능한 기회(O)에 해당한다.
㉣ 조직 외부로부터 비롯되어 조직의 목표 달성을 방해할 수 있는 통제 불가능한 위협(T)에 해당한다.

24　정답 ②

제시된 사례에서 텀블러 블렌더는 음료를 보관하고 쉽게 휴대할 수 있는 텀블러의 기능과 내용물을 분쇄하여 취식할 수 있는 블렌더의 기능을 결합한 제품으로써 두 가지 기능을 하나의 상품에 결합한 것이다. 이는 SCAMPER 방법론 중 'Combine(결합)'에 해당한다.

25　정답 ③

- A고객 : Y앱 관련 결제에 대한 할인과 알뜰폰 통신사에 대한 할인을 제공하지 않는 Play++카드는 A고객에게 적절하지 않다. 남은 카드 중에서 국내 결제에 대하여 할인을 제공하는 카드는 The pay카드이므로 A고객이 사용하기에 적절한 카드는 The pay카드이다.
- B고객 : 해외여행 및 해외출장이 잦으므로 휴가중카드 또는 The pay카드를 사용하는 것이 적절하지만, 할인 혜택을 제공하는 카드는 The pay카드뿐이므로 B고객이 사용하기에 적절한 카드는 The pay카드이다.

26　정답 ①

농협 윤리경영위원회의 업무(농협중앙회 임직원 윤리강령 제31조 제2항)
윤리경영위원회는 다음 각호의 1에 해당하는 업무를 수행한다.
1. 윤리경영 추진에 관한 중요정책 결정
2. 윤리경영 관련 규정의 제정 및 개정
3. 윤리경영 관련 중요규정에 대한 유권해석
4. 임직원의 강령 실천에 관한 사항
5. 기타 윤리경영 실천·강령의 운영 및 이행 등을 위하여 필요한 사항

27　정답 ②

농식품바우처 사업은 소득 불평등 심화, 고령화 등으로 경제적 취약계층이 확대되고, 영양 섭취 수준과 식습관 악화로 건강 위험이 심화됨에 따라 미래에 부담해야 하는 의료비 등 사회적 비용 감소를 위해 경제적 취약계층을 대상으로 영양 보충 정책의 일환으로 시행되는 제도이다. 농식품바우처 사업은 2023년 기준 부산, 인천, 대구 등 총 18개 지역에서 실행되었으며, 농협하나로마트, 온라인 농협몰 등 다양한 곳에서 사용할 수 있다.

[오답분석]
① 방방곡곡 온기나눔 RUN : 전국 농촌·도시 취약계층에 100억 원 상당의 우리 농산물 및 생필품 꾸러미를 나누는 농협의 사회공헌사업
③ 하나로 행복나눔 : 농업인과 사회취약계층 후원을 위해 하나로마트에서 판매하는 178개 품목을 행복나눔상품으로 지정하고 판매금액의 일부를 후원금으로 적립하는 사회공헌 캠페인
④ 농식품올바로 : 건강·웰빙 트렌드를 반영하여 식품 영양 및 기능성 정보 등 다양한 정보를 제공하는 농촌진흥청 사이트

CHAPTER 05 2023년 상반기 기출복원문제

01 70문항 유형

01	02	03	04	05	06	07	08	09	10	11	12	13	14	15	16	17	18	19	20
②	②	⑤	⑤	②	⑤	③	⑤	③	①	③	③	③	④	③	③	①	③	④	①

01 정답 ②

참견하지 않고 앉아서 보기만 함을 의미하는 '좌시(坐視)'와 어떤 일에 직접 나서서 관여하지 않고 곁에서 보기만 함을 의미하는 '방관(傍觀)'은 유의 관계이다. 반면, ①·③·④·⑤는 반의 관계이다.

오답분석

① 밀집(密集) : 빈틈없이 빽빽하게 모임
  산재(散在) : 여기저기 흩어져 있음
③ 훼방(毀謗) : 남을 헐뜯어 비방함. 또는 그런 비방
  협조(協助) : 힘을 보태어 도움
④ 방만(放漫) : 맺고 끊는 데가 없이 제멋대로 풀어져 있다는 의미인 '방만하다'의 어근
  절연(截然) : 맺고 끊음이 칼로 자르듯이 분명하다는 의미인 '절연하다'의 어근
⑤ 옹색(壅塞) : 형편이 넉넉하지 못하여 생활에 필요한 것이 없거나 부족함. 또는 그런 형편
  윤택(潤澤) : 살림이 넉넉함

02 정답 ②

갤런(gal), 배럴(bbl), 온스(oz)는 '부피'를 나타내는 단위이다.

03 정답 ⑤

'사상누각(沙上樓閣)'은 모래 위에 세워진 누각이라는 뜻으로, 기초가 튼튼하지 못하면 곧 무너지고 만다는 것을 의미한다. 따라서 빈칸에 들어갈 한자성어로 가장 적절한 것은 ⑤이다.

오답분석

① 혼정신성(昏定晨省) : 밤에는 부모의 잠자리를 보아 드리고 이른 아침에는 부모의 안부를 여쭈어 본다는 뜻으로, 부모님께 효성을 다하는 모습을 나타내는 말이다.
② 표리부동(表裏不同) : 겉으로 드러나는 언행과 속으로 가지는 생각이 다르다는 의미이다.
③ 철저성침(鐵杵成針) : 철 절굿공이로 바늘을 만든다는 뜻으로, 아주 오래 노력하면 성공한다는 말을 나타낸다.
④ 격화소양(隔靴搔癢) : 신을 신고 발바닥을 긁는다는 뜻으로, 성에 차지 않거나 철저하지 못한 안타까움을 이르는 말이다.

04 정답 ⑤

밑줄 친 '말'은 일정한 주제나 줄거리를 가진 이야기를 의미하므로 이와 같은 의미로 사용된 것은 ⑤이다.

[오답분석]
① 사람의 생각이나 느낌 따위를 표현하고 전달하는 데 쓰는 음성 기호
② 단어, 구, 문장 따위를 통틀어 이르는 말
③ 음성 기호로 생각이나 느낌을 표현하고 전달하는 행위 또는 그런 결과물
④ 소문이나 풍문 따위를 이르는 말

05 정답 ②

제시문에 따르면 농업은 과학 기술의 발전성과를 수용하여 새로운 상품과 시장을 창출할 수 있는 잠재적 가치를 가지고 있으므로, 농업의 성장을 위해서는 과학 기술의 문제점을 성찰하기보다는 과학 기술을 어떻게 활용할 수 있는지를 고민해보는 것이 적절하다. 따라서 과학 기술의 문제점을 성찰해야 한다는 ②는 적절하지 않다.

06 정답 ⑤

마지막 문단에 따르면 '라이헨바흐는 자연이 일양적일 수도 있고 그렇지 않을 수도 있음을 전제'하며, '자연이 일양적인지 그렇지 않은지 알 수 없는 상황에서는 귀납을 사용하는 것이 옳은 선택'이라고 한다. 그러나 ⑤와 같이 귀납이 현실적으로 옳은 추론 방법임을 밝히기 위해 자연의 일양성이 선험적 지식임을 증명하고 있는 것은 아니다.

[오답분석]
① 라이헨바흐는 '어떤 방법도 체계적으로 미래 예측에 계속해서 성공할 수 없다는 논리적 판단을 통해 귀납은 최소한 다른 방법보다 나쁘지 않은 추론'이라고 확언한다. 하지만 이것은 귀납의 논리적 허점을 현실적 차원에서 해소하려는 것이며, 논리적 허점을 완전히 극복한 것은 아니라는 점에서 비판의 여지가 있다.
② 라이헨바흐는 '귀납의 정당화 문제로부터 과학의 방법인 귀납을 옹호하기 위해 현실적 구제책'을 제시한다. 이것은 귀납이 과학의 방법으로 사용될 수 있음을 지지하려는 것이다.
③ 라이헨바흐는 '자연이 일양적일 경우, 우리의 경험에 따라 귀납이 점성술이나 예언 등의 다른 방법보다 성공적인 방법이라고 판단'하며, '자연이 일양적이지 않다면, 어떤 방법도 체계적으로 미래 예측에 계속해서 성공할 수 없다는 논리적 판단을 통해 귀납은 최소한 다른 방법보다 나쁘지 않은 추론'이라고 확언한다. 따라서 라이헨바흐가 귀납과 다른 방법을 비교하기 위해 경험적 판단과 논리적 판단을 활용했음을 알 수 있다.
④ 라이헨바흐는 '자연이 일양적인지 그렇지 않은지 알 수 없는 상황에서는 귀납을 사용하는 것이 옳은 선택'이라고 본다. 따라서 라이헨바흐는 귀납과 견주어 미래 예측에 더 성공적인 방법이 없다는 판단을 근거로 귀납의 가치를 보여 주고 있다.

07 정답 ③

제시문은 애그테크의 정의와 효과, 적용되는 기술을 설명하는 글이다. 그러므로 애그테크에 대한 정의인 (다) 문단이 가장 앞에 와야 하고, 이어서 애그테크의 효과에 대한 (가) 문단이 와야 한다. 이후 애그테크에 적용되는 다양한 기술을 설명한 (나) 문단이 이어져야 하고, 결론인 (라) 문단이 와야 한다. 따라서 (다) – (가) – (나) – (라) 순서로 나열되어야 한다.

08 정답 ⑤

각 항을 네 개씩 묶고 각각을 A, B, C, D라고 하면 다음과 같은 규칙을 갖는다.
$\underline{A\ B\ C\ D} \to A+B+C+D=10$
$\underline{1.5\ 3.5\ 3\ (\ \ )} \to 1.5+3.5+3+(\ \ )=10$
따라서 $(\ \ )=10-1.5-3.5-3=10-8=2$이다.

> 군수열은 2~4개의 항이 묶인 상태로 규칙이 형성된다.
> 따라서 일반적인 방법으로 규칙이 보이지 않는다면 군수열을 의심하고, n개의 항을 묶어서 생각한다.

09 정답 ③

홀수 항은 10을 더한 후 2로 나누고, 짝수 항은 -10씩 곱하는 수열이다.

따라서 ( ) $= \left(\dfrac{7}{4}+10\right) \div 2 = \dfrac{47}{4} \times \dfrac{1}{2} = \dfrac{47}{8}$ 이다.

10 정답 ①

n을 자연수라고 하면, n항과 $(n+2)$항을 곱한 값이 $(n+1)$항이 되는 수열이다.

따라서 $\dfrac{1}{36} \times ($ $) = \dfrac{1}{9}$ 이므로, ( ) $= \dfrac{1}{9} \times 36 = 4$이다.

11 정답 ③

(분자)+(분모)=500인 수열이다.

따라서 ( ) $= \dfrac{19}{481}$ 이다.

12 정답 ③

2년 동안의 수익률과 연말 금액을 정리하면 다음과 같다.

구분	수익률	연말 금액
작년 말	200%	400만 원×3=1,200만 원
올해 말	−60%	1,200만 원×0.4=480만 원

따라서 원금 400만 원에서 480만 원이 되었으므로 누적 수익률은 20%이다.

> 누적 수익률과 평균 수익률은 동일하지 않다.
> 또한 산술평균으로 계산하면 수익률은 $\dfrac{200\%+(-60\%)}{2}=70\%$가 나오지만, 실제로는 그렇지 않다.

13 정답 ③

ⅰ) 동일한 숫자 2개가 2개 있는 경우

0부터 9까지의 숫자 중에서 동일한 숫자 2개를 뽑는 경우의 수는 $_{10}\mathrm{C}_2=45$가지이다.

뽑은 2개의 수로 4자리를 만드는 경우의 수는 $\dfrac{4!}{2!2!}=6$가지이다.

그러므로 설정할 수 있는 비밀번호는 $45\times6=270$가지이다.

ⅱ) 동일한 숫자가 2개만 있는 경우

0부터 9까지의 숫자 중에서 동일한 숫자 1개를 뽑는 경우의 수는 10가지이다.

나머지 숫자 2개를 뽑는 경우의 수는 $_9\mathrm{C}_2=36$가지이다.

뽑은 3개의 수로 4자리를 만드는 경우의 수는 $\dfrac{4!}{2!}=12$가지이다.

그러므로 설정할 수 있는 비밀번호는 $10\times36\times12=4,320$가지이다.

따라서 가능한 모든 경우의 수는 $270+4,320=4,590$가지이다.

14 정답 ④

프로젝트를 끝내는 일의 양을 1이라고 가정한다.

하루에 할 수 있는 일의 양은 혼자 일을 할 경우 서주임은 $\frac{1}{24}$, 김대리는 $\frac{1}{16}$이며, 함께 할 경우 $\frac{1}{24}+\frac{1}{16}=\frac{5}{48}$이다.

서주임과 김대리는 3일간 함께 일을 했으며, 김대리 혼자 일을 한 날을 x일이라고 하면 다음과 같은 식이 성립한다.

$\frac{5}{48}\times 3+\frac{1}{16}\times x=1$

→ $\frac{5}{16}+\frac{1}{16}\times x=1$

→ $\frac{1}{16}\times x=\frac{11}{16}$

∴ $x=11$

따라서 김대리가 혼자 일한 기간은 11일이고, 보고서를 제출할 때까지 걸린 기간은 3+11=14일이다.

15 정답 ③

간부 A~D의 적금 만기 시 적용금리는 다음과 같다.
- A : 3.1(기본금리)+3.0(급여이체)+0.2(카드 사용)=6.3%
- B : 3.1%(기본금리)
- C : 3.1(기본금리)+0.2(카드 사용)+0.2(주택청약 가입)+0.2(대출 실적 보유)=3.7%
- D : 3.1(기본금리)+3.0(급여이체)+0.2(주택청약 가입)+0.1(펀드 가입)+0.2(대출 실적 보유)=6.6%

따라서 적금 만기 시 적용되는 금리가 작은 사람부터 순서대로 나열하면 B-C-A-D이다.

16 정답 ③

간부 A~D의 적금 만기 시 원리합계 금액은 다음과 같다.
- A : 매월 30만 원씩 입금하였고, 만기 시 연 이율이 6.3%이므로

$$\frac{30\times\left(1+\frac{0.063}{12}\right)\times\left\{\left(1+\frac{0.063}{12}\right)^{24}-1\right\}}{\frac{0.063}{12}}=\frac{30\times(12+0.063)\times(1.133-1)}{0.063}=763.99\text{만 원}$$

- B : 매월 50만 원씩 입금하였고, 만기 시 연 이율이 3.1%이므로

$$\frac{50\times\left(1+\frac{0.031}{12}\right)\times\left\{\left(1+\frac{0.031}{12}\right)^{24}-1\right\}}{\frac{0.031}{12}}=\frac{50\times(12+0.031)\times(1.064-1)}{0.031}\fallingdotseq 1,241.91\text{만 원}$$

- C : 매월 20만 원씩 입금하였고, 만기 시 연 이율이 3.7%이므로

$$\frac{20\times\left(1+\frac{0.037}{12}\right)\times\left\{\left(1+\frac{0.037}{12}\right)^{24}-1\right\}}{\frac{0.037}{12}}=\frac{20\times(12+0.037)\times(1.077-1)}{0.037}\fallingdotseq 501\text{만 원}$$

- D : 매월 40만 원씩 입금하였고, 만기 시 연 이율이 6.6%이므로

$$\frac{40\times\left(1+\frac{0.066}{12}\right)\times\left\{\left(1+\frac{0.066}{12}\right)^{24}-1\right\}}{\frac{0.066}{12}}=\frac{40\times(12+0.066)\times(1.141-1)}{0.066}\fallingdotseq 1,031.09\text{만 원}$$

17 정답 ①

삼단논법이 성립하려면 '타인을 사랑하면 서로를 사랑한다.'라는 명제가 필요하다.
따라서 빈칸에는 이 명제의 대우인 ①이 들어가야 한다.

18 정답 ③

빈칸 (가)에 들어갈 내용으로 선택지 중 가장 긴급하면서 중요한 일인 ③이 적절하다.

[오답분석]
① 긴급하지 않고, 중요하지 않은 일
② 긴급하지 않지만, 중요한 일
④ 긴급하지 않고, 중요하지 않은 일
⑤ 긴급하지 않고, 중요하지 않은 일

19 정답 ④

조건의 주요 명제들을 순서대로 논리 기호화하여 표현하면 다음과 같다.
• 두 번째 명제 : 햇살론 → (~출발적금 ∧ ~미소펀드)
• 세 번째 명제 : ~대박적금 → 햇살론
• 네 번째 명제 : 미소펀드
• 다섯 번째 명제 : (미소펀드 ∨ 출발적금) → 희망예금
네 번째 명제에 따라 미소펀드는 반드시 가입하므로, 다섯 번째 명제에 따라 출발적금 가입 여부와 무관하게 희망예금에 가입하고, 두 번째 명제의 대우 '(미소펀드 ∨ 출발적금) → ~햇살론'에 따라 햇살론에는 가입하지 않는다.
따라서 세 번째 명제의 대우 '~햇살론 → 대박적금'에 따라 대박적금은 가입하게 되고, 첫 번째 명제에 따라 미소펀드, 희망예금, 대박적금 3가지를 가입하므로 햇살론, 출발적금은 가입하지 않는다.

20 정답 ①

'4. 지급대상자 선정'에 따르면 '지급신청 시 농민수당 수급권자 이행 서약서(별지 제3호 서식)에 날인한 경우 대상자로 선정'한다고 하였으므로, 농민수당 신청 시 제출해야 할 서류는 ㄱ, ㄷ, ㅁ이다.

02 60문항 유형

01	02	03	04	05	06	07	08	09	10	11	12	13	14	15	16	17	18	19	20
④	②	②	④	④	④	③	①	③	④	④	①	③	③	①	②	④	④	②	④
21	22	23	24	25															
③	①	②	③	②															

01 정답 ④

'창출'은 '전에 없던 것을 처음으로 생각하여 지어내거나 만들어냄'을 뜻하므로, '창조'와 유의어이다.

오답분석
① 발췌 : 책, 글 따위에서 필요하거나 중요한 부분을 가려 뽑아냄. 또는 그런 내용
② 추출 : 전체 속에서 어떤 물건, 생각, 요소 따위를 뽑아냄
③ 구출 : 위험한 상태에서 구하여 냄

02 정답 ②

'나위'는 '더 할 수 있는 여유나 더 해야 할 필요'를 뜻한다. 따라서 '어떤 일을 하거나 어떤 일이 일어날 가능성이나 희망'을 뜻하는 '여지'와 유의어이다.

오답분석
① 유용(有用) : 쓸모가 있음
③ 자취 : 어떤 것이 남긴 표시나 자리
④ 지경(地境) : 경우나 형편, 정도의 뜻을 나타내는 말

03 정답 ②

한글 맞춤법 제3절 제47항에 따르면 보조용언은 띄어 씀을 원칙으로 하되, 경우에 따라 붙여 씀도 허용한다. 따라서 원칙에 따라 '비가 올 성싶다.'로 띄어 쓰는 것이 옳으며, '비가 올성싶다.'도 허용한다.

오답분석
① '뿐'은 대명사 '너' 뒤에 쓰인 보조사이므로 붙여 쓴다. → 너뿐이야
③ '만큼'은 동사의 관형사형 뒤에 쓰인 의존명사이므로 띄어 쓴다. → 들릴 만큼
④ '께, 만큼, 은'은 모두 조사이므로 붙여 쓴다. → 선생님께만큼은

04 정답 ④

• 가게용 → 가계용
• 증빈자료 → 증빙자료
• 재출 → 제출
• 가담 → 부담

05 정답 ④

공문서는 반드시 일정한 양식과 격식을 갖추어 작성해야 한다.

오답분석

① 공문서는 회사 외부로 전달되는 문서로 누가, 언제, 어디서, 무엇을, 어떻게(혹은 왜)가 정확하게 드러나도록 작성해야 한다.
② 공문서의 날짜 작성 시 날짜 다음에 괄호를 사용할 경우에는 마침표를 찍지 않는다.
③ 도표를 사용하는 것은 설명서의 특징이며, 공문서의 경우 복잡한 내용은 '-다음-'이나 '-아래'와 같이 항목별로 구분한다.

06 정답 ④

전화를 못 받아서 미안하다는 A의 말에 '메시지를 남기시겠습니까?'라는 B의 대답은 적절하지 않다.

오답분석

① A : 우리 점심 몇 시에 먹어?
  B : 정오 전에 준비될 거야.
② A : 너에게 여러 번 전화했어. 왜 전화 안 받았니?
  B : 이런, 내 휴대전화의 전원이 꺼졌던 것 같아.
③ A : 이번 겨울에 휴가를 갈 거니?
  B : 그렇게 할지도 몰라. 아직 결정 못 했거든.

07 정답 ③

제시문은 인구 폭발이 야기하는 문제를 지적하는 내용이다. 따라서 문제점을 구체적으로 제시하는 (C) – 문제점을 걱정하는 (A) – 그래서 점점 더 많은 문제와 직면하게 된다는 결론의 (B) 순서가 적절하다.

> 인구 폭발은 많은 문제를 야기한다.
> (C) 그것들 중 하나는 세상의 모든 사람들에게 공급할 충분한 식량과 관련이 있다.
> (A) 또한 이 염려는 그들 모두, 특히 나이 든 사람들에 대한 적절한 의학적 보살핌과 관련이 있다.
> (B) 따라서 우리는 점점 더 많은 문제와 직면하게 된다.

08 정답 ①

보기는 기존의 쌀 소득보전 직불제의 도입 배경과 한계점에 대한 내용이다. 공익직불제는 쌀 과잉공급 등 기존 직불제의 한계점을 해결하기 위해 시행된 제도이므로 보기의 문단이 들어갈 위치로 가장 적절한 곳은 (가)이다.

09 정답 ③

네 번째 문단에 따르면 각 지자체는 정부 광고매체를 활용해 모금할 수 있지만, 지자체가 주최·주관·후원하는 행사에서 권유·독려를 금지하고 있으며 이를 위반했을 경우 최대 8개월까지 기부금 모금이 제한된다.

오답분석

① 기부자는 주민등록증·운전면허증 등 신분증을 가지고 농협 근무시간에 방문하여 현장에서 기부할 수 있다.
② 고향사랑e음은 국세청 연말정산시스템과 연계하여 자동으로 세액공제 혜택을 받을 수 있다.
④ 고향사랑e음을 통해 기부 시 기부금의 30%를 포인트로 받아 원하는 시기에 원하는 답례품을 선택할 수 있다.

10 정답 ④

나열된 수를 각각 A, B, C, D라고 하면 다음과 같은 규칙이 성립한다.
$\underline{A\ B\ C\ D} \rightarrow A+B+C=D$
따라서 ( )=5+6+2=13이다.

11 정답 ④

홀수 항은 2씩 더하고, 짝수 항은 4씩 곱하는 문자열이다.

c	A	(e)	D	g	P
3	1	5	4	7	16

12 정답 ①

원가에 x원을 가산했을 때의 총매출액은 400×80+9,600=41,600원이며, 이를 80으로 나누면 개당 520원에 판매했음을 알 수 있다.
따라서 x=520-400=120이므로, 원가에 120원을 가산하여 판매하였다.

13 정답 ③

단리예금일 경우, 이자는 원금에 대해서만 붙으므로 3년 후 1,000×0.1×3=300만 원이 되며, 원리합계는 1,000+300=1,300만 원이다. 복리예금일 경우, 원리합계는 $1,000×1.1^3=1,000×1.331=1,331$만 원이 된다.
따라서 두 경우의 원리합계 금액의 합은 1,300+1,331=2,631만 원이다.

14 정답 ③

$a_1=3$, $a_2=3+2=5$, $a_3=5+2=7$, $a_4=7+3=10$, $a_5=10+3=13$, …
홀수 번째 수는 계차가 4, 6, 8, …로 증가한다.
홀수 번째 수를 b_m이라고 할 때, 다음과 같은 식이 성립한다.
$b_{m+1}-b_m=2m+2$
$b_{m+1}-b_1=2\sum_{k=1}^{m}k+2m=m(m+1)+2m$
$\therefore b_m=b_1+(m-1)m+2(m-1)=3+m^2+m-2=m^2+m+1$
따라서 $a_{2023}=a_{2×1012-1}$이므로 $a_{2023}=b_{1012}=1,012^2+1,012+1=1,012^2+1,013$이다.

15 정답 ①

2021년	2022년
• (이자보상배율)=$\frac{485}{320}$=1.515625≒1.5배	• (이자보상배율)=$\frac{525}{540}$=0.9722222…≒1배
• (이자보상비율)=1.5×100=150%	• (이자보상비율)=1×100=100%

따라서 2021년의 이자보상비율은 150%로 2022년의 100%보다 50%가량 높다.

16 정답 ②

창조적인 기업은 융통성이 있고, 융통성이 있는 기업 중의 일부는 오래간다. 즉, 창조적인 기업이 오래갈지 아닐지 알 수 없다.

17 정답 ④

주로 사용하는 용지가 A3, A4, B5이므로 사용 가능 용지에 A3, A4, B5가 포함되어 있지 않은 B, E, F, H복합기는 제외한다.
컬러 인쇄를 주로 사용하므로 C복합기도 제외한다.
남은 A, D, G복합기 중에서 컬러 인쇄의 분당 출력 매수가 15매 미만인 D복합기를 제외한다.
A복합기와 G복합기 중에서 G복합기를 24개월 대여했을 때 비용은 12×24=288만 원이고, A복합기를 구매하면 300만 원이다.
따라서 조건을 만족하는 복합기는 G복합기이다.

18 정답 ④

A~D농가의 손해액과 보험가액의 80%, 보험가입금액은 다음과 같다.

(단위 : 백만 원)

구분	A농가	B농가	C농가	D농가
손해액	20	24	5	25
보험가액의 80%	400	320	640	240
보험가입금액	450	300	600	500

A~D농가의 보험지급액은 다음과 같다.

- A농가 : 20백만 원
- B농가 : $24 \times \frac{300}{320} = 22.5$백만 원
- C농가 : $5 \times \frac{600}{640} = 4.6875$백만 원
- D농가 : 25백만 원

따라서 보험지급액이 가장 많은 농가는 D농가이다.

19 정답 ②

(보험료율)= $\frac{(보험지급액)}{(보험가입금액)} \times 100$이므로 A~D농가의 보험료율은 다음과 같다.

- A농가 : $\frac{20}{450} \times 100 ≒ 4.44\%$
- B농가 : $\frac{22.5}{300} \times 100 = 7.5\%$
- C농가 : $\frac{4.6875}{600} \times 100 ≒ 0.78\%$
- D농가 : $\frac{25}{500} \times 100 = 5\%$

따라서 보험료율이 가장 높은 농가는 B농가이다.

20 정답 ④

브레인스토밍은 어떤 문제의 해결책을 찾기 위해 여러 사람이 자유롭게 아이디어를 제시하도록 요구하는 방법으로, 가능한 한 많은 양의 아이디어를 모아 그 속에서 해결책을 찾는 방법이다. 따라서 제시된 아이디어에 대해 비판해서는 안 되며, 다양한 아이디어를 결합하여 최적의 방안을 찾아야 한다.

브레인스토밍 진행 방법
1. 주제를 구체적이고 명확하게 정한다.
2. 구성원의 얼굴을 볼 수 있는 좌석 배치와 큰 용지를 준비한다.
3. 구성원들의 다양한 의견을 도출할 수 있는 사람을 리더로 선출한다.
4. 구성원은 다양한 분야의 사람들 5~8명 정도로 구성한다.
5. 발언은 누구나 자유롭게 할 수 있도록 하며, 모든 발언 내용을 기록한다.
6. 다른 사람들의 아이디어에 대해 비판해서는 안 된다.

21 정답 ③

MECE는 중복되지 않고, 누락이 없게 하는 것으로 다음과 같은 절차를 거친다.
1. 문제 파악
2. 문제 분해
3. 불필요한 문제 제거
4. 가설
5. 계획 수립
6. 분석과 종합
7. 메시지 전달

22 정답 ①

NH농협의 마스코트 아리(Ari)는 농업의 근원인 씨앗을 모티브로 하여 쌀알, 밀알, 콩알에서의 '알'을 따와서 이름 붙였다. 2000년에 농협이 축협과 통합하면서 새 출발하는 농협의 미래지향적인 기업 이미지를 캐릭터를 통해 발현시키고자 하였으며, 우리의 전통 음율 '아리랑'을 연상하게 하여 '흥', '어깨춤' 등 동적인 이미지를 지님과 동시에 곡식을 담을 '항아리'도 연상케 하여 '풍요'와 '결실'의 의미도 지닌다.

23 정답 ②

감사위원회사무처에 속하는 경영감사부와 사업감사부는 농협중앙회 총회와 독립된 부서이다.

24 정답 ③

농협의 5대 핵심가치
1. 농업인과 소비자가 함께 웃는 유통 대변화
    소비자에게 합리적인 가격으로 더 안전한 먹거리를, 농업인에게 더 많은 소득을 제공하는 유통개혁 실현
2. 미래 성장 동력을 창출하는 디지털 혁신
    4차 산업혁명 시대에 부응하는 디지털 혁신으로 농업·농촌·농협의 미래 성장 동력 창출
3. 경쟁력 있는 농업, 잘사는 농업인
    농업인 영농지원 강화 등을 통한 농업경쟁력 제고로 농업인 소득 증대 및 삶의 질 향상
4. 지역과 함께 만드는 살고 싶은 농촌
    지역사회의 구심체로서 지역사회와 협력하여 살고 싶은 농촌 구현 및 지역경제 활성화에 기여
5. 정체성이 살아 있는 든든한 농협
    농협의 정체성 확립과 농업인 실익 지원 역량 확충을 통해 농업인과 국민에게 신뢰받는 농협 구현

> NH농협은행은 2024년을 맞아 '비전 2030'을 발표하였으며, 그에 따른 핵심가치를 다음과 같이 공시하였다.
>
> **농협의 비전 2030 핵심가치**
> 1. 국민에게 사랑받는 농협
>   지역사회와 국가경제 발전에 공헌하여 온 국민에게 신뢰받고 사랑받는 농협을 구현
> 2. 농업인을 위한 농협
>   농업인의 행복과 발전을 위해 노력하고, 농업인의 경제적·사회적·문화적 지위 향상을 추구
> 3. 지역 농축협과 함께하는 농협
>   협동조합의 원칙과 정신에 의거 협동과 상생으로 지역 농축협이 중심에 서는 농협을 구현
> 4. 경쟁력 있는 글로벌 농협
>   미래 지속가능한 성장을 위하여 국내를 벗어나 세계 속에서도 경쟁력을 갖춘 농협으로 도약

25 정답 ②

농약, 원제 및 농약활용기자재의 표시기준 제4조(표시방법 및 기준 등) 제1호
표시사항은 포장지 전체를 고려하여 사용자가 쉽게 알아볼 수 있도록 크게 하여야 하며 아래의 개별 표시사항은 포장지 앞면(다단일 경우에는 상표명 표시부분)에 우선적으로 배치하여야 한다.

구분	표기 문자	표기 위치
'농약' 문자 표기	한글	최상단 중앙
품목등록번호	한글 및 숫자	'농약' 문자 우측 표기
용도 구분	한글	'농약' 문자 좌측 표기
상표명	한글	임의배치
품목명	한글	상표명 하단
기본 주의사항 및 해독·응급처치 방법	한글	독성·행위금지 등 그림문자 상단
포장단위	숫자, OGS단위	임의배치
상호	한글, 숫자 및 영문	임의배치
인축독성·어독성 구분	한글 및 로마자	품목등록번호 하단
작용기작 그룹표시	한글, 숫자 및 영문	용도 구분 하단
독성·행위금지 등 그림문자	그림문자	최하단
독성·행위금지 등 그림문자 설명	한글	독성·행위금지 등 그림문자 우측 또는 하단

CHAPTER 06 2022년 하반기 기출복원문제

01 70문항 유형

01	02	03	04	05	06	07	08	09	10	11	12	13	14	15	16	17	18	19	20
⑤	④	①	⑤	④	③	③	⑤	②	②	③	④	②	②	④	③	③	①	④	③

21	22	23	24	25
②	①	④	②	⑤

01 정답 ⑤

'천재일우(千載一遇)'란 '천 년 동안 단 한 번 만난다.'는 뜻으로, 좀처럼 만나기 어려운 좋은 기회를 이르는 말이다.
한편, ①~④는 모두 뛰어난 인물을 나타내는 말이다.

오답분석
① 군계일학(群鷄一鶴) : 많은 사람 가운데서 뛰어난 인물을 이르는 말
② 철중쟁쟁(鐵中錚錚) : 같은 무리 가운데서도 가장 뛰어남. 또는 그런 사람을 이르는 말
③ 태산북두(泰山北斗) : 모든 사람들이 존경하는 뛰어난 인물을 비유하는 말
④ 낭중지추(囊中之錐) : 재능이 뛰어난 사람은 숨어 있어도 저절로 사람들에게 알려짐을 이르는 말

02 정답 ④

'당랑거철(螳螂拒轍)'은 제 역량을 생각하지 않고 강한 상대나 되지 않을 일에 덤벼드는 무모한 행동거지를 비유하는 말로, 댐 건설 사업 공모에 무리하게 참여한 ○○건설회사를 표현하기에 적절하다.

오답분석
① 각골난망(刻骨難忘) : 은혜를 입은 고마움이 뼈에 깊이 새겨져 잊히지 않음
② 난공불락(難攻不落) : 공격하기에 어려울 뿐 아니라 결코 함락되지 않음
③ 토사구팽(兔死狗烹) : 필요할 때 요긴하게 사용하고 쓸모가 없어지면 버림
⑤ 파죽지세(破竹之勢) : 대나무를 쪼개는 기세라는 뜻으로, 세력이 강대하여 대적을 거침없이 물리치고 쳐들어가는 기세

03 정답 ①

'가슴을 태우다.'는 '몹시 애태우다.'라는 뜻이다.

04 정답 ⑤

'수난하다'란 '부끄러워 얼굴을 붉히다.'라는 뜻이다.

05 정답 ④

밑줄 친 '호들갑을 떨다'는 '행동을 경망스럽게 자꾸 하거나, 그런 성질을 겉으로 나타내다.'라는 뜻이다. 따라서 반대되는 의미를 가진 단어로 '조용한 마음으로 대상의 본질을 바라봄'의 뜻을 가진 '관조'가 가장 적절하다.

[오답분석]
① 관람(觀覽) : 연극, 영화, 경기, 미술품 따위를 구경함
② 관찬(官撰) : 관청에서 편찬함
③ 관상(觀相) : 사람의 얼굴을 보고 성질이나 운명 따위를 판단함
⑤ 관광(觀光) : 다른 지방이나 나라의 명승고적과 풍속 등을 돌아다니며 구경함

06 정답 ③

'도약(跳躍)'은 더 높은 단계로 발전하는 것을 비유적으로 이르는 말이다.

[오답분석]
① 도모(圖謀) : 어떤 일을 이루기 위하여 대책과 방법을 세움
② 도전(挑戰) : 정면으로 맞서 싸움을 걺
④ 도치(倒置) : 차례나 위치 따위를 서로 뒤바꿈
⑤ 도래(到來) : 어떤 시기나 기회가 닥쳐옴

07 정답 ③

밑줄 친 '다루다'는 '어떤 물건이나 일거리 따위를 어떤 성격을 가진 대상 혹은 어떤 방법으로 취급하다.'는 의미로 사용되었으므로 '취급하다'로 바꾸어 사용할 수 있다.

[오답분석]
① 사고팔다 : 물건 따위를 사기도 하고 팔기도 하다.
② 사용하다 : 일정한 목적이나 기능에 맞게 쓰다.
④ 상대하다 : 1. 서로 마주 대하다.
　　　　　　 2. 서로 겨루다.
⑤ 부리다 : 기계나 기구 따위를 마음대로 조종하다.

08 정답 ⑤

'매이다'는 '(어떤 사람이 다른 사람이나 조직, 일에) 구속되거나 부림을 받아 자유로운 행동을 할 수 없게 되다.'를 뜻한다. 따라서 '매이다'의 활용형인 '매여서'를 쓰는 것이 옳다.

[오답분석]
① 매이다 : (줄이나 끈이) 풀리지 않도록 양쪽 끝이 서로 감아져 매듭이 만들어지다.
② 매이다 : 논밭에 난 잡풀을 뽑게 하다. '매다'의 사동사
③ 메이다 : 어깨에 걸쳐지거나 올려 놓이다. '메다'의 피동사
④ 메다 : 어떤 책임을 지거나 임무를 맡다.

09 정답 ②

제시문은 음악을 쉽게 복제할 수 있는 환경을 비판하는 시각에 대하여 반박하며 미래에 대한 기대를 나타내는 내용을 담고 있다. 따라서 (다) 음악을 쉽게 변모시킬 수 있게 된 환경의 도래 – (가) 음악 복제에 대한 비판적인 시선의 등장 – (라) 이를 반박하는 복제품 음악의 의의 – (나) 복제품으로 새롭게 등장한 전통에 대한 기대 순서로 나열하는 것이 적절하다.

10 정답 ②

$414-(13\times32)+323=414-416+323=321$

11 정답 ③

$\frac{35}{77}\times11^2+25=5\times11+25=80$

12 정답 ④

앞의 숫자에 각각 ÷6, ×5, ÷4, ×3, …을 규칙으로 하는 수열이다.

360		60		300		75		( )
	÷6		×5		÷4		×3	

따라서 ( )=75×3=225이다.

13 정답 ②

앞의 문자에 각각 +1, -2, +3, -4, +5, -6, …을 규칙으로 하는 문자열이다.

F	G	E	H	D	(I)	C
6	7	5	8	4	9	3

14 정답 ②

첫 번째 조건에서 2019년 11월 요가 회원은 $a=50\times1.2=60$명이 되고, 세 번째 조건에서 2020년 1월 필라테스 예상 회원 수는 2019년 4분기 월 평균 회원 수가 되어야 하므로 $d=\frac{106+110+126}{3}=\frac{342}{3}=114$명이다.

두 번째 조건에 따라 2019년 12월 G.X 회원 수 c를 구하면 $(90+98+c)+37=106+110+126 \rightarrow c=342-225=117$이다. b를 구하기 위해 방정식 $2a+b=c+d$에 a, c, d에 해당하는 수를 대입하면 $(2\times60)+b=117+114 \rightarrow b=231-120=111$이다.
따라서 2019년 12월 요가 회원 수는 111명임을 알 수 있다.

15 정답 ④

1바퀴를 도는 데 갑은 2분, 을은 3분, 병은 4분이 걸린다.
2, 3, 4의 최소공배수는 12, 즉 세 사람이 다시 만나는 데 걸리는 시간은 12분이다.
따라서 출발점에서 다시 만나는 시각은 4시 42분이다.

16 정답 ③

ㄷ. 2018~2020년에 사망자 수는 1,850명 → 1,817명 → 1,558명으로 감소하고 있고, 부상자 수는 11,840명 → 12,956명 → 13,940명으로 증가하고 있으므로 증감추이는 반대이다.
ㄹ. 연도별 검거율을 구하면 다음과 같다.

- 2017년 : $\frac{12,606}{15,280}\times100 = 82.5\%$
- 2018년 : $\frac{12,728}{14,800}\times100 = 86\%$
- 2019년 : $\frac{13,667}{15,800}\times100 = 86.5\%$
- 2020년 : $\frac{14,350}{16,400}\times100 = 87.5\%$

따라서 검거율은 매년 높아지고 있다.

오답분석

ㄱ. 사고건수는 2018년까지 감소하다가 2019년부터 증가하고 있고, 검거 수는 매년 증가하고 있다.
ㄴ. 2018년과 2019년의 사망률 및 부상률은 다음과 같다.
- 2018년 사망률 : $\frac{1,850}{14,800} \times 100 = 12.5\%$, 부상률 : $\frac{11,840}{14,800} \times 100 = 80\%$
- 2019년 사망률 : $\frac{1,817}{15,800} \times 100 = 11.5\%$, 부상률 : $\frac{12,956}{15,800} \times 100 = 82\%$

따라서 사망률은 2018년이 더 높지만, 부상률은 2019년이 더 높다.

17 정답 ③

기획개발팀 팀원 1명이 15회의 경기에서 모두 이긴 경우, 105점을 받는다.
여기에서 이긴 경기 대신 비긴 경기 혹은 진 경기가 있는 경우, 최고점인 105점에서 비긴 경기 1경기당 4점씩(∵ 이긴 경우 점수-비긴 경우 점수=4점) 감소하며, 진 경기가 있는 경우 진 경기 1경기당 11점씩(∵ 이긴 경우 점수-진 경우 점수=11점) 감소한다.
그러므로 가능한 점수는 105-[(4×비긴 경기 수)+(11×진 경기 수)]뿐이다.
이에 따라 팀원들의 경기 성적을 정리하면 다음과 같다.

구분	이긴 경기	비긴 경기	진 경기
A팀장	12	3	0
B대리	13	1	1
D연구원	12	1	2
E연구원	10	2	3

따라서 발표한 점수가 위 수식으로 도출 불가능한 점수인 사람은 C대리뿐이므로, 거짓을 말한 사람은 C대리이다.

18 정답 ①

'물을 녹색으로 만든다.'를 p, '냄새 물질을 배출한다.'를 q, '독소 물질을 배출한다.'를 r, '물을 황색으로 만든다.'를 s라고 하면 $p \to q$, $r \to \sim q$, $s \to \sim p$가 성립한다. 첫 번째 명제의 대우인 $\sim q \to \sim p$가 성립함에 따라 $r \to \sim q \to \sim p$가 성립한다.
따라서 '독소 물질을 배출하는 조류는 물을 녹색으로 만들지 않는다.'는 반드시 참이다.

19 정답 ④

한 분야의 모든 사람이 한 팀에 들어갈 수는 없다는 조건이 있으므로 가와 나는 한 팀이 될 수 없다.

오답분석

① 갑과 을이 한 팀이 되는 것과 상관없이 한 분야의 모든 사람이 한 팀에 들어갈 수는 없기 때문에 가와 나는 반드시 다른 팀이어야 한다.
② 두 팀에 남녀가 각각 2명씩 들어갈 수도 있지만 (남자 셋, 여자 하나), (여자 셋, 남자 하나)의 경우도 있다.
③ a와 c는 성별이 다르기 때문에 같은 팀에 들어갈 수 있다.
⑤ 제시된 조건에 따라 배치할 때 c와 갑이 한 팀이 되면 한 팀의 인원이 5명이 되므로 한 팀이 될 수 없다.

20 정답 ③

시행기업당 참여직원 수를 구하면 다음과 같다.

• 2018년 : $\frac{3,197}{2,079} ≒ 1.54$명
• 2019년 : $\frac{5,517}{2,802} ≒ 1.97$명
• 2020년 : $\frac{10,869}{5,764} ≒ 1.89$명
• 2021년 : $\frac{21,530}{7,686} ≒ 2.80$명

따라서 시행기업당 참여직원 수가 가장 많은 해는 2021년이다.

오답분석
① 직접 계산을 하지 않고 눈으로도 판단이 가능한 선택지이다. 2019년 이후 전년보다 참여직원 수가 가장 많이 증가한 해는 2021년인 반면, 시행기업 수가 가장 많이 증가한 해는 2020년이므로 둘은 동일하지 않다.
② 2021년 남성육아휴직제 참여직원 수는 21,530명이며, 2018년은 3,197명이므로 2021년의 참여직원 수는 2018년의 약 6.7배이다.
④ 2021년 시행기업 수의 2019년 대비 증가율은 $\frac{7,686-2,802}{2,802} \times 100 ≒ 174.30\%$이고, 참여직원 수의 증가율은 $\frac{21,530-5,517}{5,517} \times 100 ≒ 290.25\%$이므로 옳지 않은 내용이다.
⑤ 2021년 참여직원 수는 2018년 대비 18,333명 증가하였으므로 3년간 증가인원의 평균은 6,111명으로 6,000명을 넘는다.

21 정답 ②

N씨의 자원낭비 요인은 편리성 추구에 해당한다. 편리성 추구는 너무 편한 방향으로 자원으로 활용하는 것을 의미한다. 일회용품을 사용하는 것, 늦잠을 자는 것, 주위 사람들에게 멋대로 대하는 것 등이 이에 포함된다. 지나친 편리성 추구는 물적자원뿐만 아니라 시간과 돈의 낭비를 초래할 수 있으며, 주위의 인맥도 줄어들게 될 수 있다.

오답분석
① 비계획적 행동 : 자원을 어떻게 활용하는 것인가에 대한 계획이 없는 것으로, 계획 없이 충동적이고 즉흥적으로 행동하여 자원을 낭비하게 된다.
③ 자원에 대한 인식 부재 : 자신이 가지고 있는 중요한 자원을 인식하지 못하는 것으로, 무의식적으로 중요한 자원을 낭비하게 된다.
④ 노하우 부족 : 자원관리의 중요성을 인식하면서도 자원관리에 대한 경험이나 노하우가 부족하여 자원을 효과적으로 활용할 줄 모르는 경우를 말한다.
⑤ 잘못된 가치 판단 : 자원이 지니고 있는 가치를 잘못 판단하게 되어 자원을 낭비하는 경우를 말한다.

22 정답 ①

인맥을 활용하면 각종 정보와 정보의 소스를 주변 사람으로부터 획득할 수 있다. 또한 '나' 자신의 인간관계나 생활에 대해서 알 수 있으며, 이로 인해 자신의 인생에 탄력을 불어넣을 수 있다. 게다가 주변 사람들의 참신한 아이디어를 통해 자신만의 사업을 시작할 수도 있다. 따라서 N사원의 메모는 모두 옳은 내용이다.

23 정답 ④

비공식조직이 회사 내 동호회와 같이 공식조직 내에 있을 경우, 비공식조직 내에서의 취미 공유 등 행동의 공유는 공식조직에서의 업무 효율을 증대시키기도 한다.

오답분석
① 공식조직과 비공식조직의 구분 기준은 규모가 아니라 공식화 정도이다.
② 조직발달의 역사는 인간관계에 기반을 둔 비공식조직에서 시작하여 여러 공식적인 체계가 형성되는 공식조직 순서로 발전하였다.
③ 환경보존이라는 공익적 메시지를 담은 상품을 판매하더라도, 그 수익을 극대화하려는 목적에서 운영된다면 영리조직에 해당한다.
⑤ 정부조직은 대표적인 비영리조직이자 공식조직에 해당한다.

24 정답 ②

오답분석
ㄷ. 1년 중 90일 이상 농업에 종사하는 자

25 정답 ⑤

농협조합원 탈퇴는 임의 탈퇴, 양도 탈퇴, 당연(법정) 탈퇴, 제명으로 구분된다. 고의 또는 중대한 과실로 조합에 손실을 끼치거나 조합의 신용을 잃게 한 경우는 제명 사유에 해당한다.

02 60문항 유형

01	02	03	04	05	06	07	08	09	10	11	12	13	14	15	16	17	18	19	20
①	①	③	③	④	③	②	③	④	③	②	④	④	②	③	④	②	②	③	④

01 정답 ①

오답분석
② 우공이산(愚公移山) : 남이 보기엔 어리석은 일처럼 보이지만 한 가지 일을 끝까지 밀고 나가면 언젠가는 목적을 달성할 수 있음
③ 노갑이을(怒甲移乙) : 갑에게서 당한 노여움을 을에게 옮긴다는 뜻으로, 어떠한 사람에게서 당한 노여움을 애꿎은 다른 사람에게 화풀이함
④ 곡학아세(曲學阿世) : 정도(正道)를 벗어난 학문으로 세상 사람에게 아첨함

02 정답 ①

'장난스럽게 남을 괴롭고 귀찮게 하여 달갑지 아니하다.'라는 뜻의 단어는 '짓궂다'이다.

오답분석
② 왠지 : 왜 그런지 모르게. 또는 뚜렷한 이유도 없이
③ 박이다 : 손바닥, 발바닥 따위에 굳은살이 생기다.
④ 금세 : 지금 바로. '금시에'가 줄어든 말

03 정답 ③

'각심(刻心)'은 '잊지 않도록 마음 깊이 새겨 둠'을 뜻한다.

04 정답 ③

오답분석
① 천금(天衾) : 송장을 관에 넣고서 덮은 이불
② 침금(寢衾) : 이불과 요를 통틀어 이르는 말
④ 금구(衾具) : 이불과 요를 통틀어 이르는 말

05 정답 ④

'듯'은 의존명사이므로 앞에 오는 관형형 '울'과 띄어 써야 한다.

06 정답 ③

북극성이나 은하수를 보고 길을 찾는 곤충이 있으나, 이런 곤충의 시스템이 조명으로 인해 흔들리고 있다고 이야기하므로 ㉠에는 역접의 접속어인 '하지만'이 적절하다. 다음으로 북미의 반딧불이는 불빛을 내며 짝짓기 상대를 유혹했지만, 이제는 거리의 불빛에 묻혀버렸다고 이야기하므로 ㉡에는 '그러나'가 적절하다. 마지막으로 ㉢ 뒤의 문장에서는 또 다른 빛 공해의 문제점을 이야기하므로 ㉢에는 다른 측면을 언급할 때 쓰이는 '또한'이 적절하다.

07 정답 ②

(나)에서 문학과 역사의 차이는 문학 연구가와 역사 연구가를 비교할 때 더욱 뚜렷하게 드러난다고 했으므로 (나) 다음으로는 문학 연구가와 역사 연구가에 대한 설명이 와야 한다. (가)에서 역사 연구가는 대상을 마음대로 조립할 수 있다고 한 반면, (라)에서는 문학 연구가의 조립이 불가능하다고 했으므로 문맥상 (나) – (가) – (라)로 이어지는 것이 자연스럽다. 또한 (다)의 수정 불가능한 '그것'은 조립이 불가능한 이광수의 『무정』을 설명하는 것이므로 가장 마지막 문장은 (다)가 된다. 따라서 (나) – (가) – (라) – (다) 순으로 연결되어야 한다.

08 정답 ③

제시된 기사는 일반적으로 사탕을 선물하는 화이트데이에 사탕 대신 꽃을 선물하도록 하여 침체된 화훼농가를 돕고자 하는 농협의 '화(花)이트데이'에 대한 내용이므로, 제목으로 ③이 가장 적절하다.

오답분석
① 1 Table 1 Flower 등 침체된 화훼 생산 농가를 위한 방안도 제시하고 있지만, 주된 내용은 화이트데이와 관련된 것이다.
② 장미뿐만 아니라 화이트데이에 선물하기 좋은 다양한 꽃을 추천하고 있다.
④ 화이트데이에 사탕보다 꽃으로 사랑을 전하자는 내용이다.

09 정답 ④

n을 자연수라 하면 $(n+1)$항에서 n항을 더하고 $+2$를 한 값이 $(n+2)$항이 되는 수열이다.
따라서 ( )=48+29+2=79이다.

10 정답 ③

각 항을 네 개씩 묶고, $A\ B\ C\ D$라고 하면 다음과 같은 규칙이 성립한다.
$\underline{A\ B\ C\ D} \rightarrow A+B+C+D=0$
$\underline{6\ -7\ 5\ (\ \ )} \rightarrow 6-7+5+(\ \ )=0$
따라서 ( )=-4이다.

11 정답 ②

$$\sum_{k=1}^{32}\frac{1}{\sqrt{k+4}+\sqrt{k+3}}$$
$$=\sum_{k=1}^{32}\frac{\sqrt{k+4}-\sqrt{k+3}}{(\sqrt{k+4}+\sqrt{k+3})\times(\sqrt{k+4}-\sqrt{k+3})}$$
$$=\sum_{k=1}^{32}\frac{\sqrt{k+4}-\sqrt{k+3}}{(\sqrt{k+4})^2-(\sqrt{k+3})^2}$$
$$=\sum_{k=1}^{32}\frac{\sqrt{k+4}-\sqrt{k+3}}{k+4-(k+3)}$$
$$=\sum_{k=1}^{32}(\sqrt{k+4}-\sqrt{k+3})$$
$$=(\sqrt{1+4}-\sqrt{1+3})+(\sqrt{2+4}-\sqrt{2+3})+\cdots+(\sqrt{32+4}-\sqrt{32+3})$$
$$=-\sqrt{1+3}+\sqrt{32+4}$$
$$=-2+6$$
$$=4$$

12 정답 ④

원기둥 윗면의 넓이는 $\pi r^2 = 3 \times 4^2 = 48\text{cm}^2$ (r : 원의 반지름)이고, 원기둥의 높이는 20cm이다.
따라서 원기둥의 부피는 $48\text{cm}^2 \times 20\text{cm} = 960\text{cm}^3$ 이다.

13 정답 ④

ㄱ. 탐색형 문제 : 현재의 상황을 개선하거나 효율을 높이기 위한 문제이다. 눈에 보이지 않는 문제로, 이를 방치하면 뒤에 큰 손실이 따르거나 결국 해결할 수 없는 문제로 확대되기도 한다.
ㄴ. 발생형 문제 : 우리 눈앞에 발생되어 당장 걱정하고 해결하기 위해 고민하는 문제이다. 눈에 보이는 이미 일어난 문제로, 어떤 기준을 일탈함으로써 생기는 일탈 문제와 기준에 미달하여 생기는 미달 문제로 대변되며 원상복귀가 필요하다.
ㄷ. 설정형 문제 : 미래상황에 대응하는 장래 경영전략의 문제로 '앞으로 어떻게 할 것인가'에 대한 문제이다. 지금까지 해오던 것과 전혀 관계없이 미래 지향적으로 새로운 과제 또는 목표를 설정함에 따라 일어나는 문제로서, 목표 지향적 문제이기도 하다.

14 정답 ②

'부족한 리스크 관리 능력'은 기업 내부환경의 약점 요인에 해당한다. 위협은 외부환경 요인에 해당하므로 위협 요인에는 회사 내부를 제외한 외부에서 비롯되는 요인이 들어가야 한다.

> **SWOT 분석**
> 기업의 내부환경과 외부환경을 분석하여 강점(Strength), 약점(Weakness), 기회(Opportunity), 위협(Threat) 요인을 규정하고 이를 토대로 경영전략을 수립하는 기법
> • 강점(Strength) : 내부환경(자사 경영자원)의 강점
> • 약점(Weakness) : 내부환경(자사 경영자원)의 약점
> • 기회(Opportunity) : 외부환경(경쟁사, 고객, 거시적 환경)에서 비롯된 기회
> • 위협(Threat) : 외부환경(경쟁사, 고객, 거시적 환경)에서 비롯된 위협

15 정답 ③

시네틱스(Synetics)는 서로 관련이 없어 보이는 것들을 조합하여 새로운 것을 도출하는 방법으로 비교발상법 중 하나이다.

[오답분석]
① 강제연상법에 대한 설명이다.
② 비교발상법 중 NM법에 대한 설명이다.
④ 자유연상법 중 브레인스토밍에 대한 설명이다.

16 정답 ④

'경위'를 A, '파출소장'을 B, '30대'를 C라고 하면, 첫 번째 명제와 마지막 명제는 다음과 같은 벤 다이어그램으로 나타낼 수 있다.
ⅰ) 첫 번째 명제

ⅱ) 마지막 명제

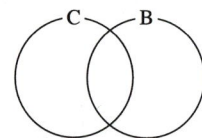

마지막 명제가 참이 되기 위해서는 B와 공통되는 부분의 A와 C가 연결되어야 하므로 A를 C에 모두 포함시켜야 한다. 즉, 다음과 같은 벤 다이어그램이 성립할 때 마지막 명제가 참이 될 수 있으므로 빈칸에 들어갈 명제는 '모든 경위는 30대이다.'의 ④이다.

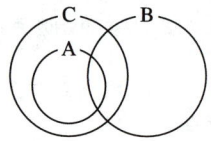

[오답분석]
①·② 다음과 같은 경우 성립하지 않는다.

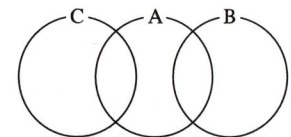

③ 다음과 같은 경우 성립하지 않는다.

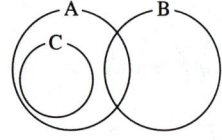

17 정답 ②

ⓒ 고객이 당장 오늘 내로 문제 해결 방법을 알려달라는 강한 불만을 제기했으므로 긴급하면서도 중요한 문제이다. 따라서 제1사분면에 위치하는 것이 가장 적절하다.
㉠ 다음 주에 상부에 보고해야 하는 업무는 중요하지만, 아직 시간이 조금 남아있는 상태이므로 긴급한 업무는 아니다. 따라서 제2사분면에 위치하는 것이 가장 적절하다.
ⓒ 친구와의 약속은 업무에서 중요하지 않고 긴급한 일이 아니다. 따라서 제4사분면에 위치하는 것이 가장 적절하다.

18 정답 ②

인적자원은 조직차원뿐만 아니라 개인에게 있어서도 매우 중요하다.

19 정답 ③

청년농부사관학교의 모집 대상은 만 45세 미만(당해 연도 1월 1일 기준)의 창농 희망자이다.

20 정답 ④

ㄱ. 미래 농업·농촌을 이끌 영농 인력 육성 : 농협은 미래 농업·농촌의 발전을 이끌어갈 영농 인력 조직과 양성을 위한 다양한 지도 사업을 실시한다. 농촌 지역 일손 부족 해소를 위한 영농 인력 공급과 취약농가 인력 지원 사업도 지속적으로 추진한다.
ㄴ. 농업·농촌의 가치를 알리는 농정홍보 활동 : 농협은 농업 현장의 어려움과 개선사항을 정책에 적극 반영하기 위한 농정 활동, 농업·농촌의 가치를 전 국민에게 알리기 위한 홍보 활동을 다방면으로 펼친다.
ㄷ. 사회공헌 및 국제교류 : 농협은 농업인의 복지 증진과 지역사회 발전을 위해 지속적으로 사회공헌 활동을 실천하며, 활발한 국제교류 활동을 통해 세계 속의 한국 협동조합을 알린다.
ㄹ. 농촌에 활력을 불어넣는 다양한 교류 사업 추진 : 농협은 우리 농업·농촌에 대한 범국민적 공감대를 형성하고 이를 통해 농촌 마을에 활력을 불어넣고자 '또 하나의 마을 만들기' 등 다양한 도농협동 운동을 펼친다.

CHAPTER 07 2022년 상반기 기출복원문제

01 70문항 유형

01	02	03	04	05	06	07	08	09	10	11	12	13	14	15	16	17			
⑤	③	④	④	②	⑤	⑤	②	①	①	⑤	④	①	③	③	④	④			

01 정답 ⑤

[오답분석]
① 신언서판(身言書判) : 중국 당나라 때 관리를 등용하는 시험에서 인물평가의 기준으로 삼았던 몸·말씨·글씨·판단의 네 가지를 이르는 말
② 신상필벌(信賞必罰) : 상을 줄 만한 훈공이 있는 자에게 반드시 상을 주고, 벌할 죄과가 있는 자에게는 반드시 벌을 준다는 뜻으로, 상벌(賞罰)을 공정(公正)·엄중(嚴重)히 하는 일을 말함
③ 순망치한(脣亡齒寒) : 입술이 없으면 이가 시리다는 말로, 서로 떨어질 수 없는 밀접한 관계라는 뜻
④ 어불성설(語不成說) : 말이 이치에 맞지 아니함

02 정답 ③

'강직하다'는 '마음이 꼿꼿하고 곧다.'는 뜻으로, 문장에서의 쓰임이 적절하지 않다.

[오답분석]
① 구김지다 : 옷 따위에 구겨진 선이 생기다.
② 알알이 : 한 알 한 알마다
④ 옴니암니 : 아주 자질구레한 것이나 그런 일까지 좀스럽게 셈하거나 따지는 모양
⑤ 답보하다 : 상태가 나아가지 못하고 한자리에 머무르다.

03 정답 ④

NH 로고의 세 가지 뜻 중 Nature & Human, New Hope를 제외한 나머지 하나는 New Happiness로, 새로운 행복을 상징적으로 표현하고 있다.

04 정답 ④

- 가지런하다 : 여럿이 층이 나지 않고 고르게 되어 있다.
- 들쭉날쭉하다 : 들어가기도 하고 나오기도 하여 가지런하지 아니하다.

05 정답 ②

- 는개 : 안개비보다는 조금 굵고 이슬비보다는 가는 비
- 안개비 : 내리는 빗줄기가 매우 가늘어서 안개처럼 부옇게 보이는 비

[오답분석]
① 작달비 : 장대처럼 굵고 거세게 좍좍 내리는 비(≒장대비)
③ 개부심 : 장마로 큰 물이 난 뒤, 한동안 쉬었다가 다시 퍼붓는 비
④ 그믐치 : 음력 그믐께에 내리는 비나 눈
⑤ 여우비 : 볕이 나 있는 날 잠깐 오다가 그치는 비

06 정답 ⑤

①・②・③・④는 포함 관계이지만, ⑤는 대등 관계이다.

07 정답 ⑤

'구근식물'은 일반적으로 뿌리나 줄기, 잎 등이 변형되어 영양분을 보관하는 공간을 지닌 식물군을 말하며, '근채류'는 뿌리를 식용하는 야채를 말한다. 이와 더불어 '외떡잎'을 통해 공통으로 연상할 수 있는 것은 '토란'이다.

08 정답 ②

제시문은 어떤 주장에 대해 증명할 수 없거나 결코 알 수 없음을 들어 거짓이라고 반박하는 '무지에 호소하는 오류'를 범하고 있으며, ②의 문장 또한 이와 같은 오류에 해당한다.

[오답분석]
① 원천 봉쇄의 오류
③ 군중에 호소하는 오류
④ 결합의 오류
⑤ 원인 오판의 오류

09 정답 ①

나열된 수를 각각 A, B, C, D라고 하면, 다음과 같은 규칙이 성립한다.
$A\ B\ C\ D \rightarrow A \times B = C + D$
따라서 ( )=7×3−9=12이다.

10 정답 ①

작년 기획팀 팀원 전체 나이의 합은 20×35=700세였다. 올해 기획팀 전체 나이의 합은 720세가 되었고, 여기서 올해 나이 65세인 팀원 A와 55세인 팀원 B가 퇴직하였으므로 두 직원을 제외한 팀원 전체 나이의 합은 720−(65+55)=600세이다.
이때, 새로 입사한 직원 C의 나이를 c라고 하면 다음과 같은 식이 성립한다.

$\dfrac{600+c}{19}=33$

→ $600+c=627$
→ $c=627-600$
∴ $c=27$

따라서 직원 C의 나이는 27세이다.

11 정답 ⑤

- 휴대전화 한 달 요금제 : 45,000원
- 휴대전화 한 달 할부 금액 : 360,000÷24=15,000원
- 휴대전화 할부 월 이자 : 360,000×0.005=1,800원

따라서 A사원이 한 달에 납부해야 하는 금액은 45,000+15,000+1,800=61,800원이다.

12 정답 ④

할인받기 전 김팀장이 지불할 금액은 (25,000×2)+(8,000×3)=74,000원이다.
통신사 할인과 이벤트 할인을 적용한 금액은 {(25,000×2×0.85)+(8,000×3×0.75)}×0.9=54,450원이다.
따라서 김팀장이 할인받은 금액은 74,000−54,450=19,550원이다.

13 정답 ①

원형 테이블에 먼저 기준이 되는 C팀장을 앉히고 나머지를 배치하면, 마지막 조건에 따라 C팀장 왼쪽 자리에는 D주임이 앉아야 한다. 다음으로 두 번째 조건에 따라 C팀장 맞은편에는 F팀장이 앉아야 하며, 첫 번째 조건에 따라 F팀장 바로 옆자리에는 E사원이 앉아야 한다. 이때, E사원은 F팀장의 오른쪽 또는 왼쪽에 모두 앉을 수 있으므로 가능한 경우를 고려하여 정리하면 다음과 같다.

i) E사원이 F팀장의 왼쪽에 앉았을 때   ii) E사원이 F팀장의 오른쪽에 앉았을 때

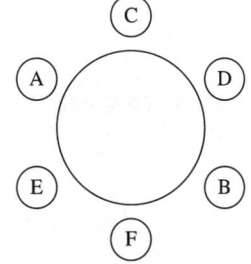

따라서 항상 옳은 것은 ①이다.

[오답분석]
② B대리는 D주임 옆자리에 앉을 수도 아닐 수도 있다.
③ C팀장의 오른쪽에는 A사원이 앉는다.
④ D주임은 B대리와 마주 앉을 수도 아닐 수도 있다.
⑤ E사원은 D주임과 마주 앉을 수도 아닐 수도 있다.

14 정답 ③

i) A가 찬성, B가 반대인 경우
  다섯 번째 조건과 대우 명제에 의해 F와 G가 찬성한다. 그러면 첫 번째 조건에 의해 E는 반대한다. 또한 문제에서 네 명이 찬성이라고 했기 때문에 C와 D 중 한 명은 찬성, 한 명은 반대를 한다.
  ∴ 찬성 − A, C(D), F, G, 반대 − B, D(C), E

ii) A가 반대, B가 찬성인 경우
  세 번째, 네 번째 조건에 의해 E는 반대, C, D는 찬성한다. F가 찬성을 하면 G도 찬성을 해서 찬성자가 다섯 명이 되므로 F는 반대, G는 찬성을 한다.
  ∴ 찬성 − B, C, D, G, 반대 − A, E, F

따라서 C와 D는 같은 입장을 취할 수도 있고, 다른 입장을 취할 수도 있으므로 ③은 반드시 참이라고 할 수 없다.

15 정답 ③

제시된 조건에 따라 레스토랑의 코스 순서를 추론해보면 다음과 같다.

1번째 코스	스프
2번째 코스	치킨 샐러드
3번째 코스	생선 튀김
4번째 코스	버섯 파스타
5번째 코스	스테이크
6번째 코스	치즈 케이크
7번째 코스	푸딩

따라서 스테이크 다음으로 나올 음식은 치즈 케이크이며, 버섯 파스타는 스테이크 이전에 나오는 메뉴이다.

16 정답 ④

A균과 B균의 증감 규칙은 다음과 같다.
- A균

20　23　26　29　32　35
　+3　+3　+3　+3　+3

앞의 항에 +3을 하는 등차수열이다.
- B균

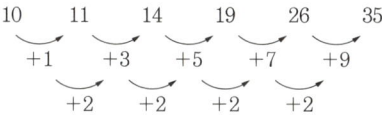

주어진 수열의 계차는 공차가 +2인 등차수열이다.

11주 후 A균의 수는 $35+5\times3=50$개이고, B균의 수는 $35+\sum_{k=1}^{5}(9+2k)=35+9\times5+2\times\dfrac{5\times6}{2}=110$개이다.

따라서 11주 후 A균과 B균 수의 합은 $50+110=160$개이다.

17 정답 ④

선택지별 부품 구성에 따른 총개수 및 총가격과 총소요시간을 계산하면 다음과 같으며, 총소요시간에서 30초는 0.5분으로 환산한다.

구분	부품	총개수	총가격	총소요시간
①	A, D, E	4+3+2=9개	(20×4)+(50×3)+(90×2)=410원	(1×4)+(4×3)+(2.5×2)=21분
②	A, D, F	4+3+1=8개	(20×4)+(50×3)+120=350원	(1×4)+(4×3)+3.5=19.5분
③	B, C, E	2+3+2=7개	(35×2)+(40×3)+(90×2)=370원	(2×2)+(1.5×3)+(2.5×2)=13.5분
④	B, C, F	2+3+1=6개	(35×2)+(40×3)+120=310원	(2×2)+(1.5×3)+3.5=12분
⑤	B, D, F	2+3+1=6개	(35×2)+(50×3)+120=340원	(2×2)+(4×3)+3.5=19.5분

중요도에서 가장 먼저 고려해야 할 가격 조건 만족에 해당하는 부품 구성은 (B, C, F), (B, D, F)이다.
이어서 두 번째로 중요도가 높은 부품 개수를 비교하면 6개로 동일하고, 총소요시간은 (B, C, F)가 더 짧다.
따라서 조건에 부합하는 부품 구성은 'B, C, F'이다.

02 60문항 유형

01	02	03	04	05	06	07	08	09	10	11	12	13	14	15	16	17	18	19
③	④	②	①	④	①	③	③	②	②	③	④	③	④	②	④	③	③	④

01 정답 ③

여명, 동트기, 개동은 먼동이 트려 할 무렵인 새벽을 의미하나, 상오는 '자정부터 낮 열두 시까지의 시간'을 의미한다.

02 정답 ④

뜨더귀는 '조각조각으로 뜯어내거나 가리가리 찢어내는 짓. 또는 그 조각'을 뜻한다.

03 정답 ②

'해의추식(解衣推食)'은 '옷을 입히고, 음식을 밀다'는 의미로, '입고 있던 옷을 벗어 입혀주고 음식을 나누어 준다.'는 뜻이다. 이는 남에게 은혜를 베푸는 것을 말하므로, 제시문의 봉사활동과 그 의미가 가장 일맥상통한다.

오답분석
① 음마투전(飮馬投錢) : 말에게 물을 마시게 할 때 먼저 돈을 물속에 던져서 물 값을 갚는다는 뜻으로, 결백한 행실을 비유함
③ 괄목상대(刮目相對) : 눈을 비비고 상대방을 대한다는 뜻으로, 상대방의 학식이나 재주가 갑자기 몰라볼 정도로 나아졌음을 이르는 말
④ 반계곡경(盤溪曲徑) : 꾸불꾸불한 길이라는 뜻으로, 정당하고 평탄한 방법으로 하지 아니하고 그릇되고 억지스럽게 함을 이르는 말

04 정답 ①

어물쩡은 '말이나 행동을 분명하게 하지 않고 적당히 넘기는 모양'을 이르는 부사인 '어물쩍'의 잘못된 표기이다.

오답분석
② 웬일 : 어찌 된 일. 의외의 뜻을 나타낸다.
③ 박이다 : 손바닥, 발바닥 따위에 굳은살이 생기는 것을 의미한다.
④ -든지 : 나열된 동작이나 상태, 대상 중에서 어느 것이든 선택될 수 있음을 나타내는 연결어미

05 정답 ④

선택지가 모두 (가)로 시작하므로, (가) 문단을 제외한 나머지 문단의 순서를 확인하는 것이 효율적이다.
먼저 (라) 문단은 나무를 양육할 때 주로 저지르는 실수로 나무 간격을 촘촘하게 심는 것을 언급하고 있으므로, (가) 문단 뒤에 이어지는 것이 적절하다. 다음으로 (라) 문단에 대한 이유를 설명하는 (다) 문단이 와야 한다. 마지막으로 또 다른 식재계획 시 주의점에 대해서 이야기하는 (나) 문단이 이어지는 것이 적절하다. 따라서 (가) – (라) – (다) – (나) 순서로 나열하는 것이 적절하다.

06 정답 ①

감자꽃은 유채꽃보다 늦게 피므로 유채꽃이 피기 전이라면 감자꽃도 피지 않았다.

07 정답 ③

$4,646-2,351-5,456+5,441$
$=10,087-7,807$
$=2,280$

08 정답 ③

주어진 식을 분모의 유리화를 이용하여 간단히 하면 다음과 같다.

$$\frac{1}{\sqrt{x+1}+\sqrt{x}}+\frac{1}{\sqrt{x+1}-\sqrt{x}}=\frac{(\sqrt{x+1}-\sqrt{x})+(\sqrt{x+1}+\sqrt{x})}{(\sqrt{x+1}+\sqrt{x})(\sqrt{x+1}-\sqrt{x})}=\frac{2\sqrt{x+1}}{(x+1)-x}=2\sqrt{x+1}$$

09 정답 ②

$x^2+\dfrac{1}{x^2}=\left(x+\dfrac{1}{x}\right)^2-2=9-2=7$

10 정답 ②

원래 가격을 x원라고 하면, 최종 판매 가격은 $x\times0.7\times0.9=0.63x$원이다.
따라서 원래 가격에서 37% 할인된 가격으로 판매되었다.

11 정답 ③

작년의 임원진 3명은 연임하지 못하므로 올해 임원 선출이 가능한 인원은 $17-3=14$명이다.
14명 중에서 회장, 부회장, 총무를 1명씩 뽑을 수 있는 방법은 다음과 같다.
$_{14}P_3=14\times13\times12=2,184$
따라서 올해 임원을 선출할 수 있는 경우의 수는 2,184가지이다.

12 정답 ④

ⅰ) 첫 번째 시행에서 A회사의 용지 묶음을 꺼낼 확률 : $\dfrac{7}{12}$

ⅱ) 두 번째 시행에서 A회사의 용지 묶음을 꺼낼 확률 : $\dfrac{6}{11}$

따라서 구하는 확률은 $\dfrac{7}{12}\times\dfrac{6}{11}=\dfrac{7}{22}$이다.

13 정답 ③

$+3$, $\div2$의 규칙을 반복하여 적용하는 문자열이다.

캐	해	새	채	매	애	(래)
11	14	7	10	5	8	4

따라서 빈칸에 들어갈 문자는 '래'이다.

14 정답 ④

창업교육을 미이수한 폐업 자영업자 중 생존기간이 10개월 이상인 자영업자의 비율이 약 68%이어서 생존기간이 10개월 미만인 자영업자의 비율은 약 32%이다. 따라서 옳은 내용임을 알 수 있다.

오답분석

① 주어진 그래프를 통해서는 기간별 생존비율만을 알 수 있을 뿐 창업교육을 이수 또는 미이수한 폐업 자영업자 수는 알 수 없다.
② 0 ~ 5개월 구간과 48 ~ 50개월 구간에서는 두 그룹의 생존비율이 같으나 나머지 구간에서는 모두 창업교육 미이수 그룹의 생존비율이 창업교육 이수 그룹에 비해 낮다. 따라서 평균 생존기간은 창업교육 이수 그룹이 더 길다.
③ 창업교육을 이수한 폐업 자영업자의 생존비율과 창업교육을 미이수한 폐업 자영업자의 생존비율의 차이는 창업 후 45 ~ 48개월의 구간에서 약 30%p로 가장 크다는 것을 알 수 있으므로 옳지 않은 내용이다.

15 정답 ②

2021년 친환경인증 농산물의 종류별 생산량에서 무농약 농산물 생산량이 차지하는 비중을 구하면 서류는 약 $72.2\%\left(≒\dfrac{30,157}{41,782}\times100\right)$, 곡류는 약 $78.4\%\left(≒\dfrac{269,280}{343,380}\times100\right)$이므로 옳지 않은 내용이다.

오답분석

① 2021년 친환경인증 농산물 종류 중 생산 감소량이 전년 대비 큰 순서대로 나열하면 채소류(약 17만 톤), 과실류(약 12만 톤), 곡류(약 2.8만 톤)으로 곡류가 세 번째로 크다. 따라서 옳은 내용이다.
③ 2021년 서울의 인증형태별 생산량 순위를 살펴보면 1위가 무농약 농산물, 2위가 유기 농산물, 3위가 저농약 농산물이다. 나머지 지역 중에서 이와 같은 순위 분포를 보이는 지역은 인천과 강원도뿐이므로 옳은 내용이다.
④ 2020년에 비해 2021년 친환경인증 농산물의 생산량이 감소한 지역은 9곳으로, 감소율을 각각 계산한 값은 다음과 같다.

- 서울 : $\dfrac{1,938-1,746}{1,938}\times100≒9.9\%$
- 부산 : $\dfrac{6,913-4,040}{6,913}\times100≒41.56\%$
- 대구 : $\dfrac{13,852-13,835}{13,852}\times100≒0.12\%$
- 광주 : $\dfrac{7,474-5,946}{7,474}\times100≒20.44\%$
- 대전 : $\dfrac{1,550-1,521}{1,550}\times100≒1.87\%$
- 울산 : $\dfrac{13,792-10,859}{13,792}\times100≒21.27\%$
- 경기도 : $\dfrac{126,209-109,294}{126,209}\times100≒13.4\%$
- 충청도 : $\dfrac{207,753-159,495}{207,753}\times100≒23.23\%$
- 전라도 : $\dfrac{922,641-611,468}{922,641}\times100≒33.73\%$

따라서 친환경인증 농산물의 생산량이 전년 대비 30% 이상 감소한 지역은 부산, 전라도 2곳이다.

16 정답 ④

(가) 하드 어프로치 : 하드 어프로치에 의한 문제해결 방법은 상이한 문화적 토양을 가지고 있는 구성원을 가정하고, 서로의 생각을 직설적으로 주장하고 논쟁이나 협상을 통해 서로의 의견을 조정해 가는 방법이다.
(나) 퍼실리테이션 : 퍼실리테이션이란 '촉진'을 의미하며, 어떤 그룹이나 집단이 의사결정을 잘하도록 도와주는 일을 의미한다. 퍼실리테이션에 의한 문제해결 방법은 깊이 있는 커뮤니케이션을 통해 서로의 문제점을 이해하고 공감함으로써 창조적인 문제해결을 도모한다.
(다) 소프트 어프로치 : 소프트 어프로치에 의한 문제해결 방법은 대부분의 기업에서 볼 수 있는 전형적인 스타일로 조직 구성원들을 같은 문화적 토양을 가지고 이심전심으로 서로를 이해하는 상황을 가정한다.

17 정답 ③

우선 프로젝트의 최단기간을 먼저 확인하면, 최단기간에 완료하기 위해서는 각 작업을 동시에 진행해야 한다. 다만, B작업은 A작업이 완료된 이후에 시작할 수 있고, E작업은 D작업이 완료된 이후에 시작할 수 있다는 점을 고려하여야 한다. C작업은 50일, A+B작업은 28일, D+E작업은 34일이 걸리므로, 프로젝트가 완료되는 최단기간은 50일이다. 여기서 C작업은 50일 내내 작업해야 하므로 반드시 5명이 필요한데, 나머지 작업은 50일을 안분하여 진행해도 된다. 그러므로 먼저 A작업에 5명을 투입하고, 작업이 완료된 후 그들 중 3명을 B작업에, 2명은 D작업에 투입한다. 그리고 B, D작업을 완료한 5명 중 4명만 E작업에 투입한다. 따라서 작업기간은 10일(A)+18일(B와 D 동시진행)+16일(E)=44일이 걸리며, 프로젝트를 최단기간에 완료하는 데 투입되는 최소 인력은 10명이다.

18 정답 ③

- N씨가 인천공항에 도착한 현지 날짜 및 시각

  독일시각　　11월 2일 19시 30분
  소요시간　　　+12시간 20분
  시차　　　　　　　+8시간
  　　　　　=11월 3일 15시 50분

인천공항에 도착한 시각은 한국시각으로 11월 3일 15시 50분이고, N씨는 3시간 40분 뒤에 일본으로 가는 비행기를 타야 한다. 비행 출발 시각 1시간 전에는 공항에 도착해야 하므로, 참여 가능한 환승투어 코스는 소요 시간이 두 시간 이내인 엔터테인먼트, 인천시티, 해안관광이다.
따라서 N씨의 인천공항 도착시각과 환승투어 코스가 바르게 연결된 것은 ④이다.

19 정답 ④

A가 적용받는 우대사항은 '장기거래'와 '첫 거래', '주택청약종합저축'이다.
- A는 총 12회를 자동이체를 통해 납입하였는데, 이는 20개월의 2/3 이상인 14회 미달이므로 '자동이체 저축' 우대이율은 적용받지 못한다.
- 2014년부터 5년 이상 거래하였으므로 '장기거래' 우대이율을 적용받는다.
- 2019년 1월에 가입한 K적금 상품은 2020년 9월 이전에 만기이므로, '첫 거래' 우대이율을 적용받는다.
- 2020년 11월 31일 이전에 주택청약종합저축에 가입하였으므로 '주택청약종합저축' 우대이율을 적용받는다.

그러므로 적용금리는 기본금리 1.8%에 우대금리 0.6%p를 더한 2.4%이고, 이때의 환급이자와 원금은 다음과 같다.

- 환급이자 : $100,000 \times \dfrac{20 \times 21}{2} \times \dfrac{0.024}{12} = 42,000$원

- 원금 : $100,000 \times 20 = 2,000,000$원

따라서 만기환급금액은 2,042,000원이다.

CHAPTER 08 2021년 기출복원문제

01 70문항 유형

01	02	03	04	05	06	07	08	09	10	11	12	13	14	15	16	17	18	19	
①	②	⑤	①	③	④	⑤	⑤	⑤	⑤	②	④	③	④	⑤	①	④	④	①	

01 정답 ①
발굽이 둘로 갈라진 '돼지', '소', '염소'에서 발생하는 가축 전염병인 '구제역'을 연상할 수 있다.

02 정답 ②
'무가당'은 '천연과즙' 외에 어떠한 감미료도 첨가되지 않은 '주스'로 '천연당'만이 들어있다.

03 정답 ⑤
'겨울'에 먹는 별미인 '팥죽'은 24절기 중 22번째 '절기'인 동지에 먹으므로 '동지'를 연상할 수 있다.

04 정답 ①
밑줄 친 '먹었다'는 '어떤 마음이나 감정을 품다.'라는 뜻으로 사용되었다. 이와 같은 뜻으로 쓰인 것은 ①이다.

[오답분석]
② 연기나 가스 따위를 들이마시다.
③ 겁, 충격 따위를 느끼게 되다.
④ 어떤 등급을 차지하거나 점수를 따다.
⑤ 구기 경기에서 점수를 잃다.

05 정답 ③
밑줄 친 '엿볼(엿보다)'은 '남이 보이지 아니하는 곳에 숨거나 남이 알아차리지 못하게 하여 대상을 살펴보다.'는 뜻으로 사용되었다. 이와 같은 뜻으로 쓰인 것은 ③이다.

[오답분석]
①·② 잘 보이지 아니하는 대상을 좁은 틈 따위로 바라보다.
④·⑤ 잘 드러나지 아니하는 마음이나 생각을 알아내려고 살피다.

06 정답 ④

밑줄 친 '기르다'는 '육체나 정신을 단련하여 더 강하게 만들다.'는 뜻으로 이와 같은 의미로 쓰인 것은 ④이다.

오답분석
① 동식물을 보살펴 자라게 하다.
② 아이를 보살펴 키우다.
③ 습관 따위를 몸에 익게 하다.
⑤ 머리카락이나 수염 따위를 깎지 않고 길게 자라도록 하다.

07 정답 ⑤

집에 가서 밥 <u>먹어야할</u> 텐데. → 집에 가서 밥 <u>먹어야 할</u> 텐데.

08 정답 ⑤

'탁상공론(卓上空論)'은 '현실성이나 실천 가능성이 없는 허황(虛荒)된 이론'을 뜻한다.

오답분석
① 토사구팽(兎死狗烹) : 토끼 사냥이 끝나면 사냥개를 삶아 먹는다는 뜻으로, 쓸모가 없어지면 버려진다는 의미
② 계명구도(鷄鳴狗盜) : 닭의 울음소리와 개 도둑이라는 뜻으로, 하찮은 재주도 쓸모가 있다는 의미
③ 표리부동(表裏不同) : 겉과 속이 같지 않다는 뜻
④ 사면초가(四面楚歌) : 사방이 초나라 노래라는 뜻으로, 도움을 받을 수 없는 고립된 상태라는 의미

09 정답 ⑤

'육지행선(陸地行船)'은 '육지에서 배를 저으려한다.'는 뜻으로, '되지 않을 일을 억지로 하고자 함'을 비유하는 말이다.

오답분석
① 오매불망(寤寐不忘) : 자나 깨나 잊지 못함
② 이란투석(以卵投石) : 약한 것으로 강한 것을 당해 내려는 어리석은 짓
③ 사필귀정(事必歸正) : 모든 일은 결국 이치대로 돌아감
④ 미생지신(尾生之信) : 우직하게 약속만을 굳게 지킴

10 정답 ⑤

제시문은 인공지능은 인간이 만든 도구일 뿐이고, 이런 도구가 인간을 평가하면 주체와 객체가 뒤바뀌는 상황이 발생하므로, 기계가 인간을 판단하는 것은 정당하지 않다고 주장하는 글이다.

오답분석
① 인공지능과 인간의 차이점을 통해 논지를 주장하고 있다.
② 인공지능은 빅데이터를 바탕으로 결과를 도출해 내는 기계에 불과하므로, 통계적 분석을 할 뿐 타당한 판단을 내릴 수 없다.
③ 인간은 사회에서 의사소통을 통해 관계를 형성한다.
④ 미래에 인공지능이 인간을 대체할 것인지에 대해서는 제시문을 통해 알 수 없다.

11 정답 ②

우선, 문단 ㄴ의 '이 같은', 문단 ㄷ의 '이번 합의각서'가 의미하는 내용이 무엇인지 알 수 없으므로 문단 ㄴ과 ㄷ은 가장 먼저 올 수 없다. 또한 문단 ㄹ이 접속어 '또한'으로 시작하므로 이 역시 가장 먼저 올 수 없다. 따라서 가장 먼저 올 문단은 ㄱ이다. 문단 ㄱ 다음에는 '합의각서'에 대한 내용이 서술되어 있는 문단 ㄷ이 이어지는 것이 적절하며, 그다음으로는 이러한 김치공장의 통합방식 체결에 대한 배경이 서술되어 있는 문단 ㄴ이 앞으로의 계획에 대해 언급하는 문단 ㄹ보다 먼저 와야 한다.

12 　정답　④

앞의 항에 ×9, ＋1.7의 규칙을 반복하여 적용하는 수열이다.
따라서 (　)＝－145×9＝－1,305이다.

13 　정답　③

'1 2 4 8 16 32'는 2배로 커지는 규칙이다.

오답분석
①·②·④·⑤ 맨 처음 항이 더해지는 규칙이다.

14 　정답　④

ⅰ) 두 개의 주사위를 굴려서 나올 수 있는 모든 경우의 수 : 6×6＝36가지

ⅱ) 눈의 합이 12 이상이 나오는 확률 : 주사위의 눈이 (6, 6)이 나오는 경우로 $\frac{1}{36}$

ⅲ) 눈의 합이 7이 나오는 확률 : 주사위의 눈이 (1, 6), (2, 5) (3, 4) (4, 3) (5, 2) (6, 1)이 나오는 경우로 $\frac{6}{36}$

따라서 두 확률의 합은 $\frac{1}{36}+\frac{6}{36}=\frac{7}{36}$ 이다.

15 　정답　⑤

(전체 직원 중 안경을 쓴 비율)＝(여자 직원 중 안경을 쓴 비율)＋(남자 직원 중 안경을 쓴 비율)
$\left(\frac{3}{5}\times\frac{20}{100}\right)+\left(\frac{2}{5}\times\frac{80}{100}\right)=\frac{12}{100}+\frac{32}{100}=\frac{44}{100}$
따라서 전체 직원 중 안경을 쓴 비율은 44%이다.

16 　정답　①

일률은 1시간 동안 쉬지 않고 옮긴 농기구 수이므로 A의 일률은 $100\div\frac{90}{60}≒66$개이고, B의 일률은 $110\div\frac{110}{60}=60$개이다.

따라서 B가 농기구를 옮긴 일률은 A가 농기구를 옮긴 일률의 $\frac{60}{66}\times100≒90$%이다.

17 　정답　④

A고객의 가입 기간은 3년, 월 100만 원 입금, 연이율은 기본금리 2%에 준조합원 우대금리(0.1%p), 행복이음 패키지 보유(0.1%p), 공과금 이체(0.2%p)를 적용하여 2.4%이다.
월초 a원, 연이율 r%일 때 단리 적금 n개월 후의 만기환급금 공식은 다음과 같다.
$a\times n+a\times\frac{r}{12}\times\frac{n\times(n+1)}{2}$
만기환급금 공식에 대입하면 다음과 같다.
$1,000,000\times36+1,000,000\times\frac{0.024}{12}\times\frac{36\times(36+1)}{2}$
$=36,000,000+2,000\times\frac{1,332}{2}$
$=36,000,000+1,332,000=37,332,000$
따라서 만기환급금은 37,332,000원이다.

18 정답 ④

ⓒ에는 외부 위협 요인을 줄이거나 제거하는 ST전략이 와야 하지만, ④는 안정적인 자금력(S)을 통해 부유층 고객이 이동하는 기회(O)를 잡으려는 전략(SO)에 해당하므로 적절하지 않다.

19 정답 ①

브레인스토밍은 자유연상법의 하나로 주제를 정하고, 자유롭게 아이디어를 말하고 이를 결합하여 최적의 방안을 찾는 방법이다.

오답분석
② 자유연상법은 생각나는 대로 자유롭게 발상하는 방법이다.
③ 비교발상법은 주제의 본질과 닮은 것을 힌트로 발상하는 방법이다.
④ NM법은 대상과 비슷한 것을 찾아내 그것을 힌트로 새로운 아이디어를 생각하는 방법이다.
⑤ 시네틱스는 서로 관련이 없어 보이는 것들을 조합하여 새로운 것을 도출하는 방법이다.

02 60문항 유형

01	02	03	04	05	06	07	08	09	10	11	12	13	14	15					
①	②	④	①	④	②	③	②	④	②	④	④	①	③	③					

01 정답 ①

- 털끝 : 아주 적거나 사소한 것을 비유적으로 이르는 말
- 일호 : 극히 작은 정도를 이르는 말

오답분석
② 끝장 : 일이 더 나아갈 수 없는 막다른 상태
③ 관대 : 죄나 허물 따위를 너그럽게 용서함
④ 궁극 : 어떤 과정의 마지막이나 끝

02 정답 ②

- 안손님 : 여자 손님
- 여객 : 여자 손님

오답분석
① 바깥손님 : 남자 손님
③ 외객 : 남자 손님
④ 동료 : 같은 직장이나 같은 부문에서 함께 일하는 사람

03 정답 ④

- 군더더기 : 쓸데없이 덧붙은 것
- 사족 : '뱀에 다리를 그린다.'는 말로 쓸데없는 짓을 하여 잘못되게 하는 것

> 오답분석
① 쭉 : 줄이나 금 따위를 곧게 내긋는 모양
② 빈약 : 가난하고 힘이 없음
③ 이연 : 시일을 차례로 미루어 나감

04 정답 ①

항상 열린 마음으로 계통 간, 구성원 간에 존경과 협력을 다하여 조직 전체의 성과가 극대화될 수 있도록 시너지 제고를 위해 노력하는 인재
- 재고 : 재차 고려하다, 다시 생각하다.
- 제고 : 쳐들어 높임

05 정답 ④

- 사업(事業) : 어떤 일을 일정한 목적과 계획을 가지고 짜임새 있게 지속적으로 경영함. 또는 그 일
- 결의(決意) : 뜻을 정하여 굳게 마음을 먹음. 또는 그런 마음

> 오답분석
- 사업(司業) : 신라, 고려, 조선 시대의 벼슬
- 사업(邪業) : 나쁜 행위. 또는 올바른 길에서 벗어나는 행위
- 결의(決議) : 의논하여 결정함. 또는 그런 결정

06 정답 ②

공문서는 주로 문어체로 작성한다.

> 오답분석
① 연도와 월일을 반드시 함께 기입한다.
③ 누가, 언제, 어디서, 무엇을, 어떻게(왜)가 정확하게 드러나도록 작성해야 한다.
④ 마지막엔 반드시 '끝'자로 마무리한다.

07 정답 ③

제시문에는 지구 온난화 현상을 막기 위한 방법들이 있으며, 본질적으로 해결할 수 없다는 내용은 찾을 수 없다.

> 오답분석
① 지구 온난화는 식물과 동물을 죽이고 결과적으로 인류를 멸망시킬 수 있다.
② 온실기체를 온난화의 유력한 원인으로 보고 있으며, 다른 가설들은 과학적 합의점에 이르지 못했다.
④ 프레온 가스는 분자당 온실효과를 가장 크게 일으키는 원인이 된다.

08 정답 ②

세 번째 문단의 '이에 따라 타 지역에서도 스마트폰 하나로 실시간 경매 상황을 확인하는 것은 물론 경매 응찰까지도 가능해지고 있어'라는 내용을 통해 공간 제약은 받지 않지만, "경매참여자는 경매 시간에 맞춰 '가축시장' 앱을 실행한 뒤"라는 내용을 통해 시간의 제약은 받고 있음을 알 수 있다.

오답분석
① 스마트 가축시장 플랫폼은 가축시장 경매를 위한 것으로 축사의 관리와는 관련이 없다.
③ 마지막 문단의 '굳이 ~ 가축시장에 나오지 않는 농가가 크게 늘어'라는 내용을 통해 가축시장에 직접 나와 경매에 참여하는 농가도 있음을 유추할 수 있다.
④ 마지막 문단의 '굳이 가축시장까지 나가지 않아도 실시간으로 경매에 참여하거나 낙찰정보를 확인할 수 있어 …'라는 내용을 통해 기존에는 직접 방문하여야 실시간으로 경매 상황을 알 수 있었음을 유추할 수 있다.

09 정답 ④

연속하는 세 수의 합이 27인 경우는 8, 9, 10이다.
56a300+4bc80=1,050,380원을 만족하는 값은 a=9, b=8, c=10이다.
따라서 $(6 \times a)+(31 \times b)+(9 \times c)=54+248+90=392$이다.

10 정답 ②

제시된 조건을 바탕으로 감자 → 고구마 → 오이 → 토마토 → 고추 순으로 배열하여 표로 정리하면 다음과 같다.

구분	감자	고구마	오이	토마토	고추
A	×	×	×	○	
B			○		
C	○				
D		○	×		
E	×	×	×	×	○

첫 번째 조건에 따라 A는 토마토와 고추 중 우선순위에 따라 토마토를 가꾼다.
마지막 조건에 따라 E는 고추만을 가꾼다.
두 번째 조건에 따라 C는 감자와 토마토 중 A가 가꾸는 토마토를 제외한 감자를 가꾼다.
세 번째 조건에 따라 남은 작물 중 고구마와 오이 중 D는 오이를 가꾸지 못하므로 고구마를 가꾼다.
따라서 D는 고구마를 가꾼다.

11 정답 ④

'축산업이 발전함'을 p, '소득이 늘어남'을 q, '해외수입이 줄어듦'을 r이라고 하면 첫 번째 조건은 $p \rightarrow q$, 두 번째 조건은 $r \rightarrow p$이다.
따라서 $r \rightarrow p \rightarrow q$의 관계가 되어 $r \rightarrow q$인 ④는 반드시 참이다.

12 정답 ④

운전자가 제일 하급자일 경우 조수석 뒷자리 – 운전석 뒷자리 – 조수석 순서로 제일 상급자부터 탑승한다.
따라서 조수석에는 사원, 조수석 뒷자리에는 팀장, 운전석 뒷자리에는 대리가 탑승하고, 운전자가 가장 상급자일 경우 조수석 – 조수석 뒷자리 – 운전석 뒷자리 순서로 탑승한다.

13 정답 ①

1분기 예산서 중 간접비는 '일반관리비'이다. 따라서 간접비 총액은 7,500,000원이다.
한편, 가~라는 모두 직접비이다.
- 직접비 : 예 재료비, 원료와 장비, 시설비, 여행(출장) 및 잡비, 인건비
- 간접비 : 예 보험료, 건물관리비, 광고비, 통신비, 공과금, 사무 비품비

14 정답 ③

- 술을 마시는 사람 6명의 주류와 음료수 주문
  - 주류 : 4,000×6=24,000원
  - 음료수 : 1,000×6=6,000원
- 술을 못 마시는 사람 4명의 음료수 주문
  - 1,000×8=8,000원
- A세트 주문
  - 3개 주문 : 34,000×2=68,000원 → 할인 적용 : 1개 무료
- B세트 주문
  - 2개 주문 : 28,000×2=56,000원
- C세트 주문
  - 5개 주문 : 30,000×4=120,000원 → 할인 적용 : 1개 무료

주문금액의 합은 24,000+6,000+8,000+68,000+56,000+120,000=282,000원이고, 200,000원 초과이므로 10% 할인된다.
따라서 N모임에서 지불한 비용은 282,000×0.9=253,800원이다.

15 정답 ③

5명이 주고받은 선물은 다음과 같다.
- A
  한 해 동안 선물받은 총가격 : 38+(24×4)+(18×5)+(12×6)=38+96+90+72=296만 원
  한 회계연도에 300만 원 미만이므로 법에 위배되지 않는다.
- B
  - 여름 : (6×12)+(11×8)+(12×4)=72+88+48=208만 원
  - 가을 : (24×3)+(18×2)=72+36=108만 원
  총 316만 원이지만, 각각 다른 사람에게 주었으므로 법에 위배되지 않는다.
- C
  한 해 동안 선물한 총가격 : (38×2)+(24×4)+(6×5)+(11×3)+(18×3)+12=76+96+30+33+54+12=301만 원
  한 회계연도에 300만 원 초과이므로 법에 위배된다.
- D : 인삼주를 한 번에 받았으므로 18×6=108만 원으로, 1회에 100만 원 초과로 법에 위배된다.
- E
  - 2분기 : 38+(18×5)=38+90=128만 원 선물받음
  - 4분기 : (24×5)+(12×2)=120+24=144만 원 선물함
  총 272만 원으로, 한 회계연도에 300만 원 미만이므로 법에 위배되지 않는다.

따라서 김영란법에 위배되는 사람은 C, D이다.

CHAPTER 09 2020년 기출복원문제

01   70문항 유형

01	02	03	04	05	06	07	08	09	10	11	12	13	14	15	16	17	18	19	20
④	④	④	②	④	⑤	③	③	③	②	④	⑤	⑤	⑤	③	②	④	③	③	②
21	22	23	24	25	26	27	28	29	30	31	32	33	34	35	36	37	38		
④	①	③	③	③	②	⑤	⑤	⑤	①	①	①	④	③	②	②	④	③		

01   정답   ④

'식별(識別)'은 '분별하여 알아봄'을 뜻한다.

오답분석

① 판별(判別) : 옳고 그름이나 좋고 나쁨을 판단하여 구별함. 또는 그런 구별
② 구별(區別) : 성질이나 종류에 따라 차이가 남. 또는 성질이나 종류에 따라 갈라놓음
③ 구분(區分) : 일정한 기준에 따라 전체를 몇 개로 갈라 나눔
⑤ 분별(分別) : 1. 서로 다른 일이나 사물을 구별하여 가름
                 2. 세상 물정에 대한 바른 생각이나 판단
                 3. 어떤 일에 대하여 배려하여 마련함

02   정답   ④

제시된 단어는 유의 관계이다. '마수걸이'의 유의어는 '개시'이고, '또렷하다'의 유의어는 '선명하다'이다.
- 마수걸이 : 맨 처음으로 물건을 파는 일. 또는 거기서 얻은 소득
- 개시(開市) : 시장을 처음 열어 물건의 매매를 시작함
- 또렷하다 : 엉클어지거나 흐리지 않고 아주 분명하다.
- 선명(鮮明)하다 : 산뜻하고 뚜렷하여 다른 것과 혼동되지 아니하다.

오답분석

① 흐릿하다 : 조금 흐린 듯하다.
② 복잡하다 : 1. 일이나 감정 따위가 갈피를 잡기 어려울 만큼 여러 가지가 얽혀 있다.
               2. 복작거리어 혼잡스럽다.
③ 깔끔하다 : 1. 생김새 따위가 매끈하고 깨끗하다.
               2. 솜씨가 야물고 알뜰하다.
⑤ 산뜻하다 : 1. 기분이나 느낌이 깨끗하고 시원하다.
               2. 보기에 시원스럽고 말쑥하다.

03 정답 ④

'모임'과 '회합'은 서로 유사한 의미를 지닌 고유어와 한자어의 관계이므로 이와 유사한 관계는 '이야기'와 '대화'인 ④이다.
- 모임 : 어떤 목적 아래 여러 사람이 모이는 일
- 회합(會合) : 토론이나 상담을 위하여 여럿이 모이는 일. 또는 그런 모임
- 이야기 : 어떤 사물이나 사실, 현상에 대하여 일정한 줄거리를 가지고 하는 말이나 글
- 대화(對話) : 마주 대하여 이야기를 주고받음. 또는 그 이야기

[오답분석]
① 서로 반대되는 의미를 지닌 고유어이다.
② 서로 유사한 의미를 지닌 한자어이다.
③ 서로 반대되는 의미를 지닌 고유어와 한자어이다.
⑤ 서로 유사한 의미를 지닌 고유어이다.

04 정답 ②

- 느긋하다 : 마음에 흡족하여 여유가 있고 넉넉하다.
- 성마르다 : 참을성이 없고 성질이 조급하다.

[오답분석]
① 설면하다 : 1. 자주 만나지 못하여 낯이 좀 설다.
              2. 사이가 정답지 아니하다.
③ 평탄(平坦)하다 : 1. 바닥이 평평하다.
                  2. 마음이 편하고 고요하다.
                  3. 일이 순조롭게 되어 나가는 데가 있다.
④ 원만(圓滿)하다 : 1. 성격이 모난 데가 없이 부드럽고 너그럽다.
                  2. 일의 진행이 순조롭다.
                  3. 서로 사이가 좋다.
⑤ 무사(無事)하다 : 1. 아무런 일이 없다.
                  2. 아무 탈 없이 편안하다.

05 정답 ④

'라켓'으로 셔틀콕('깃털'로 만들어진 공)을 쳐서 '네트'를 넘기는 경기인 '배드민턴'을 연상할 수 있다.

06 정답 ⑤

'향찰'로 표기된 우리나라 고유의 정형시로, '신라시대'의 대표적인 '운문'인 '향가'를 연상할 수 있다.

07 정답 ③

'메주'를 소금물에 담가 우려낸 '짠맛(짜다)'이 나는 흑갈색 '액체'인 '간장'을 연상할 수 있다.

08 정답 ③

'말미'는 일정한 직업이나 일 따위에 매인 사람이 다른 일로 말미암아 얻는 겨를을 의미하므로 ①·②·④·⑤와 바꾸어 쓸 수 있다.
- 알음 : 1. 사람끼리 서로 아는 일
         2. 지식이나 지혜가 있음
         3. 신의 보호나 신이 보호하여 준 보람

오답분석

① 휴가(休暇) : 직장·학교·군대 따위의 단체에서 일정한 기간 동안 쉬는 일. 또는 그런 겨를
② 여유(餘裕) : 물질적·공간적·시간적으로 넉넉하여 남음이 있는 상태
④ 겨를 : 어떤 일을 하다가 생각 따위를 다른 데로 돌릴 수 있는 시간적인 여유
⑤ 여가(餘暇) : 일이 없어 남는 시간

09 정답 ③

㉠ 느린 : 고령 운전자의 반응 시간은 1.4초이므로 0.7초인 비고령 운전자에 비해 느리다.
㉡ 길다 : 고령 운전자의 제동거리는 30~50대 운전자의 약 2배이므로 비고령 운전자보다 길다.
㉢ 줄어들었다 : 경찰청은 고령 운전자 교통사고를 예방하기 위해 75세 이상 운전자의 면허 갱신 기간을 5년에서 3년으로 줄였다.

10 정답 ②

후광효과란 어떤 대상이나 사람에 대한 일반적 견해가 그것의 구체적 특성을 평가하는 데 영향을 미치는 현상으로, 대기업의 제품이 다른 제품에 비해 성능이 뛰어날 것이라는 생각으로 상품을 구매하는 것은 후광효과의 대표적인 사례에 해당한다.

오답분석

① 경쟁에서 열세에 있는 약자를 더 응원하고 지지하는 언더독(Underdog) 효과의 사례에 해당한다.
③ 타인들과의 관계에서 소외되지 않기 위해 대중적으로 유행하는 정보를 따라 상품을 구매하는 밴드왜건(Band Wagon) 효과의 사례에 해당한다.
④ 처음에는 싫어하거나 무관심했지만, 대상에 대한 반복 노출이 거듭될수록 호감도가 증가하게 되는 에펠탑(Eiffel Tower) 효과의 사례에 해당한다.
⑤ 하나의 제품을 구입한 후 그와 어울리는 물건을 계속 구매하는 디드로(Diderot) 효과의 사례에 해당한다.

11 정답 ④

구들장논의 단면도를 보면, 크고 작은 돌로 축조된 (다)는 석축에 해당하므로 이를 중심으로 석축 위에 조성된 (나)는 혼합토층(밑복글)에 해당하는 것을 알 수 있다. 혼합토층은 작은 돌과 흙을 혼합하여 다진 층으로, 용수의 침출을 방지하는 역할을 한다.

오답분석

① 표토층(윗복글)에 대한 설명으로 (가)에 해당한다.
② 샛똘에 대한 설명으로 (마)에 해당한다.
③ 석축에 대한 설명으로 (다)에 해당한다.
⑤ 통수로에 대한 설명으로 (라)에 해당한다.

12 정답 ⑤

구들장논은 상부 논에서 배수된 물을 하부 논에 이용하는 중간 낙수 방식을 통해 관개용수를 절약할 수 있으므로 소량의 관개용수로도 경작이 가능하여 농업용수를 효율적으로 이용할 수 있다.

오답분석

① 구들장논은 경사가 급한 지형의 청산도에서 농지를 확보하기 위한 농민들의 노력으로 만들어졌다.
② 구들장논은 상부 논에서 집수된 물을 수로를 통해 하부 논으로 배수하는 연속관개구조의 논이다.
③ 구들장논은 관개용수 침투율이 낮은 혼합토층을 표토층 아래 조성하여 물을 저류하는 능력을 향상시켰다.
④ 구들장논은 상부 통수로를 개폐함으로써 농작물의 종류에 따라 공급되는 물의 양을 조절할 수 있다.

13 정답 ⑤

제시문에서는 우리 민족과 함께해 온 김치의 역사를 비롯하여 김치의 특징과 다양성 등을 함께 이야기하고 있으며, 복합 산업으로 발전하면서 규모가 성장하고 있는 김치 산업에 대해서도 이야기하고 있다. 따라서 제시문 전체의 내용을 아우를 수 있는 제목으로 가장 적절한 것은 ⑤이다.

오답분석

① · ④ 첫 번째 문단이나 두 번째 문단의 소제목은 될 수 있으나, 제시문 전체 내용을 나타내는 제목으로는 적절하지 않다.
② 마지막 문단에서 김치 산업에 대한 내용을 언급하고 있지만, 이는 현재 김치 산업의 시장 규모에 대한 내용일 뿐이므로 산업의 활성화 방안과는 거리가 멀다.
③ 제시문을 통해 알 수 없는 내용이다.

14 정답 ⑤

앞의 두 항의 곱이 다음 항이 되는 수열이다.

$$3 \quad 4 \quad 12 \quad 48 \quad (\ )$$
$$\quad\quad 3\times4 \quad 4\times12 \quad 12\times48$$

따라서 ( )=12×48=576이다.

15 정답 ③

앞의 항에 +7×2, +7×3, +7×4, …이 적용되는 수열이다.

$$1 \quad 15 \quad 36 \quad 64 \quad (\ )$$
$$\quad +14 \quad +21 \quad +28 \quad +35$$

따라서 ( )=64+35=99이다.

16 정답 ②

O씨가 준비한 박스의 수를 x개라고 하면 다음과 같은 식이 성립한다.
$4(x-1)+2=10(x-2)$
→ $4x-2=10x-20$
→ $6x=18$
∴ $x=3$

따라서 O씨가 준비한 박스는 3개이다.

17 정답 ④

첫날 경작한 논의 넓이를 1이라고 할 때, 마지막 날까지 하루에 경작한 논의 넓이는 다음과 같다.

1일	2일	3일	4일	5일	6일	7일	8일
1	2	4	8	16	32	64	128

A씨가 마지막 날에 경작하는 논의 넓이는 128이다.

따라서 A씨는 경작을 시작한 지 6일째 되는 날 마지막 날에 경작한 넓이의 $\frac{1}{4}$인 32만큼 경작하게 된다.

18 정답 ③

두 사람이 각각 헤어숍에 방문하는 간격인 10과 16의 최소공배수는 80일이다.
80일을 일주일 단위로 계산하면 11주하고 3일(80÷7=11 … 3)이 되므로 두 사람은 일요일의 3일 후인 수요일에 다시 만난다.

19 정답 ③

여학생의 수를 x명, 남학생의 수를 y명이라고 하자.
$81x+87y=84(x+y)$
→ $3x=3y$
∴ $x=y$
따라서 여학생과 남학생의 성비는 1 : 1이다.

[다른풀이]

가중평균에 대한 문제이다. 선택지의 값을 점수와 곱해서 평균을 구한다.
$81×1+87×1=84×(1+1)=81+87=168$
따라서 여학생과 남학생의 성비는 1 : 1이다.

20 정답 ②

은경이가 처음에 가지고 있던 한국 돈을 x원이라고 하자.
x원을 아랍에미리트 통화로 환전한 금액은 $x÷320$AED이고, 여행 중에 사용하고 남은 금액은 $x÷320×(1-0.68)$AED이다.
이를 다시 한국 돈으로 환전하는데, 팔 때의 금액이 250원/AED이므로 $x÷320×0.32×250$원이다.
따라서 남은 돈은 처음 금액의 $\dfrac{x÷320×0.32×250}{x}×100=25\%$이다.

21 정답 ④

ㄴ. 행정고시 기술직 합격자 중 여성의 수는 2018년에 $73×0.219≒16$명이고, 2020년에 $71×0.197≒14$명이다. 따라서 2020년에 감소하였다.

ㄹ. 여성 대비 남성의 비율은 2018년 행정고시 전체의 경우 $\dfrac{63.3}{36.7}≒1.7$이고, 2020년 변호사 시험의 경우 $\dfrac{54.5}{45.5}≒1.2$이다. 따라서 2018년 행정고시 전체의 여성 대비 남성의 비율이 더 높았다.

[오답분석]

ㄱ. 2018년 행정고시 행정직 합격자의 남성 비율은 $100-40.5=59.5\%$이다. 따라서 여성 대비 남성의 성비는 $\dfrac{59.5}{40.5}≒1.5$이므로 약 1.5 : 1이다. 따라서 옳지 않다.

ㄷ. 변호사 시험 합격자 중 남성의 수는 2018년에 $2,724×0.56≒1,525$명, 2019년에 $2,053×0.557≒1,144$명이므로 2019년에 전년 대비 감소하였다.

22 정답 ①

2019년 4분기에 인천의 한육우 농가 수는 직전분기 대비 $\frac{526-507}{526} \times 100 ≒ 3.6\%$ 감소하였다. 따라서 옳지 않은 설명이다.

[오답분석]
② 전국의 2014년 3분기와 4분기 대비 2019년 3분기와 4분기의 한육우 농가 수는 감소하였고, 마리 수는 증가하였다.
③ 2014년과 2019년 전북의 한육우 농가 수의 증감추이는 매분기 감소로 동일하다.
④ 2019년 2분기 대비 4분기에 한육우 마리 수가 증가한 지역은 부산, 인천, 광주, 경기, 충남, 전북, 전남으로 7곳이다.
⑤ 대전의 2014년 1분기 한육우 마리 수는 4,998마리이고, 3분기의 한육우 마리 수는 5,562마리이다. 따라서 $\frac{5,562-4,998}{4,998} \times 100 ≒ 11.3\%$ 증가하였다.

23 정답 ③

보고서에서는 50대 이상 연령대가 40대에 비해 2년 미만 생활 기간이 상대적으로 높게 나타났다고 설명하고 있으나, 그래프에서는 반대로 40대가 50대 이상보다 더 높게 나타나 있다.

24 정답 ③

먼저 첫 번째 명제에 따라 A가 콩인 경우와 오이인 경우를 나누어 보면 다음과 같다.
i) A가 콩인 경우
  A가 콩이면 B는 콩이 될 수 없으므로 마지막 명제에 따라 C는 토마토가 된다. C가 토마토이면 네 번째 명제의 대우 'C가 토마토이면 D는 밤이다.'에 따라 D가 밤이 되므로 B는 오이를 담당하게 된다.

A	B	C	D
콩	오이	토마토	밤

ii) A가 오이인 경우
  A가 오이이면 두 번째 명제에 따라 B는 콩이 되고, B가 콩이면 세 번째 명제의 대우 'B가 콩이면 C는 토마토가 아니다.'에 따라 D가 토마토가 되고, C는 밤을 담당하게 된다.

A	B	C	D
오이	콩	밤	토마토

따라서 A가 오이인 경우 C는 밤이 될 수 있으므로 항상 참이 아닌 것은 ③이다.

25 정답 ③

먼저 A사원의 진술이 거짓이라면 A사원과 D사원 두 명이 3층에서 근무하게 되고, 반대로 D사원의 진술이 거짓이라면 3층에는 아무도 근무하지 않게 되므로 조건에 어긋난다. 따라서 A사원과 D사원은 진실을 말하고 있음을 알 수 있다. 또한 C사원의 진술이 거짓이라면 아무도 홍보부에 속하지 않으므로 C사원도 진실을 말하고 있음을 알 수 있다. 결국 거짓말을 하고 있는 사람은 B사원이며, 이에 따라 A~D사원의 소속 부서와 부서 위치를 정리하면 다음과 같다.

구분	소속 부서	부서 위치
A사원	영업부	4층
B사원	총무부	6층
C사원	홍보부	5층
D사원	기획부	3층

따라서 기획부는 3층에 위치한다.

26 정답 ②

먼저 B와 C가 모두 탈락했다는 B의 진술과 B와 C 중 1명만 합격했다는 C의 진술이 서로 모순되므로 B와 C 둘 중 1명은 거짓을 말하고 있음을 알 수 있다. 만약 B의 진술이 참이라면 B의 진술에 따라 B와 C는 모두 탈락하였고, A의 진술에 따라 A와 D도 탈락하였으므로 합격자는 E가 된다. 그러나 제시된 문제에서 합격자는 2명이라고 하였으므로 이는 성립하지 않는다. 따라서 거짓말을 하고 있는 사람은 B이다.

27 정답 ⑤

B의 진술은 거짓이므로 C의 진술에 따라 B와 C 중 1명이 합격했고, A의 진술에 따라 A와 D는 탈락하였다. 이때, D와 E 중 1명만 합격했다는 D의 진술에 따라 E가 합격했음을 알 수 있으며, B와 E 중 1명은 탈락하지 않았다는 E의 진술에 따라 B가 탈락했음을 알 수 있다. 따라서 나머지 합격자는 C가 되므로 결국 2명의 합격자는 C와 E이다.

28 정답 ⑤

정의 진술에 따라 을과 정의 진술은 동시에 참이 되거나 거짓이 된다.
ⅰ) 을과 정의 진술이 모두 거짓인 경우
   을은 병과 함께 동네 PC방에 있었다는 갑의 진술과 자신은 집에 있었다는 병의 진술이 서로 모순되므로 성립하지 않는다.
ⅱ) 을과 정의 진술이 모두 참인 경우
   갑, 병과 함께 있었다는 을의 진술이 참이므로 갑과 둘이 집에 있었다는 무의 진술과 자신은 집에 혼자 있었다는 병의 진술은 거짓이 되고, 거짓인 무의 진술에 따라 범인은 무가 된다.
따라서 병과 무의 진술이 거짓이며, 범인은 무이다.

29 정답 ⑤

이용 가능한 자원은 계획한 것보다 조금 여유 있는 정도로 확보하는 것이 좋다. 실제 준비나 활동을 할 때 계획과 차이를 보이는 경우가 빈번하기 때문이다.

30 정답 ①

(A)는 경영전략 추진과정 중 환경분석을 나타내며, 환경분석은 외부 환경분석과 내부 환경분석으로 구분된다. 외부 환경으로는 기업을 둘러싸고 있는 경쟁자, 공급자, 소비자, 법과 규제, 정치적 환경, 경제적 환경 등이 있으며, 내부 환경으로는 기업구조, 기업문화, 기업자원 등이 있다.
①에서 설명하는 예산은 기업자원으로, 내부 환경분석의 성격을 가지며, 다른 사례들은 모두 외부 환경분석의 성격을 가진다.

31 정답 ①

유한성이란 수, 양, 공간 따위에 일정하게 정해진 범위나 한계가 있는 성질을 의미한다. 제시문을 통해 한 번 흘러가면 다시 돌아오지 않는다는 시간의 유한성을 알 수 있다.

[오답분석]
② 보편성 : 모든 것에 두루 미치거나 통하는 성질
③ 상대성 : 사물이 그 자체로서 독립하여 존재하지 아니하고, 다른 사물과 의존적인 관계를 가지는 성질
④ 환금성 : 물건을 팔아서 돈으로 바꿀 수 있는 성질
⑤ 부증성 : 토지의 물리적 양을 임의로 증가시킬 수 없는 부동산의 성질

32 정답 ①

각 지점에 납품하는 경우의 매출을 계산하면 다음과 같다.

구분	A지점	B지점	C지점	D지점
매출액	56,000원	120,000원	57,000원	126,500원

A~D지점 중 납품을 하지 않았을 때 매출액에 가장 타격이 적은 지점은 A지점이다. 따라서 선택지에 제시된 달 중 A지점에 납품하지 않는 1월의 매출액이 가장 크며, 이때 매출액은 120,000+57,000+126,500=303,500원이다.

33 정답 ④

농협이 추진하는 '또 하나의 마을 만들기 운동'은 기업의 CEO 등을 명예 이장으로 위촉하고, 소속 임직원을 명예 주민으로 참여시켜 마을의 숙원사업을 지원하는 등의 활동을 하는 사업으로, 농촌 마을이 축소되고 없어지는 등의 위기를 타개하고자 시작되었다.

[오답분석]
① 1사 1촌 자매결연 운동 : 농협에서 농촌과 도시의 교류 활성화를 위하여 시작된 사업으로, 기업 하나와 마을 하나가 자매결연을 하여 일손 돕기, 농산물 직거래, 농촌 체험 및 관광, 마을 가꾸기 등 다양한 교류 활동을 시행하는 사업이다.
② 원 테이블 원 플라워 운동 : 코로나19로 어려워진 화훼 농가를 지원하기 위해 진행된 운동으로, 사무실 책상 하나에 하나의 화분을 키우는 내용의 사업이다.
③ 사랑의 1% 나눔 운동 : 자신의 월급이나 수입에서 1%를 떼어 기부하는 운동이다.
⑤ 실버프렌드 : 독거노인들의 외로움을 달래고 안전사고를 예방하기 위해 SK하이닉스에서 인공지능 AI 스피커 '실버프렌드'를 제공하는 서비스 지원 사업이다.

34 정답 ③

농협의 NH Wave는 인간과 자연을 위한 새로운 물결, 상생, 화합, 조화+변화, 혁신, 새로운 바람을 상징한다.

35 정답 ②

농업인이 농협에 법률구조신청서를 제출하면 농협이 대한법률구조공단에 소송을 의뢰한다.
• 직접 신청 : 대한법률구조공단에 법률구조신청서 제출
• 대리 신청 : 농협을 통해 법률구조신청서 제출

[오답분석]
① 농협과 대한법률구조공단이 공동으로 농업인의 법률적 피해에 대한 구조와 예방 활동을 전개함으로써 농업인의 경제적·사회적 지위 향상을 도모하는 농업인 무료법률구조사업이다.
③ 농협은 소송에 필요한 비용을 대한법률구조공단에 출연하고, 법률구조에 필요한 증거수집 등의 중계 활동을 한다.
④ 대한법률구조공단은 법률상담 및 법률구조 활동을 하고, 농협과 공동으로 농촌 현지 법률상담 등의 피해 예방 활동을 한다.
⑤ 기준 중위소득 150% 이하인 농업인 및 별도의 소득이 없는 농업인의 배우자, 미성년 직계비속, 주민등록상 동일 세대를 구성하는 직계존속 및 성년의 직계비속이 대상자가 된다.

36 정답 ②

판단, 분석, 교섭은 해결안 선택을 위한 방법에 해당하므로 개발 단계가 아닌 선택 단계에서 이루어진다.

의사결정의 과정

1. 확인 단계 : 의사결정이 필요한 문제 인식
   1) 문제 인식 : 문제를 구체화하기 위한 정보를 얻는다.
   2) 진단 : 문제의 심각성에 따라 체계적으로 이루어지기도 하며, 비공식적으로 이루어지기도 한다.
2. 개발 단계 : 문제에 대한 해결 방법 모색
   1) 탐색 : 새로운 문제의 해결 방법을 조직 내의 기존 해결 방법에서 찾는 방법으로, 조직 내 관련자와의 대화나 공식적인 문서 등을 참고한다.
   2) 설계 : 이전에 없었던 새로운 문제에 대한 해결안을 다양한 의사결정 기법을 통하여 설계한다.
3. 선택 단계 : 실행 가능한 해결안 선택
   1) 의사결정권자의 판단에 의한 선택
   2) 경영과학 기법과 같은 분석에 의한 선택
   3) 이해관계집단의 토의와 교섭에 의한 선택

37 정답 ④

프레이밍 효과란 동일한 사건이나 상황임에도 불구하고 문제의 표현 방식에 따라 개인의 판단이나 선택이 달라질 수 있는 현상을 의미한다. '제조 일자'를 표기함으로써 우유의 신선도에 대한 소비자 인식의 틀을 바꾼 우유 제조 회사의 사례는 프레이밍 효과의 대표적인 사례에 해당한다.

오답분석

① 바넘 효과 : 사람들의 보편적 성격이나 심리적 특징을 주관적으로 해석하여 자신만의 특징으로 여기는 심리적 현상
② 앵커링 효과 : 최초에 제시된 숫자가 기준점으로 작용하여 이후의 판단에 영향을 미치는 현상
③ 헤일로 효과(=후광 효과) : 어떤 대상이나 사람에 대한 일반적 견해가 그것의 구체적 특성을 평가하는 데 영향을 미치는 현상
⑤ 피그말리온 효과 : 타인의 기대나 관심으로 인하여 능률이 오르거나 결과가 좋아지는 현상

38 정답 ③

제품 특성상 테이크아웃이 불가능했던 위험 요소를 피하기 위해 버거의 사이즈를 줄이는 대신 사이드 메뉴를 무료로 제공하는 것은 독창적인 아이템을 활용하면서도 위험 요소를 보완하는 ST전략으로 적절하다.

오답분석

① 주변 외식업 상권과 차별화된 아이템 선정이 강점이다. 그러므로 주변 상권에서 이미 판매하고 있는 상품을 벤치마킹해 판매하는 것은 강점을 활용하는 전략으로 적절하지 않다.
② 높은 재료 단가를 낮추기 위해 유기농 채소와 유기농이 아닌 채소를 함께 사용하는 것은 웰빙을 추구하는 소비 행태가 확산되고 있는 기회를 활용하지 못하는 전략이므로 적절하지 않다.
④ 커스터마이징 형식의 고객 주문 서비스 및 주문 즉시 조리하는 방식은 강점이다. 그러므로 약점을 보완하기 위해 강점을 모두 활용하지 못하는 전략이므로 적절하지 않다.
⑤ 커스터마이징 주문 시 치즈의 종류를 다양하게 선택할 수 있게 하는 것은 커스터마이징 주문이라는 강점으로 '치즈 제품을 선호하는 여성 고객들의 니즈'라는 기회를 활용하는 전략이므로 적절하지 않다.

02 60문항 유형

01	02	03	04	05	06	07	08	09	10	11	12	13	14	15	16	17	18	19	20
①	②	④	②	③	④	①	④	④	①	③	②	②	③	②	④	③	②	④	④
21	22	23	24	25	26	27	28	29	30	31	32	33	34	35					
①	②	③	①	④	④	②	③	①	③	②	①	③	②	①					

01 정답 ①

'시망스럽다'는 '몹시 짓궂은 데가 있다.'를 의미하는 형용사이다.

[오답분석]
② 숫스럽다
③ 잔망스럽다
④ 혼란스럽다

02 정답 ②

'동심동덕(同心同德)'은 '서로 같은 마음으로 덕을 함께 한다.'는 뜻으로, 같은 목표를 위하여 여럿이 마음을 합쳐 힘씀을 이르는 한자성어이다.

[오답분석]
① 이심전심(以心傳心) : 마음과 마음으로 서로 뜻이 통함
③ 이인동심(二人同心) : 절친한 친구 사이
④ 동고동락(同苦同樂) : 괴로움과 즐거움을 함께 한다는 뜻으로, 같이 고생하고 같이 즐김

03 정답 ④

'질병'과 '감기'는 상의어와 하의어의 관계이므로 이와 유사한 것은 ④의 '내장'과 '간'이다.
- 내장(內臟) : 척추동물의 가슴안이나 배안 속에 있는 여러 가지 기관을 통틀어 이르는 말로 위, 창자, 간, 콩팥, 이자 따위가 있다.
- 간(肝) : 가로막 바로 밑의 오른쪽에 있는 기관. 탄수화물을 저장하고, 단백질이나 당의 대사를 조절하며, 해독 작용을 한다.

04 정답 ②

- 여우잠 : 깊이 들지 않은 잠을 의미하는 '겉잠'의 북한어
- 괭이잠 : 깊이 들지 못하고 자주 깨면서 자는 잠

[오답분석]
① 쪽잠 : 짧은 틈을 타서 불편하게 자는 잠
③ 나비잠 : 갓난아이가 두 팔을 머리 위로 벌리고 자는 잠
④ 새우잠 : 새우처럼 등을 구부리고 자는 잠. 주로 모로 누워 불편하게 자는 잠

05 정답 ③

- 무릇 : 대체로 헤아려 생각하건대
- 대저(大抵) : 대체로 보아서

[오답분석]
① 가령(假令) : 1. 가정하여 말하여
              2. 예를 들어
② 대개(大蓋) : 일의 큰 원칙으로 말하건대
④ 도통(都統) : 1. 아무리 해도
              2. 이러니저러니 할 것 없이 아주

06 정답 ④

①·②·③은 모두 맡은 일 또는 맡겨진 일이라는 임무의 의미를 나타내지만, '직책(職責)'은 직무상의 책임을 의미한다.

[오답분석]
① 적임(適任) : 어떤 임무나 일에 알맞음. 또는 그 임무
② 소임(所任) : 맡은 바 직책이나 임무
③ 업무(業務) : 직장 같은 곳에서 맡아서 하는 일

07 정답 ①

'푸지다'는 '매우 많아서 넉넉하다.'라는 뜻이다.

[오답분석]
② 당차다 : 나이나 몸집에 비하여 마음가짐이나 하는 짓이 야무지고 올차다.
③ 가뜬하다 : 1. 다루기에 가볍고 간편하거나 손쉽다.
             2. 마음이 가볍고 상쾌하다.
④ 바특하다 : 1. 두 대상이나 물체 사이가 조금 가깝다.
             2. 시간이나 길이가 조금 짧다.
             3. 국물이 조금 적어 묽지 아니하다.

08 정답 ④

'통념(通念)'은 '일반적으로 널리 통하는 개념'을 뜻한다.

[오답분석]
① 만념(萬念) : 여러 가지 많은 생각
② 상념(想念) : 마음속에 품고 있는 여러 가지 생각
③ 이념(理念) : 이상적인 것으로 여겨지는 생각이나 견해

09 정답 ④

동사는 의미에 따라 '-는' 또는 '-은'의 어미와 활용할 수 있지만, 형용사는 '-은'으로만 활용할 수 있다. 따라서 '걸맞다'는 '두 편을 견주어 볼 때 서로 어울릴 만큼 비슷하다.'는 의미의 형용사이므로 '걸맞은'으로 활용한다.

10 정답 ①

밑줄 친 '고치다'는 '고장이 나거나 못 쓰게 된 물건을 손질하여 제대로 되게 하다.'라는 의미로, 같은 의미로 사용된 것은 ①이다.

[오답분석]
② 잘못되거나 틀린 것을 바로잡다.
③ 모양이나 내용 따위를 바꾸다.
④ 병 따위를 낫게 하다.

11 정답 ③

- 제고(提高) : 쳐들어 높임
- 함의(含意) : 말이나 글 속에 어떠한 뜻이 들어 있음. 또는 그 뜻
- 지양(止揚) : 더 높은 단계로 오르기 위하여 어떠한 것을 하지 아니함

오답분석
- 재고(再考) : 어떤 일이나 문제 따위에 대하여 다시 생각함
- 결의(決意) : 뜻을 정하여 굳게 마음을 먹음. 또는 그런 마음
- 지향(志向) : 어떤 목표로 뜻이 쏠리어 향함. 또는 그 방향이나 그쪽으로 쏠리는 의지

12 정답 ②

상대방의 요구를 거절해야 할 때는 먼저 거절에 대한 사과를 한 후, 응할 수 없는 이유를 분명하게 설명하는 것이 좋다.

상황과 대상에 따른 의사표현방법
- 상대방의 잘못을 질책하는 경우에 샌드위치 화법을 사용하면 듣는 사람이 반발하지 않고 부드럽게 받아들일 수 있다.
- 상대방에게 충고하는 경우는 예를 들거나 비유법을 사용하면 효과적이다.
- 칭찬은 상대방을 기분 좋게 만드는 전략으로 상대에게 중요한 내용을 칭찬하거나 대화 서두에 분위기 전환을 위해 간단한 칭찬을 사용한다.
- 상대방에게 부탁할 때는 상대방의 사정을 듣고, 상대방이 가능한 상황인지 확인한 후, 응하기 쉽게 구체적으로 부탁한다.
- 상대방에게 명령해야 할 때는 강압적 표현보다 청유형으로 부드럽게 하는 것이 효과적이다.
- 상대방의 요구를 거절해야 할 때는 먼저 거절에 대한 사과를 한 후, 응할 수 없는 이유를 분명하게 설명하는 것이 좋다.
- 설득은 상대방에게 나의 태도와 의견을 받아들이게 하는 과정으로 문 안에 한발 들여놓기 기법(Foot-In-The-Door Technique)과 얼굴 부딪히기 기법(Door-In-The-Face Technique)이 있다.

13 정답 ②

세 번째 문단에서 새로 개발한 연소법은 기존 석유류로 연소했을 때보다 매연 발생량을 줄일 수 있다는 내용을 통해 연소법을 사용할 경우 매연이 발생한다는 사실을 알 수 있다.

오답분석
① 환경친화적인 연소법이 개발되었을 뿐, 연소법이 최초로 사용되었는지는 알 수 없다.
③ 저온 피해는 과실의 꽃에 직접적인 피해를 준다.
④ 새로 개발된 연소법의 연소 시간은 알 수 있지만, 기존 방법의 연소 시간은 알 수 없으므로 증가 여부를 알 수 없다.

14 정답 ③

+3, +4, +5, +6, +7, …인 문자열이다.

ㄴ	ㅁ	ㅈ	ㅎ	ㅂ	(ㅍ)
2	5	9	14	20	27

15 정답 ②

세 수의 평균은 $(98+164+185) \div 3 = 447 \div 3 = 149$이고, 세 수의 편차는 각각 A : $98-149=-51$, B : $164-149=15$, C : $185-149=36$이다. 편차는 평균과 변량 간의 차이를 나타내는 값으로 편차의 크기는 차이의 크기를 나타낸다. 부호에 관계없이 절댓값이 클수록 편차는 크다.
따라서 편차의 크기를 바르게 나타낸 것은 B<C<A이다.

16 정답 ④

$7a \div \dfrac{1}{2} - b\sqrt{49} = 168$

→ $7a \times 2 - b\sqrt{7^2} = 168$

→ $14a - 7b = 168$ or $14a + 7b = 168$

→ $2a - b = 24$ or $2a + b = 24$

$2a$가 짝수이므로 $2a-b$와 $2a+b$가 짝수가 되기 위해서는 b도 짝수여야 한다.
또한 $-10 \leq a \leq 10$이고, $-5 \leq b \leq 5$이므로 a가 음수일 때에는 $2a-b$의 값이 24가 나올 수 없다.
따라서 $2a+b=24$일 때, 선택지에 제시된 수를 대입하면 $a=10$이고 $b=4$인 경우가 성립한다.

17 정답 ③

매월 일정 금액을 적립하는 단리 적금의 이자 공식은 다음과 같다(a : 적립원금, n : 개월 수, r : 연이율).

(단리 적금 이자)$= a \times \dfrac{n(n+1)}{2} \times \dfrac{r}{12}$

따라서 A가 만기 시 받을 이자는 $10{,}250 \times \dfrac{24 \times 25}{2} \times \dfrac{0.04}{12} = 10{,}250$원이다.

18 정답 ②

파운드화를 유로화로 환전할 때 이중환전을 해야 하므로 파운드화에서 원화, 원화에서 유로화로 두 번 환전해야 한다.
• 파운드화를 원화로 환전 : 1,400파운드×1,500원/파운드=2,100,000원
• 원화를 유로화로 환전 : 2,100,000원÷1,200원/유로=1,750유로
따라서 K씨가 환전한 유로화는 1,750유로이다.

19 정답 ④

A연구소의 남직원은 $20 \times 0.6 = 12$명이므로 A연구소의 여직원은 $20-12=8$명이다.
B공장의 생산직 남직원 수는 A연구소와 B공장 전체 남직원 수의 40%이므로 A연구소의 남직원 12명은 전체 남직원 수의 60%임을 알 수 있다.
여기서 B공장의 생산직 남직원 수를 x명이라고 하자.
$40 : 60 = x : 12$
∴ $x=8$
따라서 B공장의 생산직 여직원은 $41-8=33$명이므로 A연구소의 여직원과 B공장의 생산직 여직원은 총 $8+33=41$명이다.

20 정답 ④

전체 일의 양을 1이라고 하면 김사원이 하루에 하는 일의 양은 $\dfrac{1}{6}$이며, 박사원은 하루에 $\dfrac{1}{12}$의 일을 한다.

김사원과 박사원이 같이 일을 끝내는 데 걸리는 기간을 x일이라고 하자.

$\left(\dfrac{1}{6} + \dfrac{1}{12}\right) \times x = 1$

→ $\dfrac{2+1}{12} \times x = 1$

∴ $x = \dfrac{12}{3} = 4$

따라서 김사원과 박사원이 같이 일하며 업무를 끝내는 데 걸리는 기간은 4일이다.

21 정답 ①

2019년 3분기와 4분기에는 전국의 장애인 취업률이 비수도권 지역보다 낮으므로 ㄱ은 옳지 않다.

[오답분석]

ㄴ. 2019년 2분기 대비 4분기의 수도권 장애인 취업률의 증감률은 $\frac{66.7-60.6}{60.6} \times 100 = 10.1\%$이므로 옳은 설명이다.

ㄷ. 수도권과 비수도권의 2020년 1분기의 전년 동기 대비 장애인 취업자 수 증가율은 다음과 같다.
- 수도권 : $\frac{5,050-3,999}{3,999} \times 100 = 26.3\%$
- 비수도권 : $\frac{5,553-5,300}{5,300} \times 100 = 4.8\%$

따라서 수도권 지역의 장애인 취업자 수 증가율이 크다.

22 정답 ②

ㄱ. 동구에서 경계 판정을 받은 경우와 유성구에서 유질환자 판정을 받은 경우의 남성 대비 여성 비율은 다음과 같다.
- 동구에서 경계 판정을 받은 경우 : $\frac{10,629}{11,032} \times 100 = 96\%$
- 유성구에서 유질환자 판정을 받은 경우 : $\frac{7,531}{11,663} \times 100 = 64.6\%$

따라서 동구에서 경계 판정을 받은 경우가 더 높다.

ㄷ. 대덕구에서 정상 판정을 받은 여성의 수는 유성구에서 유질환자로 판정받은 남성의 수의 $\frac{3,890}{11,663} \times 100 = 33.4\%$이므로 40% 미만이다.

[오답분석]

ㄴ. 중구에서 일반건강검진을 받은 남성 중 질환의심 판정을 받은 사람의 비율은 $\frac{29,174}{52,834} \times 100 = 55.2\%$로, 60% 미만이다.

ㄹ. 동구와 서구에서 지역별로 일반건강검진을 받은 사람 중에 경계 판정을 받은 사람의 비율은 다음과 같다.
- 동구 : $\frac{21,661}{90,305} \times 100 = 24\%$
- 서구 : $\frac{52,302}{195,341} \times 100 = 26.8\%$

따라서 서구의 비율이 동구보다 높다.

23 정답 ③

필요에 따라 예약을 하고 지불한 비용은 다음과 같다.
- 객실(2박) : $2 \times (250,000+190,000 \times 2) = 126$만 원
- 야외용 그릴(2개) : $2 \times 40,000 = 8$만 원
- 차량 렌트비 : $100,000+80,000 = 18$만 원
- 침구류 대여(11명) : $30,000 \times 11 = 33$만 원

따라서 김주임이 지불한 총금액은 $126+8+18+33=185$만 원이다.
체크인 2일 전에 취소하였으므로 5%의 취소수수료가 적용되며, 청소비 $40,000 \times 2=80,000$원과 온라인 예약 취소수수료인 10,000원이 추가 청구된다.
따라서 환불받을 수 있는 금액은 $1,850,000-(1,260,000 \times 0.05+80,000+10,000)=1,850,000-153,000=1,697,000$원이다.

24 정답 ①

제시된 조건을 표로 정리하면 다음과 같다.

구분	월 1/25	화 1/26	수 1/27	목 1/28	금 1/29
필수 출근 직원	박대리(재정)	김사원(운영)	이주임(기획)	박대리(재정)	최사원(재정)
출근 불가 직원	최사원(출장) 이주임(출장) 김사원(당직)	조과장(휴가) 박대리(당직) 이주임(당직)	김사원(당직) 박대리(당직)	이주임(당직) 최사원(당직)	박대리(당직)

월요일과 화요일에는 재정 담당자가 최소 한 명 이상 출근해야 한다. 월요일에는 당직인 박대리가 재정을 맡고 있어서 추가 인원이 필요 없지만, 화요일에 출근하는 김사원은 운영 담당자이므로 최사원이나 박대리, 차부장이 출근해야 한다. 이때 박대리는 전날 당직근무를 했고, 차부장이 출근하면 이주임이 함께 출근해야 하는데 이주임은 다음 날 당직근무로 화요일에 출근하지 않는다. 즉, 최사원이 화요일에 출근한다. 그러나 사원끼리만은 출근이 불가능하므로 정팀장이 출근해야 한다.
수요일에는 반드시 운영 담당자가 한 명 이상 출근해야 하는데 김사원은 전날 당직으로 출근할 수 없다. 그러므로 조과장이 출근한다. 또한 부장은 반드시 2일 이상 출근해야 하는데, 부장이 출근하는 날에는 주임이 함께 출근해야 하므로 이주임이 근무하는 날에 함께 출근한다.
목요일과 금요일에는 반드시 기획 담당자가 한 명 이상 출근해야 하므로 목요일에는 정팀장이 출근한다. 또한, 차부장은 이주임이 출근하지 않으므로 출근할 수 없다. 금요일은 정팀장과 이주임 모두 출근 가능한데 차부장이 일주일에 2일을 출근해야 하므로 금요일에 무조건 출근해야 한다. 그러므로 이주임이 출근한다.
이를 정리하여 나타내면 다음과 같다(굵게 표시한 사람은 당직근무자이다).

구분	월 1/25	화 1/26	수 1/27	목 1/28	금 1/29
필수 출근 직원	**박대리(재정)**	김사원(운영) 최사원(재정) 정팀장(기획)	이주임(기획) 조과장(운영) 차부장(재정)	**박대리(재정)** 정팀장(기획)	최사원(재정) 이주임(기획) 차부장(재정)
출근 불가 직원	최사원(출장) 이주임(출장) 김사원(당직)	조과장(휴가) 박대리(당직) 이주임(당직)	김사원(당직) 박대리(당직)	이주임(당직) 최사원(당직)	박대리(당직)

따라서 가장 적은 인원이 근무하는 날은 25일이다.

25 정답 ④

박주임과 아내는 자녀가 다니는 초등학교에서 휴교를 하게 되어 가족돌봄휴가를 사용하게 되었으므로 비용을 지원받을 수 있다. 박주임의 경우 1일당 5만 원을 수령하게 되며, 아내의 경우 일일 3시간만 근무하는 단시간 근로자이므로 2.5만 원을 지급받는다. 따라서 부부는 하루에 7.5만 원을 지원받을 수 있으며, 맞벌이의 경우 부부 각각 5일간 지원받을 수 있으므로 최대 수령 가능 지원금은 (5+2.5)×5=37.5만 원이다.

26 정답 ④

- ○ : 맨 앞의 문자를 맨 뒤로 보낸다.
- ★ : 맨 뒤의 문자를 맨 뒤에 하나 더 만든다.
- ♡ : 맨 앞의 문자와 맨 뒤의 문자의 순서를 바꾼다.

5KD   →   DK5   →   DK55
         ♡   ★

27 정답 ②

업체별 구매비용을 계산하면 다음과 같다.

구분	배송비	마스크 비용	총비용
A업체	25,000원	850×600×0.95=484,500원	509,500원
B업체	(9×3,000)×0.9=24,300원	850×500=425,000원	449,300원
C업체	20,000+(4×5,000)=40,000원	350×700+500×700×0.8=525,000원	565,000원

따라서 총비용이 가장 적은 B업체를 선정하며, 이때 총비용은 449,300원이다.

28 정답 ③

빈칸에 들어갈 내용은 물적자원이다. 물적자원관리능력은 직업생활에서 필요한 물적자원을 확인하고, 최대한 확보하여 실제 업무에 어떻게 활용할 것인지에 대한 계획을 수립한 뒤 이에 따라 물적자원을 효율적으로 활용하여 관리하는 능력을 의미한다. 산업의 고도화와 함께 매우 다양한 물적자원들이 활용되고 있으며, 이를 필요한 시기와 장소에 적절히 활용하는 것은 매우 중요하다. 따라서 물적자원을 관리하고, 적시에 이를 활용할 수 있는 능력을 함양할 수 있도록 해야 한다.

29 정답 ①

효율적이고 합리적인 인사관리 원칙
- 적재적소 배치의 원리 : 해당 직무 수행에 가장 적합한 인재를 배치해야 한다.
- 공정 보상의 원칙 : 근로자의 인권을 존중하고 공헌도에 따라 노동의 대가를 공정하게 지급해야 한다.
- 공정 인사의 원칙 : 직무 배당, 승진, 상벌, 근무 성적의 평가, 임금 등을 공정하게 처리해야 한다.
- 종업원 안정의 원칙 : 직장에서 신분이 보장되고 계속해서 근무할 수 있다는 믿음을 갖게 하여 근로자가 안정된 회사 생활을 할 수 있도록 해야 한다.
- 창의력 계발의 원칙 : 근로자가 창의력을 발휘할 수 있도록 새로운 제안, 건의 등의 기회를 마련하고, 적절한 보상을 하여 인센티브를 제공해야 한다.
- 단결의 원칙 : 직장 내에서 구성원들이 소외감을 갖지 않도록 배려하고, 서로 유대감을 가지고 협동, 단결하는 체제를 이루도록 한다.

30 정답 ③

쌍무계약이란 계약당사자가 서로 대가적 의미를 가지는 채무를 부담하는 계약을 의미한다. 전형계약 가운데 매매, 교환, 임대차, 고용, 도급, 화해, 조합은 쌍무계약에 해당하므로 보기 중 쌍무계약에 해당하는 것은 ㄱ, ㄴ, ㄷ, ㄹ, ㅁ, ㅂ, ㅇ으로 총 7개이다.

오답분석

ㅅ. 증여, ㅈ. 소비대차, ㅊ. 무상임치는 당사자 한쪽만이 채무를 부담하는 편무계약에 해당한다.

31 정답 ②

Cash Cow 사업은 시장점유율이 높고 현금 유입이 많은 반면, 성장률이 낮아 현금 유출이 적으므로, ㄴ은 옳지 않다.

BCG 매트릭스

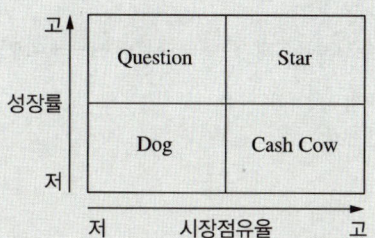

- Star 사업 : 고성장・고점유율 사업으로 현금 유입이 많으나, 경쟁자들을 방어하기 위한 현금 유출도 많다.
- Cash Cow 사업 : 저성장・고점유율 사업으로 현금 유입이 많은 반면, 낮은 성장률로 현금 유출이 적어 순 현금 유입이 증가한다.
- Question 사업 : 고성장・저점유율 사업으로 성장 가능성이 있으며, 고성장에 따르는 투자로 현금 유출이 많다.
- Dog 사업 : 저성장・저점유율의 사양 사업으로 손실을 유발할 수 있으므로 철수해야 한다.

32 정답 ①

심볼마크의 'V' 꼴은 '농'자의 'ㄴ'을 변형한 것으로, 싹과 벼를 의미하며 농협의 무한한 발전을 상징한다.

[오답분석]
② 심볼마크의 'V' 꼴 외의 아랫부분은 '업'자의 'ㅇ'을 변형한 것으로, 원만과 돈을 의미하며 협동 단결을 상징한다.
③ 심볼마크 전체는 '협'자의 'ㅎ'을 변형하였다.
④ 심볼마크는 항아리에 쌀이 가득 담겨 있는 형상을 표시한 것으로, 농가 경제의 융성한 발전을 상징한다.

33 정답 ③

ㄴ. 농업인이 되려면 1,000m² 이상의 농지에 농작물 또는 다년생식물을 경작하거나 재배해야 한다.
ㄷ. 농업인이 되려면 농지에 330m² 이상의 고정식 온실, 버섯재배사, 비닐하우스 등 농업생산에 필요한 시설을 설치하여 경작 또는 재배해야 한다.

농업인의 조건
- 1,000m² 이상의 농지에서 농작물 또는 다년생식물을 경작 또는 재배하거나 1년 중 90일 이상 농업에 종사하는 사람
- 농지에 330m² 이상의 고정식 온실, 버섯재배사, 비닐하우스 등 농업생산에 필요한 시설을 설치하여 농작물 또는 다년생식물을 경작 또는 재배하는 사람
- 대가축 2두, 중가축 10두, 소가축 100두, 가금 1천수 또는 꿀벌 10군 이상을 사육하거나 1년 중 120일 이상 축산업에 종사하는 사람
- 농업경영으로 농산물의 연간 판매액이 120만 원 이상인 사람

34 정답 ②

은행 직원은 신용카드 이용 한도를 상향할 수 있고, 교통카드 기능이 포함된 카드를 발급할 수 있다.

> **은행원의 업무**
> - 여신사무 : 대출 관련 업무 등
> - 수신사무 : 고객 상품 상담, 통장·채권·수표 발행 및 해지, 현금 또는 수표 입출금, 자동이체 등의 전자금융, 세금 수납 업무 등

35 정답 ①

농협의 인재상
- 시너지 창출가 : 항상 열린 마음으로 계통 간, 구성원 간에 존경과 협력을 다하여 조직 전체의 성과가 극대화될 수 있도록 시너지 제고를 위해 노력하는 인재
- 행복의 파트너 : 프로다운 서비스 정신을 바탕으로 농업인과 고객을 가족처럼 여기고 최상의 행복 가치를 위해 최선을 다하는 인재
- 최고의 전문가 : 꾸준히 자기 계발을 통해 자아를 성장시키고, 유통·금융 등 맡은 분야에서 최고의 전문가가 되기 위해 지속적으로 노력하는 인재
- 정직과 도덕성을 갖춘 인재 : 매사에 혁신적인 자세로 모든 업무를 투명하고 정직하게 처리하여 농업인과 고객, 임직원 등 모든 이해관계자로부터 믿음과 신뢰를 받는 인재
- 진취적 도전가 : 미래지향적 도전 의식과 창의성을 바탕으로 새로운 사업과 성장 동력을 찾기 위해 끊임없이 변화와 혁신을 추구하는 역동적이고 열정적인 인재

CHAPTER 10 2019년 하반기 기출복원문제

01 70문항 유형

01	02	03	04	05	06	07	08	09	10	11	12	13	14	15	16	17	18	19
④	②	③	②	⑤	④	③	④	③	③	①	③	①	①	④	③	①	②	③

01 정답 ④

'할아버지'와 '할머니'는 성별로 대립되는 반의어이므로 이와 유사한 것은 서로 반의 관계에 있는 ④의 '탄생'과 '죽음'이다.
- 탄생(誕生) : 사람이 태어남
- 죽음 : 죽는 일. 생물의 생명이 없어지는 현상

02 정답 ②

제시된 단어는 전체와 부분의 관계이다. '대들보'는 전체인 '한옥'을 구성하는 한 부분이며, '가지'는 전체인 '나무'의 한 부분이다.

03 정답 ③

'콘트라베이스'는 줄을 활로 켜 소리를 내는 현악기 가운데 가장 크기가 크다.

04 정답 ②

'보석'은 원석을 깎았을 때 아름다운 빛이 나는 광물로, 희소성을 갖기 때문에 비싼 가격에 거래된다.

05 정답 ⑤

'스키'는 차가운 눈 위를 빠르게 미끄러지며 활주하는 스포츠이다.

06 정답 ④

'호미'는 날, 손잡이인 자루, 날과 자루를 연결해주는 슴베로 구성되며, 논이나 밭의 흙을 파서 풀을 뽑는 데 사용되는 대표적인 농기구이다.

07 정답 ③

㉠ 게재 : '기재'는 '문서 따위에 기록하여 올림'이란 뜻으로 주로 문서에 기록하여 올리는 경우에 사용되는 반면, '게재'는 '글이나 그림 따위를 신문이나 잡지 따위에 실음'의 뜻으로 신문이나 잡지에 글이 실리는 경우에 사용된다. 따라서 신문에 기고문을 싣는다는 의미의 '게재'가 적절하다.
㉡ 두르다 : '둘르다'는 '겉면에 기름을 고르게 바르거나 얹다.'는 '두르다'의 잘못된 표현이므로 '두르다'가 적절하다.
㉢ 겉치레 : '겉치례'는 '겉만 보기 좋게 꾸미어 드러냄'을 의미하는 '겉치레'의 잘못된 표현이므로 '겉치레'가 적절하다.

08 정답 ④

포상(褒賞) : 1. 칭찬하고 장려하여 상을 줌
　　　　　　2. 각 분야에서 나라 발전에 뚜렷한 공로가 있는 사람에게 정부가 칭찬하고 장려하여 상을 줌. 또는 그 상

오답분석
① 보훈(報勳) : 공훈에 보답함
② 공훈(功勳) : 나라나 회사를 위하여 두드러지게 세운 공로
③ 공로(功勞) : 일을 마치거나 목적을 이루는 데 들인 노력과 수고. 또는 일을 마치거나 그 목적을 이룬 결과로서의 공적
⑤ 공적(功績) : 노력과 수고를 들여 이루어 낸 일의 결과

09 정답 ③

'간담상조'는 '간과 쓸개를 내놓고 서로에게 내보인다.'라는 뜻으로, 서로 마음을 터놓고 친밀히 사귐을 의미한다.
①・②・④・⑤는 성공 또는 출세와 관련된 한자성어이다.

오답분석
① 금의환향(錦衣還鄕) : 비단옷을 입고 고향에 돌아온다는 뜻으로, 출세하여 고향에 돌아옴을 이르는 말
② 입신양명(立身揚名) : 사회적으로 인정을 받고 출세하여 이름을 세상에 드날림
④ 부귀공명(富貴功名) : 재물이 많고 지위가 높으며 공을 세워 이름을 떨침
⑤ 마부위침(磨斧爲針) : '도끼를 갈아 바늘을 만든다.'는 뜻으로, 아무리 이루기 힘든 일도 끊임없는 노력과 끈기 있는 인내로 성공하고야 만다는 뜻

10 정답 ③

'자는 호랑이에게 코침 주기(숙호충비, 宿虎衝鼻)'는 가만히 있는 사람을 건드려서 화를 스스로 불러들이는 일을 뜻한다.
'평지풍파(平地風波)'는 고요한 땅에 바람과 물결을 일으킨다는 뜻으로 공연한 일을 만들어서 뜻밖의 분쟁을 일으키거나 사태를 어렵고 시끄럽게 만드는 경우를 뜻한다.

오답분석
① 전전반측(輾轉反側) : 걱정거리로 마음이 괴로워 잠을 이루지 못함
② 각골통한(刻骨痛恨) : 뼈에 사무치도록 마음속 깊이 맺힌 원한
④ 백아절현(伯牙絕絃) : 자기를 알아주는 절친한 벗의 죽음을 슬퍼함
⑤ 곡학아세(曲學阿世) : 정도(正道)를 벗어난 학문으로 세상 사람에게 아첨함

11 정답 ①

과녁에 화살을 맞추다. → 과녁에 화살을 맞히다.
- 맞히다 : 문제에 대한 답을 틀리지 않게 하다. 쏘거나 던지거나 하여 한 물체가 어떤 물체에 닿게 하다.
- 맞추다 : 서로 떨어져 있는 부분을 제자리에 맞게 대어 붙이거나 서로 어긋남이 없이 조화를 이루다.

12 정답 ③

$a+b+c=18 \cdots$ ㉠
$a=2\times(b+c) \cdots$ ㉡
$c=3b \cdots$ ㉢

㉢을 ㉡에 대입하여 a를 b로 나타내면
$a=2\times(b+c) \rightarrow a=2\times(b+3b) \rightarrow a=2\times 4b$
$\therefore a=8b$

㉠을 b에 관한 식으로 정리하면
$a+b+c=18 \rightarrow 8b+b+3b=18 \rightarrow 12b=18$
$\therefore b=\dfrac{18}{12}=\dfrac{3}{2}$

따라서 $a=8b=8\times\dfrac{3}{2}=12$, $c=3b=3\times\dfrac{3}{2}=\dfrac{9}{2}$이므로 세 유리수 중 가장 큰 수는 $a=12$이다.

13 정답 ①

처음 가지고 있던 전단지 부수를 x부라고 하자.
A, B, C, D, E장소에 차례대로 나눠주고 장소마다 남은 부수를 정리하면 다음과 같다.

처음	A장소	B장소
x	$\dfrac{x}{2}$	$\left(\dfrac{x}{2}-1\right)\times\dfrac{1}{2}=\dfrac{x-2}{4}$
C장소	D장소	E장소
$\left(\dfrac{x-2}{4}-1\right)\times\dfrac{1}{2}=\dfrac{x-6}{8}$	$\left(\dfrac{x-6}{8}-1\right)\times\dfrac{1}{2}$	$\left(\dfrac{x-6}{8}-1\right)\times\dfrac{1}{2}\times\dfrac{1}{2}=1$

마지막 E장소까지 전단지를 나눠주고 남은 부수는 1부이므로 처음 가지고 있던 전단지 부수는 다음과 같다.
$\left(\dfrac{x-6}{8}-1\right)\times\dfrac{1}{2}\times\dfrac{1}{2}=1 \rightarrow \dfrac{x-6}{8}-1=4 \rightarrow \dfrac{x-6}{8}=5 \rightarrow x-6=40$
$\therefore x=46$

따라서 처음 가지고 있던 전단지 부수는 46부이다.

14 정답 ①

앞 두 항의 곱이 다음 항과 같은 수열로 n항×$(n+1)$항=$(n+2)$항이 된다.
따라서 (   )=$18\times108=1,944$이다.

15 정답 ④

-2, $\times 2$, -3, $\times 3$, -4, $\times 4$, …인 수열이다.
따라서 (   )=$35\times 4=140$이다.

16 정답 ③

지난주에 주문한 생닭의 양은 $\dfrac{700,000}{1,400}=500$마리이다.
이번 주는 한 마리당 금액이 2,100원이라고 했으므로 생닭 구매로 총 지불한 비용은 $2,100\times 500=1,050,000$원이다.

17 정답 ①

동일성의 원칙은 보관한 물품을 다시 활용할 때보다 쉽고 빠르게 찾을 수 있도록 같은 품종은 같은 장소에 보관하는 것을 말한다.

오답분석
② 유사성 : 유사품은 인접한 장소에 보관한다.

18 정답 ②

싱가포르는 중국계(74.1%), 말레이계(13.4%), 인도계(9.2%), 기타(3.3%)의 다민족 국가로 그에 맞는 비즈니스 에티켓을 지켜야 한다. 말레이계, 인도계 등은 이성끼리 악수를 하지 않는 편이며, 싱가포르 현지인은 시간관념이 매우 철저하므로 약속 시간을 엄수하고 일을 진행하기 전 먼저 약속을 잡는 것이 바람직하다.

19 정답 ③

농협이 주관하는 농촌체험브랜드 팜스테이(Farmstay)는 농가에서 숙식하면서 농사, 생활, 문화체험과 주변 관광지 관광 및 마을축제 등에 참여할 수 있는 농촌·문화·관광이 결합된 농촌체험여행을 의미한다.

02 100문항 유형

01	02	03	04	05	06	07	08	09	10	11	12	13	14						
④	②	①	④	③	①	①	③	②	③	③	①	②	③						

01 정답 ④

'성장(成長)'은 '사물의 규모나 세력 따위가 점점 커짐. 사람이나 동식물 따위가 자라서 점점 커짐'을 뜻한다.

오답분석
① 성장(聲張) : 1. 소리를 크게 지름
　　　　　　　2. 남을 비평함
② 성장(盛裝) : 잘 차려입음. 또는 그런 차림
③ 성장(盛粧) : 얼굴과 몸의 꾸밈을 화려하게 함

02 정답 ②

'동족방뇨(凍足放尿)'는 '언 발에 오줌 누기'라는 뜻으로 임시변통은 될 수 있어도 그 효력이 오래가지 못하며, 결국 사태가 더 나빠짐을 비유적으로 이르는 말이다.

오답분석
① 밑 빠진 독에 물 붓기 : 노력이나 비용을 아무리 들여도 한이 없고 들인 보람도 없는 사물이나 상태를 비유적으로 이르는 말
③ 가재는 게 편이다 : 모양이나 형편이 비슷하고, 인연이 있는 것끼리 서로 잘 어울리고 감싸주기 쉽다는 뜻
④ 백지장도 맞들면 낫다 : 아무리 쉬운 일이라도 서로 힘을 합하면 훨씬 쉽다는 뜻

03 정답 ①

형용사 '같다'의 활용형인 '같은'은 앞말과 띄어 써야 하므로 '호랑이 같은'과 같이 띄어 쓴다.
다만, ③의 '불꽃같다'와 같은 합성 형용사의 어간 뒤에 어미 '-은'을 붙여 활용할 때에는 '불꽃같은'과 같이 붙여 쓴다.

오답분석

② '같이'가 체언 뒤에 붙어 조사로 쓰이는 경우 앞말과 붙여 쓴다.
④ '같이'가 주로 격조사 '과'나 여럿임을 뜻하는 말 뒤에서 부사로 쓰이는 경우 앞말과 띄어 쓴다.

04 정답 ④

23은 소수로 1과 자기 자신만으로 나누어떨어지는 수이다. 그러므로 a가 1이면 $(a-b)$는 23 또는 a가 23이면 $(a-b)$는 1이 가능하다. 만약 a가 1일 경우 $(a-b)$가 23이 되어야 하므로 b는 자연수가 아닌 음수(-22)가 되어 적절하지 않다.
따라서 $a=23$이고, b는 $a-b=1 \rightarrow 23-b=1 \rightarrow b=22$이므로 $a^2-b^2=(a+b)(a-b)=(23+22)\times(23-22)=45$임을 알 수 있다.

05 정답 ③

$48+(35\div 7)-10=38+5=43$

오답분석

① $4\times 12\div 3=4\times 4=16$
② $13+23+7-34=43-34=9$
④ $(31\times 2)-(105\div 5)=62-21=41$

06 정답 ①

(속력)$=\dfrac{(거리)}{(시간)}$ 공식을 이용하여 슬기의 속력을 구하려면 먼저 거리를 알아야 한다.
슬기는 경서가 움직인 거리보다 1.2m 더 움직였으므로 슬기가 움직인 거리는 $0.6\times 6+1.2=4.8$m이다.
따라서 슬기는 출발하고 6초 후에 경서를 따라잡았으므로 속력은 $\dfrac{4.8}{6}=0.8$m/s이다.

07 정답 ①

단리예금에서 이자는 예치금에 대해서만 발생하고, 이자 공식은 $a\times r\times n$(a : 예치금, r : 이자율, n : 기간)이다.
따라서 공식에 대입하여 구하면 은경이가 받을 이자는 $5,000\times \dfrac{0.6}{100}\times 15=450$만 원이다.

08 정답 ③

고객설문조사 업무량을 1이라고 하면 갑, 을, 병사원이 하루에 할 수 있는 업무량은 각각 $\dfrac{1}{12}$, $\dfrac{1}{18}$, $\dfrac{1}{36}$이다.
3명이 함께 일할 경우 하루에 끝내는 업무량은 $\dfrac{1}{12}+\dfrac{1}{18}+\dfrac{1}{36}=\dfrac{3+2+1}{36}=\dfrac{6}{36}=\dfrac{1}{6}$이다.
따라서 3명의 사원이 함께 업무를 진행한다고 할 때 걸리는 기간은 6일이다.

09 정답 ②

배의 속력을 xm/s라고 하자. 내려올 때의 속력은 올라갈 때 속력의 1.5배와 같다.
$x+10=1.5\times(x-10)$
→ $x+10=1.5x-15$
→ $0.5x=25$
∴ $x=50$
따라서 유진이가 탑승한 배 자체의 속력은 50m/s이다.

10 정답 ③

빈칸에 들어갈 단어는 포전매매이다. 포전매매는 수확 전 밭에 심어져 있는 상태의 작물 전체를 사고파는 일로, 포전매매 시 구두계약이 빈번하여 농가가 피해를 보는 일이 많았다. 따라서 표준계약서의 서면계약이 활성화되면 농가의 피해를 줄일 수 있다.

11 정답 ③

브레인스토밍(Brainstorming)
- 한 사람이 생각하는 것보다 다수가 생각하는 아이디어가 많다.
- 아이디어 수가 많을수록 질적으로 우수한 아이디어가 나올 수 있다.
- 아이디어에 비판이 가해지지 않으면 많아진다.

[오답분석]
① 스캠퍼(Scamper) 기법 : 창의적 사고를 유도하여 신제품이나 서비스 등을 생각하는 발상 도구
② 여섯 가지 색깔 모자(Six Thinking Hats) : 각각 중립적, 감정적, 부정적, 낙관적, 창의적, 이성적 사고를 뜻하는 여섯 가지 색의 모자를 차례대로 바꾸어 쓰면서 모자 색깔이 뜻하는 유형대로 생각해보는 방법
④ TRIZ(Teoriya Resheniya Izobretatelskikh Zadatch) : 문제에 대하여 이상적인 결과를 정하고, 그 결과를 얻는 데 모순이 되는 것을 찾아 모순을 극복할 수 있는 해결안을 찾는 40가지 방법에 대한 이론

12 정답 ①

특수은행은 일반은행이 수익성이나 재원조달상의 제약 등으로 자금을 공급하지 못하는 국민경제의 특수 분야에 대한 금융지원을 위해 설립된 은행으로 은행법의 적용을 받는 일반은행과 달리 특별 단행 법령의 적용을 받는다. 농협, 수협, 한국산업은행, 기업은행, 수출입은행 등이 특수은행에 속해 있다.

[오답분석]
② 상호저축은행 : 서민의 금융 편의를 위해 상호저축은행법에 따라 설립된 금융기관이다.
③ 일반은행 : 일반적으로 거래하는 은행을 지칭하며 우리은행, 국민은행, 하나은행 등이 속해 있다.
④ 지방은행 : 부산은행, 경남은행, 전주은행, 제주은행 등 지방도시에 본점을 두고 그 지역의 기업이나 일반인 등과 밀접한 관계를 맺는 일반은행이다.

13 정답 ②

결재 기간은 2일 이상이 필요하므로 기간을 2일씩 가정하고 채용일정을 정리하면 다음과 같다.
2일 월요일은 필기시험 날이며, 5일 목요일은 필기합격자 발표날이 되므로 9일 월요일부터 면접시험 날짜로 정할 수 있다. 또한 9일과 10일은 출장인 임직원이 없고, 11일은 D과장만 출장이 있어 면접시험 날에 참석해야 할 인원 조건에 충족한다.
따라서 면접시험 날짜는 연속 이틀이므로 9 ~ 10일 또는 10 ~ 11일이 가능하다.

오답분석

① 7일은 주말인 토요일이므로 마지막 조건에 따라 면접시험 날짜로 불가능하다. 또한 2일에 필기시험을 보고 3~4일에 결재를 받고 5일에 필기합격자 발표를 하면 9일부터 면접시험 날로 가능하다.
③ 17일에 A사원과 C대리가 출장을 가므로 인사부 직원은 B사원, D과장, E부장이 남아있다. 이 중 D과장, E부장은 면접관이 되고, B사원이 혼자 진행요원이 되어 세 번째 조건에 부합하지 않는다.
④ 25~28일은 '전국 농협 행사'로 채용일정은 행사가 있는 날에는 불가능하다.

14   정답 ③

최종합격자는 80명이며, 필기시험 응시자는 최종합격자의 2배인 160명이 된다. 이 중 면접시험에 응시할 수 있는 인원은 필기시험 응시자의 60%로 $160 \times 0.6 = 96$명이다. 그리고 면접시험은 4명씩 한 팀으로 면접시험을 보는 팀은 $\frac{96}{4} = 24$팀이다.

또한 한 팀당 15분간의 면접이 진행되고 한 팀이 끝날 때마다 5분의 휴식시간이 있으므로 한 팀당 20분씩 계산하면 1시간 동안 세 팀의 면접을 끝낼 수 있다. 하루 면접시험 진행시간은 4시간 이하이므로 $4 \times 3 = 12$팀이 면접을 볼 수 있고, 마지막 12번째 팀이 끝나면 휴식시간이 필요 없다. 즉, 하루의 면접시험 진행시간 중 면접관의 휴식시간은 $5 \times 11 = 55$분임을 알 수 있다.

따라서 2일 동안 실시되는 면접시험에서 면접관의 휴식시간은 $55 \times 2 = 110$분=1시간 50분이다.

CHAPTER

11 2019년 상반기 기출복원문제

01 70문항 유형

01	02	03	04	05	06	07	08	09	10	11	12	13	14	15	16	17	18	19	20
④	②	③	④	②	①	④	⑤	③	④	②	②	⑤	②	④	②	②	③	⑤	①
21	22	23	24	25	26	27	28												
③	④	③	②	①	②	③	③												

01 정답 ④

제시된 단어는 유의 관계이다. '경력'의 유의어는 '이력'이고, '해결'의 유의어는 '타개'이다.

02 정답 ②

제시된 단어는 직업과 다루는 재료의 관계이다. '바리스타'는 '커피콩'으로 커피를 만들고, '목수'는 '나무'로 물건을 만든다.

03 정답 ③

제시된 단어는 상하 관계이다. '고래'는 '포유류'에 속하고, '개구리'는 '양서류'에 속한다.

04 정답 ④

'레몬'은 신맛이 나며, 색이 노랗고, 형태가 둥글다.

05 정답 ②

'산맥'은 거대하고, 높으며, 산봉우리가 연속되어 있다.

06 정답 ①

'엘리베이터'의 버튼을 누르면 문이 열리고, 이를 통해 위아래로 이동할 수 있다.

07 정답 ④

'공감'은 상대방이 느끼는 감정을 함께 느끼고 이를 공유하는 활동이다.

08 정답 ⑤

'도장'은 개인, 단체 등의 이름을 나무, 돌 등에 새겨 문서에 찍도록 만든 물건이다.

09 정답 ③

'빨대'는 음료를 쉽게 마시기 위해 음료에 꽂아 사용하는 도구이다.

10 정답 ④

'발제(發題)'는 '토론회나 연구회 따위에서 어떤 주제를 맡아 조사하고 발표함'을 뜻한다.

[오답분석]
① 발인(發靷) : 장례를 지내러 가기 위하여 상여 따위가 집에서 떠남. 또는 그런 절차
② 발족(發足) : 어떤 조직체가 새로 만들어져서 일이 시작됨. 또는 그렇게 일을 시작함
③ 발주(發注) : 물건을 보내 달라고 주문함. 주로 공사나 용역 따위의 큰 규모의 거래에서 이루어짐
⑤ 발췌(拔萃) : 책, 글 따위에서 필요하거나 중요한 부분을 가려 뽑아냄. 또는 그런 내용

11 정답 ②

'일고(一考)'는 '한 번 생각해 봄'을 뜻한다.

[오답분석]
① 일각(一角) : 한 귀퉁이. 또는 한 방향
③ 일람(一覽) : 한 번 봄. 또는 한 번 죽 훑어봄
④ 일부(一部) : 일부분(한 부분)
⑤ 일반(一般) : 전체에 두루 해당되는 것

12 정답 ②

'발원(發源)'은 '흐르는 물줄기가 처음 시작한 곳'을 뜻한다.

[오답분석]
① 재원(財源) : 재화나 자금이 나올 원천
③ 어원(語源) : 어떤 단어의 근원적인 형태. 또는 어떤 말이 생겨난 근원
④ 연원(淵源) : 사물의 근원
⑤ 전원(電源) : 전기 코드의 콘센트 따위와 같이 기계 등에 전류가 오는 원천

13 정답 ⑤

'담백하다'는 '욕심이 없고 마음이 깨끗하다.'라는 뜻이다.

[오답분석]
① 결제 → 결재
② 갱신 → 경신
③ 곤혹 → 곤욕
④ 유무 → 여부

14 정답 ②

⊙ 딴생각 : '주의를 기울이지 않고 다른 데로 쓰는 생각'을 의미하는 하나의 단어이므로 붙여 쓴다.
ⓒ 사사한 : '사사(師事)'는 '스승으로 섬김. 또는 스승으로 삼고 가르침을 받음'의 의미를 지닌 단어로, 이미 '받다'라는 의미를 자체적으로 지니고 있기 때문에 '사사받다'가 아닌 '사사하다'가 옳은 표기이다.
ⓒ 파투 : '파토'는 '일이 잘못되어 흐지부지됨을 비유적으로 이르는 말'인 '파투'의 잘못된 표현이므로 '파투'가 옳은 표기이다.

15 정답 ④

제시문의 '메우다'는 '메다'의 사동사로 '어떤 장소를 가득 채우다.'의 의미로 쓰였으며, 이와 같은 의미로 사용된 것은 ④이다.

오답분석
① 뚫려 있거나 비어 있는 곳을 막거나 채우다.
② 부족하거나 모자라는 것을 채우다.
③ 시간을 적당히 또는 그럭저럭 보내다.
⑤ 말이나 소의 목에 멍에를 얹어서 매다.

16 정답 ②

농협의 캐릭터인 '아리(ARI)'는 기업과 고객을 친근감 있게 연결시키며 심볼을 보조하여 기업 이미지를 업(Up)시키는 제2의 상징체이다. 농업의 근원인 씨앗을 모티브로 하여 쌀알, 밀알, 콩알에서의 '알'을 따와서 이름을 붙였다.

17 정답 ②

스캠퍼(SCAMPER) 기법
• S : 대체하기(Substitute)
• C : 조합하기(Combine)
• A : 적용하기(Adapt)
• M : 수정・확대・축소하기(Modify・Magnify・Minify)
• P : 다른 용도로 사용하기(Put to other use)
• E : 제거하기(Eliminate)
• R : 재배치하기(Rearrange)

18 정답 ③

(앞의 항)×3+1인 수열이다.
따라서 (   )=121×3+1=364이다.

19 정답 ⑤

나열된 수를 각각 A, B, C라고 하면 다음과 같은 관계가 성립한다.
$\underline{A\ B\ C} \to A \times B + 1 = C$
따라서 (   )=5×6+1=31이다.

20 정답 ①

+5, −2, ···을 규칙으로 하는 문자열이다.

b	g	e	j	(h)	m	k	p
2	7	5	10	8	13	11	16

21 정답 ③

등산 동아리가 예약한 숙소 방의 개수를 x개라고 하자.

$6x+12=7(x-3)+6$

→ $6x+12=7x-21+6$

→ $x=12+15$

∴ $x=27$

따라서 등산 동아리에서 예약한 방의 개수는 총 27개이다.

22 정답 ④

제시된 그림의 운동장 둘레는 왼쪽과 오른쪽 반원을 합친 지름이 50m인 원의 원주(지름×원주율)와 위, 아래 직선거리 90m를 더하면 된다.
따라서 학생이 운동장 한 바퀴를 달린 거리는 $(50 \times 3)+(90 \times 2)=330$m이다.

23 정답 ③

일의 양을 1이라고 하면 A사원이 하루에 하는 일의 양은 $\frac{1}{4}$이며, B사원은 하루에 $\frac{1}{12}$의 일을 한다.

A, B사원이 같이 일을 끝내는 데 걸리는 기간을 x일이라고 하자.

$\left(\frac{1}{4}+\frac{1}{12}\right) \times x=1$

→ $\frac{3+1}{12} \times x=1$

∴ $x=\frac{12}{4}=3$

따라서 A, B사원이 같이 일하여 프로젝트를 끝내는 데 걸리는 기간은 3일이다.

24 정답 ②

사과, 배, 귤이 각각 1.2kg일 때 가격은 차례대로 15,000원, 30,000원, 7,500원이다.
1.2kg당 사과, 배, 귤의 개수와 90,000원어치를 샀을 때의 개수는 다음과 같다.

(단위 : 원, 개)

구분	사과	배	귤
1.2kg당 가격	15,000	30,000	7,500
1.2kg당 개수	1,200÷120=10	1,200÷400=3	1,200÷200=6
90,000원어치 개수	$\frac{90,000}{15,000} \times 10=60$	$\frac{90,000}{30,000} \times 3=9$	$\frac{90,000}{7,500} \times 6=72$

따라서 사과, 배, 귤을 구매한 개수는 총 60+9+72=141개이다.

25 정답 ①

작년에 가입한 고객의 수를 x명이라고 하자.

$x \times 1.25 = 450$

$\rightarrow x = \dfrac{450}{1.25}$

$\therefore x = 360$

따라서 작년에 H적금상품에 가입한 고객은 360명이다.

26 정답 ②

가중평균은 각각에 해당하는 가중치를 적용하여 더한 값을 가중치 총합으로 나눈 것이다.
다섯 업체의 가중치를 적용한 총점을 구하면 다음과 같다.

(단위 : 점)

구분	총점
A업체	$(8 \times 0.2) + (8 \times 0.5) + (7 \times 0.3) = 7.7$
B업체	$(7 \times 0.2) + (9 \times 0.5) + (8 \times 0.3) = 8.3$
C업체	$(6 \times 0.2) + (10 \times 0.5) + (5 \times 0.3) = 7.7$
D업체	$(5 \times 0.2) + (7 \times 0.5) + (10 \times 0.3) = 7.5$
E업체	$(8 \times 0.2) + (6 \times 0.5) + (8 \times 0.3) = 7.0$

가중치의 합은 0.2+0.5+0.3=1이므로 가중치를 적용한 총점과 가중평균 값은 같다.
따라서 총점이 가장 높은 B업체가 선정될 것이다.

27 정답 ③

(가속도)=$\dfrac{(\text{힘})}{(\text{질량})}$이므로 5kg 물체를 당기는 힘은 5N, 3kg 물체를 당기는 힘은 3N일 때 각각의 물체의 가속도 $\dfrac{5\text{N}}{5\text{kg}} = \dfrac{3\text{N}}{3\text{kg}} = 1\text{m/s}^2$으로 같다.

따라서 두 물체를 함께 당길 때 두 물체가 가속도 3m/s^2으로 운동하려면 (힘)=(가속도)×(질량)이므로 $3\text{m/s}^2 \times 8\text{kg} = 24\text{N}$으로 당겨야 한다.

28 정답 ③

처음에 퍼낸 소금물의 양을 xg이라고 하자.

$\dfrac{(800-x) \times 0.15}{800-x+150} = 0.12$

$\rightarrow 800-x = \dfrac{0.12}{0.15} \times (950-x)$

$\rightarrow 800-760 = x - 0.8x$

$\therefore x = 200$

따라서 처음에 퍼낸 소금물의 양은 200g이다.

02 100문항 유형

01	02	03	04	05	06	07	08	09	10
②	③	②	④	④	②	①	④	④	①

01 정답 ②

'고지(高地)'는 '지대가 높은 땅'을 의미한다. 도로, 가두, 노상은 '길'이라는 의미를 가지고 있다.

오답분석
- 도로(道路) : 사람, 차 따위가 잘 다닐 수 있도록 만들어 놓은 비교적 넓은 길
- 가두(街頭) : 도시의 길거리
- 노상(路上) : 길바닥

02 정답 ③

'바'는 '앞에서 말한 내용 그 자체나 일 따위를 나타내는 말'을 의미하는 의존명사이므로 앞말과 띄어 쓴다.

오답분석
① '-밖에'는 주로 체언이나 명사형 어미 뒤에 붙어 '그것 말고는', '그것 이외에는' 등의 뜻을 나타내는 보조사로 '하나밖에'와 같이 앞말에 붙여 쓴다.
② '살'은 '나이를 세는 단위'를 의미하는 의존명사이므로 '열 살이'와 같이 띄어 쓴다.
④ 본용언이 합성어인 경우는 본용언과 보조용언을 붙여 쓰지 않으므로 '쫓아내 버렸다'와 같이 띄어 써야 한다.

03 정답 ②

'금융위기'의 위기는 위험한 고비나 시기를 의미하는 '위기(危機)'가 옳은 표기이다.
'위기(位記)'는 '벼슬아치의 품위에 대한 기록'을 의미한다.

04 정답 ④

근로자 임금은 직접비에 해당한다.

> **직접비와 간접비**
> - 직접비 : 제품의 제조 또는 판매를 위하여 직접 소비되는 것이 인식되는 원가로 주요 원재료비, 근로자 임금 등이 해당한다.
> - 간접비 : 매매상품 또는 서비스와 직접 관련되지 않은 기업경영 시 발생되는 간접비용으로 복지후생비, 보험료, 광고비 등이 해당한다.

05 정답 ④

④는 공식적 조직에 대한 설명이다. 비공식적 조직은 자연발생적으로 맺어진 조직으로 의사소통을 촉진시키고, 문제해결에 도움을 준다.

06 정답 ②

농협의 커뮤니케이션 브랜드인 'NH'는 자연과 인간의 조화(Nature & Human), 새로운 희망(New Hope)과 행복(New Happiness)을 상징적으로 표현한다.

07 정답 ①

고객만족경영의 3C는 고객(Customer), 변화(Change), 경쟁(Competition)이다.

08 정답 ④

통장표제부는 인감이 찍혀 있는 통장의 앞면으로 예금 종류, 계좌번호, 통장개설 일자 등의 정보가 표시되어 있으나, 잔여 금액은 나타나 있지 않다.

09 정답 ④

원금을 a원, 연 이자율을 r, 기간을 n년이라고 하면 연 복리 예금의 경우 n년 후 받을 수 있는 총금액은 $a(1+r)^n$원이다. T씨가 연 3%인 연 복리 예금 상품에 4,300만 원을 넣고 금액이 2배가 될 때를 구하면 다음과 같다.

$4,300 \times (1+0.03)^n = 4,300 \times 2$
→ $(1+0.03)^n = 2$
→ $n\log 1.03 = \log 2$
→ $n = \dfrac{\log 2}{\log 1.03} = \dfrac{0.3}{0.01}$

∴ $n = 30$

따라서 T씨가 만기 시 금액으로 원금의 2배를 받는 것은 30년 후이다.

10 정답 ①

오늘 저녁 7시에 예약이 가능한가요?

[오답분석]
② 예약을 하셨나요?
③ 예약을 취소하고 싶어요.
④ 저녁 식사 장소로 여기 어때?

CHAPTER 12 2018년 하반기 기출복원문제

01 70문항 유형

01	02	03	04	05	06	07	08	09	10	11	12	13	14	15	16
③	②	②	⑤	⑤	⑤	④	⑤	①	③	①	②	④	⑤	⑤	③

01 정답 ③

①·②·④·⑤는 동의어 또는 다의어의 관계로 사전에 하나의 단어로 등재되어 있으나, ③의 '쓰다'는 동음이의어의 관계로 사전에 서로 다른 단어로 각각 등재되어 있다.
- 쓰다^1 : 원서, 계약서 등과 같은 서류 따위를 작성하거나 일정한 양식을 갖춘 글을 쓰는 작업을 하다.
- 쓰다^2 : 힘이나 노력 따위를 들이다.

오답분석
① 타다 : 바람이나 물결, 전파 따위에 실려 퍼지다.
② 머리 : 1. 머리털, 2. 생각하고 판단하는 능력
④ 손 : 1. 손가락, 2. 일손(일을 하는 사람)
⑤ 들다 : 1. 물감, 색깔, 물기, 소금기가 스미거나 배다, 2. 어떤 일이나 기상 현상이 일어나다.

02 정답 ②

전기가 끊어지는 '정전'은 주로 갑작스럽게 발생하며, 전기가 끊어져 불을 켤 수 없으므로 캄캄한 어둠 속에서 많은 사람들이 불편함을 겪게 된다.

03 정답 ②

'간척(干拓)하다'는 '육지에 면한 바다나 호수의 일부를 둑으로 막고, 그 안의 물을 빼내어 육지로 만들다.'라는 뜻이다.

오답분석
① 개척(開拓)하다 : 거친 땅을 일구어 논이나 밭과 같이 쓸모 있는 땅으로 만들다.
③ 경작(耕作)하다 : 땅을 갈아서 농사를 짓다.
④ 개간(開墾)하다 : 거친 땅이나 버려둔 땅을 일구어 논밭이나 쓸모 있는 땅으로 만들다.
⑤ 갈다 : 쟁기나 트랙터 따위의 농기구나 농기계로 땅을 파서 뒤집다.

04 정답 ⑤

㉠ 뇌졸중(腦卒中) : 뇌에 혈액 공급이 제대로 되지 않아 손발의 마비, 언어 장애 등을 일으키는 증상을 일컬으며, '뇌졸증'은 이러한 '뇌졸중'의 잘못된 표현이다.
㉡ 꺼림직 : '꺼림칙하다'와 '꺼림직하다' 중 기존에는 '꺼림칙하다'만 표준어로 인정되었으나, 2018년 표준국어대사전이 수정됨에 따라 '꺼림직하다'도 표준어로 인정되었다. 따라서 '꺼림칙하다', '꺼림직하다' 모두 사용할 수 있다.

05 정답 ⑤

변경된 난각 표시 개정안에 따르면 달걀의 산란 일자 4자리와 생산자 고유번호 5자리 그리고 사육환경번호 1자리를 차례로 달걀 껍질에 표기해야 한다. 맨 뒤의 사육환경번호는 사육방식에 따라 방사 사육의 경우 1, 축사 내 평사 사육은 2, 개선된 케이지 사육은 3, 기존의 케이지 사육은 4로 표시되므로 9월 7일, 'AB38E'의 고유번호를 지닌 농장에서 방사 사육(1)된 닭이 낳은 달걀에는 ⑤와 같이 표기해야 한다.

06 정답 ⑤

한글 맞춤법에 따르면 '덮치다'는 '덮다'에 사동 접미사 '-치-'가 결합한 형태로 그 어간을 밝혀 적어야 한다. 따라서 ⑤의 '덥쳤던'은 '덮쳤던'으로 수정해야 옳다.

07 정답 ④

자원활용계획을 수립할 때는 자원의 희소성이 아닌 자원이 투입되는 활동의 우선순위를 고려하여 자원을 할당해야 한다.

> **자원관리의 4단계 과정**
> 1. 필요한 자원의 종류와 양 확인 : '어떠한' 자원이 '얼마만큼' 필요한지 파악하는 단계로, 일반적으로 '시간, 예산, 물적자원, 인적자원'으로 구분하여 파악한다.
> 2. 이용 가능한 자원의 수집과 확보 : 필요한 양보다 조금 더 여유 있게 최대한으로 자원을 확보한다.
> 3. 자원활용계획 수립 : 자원이 투입되는 활동의 우선순위를 고려하여 자원을 할당하고 활용계획을 수립한다.
> 4. 계획에 따른 수행 : 계획을 수립한 대로 업무를 추진한다.

08 정답 ⑤

언어의 친교적 기능이란 어떤 정보를 요구하거나 전달하기보다는 언어를 통해 사람들 간의 친밀한 관계를 확인하거나 유지하는 기능으로 대부분의 인사말이 이에 속한다. ㉠의 '밥은 먹었니?', ㉢의 '이따가 전화하자.', ㉤의 '조만간 밥 한번 먹자.', ㉥의 '얼굴이 더 좋아졌다.' 등은 어떤 대답을 요구하거나 행동을 할 것을 요청하는 것이 아니라 특별한 의미 없이 친근함을 나타내고 있다.

오답분석
㉡·㉣ A가 대답을 요구하는 질문을 함으로써 B는 그에 대한 정보를 전달하고 있으므로, 친교적 기능이 드러난 대화로 보기 어렵다.

09 정답 ①

제시문은 우리의 전통음악인 정악에 대해 설명하면서 정악을 우리의 음악으로 받아들이지 않는 혹자의 의견을 예상하고 있으며, 이에 대해 종묘제례악과 풍류음악을 근거로 들어 정악은 우리의 전통음악임을 주장하고 있다.

10 정답 ③

3대의 버스 배차시간은 30분, 60분, 80분으로 첫차 시간인 오전 7시 이후에 다시 같이 출발하는 시각은 배차시간의 최소공배수를 구하면 된다. 배차시간의 최소공배수는 $10 \times 3 \times 2 \times 4 = 240$분으로 $240 \div 60 = 4$시간마다 3대의 버스가 같이 출발한다.
따라서 오전 7시 다음에 같은 정류장에서 같이 출발하는 시각은 $7+4=11$이므로, 오전 11시임을 알 수 있다.

11 정답 ①

딸기 6박스 묶음 하나를 구매할 때 가격은 7,600×4+7,600×2×0.7=41,040원이며, 딸기 3박스 묶음 두 개 구입가격은 7,600×6×0.95=43,320원이다.
따라서 6박스 묶음으로 구입하는 것이 43,320-41,040=2,280원 덜 낸다.

12 정답 ②

작년 남자와 여자 직원 수를 각각 a명, b명이라고 하자.
$a+b=820 \to a=820-b \cdots$ ㉠
$1.08a+0.9b=810 \to 0.12a+0.1b=90 \to 12a+10b=9,000 \cdots$ ㉡
작년 여자 직원 수 b명을 구하기 위해 ㉠을 ㉡에 대입하면
$12(820-b)+10b=9,000$
$\to 9,840-12b+10b=9,000$
$\to 2b=840$
$\therefore b=420$
따라서 작년 여자 직원 수는 420명이며, 남자 직원 수는 400명이다.

13 정답 ④

능률은 쉬는 시간을 제외한 시간에서 1시간 동안 딴 감귤의 개수라고 하였으므로, 유진이의 능률은 $90 \div \frac{70}{60} \fallingdotseq 77$개, 은미는 $95 \div \frac{90}{60} \fallingdotseq 63$개이다.
따라서 은미가 농장에서 일한 능률은 유진이의 능률의 $\frac{63}{77} \times 100 \fallingdotseq 81\%$이다.

14 정답 ⑤

문자들을 한글 자음 및 알파벳 순서에 따른 숫자로 변형하여 규칙을 찾으면 다음과 같다.

| 1,( ),3 | 2,7,6 | 3,9,( ) | 4,11,12 |

첫 번째 자리는 +1, 두 번째 자리는 ( ), 7, 9, 11에서 +2, 마지막 자리는 3, 6, ( ), 12이므로 3의 배수임을 알 수 있다.
따라서 처음 빈칸은 숫자 7-2=5로 알파벳 5번째 순서인 'e'가 오고, 다음 빈칸은 9번째 순서에 있는 한글 자음 'ㅈ'이 온다.

15 정답 ⑤

버섯 1봉지 가격을 x원, 두부 1모를 y원, 대파 1묶음을 z원이라고 하자.
$x+2y+z+4,200+3,400=12,500 \cdots$ ㉠
$x+y=3z-300 \cdots$ ㉡
$x=y+300 \cdots$ ㉢
㉢을 ㉠, ㉡에 대입하여 대파 1묶음의 가격을 구하면 다음과 같다.
㉠ : $x+2y+z=12,500-7,600=4,900 \to y+300+2y+z=4,900 \to 3y+z=4,600 \cdots$ ㉣
㉡ : $x+y=3z-300 \to y+300+y-3z=-300 \to 2y-3z=-600 \cdots$ ㉤
㉣과 ㉤을 연립하면
$11z=11,000 \to z=1,000$, $y=1,200$
따라서 대파 1묶음은 1,000원이고, 버섯 1봉지는 1,500원, 두부 1모는 1,200원임을 알 수 있다.

16 정답 ③

직장인 A씨가 NH농협 인기 적금 3종에서 우대금리까지 고려하여 가입 시 적용되는 금리는 다음과 같다.

구분	적용되는 우대금리	최종 적용금리
NH직장인 월복리적금	- 급여이체 여성 연계상품 : 0.3%p - 당행 적립식 펀드 중 1개 이상 가입 : 0.2%p	1.8+0.3+0.2=2.3%
e금리우대적금	- 급여이체 여성 연계상품 : 0.1%p - 당행 신용 또는 체크카드 사용 중 : 0.1%p - 당행 적립식 펀드 1개 이상 가입 : 0.2%p	2.2+0.1+0.1+0.2=2.6%
NH쏠쏠적금	- 급여이체 여성 연계상품 : 0.1%p - NH쏠쏠신용카드 실적 월 30만 원 이상 50만 원 미만 : 0.1%p	1.8+0.1+0.1=2.0%

e금리우대적금과 NH쏠쏠적금은 연 복리 적금 상품으로 최종 적용금리에서 e금리우대적금이 더 높기 때문에 e금리우대적금의 이자와 NH직장인월복리적금의 이자만 비교해보면 된다.

구분	이자금액
NH직장인 월복리적금	$300{,}000 \times \left(1 + \dfrac{0.023}{12}\right) \times \left\{\left(1 + \dfrac{0.023}{12}\right)^{24} - 1\right\} \div \left(\dfrac{0.023}{12}\right) - 300{,}000 \times 24$ $= 300{,}000 \times 1.0019 \times \dfrac{1.047 - 1}{0.0019} - 7{,}200{,}000 ≒ 7{,}435{,}152 - 7{,}200{,}000 ≒ 235{,}000$원
e금리우대적금	$300{,}000 \times (1+0.026)^{\frac{1}{12}} \times \dfrac{(1+0.026)^{\frac{24}{12}} - 1}{(1+0.026)^{\frac{1}{12}} - 1} - 300{,}000 \times 24$ $= 300{,}000 \times 1.002 \times \dfrac{1.05 - 1}{1.002 - 1} - 7{,}200{,}000 = 7{,}515{,}000 - 7{,}200{,}000 = 315{,}000$원

따라서 e금리우대적금의 이자금액이 315,000원으로 가장 높다.

02 100문항 유형

01	02	03	04	05	06	07	08	09	10	11	12	13	14	15	16	17	18	19
①	④	④	②	③	②	①	②	①	①	③	③	②	④	③	④	①	②	④

01 정답 ①

①의 '굳다'는 '표정이나 태도 따위가 부드럽지 못하고 딱딱해지다.'의 뜻으로, 제시된 문장의 '굳어지다'와 의미가 같다.

[오답분석]
② 점점 몸에 배어 아주 자리를 잡게 되다.
③ 누르는 자국이 나지 아니할 만큼 단단하게 되다.
④ 근육이나 뼈마디가 뻣뻣하게 되다.

02 정답 ④

농협의 5대 핵심가치
- 농업인과 소비자가 함께 웃는 유통 대변화
- 미래 성장동력을 창출하는 디지털 혁신
- 경쟁력 있는 농업, 잘사는 농업인
- 지역과 함께 만드는 살고 싶은 농촌
- 정체성이 살아 있는 든든한 농협

03 정답 ④

'농산물 산지유통센터 운영'은 산지 생산자 조직 구축과 연합사업 활성화를 통한 산지유통혁신의 활동이므로, 농협의 사회공헌 활동으로 보기 어렵다.

04 정답 ②

인적자원의 배치・이동의 원칙
- 능력주의 : 능력을 발휘할 수 있는 기회와 장소를 부여하고, 그 성과를 평가하여 성과에 따른 보상을 제공해야 한다.
- 적재적소주의 : 직원을 능력과 성격에 따라 최적의 위치에 배치하여 최고의 능력을 발휘할 수 있도록 해야 한다.
- 균형주의 : 모든 직원이 평등한 직장 전체의 적재적소를 고려해야 한다.

05 정답 ③

자원의 4대 낭비 요인
- 비계획적 행동
- 편리성 추구
- 자원에 대한 인식 부족
- 노하우 부족

06 정답 ②

농협 심볼마크의 [V] 꼴은 [농]자의 [ㄴ]을 변형한 것으로 싹과 벼를 의미하며 농협의 무한한 발전을, [V] 꼴을 제외한 아랫부분은 [업]자의 [ㅇ]을 변형한 것으로 원만과 돈을 의미하며 협동 단결을 상징한다.
또한 마크 전체는 [협]자의 [ㅎ]을 변형한 것으로 [ㄴ+ㅎ]은 농협을 나타내고 항아리에 쌀이 가득 담겨 있는 형상을 표시하여 농가 경제의 융성한 발전을 상징한다.
따라서 ㉠에 들어갈 단어는 '업'이다.

07 정답 ①

개인정보보호법에 따르면 개인정보처리자는 개인정보의 처리 목적을 명확하게 밝혀야 하고, 그 목적에 필요한 범위에서 최소한의 개인정보만을 적법하고 정당하게 사용하여야 한다.

08 정답 ②

'발(이) 빠르다.'는 '알맞은 조치를 신속히 취하다.'는 의미의 관용구로 띄어 쓴다. 따라서 띄어쓰기가 옳은 것은 ②이다.

[오답분석]
① 손 쉽게 가꿀 수 있는 → 손쉽게 가꿀 수 있는 : '손쉽다.'는 '어떤 것을 다루거나 어떤 일을 하기가 퍽 쉽다.'의 의미를 지닌 한 단어이므로 붙여 써야 한다.
③ 겨울한파에 언마음이 → 겨울한파에 언 마음이 : '언'은 동사 '얼다'에 관형사형 어미인 '-ㄴ'이 결합한 관형어이므로 '언 마음'과 같이 띄어 써야 한다.
④ 깃발 아래 한 데 뭉치자 → 깃발 아래 한데 뭉치자 : '한데'는 '한곳이나 한군데'의 의미를 지닌 한 단어이므로 붙여 써야 한다.

09 정답 ①

조직도에 따르면 농협의 조합원 수는 2백만 명 이상이지만, 이는 개인조합원과 법인조합원 모두를 합한 것이므로 개인조합원의 수는 알 수 없다.

10 정답 ①

'농협'은 한자로 農(농사 농), 協(화합할 협)을 사용한다.

[오답분석]
② 濃(짙을 농), 協(화합할 협)
③ 儂(나 농), 脅(옆구리 협)
④ 農(농사 농), 劦(합할 협)

11 정답 ③

'등화가친(燈火可親)'은 '등불을 가까이 할 만하다.'는 의미로 서늘한 가을밤에 등불을 가까이 하여 글을 읽기에 좋은 계절임을 뜻한다.

[오답분석]
① 천고마비(天高馬肥) : 하늘이 높고 말이 살찐다는 의미로 하늘이 맑아 높푸르게 보이고 온갖 곡식이 익어가는 가을철을 뜻한다.
② 형설지공(螢雪之功) : 반딧불과 눈빛으로 책을 읽어서 이룬 공으로, 고생을 하면서 공부하여 얻은 보람을 뜻한다.
④ 위편삼절(韋編三絕) : 공자가 읽었던 책 끈이 세 번이나 끊어졌다는 이야기에서 유래된 것으로, 열심히 공부한다는 뜻이다.

12 정답 ③

수족관에 물을 다 채웠을 때 물의 양을 1이라고 하면 세 호스가 1분에 수족관 물을 채우는 양은 A는 $\frac{1}{6}$, B는 $\frac{1}{18}$, C는 $\frac{1}{36}$이다.
세 호스를 한꺼번에 사용하여 물을 채울 때 걸리는 시간을 x분이라고 하자.
$\frac{x}{6} + \frac{x}{18} + \frac{x}{36} = 1$
→ $\frac{6x + 2x + x}{36} = 1$
→ $9x = 36$
∴ $x = 4$
따라서 은미가 수족관 물을 다 채울 때까지 A, B, C호스를 모두 사용하여 걸리는 시간은 4분이다.

13 정답 ②

각 구간에서 미술관 바로 전에 거쳐야 하는 지점 '마' 또는 '사'까지 짧은 거리를 찾아 비교한다. 이때, 가장 적은 지점 수를 지나는 것이 가까운 것은 아니다.
- 유진이네 → 가 → 나 → 마 → 미술관 … ㉠
- 유진이네 → 다 → 라 → 마 → 미술관 … ㉡
- 유진이네 → 다 → 라 → 바 → 사 → 미술관 … ㉢

㉠ ~ ㉢에서의 거리를 비교해보면
㉠ : 2+6+5+10=23km
㉡ : 3+6+3+10=22km
㉢ : 3+6+6+5+3=23km
따라서 유진이가 집에서 미술관까지 가는 가장 가까운 거리는 ㉡의 22km이다.

14 정답 ④

두 번째와 마지막 명제를 보면 귤을 사면 고구마를 사지 않고, 고구마를 사지 않으면 감자를 산다고 했으므로 '귤을 사면 감자도 같이 산다.'는 참이다.

오답분석
① 세 번째와 네 번째 명제에서 '사과를 사면 수박과 귤 모두 산다.'가 아닌 '사과를 사면 수박과 귤 중 하나를 산다.'를 추론할 수 있다.
② 알 수 없는 내용이다.
③ 네 번째 명제의 '이' 명제는 '배를 사지 않으면 수박과 귤을 모두 사거나 사지 않는다.'이지만 명제가 참이라고 하여 '이' 명제가 반드시 참은 아니다.

15 정답 ③

두 상품의 만기 시 받을 금액을 구하면 다음과 같다.

구분	만기 시 금액
연 복리 적금	$\dfrac{120{,}000(1+0.024)^{\frac{1}{12}}\left\{(1+0.024)^{\frac{36}{12}}-1\right\}}{(1+0.024)^{\frac{1}{12}}-1} = \dfrac{120{,}000 \times 1.002 \times (1.074-1)}{1.002-1} = 4{,}448{,}880$원
단리 예금	$4{,}000{,}000 + 4{,}000{,}000 \times 0.028 \times 2 = 4{,}000{,}000 + 224{,}000 = 4{,}224{,}000$원

따라서 연 복리 적금이 단리 예금보다 4,448,880−4,224,000=224,880원을 더 받는다.

16 정답 ④

조건에서 크루즈 이용 시 A석 또는 S석으로 한다고 하였으므로 Z크루즈는 제외된다. 나머지 교통편 이용 시 비용은 다음과 같다.

교통편	비용
H항공사 비즈니스석	$(310,000+10,000) \times 2 = 640,000$원
H항공사 퍼스트클래스	$479,000 \times 2 \times 0.9 = 862,200$원
P항공사 퍼스트클래스	$450,000 \times 2 = 900,000$원
Y크루즈 S석	$(25,000+292,000+9,000) \times 2 = 652,000$원

따라서 김대리는 가장 저렴한 교통편인 H항공사의 비즈니스석을 선택하고 비용은 640,000원이다.

17 정답 ①

일주일 동안 농협 ㅁㅁ지점에 방문했던 (가)지역과 (다)지역을 제외한 세 지역에 사는 고객 수의 비율은 $100-72.8-21.4=5.8\%$이며, (마)지역에 사는 고객은 (다)지역에 사는 고객이 차지하는 비중의 $\frac{1}{8}$이므로 그 비율은 $\frac{21.4}{8}=2.675\%$임을 알 수 있다. 또한 구하고자 하는 (라)지역의 비율을 a라고 할 때, (나)지역은 (라)지역의 1.5배이므로 $1.5a$이고 (나)지역과 (라)지역 비율의 합은 $a+1.5a=5.8-2.675=3.125\%$이다.
따라서 일주일 동안 농협 ㅁㅁ지점에 방문했던 (라)지역의 고객 비율은 $2.5a=3.125\% \rightarrow a=1.25\%$이다.

18 정답 ②

평균 50점과 60점을 받은 학생 수를 x명, 90점을 받은 학생 수를 y명이라고 하자.
1학년 2반 학생 정원 15명에 관한 식은 다음과 같다.
$2x+5+4+y+1=15 \rightarrow 2x+y=5 \cdots \bigcirc$
반 전체 평균은 72점이므로 15명의 평균을 모두 합하여 전체 평균을 구하는 식은 다음과 같다.
$50x+60x+70\times5+80\times4+90\times y+100\times1=72\times15 \rightarrow 110x+90y=310 \rightarrow 11x+9y=31 \cdots \bigcirc$
$\bigcirc$, $\bigcirc$ 두 식을 연립하여 풀기 위해 $\bigcirc$ $y=5-2x$을 $\bigcirc$에 대입하면
$11x+9(5-2x)=31$
$\rightarrow -7x=31-45$
$\therefore x=2$
따라서 1학년 2반에서 중간고사 평균 60점을 받은 학생은 2명이며, 50점을 받은 학생도 2명이다.
또한 $\bigcirc$에 $x=2$를 대입하면 90점을 받은 학생은 1명임을 알 수 있다.

19 정답 ④

2019년에 농업 총생산액에서 재배업의 기타, 축잠업의 닭, 오리 생산액 비율은 $\frac{1,638+2,286+915}{44,475}\times100=\frac{4,839}{44,475}\times100 ≒ 10.9\%$이다.

> 오답분석
① 재배업 생산액은 '감소 – 감소 – 증가 – 증가'이며, 축잠업은 '감소 – 증가 – 증가 – 증가'이다.
② 재배업 항목에서 생산액이 두 번째로 높은 항목은 '곡물류'이며, 2019년에 곡물류가 농업 총생산액에서 차지하는 비중은 $\frac{6,850}{44,475}\times100 ≒ 15.4\%$를 차지한다.
③ 젖소의 2018년 전년 대비 증감률은 표에서 0.2% 증가했음을 알 수 있으며, 2020년 축잠업 항목에서 세 번째로 높은 항목은 닭으로 2018년 생산액의 전년 대비 증감률은 4.7%이다. 따라서 젖소의 증가율이 닭의 증가율보다 $4.7-0.2=4.5\%p$ 더 낮다.

CHAPTER 13 2018년 상반기 기출복원문제

01	02	03	04	05	06	07	08	09	10	11	12	13	14	15	16	17	18	19	20
②	③	⑤	③	①	⑤	③	⑤	③	③	④	②	②	④	①	②	②	⑤	②	④

21	22	23	24	25	26
④	③	②	④	⑤	②

01 정답 ②

- 특히 올 추석경기는 김영란법 시행 이후 전개될 업계판도를 <u>가능</u>해볼 수 있는 축소판이라고 입을 모은다. → 가늠
- 화환은 <u>부주금</u>을 포함하면 10만 원이 넘기 때문에 사실상 거래가 어렵다. → 부조금

02 정답 ③

신입사원 9명을 A, B, C조로 나누는 방법은 다음과 같다.
$_9C_3 \times _6C_3 \times _3C_3 = 84 \times 20 \times 1 = 1,680$
따라서 A, B, C조로 나누는 경우의 수는 1,680가지이다.

03 정답 ⑤

A를 기준으로 A의 진술이 참인 경우와 A의 진술이 거짓인 경우가 있는데, 만약 A의 진술이 거짓이라면 B와 C가 모두 범인인 경우와 B와 C가 모두 범인이 아닌 경우로 나눌 수 있고, A의 진술이 참이라면 B가 범인인 경우와 C가 범인인 경우로 나눌 수 있다.

- A의 진술이 거짓이고 B와 C가 모두 범인인 경우
  B, C, D, E의 진술이 모두 거짓이 되어 5명이 모두 거짓말을 한 것이 되므로 조건에 어긋난다.
- A의 진술이 거짓이고 B와 C가 모두 범인이 아닌 경우
  B가 참이 되므로 C, D, E 중 1명의 진술만 거짓, 나머지는 참이 되어야 한다. C의 진술이 참이면 E의 진술도 반드시 참, C의 진술이 거짓이면 E의 진술도 반드시 거짓이므로 D가 거짓, C와 E가 참을 말하는 것이 되어야 한다. 따라서 이 경우 D와 E가 범인이 된다.
- A의 진술이 참이고 B가 범인인 경우
  B가 거짓이 되기 때문에 C, D, E 중 1명의 진술만 거짓, 나머지는 참이 되어야 하므로 C와 E의 진술이 참, D의 진술은 거짓이 된다. 따라서 이 경우 B와 E가 범인이 된다.
- A의 진술이 참이고 C가 범인인 경우
  B의 진술이 참이 되기 때문에 C, D, E 중 1명의 진술만 참, 나머지는 거짓이 되어야 하므로 C와 E의 진술이 거짓, D의 진술은 참이 된다. 따라서 범인은 A와 C가 된다.

따라서 선택지 중 ⑤만 동시에 범인이 될 수 있는 사람으로 바르게 짝지어져 있다.

04 정답 ③

작은 원이 큰 원에 속할 때 가장 공통넓이가 크다.
따라서 두 원의 공통넓이가 가장 클 때의 값은 작은 원의 넓이인 78cm^2와 같다.

05 정답 ①

成長(성장) : 衰退(쇠퇴)

[오답분석]
② 合格(합격) : 成功(성공)
③ 商人(상인) : 販賣(판매)
④ 代表(대표) : 社長(사장)
⑤ 動物(동물) : 昆蟲(곤충)

06 정답 ⑤

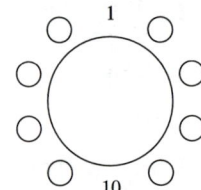

1번과 10번은 마주보고 있다고 했기 때문에 1번과 10번 사이에는 4명씩 나누어 앉아야 한다.
먼저 4명씩 두 그룹으로 나누는 경우의 수는 $_8C_4 \times _4C_4$이다.
다음으로 각 그룹의 앉는 순서를 정하면 $_8C_4 \times 4! \times _4C_4 \times 4!$가 된다(원탁이기 때문에 1번과 10번의 자리가 바뀌는 경우는 고려하지 않는다).
따라서 식을 정리하면 $\dfrac{8\times7\times6\times5}{4!} \times 4! \times \dfrac{4\times3\times2\times1}{4!} \times 4! = 8!$이다.

07 정답 ③

[오답분석]
① 사필귀정(事必歸正) : 처음에는 시비(是非) 곡직(曲直)을 가리지 못하여 그릇되더라도 모든 일은 결국에 가서는 반드시 정리(正理)로 돌아감
② 타산지석(他山之石) : 다른 산의 돌이라는 뜻으로, 다른 산에서 나는 거칠고 나쁜 돌이라도 숫돌로 쓰면 자기(自己)의 옥을 갈 수가 있으므로, 다른 사람의 하찮은 언행(言行)이라도 자기(自己)의 지덕(智德)을 닦는 데 도움이 됨을 비유해 이르는 말
④ 안거위사(安居危思) : 편안(便安)한 때일수록 위험(危險)이 닥칠 때를 생각하여 미리 대비(對備)해야 함을 이르는 말
⑤ 복철지계(覆轍之戒) : 먼저 간 수레가 엎어진 것을 보고 경계(警戒)를 한다는 말로, 남의 실패(失敗)에서 교훈(敎訓)을 얻음

08 정답 ⑤

밑줄 친 '두다'는 '중요성이나 가치 따위를 부여하다.'라는 뜻으로, 같은 의미로 쓰인 것은 ⑤이다.

[오답분석]
① 일정한 장소나 위치에 놓다.
② 가져가거나 데려가지 않고 남기거나 버리다.
③ 조직, 기구 등을 설치하다.
④ 어떤 것을 논쟁이나 감정, 언급의 대상으로 삼다.

09 정답 ③

- 내로라하다 : 어떤 분야를 대표할 만하다.
- 그러다 보니 : 보조용언 '보다'가 앞 단어와 연결어미로 이어지는 '-다 보다'의 구성으로 쓰이면 앞말과 띄어 쓴다.

[오답분석]

① 무엇 보다 → 무엇보다 / 인식해야 만 → 인식해야만
- 무엇보다 : 앞말이 부사어임을 나타내는 조사로 붙여 쓴다.
- 인식해야만 : '만'은 한정, 강조를 의미하는 보조사로 붙여 쓴다.

② 두가지를 → 두 가지를 / 조화시키느냐하는 → 조화시키느냐 하는
- 두 가지를 : 수 관형사는 뒤에 오는 명사 또는 의존명사와 띄어 쓴다.
- 조화시키느냐 하는 : 어미 다음에 오는 말은 띄어 쓴다.

④ 심사하는만큼 → 심사하는 만큼 / 한 달 간 → 한 달간
- 심사하는 만큼 : 뒤에 나오는 내용의 원인, 근거를 의미하는 의존명사로 띄어 쓴다.
- 한 달간 : '동안'을 의미하는 접미사로 붙여 쓴다.

⑤ 삼라 만상은 → 삼라만상은 / 모순 되는 → 모순되는
- 삼라만상은 : 우주에 있는 온갖 사물과 현상을 의미하는 명사로 붙여 쓴다.
- 모순되는 : 이 경우에는 '되다'를 앞의 명사와 붙여 쓴다.

> **한글 맞춤법 제5장 띄어쓰기**
> 제41항 조사는 그 앞말에 붙여 쓴다. 예 웃고만, 꽃에서부터
> 제42항 의존명사는 띄어 쓴다. 예 먹을 만큼
> 제43항 단위를 나타내는 명사는 띄어 쓴다. 예 한 개, 차 한 대, 소 한 마리

10 정답 ③

참여 조건을 논리 기호화하여 정리하면 다음과 같다.
- 전략기획연수 ○
- 노후관리연수 ○ → 직장문화연수 ○
- 자기관리연수 ○ → 평생직장연수 ×
- 직장문화연수 ○ → 전략기획연수 ×
- 자기관리연수 ○ → 노후관리연수 × or 자기관리연수 × → 노후관리연수 ○

이를 명제의 대우 관계로 풀어내면 다음과 같다.
전략기획연수 ○ → 직장문화연수 × → 노후관리연수 × → 자기관리연수 ○ → 평생직장연수 ×
따라서 ㄴ, ㄷ이 옳다.

11 정답 ④

앞의 문자에 각각 +1, −2, +3, −4, +5, …를 하는 문자열이다.

H	I	G	J	F	(K)	E
8	9	7	10	6	11	5

12 정답 ②

'손님, 주문하신 커피 나오셨습니다.'에서 커피까지 높이는 것은 옳지 않다.

13 정답 ②

철수가 3월 2일에 환전한 달러는 995,565÷1,070.5=930달러이며, 3월 6일에 원화로 환전하기 전의 남은 달러는 256,125÷1,024.5=250달러이다.
따라서 철수가 미국 여행 중에 사용한 달러는 930-250=680달러이다.

14 정답 ④

글쓴이는 부지런함에 대해 말하고 있으므로 내용상 ④의 속담과 어울린다.

오답분석
① 백지장도 맞들면 낫다 : 쉬운 일이라도 협력하여 하면 훨씬 쉽다.
② 작은 것부터 큰 것이 이루어진다 : 아무리 큰일이라도 시작은 작은 일이다.
③ 사공이 많으면 배가 산으로 간다 : 주관하는 사람 없이 여러 사람이 자기주장만 내세우면 일이 제대로 되기 어렵다.
⑤ 고기 보고 기뻐만 말고 가서 그물을 떠라 : 목적한 바가 있으면 먼저 그 일을 이룰 준비를 단단히 해야 한다.

15 정답 ①

> 우리는 농업인의 소득 증진을 위해 팜스테이 사업을 하고 있습니다. 팜스테이(Farm Stay)란 농가에서 숙박하면서 마을 축제에 참여할 수 있는 농촌체험관광 프로그램입니다.
> 이 프로그램은 도시 및 농촌 지역 교류를 통한 농외 소득원 개발과 농촌사회의 활력 증진, 농촌경제 재활성화하는 데 도움이 됩니다. 이 프로그램의 또 다른 이점은 팜스테이를 한국의 대표적인 농촌체험관광 상품으로 홍보하고, 농협의 역할을 지방자치단체는 물론 고객에게 홍보함으로써 농촌 가정을 돕는 것입니다. 우리는 팜스테이 마을에 대한 체계적이고 지속적인 지원을 하여 농촌 문화를 체험하는 도시민 유치를 활성화하는 데 노력할 것입니다.

오답분석
② 농협주유소 사업
③ 찾아가는 방역서비스, 공동방제단
④ 목우촌(축산식품), 농협목우촌
⑤ 의료지원

16 정답 ②

윤리경영의 궁극적인 목표는 부정을 저지르지 말자는 소극적 의미를 넘어 글로벌 스탠다드에 맞게 경영을 투명하게 하는 것이며 고객의 신뢰를 바탕으로 기업가치를 향상시켜 궁극적으로 지속가능한 기업경영을 영위하기 위함이다.

17 정답 ②

입찰점수를 계산하여 중간 선정 결과를 나타내면 다음과 같다.

업체 \ 입찰기준	입찰점수
A업체	20점
B업체	24점
C업체	입찰가격에서 탈락
D업체	18점
E업체	14점
F업체	22점

따라서 중간 선정된 A, B, F업체 중 안전점수와 디자인점수의 합이 가장 높은 업체인 B업체가 최종 선정된다.

18 정답 ⑤

가격점수를 추가로 합산하여 최종 입찰점수를 계산하면 아래와 같다.

업체 \ 입찰기준	기존 입찰점수	가격점수	최종 입찰점수
A업체	20점	4점	24점
B업체	24점	6점	30점
C업체	19점	2점	21점
D업체	18점	8점	26점
E업체	14점	6점	20점
F업체	22점	10점	32점

따라서 최종 입찰점수가 가장 높은 업체는 F업체이다.

19 정답 ②

26일은 비가 오는 날이므로 A사원은 커피류를 마신다. 또한 평균기온이 27℃로 26℃ 이상이므로 큰 컵으로 마시고, 세 번째 조건에 따라 카페라테를 마신다.

20 정답 ④

24일은 비가 오지 않는 화요일이며 28℃이므로 A사원 자신은 밀크티 큰 컵을 마신다.
23일은 맑은 날이고 26℃이므로 A사원은 자몽에이드 큰 컵을 마셨다. 그러므로 B사원에게는 자몽에이드 큰 컵을 사줄 것이다.
따라서 A사원이 지불할 금액은 4,800+4,700=9,500원이다.

21 정답 ④

(라) 우리 사회의 급격한 고령화로 인한 갈등과 문제 발생 – (가) 따라서 고령화 문제 해소를 위한 사회보장이 필요함 – (다) 사람이라면 누구든지 노화가 오며 이로 인한 사회보험제도, 즉 노인 장기요양보험이 필요함 – (나) 노인 장기요양보험은 젊은 층의 안정적 생활을 위해 반드시 마련되어야 함 순서로 나열하는 것이 적절하다.

22 정답 ③

제시문에서는 고령화에 따른 사회보장, 즉 사회보험제도 중 노인 장기요양보험에 대해 설명하고 있다. 따라서 주제로 ③ '고령화와 사회보장'이 가장 적절하다.

23 정답 ②

제시문은 우리나라의 급격한 고령화에 따른 갈등과 문제해결의 방법으로 사회보험제도인 노인 장기요양보험의 필요성에 대해 이야기하고 있으므로, ②가 질문으로 가장 적절하다.

24 정답 ④

- 총직원 수에서 봉사활동이 가능한 직원 : 100-15=85명
- 목요일만 가능한 직원 : 85-47=38명

따라서 목요일에 가능한 직원은 12(수요일과 목요일 모두 가능한 직원)+38(목요일만 가능한 직원)=50명이다.

25　정답　⑤

농업인단체와 학계 등에서 추천하는 학식과 경험이 풍부한 사람(공무원은 제외한다) 중에서 농협경제지주회사의 이사회가 위촉하는 사람을 말한다(제45조의3).

오답분석
① 다만, 중앙회 또는 조합에서 최근 2년 이내 임직원으로 근무한 사람(중앙회 감사위원으로 근무 중이거나 근무한 사람은 제외한다)은 제외한다(제11조의7 제1호).
② 대표이사의 자격조건에 해당한다(제45조의2 제2호).
③ 판사・검사・군법무관・변호사 또는 공인회계사의 직에 5년 이상 종사한 경력이 있는 사람이어야 한다(제22조 제3호).
④ 농업・축산업과 관련된 국가기관・연구기관・교육기관 또는 자기자본 200억 원 이상인 회사에서 10년 이상 종사한 경력이 있는 사람이어야 한다(제45조의2 제2호).

26　정답　②

분수쇼는 시작하고 나서 매 45분마다 하며, 퍼레이드는 60분마다 한다.
45와 60의 최소공배수를 구하면 180분이므로, 두 이벤트의 시작을 함께 볼 수 있는 시간은 오전 10시 이후 3시간마다이다.
따라서 오후 12시부터 오후 6시 사이에는 오후 1시와 오후 4시에 볼 수 있으므로 2번 볼 수 있다.

PART III

주요 금융권 NCS
기출복원문제
정답 및 해설

CHAPTER 01 2025년 주요 금융권 NCS 기출복원문제

01	02	03	04	05	06	07	08	09	10	11	12	13	14	15	16	17	18	19	20
④	②	③	①	②	④	④	③	③	②	①	③	④	④	②	④	②	③	②	①
21	22	23	24	25															
②	③	①	④	③															

01 정답 ④

제시문은 경쟁하는 두 회사가 위기 상황에서 협력하여 함께 위기를 극복한 상황이다. 따라서 제시문과 관련 있는 한자성어로는 서로 적의를 품은 사람들이 한자리에 있게 된 경우나 서로 협력하여야 하는 상황을 비유적으로 이르는 말인 '오월동주(吳越同舟)'가 가장 적절하다.

오답분석
① 전화위복(轉禍爲福) : 재앙과 근심, 걱정이 바뀌어 오히려 복이 됨
② 각주구검(刻舟求劍) : 융통성 없이 현실에 맞지 않는 낡은 생각을 고집하는 어리석음을 이르는 말
③ 자승자박(自繩自縛) : '자기의 줄로 자기 몸을 옭아 묶는다.'는 뜻으로, 자기 자신이 곤란한 상황을 초래함을 이르는 말

02 정답 ②

H은행은 기존의 재무제표를 통해 기업의 현재 가치만을 평가했던 방식에서 탈피해, 인공지능 기술인 '기술력 기반 ML 모형'으로 중소기업의 보유 기술과 관련한 정보를 바탕으로 기업의 미래 신용도를 평가할 수 있게 되었다. 따라서 글의 중심 내용으로 가장 적절한 것은 '인공지능 기술을 통해 기업의 미래를 평가하다.'이다.

오답분석
① H은행이 은행권 최초로 중소기업의 기술력을 평가한 것이 아닌, 은행권 최초로 인공지능 기술을 이용해 중소기업의 기술력을 평가한 것이다.
③ H은행이 은행권 최초로 인공지능 기술을 신용평가에 도입했다는 내용은 너무 포괄적이며, 이보다는 기업평가에 인공지능 기술을 최초로 활용했다고 하는 것이 적절하다.
④ 인공지능 기술을 통해 기업평가에 안정성을 확보한 것이 아닌, 인공지능 기술로 기업을 평가하는 방식에 대한 안정성 확보를 위해 리스크 측면에서 설명 가능한 항목을 구별하고 변동성이 낮은 항목을 학습하였다.

03 정답 ③

로보어드바이저 일임운용 서비스란 알고리즘을 통해 투자자를 분석한 뒤 맞춤형 포트폴리오를 생성하고, 이를 활용하여 노후 소득 재원 확보를 위한 개인형 IRP 적립금을 일임운용하는 금융서비스라고 하였다. 따라서 빈칸에 들어갈 가장 적절한 내용은 '투자자 성향에 맞춰'이다.

04 정답 ①

회색 활꼴의 넓이는 부채꼴의 넓이에서 직각삼각형의 넓이를 뺀 값이다. 부채꼴과 직각삼각형의 넓이를 구하면 다음과 같다.

- 부채꼴의 넓이 : $\frac{1}{4} \times 3.14 \times 6^2 = 28.26 \text{cm}^2$
- 직각삼각형의 넓이 : $\frac{1}{2} \times 6 \times 6 = 18 \text{cm}^2$

따라서 회색 활꼴의 넓이는 $28.26 - 18 = 10.26 \text{cm}^2$ 이다.

05 정답 ②

A와 B의 수익을 구하면 각각 다음과 같다.

(단위 : 만 원)

구분	첫 번째 종목 1차	첫 번째 종목 2차	두 번째 종목 1차	두 번째 종목 2차	총수익
A	500×(1+0.2)=600	600×(1−0.1)=540	500×(1−0.1)=450	450×(1+0.3)=585	540+585=1,125
B	500×(1−0.1)=450	450×(1+0.1)=495	500×(1+0.1)=550	550×(1−0.1)=495	495+495=990

총수익을 바탕으로 A와 B의 주식 수익률을 구하면 각각 다음과 같다.

- A : $\frac{1,125 - 1,000}{1,000} \times 100 = 12.5\%$
- B : $\frac{990 - 1,000}{1,000} \times 100 = -1\%$

따라서 수익률이 더 높은 사람은 A이고, 두 사람의 수익률의 차이는 12.5−(−1)=13.5%p이다.

06 정답 ④

분기별 매출액을 구하면 각각 다음과 같다.

- 1분기 : {12,000×(1−0.25)}×40,000=360,000,000원
- 2분기 : {15,000×(1−0.20)}×30,000=360,000,000원
- 3분기 : {10,000×(1−0)}×50,000=500,000,000원
- 4분기 : {14,000×(1−0)}×50,000=700,000,000원

모든 분기의 매출액을 더하면 연간 매출액을 구할 수 있다.
따라서 H기업의 2024년 연간 매출액은 3.6+3.6+5+7=19.2억 원이다.

07 정답 ④

제시된 조건에 따라 분기별 매출원가와 매출총이익을 구하면 각각 다음과 같다.

(단위 : 억 원)

구분	원가율(%)	매출원가	매출총이익
1분기	60	3.6×0.6=2.16	3.6−2.16=1.44
2분기	60	3.6×0.6=2.16	3.6−2.16=1.44
3분기	65	5×0.65=3.25	5−3.25=1.75
4분기	50	7×0.5=3.5	7−3.5=3.5

따라서 H기업의 2024년 연간 매출총이익은 1.44+1.44+1.75+3.5=8.13억 원이다.

08　정답　③

B의 진술과 D의 진술에서 E의 참석 여부가 서로 모순이므로 B와 D 중 1명은 거짓을 말하고 있다.
ⅰ) B의 진술이 참일 경우
　　D의 진술은 거짓이고, E는 참석하였으므로 E의 진술이 참이 되어 A는 불참한다. A가 불참함에 따라 A의 진술이 거짓이므로 B나 D는 둘 다 참석하거나 둘 다 불참한다. 둘 다 참석할 경우, C의 진술이 거짓이 되어 A, C, D 3명이 거짓을 말하므로 모순이고, 둘 다 불참할 경우 B의 진술이 거짓이 되므로 이 또한 모순이다. 그러므로 B의 진술은 참일 수 없다.
ⅱ) D의 진술이 참일 경우
　　B의 진술이 거짓이고, B와 E는 모두 불참한다. 이 경우 E는 거짓을 말하므로 A는 참석하고, A의 진술도 B만 불참하므로 참이 된다. 또한 C의 진술도 참이므로 A, C, D는 참을 말하는 참석자이며, B, E는 거짓을 말하는 불참자이다.
따라서 불참한 사람은 B, E이다.

09　정답　③

H사원의 최근 3개월간 서비스별 이용량 평균은 각각 다음과 같다.
- 데이터 : $(32+19+33)\div3=28$GB
- 통화 : $(752+816+571)\div3=713$분
- 문자 : $(78+132+63)\div3=91$건

D요금제는 H사원의 데이터·통화 평균 이용량보다 적게 제공하므로 제외된다.
H사원은 한 달 요금이 가장 낮은 요금제를 선택하므로 프로모션 할인을 적용하여 요금제별 한 달 요금을 구하면 다음과 같다.
- A요금제 : $84,000\times(1-0.25)=63,000$원(∵ 장기 이용 고객 할인 25%)
- B요금제 : $79,000\times(1-0.25)=59,250$원(∵ 장기 이용 고객 할인 25%)
- C요금제 : $65,000\times(1-0.10)=58,500$원(∵ 통신사 변경 할인 10%)

따라서 H사원이 변경할 요금제로 가장 적절한 것은 C요금제이다.

10　정답　②

제시된 분석 결과는 H은행의 거시적인 외부 환경을 분석한 것으로 요소 1부터 차례대로 정치적 요소, 경제적 요소, 사회적 요소, 기술적 요소로 구분한 것이다. 따라서 PEST 분석에 해당한다. PEST 분석은 기업이나 조직을 둘러싼 외부 환경을 정치(Political), 경제(Economic), 사회(Social), 기술(Technological) 네 가지 요인으로 나누어 체계적으로 분석하는 프레임워크이다. 거시적인 환경 변화가 조직에 미치는 영향과 잠재적 기회, 위협 요소를 파악할 수 있으며, 전략 수립이나 미래 예측에 효과적으로 활용할 수 있다.

오답분석
① 3C 분석 : 기업(Company), 경쟁사(Competitor), 고객(Customer) 세 가지 관점에서 시장 환경을 분석하는 방법
③ 5 Force 분석 : 산업 내 경쟁 강도, 신규 진입자, 대체재, 공급자, 구매자 등 5가지 힘을 분석해 산업의 구조와 수익성을 평가하는 방법
④ 가치사슬 분석 : 기업의 주요 활동과 지원 활동을 가치 창출 관점에서 분석하여 경쟁우위의 원천을 찾는 방법

11　정답　①

제시문의 마지막 문단에서 타인이 고의나 과실로 예약상 권리자가 가진 권리 실현을 방해했다면 예약상 권리자는 그에게도 책임을 물을 수 있다고 하였으므로 불법행위의 책임은 계약 당사자 이외의 제3자에게도 인정됨을 알 수 있다.

오답분석
② 제시문의 첫 번째 문단에서 채무자가 채권을 가진 이에게 급부를 이행하면 채권에 대응하는 채무는 소멸한다고 하였으므로 적절한 내용이다.
③ 제시문의 세 번째 문단에서 예약 완결권을 발생시키는 예약의 경우, 예약상 권리자가 의사표시만으로 본계약을 성립시킬 수 있다고 하였으므로 적절한 내용이다.
④ 제시문의 첫 번째 문단에서 급부는 재화나 서비스 제공인 경우가 많지만 그 외의 내용일 수도 있다고 하였으므로 적절한 내용이다.

12 정답 ③

승차권을 구입한 시점에서 이미 본계약은 성립한 것이고, 실제 서비스(기차 탑승)는 미래에 행사되는 것이다. 따라서 계약은 성립되었고, 급부(탑승)는 미래에 이뤄진다고 볼 수 있다.

오답분석
① 기차 탑승은 승객이 돈을 지불하면 이에 대한 서비스를 제공하는 것이기 때문에 채권이 아니라 급부에 해당한다.
② 채무(채권에 대응하는 의무)는 승객에 있는 것이 아니라 철도 회사에 있는 것이며, 기차를 탑승하지 않는 것은 승객이 채권(탑승 서비스를 받을 권리)을 포기하는 것이다.
④ 승차권 구입은 계약에 해당한다.

13 정답 ④

첫 번째 수열은 앞의 항에 ×2를 하는 수열이다. 그러므로 빈칸 ㉠에 들어갈 수는 64×2=128이다.
두 번째 수열은 앞의 두 항의 합이 그다음 항이 되는 수열이다. 그러므로 빈칸 ㉡에 들어갈 수는 22+36=58이다.
따라서 ㉠+㉡=128+58=186이다.

14 정답 ④

㉢ 이미 우수한 연구개발 인재를 확보한 것이 강점이므로, 추가로 우수한 연구원을 채용하는 것은 WO전략으로 적절하지 않다. 기회인 예산을 확보하면, 약점인 전력 효율성이나 국민적 인식 저조를 해결하기 위한 전략을 세워야 한다.
㉣ 세계의 신재생에너지 연구(O)와 전력 효율성 개선(W)을 활용하므로 WT전략이 아닌 WO전략에 대한 내용이다. WT전략이 되기 위해서는 높은 초기 비용에 대한 전략이 나와야 한다.

15 정답 ②

스캠퍼(SCAMPER)는 알렉스 오스본(Alex Osborn)의 체크리스트 기법을 기반으로 밥 에빌(Bob Eberle)이 고안한 창의적 사고 발상 기법이다. 스캠퍼는 창의적 사고 발상에 7가지 사고 키워드를 활용하여 기존의 사항을 변형 및 개선하는 기법으로, 각 사고 키워드의 앞 글자를 따서 명명되었다.
- Substitute(대체하기) : 기존의 것을 다른 것으로 대체
- Combine(결합하기) : 두 가지 이상의 요소를 결합
- Adapt(응용하기) : 기존의 것을 다른 목적과 조건에 맞게 응용
- Modify, Magnify, Minify(수정하기, 확대하기, 축소하기) : 기존의 특성이나 모양을 수정, 확대, 축소
- Put to other uses(다른 용도로 사용하기) : 기존의 것을 전혀 다른 용도로 사용
- Eliminate(제거하기) : 기존의 것에서 불필요한 요소를 제거
- Reverse, Rearrange(반전하기, 재정렬하기) : 기존의 것에서 순서, 구조, 역할 등을 뒤집기

오답분석
① 트리즈는 주어진 문제의 근본적인 모순점을 찾고 모순을 극복하기 위한 해결방안을 찾기 위해 적절한 자원을 탐색하여 활용하는 방법이다.
③ 마인드맵은 중심 주제에서 연상되는 아이디어를 가지처럼 시각적으로 표현하는 기법이다.
④ 브레인스토밍은 많은 양의 아이디어를 얻기 위해 여러 사람이 비판 없이 자유롭게 아이디어를 제시하여 창의적 해결책을 도출하는 기법이다.

16 정답 ④

주요 국가별 수출액과 수입액의 차이는 다음과 같다.
- 미국 : |98,000−88,000|=10,000억 USD
- 캐나다 : |65,000−73,000|=8,000억 USD
- 멕시코 : |13,000−18,000|=5,000억 USD

- 중국 : |99,000−73,500|=25,500억 USD
- 러시아 : |20,500−24,500|=4,000억 USD
- 프랑스 : |60,700−12,400|=48,300억 USD
- 영국 : |44,500−31,300|=13,200억 USD
- 이집트 : |13,000−5,000|=8,000억 USD
- 호주 : |45,200−18,000|=27,200억 USD

따라서 수출액과 수입액의 차이가 세 번째로 큰 국가는 중국이며, 중국의 소비자물가 상승률은 5.2%로 5% 이상이다.

[오답분석]
① 제시된 자료에서 모든 국가의 소비자물가 상승률이 양의 값을 가지므로 2024년 세계 주요 국가들은 모두 소비자물가가 상승하였다.
② 국내총생산이 세 번째로 높은 나라는 캐나다이며, 경제성장률이 세 번째로 높은 나라도 캐나다이다.
③ 국민총소득 상위 3곳은 중국, 미국, 캐나다이며 이들의 국내총생산의 합은 151,000+175,000+140,000=466,000억 USD이다. 나머지 국가의 국내총생산의 합은 48,000+73,000+97,600+84,300+27,000+77,400=407,300억 USD이므로 옳다.

17 정답 ②

제시된 자료에서 국내총생산 상위 3개국은 미국, 중국, 캐나다이다. 각국의 무역의존도를 계산하면 다음과 같다.
- 미국 : $(98,000+88,000) \div 175,000 \times 100 ≒ 106\%$
- 중국 : $(99,000+73,500) \div 151,000 \times 100 ≒ 114\%$
- 캐나다 : $(65,000+73,000) \div 140,000 \times 100 ≒ 99\%$

따라서 중국 − 미국 − 캐나다 순으로 무역의존도가 높다.

18 정답 ③

중간가호가와 스톱지정가호가는 넥스트레이드가 제공하는 호가 유형으로 넥스트레이드에서만 사용이 가능하며, 사용 가능한 시간도 프리·애프터마켓 운영시간이 아닌 기존 정규시장 운영시간 내에서만 가능하다.

[오답분석]
① 첫 번째 문단에서 기존에는 한국거래소 단일 체제로 운영되었음을 알 수 있으나, 이 체제가 투자자들에게 불리했다는 내용은 제시문에서 찾을 수 없다. 다만 복수 거래소 체제로의 전환으로 이전보다 투자자들에게 유리해질 것으로 기대되는 상황이다.
② 애프터마켓의 도입 전에도 해외 투자자는 우리나라 주식의 거래가 가능했다. 다만 애프터마켓의 도입으로 이전보다 거래시간이 확대되어 해외 투자가가 해당 국가의 낮 시간에 우리나라 주식을 거래할 수 있게 되어 접근이 용이해졌다.
④ 거래소 경쟁체제의 도입으로 넥스트레이드가 내놓은 정책이 거래유형에 따라 달리 수수료를 부과하는 방식일 뿐, 한국거래소는 기존과 동일하게 거래유형에 구분 없이 획일적인 수수료 부과방식을 유지한다.

19 정답 ②

보기의 문장은 주식거래 시간의 확대와 해외 투자자에 대한 내용이 모두 포함된 문단 뒤에 오는 것이 적절하다. (나) 문단에서 국내 주식시장 거래시간이 확대되었고, 이로 인해 해외 투자자들의 국내 주식시장 거래가 용이해졌다고 하였으므로 제시된 문장이 들어갈 위치로 가장 적절한 곳은 (나) 문단의 뒤이다.

20 정답 ①

기대 수익률은 실물이전 상품별 추정 수익률의 확률 가중 평균이므로 이를 계산하면 다음과 같다.
- 공모펀드 : $[(0.3 \times 0.3)+(0.2 \times 0.2)-(0.5 \times 0.1)] \times 100=8\%$
- ETF : $[(0.15 \times 1)+(0.25 \times 0.5)-(0.55 \times 0.3)-(0.05 \times 0.5)] \times 100=8.5\%$
- 예금 : $(1 \times 0.05) \times 100=5\%$

따라서 ETF의 기대 수익률이 가장 높다.

오답분석

② 월 소득이 800만 원이라면 매월 소득의 10%를 납입하므로 월 납입금은 800,000원이다. I퇴직연금을 40세에 가입하였으므로 총 납입금액은 800,000×12×(65−40)=240,000,000원이다. 이는 2억 원 이상이므로 퇴직연금을 일시금으로 수령할 수 있다.

③ 월 소득이 600만 원이었다면 월 납입금은 600,000원이다. 이를 20년간 납입하였다면, 납입금액은 600,000×12×20=144,000,000원이다. 정년퇴직 후 수령하는 금액은 1,200,000원이며 이를 10년간 수령하였다면 1,200,000×12×10=144,000,000원이므로 납입금과 연금 수령액이 동일하다.

④ 사망하기까지 30개월간 연금을 받았으므로 연금 수령액은 1,200,000×30=36,000,000원이다. 납입금이 50,000,000원이므로 50,000,000−36,000,000=14,000,000원이 상속 가능 금액이다. 이때 5%의 상속세가 부과되므로 상속 가능한 실제 금액은 14,000,000×(1−0.05)=13,300,000원으로 1,330만 원이다.

21 정답 ②

A씨는 5년마다 연봉이 600만 원씩 상승하므로 월급은 600÷12=50만 원이 상승한다. 연령대별 월급과 월 납입액과 월 수령액을 계산하면 다음과 같다.

(단위 : 만 원)

구분	월급	월 납입액	월 수령액
26~30세	200	−	−
31~35세	250	−	−
36~40세	300	30	−
41~45세	350	35	−
46~50세	400	40	−
51~55세	450	45	−
56~60세	500	50	−
61~65세	550	55	−
66~70세	−	−	120
71~75세	−	−	120
76~80세	−	−	실물이전 수익금
81~85세	−	−	120

A씨의 총 납입액은 (30+35+40+45+50+55)×12×5=1억 5,300만 원이다. 76세에 실물이전을 하며, 최대 수익률을 가정하므로 추정 수익률이 100% 상승인 ETF를 선택한다. 이는 납입액의 50%에 대해 100% 투자 수익률이므로 1억 5,300만×0.5=7,650만 원의 수익을 얻는다.

따라서 15년간 매월 120만 원씩 연금을 받고, 76~80세 5년 동안 7,650만 원의 수익을 얻었으므로 A씨가 정년퇴직 후 얻을 수 있는 최대금액은 (120×12×15)+7,650=2억 9,250만 원이다.

22 정답 ③

I은행 승진 규정에 따라 승진 대상자별 최종 평가 점수를 구하면 다음과 같다.

(단위 : 점)

구분	업무실적	팀워크	전문성	성실성	최종 평가 점수
A주임	60×0.4=24	90×0.15=13.5	84×0.25=21	98×0.2=19.6	78.1
B주임	70×0.4=28	86×0.15=12.9	84×0.25=21	96×0.2=19.2	81.1
C주임	91×0.4=36.4	76×0.15=11.4	96×0.25=24	53×0.2=10.6	82.4
D주임	84×0.4=33.6	92×0.15=13.8	76×0.25=19	80×0.2=16	82.4

C주임과 D주임의 최종 평가 점수가 동일하므로 업무실적과 전문성 점수의 평균을 구해야 한다.
• C주임 : (91+96)÷2=93.5점
• D주임 : (84+76)÷2=80점
따라서 대리로 진급하는 사람은 C주임이다.

23 정답 ①

변경된 승진 규정에 따라 승진 대상자별 최종 평가 점수를 구하면 다음과 같다.

(단위 : 점)

구분	업무실적	팀워크	전문성	성실성	최종 평가 점수
A주임	60×0.15=9	90×0.3=27	84×0.4=33.6	98×0.15=14.7	84.3
B주임	70×0.15=10.5	86×0.3=25.8	84×0.4=33.6	96×0.15=14.4	84.3
C주임	91×0.15=13.65	76×0.3=22.8	96×0.4=38.4	53×0.15=7.95	82.8
D주임	84×0.15=12.6	92×0.3=27.6	76×0.4=30.4	80×0.15=12	82.6

A주임과 B주임의 최종 평가 점수가 동일하므로 팀워크와 전문성 점수의 평균을 구해야 한다.
- A주임 : (90+84)÷2=87점
- B주임 : (86+84)÷2=85점

따라서 팀장이 되는 사람은 A주임이다.

24 정답 ④

- FX플러-IC3L05NA : 외환(FX)은 계약 기간에 N00이 부여되어야 한다.
- OP더굴-CC0L10VR : OP는 없는 상품 종류이다.
- DP모아-IC2M48FR : 중기(M) 계약 기간은 최장 3년, 즉 36개월이므로 M36을 초과하는 개월 수는 표기할 수 없다.
- TR믿음-CC2M24FR : 법인(CC)의 경우 계약 연령층에 0이 부여되어야 한다.

따라서 성립할 수 없는 코드는 4개이다.

25 정답 ③

A씨의 조건에 따라 부여되는 코드는 다음과 같다.
- 대출 : LN
- 상품명 : 파워
- 개인 : IC
- 20대 : 2
- 10년(장기) : L10
- 고정 이율 : FR

따라서 올바른 코드는 LN파워-IC2L10FR이다.

CHAPTER 02 2024년 주요 금융권 NCS 기출복원문제

01	02	03	04	05	06	07	08	09	10	11	12	13	14	15	16	17	18	19	20
④	③	③	③	③	②	③	④	②	③	②	①	⑤	⑤	①	③	④	③	④	②
21	22	23	24	25	26	27	28	29	30	31	32	33	34	35	36	37	38	39	40
①	②	③	③	④	④	②	③	②	②	④	②	⑤	④	③	⑤	④	③	②	⑤
41	42	43	44	45	46	47	48	49	50	51	52	53	54	55	56	57	58	59	60
④	②	③	④	①	③	③	③	②	③	①	③	②	③	④	①	③	④	③	②

01 정답 ④

마지막 문단에 따르면 KB스타뱅킹 요금제 이용 고객은 최대 24개월 동안 최대로 할인받을 경우 월 2만 200원에 통신 서비스를 이용할 수 있다.

오답분석

① 두 번째 문단의 'KB스타뱅킹은 KB금융그룹 계열사의 70여 개의 서비스를 한 번에 제공하고 있어'라는 내용을 통해 확인할 수 있다.
② 세 번째 문단에 따르면 기존에 사용하던 입출금계좌가 있다면 이를 모임통장으로 변환할 수 있다. 하지만, 신규고객인 경우 입출금계좌가 없기 때문에 이 방식을 이용할 수 없다.
③ 네 번째 문단에 따르면 KB스타뱅킹 홈화면 하단 KB모임통장 공간을 통해 모임원을 초대할 수 있음은 물론, 정기회비 설정과 거래내역 확인도 손쉽게 처리할 수 있다.

02 정답 ③

제시문의 첫 번째와 두 번째 문단은 인공지능이 고평가되어 과도한 투자를 불러일으킨 탓에 투자액 대비 매출액이 저조하다며 인공지능(AI)에 대한 투자에 의문을 제기한다. 하지만 마지막 문단에서는 이러한 분위기 속에서도 수혜를 받고 있는 인공지능 부문도 있으며, AI서비스가 높은 참여도를 이끌어 낸다면 분위기는 반전될 수 있다고 기대감을 표했다. 따라서 제목으로 ③이 가장 적절하다.

오답분석

①·④ 첫 번째와 두 번째 문단에 국한된 내용이므로 적절하지 않다.
② 인공지능 투자 분위기가 바뀌었다는 내용은 제시문에서 찾을 수 없다.

03 정답 ③

제시문의 첫 번째 문단은 비트코인의 하락에 대해 말하고 있다. 그러므로 이어질 내용으로 적절한 것은 상세한 하락 수치를 나타내고 있는 (다) 문단이고, 이어서 이러한 '하락세'의 원인에 대해 언급하는 (가) 문단이 오는 것이 적절하다. 마지막으로는 하락 원인에 대해 구체적으로 설명하는 (나) 문단과 (라) 문단이 와야 하는데, 문단 앞에 위치한 '우선'과 '여기에다'로 미루어 볼 때 (나) 문단 다음에 (라) 문단이 이어지는 것이 적절하다. 따라서 (다) – (가) – (나) – (라) 순서로 나열하는 것이 적절하다.

04　정답　③

수요탄력성이 완전 비탄력적인 상품은 가격이 내리면 지출액이 감소하며, 수요탄력성이 완전 탄력적인 상품은 가격이 내리면 지출액이 많이 늘어난다고 설명하고 있다. 그러므로 소비자의 지출액을 줄이기 위해 수요가 비탄력적인 생필품의 가격은 낮추고, 수요가 탄력적인 사치품은 가격을 높이는 정책을 시행할 것이라 추론할 수 있다.

05　정답　③

그래프의 기울기가 클수록 환율 변동 폭이 크다. 따라서 증가 폭이 가장 큰 시기인 2023년 11월과 2023년 12월 사이에 원/100엔 환율이 가장 큰 폭으로 증가하였다.

오답분석

① 원/100엔 환율이 가장 높은 달은 2023년 12월이고, 환율은 100엔당 약 920원이다.
② 원/100엔 환율이 가장 낮은 달은 2023년 11월이고, 환율은 100엔당 약 860원 미만이다.
④ 그래프의 기울기가 클수록 환율 변동 폭이 크므로, 감소 폭이 가장 큰 시기인 2023년 10월과 2023년 11월 사이에 원/100엔 환율이 가장 큰 폭으로 감소하였다.

06　정답　②

2023년 9월에 100만 원을 달러로 환전한 후 같은 금액을 2023년 12월에 원화로 환전한다.

- 2023년 9월 원화에서 달러로 환전 : $1,000,000 \times \dfrac{1달러}{1,327원} ≒ 753.6달러$

- 2023년 12월 달러에서 원화로 환전 : $753.6달러 \times \dfrac{1,302원}{1달러} ≒ 981,000원$

따라서 손해를 본 금액은 $1,000,000 - 981,000 = 19,000$원이다.

07　정답　③

- 일비 : 2만×3=6만 원
- 항공운임 : 100만×2=200만 원
- 철도운임 : 7만×2=14만 원
- 자가용승용차운임 : 20만×3=60만 원
- 숙박비 : 15만×2=30만 원
- 식비 : 2.5만×3=7.5만 원

따라서 A부장이 받을 수 있는 최대 여비는 6+200+14+60+30+7.5=317.5만 원이다.

08　정답　④

- 가군
  - 일비 : 2만×2=4만 원
  - 선박운임 : 50만×1=50만 원
  - 버스운임 : 1,500×2=3,000원
  - 숙박비 : 15만×1=15만 원
  - 항공운임 : 100만×1=100만 원
  - 철도운임 : 7만×2=14만 원
  - 자가용승용차운임 : 20만×2=40만 원
  - 식비 : 2.5만 원×2=5만 원

  그러므로 4+100+50+14+0.3+40+15+5=228만 3천 원이다.

- 나군
  - 일비 : 2만×2=4만 원
  - 선박운임 : 20만×1=20만 원
  - 버스운임 : 1,500×2=3,000원
  - 숙박비 : 7만×1=7만 원
  - 항공운임 : 50만×1=50만 원
  - 철도운임 : 7만×2=14만 원
  - 자가용승용차운임 : 20만×2=40만 원
  - 식비 : 2만×2=4만 원

  그러므로 4+50+20+14+0.3+40+7+4=139만 3천 원이다.

- 다군
  - 일비 : 2만×2=4만 원
  - 선박운임 : 20만×1=20만 원
  - 버스운임 : 1,500×2=3,000원
  - 숙박비 : 6만×1=6만 원
  - 항공운임 : 50만×1=50만 원
  - 철도운임 : 3만×2=6만 원
  - 자가용승용차운임 : 20만×2=40만 원
  - 식비 : 2만×2=4만 원

  그러므로 4+50+20+6+0.3+40+6+4=130만 3천 원이다.
  따라서 영업팀이 받는 총여비는 228.3+139.3+130.3=497만 9천 원이다.

09 정답 ②

온국민 건강적금에서 적용 가능한 최대 이율은 기본이율 연 2.0%에 최대 우대이율인 연 6.0%p를 더한 값인 연 8.0%이다. 온국민 건강적금은 6개월 만기에 매월 최대 20만 원까지 적립할 수 있으므로 최대 적립금액은 200,000×6=1,200,000원이고, 6개월 동안의 이자율은 $8 \times \frac{6}{12}=4\%$이므로 이자는 1,200,000×0.04=48,000원이다. 따라서 온국민 건강적금 상품에서 받을 수 있는 이자는 최대 48,000원이다.

오답분석

① 기본이율 연 2.0%에 우대이율은 최대 연 6.0%p까지 받을 수 있으므로 최종이율은 최대 연 8%이다.
③ 즐거운 걷기 우대이율은 주어진 미션을 성공할 경우(10만 걸음) 매월 연 0.5%p를 받게 된다. 따라서 다른 우대이율 없이 4개월간 성공했다면 0.5%p×4=2.0%p의 우대이율이 적용된다.
④ 즐거운 걷기 우대이율을 받기 위해서는 안드로이드 기기의 경우 '구글 피트니스', iOS 기기의 경우 '건강' 앱이 설치되어야 하므로 별도의 스마트폰 애플리케이션이 필요하다.

10 정답 ③

각 고객의 연이율을 계산하면 다음과 같다.
- A(4개월 중도해지) : 2%×50%×4÷6=연 0.66%(소수점 셋째 자리에서 절사)
- B(만기해지, 걷기 미션, 스탬프 미션) : 2%+3%p+1%p=연 6.0%
- C(만기해지, 걷기 미션, 웰컴 스뱅) : 2%+3%p+2%p=연 7.0%
- D(2개월 중도해지) : 2%×50%×2÷6=연 0.33%(소수점 셋째 자리에서 절사)

위의 연이율을 바탕으로 A~D가 받는 이자는 다음과 같다.

- A : $(50,000 \times 4) \times 0.66\% \times \frac{4}{12}=200,000 \times 0.0022=440$원
- B : $(100,000 \times 6) \times 6.0\% \times \frac{6}{12}=600,000 \times 0.03=18,000$원
- C : $(160,000 \times 6) \times 7.0\% \times \frac{6}{12}=960,000 \times 0.035=33,600$원
- D : $(200,000 \times 2) \times 0.33\% \times \frac{2}{12}=400,000 \times 0.00055=220$원

따라서 A~D가 받는 이자의 총합은 440+18,000+33,600+220=52,260원이다.

11 정답 ②

네 번째 문단에 언급된 손 모양이 생겨나는 과정을 통해 추론할 수 있는 내용이다.

오답분석

① 몸의 상처가 회복되는 것은 세포의 재생과 관련이 있으므로 적절한 추론이 아니다.
③ 아포토시스를 이용한 항암제는 이미 유전자 변형으로 생겨난 암세포의 죽음을 유발하므로 유전자 변형을 막는다는 추론은 적절하지 않다.
④ 화학약품은 유전자 변형을 일으키고 오히려 아포토시스가 일어나는 과정을 방해하므로 적절하지 않다.
⑤ 아포토시스는 염증을 발생시키지 않으므로 적절하지 않다.

12 정답 ①

영국의 2022년 1분기 고용률은 2021년보다 하락했고, 2022년 2분기에는 1분기의 고용률이 유지되었다.

오답분석

② • 2022년 2분기 OECD 전체 고용률 : 65.0%
   • 2023년 2분기 OECD 전체 고용률 : 66.3%

따라서 2023년 2분기 OECD 전체 고용률의 전년 동분기 대비 증가율은 $\frac{66.3-65}{65} \times 100 = 2\%$이다.

③·⑤ 제시된 자료를 통해 확인할 수 있다.
④ 2023년 1분기 고용률이 가장 높은 국가인 독일의 고용률은 74%이고, 가장 낮은 국가인 프랑스의 고용률은 64%이다. 따라서 두 국가의 고용률의 차이는 74-64=10%p이다.

13 정답 ⑤

'요리'를 p, '설거지'를 q, '주문받기'를 r, '음식 서빙'을 s라고 하면 '$p \rightarrow \sim q \rightarrow \sim s \rightarrow \sim r$'이 성립한다. 따라서 항상 참이 되는 진술은 ⑤이다.

14 정답 ⑤

특별중도해지는 상품 가입일 이후 발생한 긴급자금 마련일 경우에만 적용되는 서비스이다.

오답분석

① 가입기간이 6개월인 고객이 정기적립식 방식을 택했을 경우 적용되는 기본금리는 연 2.5%이고, 자유적립식을 택했을 때의 금리는 여기서 연 0.50%p가 차감된 연 2.0%이므로 전자가 후자보다 약 2.5÷2.0=1.25배 더 높다.
② 모범납세자 우대금리를 적용받기 위해서는 만기해지 전에 모범납세자 증명서상의 유효기간이 경과하지 않은 모범납세자 증명서를 영업점에 제출하여야 한다.
③ 우대금리는 가입기간이 12개월 이상인 경우 적용받는 혜택이므로, 가입기간이 '1년 이하'가 아닌 '1년 미만'인 고객이 우대금리 혜택을 적용받을 수 없다고 하는 것이 옳다.
④ 특별중도해지 시 우대금리를 적용받으려면 해당 우대금리가 신규시점에 확정된 것이어야 하며, 신규시점에 조건충족 시 확정될 수 있는 우대금리는 장기고객, 신규금액, 비대면채널 항목으로 최대 연 0.3%p이다.

15 정답 ①

A씨의 조건을 바탕으로 기본금리와 우대금리를 구하면 다음과 같다.
• 기본금리(48개월 자유적립식) : 3.15-0.5=2.65%
• 우대금리 : 총 0.4%p
 - 비대면채널 : +0.1%p
 - 신규금액 : +0.1%p
 - 모범납세자 : +0.2%p

A씨는 40개월 차에 주택구입을 목적으로 해지하였고, 사유발생일로부터 3개월 이내에 증빙서류를 제출하였으므로 특별중도해지에 해당한다. 이 경우 신규시점에 적용된 기본금리에 최초 신규시점에 확정된 우대금리를 포함하여 적용하므로 가입 38개월 차에 제출하여 받은 모범납세자 우대금리는 제외된다. 따라서 최종금리는 2.65+0.2=연 2.85%이다.

16 정답 ③

알.쏠 적금의 기본금리는 연 3.2%로 A씨가 최대로 받을 수 있는 상품이다.

오답분석

①·② 해당 적금의 가입기간은 A씨의 희망 가입기간보다 짧다.

④ 해당 적금의 가입기간은 A씨의 희망 가입기간에 포함되지만, 기본금리는 연 2.9%로 가장 높지 않다.
⑤ 해당 적금의 기본금리는 최대이지만, 가입기간이 A씨의 희망 가입기간보다 짧다.

17 정답 ④

우대금리를 최대로 적용한 연이율이 가장 높은 적금을 찾고, 최대 연이율을 적용한 원리합계를 구하면 다음과 같다.
- 청년 처음 적금 : 3.5+3.0=6.5%
- 2024 프로야구 적금 : 2.5+1.7=4.2%
- 알.쏠 적금 : 3.0+1.3=4.3%
- 정기 적금 : 2.7%
- 스마트 적금 : 3.6%

청년 처음적금의 연이율이 최대이므로 B씨는 청년 처음적금에 가입하고, 만기 시 B씨가 받는 원리합계는 연이율 6.5% 단리로 적용한다.

월이율(r)은 $r = \dfrac{0.065}{12}$ 이므로 원리합계(S)는 다음과 같다.

$S = (250{,}000 \times 12) + \left(250{,}000 \times \dfrac{12 \times 13}{2} \times \dfrac{0.065}{12}\right) = 3{,}000{,}000 + 105{,}625 = 3{,}105{,}625$원

따라서 만기 시 B씨가 받을 수 있는 최대 원리합계는 3,105,625원이다.

18 정답 ③

ⅰ) 연봉 3천만 원인 S사원의 월 수령액은 3천만 원÷12=250만 원이고 월평균 근무시간은 200시간이므로 시급은 250만 원÷200=12,500원이다.
ⅱ) S사원이 평일에 야근한 시간은 2+3+3+2=10시간이다. 따라서 야근수당은 (12,500+5,000)×10=175,000원이다.
ⅲ) S사원이 주말에 특근한 시간은 3+5=8시간이므로 특근수당은 (12,500+10,000)×8=180,000원이다.

식대는 야근 및 특근수당에 포함되지 않으므로 S사원의 한 달간 야근 및 특근수당의 총액은 175,000+180,000=355,000원이다.

19 정답 ④

육색사고모자기법에서 검은색 모자는 부정적 사고에 집중하여 아이디어의 단점이나 위험을 분석하는 것이다. 따라서 빈칸에 들어갈 내용으로 가장 적절한 것은 비판적 사고력이다.

20 정답 ②

제시문에서 인터넷상의 명예훼손행위는 그 특성상 해당 악플의 내용이 인터넷 곳곳에 퍼져 있을 수 있어 명예감정의 훼손 정도가 피해자의 정보수집량에 좌우될 수 있다고 하였으므로 ②는 적절한 내용이다.

오답분석
① 악플 대상자의 외적 명예가 침해되었다고 하더라도 이는 악플에 의한 것이 아니라 악플을 유발한 기사에 의한 것으로 보아야 한다고 하였으므로 적절하지 않은 내용이다.
③ 인터넷상의 명예훼손이 통상적 명예훼손보다 더 심하다고 보기 어렵다고 하였으므로 적절하지 않은 내용이다.
④ 세 종류의 명예 중 명예감정에 대해서는 구태여 자신에 대한 부정적 평가를 모을 필요가 없음에도 부지런히 수집·확인하여 명예감정의 훼손을 자초한 피해자에 대해서 국가가 보호해줄 필요성이 없다는 점에서 보호해야 할 법익으로 삼기 어렵다고 하였으므로 적절하지 않은 내용이다.

21 정답 ①

제시문은 비-REM수면의 수면 진행 과정을 측정되는 뇌파에 따라 4단계로 나누어 설명하고 있다. 따라서 전개 방식으로 ①이 가장 적절하다.

22 정답 ②

수면 단계에서 측정되는 뇌파들을 고려할 때 보기의 사람이 잠에서 깨는 것을 방지해 주는 역할을 하여 깊은 수면을 유도하는 '이것'은 (나) 앞에서 설명하는 'K-복합체'임을 알 수 있다. 즉, K-복합체는 수면 중 갑작스러운 소음이 날 때 활성화되어 잠자는 사람이 소음으로 인해 깨는 것을 방지해 준다. 따라서 보기의 문장은 (나)에 들어가는 것이 가장 적절하다.

23 정답 ③

A가 30분 동안 달린 거리는 $180 \times 4 \times \frac{30}{4+2} = 3,600$m이다. 이후 A는 6분마다 720m씩, B는 10분마다 $225 \times 8 = 1,800$m씩 달리므로 각각 쉬지 않고 1분 동안 120m, 180m를 달리는 것과 같다.
B가 출발하고 t분 후 두 사람이 만난다고 하면 다음 식이 성립한다.
$3,600 + 120t = 180t$
$\therefore t = 60$
따라서 A와 B가 처음으로 만나는 곳은 시작점으로부터 $180 \times 60 = 10,800$m 떨어진 곳이다.

24 정답 ③

반장과 부반장을 서로 다른 팀에 배치하는 경우는 2가지이다. 8명 중 2명을 제외한 인원을 2명, 4명으로 나누는 경우는 먼저 6명 중 2명을 뽑는 방법과 같으므로 $_6C_2 = \frac{6 \times 5}{2} = 15$가지이다.
따라서 보트를 두 팀으로 나눠 타는 경우의 수는 $2 \times 15 = 30$가지이다.

25 정답 ④

원뿔의 옆면의 넓이는 호도법과 각도법을 이용하여 구할 수 있다.
ⅰ) 호도법
- 밑면의 원의 넓이 : $S = \frac{1}{2}r^2\theta = \frac{1}{2} \times r^2 \times 2\pi = 64\pi\mathrm{cm}^2$
- 반지름의 길이 : $r = \sqrt{64} = 8$cm
- 둘레의 길이 : $l = r\theta = 8 \times 2\pi = 16\pi$cm이다.

원뿔의 옆면 부채꼴의 호의 길이와 밑면의 원의 둘레의 길이는 같으므로 다음과 같은 식이 성립한다.
$16\pi = 24\theta'$
$\therefore \theta' = \frac{2}{3}\pi$
따라서 원뿔의 옆면의 넓이는 $\frac{1}{2} \times 24^2 \times \frac{2}{3}\pi = 192\pi\mathrm{cm}^2$이다.

ⅱ) 각도법
- 밑면의 원의 넓이 : $S = \pi r^2 = 64\pi\mathrm{cm}^2$
- 반지름의 길이 : $r = \sqrt{64} = 8$cm
- 둘레의 길이 : $l = 2\pi r = 2\pi \times 8 = 16\pi$cm

원뿔의 옆면 부채꼴의 호의 길이와 밑면의 원의 둘레의 길이는 같으므로 부채꼴의 중심각을 $a°$라고 하면 다음과 같은 식이 성립한다.
$16\pi = 2\pi \times 24 \times \frac{a}{360}$
$\therefore a = \frac{16\pi}{2\pi} \times \frac{360}{24} = 120°$
따라서 원뿔의 옆면의 넓이는 $\pi \times 24^2 \times \frac{120}{360} = 192\pi\mathrm{cm}^2$이다.

26 정답 ④

(판매 가격)=(매매기준가)×[1−(환전수수료)]이므로

(환전수수료)=$1-\frac{(판매\ 가격)}{(매매기준가)}$이다.

그러므로 각 국가의 판매할 때의 환전수수료를 구하면 다음과 같다.

- 미국 : $1-\frac{1,352.90}{1,377}≒0.02$
- 일본 : $1-\frac{863.29}{878.67}≒0.02$
- 중국 : $1-\frac{180.22}{189.7}≒0.05$
- 영국 : $1-\frac{1,688.02}{1,721.94}≒0.02$
- 호주 : $1-\frac{883.08}{895.05}≒0.01$(∵ 호주의 매매기준가는 1,377×0.65=895.05원이다)

따라서 중국은 판매할 때의 환전수수료가 가장 많은 국가이므로 ④는 옳지 않은 설명이다.

오답분석

① 중국의 미화환산율은 $\frac{189.7}{1,377}≒0.14$이다.

② 호주의 매매기준가는 1,377×0.65=895.05원이다.

③ (구입 가격)=(매매기준가)×[1+(환전수수료)]이므로 (환전수수료)=$\frac{(구입\ 가격)}{(매매기준가)}-1$이다.

따라서 미국의 구입할 때의 환전수수료는 $\frac{1,401.10}{1,377}-1≒0.02$이고, 일본의 구입할 때의 환전수수료는 $\frac{894.05}{878.67}-1≒0.02$로 서로 같다.

27 정답 ②

가입일 기준 만 36세이지만, 3년의 병역 의무 이행 기록이 있으므로 해당 기간을 제외하면 36−3=33세로 나이 기준에 포함된다. 또한, 개인소득 및 가구소득 등이 가입 기준을 만족하므로 A씨는 청년도약계좌 상품에 가입할 수 있다.
이때 월급여 및 월지출이 우대금리 지급 기준에 부합하므로 각각 0.6%p, 0.2%p의 우대금리가 적용되고, 소득 플러스 항목은 2회 적용받으므로 0.2%p의 우대금리가 추가로 적용된다.
따라서 A씨가 만기일에 적용받는 금리는 연 4.5+0.6+0.2+0.2=5.5%이다.

28 정답 ③

원금이 a원, 납입기간이 n개월, 연이율이 r%로 단리식일 때 만기 시 이자는 $a×\frac{n(n+1)}{2}×\frac{r}{12}$원이다.

제시된 상품은 납입기간이 5년이고 금리는 연 5.5%가 적용되므로 만기 시 이자는 다음과 같다.

$a×\frac{n(n+1)}{2}×\frac{r}{12}$

→ $500,000×\frac{60×61}{2}×\frac{0.055}{12}=4,193,750$원

따라서 A씨가 만기 시 받을 수 있는 원리금은 500,000×60+4,193,750=34,193,750원이다.

29 정답 ②

A ~ E의 진술에 따르면 B와 D의 진술은 반드시 동시에 진실 또는 거짓이 되어야 하며, B와 E의 진술은 동시에 진실이나 거짓이 될 수 없다.
• B와 D의 진술이 거짓인 경우
  참이어야 하는 A와 C의 진술이 서로 모순되므로 성립하지 않는다. 따라서 B와 D의 진술은 모두 진실이다.
• B와 D의 진술이 참인 경우
  A, C, E 중에서 1명의 진술은 참, 2명의 진술은 거짓인데, 만약 E가 진실이면 C도 진실이 되어 거짓을 말하는 사람이 1명이 되므로 성립하지 않는다. 따라서 C와 E는 거짓을 말하고, A는 진실을 말한다.
A ~ E의 진술에 따라 정리하면 다음과 같다.

구분	필기구	의자	복사용지	사무용 전자제품
신청 행원	A, D	C		D

의자를 신청한 행원의 수는 3명이므로 필기구와 사무용 전자제품을 신청한 D와 의자를 신청하지 않은 B를 제외한 A, E가 의자를 신청했음을 알 수 있다. 또한, 복사용지를 신청했다는 E의 진술이 거짓이므로 E가 신청한 나머지 항목은 사무용 전자제품이 된다. 이와 함께 남은 항목의 개수에 따라 신청 행원을 배치하면 다음과 같다.

구분	필기구	의자	복사용지	사무용 전자제품
신청 행원	A, D	A, C, E	B, C	B, D, E

따라서 신청 행원과 신청 물품이 바르게 연결된 것은 ②이다.

30 정답 ②

제시된 자료는 SWOT 분석을 통해 A섬유회사의 강점(S), 약점(W), 기회(O), 위기(T) 요인을 분석한 것이다.
SO전략과 WO전략은 발전 방안으로서 적절하다. 하지만 ST전략에서 경쟁업체에 특허 기술을 무상 이전하는 것은 경쟁이 더 심화될 수 있으므로 적절하지 않다. 또한, WT전략에서는 기존 설비에 대한 재투자보다는 수요에 맞게 다양한 제품을 유연하게 생산할 수 있는 신규 설비에 대한 투자가 필요하다.
따라서 A섬유회사에 대한 SWOT 분석 결과, 그 대응 전략으로 적절한 것은 ㄱ, ㄷ이다.

31 정답 ④

농기계임대사업소를 직접 방문하지 않고 스마트폰 앱을 통해 실시간으로 임대농기계를 예약할 수 있지만, 임대한 농기계를 현장에서 바로 사용할 수 있도록 한다는 내용은 제시문에서 찾을 수 없다.

[오답분석]
① 첫 번째 문단의 '농기계를 임대함으로써 농업의 인력난 해소와 더불어'라는 내용을 통해 추론할 수 있다.
② 두 번째 문단의 '올해는 농업인 스스로 키오스크를 통해 간편한 농기계 임대를 진행할 수 있어 이전보다 대기하는 시간이 크게 감소하였다.'라는 내용과 세 번째 문단의 '보이스봇 서비스를 통해 24시간 예약이 가능하게 하고 있으며'라는 내용을 통해 이전에는 직원을 통해서만 농기계 임대를 진행했음을 추론할 수 있다.
③ 두 번째 문단의 '스마트폰 앱을 이용해 실시간으로 농기계 재고를 확인하고 예약할 수 있어 효율적 이용이 가능해졌다.'라는 내용을 통해 이전에는 현장에 도착하더라도 재고가 없어 바로 임대가 안 되는 경우도 있었음을 추론할 수 있다.
⑤ 마지막 문단의 '지역 내 농업인들이 필요로 하는 농기계를 추가 구입해 지역 내 농업인들이 임대 농기계를 편하게 이용할 수 있도록 힘쓸 것'이라는 내용을 통해 지역마다 필요로 하는 농기계가 다를 수 있음을 추론할 수 있다.

32 　정답　②

참외, 수박, 토마토의 경우 지금 상황으로는 작년 수준만큼 수확량이 회복될 것으로 예상되는 반면, 멜론의 경우는 작년보다 재배면적이 줄어 그렇지 못할 것으로 보인다고 하였으므로 제시문의 내용과 일치한다. 하지만 사과의 경우 햇과일이 나올 때까지는 지금 상황이 지속될 것으로 보인다고 하였으므로 올해 긍정적인 상황이 예상된다고 보기 어렵다.

오답분석
① 2월에 눈과 비가 자주 내려 참외의 수확량이 적었으므로, 이와 마찬가지로 5월에도 비가 자주 내린다면 참외의 수확량이 적을 것이다.
③ 비록 여름 대표 과일인 참외와 수박의 가격은 작년만큼 회복되겠지만, 사과 자체의 가격은 계속 상승세를 유지할 것으로 예상된다고 하였으므로, 소비자 입장에서 사과의 체감 물가 역시 증가할 것이다.
④ 과일 및 채소의 수확량이 많아질수록 가격은 하락해 체감 물가는 감소하겠지만, 수확량이 감소한다면 가격은 상승하기 때문에 체감 물가는 증가한다.
⑤ 마지막 문단의 '수박은 15도 이상으로 참외는 30도 이하로 유지'라는 내용을 통해 여름 제철과일이라 하더라도, 각 과일 생장기에 따른 적절한 재배 온도는 다를 수 있음을 알 수 있다.

33 　정답　⑤

마지막 문단에 따르면 농협금융의 당기순이익은 약 0.2% 수준으로 소폭 증가한 반면, 명칭사용료는 약 9.4%를 대폭 증가하였다. 따라서 이 상황에서 농협법 개정안이 통과되어 명칭사용료 비율이 2.5%에서 5%로 증가한다면, 이는 농협금융의 실적 후퇴로 이어질 것이다.

오답분석
① 농협법 개정안이 통과된다면, 명칭사용료 비율이 2.5%에서 5%로 2배 증가하므로 금액이 산술적으로 2배 증가하는 것은 아니다.
② 농협금융의 명칭사용료 수준이 타사 대비 높은 이유에 대해서는 제시문에 언급되어 있지 않다. 다만 일각에서 농협금융의 설립 목적과 취약한 농촌 상황을 고려하여 농협법 개정안이 통과되어야 한다고 주장하고 있다.
③ 농협금융이 창사 이후 지금까지 매년 매출액의 2.5%의 명칭사용료로 농협은행에 지불하고 있음은 제시문을 통해 알 수 있으나, 이 지불액이 매년 증가했는지에 대한 내용은 언급하고 있지 않다.
④ 마지막 문단에서 알 수 있듯이 농협금융의 실적 또한 증가하였으나, 이에 비해 명칭사용료로 지불하는 금액이 눈에 띄게 증가하였다.

34 　정답　④

제시문은 인공광의 필요성과 한계점, 부정적 측면에 대해 설명하고 있다. 따라서 (다) 인공광의 필요성 – (라) 인공광의 단점 – (나) 간과할 수 없는 인공광의 부정적 영향 – (가) 인공광의 부정적 영향을 간과할 수 없는 이유 순으로 나열하는 것이 적절하다.

35 　정답　③

A의 속도를 xm/분이라 하면 B의 속도는 $1.5x$m/분이다.
A, B가 12분 동안 이동한 거리는 각각 $12x$m, $12\times1.5x=18x$m이고, 두 사람이 이동한 거리의 합은 1,200m이므로 다음 식이 성립한다.
$12x+18x=1,200$
$\therefore x=40$
따라서 A의 속도는 40m/분이다.

36 정답 ⑤

2017 ~ 2022년 평균 지진 발생 횟수는 (42+52+56+93+49+44)÷6=56회이다.
2023년에 발생한 지진은 2017 ~ 2022년 평균 지진 발생 횟수에 비해 492÷56≒8.8배 증가했으므로 옳은 설명이다.

오답분석
① 2018년보다 2019년에 지진 횟수는 증가했지만 최고 규모는 감소했으므로 옳지 않은 설명이다.
② 2020년의 지진 발생 횟수는 93회이고 2019년의 지진 발생 횟수는 56회이다. 2020년에는 2019년보다 지진이 93-56=37회 더 발생했으므로 옳지 않은 설명이다.
③ 2021 ~ 2022년의 지진 횟수는 감소했으므로 옳지 않은 설명이다.
④ 2023년에 일어난 규모 5.8의 지진이 2017년 이후 우리나라에서 발생한 지진 중 가장 강력한 규모이므로 옳지 않은 설명이다.

37 정답 ④

'창의적인 문제해결'을 A, '브레인스토밍을 한다.'를 B, '상대방의 아이디어를 비판한다.'를 C라고 하면, 전제1은 A → B, 전제2는 B → ~C이므로 A → B → ~C가 성립한다.
따라서 빈칸에 들어갈 명제로 가장 적절한 것은 A → ~C인 '창의적인 문제해결을 하기 위해서는 상대방의 아이디어를 비판해서는 안 된다.'이다.

38 정답 ③

명제가 참이면 대우 명제도 참이다. 즉, '을이 좋아하는 과자는 갑이 싫어하는 과자이다.'가 참이면 '갑이 좋아하는 과자는 을이 싫어하는 과자이다.'도 참이다.
따라서 갑은 비스킷을 좋아하고, 을은 비스킷을 싫어한다.

39 정답 ②

A ~ E의 진술에 따르면 C와 E는 반드시 동시에 참 또는 거짓이 되어야 하며, B와 C는 동시에 참이나 거짓이 될 수 없다.
ⅰ) A와 B가 거짓일 경우
  B의 진술이 거짓이 되므로 이번 주 수요일 당직은 B이다. 그러나 D의 진술에 따르면 B는 목요일 당직이므로 이는 성립하지 않는다.
ⅱ) B와 D가 거짓인 경우
  B의 진술이 거짓이 되므로 이번 주 수요일 당직은 B이다. 또한 A, E의 진술에 따르면 E는 월요일, A는 화요일에 각각 당직을 선다. 이때 C는 수요일과 금요일에 당직을 서지 않으므로 목요일 당직이 되며, 남은 금요일 당직은 자연스럽게 D가 된다.
ⅲ) C와 E가 거짓인 경우
  A, B, D의 진술에 따르면 A는 화요일, D는 수요일, B는 목요일, C는 금요일 당직이 되어 남은 월요일 당직은 E가 된다. 이때 E의 진술이 참이 되므로 이는 성립하지 않는다.
따라서 B와 D가 거짓인 경우에 의해 이번 주 수요일 당직은 B이다.

40 정답 ⑤

각국에서 출발한 직원들이 국내(대한민국)에 도착하는 시간을 계산하기 위해서는 먼저 시차를 구해야 한다. 동일 시점에서의 각국의 현지 시각을 살펴보면 국내의 시각이 가장 빠르다는 점을 알 수 있다. 즉, 국내의 현지 시각을 기준으로 각국의 현지 시각을 빼면 시차를 구할 수 있다. 시차는 계산 편의상 24시를 기준으로 한다.

구분	계산식	시차
대한민국 ~ 독일	6일 06:20-5일 23:20	7시간
대한민국 ~ 인도	6일 06:20-6일 03:50	2시간 30분
대한민국 ~ 미국	6일 06:20-5일 17:20	13시간

각국의 직원들이 국내에 도착하는 시간은 출발지 기준 이륙 시각에서 비행 시간과 시차를 더하여 구할 수 있나. 계산 편의상 24시 기준으로 한다.

구분	계산식	대한민국 도착 시각
독일	6일 16:20+11:30+7:00	7일 10:50
인도	6일 22:10+08:30+2:30	7일 09:10
미국	6일 07:40+14:00+13:00	7일 10:40

따라서 인도에서 출발하는 직원이 가장 먼저 도착하고, 뒤이어 미국, 독일 순서로 도착하는 것을 알 수 있다.

41 정답 ④

세 번째 문단의 마지막 부분에 따르면 일부 기관에서 비대면 화상 면담 시스템을 도입하여 신청자의 편의성을 높이고 있다고 하였으므로 적절하다.

오답분석
① 두 번째 문단에서 최근에 신용점수 외에도 LTI, DTI 등 다양한 대안적 지표를 활용한다고 하였으므로 적절하지 않다.
② 네 번째 문단에서 일부 금융기관에서 대출 거절 시 그 이유를 상세히 설명하고 개선 방안을 제시하고 있다고 하였으므로 모든 금융기관에서 서비스를 제공하고 있지는 않다.
③ 마지막 문단에서 ESG 요소를 대출심사에 반영하는 것은 기업의 지속가능성과 사회적 책임을 평가하여 장기적인 리스크를 관리하기 위함이라고 하였으므로 ESG 요소 심사는 대출심사의 객관성을 높이는 요인으로 작용한다.

42 정답 ②

세 번째 문단에서 지급준비율의 비율을 높이면 은행의 대출 여력이 줄어들어 통화량이 감소하고, 낮추면 대출 여력이 늘어나 통화량이 증가한다고 하였으므로 ②는 적절하지 않다.

43 정답 ③

제시문의 첫 번째 문단은 '글로벌 최저한세 제도'에 대해 언급하고 있다. 그러므로 이어질 내용으로 가장 적절한 문단은 글로벌 최저한세 제도에 대해 설명하는 (다) 문단이며, 구체적으로 해당 제도가 적용되는 대상이 누구인지를 제시하는 (가) 문단이 그 다음으로 이어져야 한다. 마지막으로 이 제도의 예외사항을 언급하는 (나) 문단이 가장 마지막에 오는 것이 적절하다.

44 정답 ④

2019 ~ 2023년의 연도별 인터넷뱅킹 대출 이용 실적 건수당 대출 금액은 다음과 같다.

- 2019년 : $\frac{487}{0.1}=4,870$억 원/만 건
- 2020년 : $\frac{1,137}{0.3}=3,790$억 원/만 건
- 2021년 : $\frac{1,768}{0.5}=3,536$억 원/만 건
- 2022년 : $\frac{2,394}{0.7}=3,420$억 원/만 건
- 2023년 : $\frac{2,763}{0.9}=3,070$억 원/만 건

따라서 2020 ~ 2023년 동안 전년 대비 인터넷뱅킹 대출 이용 실적 건수당 대출 금액은 매년 감소하였다.

오답분석
① 2020 ~ 2023년 동안 전체 인터넷뱅킹 이용 실적은 매년 증가하였고, 전체 인터넷뱅킹 이용 금액 또한 매년 증가하였다.
② 2019 ~ 2023년 동안 전체 인터넷뱅킹 이용 실적의 70%와 모바일뱅킹 이용 실적의 관계는 다음과 같다.
- 2019년 : $248 \times 0.7 = 173.6 < 177$
- 2020년 : $260 \times 0.7 = 182 < 190$
- 2021년 : $278 \times 0.7 = 194.6 < 214$
- 2022년 : $300 \times 0.7 = 210 < 238$
- 2023년 : $334 \times 0.7 = 233.8 < 272$

따라서 2019 ~ 2023년 동안 전체 인터넷뱅킹 이용 실적 중 모바일뱅킹 이용 실적은 매년 70% 이상이었다.
③ 2019 ~ 2023년 동안 전체 인터넷뱅킹 이용 금액의 30%와 모바일뱅킹 이용 금액의 관계는 다음과 같다.
- 2019년 : $96,164 \times 0.3 = 28,849.2 > 19,330$
- 2020년 : $121,535 \times 0.3 = 36,460.5 > 27,710$
- 2021년 : $167,213 \times 0.3 = 50,163.9 > 40,633$
- 2022년 : $171,762 \times 0.3 = 51,528.6 > 44,658$
- 2023년 : $197,914 \times 0.3 = 59,374.2 > 57,395$

따라서 2019 ~ 2023년 동안 전체 인터넷뱅킹 이용 금액 중 모바일뱅킹 이용 금액은 매년 30% 미만이었다.

45 정답 ①

조건에 따라 앉을 수 있는 자리를 나타내면 다음과 같다.

첫 번째 조건에 의해 부장의 자리는 스크린 맞은편 자리로 항상 고정되어 있고, 두 번째 조건에 의해 노트북을 연결할 수 있는 자리는 2개이다. 세 번째 조건에 의해 대리가 부장과 가장 가까운 자리에 앉을 수 있는 경우의 수는 2가지이며, 네 번째 조건에 의해 대리 2명 모두 옆 자리에 앉을 수 있는 사람은 사원 1명뿐으로 사원이 앉을 수 있는 경우의 수는 2가지이다. 남은 5자리에 주임 3명이 앉을 수 있는 경우의 수는 $_5P_3 = 60$가지이다.
따라서 자리에 앉을 수 있는 경우의 수는 $1 \times 2 \times 2 \times 2 \times 60 = 480$가지이다.

46   정답 ③

월별 엔/위안 값은 월별 (중국의 1위안 환율)÷(일본의 1엔 환율)로 계산한다.
- 2023년 7월 : (188원/위안)÷(9.27원/엔)≒20.3엔/위안
- 2023년 8월 : (191원/위안)÷(9.3원/엔)≒20.5엔/위안
- 2023년 9월 : (192원/위안)÷(9.19원/엔)≒20.9엔/위안
- 2023년 10월 : (193원/위안)÷(9.2원/엔)≒21엔/위안
- 2023년 11월 : (190원/위안)÷(8.88원/엔)≒21.4엔/위안
- 2023년 12월 : (192원/위안)÷(9.23원/엔)≒20.8엔/위안

따라서 2023년 7~12월 동안 위안화 대비 엔화는 항상 20엔/위안 이상이다.

오답분석
① 2023년 8~12월 동안 미국의 전월 대비 환율의 증감 추이는 '증가 – 증가 – 증가 – 감소 – 감소'이다.
② 2023년 8~12월 동안 중국의 전월 대비 환율의 증감 추이는 '증가 – 증가 – 증가 – 감소 – 증가'이고, 일본의 전월 대비 환율의 증감 추이는 '증가 – 감소 – 증가 – 감소 – 증가'이므로 같지 않다.
④ 각 국가의 2023년 7월 대비 12월의 환율 증가율은 다음과 같다.
- 미국 : $\frac{1,329-1,308}{1,308}\times100≒1.6\%$
- 중국 : $\frac{192-188}{188}\times100≒2.1\%$
- 일본 : $\frac{9.23-9.27}{9.27}\times100≒-0.4\%$

따라서 2023년 7월 대비 12월의 환율 증가율이 가장 큰 국가는 중국이다.

47   정답 ③

C대리의 2024년 업무평가 점수는 직전연도 업무평가 점수인 89점에서 지각 1회에 따른 5점, 결근 1회에 따른 10점을 제한 74점이다. 따라서 승진 대상에 포함되지 않으므로 그대로 대리일 것이다.

오답분석
① A사원은 근속연수가 3년 미만이므로 승진 대상이 아니다.
② B주임은 출산휴가 35일을 제외하면 근속연수가 3년 미만이므로 승진 대상이 아니다.
④ 승진 대상에 대한 자료이므로 과장은 대리가 될 수 없다.

48   정답 ③

IBK 2024특판중금채에서 적용받을 수 있는 최대 금리는 가입기간에 따른 최대 기본금리인 연 3.74%에 최대 우대금리인 연 0.2%p를 더한 연 3.94%이다.

오답분석
① 가입 가능한 계좌 수의 제한은 없으나, 가입 가능한 금액은 계좌당이 아닌 1인당 1백만 원 이상 10억 원 이내이다.
② 법인사업자의 가입은 불가하지만, 외국인 중 거주자의 경우 가입이 가능하다.
④ 최초 상품 가입일에 마케팅을 미동의하였더라도 다른 두 가지 조건 중 하나를 만족한다면 최대 우대금리 혜택을 적용받을 수 있다.

49 정답 ②

해당 상품은 계좌 개설일로부터 최대 3년까지만 가입금액에 따라 이자가 차등 지급된다.

오답분석
① 생애 최초 창업이 아닌 해당 창업을 개시한 지 1년 이내인 사업자에 한해 가입 가능한 상품이다.
③ '가입대상' 항목에 따르면 사업자번호별 1개 계좌만 가입이 가능하다고 하였다. 따라서 한 사업자가 여러 개의 사업자번호를 가지고 있다면, 그 개수에 맞는 계좌 수만큼 가입이 가능하다.
④ 5백만 원을 초과하는 금액에 대해서는 기본금리인 연 0.1%의 금리가 적용된다.

50 정답 ③

C는 자녀가 없는 예비신혼부부이므로 신혼부부Ⅰ·Ⅱ 유형에서 우선순위 2순위에 해당한다.

오답분석
① A : 만 6세 이하 자녀가 있는 한부모가족이므로 모든 유형에서 우선순위 1순위에 해당한다.
② B : 고령자이므로 기존주택 유형에서 우선순위 1순위에 해당한다.
④ D : 만 6세 이하 자녀가 있는 혼인가구이므로 신혼부부Ⅰ·Ⅱ 유형에서 우선순위 3순위에 해당한다.

51 정답 ③

제시된 정보에서 총자산이 자산기준인 2억 4,100만 원을 초과하였으므로 신청자격이 주어지지 않는다.

오답분석
① 한부모가족이 아니더라도 다양한 신청자격이 존재한다.
② 월평균소득은 4인 가구 월평균소득의 50% 기준인 4,124,234원 이하이므로 기존주택 유형의 2순위 기준은 갖추어졌다.
④ 자동차를 보유하지 않았다면 해당 항목은 자산 산정에서 제외한다고 하였다.

52 정답 ①

고든법(Gordon Method)은 미국의 심리학자 고든(William J. Gordon)에 의해 고안된 아이디어 발상 기법으로 브레인스토밍과 유사한 발상 기법이지만, 참가자가 주제에 고정관념을 가지고 접근하는 것을 방지하기 위해 진행자가 토론 주제를 명확히 제시하지 않고, 추상화된 키워드를 참가자에게 제시하여 아이디어를 모으는 발상 기법이다. 고든법의 진행 방법은 다음과 같다.
1. 키워드 정하기 : 해결하고자 하는 문제를 추상화시킨 키워드로 참가자에게 제시하고 진짜 주제는 숨긴다. 이때, 다양한 아이디어의 발상을 위해 참가자는 가급적 다양한 전공의 사람들을 모은다.
2. 자유롭게 발언하기 : 참가자들은 진행자가 제시한 키워드에 대해 자유롭게 아이디어를 제시하고 제시되는 아이디어에 대한 비판은 하지 않는다. 이때, 진행자는 참가자들의 아이디어를 진짜 주제와 결합시켜 검토한다.
3. 진짜 주제 공개하기 : 적절한 아이디어가 많이 나오면 진행자는 숨겼던 진짜 주제를 발표한다.
4. 아이디어 구체화하기 : 참가자들은 이전에 발언한 아이디어를 모아 발전시켜 진짜 주제에 대한 해결방안을 구체화한다.

53 정답 ②

등산로별 길이, 평균 등산 속도, 완주 시간을 정리하면 다음과 같다.

구분	길이	평균 등산 속도	완주 시간
A	$3.6 \times \frac{10}{3} = 12$km	3.6km/h	3시간 20분=$\frac{10}{3}$시간
B	16km	3.2km/h	$\frac{16}{3.2}=5$시간
C	14.3km	3.9km/h	$\frac{14.3}{3.9}$시간=$\frac{11}{3}$시간=3시간 40분
D	12.35km	3.8km/h	3시간 15분
E	$3.5 \times 3.5 = 12.25$km	3.5km/h	3시간 30분=3.5시간

따라서 가장 짧은 등산로는 A이고, 완주 시간이 가장 짧은 등산로는 D이다.

54 정답 ③

직원 5명의 자동차 판매대수 및 자동차 판매총액에 따른 등급은 다음과 같다.

구분	자동차 판매대수	등급	자동차 판매총액	등급
권○○	7대	A	9천 6백만 원	C
김○○	12대	A⁺	1억 4천만 원	B
류○○	4대	C	9천만 원	C
오○○	6대	B	2억 2천만 원	A
표○○	1대	D	4천 8백만 원	D

성과급 지급 조건을 만족하는 직원은 김○○, 오○○이다.
김○○이 받는 성과급은 1억 4천만 원×0.02=280만 원이고, 오○○이 받는 성과급은 2억 2천만 원×0.03=660만 원이다.
따라서 직원들이 받는 성과급의 합은 280+660=940만 원이다.

55 정답 ④

마지막 문단에서 팃포탯 전략이 두 차례 모두 우승할 수 있었던 이유는 비열한 전략에는 비열한 전략으로 대응했기 때문임을 확인할 수 있다.

[오답분석]
① 네 번째 문단에서 팃포탯을 만든 것은 심리학자인 아나톨 라포트 교수임을 확인할 수 있다.
② 두 번째 문단에서 죄수의 딜레마에서 자신의 이득이 최대로 나타나는 경우는 내가 죄를 자백하고 상대방이 죄를 자백하지 않는 것임을 확인할 수 있다.
③ 마지막 문단에서 엑셀로드는 팃포탯을 친절한 전략으로 분류했음을 확인할 수 있다.

56 정답 ①

두 번째 문단에서 '금융시장이 통합되어 있으면 지역 내 국가들 사이에 경상수지 불균형이 발생했을 때 자본 이동이 쉽게 일어날 수 있을 것이며 이에 따라 조정의 압력이 줄어들게 되므로 지역 내 환율 변동의 필요성이 감소하게 된다.'라고 했으나, 금융시장의 통합에 따른 편익의 계산 방식은 나타나지 않는다.

[오답분석]
② 두 번째 문단에서 확인할 수 있다.
③·④ 세 번째 문단에서 확인할 수 있다.

57 정답 ③

- 생활비가 20만 원 이상 40만 원 미만인 학생의 수 : 89-23=66명
- 생활비가 40만 원 이상 60만 원 미만인 학생의 수 : 173-89=84명

따라서 생활비가 20만 원 이상 40만 원 미만인 학생의 수는 40만 원 이상 60만 원 미만인 학생의 수보다 적다.

[오답분석]
① 한 달 생활비가 100만 원 이상인 학생의 누적도수 차이가 가장 적으므로 학생의 수가 가장 적다.
② 한 달 생활비가 60만 원 미만인 학생의 누적도수가 173명이므로 60만 원 이상인 학생 수는 127명이고, 전체 학생의 50% 미만이다.
④ 불필요한 지출에 대한 사실은 도수분포표로 확인할 수 없다.

58 정답 ②

C를 고정시키고, 그 다음 D와 E를 기준으로 시작하여 가능한 경우를 정리하면 다음과 같다.

구분	1	2	3	4	5	6
경우 1	D	F	B	C	E	A
경우 2	D	B	F	C	E	A
경우 3	A	D	F	C	B	E
경우 4	B	D	F	C	A	E

따라서 모든 경우에서 E는 C보다 오른쪽에 앉아 있다.

[오답분석]
① 경우 3에서 A는 C보다 왼쪽에 앉는다.
③ 경우 3과 경우 4에서 E는 A보다 오른쪽에 앉는다.
④ 경우 4에서 D는 B보다 오른쪽에 앉는다.

59 정답 ②

제시된 조건을 정리하면 다음과 같다.

구분	월요일	화요일	수요일	목요일	금요일
주희	×	×	×	○	
소연			○		
지현	○		×		
승혜		○	×		
지영					○

따라서 지현이가 월요일에 청소를 한다면 승혜는 화요일에 청소한다.

60 정답 ②

지난 1년간 수집한 데이터에 근거한 통계자료(평균치)로 산정한 주차권 발행 방식의 1개월 주차비용은 다음과 같다.
- 월요일 : 150명×62%×3,000원=279,000원
- 화요일 : 180명×55%×3,000원=297,000원
- 수요일 : 170명×50%×3,000원=255,000원
- 목요일 : 175명×68%×3,000원=357,000원
- 금요일 : 250명×80%×3,000원=600,000원
- 토요일 : 400명×92%×3,000원=1,104,000원
- 일요일 : 450명×88%×3,000원=1,188,000원

∴ 1주간 주차비용=4,080,000원 → 1개월 주차비용=4,080,000원×4주=16,320,000원

따라서 월 임대료(1,500만 원)를 납부하는 것이 더 경제적이며, 그 차액은 1,320,000원이다.

CHAPTER 03 2023년 주요 금융권 NCS 기출복원문제

01	02	03	04	05	06	07	08	09	10	11	12	13	14	15	16	17	18	19	20
①	③	④	④	④	②	④	④	②	④	①	⑤	③	⑤	④	②	②	⑤	③	①
21	22	23	24	25	26	27	28	29	30	31	32	33	34	35	36	37	38	39	40
③	③	③	②	③	②	④	④	③	①	③	②	④	④	②	④	④	④	②	③
41	42	43	44	45															
③	①	③	①	①															

01 정답 ①

제시문은 대출을 받아 내 집을 마련한 사람들이 대출금리 인상으로 인한 경제적 부담을 감당하지 못하여 집을 처분하려 하나 이 또한 어려워 경매로 넘기는 상황에 대해 이야기하고 있다. 따라서 제시문의 주제로 대출금리 인상으로 내 집 마련이 무너졌다는 ①이 가장 적절하다.

오답분석

② 두 번째 문단에 따르면 대출금리 인상으로 인해 부동산 매수자가 줄어든 것은 맞지만, 제시문의 전체적인 내용은 대출금리 인상으로 집을 사지 못하는 것이 아닌 대출금리 인상으로 이미 산 집을 포기할 수밖에 없는 상황에 대해 다루고 있으므로 제시문의 주제로 적절하지 않다.
③ 마지막 문단에 따르면 매도량은 늘어나지만 매수량이 없어 이전보다 고를 수 있는 부동산의 선택지가 늘어난 것은 맞지만, 제시문의 전체적인 내용은 단순히 늘어난 부동산 매물이 아닌 대출금리 인상으로 인해 어쩔 수 없이 시장으로 나온 부동산 매물에 대해 다루고 있으므로 제시문의 주제로 적절하지 않다.
④ 마지막 문단에 따르면 매물로 나온 부동산이 늘어난 것은 맞지만, 매수량은 없어 부동산 경매시장이 활발해졌다고 보긴 어렵다.

02 정답 ③

제시문에 따르면 순환경제는 마치 도넛 모양과 같이 계속하여 순환하는 모양의 경제 형태를 말한다. 따라서 기존의 제품을 계속 순환하여 사용할 수 있다는 의미를 나타낼 수 있는 '지속적인'이 빈칸에 들어갈 단어로 가장 적절하다.

오답분석

① 단속적인 : 일정한 주기가 아닌 규칙 없이 이어졌다 끊어졌다를 반복한다는 의미로 제시문에서 설명하는 경제 방식과 어울리지 않는 단어이므로, 빈칸에 들어갈 단어로 적절하지 않다.
② 발전적인 : 제시문에서의 순환경제는 더 높은 단계로 나아가는 것이 아닌 기존의 것이 계속하여 돌고 돌아 유지된다는 의미이므로 빈칸에 들어갈 단어로 적절하지 않다.
④ 대체 가능한 : 본질적으로 유사한 특성을 가지고 있어 서로 간 대체할 수 있음을 의미하나, 제시문에서의 순환경제는 유사한 특성을 가진 것이 아닌 기존의 것이 계속하여 순환하는 방식을 말하므로 빈칸에 들어갈 단어로 적절하지 않다.

03 정답 ④

두 번째 문단에 따르면 브랜다이스는 독점 규제를 통해 소비자의 이익이 아닌 독립적 소생산자의 경제를 보호함으로써 시민 자치를 지키고자 하였다.

오답분석

① 브랜다이스는 집중된 부와 권력이 시민 자치를 위협한다고 보고 반독점법이 경제와 권력의 집중을 막는 데 초점을 맞추어야 한다고 주장하였으나, 아놀드는 시민 자치권을 근거로 하는 반독점 주장을 거부하고 독점 규제의 목적이 권력 집중에 대한 싸움이 아닌 경제적 효율성의 향상에 맞춰져야 한다고 주장하였다.
② 반독점법의 목적을 셔먼은 소비자의 이익 보호와 소생산자의 탈집중화된 경제 보호로, 아놀드는 소비자 복지 증진으로 보았다. 따라서 셔먼과 아놀드는 소비자 이익을 보호한다는 점에서 반독점법을 지지했다는 것을 알 수 있다.
③ 1930년대 후반 아놀드가 법무부 반독점국의 책임자로 임명되면서 반독점법의 근거로 소비자 복지를 주장하는 아놀드의 견해가 널리 받아들여졌다.

04 정답 ④

(다) 문단은 '다시 말하여'라는 뜻의 부사 '즉'으로 시작하여, '경기적 실업은 자연스럽게 해소될 수 없다.'는 주장을 다시 한 번 설명해 주는 역할을 하므로 제시된 문장 바로 다음에 위치하는 것이 자연스럽다. 다음으로는 경기적 실업이 자연스럽게 해소될 수 없는 이유 중 하나인 화폐환상현상을 설명하는 (나) 문단이 오는 것이 적절하다. 마지막으로 화폐환상현상으로 인해 실업이 지속되는 것을 설명하고, 정부의 적극적 역할을 해결책으로 제시하는 케인스학파의 주장을 이야기하는 (가) 문단이 오는 것이 적절하다. 따라서 (다) – (나) – (가) 순으로 연결되어야 한다.

05 정답 ④

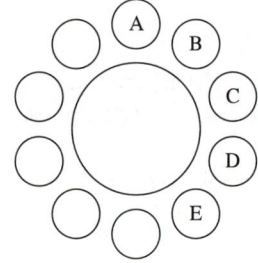

A~E에 앉을 수 있는 경우의 수는 과가 같은 학생끼리 마주보고 앉으므로 각각 10가지, 8가지, 6가지, 4가지, 2가지이고, 회전하여 같아지는 경우는 10가지이다.

따라서 구하고자 하는 경우의 수는 $\dfrac{10 \times 8 \times 6 \times 4 \times 2}{10} = 384$가지이다.

06 정답 ②

작년 항공요금을 x원, 작년 숙박비를 y원이라 하면 다음과 같은 식이 성립한다.

$-\dfrac{20}{100}x + \dfrac{15}{100}y = \dfrac{10}{100}(x+y) \cdots \text{㉠}$

$(1-\dfrac{20}{100})x + (1+\dfrac{15}{100})y = 308,000 \cdots \text{㉡}$

㉠을 정리하면 $y = 6x \cdots$ ㉢이며,
㉡을 정리하면 $16x + 23y = 6,160,000 \cdots$ ㉣이다.
㉢을 ㉣에 대입하면 $16x + 138x = 6,160,000$이므로, $x = 40,000$이다.
이를 ㉢에 대입하면 $y = 240,000$이다.
따라서 올해 항공 요금은 $40,000 - 40,000 \times \dfrac{20}{100} = 32,000$원이다.

07 정답 ④

기본금리는 연 0.1%가 적용되고, 최대 우대금리인 연 0.3%p가 가산된다.
그러므로 만기 시 적용되는 금리는 0.1+0.3=0.4%가 된다.

이자지급방식이 단리식이므로 만기 시 수령할 이자는 $10,000,000 \times \frac{0.4}{100} \times \frac{6}{12} = 20,000$원이다.

08 정답 ④

먼저 제시된 조건에 따라 선택할 수 없는 관광 코스를 제외할 수 있다.
- 4일 이상 관광하되 5일을 초과하면 안 되므로, 기간이 4일 미만인 B코스를 제외한다.
- 비용이 30만 원을 초과하고, 참여인원이 30명 초과인 C코스를 제외한다.

한편, D코스를 I카드로 결제할 때의 비용은 10% 할인을 적용받아 332,000×0.9=298,800원으로 30만 원 미만이다.
따라서 A코스와 D코스 중 경유지가 더 많은 D코스를 선택하는 것이 가장 적절하다.

09 정답 ②

부서별로 1명씩 배치 가능한 신입사원을 살펴보면 다음과 같다.
- 총무부의 경우, 경영 전공자인 갑·기 중 인턴 경험이 있는 갑이 배치된다.
- 투자전략부의 경우, 재무분석이 가능한 병·정·기 중 석사 이상의 학위를 보유한 기가 배치된다.
- 대외협력부의 경우, 제2외국어 가능자인 갑·정 중 총무부로 배치되어야 하는 갑을 제외한 정이 배치된다.
- 품질관리부의 요건을 부합하는 직원은 을뿐이므로 을이 배치된다.
- 나머지 인력인 병·무 중 인턴 경험이 있는 병은 인사부로 배치되며, 데이터분석이 가능한 무는 기술개발부로 배치된다.

위의 내용을 표로 정리하면 다음과 같다.

부서명	직원명
총무부	갑
투자전략부	기
인사부	병
대외협력부	정
품질관리부	을
기술개발부	무

따라서 부서에 배치될 신입사원이 잘못 연결된 것은 ②이다.

10 정답 ④

A조의 발표기간 3일 중 마지막 발표는 11일이므로, 다음 순서인 C조는 그다음 날인 12일에 발표를 시작할 수 없다. 또한 그다음 수업일은 화요일인 16일이나, 창립기념일 17일에는 발표를 할 수 없다. 첫 번째 날과 두 번째 날의 발표는 연속해서 해야 하므로 발표는 18일에 시작하여야 한다. 즉, C조는 18~19일에 발표를 하고, 마지막 날의 발표를 다음 수업일인 23일에 하게 된다. 따라서 B조는 그다음 날인 24일을 제외하고 가장 빠른 발표 가능일인 25~26일에 발표를 하고, 마지막 발표는 30일에 하게 된다.

11 정답 ①

참가 분야는 '시설원예 스마트팜 작물재배'와 '스마트팜 수기공모' 두 부문이며, 수기공모의 경우 스마트팜(시설원예, 노지, 축산)을 운영하고 있는 모든 농가만을 대상으로 한다.

오답분석
② 1. '대회 기간'과 2. '참가 분야 및 자격'에서 확인할 수 있다.
③ 3. '참가 접수'에서 확인할 수 있다.
④ 1. '대회 기간'과 5. '시상'에서 확인할 수 있다.
⑤ 6. '문의'에서 확인할 수 있다.

12 정답 ⑤

제시문은 조선시대 전통적인 농업금융수단부터 근대적 협동조합금융의 설립을 아우르며 종합농협이 출범하기까지의 역사를 설명하고 있다. 따라서 제목으로 가장 적절한 것은 '종합농협 출범의 역사'이다.

오답분석
① 두 번째 문단의 제목으로 적절하다.
② 첫 번째 ~ 네 번째 문단의 제목으로 적절하다.
③ 네 번째 문단에서 언급된 내용이지만, 제시문의 제목으로 적절하지 않다.
④ 제시문에 언급되지 않은 내용이다.

13 정답 ③

세 번째 문단에서 광복 후 금융조합은 상업금융에 치중하는 한편 정부, 농회, 대한식량공사의 각종 업무를 대행했으나, 대행사업의 폐지 및 이관으로 금융조합의 경영이 악화되어 협동조합과 농업금융기관의 설립이 촉진되었다는 것을 알 수 있다.

14 정답 ⑤

작년 여학생 수를 x명이라고 하면, 작년 남학생 수는 $(2,000-x)$명이므로 다음과 같은 식이 성립한다.
$$-\frac{5}{100}(2,000-x)+\frac{5}{100}x=-14$$
양변에 100을 곱하면 다음과 같다.
$-5(2,000-x)+5x=-1,400$
$\rightarrow -10,000+5x+5x=-1,400$
$\rightarrow 10x=8,600$
$\therefore x=860$
따라서 작년 여학생의 수는 860명이다.

15 정답 ④

매월 적립해야 하는 금액을 a만 원이라 하면 2021년 4월 말에 지급받을 적립 총액은 다음과 같다.
$(a\times 1.005+a\times 1.005^2+a\times 1.005^3+\cdots+a\times 1.005^{40})$만 원
$$a\times 1.005+a\times 1.005^2+a\times 1.005^3+\cdots+a\times 1.005^{40}=\frac{a\times 1.005\times(1.005^{40}-1)}{1.005-1}=2,211$$
$44.22a=2,211$
$\therefore a=50$
따라서 기태가 매월 적립해야 하는 금액은 50만 원이다.

16 정답 ②

A은행에서 3년(36개월)간 5만 원씩 적금을 넣는다면 적금의 원리합계는 다음과 같다.

1개월 …… $5(1+1.001)^{36}$
2개월 …… $5(1+1.001)^{35}$
3개월 …… $5(1+1.001)^{34}$
  ⋮
35개월 …… $5(1+1.001)^2$
36개월 …… $5(1+1.001)$

그러므로 A은행 적금의 원리합계는 $S_A = \dfrac{5(1+1.001)(1.001^{36}-1)}{1.001-1} = \dfrac{5 \times 1.001 \times (1.04-1)}{0.001} = 200.2$만 원이다.

B은행에서 2년(24개월)간 10만 원씩 적금을 넣는다면 적금의 원리합계는 다음과 같다.

1개월 …… $10(1+1.002)^{24}$
2개월 …… $10(1+1.002)^{23}$
3개월 …… $10(1+1.002)^{22}$
  ⋮
23개월 …… $10(1+1.002)^2$
24개월 …… $10(1+1.002)$

그러므로 B은행 적금의 원리합계는 $S_B = \dfrac{10(1+1.002)(1.002^{24}-1)}{1.002-1} = \dfrac{10 \times 1.002 \times (1.05-1)}{0.002} = 250.5$만 원이다.

따라서 B은행에서 적금하는 것이 250.5-200.2=50.3만 원(503,000원) 더 받을 수 있다.

17 정답 ②

네 번째 조건에 따르면 A~E 중 공터와 이웃한 곳은 D로, 학원은 D에 위치하고 있음을 알 수 있다.
다섯 번째 조건에 따르면 공원은 A~E 중 유일하게 13번 도로와 이웃하고 있는 B에 위치하고 있다.
마지막 조건에 따르면 학원이 이웃하고 있는 7번 도로・12번 도로와 이웃하고 있는 곳은 A~E 중 E로, 놀이터는 E에 위치하고 있음을 알 수 있다.
남아 있는 A, C 중 주차장으로부터 직선거리가 더 가까운 곳은 A이므로, 학교는 A에, 병원은 C에 위치하고 있음을 알 수 있다.
이를 지도에 나타내면 다음과 같다.

18 정답 ⑤

- A는 만 62세이므로 (가)보험 또는 (나)보험에 가입이 가능하다. 두 상품 모두 A가 선호하는 월납 방식 선택이 가능하며, 암 보장형 상품에 해당한다. 하지만 (가)보험은 이미 납입한 보험료에 대해 80%까지만 환급이 가능하므로 A의 요구조건을 충족하지 못한다. 따라서 A의 경우 (나)보험을 가입하는 것이 적절하다.
- B의 경우 단발성 납입을 선호하므로 월납 등 정기적인 납부방식이 적용된 (가)・(나)보험보다 (다)보험이 적합하다. 또한 필요기간만 가입하는 것을 선호하므로, 보험기간이 1년・3년으로 타 상품에 비해 상대적으로 단기인 (다)보험을 가입하는 것이 적절하다.

19 정답 ③

원형 테이블은 회전시켜도 좌석 배치는 동일하므로, 좌석을 1~7번으로 번호를 붙이고, A가 1번 좌석에 앉았다고 가정하여 배치하면 다음과 같다.

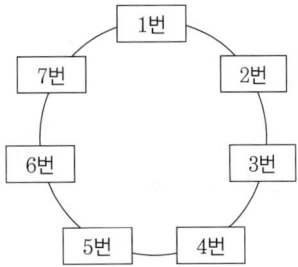

첫 번째 조건에 따라 2번에는 부장이, 7번에는 차장이 앉게 된다.
세 번째 조건에 따라 부장과 이웃한 자리 중 비어있는 3번 자리에 B가 앉게 된다.
네 번째 조건에 따라 7번에 앉은 사람은 C가 된다.
다섯 번째 조건에 따라 5번에 과장이 앉게 되고, 과장과 차장 사이인 6번에 G가 앉게 된다.
여섯 번째 조건에 따라 A와 이웃한 자리 중 직원명이 정해지지 않은 2번, 부장 자리는 D가 앉게 된다.
마지막 조건에 따라 4번 자리에는 대리, 3번 자리에는 사원이 앉는 것을 알 수 있다. 3번 자리에 앉는 사람은 사원 직급인 B인 것을 알 수 있다.
두 번째 조건에 따라 E는 사원과 이웃하지 않았고 직원명이 정해지지 않은 5번, 과장 자리에 해당하는 것을 알 수 있다.
이를 정리하면 다음과 같은 좌석 배치가 되며, F는 이 중 유일하게 빈자리인 4번, 대리 자리에 해당한다.

따라서 사원 직급은 B, 대리 직급은 F인 것을 도출할 수 있다.

20 정답 ①

농업진흥지역은 시・도지사가 농지를 효율적으로 이용하고 보전하기 위해 지정하는 것으로, 농업진흥구역과 농업보호구역으로 나뉜다. 농업진흥구역은 농업의 진흥을 도모하여야 하는 지역으로 농림축산식품부장관이 정하는 규모로 농지가 집단화되어 농업 목적으로 이용할 필요가 있는 지역을 뜻하며, 농업보호구역은 농업진흥구역의 용수원 확보, 수질 보전 등 농업 환경을 보호하기 위하여 필요한 지역을 뜻한다. 농업진흥지역은 농림축산식품부장관의 승인을 받아 시・도지사가 지정하며, 「국토의 계획 및 이용에 관한 법률」에 따른 녹지지역, 관리지역, 농림지역 및 자연환경보전지역을 대상으로 한다(단, 특별시의 녹지지역은 제외한다).

21 정답 ③

'어찌 된'의 뜻을 나타내는 관형사는 '웬'이므로, '어찌 된 일로'라는 함의를 가진 '웬일'이 옳다.

[오답분석]
① 메다 : 어떤 감정이 북받쳐 목소리가 잘 나지 않다.
② 치다꺼리 : 남의 자잘한 일을 보살펴서 도와줌
④ 베다 : 날이 있는 연장 따위로 무엇을 끊거나 자르다.

22 정답 ③

제시문은 모바일 앱 서비스인 'MG더뱅킹기업'의 출시에 대한 기사로, 앱의 주요 특징과 제공하는 서비스에 대해 간략히 소개하고 있다.

23 정답 ③

두 번째 문단에 따르면 중앙은행은 기준금리를 통해 경기 변동에 따른 위험을 완화하고 금융시장의 원활한 운영을 돕는 역할을 수행한다.

오답분석
① 경제가 성장하고 인플레이션이 심해지면 중앙은행은 기준금리 인상을 통해 소비와 투자를 저하시켜 경기 과열을 억제한다.
② 중앙은행이 기준금리를 인상하면 자금이 제한되고 대출이 어려워지므로 소비와 투자를 저하시킨다.
④ 기준금리 설정 시에는 인플레이션 목표율 경제 성장률 등 다양한 요소를 고려해야 하므로 이 중 어느 하나가 가장 중요한 요인이라고 할 수 없다.

24 정답 ②

A를 포함하여 부전승으로 올라갈 수 있는 경우의 수는 7가지이고, 남은 6팀을 먼저 4팀과 2팀으로 나누는 경우의 수는 $_6C_4 \times _2C_2 = 15$가지이다. 다음으로 4개의 팀이 2팀씩 경기하는 경우의 수는 $_4C_2 \times _2C_2 \times \frac{1}{2!} = 3$가지이므로 전체 경우의 수는 $7 \times 15 \times 3 = 315$가지이다. 이 중 A가 부전승으로 진출하는 경우의 수는 A의 자리를 지정하고 올라가는 경우와 같으므로 전체의 경우의 수를 7로 나눈 것과 같다.

따라서 A가 부전승으로 올라갈 확률은 $\frac{15 \times 3}{7 \times 15 \times 3} = \frac{1}{7}$이다.

25 정답 ③

2023년 3분기 전체 민원 건수 중 해결 건수는 $102 \times 0.96 = 98$건이다.

2023년 4분기 금융 해결 건수는 전 분기의 $\frac{5}{7}$이기 때문에 $98 \times \frac{5}{7} = 70$건이므로 (가)는 $\frac{70}{72} \times 100 = 97.2222\cdots$로 약 97%이다.

2023년 4분기 서비스 해결 건수가 97건이고, 해결률이 금융 해결률과 같으므로 전체 민원 건수 (나)는 $\frac{97}{0.97} = 100$건이다.

2023년 3분기 총건수 해결률은 $\frac{(해결된 민원 건수의 합)}{(전체 민원 건수의 합)} \times 100 = \frac{98+20}{102+20} \times 100 = 96.7\cdots$로 약 97%이다.

따라서 (가)+(나)+(다)=97+100+97=294이다.

26 정답 ②

- ㄱ, ㅁ, ㅂ에 의해 언어영역 순위는 '형준 – 연재 – 소정(또는 소정 – 연재) – 영호' 순서로 높다.
- ㄱ, ㄴ, ㅁ, ㅂ, ㅅ에 의해 수리영역 순위는 '소정 – 형준 – 연재 – 영호' 순서로 높다.
- ㄷ, ㄹ, ㅂ, ㅇ에 의해 외국어영역 순위는 '영호 – 연재(또는 연재 – 영호) – 형준 – 소정' 순서로 높다.

오답분석
① 언어영역 2위는 연재 또는 소정이다.
③ 영호는 외국어영역에서는 1위 또는 2위이다.
④ 연재의 언어영역 순위는 2위 또는 3위이므로 여기에 1을 더한 순위가 형준이의 외국어영역 순위인 3위와 항상 같다고 할 수 없다.

27 정답 ④

항공보안교육을 반드시 이수해야 하는 교육대상자는 보안검색감독자, 보안검색요원, 장비유지보수요원이다. 보안검색팀의 경우 보안검색 협력사를 관리하고, 보안검색을 감독하는 업무를 담당하고 있으므로 보안검색요원은 보안검색요원교육을, 보안검색감독자는 보안검색감독자교육을 반드시 이수해야 한다. 또한 보안장비팀은 항공보안장비를 구매하고 유지·관리하는 업무를 담당하므로 장비유지보수요원은 반드시 장비유지보수교육을 이수해야 한다. 따라서 항공보안교육을 반드시 이수해야 하는 팀은 보안검색팀과 보안장비팀이다.

28 정답 ③

C는 M사의 이익과 자사의 이익 모두를 고려하여 서로 원만한 합의점을 찾고 있다. 따라서 가장 바르게 협상한 사람은 C이다.

오답분석

① M사의 협상 당사자는 현재 가격에서는 불가능하다고 한계점을 정했지만, A의 대답은 설정한 목표와 한계에서 벗어나는 요구이므로 바르게 협상한 것이 아니다.
② B는 합의점을 찾기보다는 자사의 특정 입장만 고집하고 있다. 따라서 바르게 협상한 것이 아니다.
④ D는 상대방의 상황에 대해서 지나친 염려를 하고 있다. 따라서 바르게 협상한 것이 아니다.

29 정답 ③

지로/공과금 자동이체 우대금리 조건을 보면 반드시 본인 명의의 입출금식 통장에서 지로/공과금 자동이체 실적이 3개월 이상이어야 한다.

오답분석

① 매월 납입한도는 100만 원 이하이고 계약기간은 1년제이므로 신규금액을 제외한 최대 납입 가능 금액은 $100 \times 12 = 1,200$만 원이다.
② 에너지 절감 우대금리 적용을 위해 "아파트아이"에 회원가입을 해야 하며, 주소 변경 시 아파트아이에서 주소 변경을 완료해야 하므로 해당 사이트의 계정이 필요하다.
④ 최대 이율을 적용받는 사람의 금리는 약정이율에 우대금리를 더한 값인 $3.0+4.0=7.0\%$이다. 하지만 중도해지 시에는 우대금리가 아닌 중도해지금리를 적용하므로, 납입기간 50%를 경과하고 중도해지할 경우 적용받는 금리는 $3.0 \times 0.4 = 1.2\%$이다. 따라서 중도해지 시 적용받는 금리는 만기 시보다 $7.0-1.2=5.8\%p$ 적다.

30 정답 ①

먼저 A고객이 적용받는 우대금리를 계산하면 다음과 같다.
- 적금가입월(22.5)부터 10개월 동안(23.2 이내) 적금가입월의 전기사용량(kWh) 대비 월별 전기사용량(kWh)이 절감된 횟수는 22년 6월, 9월, 10월과 23년 2월로 총 4회이므로 적용되는 우대금리는 연 1.0%p이다.
- 최초거래고객 우대금리 요건을 만족하므로 적용되는 우대금리는 1.0%p이다.
- 지로/공과금 자동이체 우대금리 요건을 만족하므로 적용되는 우대금리는 1.0%p이다.

그러므로 A고객이 적용받는 우대금리는 총 3%p이고 A고객은 만기해지하였으므로 계약기간 동안 적용되는 금리는 약정이율에 우대금리를 더한 값인 $3+3=6\%$이다.
납입금액에 따른 금리를 계산하면 다음과 같다.
- 최초 납입금액 : $30만 \times 6\% = 18,000$원
- 추가 납입금액 : $70만 \times 6\% \times \dfrac{6}{12} = 21,000$원
- 만기 후 이율 : $100만 \times 3\% \times 30\% \times \dfrac{6}{12} = 4,500$원(만기일 경과 6개월 이후 해지)

따라서 A고객이 지급받을 이자는 총 $18,000+21,000+4,500=43,500$원이다.

31 정답 ③

- CBP-<u>WK</u>4A-P31-B0803 : 배터리 형태 중 WK는 없는 형태이다.
- PBP-DK1E-<u>P21</u>-A8B12 : 고속충전 규격 중 P21은 없는 규격이다.
- NBP-LC3B-P31-B3<u>230</u> : 생산날짜의 2월은 30일이 없다.
- <u>CNP</u>-LW4E-P20-A7A29 : 제품분류 중 CNP는 없는 분류이다.

따라서 보기에서 시리얼넘버가 잘못 부여된 제품은 모두 4개이다.

32 정답 ②

고객이 설명한 제품정보를 정리하면 다음과 같다.
- 설치형 : PBP
- 도킹형 : DK
- 20,000mAH 이상 : 2
- 60W 이상 : B
- USB-PD3.0 : P30
- 2022년 10월 12일 : B2012

따라서 S주임이 데이터베이스에 검색할 시리얼넘버는 PBP-DK2B-P30-B2012이다.

33 정답 ④

고산지대에 근무하는 공무원이 한 분기에 23일 이내인 14일간 저지대에서 가족 동반으로 요양을 할 때 8번 규정에 따라 발생한 비용 전액을 국외여비로 받을 수 있다.

[오답분석]
① 4번 규정에 따라 발생한 비용의 일부만 국외여비로 받을 수 있다.
② 2번 규정에 따라 발생한 비용의 일부만 국외여비로 받을 수 있다.
③ 6번 규정에 따라 발생한 비용의 일부만 국외여비로 받을 수 있다.

34 정답 ④

Z주임이 지급받을 국외여비는 다음과 같다.

- 12세 이상 가족 구성원의 가족 국외여비 : $\left\{(700,000\times2+20,000\times2)\times\frac{2}{3}\right\}=960,000$원
- 12세 미만 가족 구성원의 가족 국외여비 : $\left\{(0\times2+20,000\times2)\times\frac{1}{3}\right\}≒13,333$원≒$20,000$원

∴ 총국외여비 : $960,000+20,000=980,000$원

[오답분석]
① W부장

- 12세 이상 가족 구성원의 가족 국외여비 : $\{900,000+900,000+(900,000\times0.8)+15,000+15,000\}\times\frac{2}{3}=1,700,000$원

- 12세 미만 가족 구성원의 가족 국외여비 : $\{(900,000\times0.8)+0\}\times\frac{1}{3}=240,000$원

∴ 총국외여비 : $1,700,000+240,000=1,940,000$원

② X과장

- 12세 이상 가족 구성원의 가족 국외여비 : $1,200,000\times4\times\frac{2}{3}=3,200,000$원
- 12세 미만 가족 구성원의 가족 국외여비 : 0원

∴ 총국외여비 : $3,200,000$원

③ Y대리
- 12세 이상 가족 구성원의 가족 국외여비 : $750,000 \times 2 \times \frac{2}{3} = 1,000,000$원
- 12세 미만 가족 구성원의 가족 국외여비 : 0원
∴ 총국외여비 : 1,000,000원

35 정답 ②

가입일 기준으로 급여계좌 및 급여여부, 신용카드 및 체크카드 실적이 12개월간 유지될 때의 A~D의 우대금리는 다음과 같다.
- A : 0.3+0.5=0.8%p
- B : 0.3+0.5+0.2=1%p
- C : 0.3+0.2=0.5%p
- D : 계좌 압류 상태이므로 이자 지급 제한을 받는다.

따라서 B의 우대금리가 가장 높다.

36 정답 ④

A~M은행을 서로 비교할 때, C은행은 2022년 매출액의 순위와 영업이익의 순위가 8위로 같음을 알 수 있다.

오답분석
① 2022년 대비 2023년에 매출 순위가 올라간 은행은 A~I은행으로 총 9곳이다.
② A은행을 제외하고 2022년 대비 2023년에 매출액이 가장 많이 오른 은행은 H은행이다.
③ 영업이익이 마이너스인 은행 수는 2023년 2곳(E, I은행), 2022년 2곳(I, L은행)으로 같다.

37 정답 ④

제시문은 블록체인 기술에 대해 설명하고 원리 및 장단점을 소개하고 있다. 그러므로 가장 먼저 블록체인 기술에 대해 소개하는 (라) 문단이 와야 한다. 다음으로 블록체인 기술의 원리 중 블록에 대해 설명하는 (가) 문단이 이어지고, 블록에 적용되는 암호화 기술인 해싱에 대해 설명하는 (다) 문단이 오는 것이 적절하다. 마지막으로 블록체인 기술의 장점을 정리하고 그 한계점을 제시한 (나) 문단이 오는 것이 자연스럽다. 따라서 (라) - (가) - (다) - (나) 순으로 나열하는 것이 적절하다.

38 정답 ④

제시문은 많은 2030 청년들이 '영끌'을 통해 집을 구매한 현상이 '렌트푸어'와 '하우스푸어'의 양자택일로 인해 이루어졌음을 설명하고 있다. 따라서 ④가 가장 적절한 주제이다.

39 정답 ②

S씨가 결혼 전 모은 현금을 x억 원이라 하면 공동자산으로 합친 현금은 $0.4x$억 원이고, 공동자산 축적 기여도가 48%이므로 S씨가 공동자산에 기여한 금액은 $3 \times 0.48 = 1.44$억 원이다.
$0.4x = 1.44$
∴ $x = 3.6$
따라서 S씨가 결혼 전 모은 현금은 3억 6천만 원이다.

40 정답 ③

작년 부품값의 총합을 x원이라 하면 A부품의 가격은 $0.15x$원이다. 올해 모든 부품값이 10,000원씩 상승하였으므로 올해 부품값의 총합은 $(x+100,000)$원이고, A부품의 가격은 $0.145(x+100,000)$원으로 $(0.15x+10,000)$원과 같다.

$0.15x+10,000=0.145(x+100,000)$
→ $0.005x=4,500$
∴ $x=900,000$

따라서 올해 부품값의 총합은 $900,000+100,000=1,000,000$원이다.

41 정답 ③

KB국민희망대출은 분할상환 방식으로 이루어지므로 매달 원금과 이자를 분할하여 상환하게 된다. 대출원금을 만기일에 일시상환하는 것은 만기일시상환에 해당한다.

[오답분석]
① KB국민희망대출은 일반적으로 은행권 대출이 어려운 다중채무자도 이용할 수 있다.
② KB국민희망대출은 이자부담 경감 효과를 위해 최고금리를 연 10% 미만으로 제한하고 있으며, 대출 이후 기준금리가 상승하더라도 연 10% 미만의 금리로 대출을 이용할 수 있다.
④ KB국민희망대출의 상환기간은 최장 10년으로 제2금융권 신용대출 상환기간인 5년보다 더 길다. 따라서 같은 이자율과 금액으로 대출했을 경우, 월 상환부담금을 더 낮출 수 있다.

> **분할상환의 종류**
> - 원금균등분할상환 : 대출원금을 매월 동일한 금액으로 상환하고, 남은 대출원금에 대한 이자를 상환하는 방식으로, 시간이 흐를수록 이자가 줄어든다.
> - 원리금균등분할상환 : 대출원금과 이자를 합친 금액(원리금)을 만기일까지 균등하게 상환하는 방식으로, 시간이 흘러도 이자는 변하지 않는다.

42 정답 ①

정부기여금 유의사항 ③에서 중도해지 후 재가입하는 경우 받을 수 있는 정부기여금의 규모가 축소될 수 있다고 하였다. 따라서 정부기여금을 지급받을 수 없는 게 아니라 축소된 금액을 지급받게 된다.

[오답분석]
② 매월 70만 원 이하를 60개월간 저축할 수 있으므로 저축 가능한 최고 금액은 4,200만 원이다.
③ 외국인의 경우 외국인등록증을 통해 실명확인 후 가입이 가능하다.
④ 첫 번째 가입제한에서 전 금융기관 1인 1계좌임을 명시하고 있다.

43 정답 ③

- A고객 : 교사는 재직기간에 관계없이 대출자격이 주어지고 재직기간이 1년 미만이므로 최대 5천만 원까지 대출이 가능하다. 또한 최종금리는 적용 기준금리 CD 91일물인 3.69%에 가산금리 2.36%p를 합산하고 우대금리 $0.1+0.1=0.2$%p를 감한 $3.69+2.36-0.2=5.85$%이다.
- B고객 : 무직은 KB 직장인든든 신용대출의 자격이 주어지지 않는다.
- C고객 : 재직기간이 1년 미만이므로 최대 5천만 원까지 대출이 가능하다. 또한 최종금리는 적용 기준금리 CD 91일물인 3.69%에 가산금리 2.36%p를 합산하고 우대금리 $0.2+0.3+0.1=0.6$%p를 감한 $3.69+2.36-0.6=5.45$%이다.
- D고객 : 재직기간이 1년 이상이므로 최대 3억 원까지 대출이 가능하다. 또한 최종금리는 적용 기준금리 금융채 12개월인 3.88%에 가산금리 2.29%p를 합산하고 우대금리 $0.3+0.3+0.1+0.1=0.8$%p를 감한 $3.88+2.29-0.8=5.37$%이다.

44 정답 ①

각 도시의 부동산 전세 가격지수 증감량을 정리하면 다음과 같다.

구분	6월	12월	증감량	구분	6월	12월	증감량
A도시	90.2	95.4	5.2	F도시	98.7	98.8	0.1
B도시	92.6	91.2	-1.4	G도시	100.3	99.7	-0.6
C도시	98.1	99.2	1.1	H도시	92.5	97.2	4.7
D도시	94.7	92.0	-2.7	I도시	96.5	98.3	1.8
E도시	95.1	98.7	3.6	J도시	99.8	101.5	1.7

따라서 증가량이 가장 적은 도시는 D도시이며, D도시의 증감률은 $\frac{92.0-94.7}{94.7}\times100 ≒ -2.9\%$이다.

45 정답 ①

왼쪽에서 두 번째 자리에는 40대 남성이, 오른쪽 끝자리에는 30대 남성이 앉으므로 세 번째, 네 번째 조건에 따라 30대 여성은 왼쪽에서 네 번째 자리에 앉아야 한다. 이때, 40대 여성은 왼쪽에서 첫 번째 자리에 앉아야 하므로 남은 자리에 20대 남녀가 앉을 수 있다.

경우 1)

40대 여성	40대 남성	20대 여성	30대 여성	20대 남성	30대 남성

경우 2)

40대 여성	40대 남성	20대 남성	30대 여성	20대 여성	30대 남성

따라서 항상 참인 것은 ①이다.

2025 하반기 시대에듀 기출이 답이다 NCS 지역농협 6급 필기시험

개정10판1쇄 발행	2025년 08월 20일 (인쇄 2025년 07월 28일)
초 판 발 행	2020년 04월 10일 (인쇄 2020년 03월 03일)
발 행 인	박영일
책 임 편 집	이해욱
편 저	SDC(Sidae Data Center)
편 집 진 행	안희선 · 조승흠
표지디자인	김지수
편집디자인	양혜련 · 장성복
발 행 처	(주)시대고시기획
출 판 등 록	제10-1521호
주 소	서울시 마포구 큰우물로 75 [도화동 538 성지 B/D] 9F
전 화	1600-3600
팩 스	02-701-8823
홈 페 이 지	www.sdedu.co.kr
I S B N	979-11-383-9694-3 (13320)
정 가	24,000원

※ 이 책은 저작권법의 보호를 받는 저작물이므로 동영상 제작 및 무단전재와 배포를 금합니다.
※ 잘못된 책은 구입하신 서점에서 바꾸어 드립니다.

기출이 답이다

지역농협 6급

정답 및 해설

금융권 필기시험 "기본서" 시리즈

   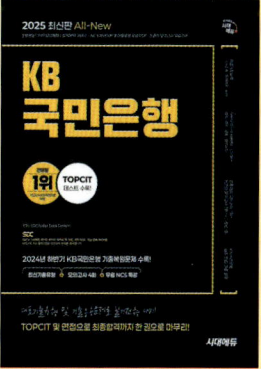

최신 기출유형을 반영한 NCS와 직무상식을 한 권에! 합격을 위한
Only Way!

금융권 필기시험 "봉투모의고사" 시리즈

   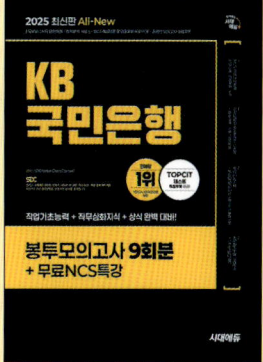

실제 시험과 동일하게 구성된 모의고사로 마무리! 합격으로 가는
Last Spurt!

NEXT STEP

시대에듀가 합격을 준비하는
당신에게 제안합니다.

성공의 기회
시대에듀를 잡으십시오.

시대에듀

기회란 포착되어 활용되기 전에는 기회인지조차 알 수 없는 것이다.
- 마크 트웨인 -